LES 1001 MERVEILLES DE LA NATURE
QU'IL FAUT AVOIR VUES DANS SA VIE

PRÉFACE DE KOICHIRO MATSUURA
Directeur général de l'Unesco (1999-2009)

OUVRAGE RÉALISÉ SOUS LA DIRECTION DE MICHAEL BRIGHT

Flammarion

Copyright © 2005 Quintet Publishing, Ltd
Copyright © 2009 Quintessence
Tous droits réservés.
Titre original : *1001 Natural Wonders You Must See Before You Die*

Édition 2009
Ouvrage publié sous la direction de Tristan de Lancey
Direction éditoriale : Jane Laing
Designer : Rod Teasdeale

Direction de l'édition française : Ghislaine Bavoillot
Traduit de l'anglais par Catherine Chaine, Amandine de Chastaing,
Lorna Dugast, Cécile Giroldi, Lorena Lamin, Christian Perrier,
Lise-Eliane Pomier, Dominique Taffin-Jouhaud.
Mise en page de l'édition originale : Marie-Laure Miranda
Adaptation de la maquette : David Fourré
Rédaction des textes français supplémentaires : Marie-Line Cencig
Collaboration à l'adaptation française : Marie-Line Cencig et Christine de Colombel
Index : Julie Robert

© Éditions Flammarion 2005 pour l'édition française
N° d'édition : L.01EBLN000155.A005
ISBN : 978-2-0812-2665-4
Dépôt légal : septembre 2017
Achevé d'imprimer en Chine en août 2017 par Printplus

LES 1001 MERVEILLES DE LA NATURE

QU'IL FAUT AVOIR VUES DANS SA VIE

SOMMAIRE

Préface 6

Introduction 8

Index par pays 12

L'Amérique du Nord 19

L'Amérique du Sud 187

L'Europe et le Moyen-Orient 269

L'Afrique 479

L'Asie 611

L'Océanie et l'Australie 789

Les régions polaires 927

Collaborateurs 942

Glossaire 944

Index général 949

Index des lieux inscrits
au patrimoine mondial de l'UNESCO 955

Crédits photographiques 959

1002 et plus 960

PRÉFACE par Koïchiro Matsuura

La Terre est un endroit complexe et fascinant. De ses vastes océans à ses montagnes altières, ses déserts arides et ses forêts luxuriantes, la beauté et la magie de notre planète sont proprement saisissantes. Cet ouvrage nous donne à voir les phénomènes spectaculaires et les trésors secrets que recèle chaque région du globe.

À l'UNESCO, les objectifs de la Convention du Patrimoine mondial, instituée en 1972, sont d'identifier et de préserver les sites culturels et naturels les plus remarquables du monde. Dans ces pages, vous découvrirez un grand nombre d'entre eux, mais aussi bien d'autres merveilles de la nature, un peu partout sur la planète. Lorsqu'un pays signe cette Convention, il s'engage à protéger les sites non seulement sur son propre territoire, mais aussi sur celui des autres. À ce jour, 186 pays ont pris cet engagement. L'UNESCO aide les différents pays à protéger les sites déjà inscrits sur la liste, ou à proposer de nouveaux sites.

La Liste du patrimoine mondial comporte à ce jour 878 sites, dont 174 sites naturels et 25 mixtes (à la fois culturels et naturels). Certains, tels le mont Huangshan en Chine ou la mystique beauté du Machu Picchu au Pérou, sont des paysages culturels, c'est-à-dire des lieux où les êtres humains ont su vivre en parfaite harmonie avec les composantes de leur environnement, pour le plus grand profit des uns et des autres.

Parmi d'autres projets, le Comité du Patrimoine mondial consacre des programmes spécifiques à la conservation de certains aspects irremplaçables de notre patrimoine naturel, dont un programme de protection des forêts. Avec l'inscription sur la liste, en 2008, de la réserve de biosphère du papillon monarque au Mexique, le nombre de sites forestiers protégés est passé à 97. Leur superficie s'échelonne entre 18 hectares (Vallée de Mai, Seychelles) et 8,8 millions d'hectares (lac Baïkal, Russie), ce qui porte leur surface totale à plus de 76 millions d'hectares, soit une fois et demie la surface de la France métropolitaine, représentant plus de 13 % des forêts protégées au niveau gouvernemental dans l'ensemble du monde.

Le programme de protection de l'héritage culturel subaquatique vise à protéger l'environnement marin, et soutient désormais plus de 30 sites inscrits sur la liste du Patrimoine mondial, mais beaucoup d'autres sont en voie d'inscription. De la Grande Barrière de corail australienne à la péninsule Valdés en Argentine, les océans, les mers et les récifs coralliens sont menacés par un certain nombre de facteurs, dont la surpêche, les pratiques de pêche inappropriées, le développement des constructions

Directeur général de l'UNESCO (1999-2009)

côtières et la pollution. Les écosystèmes marins relativement intacts se font de plus en plus rares et, avec moins de 0,5 % de zones marines protégées, il est plus important que jamais d'agir vite.

Le programme de tourisme durable vise à développer des projets touristiques respectueux de l'environnement, de sorte que les visiteurs puissent admirer les sites inscrits au Patrimoine mondial sans leur porter préjudice. Divers projets destinés à montrer à chacun comment il peut contribuer personnellement à la préservation de la nature sont en cours de réalisation, notamment des partenariats avec des voyagistes, pour former des guides qui sensibiliseront les visiteurs aux valeurs de chaque site.

D'autres programmes de l'UNESCO ont pour but d'étudier les changements climatiques et leurs répercussions sur les sites classés, et réunissent des experts du monde entier, soucieux de proposer des solutions qui pourraient servir d'exemples pour la sauvegarde d'autres sites. Des enquêtes régulières pour veiller à la conservation des valeurs qui ont conduit à l'inscription du lieu, ainsi que la Liste du Patrimoine mondial en péril, permettent de porter attention aux sites menacés par des facteurs naturels ou humains – déforestation, érosion, tremblements de terre et autres catastrophes naturelles, braconnage, urbanisation anarchique et conflits armés, pour n'en citer que quelques-uns. À ce jour, 30 sites inscrits sur la liste du Patrimoine mondial, dont 13 sites naturels, figurent sur cette liste d'urgence.

Au niveau individuel, chacun de nous peut agir pour réduire les menaces qui pèsent sur notre environnement. Nous pouvons nous conduire en touristes responsables, en ne laissant aucune trace de notre passage, en investissant dans des programmes qui visent à la conservation de certaines régions et en aidant les communautés locales. Notre attitude est cruciale – si chacun de nous fait un effort pour influer positivement sur l'environnement et pour apprendre à ses enfants à faire de même, les résultats à long terme peuvent être immenses.

Ce très bel ouvrage est un premier pas dans cette direction. Que vous soyez un voyageur infatigable ou simplement un esprit curieux rêvant de rencontres inattendues aux quatre coins du monde, il vous permettra de découvrir des paysages hors du commun et vous incitera, je l'espère, à participer à leur conservation.

Je vous souhaite une lecture fructueuse.

K. M.

INTRODUCTION par Michael Bright

Imaginez un instant que vous puissiez, à votre gré, parcourir le monde en long et en large… C'est à cette grande aventure que vous convie cet ouvrage. Il vous suffira de tourner les pages pour escalader les plus hautes montagnes, plonger au plus profond des océans, fouler les sables chauds du désert, vous frayer un chemin à travers les forêts tropicales, nager dans les eaux émeraude d'un lagon tranquille, explorer les récifs de corail, voir les icebergs se détacher de la banquise ou la lave jaillir des volcans. Ce livre est une merveilleuse invitation au voyage.

Beaucoup d'entre nous se contentent d'être des explorateurs en chambre – nous aimons retrouver, au cinéma ou à la télévision, les images et les sons venus d'ailleurs, parcourir la rubrique voyages des journaux du dimanche ou suivre dans un roman les aventures d'un découvreur intrépide. Mais pourquoi ne pas aller plus loin ? Cette nouvelle édition des *1001 Merveilles de la nature*, avec de nouvelles entrées et une iconographie remarquable, nous présente non seulement les 1 001 lieux les plus extraordinaires du globe, mais aussi de précieuses informations sur les zones protégées et les espèces menacées, les animaux et les plantes rares, les coutumes locales et le folklore ou les zones dangereuses.

Ces paysages spectaculaires cachent aussi de fabuleux spécimens de la faune et de la flore. Au Canada, les ours polaires en route pour leur migration annuelle s'affrontent en combat singulier sur les bords de la baie d'Hudson, et au Mexique, des colonies entières de papillons hibernent dans les arbres. Dans les eaux tumultueuses du fleuve Amazone, des dauphins roses et les piranhas voraces semblent jouer à cache-cache à travers les forêts inondées. Des troupeaux entiers de gnous traversent le fleuve Mara au nez et à la barbe des crocodiles affamés. Au sultanat d'Oman, le puits aux oiseaux attire une nuée de martinets, de colombes et de rapaces, tandis qu'un monstre mystérieux hante toujours, à ce qu'on raconte, les profondeurs du Loch Ness. Plus à l'est, les grues exécutent de curieuses danses nuptiales dans les marais du Japon, et les varans de Komodo, tout droit sortis de la préhistoire, sillonnent au pas de charge les rivages de l'île du même nom.

Pour lutter contre les menaces qui pèsent sur de nombreuses espèces en raison des changements climatiques, du braconnage et de la pollution, des parcs nationaux et des réserves naturelles ont été créés, un peu partout dans le monde, pour protéger le fragile écosystème dans lequel elles vivent. De nombreux sites clés sont inscrits à ce titre sur la liste du patrimoine mondial de l'UNESCO : l'aire du Pantanal, une vaste

> Les sites inscrits sur la Liste du Patrimoine mondial de l'UNESCO sont signalés par ce symbole :
>
>

zone humide d'Amérique du Sud, qui joue un rôle crucial dans la migration des oiseaux sur tout le continent américain ; les îles Galapagos, où Darwin a recueilli les spécimens qui allaient l'aider à formuler sa théorie de l'évolution ; la Grande Barrière, le plus vaste ensemble de récifs coralliens dans le monde ; la côte jurassique, au sud de la Grande-Bretagne, où ont été découverts des fossiles d'ichtyosaures et d'ammonites géantes ; le mont Kilauea, le plus grand volcan du monde encore en activité ; et le Serengeti, où se déroule chaque année à la même époque l'un des plus vastes mouvements migratoires du monde. Cet ouvrage souligne non seulement la fragilité de ces habitats, mais aussi la nôtre, face aux forces de la nature qui ne cessent de remodeler notre planète.

Nous pensons que le sol que nous foulons est solide et permanent mais, comme vous le diront tous ceux qui ont vécu un tremblement de terre ou une éruption volcanique, notre planète est loin d'être stable. La Terre est perpétuellement en mouvement, aussi bien dans l'espace que sous la croûte terrestre. Les continents et les fonds océaniques se déplacent, créant des prodiges géologiques. Des chaînes de montagnes sont projetées vers le ciel, à tel point que des sédiments qui se trouvaient jadis au fond des mers se retrouvent à plusieurs centaines de mètres de hauteur. Les volcans crachent de la lave fondue et des nuages de gaz incandescents, créant des sources boueuses, des sources chaudes et des geysers bouillonnants. Le vent, l'eau et la glace sculptent des rochers de toutes formes et de toutes dimensions, laissant des promontoires hardis, des pics dentelés, des monolithes arrondis et des gorges striées.

Les gros titres des journaux, partout dans le monde, nous rappellent les conséquences souvent tragiques de ce mouvement perpétuel de création et de destruction. Le tsunami du 26 décembre 2004, consécutif aux ondes sismiques qui ont secoué l'océan Indien, a créé une vague gigantesque, assez puissante pour ravager 13 pays, privant de leur vie des centaines de milliers de personnes et bien davantage encore de leur maison et de leurs moyens de subsistance. Le tremblement de terre d'octobre 2005 a transformé les montagnes du Cachemire déjà bien malmenées en scène de tragédie. Et la succession de cyclones qui a frappé les Caraïbes et le golfe du Mexique en septembre 2008 a semé la mort et la destruction parmi des dizaines de milliers de victimes. Ces catastrophes naturelles épouvantables démontrent la puissance de la nature – sa capacité à changer la face du monde en quelques minutes, et non plus sur plusieurs siècles. Beaucoup de prodiges naturels qui figurent dans cet ouvrage sont le résultat de ces cataclysmes historiques et, bien souvent, nous pouvons constater que le processus qui les a créés se poursuit encore aujourd'hui.

Depuis des temps immémoriaux, cependant, l'humanité s'efforce de mettre de l'ordre dans un univers naturel où cet ordre n'existe pas. Les frontières vont et viennent, au hasard des guerres ou des conflits armés qui modifient les territoires et les possessions. Des régions entières basculent d'un côté à l'autre en une journée. On ne sera pas surpris, dans ces conditions, que les tentatives de la politique, de la culture ou de la science pour établir des classifications se soient le plus souvent soldées par un échec.

Ces 960 pages délimitent le monde selon les lois de Dame Nature. Les merveilles naturelles qui s'offrent à nous ont été façonnées bien davantage par la dérive des continents, les éruptions volcaniques et les capacités d'érosion de l'eau et de la glace que par les frontières internationales, ou même par les parcs nationaux qui les revendiquent et les protègent. Pour privilégier cette perspective et ne pas laisser des frontières contestées obscurcir la beauté naturelle du monde, la politique internationale n'est intervenue que très peu dans les choix qui ont déterminé ce livre. Toutefois, chaque fois que possible, les entrées sont organisées par continent et par pays, et présentées selon leur latitude, du nord au sud. Notre souhait était de faire de la géographie naturelle le principe directeur de cet ouvrage.

Cette structure n'a pas manqué de générer ses propres complications. Certains lieux ont parfois échappé à l'organisation que nous avions prévue pour unifier les entrées – dans ce cas, nous avons laissé le bon sens nous guider. Bien qu'elles relèvent des États-Unis, il semblait peu logique de détacher les entrées d'Hawaï de celles des autres îles du Pacifique. Néanmoins, les principales données administratives sont précisées chaque fois que cela peut aider à clarifier la situation. Puisse cette méthode vous servir de boussole pour naviguer à travers ce livre.

Les noms de lieux posent des problèmes analogues. Bien que la plupart d'entre eux possèdent un nom « officiel » dans les langues de grande diffusion, il nous a semblé parfois plus approprié de leur laisser leur nom local ou tribal, forgé par les usages indigènes ou l'histoire coloniale, ou encore transcrit à partir d'un autre alphabet.

Le fait même de séparer le monde naturel des artifices créés par l'homme a révélé à quel point ils restent liés l'un à l'autre. En raison de leur altitude, de leur forme, de leur localisation, de leur exposition, beaucoup de ces endroits sont devenus des lieux de culte, de culture ou de commerce. De la même façon, le tourisme et le facteur humain qui s'attachent à ces sites ont contribué à façonner leur légende. Les ruines incas du Machu Picchu, par exemple, sont difficilement séparables de l'histoire naturelle qui a dans un premier temps offert aux hommes cette plate-forme quasi inviolable, nichée sur les hauts plateaux du Pérou.

L'influence humaine ne se limite pas aux constructions anciennes. Ce qui apparaît au premier regard comme un paysage naturel peut très bien avoir été provoqué par l'homme : dans les landes du sud de l'Angleterre, aux Pays-Bas ou à l'ouest de la France, on limite la pousse des arbres. Dans les marais d'Écosse, on pratique l'essartage pour fournir aux grouses des bruyères toujours fraîches et, dans le parc national de Yosemite, brûler les sous-bois contribue à maintenir la beauté exceptionnelle du lieu. Même les marécages du sud-ouest de l'Angleterre sont nés de l'abattage des forêts par les cultivateurs de l'âge de Bronze. Dans certains endroits, la nature a repris ce qui lui appartenait autrefois. Qui pourrait penser que les vastes étendues sauvages du bassin amazonien ont un jour abrité de riches civilisations, avec des cités-jardins, des villages, des routes et des fermes, à l'endroit même où s'élève aujourd'hui une forêt inextricable ?

Les zones restées inhabitées dans le monde cachent les trésors les plus inattendus, et il n'est pas rare que le voyage qui y conduit soit aussi passionnant et aussi instructif que le lieu de destination. Un périlleux périple en canoë est le seul moyen d'atteindre le point de chute du formidable Salto Angel, et ce n'est qu'en hélicoptère que l'on peut atterrir sur le haut plateau qui lui donne naissance. Pour parvenir au sommet du mont Kinabalu, à Bornéo, il faut de solides chaussures de marche et un matériel de campement complet, alors qu'un hébergement confortable, sinon luxueux, attend les visiteurs des grottes de Mulu, hautes comme la voûte d'une cathédrale et bruissantes de chauve-souris.

Et si vous ne pouvez pas faire le déplacement, il vous reste *Les 1001 Merveilles de la nature* ! Consulter la table des matières, c'est programmer un merveilleux voyage imaginaire. De multiples endroits dans le monde sont d'une beauté à couper le souffle, et cet ouvrage vous les offre comme sur un plateau. Puisse-t-il réveiller l'esprit d'aventure qui dort en vous !

M. B.

Index par pays

Afghanistan
Band-e Amir (lacs de) 674

Afrique du Sud
Agulhas (cap d') 588
Augrabies (chutes d') 578
Baviaanskloof 583
Blyde (canyon de la rivière) 569
Bourke's Luck Potholes 570
Cango (grottes de) 593
Cape Point 586
Cedarberg 590
Compassberg 584
Drakensberg (parc du) 569, 572, 574–575
Gamkaskloof / L'Enfer 592
« Garden route » 598
Giants Castle (réserve de) 572, 575
Golden Gate 576
Grand Karoo 592, 594
Hangklip (cap) 588
Hex River 591
Hluhluwe-Umfolozi (réserve de) 573
Hogsback 584
Kadishi (chutes) 567
Kgalagadi (parc transfrontalier) 580
Kosi Bay 570
Kruger, le Baobabwe (parc de) 563
Kruger, les cours d'eau (parc de) 565
Kruger, région méridionale vallonée (parc de) 566
Kruger, veld de mopanes (parc de) 566
Langebaan (le lagon de) 590
Lowveld (arbres à fièvre de) 582
Modjadji 564
Mont-aux-Sources 576
Namaqualand 579
Nylsvley 564
Oribi (gorge de) 573
Pilanesberg (parc national du) 568
Plettenberg (la baie) 595, 600
Pretoria (lac salé de) 568
Républicain social 581
Richtersveld 577
Robberg 600
Saint Lucia (parc de la zone humide de) 572
Swartberg (massif du) 592
Table Mountain 589
Terre des lacs 598
« Trou dans le mur » 586
Tsitsikamma (côte de) 596
Tswaing (cratère du) 568
Ukhahlamba (parc) 569, 572, 574–575
Vallée de la désolation 583
Wilderness (lacs) 597
Witsand 580

Albanie
Butrint 448
Ohrid (lac) 450

Algérie
Hoggar (massif montagneux) 492
Sahara 490, 492
Tassili N'Ajjer 492

Allemagne
Berchtesgaden 352
Elbe (gorge de l') 351
Elbsandsteingebirge 354
Forêt noire 355
Königsee (lac) 352
Rhin (la vallée du) 350
Untersberg 394
Watzmann (montagnes) 352

Angleterre
Bowder (pierre de) 320
Bridestones (rochers de) 322
Brimham (rochers de) 322
Cheddar (gorge de) 326
Chesil (plage de) 335
Dartmoor (parc national de) 338
Durdle Dor 332
Farne (îles de) 316–317, 318
Gaping Gill 321
High Force (chutes de) 320
Jingle Pot 321
Jurassique (côte) 331, 332, 334
Lulworth Cove 331
Needles 337
Old Harry Rocks 334, 336
Pinacles 318
Roaches 323
Seven Sisters 330
Severn (mascaret de) 325
Wast Water (lac) 318
Wookey Hole (grottes de) 328
Wrekin (coline) 324

Antarctique
Adare (cap) 936
Erebus (mont) 938
Lemaire (canal) 940
Mer de glace antarctique 939
Péninsule antarctique 940
Polaire (plateau) 937
Subantarctiques (îles) 935
Transantarctiques (monts) 936
Dry Valleys 935

Arabie Saoudite
Asir (parc national de) 472
Grottes du désert 471

Arctique
Groenland (calotte glaciaire du) 928
Ikka (fjord) 930
Søndre Strømfjord (fjord) 929

Argentine
Beagle (canal de) 258
Fitzroy (mont) 265
Iberá (marais d') 262
Iguazú (chutes de) 261
Nieve (pénitents de) 260
Pampas 263
Perito Moreno (glacier) 266
Tumbo (pointe de) 264
Valdez (péninsule de) 264

Australie
Alligator (gorges) 868
Alpes australiennes (chemin de randonnée) 906
Alpes victoriennes 906
Augustus (mont) 862
Balls (pyramide) 811, 912
Barmah-Millewa (forêt et les terres humides) 891
Barron (cascades et gorges de la rivière) 817
Bartle Frere (mont) 816
Bayliss (grotte de) 821
Belmore (chutes de) 884
Ben Boyd (parc national de) 887
Ben Lomond (parc national de) 908
Bleu (lac) 869
Bleues (montagnes) 885
Bluff Knoll (pic de) 854
Bungle Bungle (monts) 865
Canunda (parc national de) 870
Cape Le Grand (parc national de) 850
Carnarvon (gorges du parc national de) 820
Clarke Eungella (chaîne de) 822
Coorong 870
Cradle (mont) 907
Croajingolong (parc national de) 891
Cunningham (gouffre de) 883
Douze Apôtres 902
Eaglehawk Neck 909
Eildon (parc national du lac) 895
Entrecasteaux (parc national d') 858
Eyre (bassin du lac) 878–879
Finke (gorges de) 842
Fitzgerald (parce national de la rivière) 850
Fitzroy (fleuve) 838
Fitzroy (chutes de) 886
Flinders (île) 908
Forêts subtropicales du centre et de l'est australiens 829
Fraser (île) 827
Freycinet (péninsule) 910
Gawler (chaîne de) 872
Geikie (gorges de) 872
Gippsland (lacs du) 892
Glasshouse (monts de) 821
Gordon-Franklin Wild Rivers (parc national de) 910
Gosse Bluff 847
Grampians (chaîne des) 894
Grande Baie australienne 873, 880
Grande Barrière de corail 816, 824, 826, 828
Hamelin et les Stromatolites (bassin d') 867
Heron (île) 828
Hinchinbrook (canal de) 817
Houtman Abrolhos (îles) 858
Jérusalem (murs de) 912
Jim Jim (chutes de) 836–837
Kakadu (parc national de) 836–837, 848
Kanangra (murailles de) 886
Kangaroo (île de) 874
Karijini (parc national de) 856–857
Karri (forêt de) 859
Kata Tjuta 846
Katherine (gorges de) 840
Kennedy (chaîne) 859
Kings Canyon 834
Kiritimati (île) 813
Kosciusko (mont) 888, 896, 906
Lawn Hill (gorges de) 819
Limestone (côte de) 875
Litchfield (parc national de) 839
Lord Howe (île) 811
Low Islets 816
Margaret (grottes de la rivière) 862
Mitchell (rivière et chutes) 854, 892
Mossman (gorges) 818
Mundaring Weir 863
Mungo (lac) 882
Murchison (rivière) 852
Murray (fleuve) 879, 883, 896
Myall (lacs) 884
N'Dhala (gorges de) 842
Naracoorte (parc national des grottes de) 876
Ningaloo (le récif de) 866
Noosa (parc national de) 822
Nullarbor (plaine de) 880
Olgas (monts) 846
Ormiston et Pound (gorges d') 843
Otway (chaîne d') 898
Phillip (île) 899
Pinacles (désert des) 860
Porongurups 855
Port Phillip (baie de) 900

Purnululu 865
Queensland (patrimoine
 tropical du) 814
Queenstown 911
Rudall River (parc
 national de) 863
Saint Clair (lac) 907
Serpentine (parc national) 864
Simpson (désert de) 830
Sydney (port de) 890
Torndirrup (péninsule de) 864
Tower Hill 903
Two People's Bay 855
Uluru (rocher d') 832–833
Wallaman (chutes de) 814, 829
Wave Rock 849
Westernport (baie de) 899, 903
Willandra (lacs de) 883
Wilpena Pound 882
Wilsons (promontoire de) 904
Windjana (gorges de) 844
Wolf Creek (cratère de la
 météorite de) 851
Wurrumbungle (parc
 national de) 889
Wyperfeld (parc national
 de) 905

Autriche
Eisriesenwelt 392
Grossglockner (mont) 391
Karwendel (montagnes de) 391
Krimml (chutes de) 392
Lamprecht (grotte de) 394, 396
Liechtenstein (gorge de) 395
Pasterzen (glacier de) 391
Untersberg 394
Seisenberg (gorge de) 394

Bahamas
Bimini Wall et Bimini Road 166
Bleus (trous) 168

Bangladesh
Sundarbans (réserve de) 716

Belize
Barton Creek (grotte de) 153
Belize (barrière de) 154
Blue Hole (parc
 national de) 152
Guanacaste (parc national
 de) 152
Saint Herman (la grotte) 152
Thousand-Foot
 (chutes de) 153

Bhoutan
Jhomolhari (mont) 715
Montagnes noires 712
Phobjikha (grues et
 la vallée de) 714

Bolivie
Altiplano 244, 246
Amazone (bassin de l') 206
Federico Ahlfeld (chutes) 243

Pantanal 212
Rouge (lagune) 246
Yungas 243

Bornéo
Cerf (grotte du) 773, 775
Grotte aux eaux claires 773
Gunong Api et ses pinacles
 (mont) 774
Mulu 773, 774, 775
Sipadan (île de) 776

Botswana
Deception Valley 561
Kalahari (désert du) 556, 560,
 561, 580
Kgalagadi (parc
 transfrontalier) 580
Makgadikgadi (cuvettes de) 560
Okavango (delta de l') 558
Tsodilo (collines de) 557

Brésil
Amazone (barre de) 207
Amazone (bassin de l') 206
Amazone et du rio Negro (à la
 confluence de l') 204–205
Anavilhanas (archipel d') 208
Aparados da Serra (parc
 national d') 222
Caatinga 220
Caraca (parc naturel du) 220
Cerrado 211, 214–215
Corcovado 216
Emas (parc national du) 211
Forêt inondée 210
Igapó (forêt d') 211
Iguazú (chutes d') 261
Lençóis Maranhenses
 (parc de) 216
Mata Atlântica 218–219, 220
Pain de Sucre 217
Pantanal 212
São Pedro et São Paulo
 (rochers de) 223
Xingu (la rivière) 207

Burundi
Tanganyika (lac) 494, 521

Cambodge
Cardamomes (montagnes
 des) 747, 758
Éléphant (montagnes de l') 758
Mékong (delta du) 723
Ta Prohm (arbres
 du temple de) 756
Tonle Sap (lac) 758

Cameroun
Tchad (lac) 499
Cameroun (mont) 507

Canada
Banff (parc national
 de) 27, 30–31
Burgess Shales 26

Cathedral Grove 26
Churchill 32
Drumheller Badlands 28
Ellesmere (île d') 20
Fundy (baie de) 34, 56
Grands Lacs 35, 36–37
Gros Morne (parc
 national de) 22, 25
Mackenzie (le delta du) 21
Moraine (lac) 30–31
Nahanni (fleuve) 32
Niagara (chutes du) 35
Old Sow Whirlpool 56
Porte de l'enfer 25
Saint-Laurent (golfe du) 24
Western Brook Pond 25

Chili
Altiplano 244, 251
Antuco (volcan) 252
Atacama (désert d') 247, 248
Atacama (lac salé d') 249
Balmaceda (glacier de) 257
Beagle (canal de) 258
Chungará (lac) 251
El Tatio (geysers d') 250
Fjords (région des) 256, 257
Malalcahuello (réserve
 naturelle de) 252
Nieve (pénitents de) 260
Salto Grande (chutes de) 255
San Rafael (lagune) 256
Surire (lac salé de) 253
Torres del Paine (parc
 national de) 254, 255
Vallée de la Lune 247

Chine
Altaï (montagnes de l') 626
Cho Oyu (mont) 705
Colline du brocard plissé 647
Colline en trompe
 d'éléphant 644, 648
Colline qui arrête les vagues 647
Dashiwei (doline de) 648
Dragon de jade (montagne
 enneigée du) 649
Everest (mont) 706
Guilin (collines de) 644, 648
Guilin (grottes de) 645
Hua Shan (massif du) 630
Huangguoshu
 (chutes de) 646
Huanglong (parc
 national de) 636
Indus (fleuve) 655, 675
Jaune (fleuve) 629
Jiuzhaigou 634
K2 676
Kailash (mont) 655, 656
Kunlun (montagnes
 de) 629, 653
Lhotse (pic du) 707
Lunan (forêt de pierre) 652
Lushan (mont) 638–639
Makalu (pic) 708
Manasarova (lac) 655, 656
Meilixueshan (mont) 650

Migration des Saïgas 613
Montagne jaune 651
Ngari 653, 656
Qin Ling (montagnes de) 632
Saut du tigre (gorge de) 641
Shennongjia 635
Steppe du nord 613
T'ien Shan (montagnes de)
 627, 628
Taklamakan (désert de) 628
Taroko (gorge de) 759
Tsangpo (canyon) 656
Wolong (réserve
 naturelle de) 640
Wong Lung (cascades de)
Wulingyuan 630
Yamdrok Yumtso (lac) 654
Yang-tsé Kiang
 (gorges du) 642
Zhoukoudian
 (grottes de) 632
Zigong 641

Colombie
Amacayacú (parc
 national de) 190
Amazon (bassin de) 206
Chocó (forêt du) 189
Los Llanos 194
Los Nevados (parc
 national de) 190
Sierra Nevada
 de Santa Marta 188
Sierra Nevada del Cocuy
 (parc national de la) 189

**République démocratique
du Congo**
Congo (bassin du) 522
Congo (fleuve) 525
Kivu (lac) 524
Luapula (fleuve) 532
Mambilima (chutes) 532
Tanganyika (lac) 494, 521
Virunga (monts) 518, 524

Corée du Nord
Baekdusan (le mont) / Cheonji
 (lac) 668
Geumgangsan (montagnes)
 668, 669
Guryong (chutes de) 669
Manmulsang 669
Yeonjudam (étangs) 668

Corée du Sud
Hallasan (mont) 673
Hwanseon Gul (grotte de) 672
Jeju-Do (île de) 671
Jusangjeolli (côte) 671
Manjang-gul 670
Pic du lever du soleil 672
Seongsan Ilchulbaong 670

Costa Rica
Arenal (volcan) 160
Barra Honda (grottes de) 161
Chirripó (mont) 162

Cocos (île) 162
Corcovado (parc
    national de) 165
La Paz (cascade de) 166
Ostional (plage d') 161
Poás (volcan) 159
Tortuguero (parc
    national de) 164
Venado (grottes de) 158

Côte d'Ivoire
Nimba (mont) 506
Croatie
Krka (fleuve et chutes de) 414
Plitvice (lacs de) 415

Cuba
Bellamar (grottes de) 169
El Nicho (chutes) 169
Santo Tomas (grotte de) 168
Viñales (vallée) 168

Djibouti
Assal (lac) 501

Dominique
Boiling Lake 170
La Dominique
    (cascades de) 170

Écosse
Arthur's Seat 311
Bass Rock 314
Beinn Askival (pic) 305
Ben Nevis (mont) 308
Corrieshalloch (gorges de) 308
Cuillin (collines de) 304
Duncansby Stacks 299
Fingal (grotte de) 301
Glencoe 309, 310
Glomach (chutes de) 304
Great Glen 306–307
Grey Mare's Tail
    (chute d'eau) 315
Loch Langavat 299
Loch Lomond 311
Loch Ness 306–307
Lochaber (montagnes
    de) 308, 309
Measach (chutes de) 308
North Berwick Law
    (colline) 312
North Gaulton Castle 296
Old Man of Hoy 298
Old Man of Storr 302
Saint Abb's Head 313
Saint Kilda (archipel de) 300
Siccar Point, l'inconformité
    de Hutton 313, 315
Suilven 304
Traprain Law (colline) 312

Égypte
Désert Blanc 496
Sahara 490
Sannur (grotte de) 495
Siwa 495
Taba (réserve sauvage de) 494

Équateur
Amazone (bassin de l') 206
Cajas (plateau du) 232
Cotopaxi (volcan du) 226
Esmereldas (region d') 224
Galapagos (rift des) 230
Galapagos (îles) 228, 230
Imuya (lac) 229
Machalilla (parc national de) 230
Maquipucuna (réserve de) 226
Podocarpus (parc national) 232
San Rafael (cascade de) 224
Sangay (parc national du) 231

Espagne
Aigüestortes i Estany
    de Sant Maurici 424
Altamira 419
Bardenas Reales 421
Cabrera (archipel de) 445
Cap de Formentor 443
Ciudad Encantada 431
Corrubedo (parc naturel de) 416
Coto Doñana 436
Douro (gorges du) 430
Èbre (fleuve) 418
Fuente de Piedra 433
Gallocanta (lac de) 426-427
Garrotxa 424
Grazalema 440
La Pedriza 431
Los Alcornocales 442
Mallos de Riglos 428
Monfragüe 432
Montserrat 425
Muniellos (forêt de) 416
Nerja (grottes de) 438
Ordesa (canyon d') 420
Penyal d'Ifac 433
Pics d'Europe 417
Ruidera (lagunes de) 434
Salto del Nervión 423
Serra de Tramuntana 444
Sierra de Atapuerca 422
Sierra de Gredos 22
Sierra Nevada 435
Tabernas (désert de) 438
Torcal de Antequera 428
Villafáfila 428

États-Unis
Agate Fossil Beds 71
Alexander (archipel) 44
Antelope (canyon) 116
Arches (parc national des) 92
Badlands 62
Baie des glaciers 45
Bandera (cavernes
    de glace de) 124
Bear Glacier 41
Béring (détroit de) 46
Big Cypress (réserve
    nationale de) 138
Bisti Badlands 124
Black Canyon de
    la Gunnison River 103
Blue Hole 130
Bridal Veil (chutes) 78

Brooks Range (chaîne de) 38
Bryce Canyon 99, 100
Californie du Sud
    (plages de) 90
Canyon de Chelly (monument
    national du) 118
Canyonlands (parc
    national des) 95
Carlsbad (grottes de) 132
Channel Islands 84
Cheminées de fée 98
Chiricahua (monument
    national de) 119
Chisos (bassin des
    montagnes de) 136-137
Cimarron (canyon de) 131
City of Rocks (parc de) 126
Columbia River Gorge 58, 61
Cratère de la météorite 120
Dead Horse Point (parc de) 96
Delaware (baie) 107
De-Na-Zin (désert de) 124
Désert peint 114
Devil's Tower 70
Dinosaures (monument
    national des) 102
Dry Falls 50
Everglades (parc
    national d') 140
Florissant Fossil Beds 106
Forêt pétrifiée (parc national
    de la) 112, 114
Glacier Point 75
Grand Canyon 74, 110–111
Grand Coulee 48, 50
Grand lac salé 94
Grand Prismatic (source
    thermale) 64, 68
Grand Teton (parc national) 67
Grandes dunes de sable
    (parc national des) 104
Grands lacs 35, 36–37
Grotte des vents 106
Half Dome 75, 77, 78
Hood (mont) 60
Huachuca (monts) 108
Joshua Tree (parc
    national de) 82
Kartchner (grottes de) 120
Katmai (mont) 40
Kings Canyon 79
Lac du cratère 57
Las Huertas (canyon de) 132
Lassen (mont) 90
Lechuguilla (grotte de) 130
Mahar Point 56
Mammoth (grottes de) 108
Mammoth (sources de) 66
Mares printanières 87
Marteau de Thor 100
Massacre Rocks 52
McDonald (lac) 55
McKinley (mont) 39
McNeil (chutes de la rivière) 39
Mendenhall (glacier) 42
Mer perdue 135
Mittens 101
Mono (lac et cratères de) 84

Montagnes blanches 88
Monterey (canyon de) 71
Monterey (sanctuaire marin
    de la baie de) 72
Monument Valley 91, 101
Multnomah (chutes de) 58
National Bison Range 54
Natural Bridge 107, 135
Natural Bridge (grottes de) 135
Niagara (chutes du) 35
None à genoux 129
Oak Creek (canyon) 109
Old Sow Whirlpool 56
Pin à côte épineux 88
Ponce de León (source) 141
Ponts naturels 98
Portage (glacier) 44
Rainier (mont) 48, 90
Rancho La Brea (puits
    de bitume de) 76
Saguaro (parc national de) 115
Saint Helens (mont) 51, 129
Saint Mary (lac) 53
San Andreas (faille de) 72
Sentinel Dome 76
Séquoias géants 83
Shiprock (pic) 128
Slaughter Canyon (grotte) 134
Soda Dam 134
Sonora (désert de) 119, 120,
    122–123
Spearfish (canyon) 63
Tahoe (lac) 80
Upper Skagit River 50
Vallée de la mort (parc
    national de la) 86
Valley of Fires 131
White Sands (monument
    national de) 125
Yellowstone (parc
    national de) 64, 66, 68
Yosemite (parc national
    de) 74, 76–77
Zion (canyon de) 97, 98

Éthiopie
Erta Alé 502
Karum (lac) 502, 504
Nil bleu (chutes du) 504
Tana (lac) 502, 504

Finlande
Aurore boréale 296
Inari (lac) 295

France
Aiguille de Dibona 366
Aiguille du Midi 368
Aiguille Verte 371
Annecy (lac d') 362
Ardèche (gorges de l') 374
Baume-les-Messieurs
    (reculée de) 359
Bossons (glacier des) 370
Bourget (lac du) 359
Calanche de Piana 387
Camargue 376, 380–381
Cévennes (gorges des) 385

Chéserys (lacs des) 366
Doubs (gorges de) 358
Drus 367
Écrins (parc national
 des) 364–365
Forêts royales de Paris 356
Gavarnie (cirque de) 382
Hérisson (cascades du) 386
Meije (glacier et
 gorges de la) 363
Mercantour (parc
 national du) 377
Mont Blanc 360, 368, 370, 371
Mont-Saint-Michel (baie du) 357
Monte Padru (parc
 national de) 386
Pavis (pointe des) 358
Pilat (dune du) 384
Ploumanach (rochers de) 356
Puy de Dôme 371, 372
Puys d'Auvergne (chaîne
 des) 371, 372
Restonica (gorges de la) 387
Rhône 374, 376, 380–381
Tarn (gorges du) 384
Vanoise (parc national
 de la) 368
Vaucluse (fontaine de) 372
Ventoux (mont) 378
Verdon (gorges du) 375

Ghana
Kintampo (chutes de) 506

Grèce
Athos (mont) 450
Diros (grottes de) 455
Giona (mont) 452
Kerkini (lac) 453
Lesbos (forêt pétrifiée de) 455
Meteora 454
Olympe (mont) 451
Papillons (vallée des) 457
Prespa (lac) 449
Samariá (gorge de) 456
Vikos (gorges de) 457
Vistonis (lac) 452

Grenade
Carmel (chutes du mont) 185
Grand Étang (parc national
 de) 184

Guadeloupe
Carbet (cascades du) 180

Guatemala
Atitlán (lac) 150
Fuego (volcan) 150
Pacaya (volcan) 149
Santa María (volcan) 151

Guinée
Nimba (mont) 506

Guyane
Iwokrama (forêts d') 201
Kaieteur (chutes de) 202

Kanuku (montagnes du) 203
Shell Beach 200

Hawaï
Haleakala (cratère d') 792
Hawaiennes (chutes) 790
Kilauea (mont) 791, 796
Mauna Kea 791
Tubes de lave 795
Waialeale (mont) 790, 794
Waimea (canyon de) 790

Honduras
Forêt de nuages 154
Monte Cristo (parc) 154
Pulhapanzak (chutes de) 156
Yojoa (lac) 156

Îles du Cap Vert
Pic de Fogo 482-483

Île Maurice
Black River (gorges de) 606
Chamarel (terres colorées
 et cascade de) 607
Trou aux Cerfs 606

Îles Caïmans
Blow Holes 172
Sting Ray City 171

Îles Canaries
Alegranza 488
Arico (gorge de) 487
Los Organos 486
Los Roques de Garcia 485
Paysage lunaire 485
Pic de Teide 484

Îles Cook
Aitutaki (atoll d') 810

Îles vierges britanniques
Virgin Gorda (bains
 de l'île de) 178

Inde
Athirapally et Vazhachal
 (cascades) 697
Belum (grottes de) 692
Chilika (lac de) 691
Ghats occidentaux 692, 696, 697
Gir (réserve naturelle
 et parc national de) 688
Hogenakkal (cascade) 695
Indus (fleuve) 655, 675
Jog (chutes de) 694, 695
Kangchenjunga 709
Karnataka (cascades
 de) 694, 695
Keoladeo (parc
 national de) 682
Kudremukh (parc national
 de) 696
Kyllang (rocher) 687
Lonar (cratère et lac de) 690
Marbre (rochers de) 687
Meghalaya (cascades de) 684

Milam (glacier de) 686
Nanda Devi (parc
 national de) 686
Orissa (cascade d') 690
Pachmarhi 691
Ranthambore (parc
 national de) 684
Siachen (le glacier de) 682
Sila Thoranam (voûte de) 694
Sundarbans (réserve de) 716
Symper (rocher) 687
Vallée des fleurs 685

Indonésie
Anak Krakatau 781
Bromo (mont) 785
Gunung Agung 782
Gunung Gede-
 Pangrango 782
Gunung Rinjani 778
Kawah Ijen (cratère de) 784
Kerinci Seblat (parc
 national de) 780
Komodo (île de) 786
Merapi (mont) 75
Tengger (montagnes de) 785
Toba (lac) 779

Iran
Glaciers de sel 464
Kopet Dag 673
Zagros (montagnes
 de) 463, 464

Irlande
Benbulbin (mont) 347
Burren 349
Callows de
 la rivière Shannon 346
Moher (falaises de) 348
Skelligs 347

Irlande du Nord
Chaussée des géants 301, 344
Glenariff (vallée de) 345
Strangford (lac de) 346

Islande
Dettifoss (chutes de) 271
Geysir et Strokkur
 (geysers) 274
Grímsvötn (volcan de) 272
Heimaey (île de) 276
Hverfjall (cratère) 274
Surtsey (île de) 277
Svartifoss 273
Vatnajökull (nappe
 de glace de) 272

Israël
Canyon rouge 468
Makhtesh Ramon
 (cratère de) 471
Masada 470
Mer Morte 469

Italie
Alcantara (gorge d') 409

Cervin 402
Dolomites 407
Etna (mont) 408
Gran Paradiso (parc
 national de) 404
Grotte bleue 406
Mont Blanc 360, 368, 371
Ritten (rochers de) 406
Stromboli 410

Jamaïque
Cockpit Country 172
Dunn's River (chutes de) 173
Lagon bleu 174

Japon
Daisetsu 657
Izumi 666
Kegon (chutes) 658
Kushiro (marais de) 664-665
Chuzenji (lac) 658
Fuji (mont) 660-661
Ryūkyū (archipel de) 662
Okhotsk (mer de) 614
Teuri-Jima 659
Yaku-Shima 662

Jordanie
Mer Morte 469

Kazakhstan
Altaï (montagnes de l') 626
Migration des Saïgas 613
Steppe du nord 613
T'ien-Shan
 (montagnes de) 627
Tamgaly (gorge de) 622

Kenya
Baringo (lac) 508
Bogoria (lac) 512
Grottes aux éléphants du
 mont Elgon 510
Magadi (lac) 509
Mara (fleuve) 514-515, 530
Thompson's (chutes de) 509
Tubes de lave 513
Turkana (lac) 507

Kirghizistan
T'ien-Shan (montagnes de) 627

Laos
Champasak (cascade de) 728
Luang Prabang (chutes de) 728
Mekong (cascade du) 728
Nam Khane (fleuve) 727
Pak Ou (grottes de) 726, 730
Phu Hin Bun (montagne de) 726
See Pan Don 730

Liban
Cèdres du Liban 464, 466
Qadisha (grotte de) 464
Rochers aux pigeons 465

Liberia
Nimba (mont) 506

Libye
Sahara 490

Macédoine
Ohrid (lac) 450

Madagascar
Ankarana (plateau de l') 604
Tsingy Lands 604

Madère
Cabo Girão 489
Caldeirão Verde 489

Malaisie
Batu (grottes de) 767
Cerf (grotte de) 775
Danum (vallée) 770
Grotte aux eaux claires 773
Gua Gomantong 770
Gunong Api et ses pinacles (mont) 774
Kampung Kuantan (lucioles de) 766
Kanching (cascades de) 768
Kinabalu 768
Kinabatangan (rivière de) 772
Mulu 773, 774, 775
Niah (grottes de) 772
Taman Negara 765

Maldives
Maldives 601

Mali
Niger (delta intérieur du) 497
Sahara 490

Maroc
Dades (gorges du) 493
Sahara 490
Talassemtane (parc national de) 493

Martinique
Diamant (rocher du) 180
Pelée (montagne) 181

Mauritanie
Banc d'Arguin 496
Sahara 490

Mexique
Arbres à papillons 146
Baja California (péninsule de) 148
Copper Canyon 145
Garcia (grottes de) 144
La Bufadora 144
Paricutín (volcan de) 141
Sistema Cheve 145
Sonora (désert de) 120, 122–123
Yucatán (péninsule du) 142–143

Mongolie
Altaï (montagnes de l') 624, 626
Hongory Els 624
Montagnes de feu 625

Monténégro
Boka Kotorska (baie de) 449

Montserrat
Soufriere Hills (volcan de) 179

Mozambique
Bazaruto (parc national de l'archipel) 536

Myanmar (ex-Birmanie)
Inle (lac) 717
Rocher d'or 718

Namibie
Brandberg (massif de) 551
Bull's Party Rocks 550
Cape Cross (réserve d'otaries de) 547
Côte des squelettes 548
Etosha (plan d'eau d') 546
Fish (canyon de la rivière) 554
Kalahari (désert du) 556
Namib (désert du) 549, 550, 553, 558
Naukluft (réservoirs naturels de) 553, 554
Sesriem (canyon) 554
Sossusvlei 554
Spitzkoppe 552
Vallée de la Lune 550

Népal
Annapurna 704, 710
Chitwan (parc national royal de) 711
Cho Oyu (mont) 705
Dhaulagiri 703, 710
Everest (mont) 706
Kali Gandaki (rivière) 703, 704, 710
Kangchenjunga 709
Lhotse (pic du) 707
Makalu (pic) 708
Manaslu (mont) 702

Nicaragua
Momotombo (volcan) 157
Nicaragua (lac) 158

Niger
Sahara 490
Tchad (lac) 499
Ténéré (désert du) 499

Nigeria
Tchad (lac) 499

Norvège
Cap nord 280
Chaire 286
Geiranger (fjord) 285
Kjossfossen (chute) 286
Kongsfjorden (archipel de) 278–279
Lofoten (maëlstrom de) 282
Lofoten (îles) 282, 283
Røst (récif de corail de) 284
Sognefjord 287

Nouvelle-Guinée
Nouvelle-Guinée 800

Nouvelle-Zélande
Alpes du sud 923
Cap Kidnappers 916
Fiordland (parc national du) 920–921, 924
Glaciers de la côte occidentale 925
Marlborough Sounds (détroit de) 918
Oparara (arche d') 918
Poor Knights Islands 924
Rotorua 917
Sutherland (chutes de) 924
Taranaki (mont) 913
Tongariro (parc national de) 914
White Island 925

Océan Atlantique
Ascension (île de l') 480
Dorsale médio-atlantique 267, 480

Océan austral
Bouvet (île) 934
Heard et McDonald (îles) 932
Macquarie (île) 930
Zavodovski (île de) 933

Océan Pacifique
Galapagos (rift des) 230
Mariannes (fosse des) 798
Nouvelle-Calédonie 806
Palaos 799
Pâques (île de) 812

Oman
Djebel Harim 472
Mughsayl (évents de) 475
Musandam (fjords de) 473
Tawi Attair / Le puits aux oiseaux 474

Ouganda
Grottes aux éléphants du mont Elgon 510
Montagnes de la Lune 520
Murchison (chutes de) 516
Virunga (monts) 518

Pakistan
Hunza (vallée d') 678–679
Indus (fleuve) 655, 675
K2 676
Khyber (défilé de) 680
Nanga Parbat (sommet du) 675, 680

Papouasie-Nouvelle-Guinée
Bougainville 805
Fly (fleuve) 802
Hautes terres 802
Nouvelle-Guinée 800
Owen Stanley (chaîne d') 804

Rabaul 801
Sepik (fleuve) 804
Trobriand (îles) 805

Paraguay
Pantanal 212

Pays de Galles
Brecon Beacons 342
Henrhyd (chute de) 342
Pen-Y-Fan 342
Skomer (île de) 340
Snowdon et parc de Snowdonia 339
Worm's Head, péninsule de Gower 341

Pérou
Altiplano 244
Amazone (bassin) 206
Colca (canyon de) 237
Cordillère blanche 236
Huascarán (parc national de) 241
Machu Picchu 235
Manú (réserve écologique de) 239
Pachacoto (gorge de) 234
Paracas (réserve nationale de) 238
Sechura (désert de) 233
Sphinx 236
Tamba Blanquilla 241
Tambopata (réserve naturelle de) 240
Titicaca (lac) 242, 244, 246
Vallée des volcans 236

Philippines
Apo (le mont) 765
Cagayan (grottes de la vallée de) 763
Chocolat (monts) 761
Kanlon (mont) 761
Lanao (lac) 764
Pagasanjan (chutes de) 760
Puerto Princesa (rivière souterraine de) 761
Taal (lac et volcan de) 760
Tubbataha (récifs de) 764

Pologne
Tatra (montagnes) 388

Polynésie française
Bora Bora 809
Fachoda (chutes de) 808

Porto Rico
Forêt nationale des Caraïbes 175
Guánica (forêt de) 176
Karst Country 176
Mosquito (baie de) 177
Rio Camuy (grottes de) 177

Portugal
Berlengas (îles) 448
Costa Sudoeste 446

Ruidera (lagunes de) 434
Tage (estuaire du) 445

République démocratique du Congo
Congo (bassin du) 522
Congo (fleuve) 525
Kivu (lac) 524
Luapula (fleuve) 532
Mambilima (chutes) 532
Tanganyika (lac) 494, 521
Virunga (monts) 518, 524

République tchèque
Elbe (gorge de l') 351
Elbsandsteingebirge 354

Réunion
Cirques 608
Piton de la Fournaise (volcan du) 608

Roumanie
Bicaz (gorge de) 397
Ceahlau (massif de) 396
Cheile Turzii 397
Danube (delta du) 398

Russie
Altaï (montagnes de l') 626
Baikal (lac) 620–621
Béring (détroit de) 46
Geysers (vallée des) 618
Kamchatka (presqu'île du) 617
Kamchatka (volcans du) 616
Kuriles (îles) 614, 622
Migration des Saïgas 613
Okhotsk (mer d') 614
Steppe du nord 613
Taïmyr (presqu'île de) 612
Tioulenii (île) 614
Yankicha 614, 622

Rwanda
Kivu (lac) 524
Virunga (monts) 518, 524

Sainte-Lucie
Diamond Falls et Sulphur Springs 182
Pitons 182

Saint-Vincent
Soufrière (mont) 184

Salvador
Alegria (lac d') 157
Izalco (volcan) 156
Santa Ana (volcan) 156
Tecapa (volcan) 157

Samoa
Palolo (vers de) 811
Savaï'i (île de) 808

Seychelles
Aldabra (atoll d') 602
Vallée de Mai 603

Slovaquie
Domica (grotte) 390
Hornád (canyon de) 390
Paradis slovaque 390
Tatra (montagnes) 388

Slovénie
Alpes juliennes 412-413
Savica (chute de) 414
Triglav (montagne) 412-413

Soudan
Sahara 490
Sudd (marais de) 500

Sri Lanka
Bambarakanda (cascade de) 700
Bolgoda (lac) 701
Diyaluma (cascade de) 698
Sigiriya 698
Sri Pada 701
Vavulpane (grottes) 700

Suède
Abisko (parc national de) 289
Akka (mont) 289
Borga (montagne) 292
Gotland 294
Laponie (porte de la) 288, 289
Njupeskär (chute de) 290
Sonfjället (mont) 288
Stockholm (archipel de) 291
Tännforsen (chute de) 292

Suisse
Aletsch (glacier d') 401
Areuse (gorges d') 400
Cervin 402
Engadine (montagnes d') 399
Holloch 400
Jungfrau-Aletsch-Bietschorn 403
Mont Blanc 360, 368, 370, 371
Rhône 380–381

Swaziland
Sibebe 562

Taïwan
Taroko (gorge de) 759

Tanzanie
Bogoria (lac) 512
Kilimanjaro (mont) 494, 526
Natron (lac) 494, 528
Ngorongoro (cratère) 529
Ol Doinyo Lengai 530
Serengeti 514, 528, 530
Tanganyika (lac) 494, 528
Usambara (monts) 532

Tchad
Emi Koussi 497
Ennedi (gorge de l') 498
Sahara 490
Tachd (lac) 499

Thaïlande
Ang Thong (archipel d') 734
Doi Inthanon (montagne de) 733
Erawan (chute d'eau d') 755
Huai Kha Kaeng (forêt de) 744
Kaeng Sopha (cascade) 737
Kaeng Tana (rapides de) 741
Khao Chong Phran (grotte de) 746
Khao Khitchakut (montagne) 747
Khao Lak-Lam Ru (parc national du) 755
Khao Luang (mont) 751
Khao Lumpee (chutes d'eau du) 754
Khao Phanom Bencha (montagne) 748
Khao Sam Roi Yot (montagne) 750
Khao Yai (forêts et cascades) 738
Khlong Lan (cascade et montagne) 733
Mae Ping (gorge de) 734
Mae Surin (cascade de) 732
Mukdahan (formations rocheuses de) 741
Naga (boules de feu de) 736
Ob Luang (gorge de) 732
Pha Taem (falaise de) 740
Phang-Nga (baie de) 750
Phra Nang (péninsule de) 750
Phu Hin Rong Kla (montagne de) 740
Phu Kradung (montagne de) 736
Phu Rua (formations rocheuses de) 737
Samui (cascades de l'île de) 744
Samui (rochers de l'île de) 743
Similan (îles) 748
Sri Phang-Nga (chutes de) 751
Teelorsu (cascade) 742
Thai Muang (plage) 754
Thale Sap (lacs de) 747
Thung Yai Naresuan (forêts de) 744

Tibet
Cho Oyu (mont) 705
Everest (mont) 706
Kailash (mont) 655, 656
Kunlun (montagnes de) 629, 653
Manasarova (lac) 655, 656
Ngari 653, 656
Tsangpo (canyon) 656
Yamdrok Yumtso (lac) 654

Tunisie
Sahara 490

Turkménistan
Kopet Dag 673

Turquie
Ararat (mont) 461
Cappadoce 459
Karapinar (lac de cratère de) 462
Pamukkale (sources de) 458
Saklikent (gorge de) 462
Taurus (grottes des montagnes du) 460
Tortum (gorge de) 460
Valla (canyon de) 458

Venezuela
Amazone (bassin de l') 206
Angel (chutes d') 196
Autana (tépuy) 198
Guácharo (grottes de) 195
Henri Pittier (parc national) 193
Los Llanos 194
Neblina (pic de) 199
Orénoque (delta de l') 195
Sierra Nevada de Mérida 192

Viêtnam
Ha-Long (baie d') 720
Hai Van (col de) 721
Marbre (montagnes de) 724
Mékong (delta du) 723
Phong Nha-Ke Bang (parc national de) 724
Son Tra (presqu'île de) 722

Yémen
Socotra et l'arbre du dragon (île de) 476
Wadi Dhar 476

Zambie
Chobe (rivière) 559
Kafue (plaines du) 534
Kalahari (désert du) 556
Tanganyika (lac) 494, 521
Luangwa (vallée de la) 534
Mambilima (chutes) 532
Luapula (fleuve) 532
Victoria (chutes) 534

Zimbabwe
Balancing Rocks 544
Brachystegia (bois de) 539
Chilojo (falaises) 542
Dômes lisses 542
Eastern Highlands 538
Kalahari (le désert du) 556
Lowveld (arbres à fièvre du) 582
Mana Pools (parc national des) 537
Matobo (collines de) 545
Save Valley 540
Tamboharta (le plan d'eau de) 541
Victoria (chutes) 534

I

L'AMÉRIQUE DU NORD

Des canyons arides du Dakota au paradis aquatique des Everglades, en Floride, l'Amérique du Nord est le continent de tous les contrastes. Ce chapitre vous entraîne à la découverte de paysages grandioses et d'animaux rares, comme l'ours blanc et le bison laineux. Partez à l'aventure dans les étendues sauvages du parc de Yellowstone, explorez les grottes hérissées de stalagmites et de stalactites, savourez la beauté des déserts inondés de soleil.

À GAUCHE : *Les eaux bouillonnantes du Fer à cheval – l'une des trois chutes du Niagara – se jettent dans le lac Ontario.*

CANADA

L'ÎLE D'ELLESMERE

NUNAVUT, CANADA

Superficie de l'île : 196 235 km²
Pic culminant (mont Barbeau) : 2 616 m
Longueur du lac Hazen : 70 km

Ellesmere est une vaste île déserte – la dixième plus grande île au monde. Il s'agit d'une étendue sauvage et glacée au sommet du monde, que se partagent des champs de glace accidentés, de farouches montagnes d'un gris sombre et des glaciers parsemés de gros blocs rocheux. Pendant 5 mois sur 12, le soleil n'y fait pas une seule apparition mais, au cœur de l'été, il brille 24 heures sur 24.

La pointe nord de l'île située à 800 kilomètres du pôle Nord, s'appelle Cape Columbia. Son point culminant est le mont Barbeau, à 2 616 mètres au-dessus du niveau de la mer.

Des fjords profonds, tels que Archer Fjord, découpent ses rivages. Les falaises s'y jettent, 700 mètres plus bas, dans une mer déchaînée. Les températures hivernales, elles, chutent jusqu'à – 45° C et la mer se fige sous l'effet du gel. Cependant, la terre reste sèche pendant la majeure partie de l'année. De façon surprenante, on observe peu de précipitations – pas plus de 60 millimètres de pluie par an. En été – de fin juin à fin août –, les températures dépassent rarement 7 °C. C'est une véritable étendue sauvage, où l'on ne trouve que trois agglomérations – Eureka, Alert et Grise Fjord. **MB**

LE DELTA DU MACKENZIE

TERRITOIRES DU NORD-OUEST, CANADA

Longueur de la rivière Mackenzie : 1 800 km

Longueur du delta : 210 km

Profondeur du lac du Grand Esclave : 614 m

Le Mackenzie se jette dans la mer de Beaufort en formant un delta de 80 kilomètres de large. Dans l'obscurité et le froid de l'hiver on devine à peine le delta car la rivière Mackenzie gelée se confond avec la plaine côtière. Au printemps, la glace fond et révèle tout un réseau de rivières, de ruisseaux, de lacs et d'îles dont le dessin change sans cesse, le sable et la boue creusant toujours de nouveaux canaux, érigeant ou faisant disparaître des îles. Les éléments les plus typiques sont les monticules coniques appelés « pingos ». La plus grande concentration au monde de ces monticules se trouve ici ; on en compte plus de 1 000 éparpillés sur tout le delta. Au centre de chaque tertre se trouve un bloc de glace qui pousse la terre vers le haut. Les tumulus sortent du sol chaque année et s'écroulent, en général, quand le cœur glacé fond au printemps ; le centre se creuse et se transforme en mare. Les traces du plus vieux monticule, qui s'élevait à 50 mètres, datent de 1 300 ans. La rivière Mackenzie coule du lac du Grand Esclave (le plus profond d'Amérique du Nord) jusqu'à la mer, et son bassin de réception a la taille de l'Europe. **MB**

LE PARC NATIONAL DU GROS-MORNE

TERRE-NEUVE, CANADA

Superficie : 1 813 km²
Température estivale :
20 °C en moyenne
Température hivernale :
- 8 °C en moyenne

On a souvent appelé le Gros-Morne les « Galapagos de la Géologie » car ce parc national, dans les montagnes de Terre-Neuve, contient certaines des plus vieilles roches du monde et révèle l'évolution géologique de la terre. Ici, la roche raconte l'histoire des collisions et des dérives des plaques qui, il y a 200 millions d'années, unissaient l'Amérique du Nord à l'Europe et à l'Asie. Des scientifiques ont découvert que la vieille chaîne de Long Range, on découvre successivement les plantes et les animaux des régions tempérées puis boréales et enfin arctiques. L'ours noir et l'original habitent les régions basses, tandis que le lièvre arctique et le caribou des bois peuplent les plateaux plus froids. Ces animaux sont arrivés dans l'île dans les 15 000 dernières années, après la fonte des glaciers. Neuf des quatorze espèces de mammifères de l'île sont des sous-espèces différentes de celles qu'on voit sur le continent.

Une des curiosités les plus impressionnantes du Gros-Morne, l'Étang de Western Brook, est une gorge profonde en forme de fjord contenant un lac d'eau douce. La gorge a été

> *On a souvent appelé le Gros-Morne les « Galapagos de la Géologie » car ce parc national, dans les montagnes de Terre-Neuve, contient certaines des plus vieilles roches du monde.*

montagnes de Long Range (20 fois plus ancienne que les Montagnes Rocheuses) faisait partie du même massif montagneux que les monts d'Écosse. Les vieux rochers du Gros-Morne ont été usés par des vagues successives de glaciers qui, pendant les deux derniers millions d'années, ont avancé et reculé, laissant les sommets arrondis du Gros-Morne, de Big Hill et de Kildevil Mountains. Cette longue histoire a sculpté ce paysage de vieilles montagnes, de vallées en golfes, de lacs profonds et glacés, de marécages côtiers et de falaises creusées par les vagues.

En allant des plaines plus chaudes de la côte jusqu'aux landes alpines des montagnes de creusée par la grande plaque de glace qui couvrait tout Terre-Neuve. La neige fondue provenant du glacier a coulé du canyon jusqu'à la mer. Mais après la disparition du glacier, la terre, allégée, s'est soulevée pour former le golfe au-dessus du niveau de la mer. « L'étang » s'est rempli avec les eaux de ruissellement qui descendent en cascade du plateau et forment des chutes d'eau spectaculaires. Le parc a d'excellents chemins de randonnée à travers les montagnes sauvages et inhabitées et aussi plusieurs terrains de camping. **JK**

À DROITE : *Le parc national du Gros-Morne englobe un grand nombre de lacs ; celui de Western Brook est le plus vaste.*

LE GOLFE DU SAINT-LAURENT

QUÉBEC, CANADA

Îles de la Madeleine : 9 îles principales : Alright, Amherst, Brion, Coffin, East, Entry, Grindstone, Grosse et Wolf
Superficie du golfe du Saint-Laurent : 155 000 km²
Nombre d'habitants : 13 991 (en 1991)

À partir de fin février ou début mars, les femelles des phoques du Groenland se hissent sur la banquise pour donner naissance chacune à un seul bébé d'un blanc immaculé. Les endroits où le « troupeau du golfe » met bas ses petits se trouvent à proximité des îles de la Madeleine (ceux du « troupeau du front », eux, sont au large du Labrador) ; ici on peut compter jusqu'à 2 000 femelles phoques au kilomètre carré. Nourris avec un lait très riche qui contient 45 % de matières grasses (le lait de vache n'en contient que 4 %), les bébés prennent rapidement du poids et sont sevrés en seulement douze jours, puis leurs mères les abandonnent. Ce délai de sevrage, très court, est un moyen efficace de préparer les jeunes à nager seuls. Ils passent un minimum de temps sur la banquise, où ils sont des proies faciles pour les ours polaires. Les visiteurs découvriront au Centre d'interprétation du phoque des îles de la Madeleine tous les aspects sociaux et environnementaux liés à ces animaux ; des excursions en hélicoptère les emmèneront jusque sur la glace pour s'approcher au plus près des bébés phoques. **MB**

LE WESTERN BROOK POND

TERRE-NEUVE, CANADA

Longueur du Western Brook Pond : 16 km
Profondeur de l'étang : 166 m
Âge de l'étang : 11 000 années

Un canyon de plus de 600 mètres de profondeur entaille les Long Range Mountains de Terre-Neuve. Au pléistocène, un glacier creusa le lit existant de la rivière, l'agrandissant en profondeur et en largeur. Lors de la fonte des glaces il y a 11 000 années, le fond de ce canyon se remplit d'eau, ce qui entraîna la formation du Western Brook Pond. Beaucoup des plans d'eau de Terre-Neuve, telles que Parson's Pond ou Main Brook, sont apparues de la même manière et portent le nom de « pond » (étang) ou de « brook » (ruisseau) mais en ce qui concerne le Western Brook Pond, son nom est en dessous de la vérité car il constitue un lac long de 16 kilomètres.

Aujourd'hui, ce lac fait 166 mètres de profondeur. Au printemps et en été des cascades tombent le long des parois du canyon et font monter son niveau. En hiver, alors que les températures descendent jusqu'à – 10 °C, ses eaux se figent. À proximité, une zone marécageuse abrite l'emblème floral de Terre-Neuve, une plante carnivore qui se nourrit d'insectes. Des saumons, des truites d'étang et des ombles de l'Arctique peuplent les eaux du lac et une colonie exceptionnelle de mouettes niche sur les falaises. **MB**

LA PORTE DE L'ENFER

COLOMBIE-BRITANNIQUE, CANADA

Largeur : 35 mètres
Débit : 15 000 m³/seconde
Profondeur : 152 m

Après avoir descendu l'un des rapides les plus dangereux du monde dans son bateau *Trompe la mort*, l'explorateur Simon Fraser écrivit en 1808 : « Il nous fallut traverser une région où aucun humain ne devrait jamais s'aventurer – car nous étions sûrement tombés sur les portes de l'enfer. »

La Porte de l'Enfer est un étroit couloir creusé dans la Cascade Mountain Range par le fleuve Fraser en route vers l'océan Pacifique. À cet endroit, le fleuve est comme endigué par d'énormes murs de granit hauts de 152 mètres et écartés de 35 mètres l'un de l'autre. Le résultat est un spectacle d'une violence inouïe avec ses cascades d'écume tombant à une vitesse terrifiante et rugissant avec fureur tout le long du canyon. La quantité d'eau est deux fois plus grande que celle des chutes du Niagara. L'autoroute transcanadienne rend la Porte du Diable facile d'accès. Un tramway aérien transporte les amateurs de sensations fortes 152 mètres au-dessus de l'eau. Les plus courageux peuvent même essayer le pont suspendu qui se balance au-dessus des flots déchaînés. Ils comprendront vite pourquoi la Porte de l'Enfer est une des attractions les plus courues de l'ouest du Canada. **JK**

BURGESS SHALES

COLOMBIE-BRITANNIQUE, CANADA

Âge : 50 millions d'années
Type de roche : schiste
Milieu naturel : récifs tropicaux contenant des fossiles d'invertébrés ensevelis dans la boue

Sur un grand récif au bord du continent nord-américain, dans une mer chaude et peu profonde, ont vécu des créatures les plus extraordinaires. Formes unicellulaires pendant près de deux billions d'années, une variété de corps complexes se sont développés pendant les dix à vingt millions d'années suivants.

De temps à autre, une brusque coulée de boue enterrait les animaux, les séparant des bactéries ambiantes et leur assurant ainsi une préservation presque parfaite.

Des temps infinis s'écoulèrent, le récif devint Cathedral Escarpement ; les coulées de boue formèrent les Burgess Shales qui contiennent les plus beaux fossiles du monde. D'abord enterrés sous 10 kilomètres de rocher, les fossiles de Burgess Shales firent surface il y a 175 millions d'années, lors de la formation des montagnes. La découverte de 120 espèces animales fossilisées a révélé que la vie, à cette époque, était déjà diversifiée.

Le site fait partie du Parc National de Yoho et est classé au Patrimoine mondial de l'Unesco. Des excursions sont organisées dans les carrières Walcott et Raymond mais il est interdit de ramasser des fossiles ou des morceaux de schiste. **AB**

CATHEDRAL GROVE

COLOMBIE-BRITANNIQUE, CANADA

Superficie de Cathedral Grove : 157 ha
Pluviosité annuelle : 300 cm
Hauteur des plus grands arbres : 76 m

Cathedral Grove porte bien son nom car on ne peut pas se promener dans cette ancienne forêt tropicale de l'île Vancouver sans être profondément ému. La forêt est composée surtout de douglas adultes mélangés à de vieux cèdres rouges, des sapins du Canada, et des sapins baumiers.

Les arbres ont au moins trois ou quatre cents ans, et certains huit cents ans. Ces ancêtres se dressent comme des sentinelles géantes dans la forêt, atteignant 76 mètres, avec des troncs dépassant 9 mètres de circonférence. Les essences, les âges et les tailles cohabitent. Le faîte des arbres forme comme une voûte de cathédrale dans le ciel ; les rayons du soleil s'infiltrent à travers l'épaisse frondaison, éclairant les nappes de brume qui planent au-dessus du tapis de fougères vert clair. L'ensemble est d'une beauté saisissante.

Cathedral Grove, facile d'accès par la route, est un but de promenade idéal pour ceux qui veulent découvrir une grande forêt ancestrale. Les eaux fraîches du Lac Cameron les attendent aussi pour un bain et un pique-nique sur ses rives. Sans oublier les très nombreux poissons qui font le bonheur des pêcheurs. **JK**

LE PARC NATIONAL DE BANFF

ALBERTA, CANADA

Superficie du Champ de Glace de Colombie : 325 km²
Superficie du Parc national de Banff : 6 680 km²

Banff, le plus vieux parc national du Canada, s'appelait autrefois la Réserve de Hotsprings et s'étend le long du bord oriental des Montagnes Rocheuses dans l'Alberta. C'est une région montagneuse, de glaciers et de lacs. Les massifs sont jeunes – de 45 à 120 millions d'années – et comprennent des sommets aussi importants que le Mont Amery au nord du parc. Plus au nord, le Glacier Columbia forme la plus grande masse de glace du continent américain. Il alimente en eau les fleuves qui coulent vers les trois océans – l'Arctique, l'Atlantique et le Pacifique. Certains glaciers se déversent dans des lacs comme le lac Louise. La neige fondue s'infiltre aussi à travers les roches où elle est chauffée, comprimée et repoussée vers la surface formant ainsi des sources chaudes qui attirent les touristes depuis plus de cent ans. D'épaisses forêts de conifères recouvrent les pentes basses, remplacées sur les hauteurs par des arbres clairsemés et noueux qui finissent par laisser la place aux sommets rocailleux et arides. La faune et la flore sont variées – des colibris aux grizzlis, des aigles aux élans – et plus de 1 500 kilomètres de sentiers qui pénètrent partout dans le parc permettent de les observer. **MB**

LES DRUMHELLER BADLANDS

ALBERTA, CANADA

Nombre de dinosaures fossiles découverts : 150
Âge de la vallée de la Red Deer : 13 000 années
Topographie : badlands, cheminées de fées, canyons et coulées

Le paysage chaotique et tourmenté des Drumheller Badlands s'étire comme une cicatrice géante à travers les terres cultivées du sud de l'Alberta. C'est un ensemble de ravins, de buttes, de couloirs et de canyons, vieux de 70 millions d'années, qui résultent de l'érosion des couches de grès, d'argilite, de charbon et de schiste. Lors de la visite de la région, on peut avoir le sentiment d'être remonté dans le temps, ou encore, l'impression de se trouver sur une tout autre planète.

musée, qui possède l'une des plus belles collections au monde, raconte l'histoire de l'âge d'or des dinosaures, et leur extinction subite, sur laquelle on se perd en conjectures.

Les Drumheller Badlands tiennent leur nom de la ville proche de Drumheller, et elles ont été créées par le processus incessant d'érosion dû au vent, à l'eau et à la glace. Véritable bénédiction pour les scientifiques, ce phénomène a mis au jour des sédiments datant du crétacé, juste avant la disparition des dinosaures. À une époque plus récente, les Badlands sont devenues part intégrante des traditions populaires d'Alberta, permettant aux tribus des Indiens Cree et Blackfoot de s'abriter des éléments, et offrant un repère

Le paysage chaotique et tourmenté des Drumheller Badlands s'étire comme une cicatrice géante à travers les terres cultivées du sud de l'Alberta.

Le nom de « Badlands » (mauvaises terres) que porte ce paysage est justifié car il n'est d'aucune utilité pour l'agriculture ; en revanche pour tous les chasseurs de dinosaures, c'est un véritable trésor. Dans ces collines, des chercheurs ont découvert certains des plus grands dinosaures fossiles jamais répertoriés, y compris des squelettes complets du roi des dinosaures, le *Tyranosaurus rex*. Rien d'étonnant que cet endroit soit appelé la capitale mondiale du dinosaure — des douzaines de squelettes de dinosaures fossilisés sont exposés dans le Royal Tyrrell Museum of Paleontology, en plein cœur des Badlands. Ce

idéal aux voleurs de chevaux et autres hors-la-loi qui cherchaient à échapper aux autorités. Pour pleinement goûter les différents aspects des Badlands, il est préférable d'y revenir plusieurs fois, et à différents moments de la journée. D'un rose éclatant à l'aurore, elles blanchissent dans la lumière de la mi-journée, pour virer ensuite au doré en fin d'après-midi, et finalement à l'orange vif et au violet profond sous les rayons du soleil couchant. JK

À DROITE : *Surnommées capitale mondiale du dinosaure, les Drumheller Badlands abritent certains des plus grands dinosaures fossiles jamais répertoriés.*

LE LAC MORAINE

ALBERTA, CANADA

Type de lac :	lac glaciaire
Altitude du lac Moraine :	1 920 m
Âge des montagnes :	120 millions d'années

Walter Wilcox a écrit qu'« aucun spectacle ne m'avait jamais donné une telle impression de solitude exaltante et de sauvage grandeur ». C'est lui qui découvrit le lac Moraine en 1899 et lui donna son nom. Il fut si impressionné par le panorama qui s'offrait à lui qu'il proclama que c'était le plus beau lac qu'il ait jamais vu, et que la demi-heure passée à l'admirer fut la plus heureuse de sa vie. Ce qui est tout à fait compréhensible car cet étonnant lac cristallin est une merveille à contempler. Il est surplombé par les sommets coiffés de neige du mont Wenkchemna, dont les 914 mètres de parois verticales ferment son rivage oriental. À une époque, ce paysage spectaculaire figurait même au dos du billet canadien de 20 dollars.

Ce lac n'a pas été créé par la moraine ou les débris d'un glacier comme son nom pourrait le laisser supposer, mais par un vaste glissement de rochers du mont Babel. Son étonnante couleur bleu iridescent est due aux fines particules du till glaciaire, qui s'écoulent dans le lac en été lors de la fonte des glaciers en altitude. Ces particules

absorbent les couleurs du spectre visible à l'exception du bleu, qui, lui, est réfléchi. Ce magnifique lac aux eaux turquoise miroitantes est appelé le « joyau des Rocheuses ». Toute la zone du lac fait partie du Banff National Park, le premier des parcs nationaux canadiens, créé en 1885. Cet endroit est idéal pour observer une grande variété d'espèces sauvages, dont l'ours noir et le grizzly, le mouflon d'Amérique, la chèvre de montagne, le wapiti et l'orignal. De nombreuses pistes de randonnée partent du lac Moraine pour quadriller les montagnes environnantes. L'une d'elles s'élève à plus de 700 mètres au-dessus du lac – une des plus hautes altitudes pour un sentier de randonnée dans les Rocheuses canadiennes. Le lac Moraine ne se trouve qu'à 15 kilomètres de son voisin plus connu, le lac Louise, mais il est beaucoup moins fréquenté. Un pavillon réputé pour son architecture se trouve sur ses rivages, cette construction à colombages est dotée de vastes baies qui permettent d'admirer le lac et les montagnes environnantes. Les hôtes sont séduits par cet espace naturel qui offre la possibilité de faire du canoë, des excursions, d'observer la nature et de pratiquer l'escalade. JK

CI-DESSOUS : *Le bleu superbe des eaux du lac Moraine.*

LA RIVIÈRE NAHANNI

TERRITOIRES DU NORD-OUEST, CANADA

Vitesse du courant de la rivière : 28 km/h

Altitude des Virginia Falls : 96 m

La partie accessible de la rivière Nahanni s'étend sur 210 kilomètres entre la Nahanni Butte et les Virginia Falls. L'entrée de First Canyon dévoile les sources thermales de Kraus et un monde inattendu de prairies opulentes et de fleurs printanières. De chaque côté du canyon, des parois à pic s'élèvent à 1 200 mètres. Des cavernes, dont la Valerie Grotte où furent découverts les squelettes de cent mouflons du Canada, balafrent les falaises. Puis on arrive à la Deadmen Valley, qui doit son nom aux squelettes sans tête de chercheurs d'or que l'on y trouva en 1906. Le Second Canyon coupe à travers la chaîne des Headless Range, où l'on rencontre fréquemment ours noirs et mouflons. Étroit, le Third Canyon traverse la chaîne des Funeral Range et franchit la Hell's Gate. Au terme de ce parcours, on parvient aux chutes jumelles de Virginia Falls, qui plongent d'une hauteur de 96 mètres. Plus en amont, on trouve les sources thermales de Rabbitkettle. Les minéraux dissous provenant de ces sources créent un amoncellement de tuf calcaire qui se dépose en terrasses, chaque étage comportant un bassin lisse, bordé de mousses et de fleurs de petite taille. Le site de Nahanni est inscrit au patrimoine mondial de l'Unesco. Afin de le préserver, il n'est accessible que par bateau ou par avion. **MB**

CHURCHILL

MANITOBA, CANADA

Nombre d'ours polaires dans la partie occidentale de la baie d'Hudson : 1 200

Nombre d'habitants à Churchill : 800 à 1 200

Ville la plus proche : Winnipeg, à 966 km à vol d'oiseau

Churchill, dans le Manitoba, est la « capitale mondiale » de l'ours polaire. Elle se trouve en bordure de la baie d'Hudson, et sur la route de migration des ours polaires qui rentrent de leur séjour d'été pour prendre leurs quartiers d'hiver sur la banquise et chasser le phoque. Si la glace tarde à se former, les habitants de Churchill se retrouvent avec une bande d'ours sur les bras, tout particulièrement attirés par la décharge locale. Toutefois, Churchill a transformé ce problème en un atout touristique – chaque année plus de 15 000 visiteurs se rendent sur place afin de pouvoir observer des ours polaires en liberté. La meilleure période pour visiter va de fin octobre à mi-novembre et il faut réserver une année à l'avance. Les ours polaires vivent normalement en solitaires, mais ici ils se tolèrent mutuellement. Quelques jeunes mâles se livrent à des combats simulés. Debout sur leurs pattes arrière, ils dressent leurs 3 mètres au-dessus du sol de manière impressionnante. Fin novembre, lorsque la glace se forme, les ours polaires disparaissent… tout comme les touristes. **MB**

À DROITE : *Un ours blanc solitaire traverse les glaces de Churchill.*

LA BAIE DE FUNDY

NOUVEAU-BRUNSWICK / NOUVELLE-ÉCOSSE, CANADA

Longueur de la baie de Fundy : 270 km
Profondeur moyenne de la baie : 75 m
Volume moyen de marée : 100 billions de tonnes d'eau

Deux fois par jour, la baie de Fundy offre un superbe spectacle. Les plus fortes marées font s'engouffrer dans la baie un volume d'eau équivalent à celui de tous les cours d'eau du monde réunis. À l'entrée de la baie, leur amplitude peut atteindre 16 mètres. Avec tous ses courants contraires, remontées d'eau et autres tourbillons, le spectacle est extraordinaire. À marée basse, l'eau peut se retirer sur 5 kilomètres. Quelques heures plus tard, quinze mètres d'eau inondent la baie.

La raison de ces fortes marées réside dans la forme unique en entonnoir de la baie et dans sa profondeur. L'eau y bouge en synchronisme avec les marées océaniques à l'extérieur, et l'oscillation naturelle de l'eau en avant et en arrière à l'intérieur de cette cuvette correspond exactement au rythme des marées de l'Atlantique. Ces formidables marées ont imprimé leur marque sur la baie. À Hopewell Rocks, elles ont sculpté des statues imposantes de grès rouge, et à St. Martin's elles ont creusé d'énormes grottes marines. Les eaux de la baie sont aussi riches en nutriments, fournissant une nourriture abondante à huit espèces différentes de baleines, ainsi qu'à des milliers d'oiseaux sur ses rivages. JK

CANADA/ÉTATS-UNIS

LES CHUTES DU NIAGARA

ONTARIO, CANADA / NEW YORK, ÉTATS-UNIS

Hauteur des chutes : 55 m
Âge : 10 000 ans

Probablement la chute d'eau la plus connue au monde, Niagara fait 55 mètres de haut par 671 mètres de large. Elle est constituée de deux cascades séparées par la Goat Island : les American Falls sur le côté est et les Canadian Horseshoe Falls, en « fer à cheval », à l'ouest. Elles sont alimentées par le lac Érié ; l'eau s'écoule tranquillement pendant 56 kilomètres avant de s'élancer dans des séries de rapides aboutissant aux fameuses chutes du Niagara, qui se jettent dans le Lac Ontario. Juste après la dernière glaciation, il y a 11 000 ans, les chutes se trouvaient 11 kilomètres en aval, mais l'érosion constante due au passage sur le lit rocheux de 7 000 tonnes d'eau à la seconde a entraîné leur retrait à raison d'environ 1,2 mètre par an. De nombreux cascadeurs ont tenté de « chevaucher » les chutes ; le premier fut Sam Patch, qui sauta depuis la Goat Island en 1829. Annie Edson Taylor fut, en 1901, la première à descendre les chutes dans un tonneau. Elle tenta de faire fortune en donnant des conférences sous le nom de « Queen of the Mists » (la reine des brumes) sans grand succès. Le *Maid of the Mists* est le nom du bateau qui embarque les visiteurs pour les amener au plus près du maelström des chutes. **MB**

LES GRANDS LACS

ONTARIO, CANADA / ÉTATS-UNIS

Superficie des Grands Lacs : 243 460 km²
Longueur de rivages : 16 093 km
Lac le plus profond : lac Supérieur (406m)

Les cinq Grands Lacs – Supérieur, Michigan, Huron, Érié et Ontario – représentent la plus grande surface d'eau douce du globe et contiennent un volume de 23 quadrillions de litres d'eau, soit environ un cinquième de la réserve du globe. Le lac Supérieur est le plus grand des lacs, si grand qu'il pourrait non seulement contenir les autres Grands Lacs mais aussi trois autres lacs de la taille du lac Érié.

Ces lacs sont un témoignage de la puissance des grandes nappes de glace qui, au cours des glaciations, donnèrent son aspect à la majeure partie de l'Amérique du Nord. Les cuvettes des lacs, se composant principalement de grès tendre et de schistes, furent creusés par les glaciers hauts de 1 500 mètres qui couvraient la région à l'époque. Quand la glace s'est retirée, elle a laissé derrière elle ces immenses lacs.

À partir du lac Supérieur, le plus étendu des Grands Lacs, l'eau passe d'un lac à l'autre par des canaux avant de se jeter dans le Saint-Laurent qui rejoint l'océan Atlantique à plus de 1 609 kilomètres de là. Autour des lacs, se

trouve une extraordinaire variété d'écosystèmes, comprenant des marais côtiers, des rivages rocheux, des prairies, des savanes, des forêts, des marécages et d'innombrables terres inondées. Les plus grandes dunes d'eau douce au monde bordent les rives du lac Michigan et plus de 30 000 petites îles constellent la surface du lac Huron. Avec 180 espèces de poissons, dont l'achigan, le brochet du Nord, le corégone, le cisco, le doré jaune et la truite de lac, les Grands Lacs sont aussi un remarquable site de pêche. Les eaux du lac Érié, les plus chaudes et les plus riches d'un point de vue biologique, sont considérées comme le meilleur site de pêche au sandre. Les vertes forêts de feuillus autour des Grands Lacs abritent une faune sauvage très riche, avec entre autres le cerf à queue blanche, le castor, le rat musqué, la belette, le renard, l'ours noir, le lynx roux, le loup et l'orignal. Plus de 30 millions de personnes vivent sur leurs rivages dans huit États des États-Unis (Minnesota, Wisconsin, Illinois, Indiana, Michigan, Ohio, New York et Pennsylvanie) et dans la province canadienne d'Ontario. JK

CI-DESSOUS : *La véritable dimension des Grands Lacs apparaît clairement sur cette photo des rives du lac Supérieur.*

ÉTATS-UNIS

LA CHAÎNE DE BROOKS RANGE

ALASKA, ÉTATS-UNIS

Brooks Range longueur : 1 000 km
Point culminant : 2 600 m
Superficie du Gates of the Arctic National Park : 3 428 823 ha

La chaîne de Brooks Range, en Alaska, constitue la portion la plus septentrionale des Rocheuses. Il s'agit d'une véritable étendue sauvage, une réserve qui abrite entre autres des grizzlis et des ours noirs, des mouflons de Dall, des loups, des orignaux et des caribous. Les pentes méridionales du massif sont couvertes par une forêt boréale squelettique, tandis que la toundra gelée du versant nord forme l'Alaskan North Slope. Ici toutes les plantes poussent en restant près du sol, où les effets des vents glaciaux et desséchants se font moins ressentir. En hiver, la température chute à – 9 °C. C'est ici aussi que, chaque année, une population estimée à 160 000 caribous se déplace rappelant la grande migration du Serengeti, en Afrique. Surnommés « le troupeau de la Porcupine » car ils hivernent dans les vallées qui alimentent la Porcupine River, ils émigrent chaque année vers le Nord, en direction des plaines côtières où ils mettent bas. La partie occidentale de Brooks Range est protégée par le Gates of the Arctic National Park and Preserve, qui doit son nom au passage entre Boreal Mountain et Frigid Crags, les « portes de l'Arctique ». Les agglomérations sont peu nombreuses et éloignées. **MB**

LES CHUTES DE LA RIVIÈRE MCNEIL

ALASKA, ÉTATS-UNIS

Zone protégée : McNeil River State Game Sanctuary
Superficie : 46 298 ha
« Roi des chutes » : l'ours mâle de McDougall (plus de 500 kg)

En juillet et août, plus d'une centaine d'ours bruns de Kodiak se dirigent vers la rivière McNeil, à 402 kilomètres au sud-ouest d'Anchorage, en Alaska. Ils partent pêcher, profitant de l'afflux de saumons chums qui, à cette période de l'année, remontent le cours d'eau pour frayer. Les saumons sont ralentis par les chutes McNeil, et c'est là que l'on peut voir chaque jour 30 à 40 ours écopant les poissons avant de les dévorer. On a pu observer jusqu'à 70 ours réunis, le nombre d'individus repérés dans le secteur s'élevant à 144 pendant la saison. Ils se rassemblent dans la cataracte et autour, les uns se perchant au bord de l'eau, d'autres s'asseyant ou se tenant debout dans la rivière. Un des plantigrades pratique même la pêche en plongée. Les plus jeunes courent et sautent à plat ventre mais attrapent peu de poissons contrairement aux adultes – une femelle prend en moyenne 34 kilos de saumon par jour. On accède au site par avion à partir d'Homer, à 161 kilomètres de là, et seulement 250 personnes – choisies par tirage au sort – sont autorisées à pénétrer dans la zone chaque saison. **MB**

LE MONT KATMAI

ALASKA, ÉTATS-UNIS

Altitude du mont Katmai : 2 047 m
Altitude du Novarupta : 841 m
Vallée des Ten Thousand Smokes :
20 km de long, 3 à 9 km de large

Le 7 juin 1912, une terrible éruption, dans l'île de Kodiak, illumina le ciel comme en plein jour. On estime que 33 millions de tonnes de débris furent projetés vers le ciel. Ce n'est qu'en 1915 puis 1916 que des expéditions se rendirent sur place pour comprendre ce qui s'était passé. Elles ne trouvèrent rien de vivant, seulement de la boue et des cendres. Le sommet du mont Katmai avait disparu. Il ne reste plus aujourd'hui qu'une gigantesque caldeira de 13 kilomètres de diamètre et de 1 128 mètres de profondeur, remplie par un lac aux eaux bleu-vert. Une des expéditions découvrit à proximité une vallée abritant un volcan qui avait drainé de la roche en fusion du mont Katmai et ainsi provoqué l'effondrement de son sommet. Ce nouveau volcan, appelé Novarupta, était en fait la cause de toute cette violente activité. Il recouvrit la vallée sous une couche de cendre épaisse de 215 mètres et une vapeur sulfureuse, provenant de la rivière enterrée, s'échappait des fissures. C'est pour cette raison que l'endroit fut appelé la vallée aux « dix mille fumées ». De nos jours, il subsiste peu de fumerolles, mais la vallée est restée désertique. Elle a été classée monument national en 1918. **MB**

BEAR GLACIER

ALASKA, ÉTATS-UNIS

Largeur du Bear Glacier (glacier de l'Ours) : 3,2 km
Profondeur : 1 220 m
Hauteur annuelle des chutes de neige : 203 cm

Bear Glacier (glacier de l'ours) fait partie des 30 somptueux glaciers qui s'écoulent du Harding Icefield, dans le Kenai Fjords National Park, en Alaska. Il est le seul qui ne se jette pas dans la mer puisqu'il finit sa course dans un lagon d'eau douce. Le lagon est rempli par des icebergs de formes extraordinaires qui font partie des plus gros icebergs d'Alaska.

C'est en bateau que l'on peut le mieux observer le glacier et ses icebergs. Certaines compagnies d'excursion mettent des kayaks à la disposition des visiteurs pour qu'ils puissent s'approcher des icebergs et entendre le bruit des gouttes que fait la glace en fondant. L'eau du lagon s'écoule dans Resurrection Bay, en formant une traînée d'un blanc laiteux dans l'eau de mer. On peut voir très distinctement la limite entre l'eau blanche et froide issue de la fonte du glacier et le bleu de l'océan. La baie représente un paradis sauvage pour les orques, les baleines à bosse, les otaries et les loutres de mer. Des milliers d'oiseaux de mer comme les macareux, les guillemots marmettes et les aigles font leur nid dans les falaises escarpées qui la surplombent. JK

LE GLACIER MENDENHALL

ALASKA, ÉTATS-UNIS

Plus haute altitude : 1 676 m
Plus basse altitude : 30 m
Hauteur moyenne annuelle des chutes de neige : 30 m

Le glacier Mendenhall n'est qu'un des trente-huit grands glaciers qui constitue le Juneau Icefield, au sud-ouest de l'Alaska. Cette énorme étendue de glace qui couvre plus de 3 885 km² était connue des peuples vivant dans la région sous le nom de « maison des esprits ». Le naturaliste John Muir a décrit Mendenhall comme un des plus beaux glaciers de tout l'Alaska. C'est aussi le plus accessible, glace bleutée aussi grands que des immeubles se séparent sans prévenir du front du glacier et s'effondrent brusquement dans les eaux du lac. Celui-ci est réputé pour ses grands icebergs flottants. À l'arrivée, le glacier fait plus de 60 mètres d'épaisseur, avec plus de 30 mètres émergeant au-dessus de l'eau et 30 autres mètres sous la surface. Le glacier Mendenhall, ainsi que l'ensemble du Juneau Icefield, a commencé à se former il y a plus de 3 000 ans et sa croissance s'est poursuivie jusqu'à la fin du XVIIIe siècle. Depuis cette époque, il recule lentement, en raison d'un renouvellement de la glace moins rapide que sa fonte dans sa partie

Le naturaliste John Muir a décrit Mendenhall comme l'un des plus magnifiques glaciers de tout l'Alaska. Ici, de gigantesques blocs de glace bleutée de la taille d'immeubles se détachent subitement et basculent dans l'eau glacée.

de par sa situation à seulement 21 kilomètres de Juneau par la route. Le climat maritime de cette région assure au glacier des chutes de neige dépassant chaque année 30 mètres. Au fil du temps, la neige tassée qui se transforme en glace permet au glacier de se renouveler.

Comme tous les glaciers, Mendenhall est toujours en mouvement, une rivière gelée descendant les Coast Mountains sur 1 646 mètres de hauteur, à raison d'une soixantaine de centimètres chaque jour, tout en décapant le soubassement rocheux. Il faut 250 ans à la glace de ce glacier impressionnant pour parcourir les 21 kilomètres qui mènent de son sommet jusqu'à son terminus, dans le lac Mendenhall. Là, de gigantesques blocs de

inférieure. Depuis 1767, il a ainsi reculé de quatre kilomètres. À ce rythme, il lui faudra plusieurs siècles pour disparaître entièrement. Ce glacier porte le nom de Thomas Mendenhall, un éminent scientifique qui fut chargé du relevé de la frontière entre le Canada et l'Alaska. Les visiteurs plus téméraires peuvent louer un hélicoptère ou encore faire une excursion sur le glacier en traîneau tiré par des chiens. Les sentiers de randonnée autour du lac Mendenhall offrent des points de vue fabuleux. JK

À DROITE : *Le glacier Mendenhall, près de Juneau, en Alaska.*

LE GLACIER PORTAGE

ALASKA, ÉTATS-UNIS

Type de glacier : glacier de vallée
Superficie du glacier : 30 km²
Profondeur de Portage Lake : 244 m

On dit que l'Alaska doit se découvrir progressivement, une aventure à la fois ; il ne fait aucun doute que le glacier Portage, situé à 80 kilomètres au sud d'Anchorage, constitue un exemple des nombreuses beautés à explorer.

Ce magnifique glacier s'écoule des Chugach Mountains à l'extrême ouest de Prince William Sound. Il fait partie des quelque cent mille glaciers recensés en Alaska. On y accède facilement par la route, ce qui en fait une des destinations touristiques les plus populaires de l'État. Le voyage le long du Turnagain Arm de Cook Inlet est un émerveillement. Dans cette anse, on peut observer l'une des marées qui s'inverse le plus vite au monde et, alentour, quantité d'espèces sauvages dont le mouflon du Canada, l'orignal, le pygargue à tête blanche et l'ours noir. On aperçoit souvent des baleines bélugas dans les eaux froides de l'anse.

Le glacier Portage se termine sur un lac couvert d'icebergs, le lac Portage, qui s'est formé au fur et à mesure du retrait du glacier. La glace se détache régulièrement de la tête du glacier, renouvelant ainsi la population d'icebergs. De mai à septembre, un bateau part du Begich Boggs Visitors Center et emmène les touristes entre les icebergs jusqu'au front du glacier. JK

L'ARCHIPEL ALEXANDER

ALASKA, ÉTATS-UNIS

Nombre d'îles : 1 100
Superficie de l'archipel : 33 811 km²
Point culminant : 1 643 m (sur l'île de Baranof)

Voici l'archipel Alexander, une région remplie de péninsules et d'îles au large du sud-est de l'Alaska, où l'on peut voir, de mai à septembre, la plus importante communauté de baleines à bosse.

Leur manière de se nourrir est remarquable et implacable. Les baleines se réunissent en petites formations d'à peu près sept individus, où chaque membre occupe une place bien définie. Elles rassemblent leurs proies en les entourant d'un rideau cylindrique de bulles. Pour cela, elles plongent d'abord sous le banc de poissons pendant deux minutes et demie, le temps de souffler leurs bulles. Surpris par la lumière qui se réfléchit sur les bulles d'air, les poissons se regroupent au centre de ce « filet de bulles ». À cet instant, une baleine émet un cri assourdissant qui panique les poissons ; ses congénères remontent vers le centre du cylindre, la gueule grande ouverte, en avalant une bouillabaisse de poissons et d'eau de mer. Alors qu'elles jaillissent à la surface, les poissons s'enfuient dans toutes les directions en une tentative désespérée d'échapper aux gueules caverneuses. C'est un spectacle extraordinaire que l'on peut observer depuis les nombreux bateaux qui sillonnent ces eaux chaque été. MB

LA BAIE DES GLACIERS

ALASKA, ÉTATS-UNIS

Superficie : 905 km²
Altitude du mont Fairweather : 4 670 m

En 1794, lorsque le capitaine George Vancouver du *HMS Discovery* visita l'endroit, il lui fut totalement impossible d'y reconnaître une baie. Il ne vit, au contraire, que la paroi d'un énorme glacier, de 16 kilomètres de large par 100 mètres de haut. En 1879, lorsque le naturaliste américain John Muir s'y rendit à son tour, le glacier avait déjà reculé de 77 kilomètres, laissant derrière lui ce que l'on appelle « la baie des Glaciers ». Aujourd'hui, cette baie fait partie du Glacier Bay National Park, qui comprend des fjords, des forêts et seize glaciers géants à cheval sur la frontière entre les États-Unis et le Canada. Les glaciers reculent d'environ 400 mètres chaque année. Chaque été, d'énormes icebergs s'en détachent pour s'abattre dans l'océan Pacifique.

En toile de fond, on aperçoit les montagnes, dont le mont Fairweather, le plus haut sommet de la région. L'endroit regorge de mammifères marins mais les baleines à bosse représentent l'attraction principale. Elles remontent chaque été de leur zone de reproduction en Californie, pour se nourrir dans ces eaux poissonneuses. Elles se regroupent pour se nourrir, jaillissant à la surface en une explosion de gueules béantes et de nageoires battant l'air. **MB**

LE MONT MCKINLEY

ALASKA, ÉTATS-UNIS

Nom indien : Denali (La Haute)
Hauteur du mont McKinley : 6 194 m
Première ascension : 1913

Le mont McKinley domine l'Alaska avec cinq glaciers géants sur ses flancs et des douzaines de champs de neige permanents épais de centaines de mètres. Plus de la moitié de la montagne est enterrée sous la neige et la glace. Sur son versant sud, ce géant s'élève jusqu'à 5 486 mètres en à peine 19 kilomètres soit une déclivité plus importante que le mont Everest. On peut avancer qu'en termes de variation d'altitude, le McKinley représente la plus grande ascension au monde.

Cette montagne fait partie de la chaîne de l'Alaska Mountain Range, longue de 966 kilomètres dont la formation remonte à 65 millions d'années. La plupart des montagnes environnantes sont constituées de roches sédimentaires, mais le mont McKinley, lui, est le résultat d'un soulèvement d'une masse de granit et de schistes. Très prisée des alpinistes, son ascension ne présente pas de difficultés techniques particulières, si ce n'est les terribles conditions météorologiques, la température pouvant chuter jusqu'à – 71 °C. Cette montagne se trouve au cœur du Denali National Park, l'une des réserves naturelles américaines. **JK**

CI-DESSOUS : *Les sommets coiffés de neige du mont McKinley.*

LE DÉTROIT DE BÉRING

ALASKA, ÉTATS-UNIS / SIBÉRIE, RUSSIE

Superficie du bassin de Chirikov : 22 000 km²
Superficie de la zone de repas des baleines grises : 1 200 km²

Au sud du détroit de Béring, l'étendue d'eau qui sépare le continent russe de l'Amérique du Nord dans l'Arctique, porte le nom de bassin de Chirikov. Il abrite en permanence des morses, des baleines bélugas, des narvals et des phoques, mais en été ses visiteurs les plus remarquables sont les baleines grises, dont la population s'élève à 22 000 individus. Ces dernières remontent de leurs sites de reproduction hivernaux plus au sud, et restent dans le bassin pendant cinq mois pour se nourrir. Les baleines grises se distinguent des autres baleines par leur manière de chercher leur nourriture au fond de l'océan. Elles avalent d'énormes bouchées de vase remplies des petits crustacés. D'avion, on peut apercevoir les grandes saignées dans les hauts fonds aux endroits où les baleines ont creusé leurs profonds sillons. Ces derniers font de 1 à 5 m² sur 10 centimètres de profondeur. Ce fond boueux abrite aussi des coquillages très prisés des 200 000 morses qui vivent dans le secteur. Ils creusent de longues tranchées dans lesquelles ils détectent les crustacés grâce à leurs moustaches très sensibles, puis ils les aspirent. Les bateaux qui sillonnent le bassin chaque été permettent de profiter du spectacle. **MB**

LE MONT RAINIER

WASHINGTON, ÉTATS-UNIS

Altitude : 4 392 m
Type de volcan : mixte (hautement explosif)
Superficie du Mount Rainier National Park : 954 km²

Le mont Rainier est le point culminant de la chaîne Cascade Mountain Range, s'élevant à 4 800 mètres. Il est également deux fois plus haut que les montagnes avoisinantes, ce qui en fait un point de repère de l'État de Washington.

Toujours en activité – la dernière éruption de ce volcan remonte à un siècle et demi – le mont Rainier affiche encore une belle jeunesse avec son petit million d'années. Ses pentes revêtues d'un manteau de neige et de glace couvrent une surface impressionnante de 91 km² et surplombent de vertes forêts de sapins et de pruches du Canada. Sur la partie inférieure se trouvent des prairies alpines et des bruyères subalpines remontant à la fin de la dernière glaciation. On y voit également de superbes massifs de forêt ancienne comportant des arbres âgés d'un millier d'années. Le mont Rainier, qui occupe le centre du Mount Rainier National Park, est un paradis pour les campeurs et les randonneurs en été, et pour le ski et les promenades en raquettes l'hiver. Cette région de forêt pluviale tempérée reçoit suffisamment de précipitations pour alimenter 382 lacs ainsi que 470 rivières et ruisseaux. JK

À DROITE : *Le mont Rainer derrière le lac Réfléchissant.*

GRAND COULEE

WASHINGTON, ÉTATS-UNIS

Longueur : 80 km
Largeur : 9,7 km
Profondeur : 274 m

Grand Coulee est une des plus récentes curiosités naturelles d'Amérique du Nord. Ce remarquable canyon est la plus imposante des coulées qui coupent le plateau de Columbia, à l'est de l'État de Washington. Pendant longtemps, ce canyon a laissé perplexes les chercheurs, quant à sa formation. Ses parois escarpées et sa topographie accidentée attestent de sa jeunesse et, contrairement à ce qu'on avait d'abord pensé, elles ne pouvaient être le résultat de millions d'années d'érosion par un cours d'eau. En fait, non seulement Grand Coulee est totalement aride, mais son fond suit une pente opposée à celle de l'ensemble du plateau de Columbia. C'est finalement un jeune scientifique, J. Harlen Bretz, qui trouva la réponse : Grand Coulee a été créée lors de la dernière glaciation par les plus grandes inondations jamais enregistrées. À des intervalles d'une cinquantaine d'années, un gigantesque mur d'eau de plus de 610 mètres de haut enfonça un barrage de glace dans les montagnes Rocheuses et dévala en cascade à travers tout l'État de Washington pour se jeter dans l'océan Pacifique. La forte pression de l'eau éventra le soubassement rocheux, créant les coulées que nous voyons aujourd'hui. JK

LES DRY FALLS

WASHINGTON, ÉTATS-UNIS

Hauteur des Dry Falls (chutes sèches) : 122 m
Largeur des chutes : 6 km
Type de roche : basalte volcanique

Situées au milieu du canyon de Grand Coulee, les Dry Falls furent à une époque la plus grande cascade au monde ; aujourd'hui, il s'agit d'une falaise de 6 kilomètres de large par 122 mètres de haut. Plus une seule goutte d'eau ne s'écoule des Dry Falls, mais il y a 15 000 ans de gigantesques inondations franchirent un énorme barrage de glace au nord-est pour se ruer en grondant à travers le paysage. Les eaux éventrèrent le soubassement rocheux situé à une vingtaine de kilomètres plus au sud, érodant la falaise pour la faire reculer jusqu'à son emplacement actuel.

C'est le même phénomène d'érosion que nous pouvons observer de nos jours aux chutes du Niagara (Canada), à la différence qu'aux Dry Falls chacune des inondations n'aurait duré qu'une journée. À leur plus forte puissance, les eaux tombaient de cette cataracte sur 305 mètres de haut avec un débit dix fois plus important que celui de Niagara.

Aujourd'hui, les Dry Falls surplombent un paysage désertique avec quelques lacs paisibles à sa base. Pour un observateur non prévenu, il paraît impossible que cet endroit extraordinaire soit né d'un tel déchaînement de violence. **JK**

UPPER SKAGIT RIVER

WASHINGTON, ÉTATS-UNIS

Heures d'ouverture des sites d'observation : du lever au coucher du soleil (lundi, vendredi, samedi et dimanche)
Festival de l'Upper Skagit River Bald Eagle : début février
Pygargues à tête blanche : plus de 400

Upper Skagit River est un endroit inhospitalier – de la glace se forme sur les bords de la rivière, le ciel est uniformément gris et de gros flocons de neige tombent pour s'amonceler sur le sol. Perchées dans les arbres longeant la berge, on aperçoit des myriades de formes brunes et blanches. Ce sont les pygargues à tête blanche ; ils se rassemblent ici par centaines (certains jours, on peut en compter jusqu'à 400), se perchent dans les branches des peupliers, en attendant que les milliers de saumons épuisés par le frai, mourants ou même morts, soient rejetés de leurs lieux de reproduction dans le cours supérieur de la rivière.

Venus de régions aussi éloignées que le Yukon ou l'Alaska, les aigles font leur apparition quinze jours après le frai des saumons. Ils sont attirés par la nourriture « facile », mais ils s'affronteront pour une simple carcasse. Au cours de leurs combats en vol, ils se livrent à d'extraordinaires acrobaties – les victimes tombent sur le dos. L'apogée de toute cette activité se situe entre fin décembre et début janvier et il ne faut surtout pas manquer de visiter le centre de découverte du Skagit River Bald Eagle, à Rockport. **MB**

LE MONT SAINT HELENS

ORÉGON / WASHINGTON, ÉTATS-UNIS

Hauteur du mont Saint Helens : 2 549 m

Largeur à sa base : 9 km

Type de volcan : mixte (hautement explosif)

Le mont Saint Helens est le plus récent et le plus actif des volcans coiffés de neige qui dominent le nord-ouest du Pacifique. Le 18 mai 1980, il entra subitement en éruption causant la plus grande catastrophe volcanique de toute l'histoire des États-Unis. Son sommet fut abaissé de 400 mètres ; le plus grand glissement de terrain au monde combla des vallées et des lits de cours d'eau, quant au flux pyroclastique, il carbonisa plus de 596 km^2 de forêt. Cependant l'histoire du mont Saint Helens est, littéralement, celle de la vie se relevant des cendres. Il est possible de visiter le volcan et de voir les marques de destruction, mais aussi le pouvoir de récupération de la terre. Le volcan et ses alentours ont été classés monument national.

En roulant jusqu'à Windy Ridge, à l'observatoire de Johnston Ridge, on pourra admirer l'intérieur du cratère. À condition d'en avoir demandé l'autorisation, il est possible d'escalader le sommet du volcan et d'en explorer le cratère. La plus importante éruption depuis 1980 s'est produite le 1er octobre 2004 – elle vomit dans le ciel une colonne gris pâle de vapeur et de cendre pendant 24 minutes. JK

MASSACRE ROCKS

IDAHO, ÉTATS-UNIS

Superficie du Massacre Rocks State Park : 400 ha
Classement en parc national : 1967
Altitude du Massacre Rocks : 1 340 m

Au milieu du XIXe siècle, lorsque les convois de chariots en route vers l'ouest approchaient de cette brèche dans les rochers, ils s'apprêtaient à essuyer les attaques des Indiens Shoshone. Ainsi, les 9 et 10 août 1862, dix émigrants y furent tués ; ce passage naturel fut surnommé Gate of Death – la porte de la mort – ou Devil's Gate – la porte du diable –, et les collines rocheuses devinrent les Massacre Rocks. L'endroit se trouve dans la plaine de la Snake River et faisait alors partie de l'Oregon Trail. À proximité, Register Rock était une halte de repos pour les voyageurs.

La Devil's Gate Pass est tout ce qui subsiste d'un volcan basaltique. Le col lui-même fut découpé à l'époque de la Bonneville Flood, il y a environ 15 000 ans, lorsque les eaux du lac Bonneville se ruèrent à travers le passage dans ce qui est devenu le canal de la Snake River. L'importance du flux a été estimée à quatre fois celle du flux actuel de l'Amazone, ce qui en fait l'une des plus importantes et violentes inondations de l'histoire. Les blocs rocheux basaltiques qu'elle arracha et emporta sont maintenant éparpillés dans tout le paysage de l'Idaho. Les Massacre Rocks se trouvent à 16 kilomètres à l'ouest des American Falls. **MB**

LE LAC SAINT MARY

MONTANA, ÉTATS-UNIS

Longueur du lac Saint Mary :
14,5 km

Largeur maximale du lac : 1,6 km

Saint Mary est un magnifique lac glaciaire aux eaux bleues dans un des décors les plus parfaits. Encaissé sur trois côtés par les escarpements des montagnes Rocheuses, il s'ouvre par son rivage oriental sur une prairie ondoyante et des collines boisées. Le lac fait partie du Glacier National Park, dans le nord du Montana. Alimentées par la fonte des neiges des montagnes environnantes, les eaux du lac Saint Mary sont exceptionnellement transparentes. Ce lac se situe à l'est de la Continental Divide, la ligne de partage des eaux, qui traverse le Glacier National Park. Le plus gros des précipitations apportées par les vents d'ouest dominants tombant sur le versant occidental de cette ligne, la portion est du parc est abritée de la pluie par les montagnes, et donc plus aride. Les vents qui descendent des montagnes soufflent en quasi-permanence, rendant la navigation sur le lac particulièrement sportive. Des pistes de randonnée partent du plan d'eau et mènent à des paysages spectaculaires. Avec ses truites grises, truites arc-en-ciel, truites fardées et autres ciscos le lac est un site de rêve pour les pêcheurs. JK

CI-DESSOUS : *Les rayons du soleil illuminent le lac Saint Mary.*

NATIONAL BISON RANGE

MONTANA, ÉTATS-UNIS

Superficie du National Bison Range (Espace National des Bisons) : 75 km²
Nombre de bisons : 350 à 500
Point culminant : 1 402 m

National Bison Range, situé dans les montagnes Rocheuses du Montana, est une des plus anciennes réserves naturelles des États-Unis. Il abrite quelques-uns des tout derniers bisons des plaines, dont la population est passée de cinquante millions de têtes à moins d'un millier. La réserve comprend un groupe de collines magnifiques dans la superbe Flathead Valley et offre une grande diversité d'écosystèmes tels que prairie, steppe, forêt alpine, terres inondées et zones boisées en fond de rivière. Après avoir gravi le Red Sleep Drive sur 610 mètres, on accède au point le plus élevé du Range d'où l'on peut voir les sommets qui l'entourent. Ici, les bisons sont l'attraction principale. La période de la reproduction, de la mi-juillet à la fin août est un des moments les plus propices aux visites. Les veaux naissent entre mi-avril et fin mai. Les bisons sont des animaux robustes et leur lourde toison est si épaisse et si bien isolée que la neige qui s'y accroche ne fond pas. Le Range héberge également cinquante espèces d'autres mammifères, parmi lesquels le lion de montagne, le wapiti, l'ours noir et le coyote. JK

🏛 ⊕ LE LAC McDONALD

MONTANA, ÉTATS-UNIS

Longueur du lac McDonald : 20 km	
Largeur du lac : 1,6 km	
Profondeur du lac : 144 m	

Le lac McDonald, au nord du Montana, est le plus grand lac du Glacier National Park. Surplombé sur trois côtés par les Rocheuses, qui s'élancent à 2 000 mètres dans le ciel, il offre un contraste entre la blancheur des glaciers alpins qui enserrent les sommets découpés des montagnes et le vert des forêts luxuriantes qui couvrent le bas des pentes. Il doit son nom « McDonald » à un marchand appelé Duncan McDonald qui grava son nom sur un bouleau en bordure du lac en 1878.

Le bassin du lac a été creusé par un glacier géant qui, à une époque, remplissait entièrement la vallée. La chaîne de Lewis Mountain Range à l'est du lac représente la ligne de partage des eaux : elle joue le rôle d'une barrière pour les nuages, maintenant l'humidité qui a permis l'épanouissement d'une épaisse forêt de cèdres rouges et de pruches du Canada. Le lac est un moyen idéal pour explorer le Glacier National Park et ses soixante grands glaciers alpins. Le millier de cascades du parc et les superbes prairies alpines couvertes de fleurs sauvages sont remarquables. Autour du lac, on peut rencontrer le mouflon des montagnes Rocheuses, le chamois, le pygargue à tête blanche et, parfois, le grizzly. **JK**

MAHAR POINT

MAINE, ÉTATS-UNIS

Vitesse du courant : 14 nœuds
Largeur : 274 m
Longueur : 800 m

Mahar Point, sur la côte du Maine, offre un point de vue parfait pour observer les « chutes inversées » de Cobscook Bay. Le nom « Cobscook » est issu d'un mot indien local qui signifie « marées bouillonnantes ». Deux fois par jour, la marée déferle par un étroit canal de 274 mètres qui relie Cobscook Bay à deux baies plus petites, Whiting et Dennys Bay. Lorsque la marée s'inverse, elle reflue en empruntant le même chemin. Ici, l'amplitude des marées est énorme, 6 mètres environ, et la vitesse du flux s'élève à 14 nœuds. L'eau s'engouffrant dans le détroit passe par un entonnoir de rochers en saillie de 800 mètres de long qui provoque cette inversion des chutes. Pendant six heures, l'eau rugit dans le détroit jusqu'à marée haute. Puis, lorsque le sens de la marée s'inverse, le courant augmente à nouveau, le niveau de l'eau baisse et, en moins de dix minutes, le clapotis et l'écume réapparaissent autour des rochers. Mahar Point se trouve sur la partie ouest de la baie de Fundy, où l'on observe les plus fortes marées du globe. Pour apercevoir l'inversion des chutes, il faut être sur les lieux une heure avant la marée haute. Il est également possible d'apercevoir des pygargues à tête blanche, des balbuzards pêcheurs et des phoques. **JK**

OLD SOW WHIRLPOOL

MAINE, ÉTATS-UNIS / NEW BRUNSWICK, CANADA

Diamètre du Old Sow Whirlpool (Tourbillon de la vieille truie) : 76 m
Volume des marées : 1,13 billion m³
Vitesse du courant : 11 km/h

Le Old Sow Whirlpool est le deuxième plus grand tourbillon au monde par la taille. Il se forme dans un étroit détroit, appelé Western Passage, dans la baie de Passamaquoddy. Ce tourbillon atteint 76 mètres de diamètre. Il fait partie d'une plus vaste zone, de 11 kilomètres de large, de flots océaniques agités par des courants violents, des remous et des tourbillons, phénomènes que l'on regroupe sous le nom de « Piglets ». Le Old Sow est dû à la topographie inhabituelle de la baie, et apparaît lorsque les flots de la marée montante y pénètrent. La position de la Deer Island par rapport à la côte du Maine oblige la marée à prendre un virage à angle droit. Les eaux de la marée heurtent alors de plein fouet une montagne sous-marine. Un contre-courant venu du nord et dû à la St. Croix River renforce le chaos. La zone du Old Sow commence à s'agiter trois heures environ avant la marée haute, et le phénomène dure deux heures. L'origine du nom Old Sow est controversée, l'une des explications serait que le mot « sow » se rapproche du mot anglais « sough » qui renvoie à un bruit de succion ou de tuyau de canalisation. L'endroit idéal pour observer Old Sow depuis la terre se situe à la pointe sud de la Deer Island. **JK**

LE LAC DU CRATÈRE

ORÉGON, ÉTATS-UNIS.

Diamètre du lac du Cratère : 8 km
Hauteur de ses flancs : 600 m
Altitude : 1 882 m

En 1902, le Lac du cratère devint le cinquième parc national des États-Unis. Il s'agit d'une vaste caldeira, créée par l'effondrement volcanique violent il y a plus de sept mille ans d'un sommet à plusieurs cratères appelé Mount Mazama. De nos jours, un lac paisible remplit le cratère, mais de ses eaux émergent un cône volcanique de lave et de cendre, Wizard Island (l'île du sorcier), un rappel de ce qui pourrait se cacher dessous, et une autre île – Phantom Ship (le bateau fantôme) –, couverte d'aiguilles rocheuses et d'arbres squelettiques. La légende raconte que le mont Mazama fut le champ de bataille entre le Chef du Monde d'en haut et le Chef du Monde d'en bas. Les rochers volèrent, des forêts s'enflammèrent, des tremblements de terre secouèrent la région… Aujourd'hui, le lac mesure 589 mètres de profondeur. L'évaporation estivale est compensée par les chutes de neige et de pluie en hiver. Le Lac du cratère est situé dans la chaîne des Cascades à une altitude de 1 882 mètres ; quinze mètres de neige y tombent chaque hiver, un long hiver qui dure de septembre à juillet. MB

LES CHUTES DE MULTNOMAH

ORÉGON, ÉTATS-UNIS

Hauteur des chutes Multnomah : 189 m
Largeur des chutes : 9 m
Forme : cascade à étages

Sur Larch Mountain, les chutes de Multnomah plongent dans la Columbia River Gorge par un précipice à couper le souffle d'une hauteur de 189 mètres, ce qui en fait la deuxième plus haute cascade permanente des États-Unis. Elle se compose de deux cataractes séparées par un petit bassin. Beaucoup plus haute, la partie supérieure est plus fine et plus longue alors que la partie inférieure est plus large et plus forte. Alimentées par des sources souterraines transparentes comme le cristal, leurs eaux descendent de la montagne dans Multnomah Creek et, à partir de là, tombent en cascade d'une manière spectaculaire. Le débit des chutes est à son maximum en hiver et au printemps, mais un temps particulièrement froid peut transformer ce spectacle d'eau en une extraordinaire chandelle de glace.

Sur la façade de la falaise, on distingue parfaitement cinq coulées différentes de lave basaltique qui témoignent de la formation, il y a douze à seize millions d'années, de cet endroit par d'importantes remontées de magma. Une légende indienne raconte l'histoire d'une jeune vierge qui se jeta du haut de cette falaise, s'offrant en sacrifice au Grand Esprit pour qu'il sauve son peuple d'une épidémie dévastatrice. Son père implora ensuite le Grand Esprit d'envoyer un signe lui prouvant que sa fille avait bien été accueillie dans la terre des esprits. Presque immédiatement, un ruisseau blanc argenté jaillit de la forêt par-dessus la falaise en une haute et superbe cascade.

Renommées pour leur beauté, les chutes de Multnomah représentent l'attraction touristique principale de l'Orégon. Un pont, l'élégant Benson Bridge, traverse les chutes entre les cataractes supérieure et inférieure. Il a été construit par des maçons italiens en 1914 et

> *Renommées pour leur beauté, les Multnomah Falls représentent l'attraction touristique principale de l'Orégon. Il s'agit de la deuxième plus haute cascade permanente des États-Unis.*

porte le nom de Simon Benson, le premier propriétaire des chutes. Les visiteurs les plus téméraires peuvent remonter un étroit sentier sinueux jusqu'au sommet des chutes qu'enjambe une plate-forme d'observation en bois. D'ici, on a une vue plongeante sur les chutes, à l'endroit où les eaux s'envolent pour entamer leur longue descente. On peut aussi profiter des petits rapides et cascades à l'endroit où le ruisseau émerge des bois avant de se diriger vers le bord de la falaise. Et le superbe point de vue que l'on a sur la Columbia River Gorge mérite de faire l'effort de monter jusque-là. HL

À DROITE : *Le Benson Bridge, d'où les visiteurs jouissent d'une excellente vue sur les chutes de Multnomah Falls.*

LE MONT HOOD

ORÉGON, ÉTATS-UNIS

Altitude du mont Hood : 3 426 m
Âge : 500 000 ans
Type de volcan : mixte (hautement explosif)

S'élevant à 3 426 mètres, le mont Hood est la plus haute montagne d'Orégon et un des sommets les plus prisés des alpinistes sur la côte nord-ouest du Pacifique. Douze glaciers lui assurent sa blancheur tout au long de l'année. Situé à seulement 72 kilomètres à l'est de Portland, ce volcan attire les randonneurs en été et les skieurs l'hiver. En 1792, un membre de l'expédition navale du capitaine George Vancouver lui donna le nom de l'amiral britannique Samuel Hood, mais les Indiens du Nord-Ouest l'appelaient traditionnellement « Wy'East ». Le cône principal de ce volcan s'est formé il y a à peu près 500 000 ans. Les scientifiques s'accordent à dire que, comme tous les volcans de la Cascade Range, le mont Hood est simplement au repos. Sa dernière éruption importante eut lieu entre 1754 et 1824, quand des glissements de boue et des coulées pyroclastiques dévalèrent son versant sud. Niché dans son cratère, un dôme de lave fumante appelé Crater Rock coiffe la roche en fusion qui bouillonne en dessous. Crater Rock mesure 400 mètres de diamètre par 170 mètres de haut. Des fumeroles chaudes le long de sa base émettent des vapeurs sulfureuses.

Le secteur autour du mont Hood a été décrété réserve naturelle, et regorge d'espèces sauvages. JK

LA COLUMBIA RIVER GORGE

OREGON, ÉTATS-UNIS

Longueur de la Columbia River Gorge : 128 km
Profondeur : 1 219 m
Âge : dix millions d'années.

Autrefois réputée comme la partie la plus traîtresse de l'Oregon Trail, la Columbia River Gorge est un spectaculaire canyon créé par une rivière qui coupe à travers la Cascade Mountain Range. Elle regorge de merveilles spectaculaires avec des perspectives de la rivière, des cascades, des falaises de basalte escarpées, des montagnes aux sommets enneigés et des forêts verdoyantes. Au cours des dix derniers millions d'années, la Columbia River a laissé son empreinte sur cette superbe gorge. Sa force a été suffisante pour éroder le dur basalte qui recouvre toute la région. Il y a environ 15 000 ans, de gigantesques inondations causées par la fonte de calottes glaciaires continentales, élargirent et creusèrent la gorge en se ruant vers le nord-est à une vitesse de 136 kilomètres par heure. Des fouilles archéologiques au milieu de la gorge, à Five Mile Rapids, ont permis de découvrir des preuves d'une présence humaine remontant à plus de 10 000 ans.

Les amateurs de beaux paysages pourront emprunter la Historic Columbia River Highway qui serpente le long du canyon. En suivant cette route, en particulier à l'extrémité ouest de la Columbia Gorge, on peut admirer de nombreuses cascades spectaculaires. La portion sud en comporte soixante-dix à elle seule. **JK**

LES BADLANDS

DAKOTA DU SUD, ÉTATS-UNIS

Superficie : 989 km²
Âge : cinq millions d'années

Les Badlands du Dakota du Sud sont un chef-d'œuvre naturel sculpté par le vent et l'eau. Ce paysage recèle une profusion de buttes, de crêtes et de flèches rocheuses creusées dans un plateau sous-jacent de sédiments tendres et de cendres volcaniques. Les premiers colons donnèrent leur nom à ces « mauvaises terres », nom parfaitement adapté car il est presque impossible de faire pousser des récoltes sur ces collines ravinées. Les Badlands font maintenant partie du Badlands National Park, qui abrite aussi le plus grand espace en Amérique de prairie d'herbes mixtes. Les sédiments des Badlands ont commencé à se déposer il y a 75 millions d'années lorsque le déplacement des continents fit apparaître les montagnes des Black Hills à l'ouest. Du sable, du limon et de l'argile s'accumulèrent alors sur les plaines, ainsi que plusieurs couches de cendres volcaniques. Et ce, jusqu'à il y a 5 millions d'années, lorsque la White River par son travail d'érosion commença de révéler le paysage actuel. Les Badlands sont aussi un « gisement » de mammifères fossilisés, qui remontent à trente-cinq millions d'années. JK

CI-DESSOUS : *L'austère paysage des Badlands, dans le Dakota du Sud.*

LE CANYON SPEARFISH

DAKOTA DU SUD, ÉTATS-UNIS

Longueur du canyon : 32 km
Largeur : 1,6 km

Le canyon Spearfish a été décrit comme « le plus somptueux canyon de tout l'Ouest » par l'architecte américain le plus réputé, Frank Lloyd Wright. Il notait très justement que la plus grande part de cette magnificence tenait à la rencontre de quatre ensembles écologiques végétaux propres à l'Amérique du Nord : une forêt de pins des montagnes Rocheuses, une forêt de pruches du Canada, une forêt de trembles et de bouleaux, et une forêt de chênes et de peupliers. Les origines de ce canyon remontent à 62 millions d'années, mais la majeure partie de ce que nous voyons aujourd'hui a été créée au cours des 5 derniers millions d'années. Le canyon coupe à travers les Black Hills du Dakota du Sud et il comporte 17 ravins latéraux. Il est étroit, ne mesurant que 1,6 kilomètre de large. Le Spearfish Creek serpente à travers le canyon. Des affluents s'écoulent dans le cours d'eau principal, mais comme certains ne creusent pas la couche sédimentaire aussi rapidement, ils se retrouvent alors dans des vallées suspendues, leurs eaux tombant à la manière d'une cascade, ainsi par exemple les chutes Bridal Veil. Le canyon et les Black Hills furent parmi les dernières parties de l'Ouest américain à être colonisées. **JK**

LE PARC NATIONAL DE YELLOWSTONE

WYOMING, ÉTATS-UNIS

Superficie du parc national de Yellowstone : 9 000 km²
Hauteur de l'éruption du Old Faithful : jusqu'à 60 m
Âge des geysers : 600 000 années

Lorsque le président Grant en fit la déclaration en 1871, Yellowstone devint le premier parc national à être établi non seulement aux États-Unis, mais aussi dans le monde. C'est un endroit extraordinaire avec des canyons, des lacs, ses fameux geysers, des sources chaudes et des marmites de boue bouillante. Ses atouts naturels sont nombreux : une montagne de verre noir, connue sous le nom de « Falaise d'obsidienne », avec lequel les guerriers Shoshone taillaient leurs pointes de flèches ; des bassins de boue bouillante à Fountain Paint Pot ; des terrasses de calcite à Minerva Terraces ; le Grand Canyon de Yellowstone dans lequel tombe la Yellowstone River depuis le lac Yellowstone en une succession de chutes ; Specimen Ridge avec ses arbres pétrifiés ensevelis sous des cendres volcaniques ; et Grand Prismatic, la plus grande source chaude de Yellowstone, dont les eaux déploient un arc-en-ciel de couleurs. Mais ses attractions les plus célèbres sont les spectaculaires geysers, dont le plus connu est Old Faithful qui, toutes les 90 minutes, projette vers le ciel une fontaine d'eau chaude et de vapeur de 60 mètres de haut. Steamboat produit un jet encore plus haut, mais il se manifeste selon un rythme capricieux, pouvant varier de cinq jours à cinq ans. Riverside Geyser est réputé pour lancer une courbe de vapeur bouillante juste au-dessus de la Firehole River. Le responsable de toute cette activité est un dôme de roche en fusion situé à cinq kilomètres sous la surface : il fournit la chaleur qui transforme en vapeur l'eau filtrant à travers le sol et projette ces spectaculaires colonnes d'eau. Il y a environ 600 000 ans, cette bombe à retardement souterraine explosa lors d'une éruption cataclysmique qui recouvrit de cendres la plus grande partie de l'Amérique du Nord. La chambre volcanique s'effondra en laissant une immense caldeira. De petites éruptions crevèrent son plancher, la couvrant de lave et de cendres. Aujourd'hui, l'ensemble de ce complexe volcanique est à nouveau prêt à se manifester. Des panneaux explicatifs et des chemins bien balisés guident les visiteurs en toute sécurité. On peut aussi observer des espèces sauvages, s'approcher joue contre mâchoire du formidable bison, apercevoir des meutes de loups au loin et rencontrer parfois des grizzlys, des coyotes et des orignaux. **MB**

> *Yellowstone a été le premier parc national créé aux États-Unis et c'est un endroit extraordinaire avec des canyons, des lacs, des geysers, des sources chaudes et des marmites de boue bouillante.*

À DROITE : *L'eau jaillissant du Old Faithful atteint une hauteur de 60 mètres.*

LES SOURCES DE MAMMOTH

WYOMING, ÉTATS-UNIS

Dépôts de carbonate de calcium : 2 tonnes par jour
Débit moyen : 2 m³ par minute

Une cinquantaine de sources chaudes constituent le site de Mammoth, dans le parc national de Yellowstone. Bouillonnant à travers le soubassement crayeux, vivement colorées et à l'aspect extraordinaire, ces sources sont une véritable sculpture vivante. Leurs terrasses prennent des formes étranges et déploient un kaléidoscope de couleurs. L'eau bouillante dissout le tendre calcaire du lit rocheux qui se trouve en profondeur puis le dépose à la surface, quand l'eau refroidit, sous la forme de travertin. Ce dernier s'accumule de manière phénoménale (à une vitesse d'environ 2,5 centimètres d'épaisseur par an) et, aujourd'hui, certaines terrasses font 90 mètres de haut. Ce sont les dépôts minéraux qui donnent à chaque source son aspect unique, et tant que l'eau continue de couler, elles continuent leur métamorphose. Lorsqu'il se dépose, le travertin est blanc mais la chaleur des sources favorise le développement de certaines espèces de bactéries et d'algues qui confèrent aux terrasses leur palette de jaunes, de bruns et de verts. Les Mammoth Springs sont alimentées par la pluie et la neige qui tombent plus haut. Ces eaux de ruissellement froides s'infiltrent dans la terre où elles sont réchauffées par la chaleur provenant de la chambre magmatique avant de remonter à la surface. JK

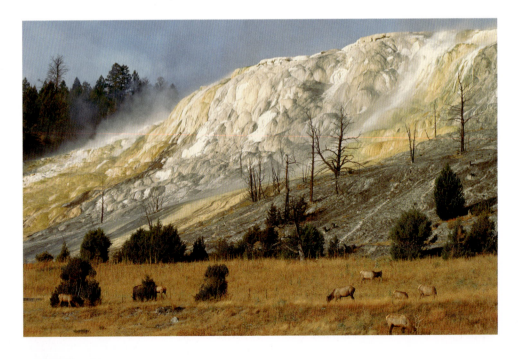

LE PARC NATIONAL GRAND TETON

WYOMING, ÉTATS-UNIS

Superficie : 1 248 km²
Classement en parc national : 1929 (agrandi en 1950)
Point culminant : Grand Teton (4 197 m)

Le parc national Grand Teton abrite quelques-uns des plus spectaculaires paysages de montagne des États-Unis. La chaîne de Teton Range, les plus hautes montagnes du Wyoming, s'élève brutalement du fond de la vallée de Jackson Hole. Ces sommets sont beaucoup plus jeunes que le reste des Rocheuses ; il y a 9 millions d'années, il n'y avait aucune montagne ici. Les glaciers se trouvent sur les hauts sommets, et avec ses 4 197 mètres Grand Teton est le plus élevé.

Entre autres grands mammifères, on aperçoit régulièrement le bison, l'orignal, le wapiti, le pronghorn et l'ours noir. Les grizzlys se rencontrent dans la partie nord du parc, et on peut voir des mouflons d'Amérique sur les hautes pentes. Des loups venant de Yellowstone y ont aussi été aperçus. Parmi les espèces d'oiseaux, citons le pygargue à tête blanche, le pélican blanc et le cygne trompette. La truite fardée de Snake River ne vit que dans la rivière qui s'écoule dans la vallée de Jackson Hole. Le parc national Grand Teton fut créé en 1929, puis agrandi en 1950. La meilleure période pour le visiter est de juin à septembre – en raison des chutes de neige, les lieux d'hébergement sont fermés le reste de l'année. RC

LA SOURCE THERMALE GRAND PRISMATIC ET LA RIVIÈRE FIREHOLE

WYOMING, ÉTATS-UNIS

Température moyenne : 75 °C
Profondeur de la source Grand Prismatic : 49 m
Débit de la source : 2 120 litres par minute

La rivière Firehole, dans le parc national de Yellowstone, traverse l'un des paysages les plus insolites et remarquables au monde. Rudyard Kipling l'a décrit comme « l'arpent de l'enfer ». Elle commence par une série de sources d'eau froide, juste au sud du geyser Old Faithful, et passe à travers une terre fumante de geysers et de sources chaudes qui change sa température et sa composition minérale.

est adapté à une étroite plage de températures ; des cyanobactéries (algues bleu-vert) qui aiment la chaleur prospèrent sur les terrasses chauffées de la source. Par temps ensoleillé, la vapeur qui s'élève au-dessus de la source Grand Prismatic réfléchit un arc-en-ciel que l'on peut apercevoir à 800 mètres de distance.

À proximité se trouve l'Excelsior Geyser, maintenant endormi mais qui fut le plus grand geyser au monde, propulsant son eau à 91 mètres vers le ciel. C'est aujourd'hui une source thermale très productive, qui déverse dans la rivière plus de 15 000 litres d'eau chaude par minute. La rivière Firehole doit son

> *La rivière Firehole, dans le parc national de Yellowstone, traverse l'un des paysages les plus insolites et remarquables au monde. Rudyard Kipling l'a décrit comme « l'arpent de l'enfer ».*

Yellowstone comprend 3 000 sources chaudes et geysers – la plus forte concentration au monde – et aucune n'est plus belle que Grand Prismatic, que traverse la rivière Firehole. Cette source chaude, couverte de vapeur, est la plus grande et la plus admirable de Yellowstone. Elle fait presque 116 mètres de diamètre et repose sur une butte calcaire, entourée d'une succession de terrasses qui forment des gradins. La source déploie tout un arc-en-ciel de couleurs – au centre, là où l'eau est la plus chaude, elle est d'un bleu sombre, qui s'éclaircit en allant vers le bord, moins profond et moins chaud, là où se développent les algues, où elle devient verte. Chaque type de bactérie

nom aux premiers trappeurs qui associaient la vapeur des sources chaudes et des geysers à des feux souterrains ; et comme ils appelaient « hole » une vallée de montagne, ils lui donnèrent le nom de « Firehole ». La rivière est un site réputé pour la pêche à la mouche, et regorge de saumons de fontaine, truites brunes et arc-en-ciel. Les rives de la rivière offrent une pâture très appréciée des troupeaux de bisons. Le début de la soirée est le moment idéal pour entrevoir la silhouette de ces animaux majestueux se détacher sur les panaches blancs des sources chaudes. **JK**

À DROITE : *Les bactéries donnent à la source sa couleur bleutée.*

DEVIL'S TOWER

WYOMING, ÉTATS-UNIS.

Âge : 50 millions d'années
Hauteur : 265 m
Largeur : 100 m

Stephen Spielberg le choisit en 1977 pour jouer un rôle central dans *Rencontres du troisième type* ; William Rogers, propriétaire d'un ranch de la région, fut le premier à faire son ascension en 1893 à l'aide d'une échelle ; et dans les années 1940 un parachutiste dut rester à son sommet pendant six jours n'ayant pas de corde pour redescendre. Cet endroit hors du commun est en fait un gigantesque monolithe situé au nord-est du Wyoming et connu sous le nom de Devil's Tower (la tour du diable). Il est constitué de lave volcanique qui s'était forgé un passage à travers le soubassement rocheux. On peut l'apercevoir à plus de 160 kilomètres alentour. Il s'est formé, il y a environ 50 millions d'années, lorsque le magma en fusion se contracta et en se refroidissant fit apparaître des rangées verticales de colonnes hexagonales. La roche plus tendre s'éroda, dégageant le piton. Les Indiens Kiowa croient que la Devil's Tower a été créée alors qu'un ours pourchassait un groupe de jeunes filles. Un rocher s'éleva pour les mettre hors d'atteinte de l'ours, qui marqua de ses puissantes griffes la base du mont. Pour finir, l'ours mourut épuisé, et les jeunes filles, devenues immortelles, se transformèrent pour devenir les sept étoiles des Pléiades. **MB**

AGATE FOSSIL BEDS

NEBRASKA, ÉTATS-UNIS

Superficie : 1 236 ha.	
Type d'habitat : bords escarpés de rivière datant du miocène	
Type de roche : sédimentaire avec parfois de fines inclusions d'agate	

Il y a 20 à 30 millions d'années, les « badlands » du Nebraska offraient l'aspect d'une savane africaine humide. En plus de tout un ensemble d'os fossilisés et de restes de diverses herbes anciennes, les buttes de la région ont aussi conservé des traces d'empreintes fossilisées de pieds, ainsi que d'étranges formations appelées « Devil's Corkscrews » (tire-bouchons du diable), ou encore « Devil's Augers » (sondes du diable). S'enfonçant jusqu'à 3 mètres de profondeur, ces formations étaient les terriers hélicoïdaux d'un castor terrestre. Des crues subites ont rempli ces terriers de fins sédiments. Devenus très durs en séchant, ils ont donné des moulages qui ont résisté à l'érosion. Ces traces fossiles laissèrent les géologues perplexes jusqu'à ce que l'on découvre les restes d'un castor pris au piège au fond de l'une de ces formations. Plus tard, les chercheurs de fossiles réussirent à trouver dans certains des squelettes de l'ancêtre du furet, le prédateur contre lequel ces curieux terriers servaient de protection. Les particularités paléontologiques de ce parc ont été préservés car la région fut épargnée par la glaciation. Si cela n'avait pas été le cas, nous n'aurions jamais soupçonné l'existence de ces castors constructeurs de terriers en spirale. **AB**

LE CANYON DE MONTEREY

CALIFORNIE, ÉTATS-UNIS

Longueur : 470 km	
Plus grande largeur : 12 km	
Âge : 15 à 20 000 ans (d'après les dernières estimations)	

À deux heures au sud de San Francisco se trouve le Canyon de Monterey, le plus grand canyon sous-marin, et le plus profond, des côtes d'Amérique du Nord. Situé au large de Monterey Bay's Moss Landing, cet énorme canyon descend jusqu'à 4 000 mètres. Il se forma au pléistocène sous l'effet de l'érosion fluviale au pied de falaises marines exposées le long d'une ancienne faille séismique ; il fut ensuite entretenu par l'affouillement, dont des sources d'eau douce sous-marines renforçaient l'action érosive. Le canyon regroupe trois écosystèmes distincts : ses parois verticales couvertes de coraux et d'éponges offrent un abri aux autres animaux ; les eaux moyennes regorgent de méduses, de « brouteurs » spécialisés comme le poisson-hibou et de poissons prédateurs tels que le grand-gousier pélican ; le fond couvert de sédiments est principalement occupé par des nécrophages. Le canyon joue le rôle d'un conduit qui entraîne le sol érodé jusqu'à la mer et fait remonter depuis les profondeurs les eaux riches en nutriments. Ces eaux fertiles attirent les baleines et d'autres espèces marines qui viennent s'y nourrir. Le Monterey Bay Aquarium consacre plusieurs expositions à ce phénomène naturel. **AB**

LE SANCTUAIRE MARIN DE LA BAIE DE MONTEREY

CALIFORNIE, ÉTATS-UNIS

Superficie : 13 730 km²

Écosystèmes : anses rocheuses, forêts de varechs, îles au large de la côte, canyons sous-marins

Création du sanctuaire de la baie de Monterey : 1992

Le plus vaste des quatorze sanctuaires marins nationaux des États-Unis, celui de la baie de Monterey s'étend le long de la côte pacifique au milieu de la Californie, et s'avance dans l'océan d'une cinquantaine de kilomètres en moyenne. À proximité de ses rivages, le sanctuaire est réputé pour ses forêts de varechs géants, des plantes dont la durée de vie peut atteindre dix ans. Dans les eaux de la région froides, calmes, riches en nutriments et baignées de soleil, ils peuvent croître de 60 centimètres par jour. D'une architecture complexe et biologiquement très productif, le varech forme la base sur laquelle repose un écosystème unique comportant des espèces rares d'invertébrés et de poissons. Il abrite aussi la loutre de mer, une espèce menacée. Facile à observer car d'un naturel curieux, la loutre de mer se nourrit de crabes, d'oursins et d'escargots de mer, abondants dans les varechs. Parmi les autres habitants, on notera les grands requins blancs, les otaries de Californie, les éléphants de mer et une foule d'oiseaux de mer. **AB**

LA FAILLE DE SAN ANDREAS

CALIFORNIE, ÉTATS-UNIS

Longueur de la faille de San Andreas : 1 300 km

Profondeur de la faille : au moins 16 km

Type de faille géologique : faille de décrochement

Passant au beau milieu de San Francisco, la faille de San Andreas est l'une des plus longues et des plus actives. S'étendant à l'ouest de la chaîne rocheuse sur la côte californienne, elle révèle sa présence par des lacs étroits et allongés, des formations de roches sédimentaires, des cours d'eau qui tournent brusquement, ainsi que des routes et des clôtures déformées par les mouvements sismiques. Vieille de quelque 20 millions d'années, la faille s'enfonce de plus de 15 km dans l'écorce terrestre, et forme la partie « maîtresse » d'un assemblage complexe de failles qui traverse les roches de la région côtière de la Californie. Provoquée par les mouvements vers le nord-ouest de la plaque du Pacifique, la faille est une zone de roche écrasée et broyée dont la largeur varie d'une centaine de mètres à un kilomètre et demi. Les rochers bordant la faille se sont déplacés de plus de 500 km au cours des 20 derniers millions d'années. La progression moyenne vers le nord-est de 5 cm par an. Le tremblement de terre de 1906 qui a rasé San Francisco s'est accompagné d'un déplacement de 6,4 mètres. **AB**

À DROITE : *La faille de San Andreas disparaît au loin.*

LE PARC NATIONAL DE YOSEMITE

CALIFORNIE, ÉTATS-UNIS

Superficie : 3 079 km²
Altitude d'El Capitan : 900 m
Altitude des chutes de Yosemite : 739 m

Le nom « Yosemite » fait référence au grizzly qui rôdait dans la région. Aujourd'hui, le plus grand prédateur est l'ours noir, mais il reste cependant une sorte de « grizzly » : le Grizzly Géant, un séquoia vieux de 2 700 ans qui continue de croître au milieu d'un groupe d'arbres géants appelé Mariposa Grove. Les arbres font resplendir Yosemite, avec le chêne noir, le libocèdre et le pin jaune, tous représentés sur les pentes boisées et les vallées de certains des plus spectaculaires paysages au monde. Depuis 1901, les touristes parcourent la splendide Yosemite Valley à côté de la Merced. Ici on peut admirer non seulement la plus haute falaise du globe – El Capitan – qui s'élève à environ 900 mètres, mais aussi les chutes Yosemite, qui dévalent trois falaises sur 739 mètres, ce qui en fait les sixièmes plus hautes chutes au monde. La région s'est formée il y a environ 10 millions d'années lorsque d'importants mouvements de terrain soulevèrent le sol tandis que les cours d'eau le tranchaient en s'y enfonçant. Il y a 3 millions d'années, les glaciers creusèrent la vallée plus profondément et sur une plus grande largeur. En fondant, ils laissèrent la Yosemite Valley et le Grand Canyon de la Tuolumne River. MB

GLACIER POINT-YOSEMITE

CALIFORNIE, ÉTATS-UNIS

Altitude de Glacier Point : 2 199 m au-dessus du niveau de la mer, et 975 m par rapport au fond de la vallée

Glacier Point est à l'aplomb de la Yosemite Valley, et offre une vue panoramique à couper le souffle sur le parc qui s'étend en dessous au nord et à l'est. Immortalisé par des centaines de milliers de photos, ce paysage magnifique a fini par incarner l'essence même de Yosemite. Loin en dessous de cette position avantageuse en plein ciel se trouvent des prairies et des forêts encadrées par les falaises escarpées qui entourent la Merced River, avec en face les deux cascades des Upper et Lower Yosemite Falls. On aperçoit très bien les Nevada et Vernal Falls dans la Little Yosemite Valley, de même que le cours en forte pente de la Tenaya Creek.

Séparant ces deux profondes vallées en forme de U sculptées par la glace, se trouve une autre des icônes de Yosemite, la sentinelle massive du Half Dome au granite poli par la glace. Glacier Point est l'un des plus hauts points de vue facilement accessibles en voiture de la chaîne de la Sierra Nevada. Longue de 24 kilomètres, la route pavée bifurque de la CA41 à Chinquapin Junction en allant vers l'ouest, au sud de l'entrée du parc appelée Wawona Tunnel. Les visiteurs doivent savoir que la neige peut rendre cette route impraticable, et qu'elle est souvent interdite à la circulation les mois d'hiver. DL

LES PUITS DE BITUME DE RANCHO LA BREA

CALIFORNIE, ÉTATS-UNIS

Âge des puits de bitume de Rancho La Brea : 40 000 ans
Type de roche : affleurements de pétrole brut avec incrustations de fossiles
Zone de drainage : 100 bassins sur 86 ha

Oubliez Hollywood, ces puits de bitume sont les attractions les plus extraordinaires de Los Angeles ! À Rancho La Brea, de l'asphalte à demi solide sourd du sol pour constituer des puits de bitume. Formé sous la mer tout au long de millions d'années, le pétrole brut commença à filtrer à travers des fissures de la roche après que des tremblements de terre eurent soulevé le fond océanique californien il y a 40 000 ans. Pendant des millénaires, les fosses de La Brea ont piégé des animaux herbivores, des carnassiers et des nécrophages. Elles ont ainsi enseveli et conservé des espèces disparues telles que le mégathérium – un paresseux géant –, l'ancêtre du chameau, le tapir, le mammouth, le smilodon ou tigre aux dents de sabre, le mastodonte, le lion d'Amérique et le loup terrible. Les conditions particulières de La Brea ont aussi permis la préservation des fossiles de plus de 100 000 oiseaux, y compris des aigles et des condors, dont le *Teratornis merriami* et le *Teratornia incredibilis*. Par ailleurs, les escargots, souris, grenouilles et insectes fossilisés abondent. La Brea est une des concentrations de fossiles les plus célèbres du monde. **AB**

LE SENTINEL DOME

CALIFORNIE, ÉTATS-UNIS

Altitude du Sentinel Dome : 2 476 m
Hauteur par rapport au sol environnant : 140 m

À proprement parler, le Sentinel Dome, dans le parc national de Yosemite, n'est pas une curiosité naturelle par lui-même, mais en grimpant au sommet de ce haut dôme de granite on peut jouir d'un panorama à 360° sur les montagnes de la High Sierra, les bosquets de séquoias géants, la Yosemite Valley et les cascades. Les 140 mètres du Sentinel Dome sont relativement faciles à gravir, en particulier par le versant nord-est et ils vous conduiront au deuxième point de vue le plus élevé du parc.

Une fois là, il n'est pas difficile de comprendre pourquoi Yosemite a inspiré les artistes, les défenseurs de l'environnement et des millions de touristes. Les Yosemite Falls – les plus hautes chutes d'Amérique du Nord grâce à leur dénivellation de 739 mètres – sont remarquables. Le mois de mai est le meilleur moment de l'année pour admirer la cascade dans toute son ampleur. Le Sentinel Dome est la partie exposée d'une énorme intrusion de roche éruptive remontée des profondeurs du manteau terrestre. Au fil du temps, l'érosion due aux glaciations et aux autres phénomènes naturels a décapé la roche qui le recouvrait et a pelé les diverses couches du dôme granitique comme s'il s'agissait d'un oignon. **JK**

LE HALF DOME

CALIFORNIE, ÉTATS-UNIS

Altitude : 2 698 m
Piste du Half Dome : circuit de 27 km
Arbres : pin ponderosa, cèdre, sapin

Avec sa vaste face aplatie taillée par les glaciers au cours du pléistocène et son aspect impressionnant, le Half Dome du Yosemite National Park se distingue des autres sommets de la région. Situé à l'autre extrémité de la Yosemite Valley par rapport aux fameuses chutes, Half Dome est un énorme monolithe fendu de granite. Sur un côté, une paroi rocheuse d'à peu près 670 mètres s'élève du fond de la vallée. Une piste touristique fait des lacets à l'arrière de la montagne jusqu'au sommet, mais les grimpeurs chevronnés qui escaladent la façade rocheuse parviennent souvent en haut plus vite que les marcheurs !

Le sommet arrondi est entouré par un câble de sécurité qui n'est installé qu'entre mai et octobre. La descente est difficile, mais il est possible d'emprunter la piste John Muir. Pour un randonneur entraîné, il faut environ 10 heures pour effectuer le tour du circuit alors que les moins entraînés mettront 12 heures. S'il y a des orages dans le secteur, il ne faut pas franchir le panneau signalant le danger de foudre : celle-ci tombe sur Half Dome au moins une fois par mois. Avant de partir en excursion, il vaut mieux vérifier l'état de la piste en s'adressant au Yosemite Visitors' Center. **MB**

LES CHUTES BRIDAL VEIL

CALIFORNIE, ÉTATS-UNIS

Hauteur des chutes : 227 m
Pluviosité annuelle : 900 à 1 200 mm

Plongeant dans le massif ravin glaciaire de la Yosemite Valley, les chutes Bridal Veil (les chutes du Voile de la mariée) semblent souvent tomber de travers. Ce phénomène est dû aux vents violents qui fouettent latéralement les falaises de granite abruptes. Les Indiens Ahwahneechee avaient d'ailleurs appelé cette cascade Pohono, c'est-à-dire « l'esprit du vent qui souffle ».

Les premiers Européens à avoir vu ces chutes sont probablement les soldats du Mariposa Battalion. Ceux-ci faisaient partie d'une expédition militaire dans la Sierra Nevada formée en 1851 pour protéger les droits des chercheurs d'or attaqués par les Indiens Miwok qui voulaient défendre leurs terres.

Entre toutes les chutes magnifiques que viennent admirer chaque année les visiteurs du parc, les Bridal Veil sont les plus remarquables. En raison des fortes pluies qui tombent pendant la majeure partie de l'année, elles coulent sans interruption en toute saison. Bien que l'on puisse les apercevoir à partir de la route, les meilleurs points de vue se trouvent au pied des chutes dans un endroit situé à quelques minutes de marche seulement de la route. Le point de vue le plus réputé se découvre à partir du belvédère sur la Wawona Road. D'ici, on peut admirer la plupart des symboles du parc : El Capitan, Half Dome, ainsi que les chutes Bridal Veil. **DL**

LE KINGS CANYON

CALIFORNIE, ÉTATS-UNIS

Superficie : 184 748 ha
Profondeur : 457 à 461 m
Type de roche : ophiolite métamorphique avec intrusions granitiques

Avec presque 2 500 mètres de profondeur, le Kings Canyon est le plus profond canyon fluvial d'Amérique du Nord. Résultant pour une part de l'érosion par la Kings River, et par ailleurs de l'action des glaciers qui ont creusé la vallée, la rivière descend de 4 051 mètres, ce qui représente le plus fort dénivelé de tous les cours d'eau des États-Unis. D'un cours tumultueux après la fonte de printemps, elle continue d'éroder la roche de la région. Situé en Californie, dans le sud de la Sierra Nevada, le Kings Canyon se compose principalement de granite, avec des coussins de lave noirs et de la serpentinite d'un vert délicat qui court dans de superbes bandes de marbre gris bleu pâle – vestiges d'un fond marin qui a été soulevé il y a 200 millions d'années. La végétation comprend des prairies alpines fleuries, en particulier à Zumwalt Meadow sur la rive de la Kings River, et des groupes de séquoias géants, parmi lesquels l'arbre du général Grant, qui est depuis 1925 l'arbre de Noël officiel des États-Unis. S'étendant au sud de Yosemite, le Kings Canyon constitue le cœur du parc national de Kings Canyon, une extension datant de 1940 du Parc national General Grant qui remonte, lui, à 1890. Le parc jouxte celui de Sequoia et les deux sont gérés comme un seul et même ensemble. **AB**

LE LAC TAHOE

CALIFORNIE, ÉTATS-UNIS

Longueur du lac Tahoe : 35 km
Largeur du lac : 19 km
Volume du lac : 148 trillions de litres

Le lac Tahoe est l'un des plus beaux lacs au monde. Situées dans les hauteurs des montagnes de la Sierra Nevada, les eaux bleu clair de ce lac alpin à la beauté intacte sont serties par d'étonnants sommets enneigés. La transparence du lac Tahoe est extraordinaire : on peut voir jusqu'à 23 mètres de profondeur. La plus grande partie des eaux du lac provient de la fonte des neiges et de la pluie qui vallée. Cette vallée engloutie était traversée par une rivière qui s'écoulait vers le nord jusqu'à ce qu'une énorme coulée de lave provenant d'une éruption volcanique lui bloque le passage. Comme elle n'avait pas d'autre issue, l'eau a rempli cette profonde vallée pendant des milliers d'années. Bien au-dessus de la cuvette du lac, d'anciennes traces sur les rochers prouvent qu'à une époque son niveau se trouvait 244 mètres plus haut qu'aujourd'hui. Une petite rivière, appelée Truckee River, a quand même réussi à forcer son chemin parmi les débris volcaniques, et reste encore actuellement la seule issue pour les eaux du lac.

Dans les hauteurs des montagnes de la Sierra Nevada, les eaux bleu clair du lac Tahoe sont serties par d'étonnants sommets enneigés. L'ensemble crée un véritable chef-d'œuvre naturel.

l'alimentent par 63 ruisseaux et, en raison de sa situation à 1 896 mètres d'altitude, aucune rivière charriant des sédiments ne vient troubler son apparence cristalline. L'eau s'écoule à travers les prairies et les marécages qui bordent le lac et jouent le rôle d'un système de filtration préservant sa pureté. Le lac Tahoe est très profond et atteint par endroits 500 mètres. Si on l'asséchait totalement, il faudrait 700 ans pour le remplir à nouveau.

Le nom « Tahoe » vient d'un mot indien qui signifie « grandes eaux ». La formation du lac date d'il y a 5 à 10 millions d'années lorsque deux failles parallèles de chaque côté de la vallée où se trouve maintenant le lac se déplacèrent et se soulevèrent, faisant s'abaisser de quelques milliers de mètres le fond de la

Les eaux froides du lac Tahoe ainsi que les forêts de conifères et de feuillus qui l'entourent sont devenues un merveilleux lieu de détente pour des milliers de visiteurs venus du Nevada et de Californie. Les Sierras sont parcourues par d'innombrables chemins de randonnée et d'anciennes routes de bûcherons permettent de faire du VTT. Sur les rives du lac, de nombreuses bases nautiques proposent des excursions, des parties de pêche et des tours du plan d'eau. Ses plages sont aussi considérées comme parmi les plus belles au monde, et en hiver les pistes de ski des montagnes environnantes font partie des meilleures d'Amérique. JK

À DROITE : *Les hauts fonds du lac Tahoe.*

LE PARC NATIONAL DE JOSHUA TREE

CALIFORNIE, ÉTATS-UNIS

Superficie : 319 000 ha
Altitude maximale :
Key's View (1 580 m)
Types de biotopes : désert de cactus en basse altitude, désert frais en altitude, maquis de genévriers, oasis

Le parc national de Joshua Tree réunit deux types de déserts : le désert du Colorado et le Mojave Desert. Dans celui du Colorado, on rencontre le créosotier, l'ocotillo et l'oponce fourru, tandis que le Mojave, lui, abrite des forêts d'arbres de Josué. À partir de 1 200 mètres d'altitude, on y trouve des canyons frais couverts de genévriers. Les six oasis de palmiers-éventails du parc abritent de nombreuses espèces sauvages, en particulier des fauvettes migratrices, des fauvettes de MacGillivray et des parulines à couronne orange. Étape importante sur les voies de migration du Pacifique, le parc de Joshua Tree accueille divers oiseaux de passage en été et en hiver. Les espèces sédentaires comprennent des géocoucous de Californie, des phainopeplas, des auripares verdins, des chevêches des terriers, des moqueurs de Le Conte, des colins de Gambel et des faucons des prairies. On y trouve aussi des mouflons d'Amérique, des serpents à sonnette, des lynx roux, des lièvres d'Amérique, des rats-kangourous et des nuées de papillons migrateurs Le parc abrite 501 sites archéologiques parmi lesquels des peintures rupestres reflètent l'histoire des 5 000 années d'occupation humaine, en particulier par les peuples Pinto, Chemehuevi et Cahuilla. Réputé pour ses aspects géologiques fascinants c'est un endroit spectaculaire pour observer des pluies de météores. Il a été décrété parc national en 1994. La ville la plus proche est Twentynine Palms, à trois heures de Los Angeles. **AB**

LES SÉQUOIAS GÉANTS

CALIFORNIE, ÉTATS-UNIS

Hauteur des séquoias : supérieure à 112 m
Poids maximal : 3 300 tonnes
Localisation : nord de la côte pacifique d'Amérique du Nord

Les séquoias appartiennent à la famille des ifs, et sont probablement les plus grands êtres vivants sur terre. Il en existe trois variétés différentes: le redwood (*Sequoia sempervirens*), le séquoia géant (*Sequoiadendron gigantum*), et le dawn redwood. Les deux premiers ne se rencontrent qu'en Californie et comprennent les arbres les plus hauts et les plus massifs du monde. Originaires de Chine, les dawn redwoods dépassent rarement les 60 mètres. Les redwoods se rencontrent dans la ceinture de brouillard sur les côtes de Californie et d'Orégon. Les séquoias géants poussent seulement en Californie et en altitude, sur le versant occidental de la Sierra Nevada. Le climat océanique constitué de brouillard et de pluie permet à ces arbres d'atteindre des tailles gigantesques. En 2002, le plus haut arbre vivant mesurait 112,6 mètres. Âgé de 800 à 1 000 ans selon les estimations, il pousse près de Ukiah. Avec 7,2 mètres à la base, le Del Norte Titan détient le record du plus grand diamètre. Le poids du General Sherman – un séquoia haut de 84 mètres appartenant au parc national de Sequoia – est estimé à 2 000 tonnes. Un séquoia, abattu par une tempête en 1905, pesait environ 3 300 tonnes. Le plus haut arbre répertorié est un *Eucalyptus regnans* sur le mont Baw Baw, à Victoria, en Australie. Il mesure 143 mètres. **AB**

LE LAC ET LES CRATÈRES DE MONO

CALIFORNIE, ÉTATS-UNIS

Superficie du lac Mono : 183 km²
Altitude du lac : 1 948 m
Végétation : armoise

Situé dans les terres arides du Grand Bassin, le lac de Mono est le dernier vestige du lac Lahontan, un des deux grands lacs qui recouvraient la région au pléistocène. À proximité se trouvent les cratères de Mono, une longue succession de plus de vingt volcans éteints vieux d'un millier d'années, chacun comportant un lac central. Aujourd'hui, des sels érodés s'accumulent dans les eaux du lac de Mono, ce qui les rend trois fois plus salées que l'eau de mer. Des tours de travertin, atteignant jusqu'à neuf mètres, se forment lorsque l'eau douce, acidifiée par son passage à travers les dépôts volcaniques des cratères, jaillit dans le lac alcalin. À son contact, le carbonate de calcium dissous dans les eaux du lac s'accumule et forme ces tours de calcaire blanches et grises. Le lac de Mono est un des écosystèmes les plus productifs d'Amérique du Nord. Des crevettes et des mouches d'eau salée se nourrissent des algues, attirant ainsi plus de 80 espèces d'oiseaux, avec entre autres des grèbes à cou noir et 80 % de la population mondiale de phalaropes de Wilson. Avec ses 760 000 ans d'existence, le lac de Mono est le plus vieux d'Amérique du Nord. **AB**

À DROITE : *Les étranges tours de travertin du lac Mono.*

LES CHANNEL ISLANDS

CALIFORNIE, ÉTATS-UNIS

Superficie du parc national des Channel Islands : 598 946 ha, dont la moitié sur l'océan
Type de roche : îles d'origine volcanique, avec grottes marines, tuyaux de lave, piscines rocheuses

Archipel de huit îles au large de la côte de Californie du Sud, les Channel Islands ont été surnommées les « Galapagos américaines ». Plus de 2 000 espèces de plantes et d'animaux y ont été recensées ; 145 d'entre elles, dont 4 espèces de mammifères, ne se rencontrent nulle part ailleurs. Les îles d'Anacapa, Santa Barbara, Santa Cruz, San Miguel et Santa Rosa forment le parc national de Channel Islands qui protège une faune et une flore opulentes, ainsi que des sites archéologiques. La période idéale pour le visiter s'étend d'octobre à mars. Il est alors possible d'observer les baleines grises en migration et de superbes fleurs sauvages. Chaque île a sa propre spécificité : à Anacapa et Santa Barbara, observation des baleines et des oiseaux ; à San Miguel, observation des oiseaux et des phoques, des fleurs sauvages et des forêts fossilisées ; à Santa Rosa, bon site pour le kayak de mer ; à Santa Cruz, observation de la flore, de la faune et des fossiles. Au large des îles, les eaux sont froides, très poissonneuses et riches en invertébrés marins. On y rencontre aussi bien des otaries et des phoques que des baleines et des dauphins. Sur le continent, la ville la plus proche est Ventura, située à 112 kilomètres au nord de Los Angeles. **AB**

LE PARC NATIONAL DE LA VALLÉE DE LA MORT

CALIFORNIE, ÉTATS-UNIS

Plus forte température enregistrée : 57 °C

Point le plus bas : 86 m sous le niveau de la mer

Point culminant : 3 368 m au-dessus du niveau de la mer

La Vallée de la Mort, au sud-est de la Californie, est l'endroit le plus sec d'Amérique du Nord et il comporte le point le plus bas de l'hémisphère occidental. La vallée forme une vaste cuvette de 250 kilomètres entre les chaînes de l'Amargosa et du Panamint. En dépit de son nom sinistre, son paysage de lacs salés, de dunes de sable, de canyons et de montagnes dégage une âpre beauté et abrite une surprenante variété de plantes et d'animaux qui ont su s'adapter à ces conditions extrêmes.

Le terrain de cet immense parc national s'élève d'une manière spectaculaire depuis le lac salé de Badwater Basin, jusqu'à Telescope Peak, son point culminant. Bien que la végétation soit clairsemée dans le fond de la vallée et sur le bas des pentes, elle devient plus abondante en altitude. Le mouflon du désert, le lion de montagne et le lynx roux font partie des mammifères présents dans le parc ; d'autres espèces (principalement nocturnes) y vivent également ainsi que de nombreuses sortes de reptiles propres au climat désertique. On y trouve même le *pupfish*, un poisson capable de survivre dans les mares d'eau chaude. Il est préférable de visiter le parc entre octobre et avril car les étés peuvent être d'une chaleur insupportable (plus de 38 °C). **RC**

LES MARES PRINTANIÈRES

CALIFORNIE, ÉTATS-UNIS

Habitat : mares d'eau douce riches en plantes saisonnières
Âge de la plus ancienne mare : 100 000 années

Ces mares constituent un biotope saisonnier très particulier. Elles exigent un hiver court et très pluvieux suivi de 8 à 10 mois chauds et secs, des prairies inondables et des zones de sol imperméable propices à la formation de mares. De telles conditions ne sont réunies que dans l'ouest des États-Unis, certaines régions du Chili, d'Australie, d'Afrique du Sud et dans le sud de l'Europe. Les ensembles de mares printanières de Californie forment un des écosystèmes les plus rares et les plus menacés de la planète. Une fois formées, ces mares sont stables et certaines sont âgées de 100 000 ans.

Elles reposent sur une croûte dure créée par des éruptions volcaniques remontant à des millions d'années. Chaque mare possède ses propres espèces de plantes et de crevettes d'eau douce.

Les mares de Californie abritent 200 espèces de plantes. Des coléoptères et des abeilles solitaires sont les pollinisateurs les plus fréquents. Parmi les espèces végétales endémiques, on trouve des reines des prés et des psilocarphes nains. Ces plantes s'adaptent aux conditions hygrométriques de chaque mare printanière. La période idéale pour visiter l'endroit est de février à mai lorsque toutes les mares sont fleuries, déployant un ensemble de cercles concentriques de couleurs. Les meilleurs endroits pour les admirer sont Mather Field, près de Sacramento et Jepson Prairie Reserve. **AB**

LES MONTAGNES BLANCHES ET LE PIN À CÔNE ÉPINEUX

CALIFORNIE, ÉTATS-UNIS

Plus vieil arbre :
le Methuselah Tree, âgé de plus de 4 700 ans

Plus grand pin à cône épineux :
le Patriarch Tree, 11 m de périmètre, mais il s'agit probablement de deux arbres qui ont poussé conjointement

D'un aspect plus proche d'un rocher vivant que d'une plante, le pin à cône épineux est l'arbre de la planète qui a la plus longue durée de vie. Les plus vieux spécimens encore en vie aujourd'hui ont presque cinq millénaires. Ces arbres grandissent dans les Montagnes Blanches, à l'est de la Sierra Nevada. Au cœur de ce paysage lunaire originel, inondé d'ultraviolets, les jeunes arbres prospèrent, avec leurs branches qui ploient sous les aiguilles et leurs cônes épineux gorgés de résine qui exhalent une forte senteur de pin. Au fur et à mesure qu'ils vieillissent, le temps et les éléments prélèvent leur tribut, maltraitant, décapant et polissant siècle après siècle les spécimens les plus robustes. C'est là que réside le secret de leur longévité, car ces arbres se développent très lentement, ce qui confère à leur bois une densité et une dureté remarquables. Lorsque, enfin, ces pins à cône épineux expirent, leurs silhouettes patinées restent debout pendant encore un millier d'années ou plus, jusqu'à ce qu'ils soient complètement érodés par le vent et la glace.

L'étude des coupes transversales de ces pins (vivants et morts) a permis d'établir une chronologie des changements climatiques remontant à plus de 9 000 ans. En effet, en fonction des différences de climat d'une année sur l'autre, la croissance de l'arbre crée un motif particulier, dans les coupes transversales de son tronc. En comparant les motifs des parties les plus récentes d'arbres morts avec les motifs des parties les plus anciennes de spécimens encore vivants, on peut faire remonter cette chronologie climatique très loin. Ces recherches ont été entamées par le Dr Edmund Schulman, un scientifique de l'université d'Arizona qui, dans les années 1950, fut le premier à établir la durée de vie des pins à cône épineux. Un bosquet de ces arbres rares porte d'ailleurs son nom. Il contient le premier arbre âgé de plus de 4 000 ans. À proximité, un centre d'information, une aire de pique-nique et d'autres équipements permettent au voyageur curieux d'explorer cet étrange et superbe paysage. Un ensemble de sentiers de découverte au cœur de l'Ancient Bristlecone Pine Forest – une zone botanique protégée – permet de visiter Schulman Grove et ses alentours. **NA**

Le pin à cône épineux est l'arbre de la planète qui a la plus longue durée de vie. Les plus vieux spécimens encore en vie aujourd'hui ont presque cinq millénaires.

À DROITE : *Le tronc noueux d'un pin à cône épineux.*

LE MONT LASSEN

CALIFORNIE, ÉTATS-UNIS

Superficie : 43 049 ha
Altitude : 3 186 m
Type de roche : diverses roches volcaniques et métamorphiques

Lassen est presque complètement encerclé par les restes du Tehama, un énorme volcan entré en activité il y a environ 350 000 ans. Le soulèvement du mont Lassen a été provoqué par d'énormes pressions géologiques qui sont encore présentes. Sa dernière éruption remonte à 1915. Les deux sommets se dressent dans la caldeira effondrée du Maidu, un volcan éteint de plus grande taille. Lassen est recouvert d'un verre d'origine volcanique, l'obsidienne. Il était autrefois sacré pour les Indiens Yahis de la région, qui venaient chercher refuge chaque année sur ses pentes pour échapper à la chaleur des terres. Lassen fait partie de l'ensemble des High Cascade, qui inclut le Shasta en Californie, le Rainier de Washington, le Hood en Orégon. Le volcan est l'attraction principale du parc national volcanique de Lassen, qui renferme des dunes colorées, des marmites de boue, des cheminées libérant des vapeurs de soufre, des coulées de lave de différents types, et toute une variété de cônes volcaniques. Les plus belles coulées de lave ont été dégagées par l'érosion glaciaire qui, au pléistocène, creusa aussi le lac Emerald, au pied du mont Lassen. Le parc abrite plus de 700 espèces de plantes et 250 de vertébrés. **AB**

LES PLAGES DE CALIFORNIE DU SUD

CALIFORNIE, ÉTATS-UNIS / MEXIQUE

Principaux sites de ponte des grunions : entre Point Conception, Californie et Point Abreojos, Baja Californie
Nombre d'œufs déposés : 1 600 à 3 600 à chaque ponte

De mars jusqu'en août, des millions de petits poissons argentés surgissent le long de la limite de marée haute de la plupart des plages de Californie du Sud. Il s'agit de grunions, longs de 15 centimètres, qui font leur apparition deux à six nuits après la nouvelle ou la pleine lune pour se reproduire. Le grunion est le seul poisson qui quitte totalement l'eau pour déposer ses œufs.

Le frai a lieu lors des plus fortes marées car les poissons mettent à profit les vagues pour remonter sur la plage. La femelle creuse dans le sable et attend avec la tête qui dépasse qu'un mâle vienne la féconder. Le mâle est ensuite balayé par les vagues, mais la femelle attend et peut faire fertiliser ses œufs par plus d'un mâle. Puis elle émerge du sable et est emportée vers la mer par la vague suivante. Les œufs incubent dans le sable tant que la marée a moins d'amplitude. Ils sont emportés vers la mer par la prochaine forte marée. Les habitants proches des plages célèbrent leur arrivée par le Grunion Festival à la mi-juillet. **MB**

LE MONUMENT VALLEY

UTAH / ARIZONA, ÉTATS-UNIS

Altitude du Monument Valley : 1 585 m
Superficie de la vallée : 12 141 ha
Moyenne des précipitations : 200 mm

Le décor fascinant de Monument Valley a captivé l'imagination de presque tous ceux qui ont vu un des grands classiques du western. Ici, parmi ces superbes buttes et mesas de grès rouge, ont été tournés certains des plus grands films d'Hollywood comme *La Chevauchée fantastique* de John Ford, faisant de cet endroit un des plus célèbres paysages au monde. Monument Valley fait partie du Navajo Nation Tribal Park, qui enjambe la frontière entre l'Arizona et l'Utah.

Il y a 50 millions d'années cette région était un solide plateau de grès dur, entrecoupé de plusieurs volcans. Au fil du temps, l'érosion causée par le vent et l'eau a décapé et tranché dans la surface du plateau. La roche plus tendre s'est érodée, ne laissant que les buttes et mesas plus dures. Les volcans se sont aplanis et, aujourd'hui, ne subsistent que leurs noyaux éruptifs solidifiés, s'élevant jusqu'à 457 mètres.

Pour mieux l'apprécier, il faut aborder le Monument Valley par le nord. Un guide Navajo vous emmènera par une route déserte pointant vers les austères falaises rouges hautes de 304 mètres. En particulier, on peut admirer le Totem Pole, une aiguille de roche haute de 91 mètres, mais large d'à peine 2 mètres. **JK**

LE PARC NATIONAL DES ARCHES

UTAH, ÉTATS-UNIS

Altitude du désert : entre 1 960 m et 2 700 m au-dessus du niveau de la mer
Décrété monument national en 1929

La plus grande concentration et diversité au monde d'arches naturelles et autres formations géologiques ont fait du parc national des Arches, en Utah, le joyau d'une région unique. Dans ce désert d'altitude, les grands écarts de température ainsi que l'érosion due au vent et à l'eau ont sculpté finement le grès multicolore en pas moins de 2 400 arches (toutes nommées), ainsi qu'une profusion de rochers aux formes étranges, de monolithes et de pics. Dans le parc des Arches, un trou dans la roche doit faire au moins un mètre de diamètre pour être officiellement répertorié comme tel et inscrit sur les cartes.

Delicate Arch est le symbole du parc. Cette arche est peut-être une des images les plus emblématiques des États-Unis ; en effet, elle est apparue dans d'innombrables livres et films, sur une infinité de cartes postales ou calendriers. Elle a une portée de 10 mètres et mesure 15 mètres. Les arches jumelles de Double Arch, que l'on aperçoit dans de nombreux westerns, franchissent un espace entre deux affleurements rocheux à une hauteur d'environ 45 mètres. À proximité, la Landscape Arch, bien que moins connue, a une portée incroyable de 100 mètres. C'est ici qu'en 1991 une énorme plaque de roche de 20 mètres de long par 3 mètres de large et 1 mètre d'épaisseur se détacha du dessous de l'arche, ne laissant pour la supporter qu'un ruban de roche relativement mince. En termes de chronologie géologique, les jours de Landscape Arch sont comptés.

Le tourisme a été introduit récemment dans cette région mais il est probable que des gens aient vécu ici il y a des millions d'années. Des tribus paléolithiques vivant de la chasse et de la cueillette sont venues s'installer dans la région il y a à peu près 10 000 ans et y ont découvert une qualité de roche tout à fait adaptée à la fabrication d'outils en pierre. Aujourd'hui, de nombreuses pistes pour 4 x 4 et des sentiers de randonnée mènent aux arches et canyons. Il est important de savoir que les voyages dans l'arrière-pays ne doivent pas se préparer à la légère car l'eau est rare et la température atteint souvent des 40 °C torrides les mois d'été. Le parc national des Arches est situé à 8 kilomètres au nord de la ville de Moab. **DL**

> *La plus grande concentration et diversité au monde d'arches naturelles et autres formations géologiques ont fait du parc national des Arches, en Utah, le joyau d'une région unique.*

À DROITE : *Delicate Arch, fleuron du parc national des Arches.*

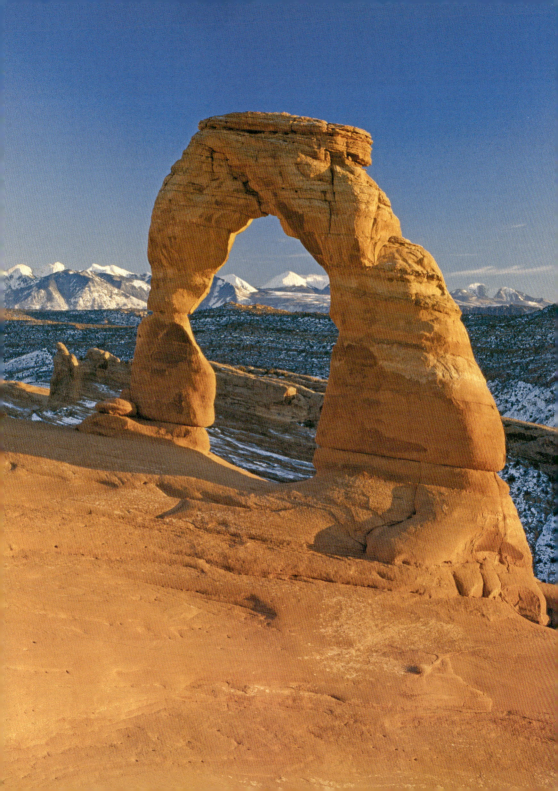

LE GRAND LAC SALÉ

UTAH, ÉTATS-UNIS

Surface du Grand Lac Salé : 4 184 km²
Longueur du lac : 121 km
Largeur du lac : 56 km

Le Grand Lac Salé est le plus grand lac à l'ouest du Mississippi ; ce plan d'eau saumâtre est en fait le dernier vestige d'un lac préhistorique beaucoup plus grand datant de la période glaciaire, appelé lac Bonneville. Au fur et à mesure que celui-ci s'évaporait, la concentration des sels dissous dans ses eaux est devenue de plus en plus forte. L'eau ne peut s'échapper du Grand Lac Salé car il est situé dans une dépression du Grand Bassin de l'Utah. Ainsi, la composition de son eau ressemble plus à celle de l'océan qu'à celle d'un lac d'eau douce. La quantité de sel dissous atteint presque les cinq billions de tonnes ; par endroits, en particulier dans le bras nord du lac, on peut flotter sans problème à la surface de l'eau.

Ce lac est un paradis pour le gibier d'eau. Des canards, des oies, des goélands, des pélicans et des douzaines d'autres espèces vivent dans les marais et les zones humides qui entourent le lac. Celui-ci regorge de petites crevettes d'eau salée – qui constituent la principale source de nourriture pour ces oiseaux. À l'ouest du lac se trouvent les Bonneville Salt Flats, une vaste cuvette de lac couverte de sel. Ce fut ici que le bolide de Gary Gabolich, « Blue Flame », atteignit un spectaculaire 1 001 km/h. **JK**

LE PARC NATIONAL DES CANYONLANDS

UTAH, ÉTATS-UNIS

Profondeur du parc National des Canyonlands : 650 m

Point culminant : Cathedral Point, dans le district des Needles (2 170 m)

Le Canyonlands National Park protège un paysage accidenté de grès coloré érodé. Des cours d'eau partagent le parc en quatre espaces distincts : Island in the Sky (« l'île dans le ciel »), les Needles (« les aiguilles »), le Maze (« le labyrinthe »). Les objets façonnés retrouvés dans le parc laissent supposer une présence humaine remontant à 10 000 ans, alors que l'exploration officielle du fleuve Colorado et de la Green River ne remonte qu'à 1869.

La région s'est formée suite à une accumulation de sédiments de diverses origines il y a plusieurs centaines de millénaires. Des mouvements de la croûte terrestre bouleversèrent la topographie des lieux, tandis que le continent nord-américain en remontant lentement vers le nord à partir de l'équateur altérait l'environnement. L'emplacement actuel de l'Utah fut inondé par des mers intérieures peu profondes, recouvert par des bancs de vase et enseveli sous des dunes de sable, qui formèrent des couches de roches sédimentaires. Puis de nouveaux mouvements tectoniques firent se soulever la région. Le Colorado et la Green River commencèrent à y creuser des canyons qui se remplirent de sédiments, créant ce labyrinthe de canyons et de cuvettes.

Si l'on désire se rendre dans ces Canyonlands difficiles d'accès, il faut s'assurer d'être bien équipé et planifier son voyage suffisamment à l'avance. DL

LE PARC DE DEAD HORSE POINT

UTAH, ÉTATS-UNIS

Altitude du parc de Dead Horse Point : 1 829 m
Altitude du mont Dead Horse Point : 610 m
Superficie du parc : 2 170 ha

Des troupeaux de mustangs sauvages vivaient autrefois sur la montagne au sommet aplati de Dead Horse Point – dont la topographie faisait un corral naturel où les cow-boys pouvaient conduire les chevaux. Une fois attrapés et dressés, les meilleurs chevaux étaient vendus, et on laissait repartir les autres, les « broomtails ». On raconte qu'un groupe de broomtails fut abandonné dans un enclos à cet endroit et qu'ils moururent tous de soif. Leurs squelettes léguèrent son nom à cette région. Dead Horse Point se trouve à 37 kilomètres au sud de Moab, dans l'Utah, et a été décrété parc d'État en 1959. Il offre les vues les plus spectaculaires de l'ensemble des parcs d'Utah. Le belvédère du Point domine de 610 mètres le plateau environnant et on peut y admirer le parc national de Canyonlands, très proche, où l'érosion a creusé des canyons sur une vaste échelle. Les aiguilles et les falaises que l'on aperçoit au loin sont le produit de 150 millions d'années de lente érosion par le Colorado, dont les méandres font un grand « gooseneck » – cou d'oie – juste en dessous de Dead Horse Point. **JK**

LE CANYON DE ZION

UTAH, ÉTATS-UNIS

Longueur du Canyon du Zion : 24 km
Largeur du canyon : 402 m
Pluviosité annuelle : 38 cm

Le canyon de Zion est un magnifique gouffre aux parois verticales escarpées qui coupe à travers les tendres roches sédimentaires rouges du sud-ouest de l'Utah. La profondeur du canyon est telle que la lumière du soleil en atteint rarement le fond. Il a été creusé par le bras nord de la Virgin River durant les quatre derniers millions d'années. Les géologues estiment que la Virgin River est assez puissante pour creuser encore des centaines de mètres dans le sous-bassement rocheux.

Le canyon ressemble à un sanctuaire avec ses jardins suspendus luxuriants, ses cascades et d'impressionnantes colonnes de grès ainsi que des pyramides rocheuses telles que East Temple. Moreover, le Great White Throne est un rocher qui surplombe à 750 mètres le fond du canyon. Le canyon de Zion offre de nombreuses pistes de randonnée. Lorsque le niveau de l'eau est bas, les visiteurs peuvent parcourir les Narrows en tête du canyon. Mais il faut toujours rester prudent : les parois du canyon sont si rapprochées que le niveau de l'eau peut rapidement atteindre huit mètres lors d'une crue subite. Une escalade jusqu'à Angels Landing permet d'apprécier les falaises et les canyons qui font du parc de Zion une vraie merveille. JK

LES PONTS NATURELS

UTAH, ÉTATS-UNIS

Sipapu, hauteur : 67 m, portée : 82 m, largeur : 9,5 m
Kachina, hauteur : 64 m, portée : 62 m, largeur : 13 m
Owachomo, hauteur : 32 m, portée : 55 m, largeur : 8 m

Dans cette région, on peut voir trois ponts naturels : Sipapu, Kachina et Owachomo. Le plus grand et le plus spectaculaire est Sipapu, dont le nom signifie en hopi « le passage entre les mondes ». Ses côtés arrondis sont l'œuvre de l'érosion par des crues incessantes. Quatre mille tonnes de grès sont tombées de Kachina (« pont du milieu ») en juin 1992, preuve de la fragilité de ces ponts. D'anciennes peintures rupestres ont été découvertes à sa base. Le plus petit pont et le plus mince est Owachomo, « mont rocheux », dont le nom fait référence aux rochers qui se trouvent à une de ses extrémités. C'est la plus élégante mais aussi la plus fragile de ces trois arches. Chacune d'entre elles représente une étape de la vie d'un pont naturel, Sipapu étant le plus jeune et Owachomo le plus vieux.

Une route de 14,5 kilomètres surplombe les trois ponts offrant des vues spectaculaires de la région ; les ponts se trouvent à 68 kilomètres à l'ouest de Blanding. En visite dans le secteur, il est possible d'observer des lynx roux, des coyotes, des ours ou des pumas. Les ponts naturels ont été décrétés monument national en 1908 par le président Theodore Roosevelt. Il s'agit du premier parc national d'Utah. MB

LES CHEMINÉES DE FÉE

COLORADO / UTAH, ÉTATS-UNIS

Parc national de Bryce Canyon : Wall of Windows, les Chessmen, le marteau de Thor, Tower Bridge, le Poodle
Parc national du canyon de Zion : Checkerboard Mesa, Est Temple Mesa, Weeping Rock, Kolob Arch

Une cheminée de fée est une mince colonne de schistes tendres ou d'argile coiffée par une couche rocheuse plus dure et plus résistante, le plus souvent du grès ou du calcaire. Elles apparaissent généralement par groupes lors de la dissection d'un plateau. Alors que l'eau et le vent érodent les couches plus tendres qui les entourent, la calotte protège la matière qui se trouve juste en dessous et entraîne ainsi la formation d'une aiguille verticale. Des cheminées de fée exceptionnellement hautes – faisant souvent plus de 30 mètres – sont un des aspects les plus marquants des parcs nationaux de Bryce Canyon et de Zion, en Utah.

Les Apaches assimilaient les cheminées de fée à des figures humaines. Une légende raconte comment le Créateur, excédé par la Terre et ses habitants, fit tomber un immense déluge avant de tout recommencer. Ayant une préférence pour les Apaches, il voulut leur accorder un sursis. Mais un groupe d'hommes égoïstes se précipita vers les montagnes sans aider les enfants, les anciens et les femmes à se mettre à l'abri de l'inondation qui approchait. Furieux, le Créateur changea en pierre ceux qui avaient abandonné leur tribu. DL

LE BRYCE CANYON

UTAH, ÉTATS-UNIS

Nom indien : Unka-timpe-wa-wince-pock-ich
Superficie : 144 km²
Date de création : 1928
Point culminant (Rainbow Point) : 2 775 m

Le spectacle du paysage de pics rocheux violemment colorés, de canyons et de ravines de Bryce Canyon est à couper le souffle. C'est un véritable parc géologique aux formations rocheuses étranges appelées ailerons, fenêtres, canyons en fente ou encore cheminées de fées. Le canyon est constitué d'une série d'amphithéâtres en forme de fer à cheval creusés dans le bord oriental du plateau de Paunsaugunt, au sud de l'Utah. Ces extraordinaires formations rocheuses ont été érodées par l'eau, la glace et la neige. La rive du canyon recule toujours – d'environ 300 mm tous les 50 ans. L'oxydation des minéraux contenus dans les roches a produit une vaste palette de couleurs qui change tout au long de la journée : les rouges et les jaunes sont dus aux oxydes de fer, tandis que les bleus et les violets proviennent des oxydes de manganèse.

Le parc est ouvert toute l'année mais pour explorer le canyon à pied, la période de mai à octobre est préférable. Le nom de ce dernier peut se traduire en paiute par « rochers rouges debout comme des hommes dans un canyon en forme de bol ». Il porte le nom d'Ebenezer Bryce, un pionnier écossais qui construisit un ranch dans le canyon dans les années 1870 ; il le décrivit tout simplement comme un « fichu endroit pour perdre une vache ». RC

LE MARTEAU DE THOR

UTAH / COLORADO, ÉTATS-UNIS

Hauteur : 46 m
Âge de la roche : 64 millions d'années

Selon la mythologie des anciens Vikings, Thor, le dieu nordique du tonnerre, provoquait les séismes et les éruptions volcaniques en frappant la Terre avec son énorme marteau. Il est donc compréhensible qu'une des plus hautes colonnes de pierre, ou cheminées de fées, de Bryce Canyon s'appelle Thor's Hammer, « le marteau de Thor ». Cette étonnante aiguille de roche n'est qu'une des centaines de cheminées de fées qui ponctuent la région. Elle se dresse sur 46 mètres de haut, et son sommet est coiffé d'un grand morceau d'argile dure, la tête du marteau. La colonne en dessous – le manche – est un étroit pilier de calcaire plus tendre que la tête du marteau et protège de l'érosion due au gel et à la pluie.

Thor's Hammer se dresse isolé sur une crête, à proximité de Sunset Point. La plupart des autres cheminées de fées de l'endroit se serrent les unes contre les autres à la manière d'un paysage d'aiguilles colorées, mais Thor's Hammer attire l'attention sur lui, sa tête reposant en équilibre sur le pilier. Au fil du temps, cependant, le pouvoir de l'érosion l'emportera, le manche du marteau s'écroulera, et la tête s'écrasera au sol. Le marteau de Thor aura frappé la Terre pour la dernière fois. **JK**

LES MITTENS

UTAH / COLORADO, ÉTATS-UNIS

Composition de la couche inférieure : schistes de type organ rock
Composition de la couche intermédiaire : grès de Chelley
Composition de la couche supérieure : grès fin de Shinarump

Les Mittens sont le symbole de la fameuse Monument Valley, mondialement connue. Ces deux buttes rouges, appelées East et West Mitten, dominent de 305 mètres le plateau du Colorado. Elles ont été ainsi nommées parce qu'elles ressemblent à une paire de moufles géantes en pierre, l'illusion étant parachevée par un « pouce » de roche séparé du reste de la « main ». Les buttes sont formées de trois couches principales de roches sédimentaires. La couche inférieure est une variété de schistes appelée « organ rock » qui s'érode sous forme de terrasses horizontales en gradins, pour former un talus en pente douce autour de la fondation de la butte. La couche intermédiaire est une grande épaisseur de grès tendre protégée par une couche plus dure de grès fin de Shinarump, qui coiffe le monument. Les meilleurs moments de la journée pour admirer les Mittens sont le lever et le coucher du soleil, lorsque leurs surfaces rocheuses s'illuminent sous la lumière pourpre des rayons. À proximité des Mittens se trouve une troisième butte, Merrick Butte, du nom d'un prospecteur venu dans la vallée pour rechercher une mine d'argent. La légende raconte qu'il trouva la mine mais perdit la vie entre les mains des guerriers Navajos. **JK**

LE MONUMENT NATIONAL DES DINOSAURES

COLORADO, ÉTATS-UNIS.

Superficie du monument national des Dinosaures : 842 km²
Altitude du Monument : 1 372 à 2 134 m
Nombre de fossiles visibles : 1 600

En 1909, Earl Douglas se rendit dans les terrains sédimentaires du plateau nord-est de l'Utah où il découvrit tant de fossiles de dinosaures que le président Woodrow Wilson décréta l'endroit monument national. De nos jours, on peut y voir des milliers de squelettes âgés de 150 millions d'années, soit plus de la moitié de toutes les espèces de dinosaures qui vivaient en Amérique du Nord à l'époque.

Durant la période du jurassique, l'endroit était une barre de sable de 60 mètres de long dans une rivière et de nombreux dinosaures vivaient alentour. Lorsqu'ils mouraient, leurs restes s'accumulaient sur cette barre, où la boue et la vase les recouvrirent lentement. Au fil du temps, des minéraux siliceux s'infiltrèrent dans les squelettes des dinosaures, les transformant en roche et préservant ainsi leur forme. Enterrés à cet emplacement, ils y reposèrent jusqu'à il y a 70 millions d'années, lorsqu'un soulèvement des Rocheuses fit s'incliner le terrain et réapparaître leurs os fossilisés.

Un musée, le Quarry Visitors Center, a été construit autour de la fosse d'où Douglas exhumait ses fossiles. Les visiteurs peuvent suivre le travail des paléontologues et visiter le laboratoire où les fossiles sont traités. Il s'agit de la zone de fouilles la plus productive au monde pour la période du jurassique. **JK**

LE BLACK CANYON DE LA GUNNISON RIVER

COLORADO, ÉTATS-UNIS

Profondeur du Black Canyon de la Gunnison River : 600 m
Largeur du canyon : 450 m
Longueur du canyon : 20 km sans aucun barrage

Le paysage accidenté du Black Canyon de la Gunnison River s'est formé lentement à mesure que l'eau et les éboulements de rochers se frayaient un chemin à travers la dure roche cristalline. Aucun autre canyon en Amérique du Nord n'est aussi étroit et ne peut rivaliser avec ses parois à pic. On lui a donné le nom de Black Canyon car la lumière du soleil n'y pénètre que très rarement.

En 1901, Abraham Lincoln Fellows et William W. Torrence entreprirent la première expédition réussie à travers le Black Canyon. Aujourd'hui la gorge est le domaine des kayakeurs et des rafteurs confirmés. Lors de son passage à travers la gorge, la Gunnison River est classée comme un rapide dangereux (classe V) et de nombreuses personnes y ont laissé la vie.

Le canyon mesurait 80 kilomètres de long, mais trois barrages ont été construits en amont ne laissant que 20 kilomètres intacts. Les routes qui longent le bord du canyon offrent plusieurs points de vue plongeants sur les rochers aux arêtes vives et menaçantes et trois pistes difficiles descendent des falaises jusqu'à la rivière. On peut approcher de cette dernière par le nord ou par le sud mais l'accès le plus aisé se trouve le long du bord sud. **DL**

LE PARC NATIONAL DES GRANDES DUNES DE SABLE

COLORADO, ÉTATS-UNIS

Âge des Grandes Dunes de sable : 12 000 ans

Superficie du parc national des grandes dunes de sable : 91 km²

Hauteur de la plus haute dune : 229 m

Faire la découverte des dunes de sable géantes et dorées dans le sud du Colorado est aussi surprenant qu'exaltant. Ces collines sculptées par le vent s'élèvent subitement à plus de 213 mètres au-dessus du fond de la San Luis Valley, entre le Rio Grande et les montagnes du Sangre de Cristo. Ce sont les plus hautes dunes des États-Unis et elles occupent plus de 90 km². Elles sont particulièrement belles au petit matin

montagnes de Sangre de Cristo sur le flanc est de la vallée jouent le rôle d'une barrière, qui force les vents à perdre en intensité et à déposer leur charge. De ce fait, les dunes s'agrandissent progressivement. Contrairement à la plupart des dunes de sable, elles conservent leur aspect car, sous leur surface et de manière surprenante, elles sont humides et compactes car elles agissent comme des éponges, aspirant l'eau de la nappe phréatique et des ruisseaux.

Pour profiter pleinement des dunes, la meilleure solution est de les escalader, mais il faut être très prudent car la surface du sable peut être très chaude – plus de 37 °C en été. La

Faire la découverte de ces dunes de sable géantes et dorées dans le sud du Colorado est aussi surprenant qu'exaltant, en particulier au petit matin ou en début de soirée alors que les rayons du soleil mettent en valeur leur riche couleur dorée.

et en début de soirée alors que les rayons du soleil mettent en valeur leur profil sinueux et leur riche couleur dorée.

Les scientifiques pensent que ces dunes ont commencé à se former au pléistocène alors que les glaciers naissaient dans les vallées en altitude, charriant glace et roches loin dans la San Luis Valley. Il y a 12 000 ans, un réchauffement du climat a fait fondre ces glaciers, créant des rivières et ruisseaux qui entraînèrent de plus grandes quantités de vase, de gravier et de sable dans la San Luis Valley. Les vents dominants soufflant depuis les cols de Music, Medano, et Mosca emportent du sable jusqu'au côté oriental de la vallée. Les

plus haute dune est facile à atteindre, à seulement 800 mètres de la lisière. Medano Creek est un des attraits supplémentaires des Dunes : il s'agit d'un ruisseau alimenté par la fonte de la neige qui descend au printemps des montagnes du Sangre de Cristo. Pendant quelques centaines de mètres, le ruisseau murmure sur une bande de sable suivant un cours imprévisible. Par endroits, il fait plus d'une trentaine de centimètres de profondeur, puis il disparaît brusquement dans le sable pour réapparaître quelques mètres plus loin. JK

À DROITE : *Malgré leur aspect stérile, les dunes de sable abritent un écosystème très divers de flore et de faune sauvages.*

LES FLORISSANT FOSSIL BEDS

COLORADO, ÉTATS-UNIS

Âge des Florissant Fossil Beds : 34 millions d'années
Type de sédiments : schistes
Nombre d'espèces d'insectes : 1 100

Les Florissant Fossil Beds se trouvent dans une vallée située en altitude près des Colorado Springs. Des énormes séquoias jusqu'aux papillons, les Florissant Fossil Beds renferment des fossiles pétrifiés, parfaitement conservés, de plantes et d'animaux vieux de 34 millions d'années. Les arbres ont été pétrifiés à la suite d'importantes et successives éruptions volcaniques qui les ont enterrés sous les cendres. Le plus grand, appelé *Rex arborae* – Roi de la Forêt –, est une énorme souche s'élevant à plus de 4 mètres pour une circonférence de 23 mètres.

Puis un lac s'est formé dans la vallée et son fond de vase a recueilli les plantes et les animaux – tout particulièrement les insectes – qui périssaient dans ses eaux. La vase s'est durcie en couches de schistes, conservant dans le moindre détail les formes de ces organismes. Les paléontologues ont dénombré plus de 60 000 spécimens fossilisés, certains si bien préservés que l'on peut distinguer la forme d'une antenne d'insecte et même le dessin sur les ailes d'un papillon. Des centaines d'espèces de plantes et plus d'un millier d'espèces d'insectes ont déjà été identifiées. Le parc offre plus de 27 kilomètres de pistes. JK

LA GROTTE DES VENTS

COLORADO, ÉTATS-UNIS

Canopy Hall : 60 m de long et 18 m de large
Hauteur de la caverne : 15 m
Autres cavernes : la Chambre Nuptiale, le Temple du Silence, la Vallée des Rêves et les Jardins Orientaux

Difficile d'imaginer que la Grotte des Vents, dans le Colorado, fut le décor d'une confrontation dans le pur style Ouest sauvage. C'est pourtant ce qui arriva en 1882 lorsque George Washington Snider se confronta à des individus ayant des vues sur la grotte qu'il exploitait. L'histoire commence dans les années 1870 avec la découverte dans le Williams Canyon d'une autre grotte ; un carrier décida d'en garder l'accès, exigeant 50 cents de ceux qui désiraient la visiter. Deux garçons ne pouvant pas s'offrir l'entrée, décidèrent de trouver leur propre caverne et tombèrent sur ce qui fut appelé plus tard la « Grotte des Vents ». M. Snider, désireux de se lancer dans le secteur balbutiant du tourisme, acheta le terrain et agrandit le site. Au terme de plusieurs jours de fouilles, il découvrit une caverne contenant des stalactites et des coulées de calcite.

En 1881, la grotte fut ouverte au public et des visites organisées. Snider explora la plupart des cavernes que l'on peut encore voir aujourd'hui ; les spéléologues ont étendu le souterrain à plus de 3 kilomètres de passages, et découvert de nouveaux secrets de la grotte dont des hélictites – cristaux de calcite qui se développent suivant des formes inhabituelles. DL

LA BAIE DELAWARE

DELAWARE / NEW JERSEY, ÉTATS-UNIS

Oiseaux migrateurs : bécasseau maubèche, bécasseau semi palmé, tournepierre à collier et bécasseau sanderling
Superficie de la baie : 2 025 km²
Végétation : marais salants et vasières, plages de sable

À la fin du printemps et au début de l'été, la baie de Delaware subit une incroyable invasion de « fossiles vivants ». Lors des fortes marées qui coïncident avec les pleines et nouvelles lunes de mai et juin, des centaines de milliers de crabes des Moluques montent à l'assaut des plages pour enfouir leurs œufs sur les rivages. En fait, il s'agit de limules, de grands arthropodes marins plus proches en réalité des araignées (ils possèdent un corps articulé et des membres) et sont semblables à des trilobites qui vivaient dans les mers préhistoriques il y a plus de 250 millions d'années.

En moyenne, chaque femelle dépose 3 650 œufs par nid. La densité de cette population est si forte que les crabes déterrent les œufs des précédentes couvées pour enfouir les leurs. Mais ces œufs ne sont pas perdus pour tout le monde. En effet, jusqu'à un million d'oiseaux font une halte sur ces rivages lorsqu'ils remontent d'Amérique du Sud en direction de l'Arctique, ce qui fait de la baie de Delaware la deuxième étape la plus importante de l'hémisphère occidental (seule la Copper River, en Alaska, accueille plus d'oiseaux). Les œufs leur fournissent la graisse dont ils ont besoin pour continuer leur voyage. MB

LE NATURAL BRIDGE

VIRGINIE, ÉTATS-UNIS

Largeur du Natural Bridge : 31 m
Épaisseur : 15 m

Thomas Jefferson a décrit le Natural Bridge de la Shenetoah Valley, en Virginie, comme « le plus sublime des ouvrages de la Nature ». Haute de 66 mètres, cette arche calcaire massive a une portée de 46 mètres. Et elle est si large que l'on y a même construit une route pour franchir le gouffre qui se trouve en dessous. Jefferson était si entiché de ce monument de calcaire qu'il l'acheta en 1774 au roi George III, pour 20 shillings. Il voulait préserver ce monument de pierre pour permettre à chacun de l'admirer – la première grande initiative aux États-Unis pour protéger la nature.

Le Natural Bridge fait partie d'un vaste réseau de cavernes calcaires qui a été creusé en Virginie par des millions d'années d'érosion. Les géologues pensent que le pont lui-même n'est que le reste du toit d'une ancienne grotte souterraine qui s'est effondrée sur elle-même. Selon la légende, la tribu des Monacans originaires de la région était poursuivie par les puissantes tribus Shawnee et Powhattan. Voyant leur retraite coupée par un profond canyon, les Monacans s'agenouillèrent et prièrent le Grand Esprit. Lorsqu'ils se relevèrent, ils découvrirent un grand pont de pierre qui franchissait la gorge. JK

LES GROTTES DE MAMMOTH

KENTUCKY, ÉTATS-UNIS

Type de roche : calcaire
Longueur de cavernes explorées : 560 km
Nombre d'espèces animales : 200

Les grottes de Mammoth sont trois fois plus longues que tout autre ensemble de grottes connu et les géologues estiment qu'il pourrait y avoir encore un millier de kilomètres de passages inexplorés. Il s'agit d'un système irrégulier de grottes calcaires ou en karst, constitué d'une épaisse couche de calcaire – d'approximativement 200 mètres d'épaisseur – que les eaux d'infiltration érodent facilement.

Les tunnels des grottes furent les conduites de canaux souterrains alimentés par la Green River toute proche. À mesure que la rivière creusait le soubassement rocheux, les cours d'eau souterrains faisaient de même formant le labyrinthe de grottes que nous pouvons voir aujourd'hui. Cette couche de calcaire a mis plus de 70 millions d'années à se constituer : des billions de coquilles et de carapaces animales se sont accumulés sur un ancien fond marin il y a 350 millions d'années et leur compression a ensuite donné ce lit rocheux.

La taille des grottes de Mammoth reflète leur exceptionnelle diversité en matière de faune. On a découvert plus de 200 espèces d'animaux y vivant dans ces grottes ; 42 d'entre elles sont exclusivement cavernicoles et ne se rencontrent nulle part ailleurs au monde. JK

LES MONTS HUACHUCA

ARIZONA, ÉTATS-UNIS.

Pluviosité annuelle : 51 cm
Point culminant : Pic de Miller (2 882 m)
Nombre d'espèces de plantes : 400

Les monts Huachuca, en Arizona, sont une des quarante « Sky Islands » qui se dressent au milieu de la prairie désertique. C'est un havre bienvenu pour les oiseaux, ainsi que pour plus de 60 espèces de reptiles, 78 de mammifères et la grenouille-léopard du Ramsay Canyon, une espèce menacée. Une combinaison de maquis et de prairie aux plus basses altitudes et de forêts de chênes et de pins en montant vers le sommet est à l'origine de cette grande diversité biologique.

Miller's Peak est la plus haute montagne des Huachuca. Des pistes bien entretenues conduisent à quelques-uns des plus beaux panoramas à 360° du sud de l'Arizona. Un autre endroit remarquable des Huachuca est la Ramsay Canyon Preserve ; 14 espèces de colibris passent ici du printemps à l'automne, tout comme le cerf à queue blanche, le coati, le pécari à collier et l'ours noir.

Fréquentées autrefois par le fameux guerrier Geronimo, les monts Huachuca font partie du folklore américain. Ce fut aussi le site de la première visite vers le sud-est du conquistador Francisco Vásquez de Coronado, parti à la recherche des mythiques Sept Cités d'or de Cibola. JK

LE CANYON OAK CREEK

ARIZONA, ÉTATS-UNIS

Composition : grès et calcaire
Profondeur du Oak Creek Canyon : 762 m
Longueur du canyon : 22,5 km

Le canyon Oak Creek, près de Flagstaff Arizona, bénéficie d'une altitude qui lui assure une température plus fraîche et plus de précipitations que l'habitat surtout désertique et plus chaud propre à l'Arizona. Ici, des zones boisées luxuriantes couvrent le fond du canyon, profond et étroit. Une petite rivière y coule toute l'année, reflétant le grès rouge du bas des parois et le calcaire blanc qui se trouve au-dessus. Comme celles de tous les canyons de grès, les parois du Oak Creek ont été entamées suivant des formes arrondies et cintrées aux multiples endroits où l'eau a érodé les sections les plus tendres.

La West Fork du canyon Oak Creek est réputée comme l'une des plus belles pistes de randonnée d'Arizona, combinant l'eau, des falaises étroites et escarpées et des parties boisées. En automne, le feuillage des arbres se pare de magnifiques nuances d'orange et de rouge. Les cinq premiers kilomètres de ce parcours sont relativement faciles à grimper, mais les dix-huit suivants sont plus exigeants ; ils obligent à sauter de rocher en rocher, à escalader à quatre pattes les parois du canyon, à franchir à pied – et même à la nage – plusieurs bassins froids et profonds. **JK**

LE GRAND CANYON

UTAH / ARIZONA, ÉTATS-UNIS

Superficie du Grand Canyon : 492 683 ha
Altitude moyenne du rebord sud : 2 134 m au-dessus du niveau de la mer
Altitude du Point impérial : 2 683 m

Le Grand Canyon est l'un des plus beaux exemples au monde d'érosion en terrain aride. La Colorado River et des vents violents ont creusé et sculpté ces plateaux en un labyrinthe de ravines tordues, dénudant les couches de roches et ouvrant ainsi une fenêtre sur les deux derniers milliards d'années de l'histoire géologique de la Terre. Les autres forces qui ont contribué à la formation du Grand Canyon sont l'activité volcanique, la dérive continentale et la glace. Il y a à peu près 17 millions d'années, des pressions venues des profondeurs de la Terre firent se soulever toute la région du Colorado. Ce soulèvement, combiné à 5 millions d'années d'érosion, a créé une des plus profondes gorges du globe.

Le canyon fait à peu près 1,6 kilomètre de profondeur par 15 kilomètres de large, et il s'étend sur une longueur de 450 kilomètres à travers deux États. Ses parois dépouillées changent de couleur au fil des heures – passant de l'or et argent le matin, aux bruns sourds à midi et au pourpre profond pendant le coucher du soleil, pour finir par un indigo sous la lumière froide du clair de lune.

Loin au-dessus du fond du canyon, la Colorado River apparaît comme un fil chatoyant, au parcours sinueux à travers un dédale de formations rocheuses étagées. La puissante Colorado River peut s'enfler en un torrent furieux, surtout lors de crues subites. Cependant, son pouvoir érosif a été fortement diminué depuis la création du barrage de Glen Canyon Dam.

Grâce à sa diversité de biotopes et de climats, le Grand Canyon représente une remarquable réserve naturelle. Dans son parc, on trouve plus de 355 espèces d'oiseaux, 89 de mammifères, 47 de reptiles, 9 d'amphibiens et 17 de poissons.

La plupart des visiteurs se dirigent vers le South Rim, qui est ouvert toute l'année, et où la Desert View Drive longe le bord du canyon pendant 42 kilomètres. Le North Rim, lui, est ouvert de mi-mai à octobre, son point culminant est Point Imperial, qui surplombe le Painted Desert. Cape Royal est orienté à la fois à l'est et à l'ouest, et offre donc de belles perspectives au lever comme au coucher du soleil. D'ici, on peut apercevoir la Colorado River encadrée par une arche géologique naturelle appelée Angels Window, « la Fenêtre des anges ». MB

CI-DESSOUS : *Une vue majestueuse du Grand Canyon.*

LE PARC NATIONAL DE LA FORÊT PÉTRIFIÉE

ARIZONA, ÉTATS-UNIS

Pluviosité annuelle : 25 cm
Altitude de Petrified National Park : 1 676 m
Superficie du parc : 378 km²

La Forêt pétrifiée (Petrified Forest) renferme la plus grande concentration de bois pétrifié jamais découverte. Ici, le lent processus de fossilisation a transformé de grands arbres en pierre dure. Il y a 225 millions d'années (pendant le triasique), ces arbres faisaient partie d'une ancienne forêt abritant des amphibiens géants qui se nourrissaient de poissons, des grands reptiles ainsi que les premiers fragiles : ils se brisent facilement sous la pression. Le parc est une fenêtre ouverte sur le passé. En dehors des arbres, il abrite également une merveilleuse collection de dinosaures du triasique, alors que l'« âge des Dinosaures » venait juste de débuter. Les visiteurs peuvent admirer ces fossiles dans le Rainbow Forest Museum, ainsi que ceux des reptiles et amphibiens géants. La Forêt pétrifiée offre aussi de nombreuses gravures rupestres sur la surface des rochers, sur les parois de canyons ou d'abris rocheux. La variété de ces images est étonnante : formes humaines, empreintes de mains et de pieds, couguars, oiseaux, lézards, serpents,

> *La Forêt pétrifiée renferme la plus grande collection – et la mieux préservée – de bois pétrifié jamais découverte. Ici, le lent processus de fossilisation a transformé de grands arbres en pierre dure.*

dinosaures. Après leur chute, ces arbres étaient entraînés vers une plaine alluviale, au nord-est de l'Arizona, puis y furent enterrés sous les limons et les cendres volcaniques. Beaucoup de ces arbres se décomposèrent, mais ceux qui perdurèrent sont devenus les troncs fossilisés que nous voyons aujourd'hui. La silice dissoute provenant des cendres volcaniques a rempli ou remplacé les cloisons de leurs cellules et en se cristallisant a transformé ces arbres en quartz minéral. Chaque détail de l'écorce du tronc, et parfois même sa structure cellulaire interne, a été préservé. Les oxydes minéraux riches en fer, combinés au quartz, ont donné aux arbres leurs couleurs. Les arbres pétrifiés sont à la fois durs et chauves-souris, ainsi que de nombreuses formes géométriques. Ces différents pétroglyphes pouvaient servir tant ux commémorations qu'à marquer les territoires des clans ou à décrire des phénomènes naturels tels que le solstice d'été. Certains pourraient même n'avoir été que de simples griffonnages.

Le parc présente un climat extrêmement contrasté, et il subit parfois de fortes intempéries. La moitié des 250 millimètres de précipitations annuelles est due aux violents orages de juillet, août et septembre. JK

À DROITE : *Les couleurs surprenantes des arbres fossilisés du parc national de la Forêt pétrifiée.*

LE DÉSERT PEINT

ARIZONA, ÉTATS-UNIS

Longueur du Désert peint : 257 km
Âge du désert : 225 millions d'années.
Taux d'érosion de surface : 6 mm par an

Les collines fortement érodées des « badlands » du « Désert peint » présentent un aspect de couches multicolores. Ce phénomène est dû aux oxydes minéraux que renferme leur sol. Le « Désert peint » fait partie de la Chinle Formation, qui renferme des sédiments de grès tendre venus du fond d'un ancien plan d'eau remontant à 225 millions d'années. La vitesse à laquelle les sédiments se déposèrent a déterminé la concentration en oxydes de fer et d'aluminium de chaque couche – et par conséquent sa couleur. Ainsi les sols qui se sont déposés lentement ont viré au rouge, à l'orange et au rose, alors que ceux qui s'étaient déposés rapidement – et donc restés moins longtemps au contact de l'oxygène – ont pris des teintes bleues, grises et lavande. Les moussons d'été, torrentielles en Arizona, assurent une érosion constante et de nouveaux déploiements de couleurs. Cette région est une terre aride, à la végétation clairsemée, comportant des mesas au sommet aplati et des buttes qui se détachent des collines. L'extraordinaire Blue Mesa, au centre-est du parc, est une des sections les plus intéressantes du parc. Avec ses collines sculptées de façon étrange et ses rochers striés, cette zone ressemble à un fantastique paysage lunaire. Le « Désert peint » forme la partie nord du parc national de la Forêt pétrifiée. **JK**

LE PARC NATIONAL DE SAGUARO

ARIZONA, ÉTATS-UNIS.

Superficie du parc : 370 km²
Type de biotope : désert
Principale plante : le cactus saguaro

Le parc national de Saguaro fait partie du désert de Sonora, qui couvre la majeure partie du sud-ouest des États-Unis et du nord-ouest du Mexique. Emblème de la région, le cactus saguaro – qui peut atteindre une hauteur de 15 mètres, peser plus de 10 tonnes et vivre jusqu'à 200 ans – domine le paysage. Ces cactus couvrent le fond de la vallée mais ils se rencontrent aussi sur les pentes des montagnes de Rincon et de West Tucson qui entourent le parc. Les longs bras du cactus saguaro sont une de ses remarquables caractéristiques. Dès la mi-avril, il se couvre de fleurs blanches qui s'ouvrent au milieu de la nuit et tiennent une journée avant de se flétrir. Pendant ce court délai, elles attirent une nuée de petites chauves-souris à long nez, d'oiseaux et d'insectes qui se nourrissent de leur nectar et pollinisent la plante. Viennent ensuite les fruits d'un rouge brillant remplis de graines dont les animaux consomment tant la chair que les graines. Pour augmenter leurs chances de survie, les jeunes plants de saguaro ont besoin d'une plante « nourricière », qui leur procure ombre et humidité. Ils commencent à développer leurs bras lorsqu'ils ont atteint 75 ans.

Le parc national de Saguaro possède plus de 241 kilomètres de pistes différentes de randonnée. JK

LE CANYON ANTELOPE

ARIZONA, ÉTATS-UNIS

Longueur du canyon Antelope : 8 km
Type géologique : canyon « en fente »
Type de roche : grès Navajo

Le canyon Antelope a été décrit par les photographes de paysage comme « un lieu de fête pour les yeux, l'esprit et le cœur ». Ce canyon peu connu, aux parois de grès, est un chef-d'œuvre naturel : la lumière, la couleur et les formes y jouent entre elles dans un merveilleux déploiement de beauté en perpétuelle transformation tout au long de la journée. Le canyon consiste en une étroite jusqu'au fond du canyon. Certains endroits du canyon sont réputés pour ces superbes traits de lumière qui ne se produisent chaque jour que pendant quelques minutes exaltantes.

Antelope Canyon est un superbe exemple de canyon « en fente ». Ceux-ci débutent normalement comme une étroite fissure à la surface d'un plateau de grès. Si la fissure se trouve sur une pente, la puissante érosion due aux eaux de ruissellement la transforme en un chenal de drainage et creuse peu à peu dans le grès. À Antelope Canyon, cela a donné un chenal étroit et profond aux contours sinueux irréguliers, avec des creux pouvant faire de un à

> *Le canyon Antelope est un chef-d'œuvre naturel : la lumière, la couleur et les formes y jouent entre elles dans un merveilleux déploiement de beauté en perpétuelle transformation tout au long de la journée.*

crevasse divisée en deux sections (Upper et Lower Canyon) qui ont été creusées dans une mesa. On peut se promener dans le Upper Antelope Canyon, mais le Lower Canyon n'est accessible qu'en descendant par des échelles à partir d'une étroite fente dans le sol. L'effet de la lumière qui joue sur les parois du canyon est vraiment renversant. Des jaunes et des orange violents illuminent les plus hautes parties, mais à mesure que la lumière diminue, le bas des parois se nimbe de toute une palette de violets et de bleus. Le contraste entre la lumière et l'ombre fait ressortir les contours arrondis du canyon en une véritable symphonie visuelle.

Le meilleur moment pour le visiter est le milieu de la journée lorsque le soleil est à la verticale, et que des rayons isolés descendent trois mètres de large et jusqu'à cinquante mètres de profondeur.

Pour vraiment apprécier la beauté de cet endroit, l'idéal est de s'asseoir dès le matin dans l'une des chambres du canyon plongées dans la pénombre et de le regarder s'éveiller à la vie dans un flamboiement de couleurs, de lumière et d'ombre à mesure que le soleil monte dans le ciel. Antelope Canyon s'étend à quelques kilomètres à l'est de Page, Arizona. Son accès n'est autorisé qu'en compagnie d'un guide car des crues peuvent se produire subitement, même lorsque le temps ne le laisse pas présager. **JK**

À DROITE : *Les moindres traits de lumière font resplendir le canyon dans toute sa beauté.*

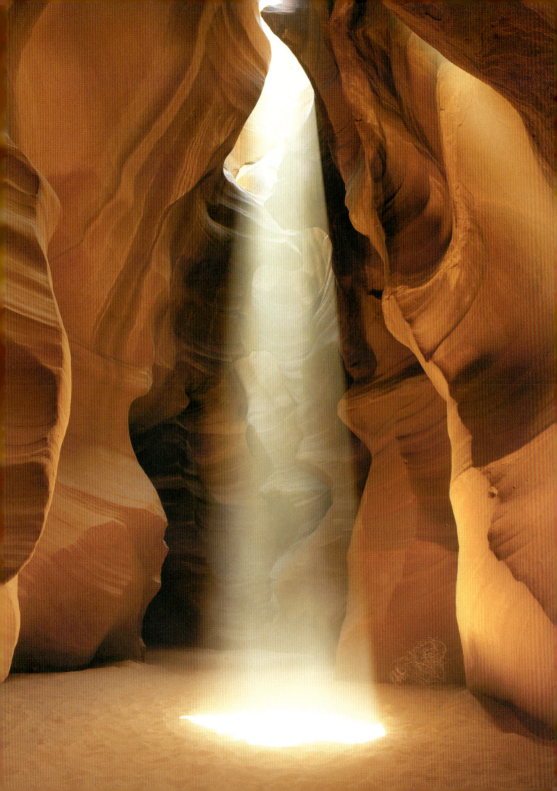

LE MONUMENT NATIONAL DU CANYON DE CHELLY

ARIZONA, ÉTATS-UNIS

Superficie : 338 km²
Profondeur : 240 m

Le canyon de Chelly dans le nord de l'Arizona a été décrété Monument national en 1931 afin de protéger ce spectaculaire canyon de grès à plusieurs branches et les ruines d'anciennes habitations indiennes troglodytes au cœur de la falaise. Les vestiges de plus de 700 ruines y ont été découverts dont des maisons-fosses creusées dans le sol et des habitations, souvent à deux étages, organisées autour d'une pièce centrale. Les premières constructions, datant de 1060, sont l'œuvre des Indiens Anasazis ; elles furent abandonnées vers la fin du XIIIe siècle. L'endroit fut ensuite occupé par les Hopis puis les Navajos.

Par endroits, les parois verticales de grès rouge plongent de 244 mètres depuis le Defiance Plateau jusqu'au fond du canyon. Le grès de Chelly s'est formé dans les déserts datant du Permien (il y a 230 à 235 millions d'années) comme le confirment les lignes inclinées dans la roche, typiques des dépôts de sable éoliens. Ce Monument national est géré conjointement par la Navajo Tribal Authority et le National Park Service. Il est possible de faire des excursions accompagné par des guides navajos. RC

CI-DESSOUS : *Pétroglyphes à Steting Cow, canyon de Chelly.*

LE MONUMENT NATIONAL DE CHIRICAHUA

ARIZONA, ÉTATS-UNIS

Nom indien : « la terre des rochers dressés »
Âge : 27 millions d'années
Type géologique : tuf rhyolitique

Le paysage de la région du Monument national de Chiricahua n'est qu'une myriade de pics, d'aiguilles et autres colonnes. L'origine de ces rochers remonte à 27 millions d'années lorsqu'une éruption volcanique recouvrit la région sous 610 mètres de cendres et de scories. Ces dépôts se sont transformés en un tuf rhyolitique qui, travaillé par l'érosion, a donné ces cheminées de fées. Des pistes emmènent les visiteurs jusqu'aux cheminées de fées de Totem Pole et de Big Balanced Rock.

Le Monument fait partie de la Chiricahua Mountain Range, une chaîne de volcans éteints à 193 kilomètres à l'est de Tucson qui s'élève à 2 377 mètres. D'un climat plus frais, les hauts versants des montagnes, ou « îles du ciel », abritent une flore et une faune uniques.

À Chiricahua, situé à l'intersection de quatre grands biotopes nord-américains – les déserts de Sonora et de Chihuahua, et les chaînes des Rocheuses et de la Sierra Madre – le pin et la pruche voisinent avec le yucca et le figuier de Barbarie, ainsi qu'avec le sapin de Douglas et le cyprès de l'Arizona. La faune comprend plus de 300 espèces d'oiseaux, des pécaris à collier, des coatis, des moufettes à nez de cochon, des gloutons, des ours et des pumas. **JK**

LES GROTTES DE KARTCHNER

ARIZONA, ÉTATS-UNIS.

Longueur des salles : 4 km
Nombre de chauves-souris : un millier
Température : 20 °C toute l'année

Enfoui sous le désert de Sonoran dans le sud-est de l'Arizona se trouve un ensemble de grottes resté inchangé depuis 200 000 ans. Jusqu'à une époque très récente, les aventuriers qui passaient là ne soupçonnaient pas l'existence de ce labyrinthe souterrain comportant plusieurs kilomètres de passages, de grandes cavernes et une myriade de formations minérales incroyables. Les grottes de Kartchner ont été découvertes en 1974 par deux spéléologues qui y avaient pénétré par un minuscule entonnoir. Ils trouvèrent des formations de calcite, d'énormes stalactites, des stalagmites, des colonnes, ainsi qu'un tube de cristal, long de 6,5 mètres, qui pousse de manière précaire depuis le plafond de la grotte.

Pour préserver la caverne, les spéléologues ont tu leur découverte pendant 14 ans. Alors que la majeure partie de ce réseau souterrain reste inexplorée, des visites guidées emmènent maintenant les visiteurs jusqu'au cœur de la grotte. Durant les mois d'hiver, la Big Room – la plus grande des salles – est fermée au public pour permettre aux milliers de chauves-souris de faire leur nid et de se reproduire. DL

LE CRATÈRE DE LA MÉTÉORITE

ARIZONA, ÉTATS-UNIS.

Diamètre du cratère : 1 265 m
Profondeur du cratère : 175 m
Âge : 22 000 ans (certaines estimations vont jusqu'à 50 000)

Lorsqu'on annonça en 1871 l'existence d'un vaste cratère en forme de soucoupe sur le haut plateau désertique de l'Arizona, on pensa d'abord qu'il s'agissait d'un volcan éteint. Toutefois, la découverte au cours des années 1890 de fragments de fer dans le cratère amena les géologues à la conclusion que ce dernier n'était pas d'origine volcanique.

Daniel Barringer, un ingénieur des mines originaire de Philadelphie, explora le site en 1903, persuadé que le cratère était le résultat d'une chute de météorite.

En 1960, on y découvrit deux variétés rares de silice : la coésite et la stishovite, ce qui confortait la théorie d'un impact de météorite. Les scientifiques pensent que la majeure partie de la matière constituant la météorite s'est vaporisée lors du choc. Bien que ce cratère ne soit pas le plus grand site terrestre d'impact météoritique, il s'agit du mieux conservé. Le cratère fut déclaré « point de repère naturel » par le département américain de l'Intérieur en 1968. Les estimations sur la taille de la météorite et la date de la collision varient, mais le choc a certainement été dévastateur pour créer un cratère d'une telle dimension. RC

À DROITE : *Les scientifiques pensent que la météorite qui a pu creuser un tel cratère devait avoisiner les 70 000 tonnes.*

LE DÉSERT DE SONORA

ARIZONA / CALIFORNIE, ÉTATS-UNIS / MEXIQUE

Superficie du désert : 260 000 km²
Pluviosité annuelle : 25 cm

Cerné par les montagnes et s'étendant à cheval sur non seulement deux États (l'Arizona et la Californie), mais aussi sur deux pays (les États-Unis et le Mexique), le désert de Sonora recèle plus d'espèces de plantes et d'animaux que tout autre désert nord-américain. Cette biodiversité est due à deux saisons de pluies distinctes. En hiver, lorsque les fronts froids en provenance de l'océan Pacifique apportent de faibles pluies étendues, le désert devient un paradis de fleurs sauvages, surtout à l'ouest où des plantes annuelles telles que les pavots et les lupins éclosent à foison. En été, de juillet à septembre, souffle un air tropical venu du golfe du Mexique, qui provoque de violents orages et des inondations localisées. Les montagnes environnantes piègent les nuages chargés de pluie, assurant ainsi à la région suffisamment d'humidité.

Ce désert abrite plus de 2 500 espèces de plantes et 550 de vertébrés. À peu près la moitié de la végétation du désert de Sonora est d'origine tropicale, avec des cycles de vie

dépendant étroitement de la mousson d'été. Malgré toutes ces précipitations, il reste le plus chaud des quatre principaux déserts d'Amérique du Nord.

Plusieurs plantes et animaux remarquables accentuent encore sa singularité. Le cactus saguaro – ou cactus chandelier –, avec ses « bras » courbés caractéristiques est une des plantes les plus connues. Il peut vivre plus de 200 ans. Le palo fierro, l'ambrosia, le paloverde, le créosotier et le mesquite occupent les zones les plus chaudes du désert.

En dépit de la chaleur torride qui règne dans ce désert, de nombreux animaux parviennent à survivre dans ce climat – le loup gris mexicain (« el lobo »), le puma, le grand-duc d'Amérique, l'aigle royal, le grand géocoucou et le serpent à sonnette.

Le désert de Sonora est vaste, mais la visite du Arizona-Sonoran Desert Museum, près de Tucson, peut être une bonne façon de le découvrir. Ce site en plein air de 8 hectares est en effet à la fois un zoo, un musée d'histoire naturelle et un jardin botanique. Il permet d'observer les plantes et les animaux les plus intéressants du désert de Sonora. **JK**

CI-DESSOUS : *Des cactus et des paloverdes parsèment le désert.*

BISTI BADLANDS ET LE DÉSERT DE-NA-ZIN

NOUVEAU-MEXIQUE, ÉTATS-UNIS

Superficie : 15 553 ha
Classé Désert national en 1964
Altitude moyenne : 1 920 m

Les étranges formations rocheuses et le paysage raviné par l'érosion des Bisti Badlands sont nichés au cœur du désert, au nord-ouest du Nouveau-Mexique. Les collines formées de couches de grès, d'argilite, de charbon et de schiste ont été érodées et forment aujourd'hui un labyrinthe de tumulus, de ravins, de grottes et de cheminées de fées. Les promeneurs peuvent encore y voir de nombreux bois pétrifiés, des os fossilisés et des dents d'une grande variété d'animaux. Ce désert est aussi le repère de beaucoup de reptiles, de petits mammifères et d'oiseaux de proie. Seize kilomètres plus loin commence le désert De-Na-Zin, encore plus grand et encore plus isolé. La meilleure manière d'aller aux Bisti Badlands est de prendre la NM 3781 au sud de Farmington. Il faut faire attention en s'aventurant dans cet endroit car les roches sont fragiles et instables. Les bâtiments abandonnés du comptoir de Bisti accentuent encore la désolation des lieux. N'oubliez pas qu'il est interdit de ramasser des fossiles. RC

LES CAVERNES DE GLACE DE BANDERA

NOUVEAU-MEXIQUE, ÉTATS-UNIS

Cône du volcan : 250 m
Cavernes de Bandera : épaisseur de la glace : 6 m
Âge : 10 000 ans

Le volcan de Bandera est la « Terre de Feu et de glace » du Nouveau-Mexique. Le cône profond rappelle la violente éruption d'il y a 10 000 ans quand les arrivées souterraines de lave formaient un labyrinthe de tuyaux naturels de plus de 30 kilomètres. Aujourd'hui, une partie de ce réseau s'est effondrée, mais des restes de conduits sont visibles et font des cavernes de glace de Bandera un endroit sans équivalent. Une promenade sur le chemin de lave à travers les arbres noueux et tordus – genévriers, sapins et pins de Ponderosa – mène à un tube de lave et à une glacière naturelle. À l'intérieur, la température ne s'élève jamais au-dessus de 0 °C. Les couches de glace naturelle reflètent la lumière venant de l'entrée et une algue arctique donne une nuance verte. La glace est formée par la pluie et la neige fondue qui s'infiltrent dans le sol et gèlent dans l'air froid et opaque de la grotte. Pendant l'été, la caverne est protégée du soleil qui tape dans le désert par les rochers de la surface. Les plus vieilles couches de glace datent de 170 ans av. J.-C. Les anciens Indiens Pueblo comme les premiers colons occidentaux se servaient en glace dans la grotte. Ce lieu est situé sur la route 53 à 40 km au sud-ouest de la ville de Grants. DL

LE MONUMENT NATIONAL DE WHITE SANDS

NOUVEAU-MEXIQUE, ÉTATS-UNIS

Hauteur de la dune : 18 m
Déplacement de la dune : jusqu'à 9 m par an
Classé monument national en 1933

Au cœur du bassin de Tularosa au sud-ouest du Nouveau-Mexique, un désert déroule ses dunes scintillantes. Contrairement aux dunes de sable composées de silice, celles de White Sands sont faites de gypse et forment le plus grand ensemble de dunes de gypse pur du monde. Le gypse (du sulfate de calcium) provient de l'ancien lac Lucero qui a existé de manière éphémère à l'ouest des dunes. L'évaporation de l'eau a laissé des dépôts qui, transportés par le vent, ont formé ces vagues de gypse. Les plus mobiles peuvent se déplacer de 9 mètres par an. Certaines plantes comme le yucca et les peupliers de Virginie réussissent à survivre sur les bords des dunes mouvantes. Des espèces animales vivent là dont certains individus, comme le lézard sans oreille et la souris Apache Apache, sont devenus blancs au cours des âges pour mieux se camoufler. Les dunes de gypse couvrent une région de 712 km^2 dont 40 % appartiennent au site national. Le reste jouxte la base de missiles de White Sands qui n'est pas ouverte au public. On peut aller au monument par la US 70. La Route des Dunes et la US 70 sont parfois fermées pendant deux heures quand des essais de missiles ont lieu. **RC**

LE PARC DE CITY OF ROCKS

NOUVEAU-MEXIQUE, ÉTATS-UNIS

Pluviosité annuelle : 40 cm
Type de roche : tuf volcanique
Hauteur des rochers : 12 m

Le parc de City of Rocks, petit par sa taille – 2,7 km² seulement – est une pure merveille géologique avec ses tourelles de lave et ses pics de 12 mètres de haut sculptés dans le roc. De loin, les rochers apparaissent comme un groupe de géants debout sur le plateau, ou comme une ville se dressant à l'horizon. La plupart des rochers sont suffisamment écartés pour que les promeneurs marchent parmi eux et s'abritent autres. Ces formations sont rares et il n'existe que six autres sites dans le monde.

La parc est situé à 45 kilomètres au nord-est de la ville de Deming, dans la Mimbres Valley du désert de Chihuahua, dans le sud-est du Nouveau-Mexique. Le parc de City of the Rocks abrite 35 espèces d'oiseaux dont l'aigle royal, le pyrargue à tête blanche, le grand-duc d'Amérique, le géocoucou mais aussi des buses et des troglodytes des cactus. De nombreux reptiles – crotales, lézards à collier, couleuvres (*hétérodon nasicus*) – se trouvent ici tout comme la plupart des animaux du désert, que ce soit des écureuils terrestres du Mexique, de

> *De loin, les rochers apparaissent comme un groupe*
> *de géants debout sur le plateau*
> *ou comme une ville se dressant à l'horizon.*

ainsi du soleil brûlant. Ces rocs d'origine volcanique ont 35 millions d'années. Ils faisaient alors partie d'une coulée de cendres (ou de tuf) volcaniques qui s'est répandue sur la région. La température élevée a soudé les cendres formant ainsi une couche rocheuse compacte. Au fil du temps, la pluie et le vent ont érodé les substrats plus tendres, dégageant ainsi ces rangées de rochers plus durs. Certains disent qu'ils ressemblent à d'énormes molaires plantées dans le sol désertique, certaines de travers, d'autres droites. Beaucoup sont isolés, d'autres forment des groupes, d'autres sont réunis comme pour se soutenir les uns les gros lièvres, des souris à poches et des coyotes. City of Rocks a également attiré des hommes, plus précisément les Indiens Mimbres qui, arrivés en 750 y ont vécu jusqu'en 1250. Les Mimbres ont utilisé les roches pour moudre le grain et beaucoup de rochers portent encore les marques de cette activité. Certaines parois ont aussi des croix gravées dans la pierre par des conquistadores espagnols qui ont traversé cette région. JK

À DROITE : *La « City of Rocks » et ses surprenantes formations rocheuses.*

LE PIC SHIPROCK

NOUVEAU-MEXIQUE, ÉTATS-UNIS

Diamètre : 500 m
Altitude : 600 m
Type de roche : Breccia volcanique

Les Navajos appellent cette formation Tse Bitai, c'est-à-dire « le roc ailé ». Une légende raconte que le peuple Navajo fut emmené loin de ses ennemis par un rocher qui s'est élevé dans le ciel. Les nouveaux arrivants le nommèrent Shiprock (littéralement, « rocher bateau ») à cause de sa ressemblance avec un voilier. Ce monument de pierre est formé par le noyau de lave basaltique appartenant à un volcan. Son aspect est impressionnant avec son sommet s'élevant à 600 mètres au-dessus de la plaine du Nouveau-Mexique. Les pics qui l'entourent étaient autrefois les cheminées du volcan. Les études géologiques prouvent que le pic Shiprock a eu une naissance très violente. Il est composé de morceaux déchiquetés de roches et de cendres, amalgamés par une température très élevée et transformés en roche appelée breccia. Les rochers déchiquetés sont le signe d'une éruption explosive. Le pic Shiprock est situé à 21 kilomètres au sud-ouest de la ville de Shiprock. Il appartient à la fois à la région de Navajo et à celle de Chuska. JK

CI-DESSOUS : *Le contour déchiqueté du pic de Shiprock.*

LA NONE À GENOUX

NOUVEAU-MEXIQUE, ÉTATS-UNIS

Type de roche : tuf de rhyolite volcanique (rhyolite : lave volcanique de composition granitique)

Hauteur : 27 m

La légende de la None à genoux est une histoire formidable. Elle raconte comment une none de la région tomba amoureuse, malgré ses vœux, d'un soldat espagnol qu'elle soignait. Elle fut chassée de son couvent et transformée en pierre pour passer sa vie éternelle en prières à genoux au sommet de la montagne. Il est vrai que les roches géantes de la None à genoux ressemblent vraiment à une religieuse en prière, la tête inclinée. L'histoire de ce curieux phénomène géologique, sans être aussi romanesque, est cependant intéressante. Il y a 35 millions d'années une énorme éruption volcanique a craché une coulée bouillante de pierre ponce, de cendres et de gaz qui a déferlé sur ce paysage. Cette éruption-là a été mille fois plus forte que celle du mont St. Helens en 1980. Les débris volcaniques se sont solidifiés en roche dense qui s'est lentement érodée après avoir été soulevée par la formation de la chaîne de Santa Rita. Le vent, la pluie et les gelées hivernales ont usé ces restes volcaniques, sculptant ce monument de pierre. La None à genoux se trouve à l'ouest du Nouveau-Mexique, à 32 kilomètres de Silver City. JK

BLUE HOLE

NOUVEAU-MEXIQUE, ÉTATS-UNIS

Profondeur : 25 m
Température : 18 °C
Débit à la minute : 11 350 litres
Altitude : 1 402 m

Le paradis des plongeurs du sud-ouest américain pourrait bien être ce phénomène géologique enclavé à l'intérieur des terres du Nouveau-Mexique. Blue Hole (Trou Bleu) est un puits naturel artésien, de 25 mètres de profondeur, creusé dans un gouffre calcaire. Il est également connu sous le nom de « Joyau de la Nature ». L'eau, qui se précipite en bouillonnant dans Blue Hole atteignant le débit prodigieux de 11 350 litres à la minute, est tellement limpide qu'on peut voir le fond quand elle n'est pas troublée par les plongeurs. Blue Hole a un diamètre de 25 mètres au niveau du sol et s'élargit peu à peu jusqu'à 40 mètres au fond. L'eau est toujours à la même température (18 °C) et se renouvelle toutes les six heures.

Bleu Hole se trouve près de la ville de Santa Rosa qui compte dans ses environs des lacs et des sources en grand nombre. La campagne environnante est semi-désertique et fait de ce lieu une oasis bienvenue. Un centre privé de plongée sous-marine près de Blue Hole loue bouteilles d'oxygène et équipement divers et fournit des licences de pêche. JK

LA GROTTE DE LECHUGUILLA

NOUVEAU-MEXIQUE, ÉTATS-UNIS

Âge : 6 millions d'années
Profondeur de la grotte : 489 m
Longueur : 196 km

Découverte grâce à des bouffées d'air humide qui s'échappaient d'un puits de mine abandonné appelé « Le Trou de la Misère », la grotte de Lechuguilla, au sud du Nouveau-Mexique est aujourd'hui considérée comme une des plus importantes grottes. Avec ses cristaux délicats, ses pierres usées en forme d'anneaux qui tapissent les murs et ses immenses « lustres » de gypse fragile suspendus au plafond, cette grotte est absolument unique. Véritable voyage dans un autre monde, Lechuguilla héberge également des microbes rares étudiés tant par les scientifiques de la NASA que par des chercheurs en médecine. Contrairement aux autres grottes formées par les eaux de pluie érodant le calcaire, Lechuguilla a été creusée par des réactions chimiques et par l'attaque de la pierre par des microbes pendant des millions d'années. Des bactéries rongeant le soufre ont transformé les émissions de gaz venant des puits en acide sulfurique. Celui-ci, avec les bactéries qui attaquent le fer et le manganèse, a foré ce qui est devenu la grotte la plus profonde du monde. Pour préserver tant ses formations rocheuses rares que la vie microbienne, Lechuguilla est fermée au public. AH

LE CANYON DE CIMARRON

NOUVEAU-MEXIQUE, ÉTATS-UNIS

Taille : 134 km²
Altitude : 2 436 m
Pluviosité : 32 cm

Les falaises de granit de Cimarron sont l'attraction majeure de ce magnifique parc. Situées en altitude dans les montagnes du Nouveau-Mexique, c'est un endroit frais et agréable loin des chaleurs torrides des régions plus basses. Une rivière aux eaux scintillantes dévale le canyon sur 19 kilomètres, ajoutant un attrait supplémentaire à ce lieu. Les hautes falaises s'étendent horizontalement pour former une muraille abrupte au-dessus du canyon, comme les remparts d'un vieux château. Elles ont 122 mètres de haut et font la joie des alpinistes. Seuls les grimpeurs aguerris peuvent entreprendre cette ascension car les roches ne sont pas stables. Une autorisation spéciale des responsables du parc est exigée. Le canyon comporte aussi plusieurs chemins de randonnée et des pistes de ski de fond en hiver.

Le canyon de Cimarron est situé au nord-est de l'État et fait partie de la réserve de Colin Neblett – la plus grande réserve naturelle de l'État – avec des élans, des cerfs, des ours, des dindes sauvages, des coqs de bruyère sans parler de nombreux oiseaux rares comme le colibri roux et la sittelle naine. La rivière est réputée pour la pêche à la mouche et bien connue des amateurs de truites brunes ou arc-en-ciel. JK

VALLEY OF FIRES

NOUVEAU-MEXIQUE, ÉTATS-UNIS

Nom local : Malpais (« mauvaise terre », en espagnol)
Superficie de la Vallée des Feux : 324 km²
Type de roche : olivine basaltique

Il y a 1 000 à 1 500 ans, au centre du Nouveau-Mexique, une série de fractures s'ouvrirent dans le bassin de Tularosa et répandirent d'épaisses coulées de lave formant une immense couche de terre noire. Dans la Valley of Fires, l'épaisseur de la couche est telle (50 mètres) qu'elle a tout englouti sur son passage à l'exception de quelques collines de grès qui se dressent dans le paysage. Valley of Fires est un bon endroit pour étudier les différentes formations rocheuses que peut faire naître la lave quand elle coule et se refroidit. Par endroits, le sol est accidenté et tranchant quand une lave dégazée s'est cassée et effritée en se refroidissant, ailleurs la surface est plus lisse et comme visqueuse quand elle a été formée par une lave contenant une quantité plus importante de gaz.

Pour les hommes, le pays n'est pas accueillant, mais beaucoup de plantes et d'animaux ont colonisé son sol troué et fissuré. Les prédateurs sont nombreux. Les grands ducs non seulement chassent dans ces parages mais y font aussi leurs nids. Il est frappant de voir que beaucoup de rongeurs et de reptiles ont pris une couleur foncée pour se fondre avec la lave, ce camouflage les protégeant des prédateurs. JK

LES GROTTES DE CARLSBAD

NOUVEAU-MEXIQUE, ÉTATS-UNIS

Nombre de grottes : 100
Température : 13 °C
Type de roche : calcaire

Situées dans les montagnes Guadalupe, dans l'État du Nouveau-Mexique, les grottes de Carlsbad forment un réseau de plus de 100 galeries. Ces grottes grandes et profondes ressemblent à une forêt de colonnes de calcaire, de stalactites et de stalagmites. Les grottes de Carlsbad sont les restes évidés d'un récif fossilisé à l'âge permien, il y a 250 millions d'années. Quand cette zone fut soulevée il y a quelques millions d'années, l'eau de pluie s'infiltra dans les crevasses du récif pendant que l'hydrogène sulfuré montait des réserves souterraines de pétrole et de gaz. Leur combinaison créa ces cavernes géantes, devenues célèbres en 1915 grâce à Jim White – que personne ne voulait croire quand il parlait d'un monde souterrain jusqu'à ce qu'il montre des photos. Les premières excursions étaient déconseillées aux timorés – à cette époque les visiteurs étaient descendus dans un seau à 52 mètres de profondeur. Aujourd'hui les grottes de Carlsbad sont plus faciles d'accès avec des visites organisées. Le million de chauves-souris mexicaines qui migre là chaque année est un des clous du spectacle. **JK**

À DROITE : *Stalagmites dans les grottes de Carlsbad.*

LE CANYON DE LAS HUERTAS

NOUVEAU-MEXIQUE, ÉTATS-UNIS

Nom local : Pays enchanté
Âge des montagnes : de 2 à 25 millions d'années
Pluviosité moyenne : 356 mm
Espèces d'oiseaux : 75

Le canyon de las Huertas a été creusé dans les pentes occidentales des Montagnes de Sandia par un ruisseau issu d'une source bouillonnante. Ce sont les premiers colons espagnols qui, en 1765, baptisèrent le canyon (*Las Huertas* veut dire « les jardins » en espagnol). Ses pentes escarpées sont couvertes d'une grande variété de plantes depuis les sureaux, les peupliers de Virginie et les saules sur les hauteurs jusqu'aux pins, genévriers, arbustes et graminées plus bas. Les gens du pays appellent ce lieu « le Pays enchanté » à cause de tous ses atouts : la douceur du climat, l'ensoleillement, les superbes couchers de soleil et les magnifiques paysages. Les contours et l'aspect du canyon et des montagnes changent en fonction de la lumière. Tôt le matin et en fin d'après-midi, la couleur des montagnes est d'un rose soutenu – ce qui n'a pas échappé aux premiers colons qui ont appelé la montagne *Sandia* ce qui signifie « pastèque » en espagnol.

Cette région connaît de brusques et violents orages et il faut donc faire attention sur les chemins qui suivent les corniches à découvert car le Nouveau-Mexique bat les États-Unis en nombre de morts foudroyés *per capita* ! **JK**

LES GROTTES SLAUGHTER CANYON

NOUVEAU-MEXIQUE, ÉTATS-UNIS

Température : 13 °C
Type de roche : calcaire
Âge de la roche :
250 millions d'années.

La grotte Slaughter Canyon est un lieu idéal pour les amateurs d'expéditions difficiles et de spéléologie sauvage. Située à l'intérieur du parc national des grottes de Carlsbad, on ne peut pénétrer dans cette grande grotte souterraine que par de mauvais chemins sans éclairage. L'entrée se trouve au bout de 152 mètres de descente en pente raide à travers le désert chaud. Mais le spectacle à l'arrivée en vaut la peine. L'un des clous est le Monarque, une des plus hautes colonnes de calcaire du monde (27 m). Un autre pilier appelé l'Arbre de Noël a la silhouette triangulaire typique du sapin et il est couronné par une calotte de calcaire blanc gelé, décorée de cristaux de calcite scintillants. Une étrange barrière, aux bords délicatement découpés, a aussi beaucoup de succès. Elle ressemble à la muraille de Chine en miniature et a été formée par des dépôts de carbonate de calcium qui se sont solidifiés au contact de l'eau. La grotte a été découverte en 1937 par un fermier : ses chèvres aimaient s'abriter là par temps d'orage. Des visites guidées sont organisées par les gardes du parc. La seule source de lumière le long du sentier souterrain de 2 kilomètres vient des lampes accrochées aux casques des visiteurs. **JK**

SODA DAM

NOUVEAU-MEXIQUE, ÉTATS-UNIS

Longueur du barrage : 984 m
Hauteur : 164 m
Âge des plus anciens dépôts :
1 million d'années

Soda Dam ressemble à un rocher géant qui aurait dégringolé dans la rivière Jemez, mais l'histoire de ce phénomène géologique au centre nord du Nouveau-Mexique est encore plus bizarre. Sa formation remonte à un million d'années à l'époque où l'eau des sources chaudes et souterraines atteignit la surface et se refroidit, laissant un épais dépôt minéral de carbonate de calcium, le travertin. Ce dépôt n'a cessé de grossir depuis et forme aujourd'hui une longue structure de calcaire (100 mètres) qui a recouvert la rivière. Soda Dam s'étire le long d'une profonde faille qui traverse la région volcanique de Jemez, région qui connut ses dernières éruptions il y a 130 000 ans. Une masse de roche ignée en fusion située en profondeur chauffe suffisamment la nappe phréatique pour dissoudre les minéraux du soubassement en calcaire. Là, les eaux de source bouillonnent avec leurs particules de travertin. La rivière s'est frayé un passage à travers le barrage pour continuer sa course. Tandis que l'eau de la rivière use le barrage, les eaux de source lui ajoutent les particules de travertin : ainsi la nature construit et détruit simultanément cette structure. **JK**

LA MER PERDUE

TENNESSEE, ÉTATS-UNIS

Longueur de la Mer Perdue : 244 m
Largeur : 67 m
Température : 14 °C

La Mer Perdue (Lost Sea) est le plus grand lac souterrain américain. Il se cache dans les profondeurs, à l'intérieur d'un ensemble de grottes appelé Craighead Caverns, dans les montagnes de l'est du Tennessee. Un garçon du nom de Ben Sands a découvert le lac en 1905. Ces cavernes ont fourni un refuge à beaucoup. Les Cherokees ont longtemps habité une grotte appelée La Chambre du Conseil où ils ont laissé beaucoup d'objets. Des soldats ont entreposé là des munitions pendant la guerre civile et, pendant la Prohibition, une des grottes a été utilisée comme bar clandestin.

Aujourd'hui, les touristes peuvent découvrir dans des bateaux électriques à fonds transparents le magnifique lac souterrain. La taille exacte du lac n'est pas connue car la grotte communique avec d'autres grottes inondées juste en dessous et les plongeurs n'ont exploré et tracé la carte de ce lac que pour 5 hectares. Une autre curiosité extraordinaire du lieu, ce sont des formations cristallines composées d'aragonite – variété cristalline du carbonate de calcium ; ces objets fins comme des cheveux sont appelés des « fleurs des caves ». Peu de grottes dans le monde en possèdent et elles font la célébrité de la Mer Perdue. JK

LES GROTTES DE NATURAL BRIDGE

TEXAS, ÉTATS-UNIS

Âge : 12 millions d'années
Type de grotte : karst
Température : 21 °C

Les grottes de Natural Bridge s'ouvrent par un trou profond enjambé par un pont de calcaire (18 m) qui donne son nom au lieu. Il faut ramper dans une galerie pour descendre jusqu'au lieu des merveilles avec ses vastes salles, ses énormes colonnes de calcaire et ses délicates formations cristallines. La plus grande pièce, la Chambre des Rois de la Montagne a 107 m de long, 30 m de large et 30 m de haut. Les premiers explorateurs des cavernes trouvèrent des objets vieux de 5 000 ans et un squelette d'ours gris vieux de 8 000 ans qui appartenait à une espèce disparue.

Les cavernes ont commencé à se creuser il y a 12 millions d'années sous l'action des eaux de pluie qui dissolvaient le substrat calcaire. Les grottes de Natural Bridge sont pleines de formations étranges et variées, créées par des condensations de calcite dues à l'eau qui tombe goutte à goutte. Il faut environ 100 ans pour que l'une de ces formations grandisse de 16 cm^3.

La partie aménagée de la caverne, offre 800 mètres de sentiers équipés d'un éclairage indirect, permettant aux visiteurs de descendre à 79 mètres de profondeur. Les plus courageux peuvent ramper dans des grottes ensevelies à 49 mètres sous terre. JK

LE BASSIN DES MONTAGNES DE CHISOS

TEXAS, ÉTATS-UNIS

Altitude de la plus haute montagne : 2 388 m

Nombre d'espèces d'oiseaux : 434

Nombre d'espèces de mammifères : 78

Le bassin des Montagnes de Chisos fait partie du grand graben qui s'étend du Colorado au Mexique. Le bassin et ses montagnes se trouvent dans un creux de la faille, bordé de tous côtés par des massifs montagneux. Le résultat de ce repli géologique est une terre de contrastes, avec ses plaines désertiques et ses hauteurs boisées et humides. Presque partout, les vues sont panoramiques. Les montagnes Chisos s'élèvent de 610 mètres au-dessus du Bassin jusqu'à 2 440 mètres au-dessus du niveau de la mer. Elles sont couvertes de forêts de chênes, de pins, de genévriers et de trembles. Ces montagnes représentent le seul exemple d'humidité et de températures modérées dans un paysage désertique ; elles constituent un refuge pour les ours noirs, les cougouars, les oiseaux rares et toute une faune et une flore que l'on ne trouve que là.

Cette région appartient au désert de Chihuahua qui occupe la plus grande partie du nord du Mexique et du Texas occidental et empiète sur le Nouveau-Mexique. Les

températures dans le désert montent souvent à 38 °C pendant l'été, mais le Bassin est parfois plus frais de 10 °C car il repose dans un creux en dessous du niveau du désert.

C'est l'un des endroits les plus difficiles d'accès du Texas mais le voyage en vaut la peine à cause de sa beauté sauvage, des vues sur les déserts montagneux et, la nuit, des cieux magnifiquement étoilés. Le lieu-dit « La Fenêtre du Bassin de Chisos » offre une vue à couper le souffle sur les hautes collines du côté du Pic de Casa Grande, une montagne élevée sur le flanc oriental du Bassin. Là, le coucher de soleil peut être tellement intense qu'il transforme la montagne et le désert en un paysage rouge aux allures martiennes.

Le Bassin et ses montagnes font partie du Parc National de Big Bend où le fleuve Rio Grande trace une large boucle à travers le désert de Chihuahua. Les 3 108 km^2 du Parc comptent parmi les plus accidentés de l'Amérique du Nord. Les meilleurs mois pour y aller sont décembre et janvier quand la température se rafraîchit. Des centaines de sentiers quadrillent le parc. JK

CI-DESSOUS : *Des rouges cramoisis illuminent le paysage des Montagnes de Chisos.*

LA RÉSERVE NATIONALE DE BIG CYPRESS

FLORIDE, ÉTATS-UNIS

Superficie : 6 216 km²
Pluviosité annuelle : 152 cm
Végétation dominante : cyprès nain d'étang

La Réserve nationale de Big Cypress en Floride est un paradis subtropical de 6 216 km². On le décrit souvent comme un marécage mais c'est loin d'être exact car la réserve est composée d'éléments variés avec ses innombrables îles de sable où poussent des pins et des arbres à bois dur mais aussi des prairies et des zones de palétuviers, de palmiers et bien sûr de cyprès. Le paysage est tellement plat qu'on ne peut avoir une vue d'ensemble que d'un avion. Mais cela n'est pas grave car la meilleure manière d'apprécier Big Cypress est de s'immerger dans sa verdure luxuriante et d'observer ses plantes et sa vie animale. Près d'un tiers de Big Cypress est couvert de cyprès, surtout de cyprès nains d'étang, mais on peut encore voir quelques cyprès chauves géants qui dominaient autrefois le paysage. Certains ont 700 ans, avec des troncs tellement gros qu'il faudrait quatre personnes pour arriver à les encercler avec leurs bras tendus. La saison des pluies s'étend de mai à l'automne ; l'eau pénètre Big Cypress jusqu'à un mètre de profondeur avant de s'écouler lentement vers le golfe du Mexique. Le pays est si plat que l'eau avance régulièrement de 1,6 kilomètre par jour. Même après la fin des pluies, en octobre, il faut attendre trois mois avant de voir le niveau des eaux décroître vraiment. Ici l'eau joue un rôle central dans la vie de toutes les espèces et permet une faune et une flore très riches. Parmi les oiseaux, on voit des hérons, des aigrettes, des cigognes, des pics à cocarde rouge et des aigles d'Amérique. Des alligators nagent dans l'eau et, pendant la saison sèche, maintiennent en eau les mares qui attirent beaucoup d'autres animaux comme les cerfs et même les ours. Un

La meilleure manière d'apprécier Big Cypress est de s'immerger dans sa verdure luxuriante et d'observer ses plantes et sa vie animale.

des animaux les plus rares et aujourd'hui en voie de disparition est la panthère noire de Floride dont il ne reste que 50 dans la nature. Pour avoir une chance d'en voir il faut se mettre sous couvert des arbres dans les îlots plantés de bois dur. Ces petites forêts fournissent à la panthère un sol sec, un abri et des proies. La Réserve de Big Cypress est un paradis plein de ressources où l'on peut camper, faire du canoë, du kayak et des balades sur les sentiers excellents en hiver pendant la saison sèche. JK

À DROITE : *Les cyprès prospèrent dans le paradis des terres marécageuses de la Floride.*

LE PARC NATIONAL DES EVERGLADES

FLORIDE, ÉTATS-UNIS

Superficie du parc : 6 073 km²
Profondeur de l'eau : de 15 à 90 cm
Classé Parc National en 1947

Le Parc national des Everglades, au sud de la Floride, est la seule réserve subtropicale de l'Amérique du Nord. C'est une région qui comprend des prairies inondées, des marécages et des mangroves où poussent palétuviers et cyprès, des îlots couverts de palmiers ou d'acajous et des centaines d'îles peuplées d'oiseaux aquatiques. L'eau du lac Okechobee, au nord des Everglades, s'écoule dans le large et peu profond « fleuve d'herbe » créant ainsi l'habitat idéal pour les échassiers comme les hérons, les cigognes et pour les reptiles comme les alligators et les crocodiles. Pendant la saison sèche (de décembre à avril) l'essentiel de la faune est regroupé autour des trous d'eau des alligators, tout le reste des marais étant asséché.

Cependant, ce fragile écosystème est menacé. Une population humaine de plus en plus dense a chassé certains animaux, apporté la pollution et entrepris des travaux pour rendre l'eau potable et prévenir les inondations risquant d'assécher le marécage. Cependant, beaucoup d'espèces sont donc encore présentes ici, dont le crocodile américain, la panthère de Floride, le lamantin, les cigognes d'Amérique, le milan des marais et plusieurs espèces de tortues marines. Le Parc national des Everglades fut créé en 1947. Il a été classé Patrimoine Mondial ainsi que Zone Humide d'intérêt International et Réserve de Biosphère Internationale. **RC**

LA SOURCE PONCE DE LEÓN

FLORIDE, ÉTATS-UNIS

Superficie du Ponce de León Spring : 697 m²
Température : 20 °C
Débit d'eau : 53 millions de litres par jour

Le célèbre conquistador Ponce De León était parti pour la Floride à la recherche de la légendaire « Fontaine de Jouvence ». Il ne l'a jamais trouvée pas plus qu'il n'a découvert les quelque 600 sources qui font de la Floride la région la plus riche en sources du monde.

Ponce De León mourut quelques années plus tard sans atteindre son objectif mais heureusement les cascades coulent toujours, y compris celle qui porte son nom. La source Ponce De León se trouve en Floride dans le nord-ouest de l'État. Deux courants souterrains issus d'une cavité calcaire l'alimentent et elle forme un ravissant petit lac qui maintient l'air frais (20 °C) tout au long de l'année. C'est un endroit très prisé pour nager et sortir de la chaleur subtropicale et humide de la Floride.

La source est maintenant entourée d'un mur de soutènement de roc et de ciment qui forme une piscine d'environ 30 mètres sur 23. Plus de 53 millions de litres d'eau fraîche se déversent chaque jour dans la source faisant d'elle, comme le dit la légende, une vraie fontaine de jouvence et de beauté. JK

MEXIQUE

LE VOLCAN DE PARÌCUTIN

MICHOACAN, MEXIQUE

Nom local : Volcán Parìcutin
Hauteur du volcan : 424 m

Le 20 février 1943 Dionisio Pulido, un fermier de la région de Tarascan au centre du Mexique, vit un volcan faire éruption au milieu d'un champ de blé. Pendant la première année, le cône de scories atteignit 336 mètres. Et, en deux ans, la plupart des villages voisins furent recouverts de lave et de cendres qui finirent par recouvrir une zone de 25 km².

En février 1952, l'éruption de Parìcutin se termina par un regain d'activité violente. Il n'y eut pas de morts provoquées par la coulée de lave ou de cendres mais trois personnes furent tuées par des éclairs dus à l'éruption.

Le seul autre volcan récent, recensé en Amérique du Nord, est Jurillo, né en 1759 à environ 80 kilomètres au sud-est de Parìcutin dans la ceinture volcanique mexicaine qui s'étend sur quelque 1 200 kilomètres de la mer des Caraïbes à l'océan Pacifique. L'éruption de Parìcutin a donné aux volcanologues l'occasion – extrêmement rare – d'étudier la naissance, la croissance et la mort d'un volcan. Parìcutin se trouve à 322 kilomètres à l'ouest de la ville de Mexico. Les touristes peuvent s'y promener à pied ou à cheval, ils trouveront guides et chevaux dans la ville voisine d'Uruapan. RC

LA PÉNINSULE DE YUCATÁN

YUCATÁN, CAMPECHE, QUINTANA ROO, MEXIQUE

Péninsule de Yucatán : longueur : 300 km ; largeur : 250 km
Cenote Zaci : 46 m de diamètre
Cenote Ik Kil : 60 m de diamètre
Type de roche : calcaire

Au Yucatán les rivières et les lacs sont très nombreux mais invisibles car souterrains. La région est ponctuée de « cenotes », c'est-à-dire de puits ainsi appelés d'après le mot maya *dzong* qui signifiait « gouffre ». Ces cavernes ont été creusées par l'érosion du calcaire tendre et poreux. Pour les Mayas, ce sont des puits de vie et les portes de la vie future ; pour les géologues, ils représentent un dédale de cavernes, de tunnels, de passages, de rivières et de lacs souterrains. On compte plus de 3 000 cenotes au Yucatán, dont moins de la moitié ont été étudiés. Parmi ceux qui sont ouverts aux visiteurs, on peut citer le Cenote Zaci avec ses eaux turquoises et son poisson noir aveugle appelé « lub », le Cenote Ik Kil ou « Cenote bleu sacré », presque rond avec une végétation luxuriante et des chutes d'eau impressionnantes. On peut distinguer 4 types de cenotes : ceux qui sont complètement souterrains, ceux qui le sont partiellement,

ceux qui ressemblent à des puits à ciel ouvert et enfin les lacs ou les mares comme le cenote de Dzibilchaltun, peu profond d'un côté mais qui s'enfonce à 43 mètres à l'autre extrémité.

La région compte aussi tout un réseau de cavernes. Les plus grandes sont celles de Loltun, dont le nom vient des mots mayas *lol* qui signifie « fleur » et *tun*, « pierre ». Elles sont situées dans la région de Puuc, à 106 km de Mérida. Des objets trouvés là suggèrent que l'occupation humaine remonte à 7 000 ans. À l'intérieur, on voit des stalactites qui résonnent avec un timbre profond de cloche lorsqu'on les frappe. Dans la grotte de Balankanche, on peut voir à 198 m de l'entrée, le « Trône de Balam », sans doute un autel pour les cérémonies mayas. À côté se dresse une stalagmite de 6 m de haut qui ressemble à un arbre *ceiba*, l'arbre sacré des Mayas. La caverne est à 6 km de Chichen Itza. Les excursions spéléologiques organisées par des centres agréés sont une des attractions des cenotes. Beaucoup de puits laissent pénétrer la lumière naturelle et on peut y voir clair jusqu'à une profondeur de 46 mètres. MB

CI-DESSOUS : *Stalactites dans le cenote Dzitnup.*

LA BUFADORA

BASSE CALIFORNIE, MEXIQUE

Nom local : Bufadora
Geyser : 24 m de haut
Température de l'eau : 13 à 18 °C

La Bufadora est une colonne d'air qui jaillit dans les falaises côtières de la péninsule de Punta Banda dans l'État de Baja California. Une combinaison de houles et de marées provoque un énorme geyser, avec autour des vagues plus petites. La gerbe d'eau s'accompagne d'un rugissement violent qui donne à la Bufadora son nom de « grognement de buffle ». La houle de l'océan enfle et s'enfonce dans une gorge sous-marine profonde puis est comprimée dans une caverne étroite creusée dans la falaise. Les vagues qui déferlent entrent alors en collision avec l'air aspiré vers le bas par les eaux qui se retirent à la suite de la trombe précédente. L'air et l'eau comprimés explosent et sortent par l'unique orifice en s'élevant dans le ciel.

La légende raconte que le geyser serait l'eau crachée par une baleine emprisonnée. Une nuit, un baleineau se serait glissé dans l'entrée étroite de la caverne et au matin il aurait été trop gros pour sortir. Au fil du temps, la gerbe d'eau crachée aurait été de plus en plus grande et de plus en plus forte jusqu'au jour où la baleine encagée serait devenue un Léviathan.

La Bufadora est située à 27 kilomètres au sud d'Ensenada au bout de la péninsule de Punta Banda. **RC**

LES GROTTES DE GARCIA

NUEVO LEÓN, MEXIQUE

Nom local : Grutas de Garcia
Âge approximatif :
50 millions d'années

Le réseau de cavernes des Grottes de Garcia (du nom de la ville voisine, Villa Garcia) fut découvert au Mexique en 1843 dans la Sierra del Fraile par un curé du nom de Juan Antonio de Sobrevilla.

Les grottes possèdent beaucoup de stalactites et de stalagmites ; on y trouve aussi des fossiles marins incrustés dans le mur prouvant que, en dépit de leur altitude actuelle, les rochers étaient autrefois en dessous du niveau de la mer.

On pense que les grottes se sont formées il y a environ 50 millions d'années. Les touristes peuvent suivre un circuit éclairé qui leur montre 16 pièces, dont la Chambre des Nuages, la Huitième Merveille et le Nid de l'Aigle. Les grottes sont à environ 8 kilomètres au-delà de Villa de Garcia – et à peu près à 40 kilomètres au nord-ouest de Monterrey. Pour monter jusqu'à l'entrée de la grotte (700 mètres) on peut prendre un funiculaire ou… marcher. Le sentier qui grimpe jusqu'aux grottes est plutôt bon et offre de beaux panoramas. Un itinéraire illuminé de grotte en grotte est organisé sur deux kilomètres et demi et des guides y emmènent les groupes de touristes. **RC**

LE COPPER CANYON

CHIHUAHUA, MEXIQUE

Nom local : Barranca del Cobre
Superficie : 64 000 km²
Altitude : 2 440 m

Le Copper canyon (le canyon du cuivre) n'existe pas vraiment. Il s'agit, en fait, d'un réseau de plus de 200 grottes, chacune creusée par une des rivières souterraines qui coulent sur le flanc ouest de la sierra Tarahumara. Ces gorges se rejoignent pour former six énormes canyons dont le plus grand est Urique. Toutes les rivières finissent par se rencontrer et se jeter dans la mer de Cortéz, près de Los Mochis.

Le cuivre n'a jamais été extrait en grande quantité dans la région. Le canyon tire son nom de la couleur vert-cuivre des lichens qui tapissent la gorge. L'ensemble des gouffres est ici quatre fois plus grand que le Grand Canyon ; la profondeur de quatre des six principales dépasse de 300 mètres celle du Grand Canyon. La région, ponctuée de cascades, offre des paysages variés avec ses forêts sur les parois de la gorge et ses arbres clairsemés sur les hauts plateaux secs. Près de 300 espèces d'oiseaux cohabitent avec des ours, des cerfs et des pumas. Ces richesses naturelles sont défendues par le peuple Tarahumara, un peuple indépendant qui a conservé son mode de vie traditionnel et organise aujourd'hui un éco-tourisme pour trouver une alternative à l'exploitation du bois qui risque de défigurer la région. **AB**

SISTEMA CHEVE

MEXIQUE

Principaux puits : le Puits de l'Éléphant, Angel Falls et le puits de Saknussum, le plus profond (150 m)
Principaux tunnels : Passage Nord-Ouest, Hall of Restless Giant, Wet Dreams et A.S.Borehole

Au nord-est de l'État d'Oaxaca, le cœur de la Sierra de Juarez peut s'enorgueillir d'un ensemble de grottes parmi les plus profondes du monde (le record est actuellement détenu par la Caverne de Krubera en Géorgie). On pense que certains tunnels sont à plus de 2 000 m de profondeur même si les spéléologues n'ont jamais dépassé 1 484 m. Des scientifiques ont mis de la teinture rouge dans un ruisseau proche de l'entrée de la grotte et ils ont vu l'eau colorée réapparaître huit jours plus tard dans le sous-sol karstique à 2 525 m de profondeur à 18 kilomètres plus au nord. Une partie de cet univers souterrain demeure encore inaccessible.

Ce sont des spéléologues américains qui découvrirent en 1986 cet ensemble de puits profonds et de couloirs sans fin. Ils mirent deux jours pour atteindre le sol de Sistema Cheve à 1 000 m de profondeur (37 cordes furent nécessaires). De là, un long tunnel en pente les conduisit jusqu'à une rivière souterraine qui aboutissait à un puits rempli d'eau appelé le Terminal Slump. C'est actuellement le principal obstacle à toute exploration plus poussée. De toute évidence Sistema Cheve est réservé aux spéléologues chevronnés. Les grottes sont à 400 kilomètres au sud-ouest de Mexico. **MB**

🏛 ⊙ LES ARBRES À PAPILLONS

MEXIQUE

Distance parcourue lors de la migration : 4 800 km
Nombre de papillons : 650 millions

Une fois par an, dans les montagnes du cœur du Mexique, les sapins se voient habillés de robes somptueuses. Ces soieries de prince sont en fait les millions de papillons Monarques venus hiberner sur leurs branches. Lorsque l'on découvre cette mer d'ailes orange et noires recouvrant chaque arbre de la base au sommet, on comprend pourquoi les Aztèques croyaient que ces papillons étaient des guerriers réincarnés resplendissant dans leurs costumes de guerre. Les papillons Monarques sont

Vers la fin de l'été, quand les températures baissent et que les journées raccourcissent, les papillons adultes se remettent en route vers le sud. Leurs abdomens bien remplis leur donnent la force d'aller jusqu'au Mexique et de parcourir ainsi 4 800 kilomètres. Les scientifiques ne savent toujours pas comment se dirigent les Monarques car chacun ne fait qu'une partie du voyage pendant sa courte vie. Les centaines de millions de papillons qui composent le spectacle final sont les arrière-arrière-petits-enfants de ceux qui sont partis l'année précédente. Nous ignorons encore comment les papillons réussissent à faire un tel périple mais nous savons déjà que leur refuge est menacé par les bûcherons sans scrupules.

> *Lorsque l'on découvre cette mer d'ailes orange et noires recouvrant chaque arbre de la base au sommet, on comprend pourquoi les Aztèques croyaient que ces papillons étaient des guerriers réincarnés resplendissant dans leurs costumes de guerre.*

étonnants à plus d'un titre. Par la beauté visuelle de leur regroupement mais aussi par un cycle de vie tout à fait fantastique puisque leurs habitudes migratoires sont uniques dans le monde des insectes. Quand le temps s'adoucit, les Monarques adultes commencent à voler vers le nord. Ils s'arrêtent en cours de route pour pondre des œufs sur les laiterons. Plus tard les chenilles mangeront les laiterons empoisonnés car ces toxines les protègent des prédateurs. Puis les chenilles grandiront, deviendront des chrysalides et, enfin, des papillons qui poursuivront leur voyage vers le nord.

Réussir à voir les papillons en hibernation se mérite ! Il faut grimper haut dans la montagne jusqu'aux forêts de sapins d'oyamel, si possible avec un guide local et… un fourgon à bestiaux. Mais 10 000 visiteurs – surtout des familles mexicaines et des groupes scolaires – montent chaque année au sanctuaire d'El Rosario pendant les trois mois où les papillons sont agglutinés sur les branches. **NA**

À DROITE : *Des milliers de papillons Monarques posés sur le tronc d'un arbre dans les montagnes mexicaines.*

LA PÉNINSULE DE BAJA CALIFORNIA

BASSE CALIFORNIE, MEXIQUE

Longueur de la Péninsule : 1 250 km de Tijuano à Cabo San Lucas
Point culminant de Baja Norte : Cerro de la Encantada, 3 096 m
Point culminant de Baja Sud : 2 046 m dans la Sierra de la Laguna

Baja est une presqu'île toute en longueur, qui descend comme un bras dans l'océan Pacifique et forme la mer de Cortéz. Cette portion d'océan accueille des dauphins, qui nagent d'une côte à l'autre, mais aussi des requins baleines, des requins pèlerin et des requins marteau qui se réunissent chaque jour en bandes nombreuses à marée haute.

Des baleines grises et des baleines à bosses se réfugient chaque hiver dans les lagons d'eau peu profonde, sur la côte pacifique de la péninsule. De janvier jusqu'en mars, elles arrivent là, venant du nord, pour s'accoupler et mettre au monde leurs baleineaux. Des petits canots basés à Scammon Lagoon partent de Guerrero Negro, San Ignacio et Magdalena et emmènent les touristes voir les baleines grises de si près qu'ils peuvent presque les toucher. Pour les baleines à bosses, des excursions sont organisées à La Paz avec des bateaux qui partent de San José de Cabo. Sur la péninsule, on peut découvrir tour à tour des déserts, des montagnes, des forêts de sapins et des plages inviolées mais surtout 200 îles parsemées de cactus, quasi inhabitées, immortalisées par John Steinbeck et par l'océanographe biologiste Ed Ricketts. Ici, les oiseaux de mer et les otaries sont les rois. **MB**

LE VOLCAN PACAYA

ESCUINTLA, GUATEMALA

Nom local : Volcán Pacaya
Altitude : 2 552 m

Pacaya, l'un des volcans les plus actifs du Guatemala, est aussi la montagne qui attire le plus de touristes car son ascension est facile et le spectacle extraordinaire. Ses éruptions sont visibles jusqu'à Guatemala City, à presque 30 kilomètres de là. Pacaya est en éruption depuis 1565 mais on sait peu de choses sur le début de son histoire. Le volcan est resté en sommeil de 1860 jusqu'à l'éruption soudaine de mars 1961. En 1962 un nouveau cratère s'est formé après un effondrement près du sommet.

Depuis 1965 Pacaya est en activité continue, avec des éruptions qui vont de petites émissions de gaz et de fumée jusqu'à des explosions qui crachent des rochers à 12 kilomètres et vident les villages alentour. Des excursions sont organisées à partir d'Antigua. L'entrée du Parc Volcanique National de Pacaya est à Saint François de Sales. La plupart des groupes empruntent le chemin principal qui part de là mais on peut aussi prendre un autre sentier du côté des tours de la Radio sur le flanc de Cerro Chino. L'ascension prend 2 à 3 heures. Le temps est souvent plus agréable le matin que l'après-midi. Ceux qui veulent voir le cratère doivent se méfier des gaz volcaniques. RC

LE VOLCAN FUEGO

SACATEPEQUEZ / CHIMALTENANGO, GUATEMALA

Nom local : Volcán Fuego
Altitude du sommet : 3 763 m

Fuego, est encore plus actif que Pacaya puisqu'il a connu 60 éruptions depuis 1524. La plus grosse éruption remonte à octobre 1974 avec quatre poussées d'activité en dix jours (chacune durant de 4 à 17 heures). Des avalanches de lave dégringolaient les pentes du volcan à 60 kilomètres à l'heure et le nuage de cendres au-dessus du cratère a atteint une hauteur de 7 kilomètres. En général les éruptions se produisent en séries espacées de 80 à 170 ans, chaque série durant entre 20 et 70 ans. Il y a 8 500 ans l'ancien volcan Meseta explosa en crachant une avalanche géante jusqu'à la plaine côtière du Pacifique à 48 kilomètres de là. La dernière série d'éruptions a démarré en 1932 et dure encore avec, à son actif, plus de 30 éruptions séparées. Trois d'entre elles ont provoqué des accidents mortels. Le rythme des éruptions de Fuego semble lié aux marées bien que la plupart des explosions majeures soient arrivées en février et en septembre sans que l'on comprenne pourquoi. Les excursions au volcan sont organisées à partir de la ville voisine d'Antigua. **RC**

LE LAC ATITLÁN

SOLOLA, GUATEMALA

Superficie : 130 km²
Altitude : 1 562 m

Difficile de contredire Alexandre Humboldt, l'explorateur allemand du XIXe siècle qui, découvrant le lac Atitlan, le décrit comme « le plus beau lac du monde ». Entouré de trois énormes volcans et ses petits villages peuplés de Mayas qui parlent toujours leurs dialectes d'origine, le lac, avec ses eaux scintillantes, mérite sa réputation. Sa naissance remonte à 84 000 ans quand une violente éruption creusa un cratère de 18 kilomètres de diamètre et de 914 mètres de profondeur, projetant de la cendre volcanique jusqu'à Panama au sud et Mexico au nord. Le cratère s'est rempli d'eau de pluie tandis que le magma souterrain remontait et formait trois nouvelles ouvertures devenues les trois sommets volcaniques qui s'élèvent aujourd'hui à plus de 3 000 mètres (le plus haut est à 3 810 m). Les rivières sont ainsi empêchées de poursuivre leur cours vers l'océan Pacifique autrement que par des infiltrations souterraines ; en effet, avec sa profondeur actuelle de 335 mètres, le lac Atitlán manque de surfaces de drainages. La plupart du temps il est calme et limpide mais l'après-midi, il arrive que le Xocomil ou « vent qui emporte le mal » le rende traître et écumant de rage. **DBB**

LE VOLCAN SANTA MARIA

QUETZALTENANGO, GUATEMALA

Nom local : Volcán Santa Maria
Altitude : 3 772 m

La première éruption connue du Santa Maria en 1902 fut l'une des plus violentes et des plus meurtrières du XXe siècle avec, au moins 5 000 morts. Le ciel au-dessus du Guatemala est resté noir pendant des jours et des jours, un énorme cratère s'est creusé sur le flanc sud-ouest du volcan et l'explosion a projeté de la cendre jusqu'à San Francisco en Californie. En juin 1922, après vingt ans d'inactivité, un dôme de lave volcanique appelé Santiaguito s'est formé à l'intérieur du cratère initial. Depuis, Santiaguito n'a cessé d'être en activité déclenchant des avalanches à côté du dôme, et du cratère de 1902, et déposant des sédiments dans les rivières au sud. L'écroulement partiel de Santiaguito en 1929 a provoqué une coulée de lave, tuant des centaines de personnes et ravageant villages et plantations alentour. Les éruptions de mai 1992 ont fait monter dans le ciel des colonnes de cendres de 2 000 mètres de haut. Un autre écroulement semblable à celui de 1929 pourrait à nouveau se produire ; le Santa Maria est toujours considéré comme dangereux. Les débris volcaniques charriés par les rivières provoquent des coulées de boue et des inondations dramatiques pendant la mousson. Néanmoins, cela n'a pas empêché la ville de Quezaltenango (120 000 habitants) de se développer près du sommet… RC

BELIZE

LE PARC NATIONAL DE BLUE HOLE ET LA GROTTE SAINT HERMAN

CAYO, BELIZE

Grotte de Saint Herman : longueur de 760 m
Hauteur du couloir principal : 15 m

Blue Hole (Trou Bleu) qui donne son nom au parc est en fait un bassin d'eau douce d'un bleu saphir qui s'est creusé dans la dépression formée par l'effondrement du lit de la rivière souterraine. De 8 mètres de profondeur, Blue Hole attire les nageurs. La forêt couvre les 233 hectares du Parc national ; la nature karstique du sol a multiplié les rivières souterraines, les points d'eau et les grottes.

La plus grande des trois entrées de la grotte Saint Herman se présente comme un trou de 60 mètres de large qui se rétrécit ensuite jusqu'à former une ouverture de 20 mètres sur le seuil de la cave. Les visiteurs peuvent pénétrer jusqu'à 300 mètres à l'intérieur de la caverne et admirer les stalagmites et les stalactites. On entre dans la grotte Saint Herman à partir du Parc National de Blue Hole et la permission exigée dans les autres grottes archéologiques de Belise n'est pas nécessaire ici. Le Parc National de Blue Hole est accessible en voiture ou en autobus. Il se situe à 19 kilomètres au sud-est de Belmopan sur l'autoroute d'Hummingbird. RC

LE PARC NATIONAL DE GUANACASTE

CAYO, BELIZE

Superficie : 20 ha
Oiseaux : plus de 120 espèces

Le Parc National de Guanacaste, créé en 1990, s'étend sur 20 hectares découpés dans la forêt tropicale de Belize. Une grande partie de sa forêt a été sauvée de l'abattage grâce au statut protégé du parc. Son nom vient des énormes arbres appelés « guanacaste » qui poussent à la limite sud-ouest du parc. Le guanacaste est l'un des plus grands arbres d'Amérique Centrale. Il peut s'élever à 40 mètres et son tronc atteint un diamètre de 2 mètres. Ces arbres ont des cimes épanouies en couronnes et de nombreuses plantes épiphytes comme les orchidées et les broméliacées poussent sur leurs branches hautes. Les promeneurs qui arpentent les allées bien balisées observeront une flore variée et en particulier l'orchidée noire qui est l'emblème national de Belize. Les ornithologues amateurs pourront aussi se régaler car plus de 120 espèces d'oiseaux ont été classées. Parmi les mammifères qui vivent dans le parc, on peut citer des jaguarundis, des tatous (ou armadillos), des kinkajous, des pacas et, plus rares, des cerfs à queue blanche. Situé à moins de 4 kilomètres au nord de Belmopan, la capitale, le Parc National de Guanacaste se trouve au croisement des autoroutes de l'ouest et d'Hummingbird. RC

LA GROTTE DE BARTON CREEK

CAYO, BELIZE

Âge des vestiges mayas : IVe au Xe siècle
Longueur de la grotte : 7 km

La grotte de Barton Creek est une grande rivière souterraine de la région de Cayo où l'on a retrouvé des restes de rites funéraires mayas. Les recherches archéologiques sur des ossements découverts là font penser qu'au moins 28 Mayas de tous âges furent enterrés dans cette grotte. Les visiteurs se déplacent en canoë et de puissants projecteurs leur permettent d'observer les roches qui se dressent comme des cathédrales mais aussi les objets laissés par les Mayas et les vestiges funéraires. La rivière souterraine est navigable sur une longueur plus ou moins grande selon le niveau de l'eau. Il faut se faufiler à travers des passages très étroits pour découvrir certaines poteries mayas et des morceaux de squelettes. Les recherches menées récemment à Barton Creek ont souligné l'importance des grottes dans la culture maya. Des preuves archéologiques de l'activité des Mayas ont été trouvées à l'entrée de la caverne et jusqu'à 300 mètres de profondeur. Barton Creek est moins célèbre que la Grotte de Rio Frio mais commence à être connue. Les excursions organisées emmènent les touristes à Barton Creek et les font passer par un hameau pittoresque habité par des paysans Mennonites. RC

LES CHUTES DE THOUSAND-FOOT

CAYO, BELIZE

Nom populaire : Chutes de la Vallée Cachée
Hauteur des chutes : 457 m

Les chutes d'eau de Thousand Foot (également connues sous le nom de Chutes de la Vallée Cachée) sont considérées comme la cascade la plus haute d'Amérique Centrale. Les eaux tombent du sommet en granit jusqu'à la jungle en dessous, éclaboussant sur leur passage le flanc de la colline noyé dans un brouillard d'eau. C'est une des attractions touristiques les plus courues de Belize même s'il a fallu attendre septembre 2000 pour qu'elles soient classées Monument National.

Les chutes sont dans les montagnes escarpées de la Mountain Pine Ridge Forest Reserve qui couvrent une superficie de 777 km^2 dans l'ouest de Belize. À partir de l'entrée de la Réserve, il faut suivre la route principale sur 3,2 kilomètres puis prendre l'embranchement vers les Chutes. La cascade et l'aire de pique-nique sont 6,4 kilomètres plus bas. Un sentier touristique ménage de belles vues sur la vallée. Les excursions d'une journée autour de la Mountain Pine Ridge comprennent souvent la grotte de Rio Frio, les bassins naturels de Rio On et, au choix, les Chutes de Thousand Foot ou Big Rock. Les étangs de Rio On sont des pièces d'eau chaude étagées en marches et reliées par les petites chutes d'eau. RC

LA BARRIÈRE DE BELIZE

BELIZE

Longueur : 250 km
Largeur : de 10 à 30 km
Nombre des cayes : plus de 200

La Barrière de Belize est le récif le plus étendu de l'hémisphère ouest et le second dans le monde, après la Grande Barrière en Australie. Il descend du nord au sud, pratiquement parallèle à la côte, de la frontière de Belize avec le Mexique jusqu'au Guatemala. La mer entre le récif et le continent forme un lagon de moins de 5 mètres de profondeur. Proches du littoral et protégées par la barrière, on ne compte pas moins de 200 îles que l'on appelle là-bas des « cayes ». Les cayes Caulker et Ambergis sont les plus touristiques. Le corail-laitue est ici très répandu et semble prospérer au détriment des coraux Staghorn qui depuis 1986, sans doute à cause d'une maladie bactérienne, se raréfient. Les eaux transparentes sont idéales pour plonger et nager, mais attention au corail de feu qui provoque des brûlures désagréables (les combinaisons de plongée réduisent les risques de contact avec la peau). Différentes espèces de scalaires et de poissons perroquet nagent dans ces eaux ainsi que des barracudas, des requins gris et des raies. RC

À DROITE : *Vue aérienne de Blue Hole (le Trou bleu).*

HONDURAS

LE PARC MONTE CRISTO
LA FORÊT DE NUAGES

HONDURAS

Altitude : 2 400 m
Caractéristiques : volcans tertiaires

Monte Cristo, juché sur les hauts plateaux de l'ouest du Honduras, est à l'écart des grandes villes. Situé aux frontières du Salvador, du Guatemala et du Honduras, le parc abrite surtout les forêts de pins, de chênes, de cyprès et de lauriers, typiques des régions tropicales honduriennes. Ce territoire, l'une des 30 forêts de nuages du Honduras, sert de réserve de biosphère à ces pays. Dans les forêts vivent des animaux et des plantes que l'on ne trouve que là car cette région était, il y a de nombreuses années, une terre sèche tandis que le reste de l'isthme était recouvert par la mer. L'exploitation du bois met en danger ce milieu naturel. Les arbres de 30 mètres de haut ont une allure royale. Les pins occupent les crêtes et les chênes, la vallée. Les arbres sont couverts de mousse et de lichens. Beaucoup des conifères sont endémiques tout comme certains oiseaux (le quetzal) ou encore le guanaco. On y trouve également des singes-araignées. La ville la plus proche, Nueva Ocotepeque, est à environ 16 kilomètres à l'est. AB

LES CHUTES DE PULHAPANZAK ET LE LAC YOJOA

HONDURAS

Hauteur des chutes : 43 m
Superficie du lac Yojoa : 5 600 ha
Profondeur du lac Yojoa : 15 m

Les chutes d'eau de Pulhapanzak étaient autrefois un important lieu de culte pour les Mayas. C'est là que le Rio Lindo fait une chute de 43 mètres dans un étang naturel. Proche de la cascade, le lac Yojoa, perché dans la montagne et entouré d'une forêt de nuages, est le seul grand lac du Honduras. Près de 400 espèces d'oiseaux répertoriés ici font le bonheur des ornithologues amateurs. La forêt descend jusqu'à la côte escarpée de l'est ; les marécages de la côte ouest grouillent de milan des marais, de hérons, de cigognes et autres oiseaux sauvages. Le lac est également un site réputé pour la pêche à la perche. Les visiteurs qui viennent au Cerro Azul Meambar et dans le Parc National de Santa Bárbara en bordure du lac auront sans doute la chance de voir des singes hurleurs, des paresseux, des toucans et même le quetzal. Les chutes de Pulhapanzak sont à 110 kilomètres au sud de San Pedro Sula. La route qui vient de Santa Bárbara traverse de magnifiques paysages de montagnes, de vallées et de plantations de café. **RC**

SALVADOR

LES VOLCANS SANTA ANA ET IZALCO

SALVADOR

Altitude du Santa Ana : 2 365 m
Altitude d'Izalco : 1 950 m

Le volcan Santa Ana, au sud-ouest du Salvador est le plus haut sommet du pays. Douze éruptions ont été enregistrées depuis la première en 1520. Santa Ana a une grande cheminée centrale, un cratère rond et plat et un autre plus petit, devenu un lac dont les eaux riches en soufre sont vert émeraude. Depuis 1770, les volcans de Santa Ana et d'Izalco se réveillent presque toujours en même temps.

L'Izalco est le plus jeune volcan du Salvador, toujours associé à son double, le Santa Ana. Depuis sa naissance en 1770 sur le flanc sud de Santa Ana, et jusqu'en 1958, il était si actif (plus de 50 éruptions) que les marins, repérant leur position à son rougeoiement permanent, l'appelaient « le Phare du Pacifique ». Depuis 1958 il est presque constamment au repos, à part une courte éruption enregistrée en 1966. À partir de San Salvador, il faut prendre la Panamerican Highway en direction de l'ouest jusqu'à Santa Ana, puis suivre les indications Cerro Verde. Sur la route on peut admirer la caldera Coatepeque et les volcans alentour. **RC**

LE LAC D'ALEGRIA ET LE VOLCAN TECAPA

SALVADOR

Altitude du volcan Tecapa : 1 590 m
Hauteur des murs du cratère : 350 m

Le lac d'Alegria est un lac sulfureux, vert émeraude, sur les pentes du volcan endormi de Tecapa, dans le Usulutan. Le lac est situé sous une profonde encoche dans le bord du cratère. Nourri par les eaux bouillantes qui montent des profondeurs, sa température n'est pourtant que tiède. Les gens de la région affirment que ses eaux, riches en soufre, ont des propriétés médicinales. La forêt qui tapisse le cratère abrite des agoutis, des coatis et une grande variété d'oiseaux.

Bien que le volcan Tecapa soit considéré comme éteint, de la vapeur continue de sortir des puits effondrés près de l'installation géothermique. Tecapa est à l'extrémité nord d'une chaîne volcanique à l'ouest du volcan San Miguel. Plusieurs de ses cônes et coulées de lave sont jeunes ; au sommet, au bord du cratère se trouve un lac. Celui-ci ainsi que la forêt voisine sont aménagés selon les principes de l'éco-tourisme. Des guides se mettent à la disposition des touristes pour les mener au lac ou autour du cratère. RC

NICARAGUA

LE VOLCAN MOMOTOMBO

NICARAGUA

Altitude : 1 258 m
Nature : strato-volcan (ou volcan composite)
Type géologique : volcan actif

Momotombo est au centre de la chaîne volcanique de Marimbo qui coupe l'ouest du Nicaragua comme une grande diagonale. Situé sur les rives nord du lac Managua, Momotombo est un des hauts lieux du Nicaragua. Il a commencé à grandir il y a 4 500 ans, sortant d'un cône plus ancien. Des débris du volcan ont formé plusieurs îles dans le lac Managua. Une station géothermique importante est située sur le flanc sud-est du volcan et capte les fumerolles et les sources chaudes. Elle fournit 35 % de l'énergie du pays. Le lac compte aussi de nombreuses petites îles volcaniques, comme celle de Momotombito qui s'élève à 391 mètres.

Depuis 1524, le volcan Momotombo a connu 15 éruptions, la plus récente en 1905. Celle de 1605-1606 détruisit l'ancienne capitale de León. Le pays compte cinquante-sept autres volcans, certains cratères éteints sont devenus des lacs d'eau bleu-vert, d'autres sont de jeunes calderas remplies de lave bouillonnante. La ville la plus proche est Grenade, à 12 kilomètres au nord. Une marche ardue de 3 heures pour atteindre le sommet du cratère du Momotombo dévoilera une vue imprenable sur les alentours. AB

LE LAC NICARAGUA

RIVAS / GRENADE / CHONTALES / RIO SAN JUAN, NICARAGUA

Superficie : 8 264 km²
Longueur du lac : 160 km
Largeur maximale : 72 km

Nommé Cocibolca, « Mer Douce », par les premiers riverains, le lac Nicaragua ressemble en effet plus à une mer intérieure qu'à un lac. Plus de 300 îles sont éparpillées dans cette masse d'eau fraîche – la plus grande d'Amérique Centrale – dont Ometepe, un volcan à double cratère s'élevant à 1 615 mètres.

C'est aussi un des rares lacs du monde où vivent des requins. Les premiers colonisateurs installés dans la région avaient peur de ces animaux ; selon la légende, ils pensaient les calmer en les nourrissant avec leurs morts parés d'or. Les biologistes considéraient les requins du lac Nicaragua comme une espèce unique jusqu'à ce qu'une étude, en 1966, montre que ces squales étaient en fait des requins bouledogue qui migraient du lac à la mer des Caraïbes, le long du Rio San Juan. Dès le milieu du XIXe siècle, le lac Nicaragua était au centre de la polémique entre Anglais et Américains concernant la création d'un canal reliant la côte Ouest au Pacifique, ouvrant ainsi une nouvelle voie de navigation. Le canal de Panama a rempli ce rôle, mais les discussions sur un canal nicaraguayen sont toujours d'actualité. **DBB**

COSTA RICA

LES GROTTES DE VENADO

ALAJUELA, COSTA RICA

Âge : 5 à 7 millions d'années
Hauteur du passage : de 6 à 4,6 m

Les grottes de Venado, au nord du Costa Rica, sont constituées par un réseau de tunnels sinueux. L'eau des rivières s'est frayé un passage dans les fissures de la terre pendant des millénaires, finissant par creuser 2,4 kilomètres de passages tortueux reliant 10 chambres distinctes. Avec des cours d'eau souterrains toujours nourris, Venado est un paradis de cascades miniatures, de coraux, de coquillages et de rochers comme celui de Papaya qui a la taille d'un homme et la forme d'un… fruit tropical. Inutile d'être un spéléologue averti pour visiter ces grottes, mais il vaut mieux ne pas être claustrophobe ! On entre dans la grotte là où le ruisseau sort de terre pour se retrouver rapidement en train de ramper à contre-courant sous un rocher calcaire. Plus loin, l'eau monte jusqu'à la taille dans un univers éclairé uniquement par les lampes de mineurs fixées sur la tête, des nuées de chauves-souris volent en cercles, les poissons mordillent les chevilles et de minuscules grenouilles incolores sautent de rocher en rocher. Les grottes sont souvent fermées d'août à octobre quand des pluies transforment le courant habituel en rivière rugissante et dangereuse. On peut aller à Venado en voiture ou en bus. **DBB**

LE VOLCAN POÁS

ALAJUELA, COSTA RICA

Profondeur du Cratère : 300 m
Largeur du Cratère : 1,6 km

Au centre de Costa Rica, le volcan Poás est vraiment le joyau de l'arête volcanique et change de couleur telle une pierre précieuse. Un jour il ressemble à un chaudron vert émeraude plein d'eau acide presque en ébullition (chaudron enserré dans un paysage de rochers, de boue bouillonnante, et de fissures sans nombre qui crachent sans arrêt un gaz sulfurique jaune) et, le lendemain, ce bain de vapeurs minérales peut être bleu, turquoise ou doré car la quantité de pluie tombée modifie sa composition chimique.

Actif bien avant que cela ne soit enregistré en 1828, sa dernière éruption cataclysmique se produisit en 1910, projetant de la cendre à 3,2 kilomètres de haut et envoyant des ondes de choc jusqu'à Boulder dans le Colorado. Des éruptions moins fortes en 1989 et en 1995 conduisirent à l'évacuation des villes voisines. Poás est en général calme, mais les émissions de sulfure et de chlorine abîment les plantations de café et de baies. Le cratère effondré de 1,6 kilomètre de large est le plus grand de l'hémisphère occidental. De ses bords, on a une vue à la fois sur l'océan Pacifique et sur la mer des Caraïbes. Près du sommet, les flancs sont recouverts d'une curieuse forêt de nuages, avec ses arbres rabougris et tordus, ses plantes à fleurs et ses chants d'oiseaux. DBB

LE VOLCAN ARENAL

COSTA RICA

Nombre moyen des éruptions quotidiennes : 41
Altitude : 1 636 m

Toujours en éruption dans cette Cordillère de Feu qui éclaire la côte pacifique, Arenal est le volcan rêvé pour les scientifiques. À l'intérieur d'un cratère parfaitement conique, Arenal est l'un des volcans les plus actifs du monde, vomissant sa lave en fusion toutes les 15 minutes et propulsant des rochers brûlants toutes les deux heures. Plus jeune que les neuf autres volcans en activité du pays, Arenal est resté en sommeil jusqu'au 29 juillet 1968, date à laquelle le mont Arenal est devenu le volcan Arenal, ensevelissant trois villages et dévastant plus de 40 km^2 de récoltes, de forêts et de terres.

Transformé en Parc National en 1995, c'est maintenant un des grands attraits touristiques du pays, mais on ne peut l'admirer que de loin. Tous les deux ou trois ans des grimpeurs dépassent les panneaux d'avertissement, continuent à monter les pentes de ce volcan imprévisible et ne reviennent jamais. Le 5 septembre 2003 une grande partie du bord nord-ouest s'est effondrée, provoquant quatre avalanches en 45 minutes. Le volcan ne tardera pas à reprendre ses formes puisqu'il grossit de six mètres par an environ. **DDB**

LES GROTTES DE BARRA HONDA

GUANACASTE, COSTA RICA

Profondeur des grottes : de 60 m à 240 m

Âge des grottes : de 60 à 70 millions d'années

À la fin des années 60, un grand puits apparemment sans fond fut découvert à l'intérieur de Barra Honda Peak dans la péninsule de Nicoya au nord-ouest de Costa Rica ; depuis, un ensemble de 42 chambres indépendantes a été découvert. Seulement 19 d'entre elles sont aujourd'hui explorées. Soulevé et érodé pendant des millions d'années, Barra Honda est aujourd'hui un haut plateau s'élevant à 427 mètres, couronné par une forêt tropicale sèche. La pluie a lentement creusé dans le calcaire des trous qui peuvent atteindre plus de 853 mètres de profondeur.

Le labyrinthe souterrain comprend : The Trap, un gouffre vertical de 52 mètres ; Stinkpot, ainsi nommé à cause de l'odeur fétide du guano produit par les innombrables chauves-souris et Nicoya, où l'on a trouvé des objets et des restes humains d'indigènes pré-Colombiens. La grotte Terciopelo, baptisée du nom du serpent qui y a été trouvé lors de la première exploration, a des formations calcaires singulières certaines produisant des notes de musique quand on les tapote. Cette grotte est ouverte au public. Pour y accéder, il faut emprunter un escalier vertical de 30 mètres, un lieu déconseillé aux timorés. DDB

LA PLAGE D'OSTIONAL

GUANACASTE, COSTA RICA

Plages de l'Arribada : Ostional et Nancite

Tortue Olive Ridley : 60 à 75 cm de long

Récolte d'œufs : 1 million par mois

Plage d'Ostional : sable noir

Chaque mois le dernier quartier de lune voit « l'arribada », c'est-à-dire l'arrivée, de centaines de milliers de tortues Olive Ridley qui sortent de l'océan Pacifique pour pondre leurs œufs sur la plage d'Ostional. Quelques centaines de tortues abordent, suivies d'un afflux continu pendant une semaine, la nuit comme le jour. Les tortues débarquent sur la plage en si grand nombre que les femelles de la seconde vague et des suivantes dénichent les œufs des premières venues. Aussi, les gens du pays sont autorisés à ramasser les œufs les deux premiers jours. C'est la seule récolte d'œufs de tortues permise dans le monde.

L'invasion culmine pendant la saison humide, entre juillet et décembre, et a battu son record en novembre 1995 quand 500 000 tortues femelles ont fait leurs nids en une seule « arribada ». Parfois entre août et octobre, on compte deux « arribadas » en un mois. Cette plage est un des lieux de nidification les plus importants du monde ; le Costa Rica compte 60 plages accueillant ainsi des « arribadas » sur sa côte Pacifique et Atlantique. Ostional est à 65 kilomètres au sud de Santa Cruz. La route est une piste qui devient impraticable quand le Rio Rosario est en crue. MB

🏛 ◉ L'ÎLE COCOS

GUANACASTE, COSTA RICA

Superficie de l'île Cocos : 24 km² à marée haute
Point le plus haut : Cerro Iglesias, 634 m

Cocos semble n'être qu'un rocher perdu dans l'océan Pacifique. Et pourtant, on peut y voir les requins, y compris les requins-marteau et les requins à ailerons blancs. Les requins-marteau se rassemblent en bande de plus de 100 individus ; les requins à ailerons blancs rasent les rochers en escouades de mâles poursuivant les femelles pour s'accoupler. Cocos a la plus grande densité de requins du monde. Les remous provoqués à la surface par les courants montant du fond des océans apportent les éléments nutritifs à la faune marine composée de petits poissons – qui servent aussi d'appât – de raies cornues géantes et du plus grand poisson de mer, le requin baleine. L'île volcanique est la seule du Pacifique oriental à être couverte de forêts tropicales. Soixante-dix espèces de plantes sont endémiques ainsi que trois races d'oiseaux : le pinson de Coco, le gobe-mouches et une espèce locale de coucou. L'île n'est accessible qu'avec des bateaux de croisière. La traversée magnifique mais agitée dure 36 heures à partir de Punterenas. MB

À DROITE : *Requins à ailerons blancs dans les eaux de Cocos.*

🏛 ◉ LE MONT CHIRRIPÓ

CARTAGO, COSTA RICA

Altitude : 3 819 m
Pluviométrie moyenne : 4 m

Il y a 18 000 ans, les grandes couches de glace qui couvraient les sommets du Costa Rica pendant la dernière période glaciaire ont commencé à fondre. Elles ont laissé la place à un paysage vallonné fait de crêtes arrondies, de plaines douces et de bassins en forme de bols. La plupart des traces de ce passé glaciaire sont aujourd'hui cachées sous de verdoyantes forêts ou modifiées par des éruptions volcaniques et des tremblements de terre. Ces particularités ne sont restées intactes que sur les hauteurs du Chirripó, le plus haut sommet du pays et le second d'Amérique centrale. Chirripó signifie « pays des eaux éternelles » à cause de l'abondance de ses lacs glaciers sur les vallées en U et les collines. Ces lacs aux eaux limpides renferment un écosystème unique dans le pays. Les forêts pluviales de chênes géants et d'ormes dominent les champs mousseux de fougères et de gros bouquets de bambous, alternant avec une végétation pauvre – páramo – formée de bambous nains et d'autres arbustes alpestres. Chirripó fait partie du sud de la Talamanca Range qui s'étend jusqu'au Panama. Il a été classé dans la Liste du patrimoine mondial en 1983, pour ses caractéristiques glaciaires, sa flore – constituée d'espèces d'Amérique du Nord et du Sud et grâce à la présence sur son sol de quatre tribus indigènes. DBB

LE PARC NATIONAL DE TORTUGUERO

LIMÓN, COSTA RICA

Nom local : Place of Turtles
Superficie du Parc : 31 198 ha de terre et 52 000 ha de mer
Pluviosité annuelle : 6 m

Bien avant l'arrivée des Espagnols au Costa Rica au milieu du XVIe siècle, les gens du pays capturaient sur cette plage isolée appelée Tortuguero, au nord de Puerto Limón, les reptiles pour leur viande, leurs œufs et leurs carapaces. Vers 1950, l'important accroissement démographique a menacé les tortues de mer d'extinction. Pour tenter d'arrêter le massacre, 35 kilomètres de plage ont été protégés en 1970. Depuis, les nids de tortues de mer sont passés de quelques centaines à 37 000, faisant de Tortuguero le site de nidification le plus important de l'Atlantique.

Aujourd'hui, le Parc National de Tortuguero avec ses bois de palétuviers, ses marais et ses forêts tropicales dans les plaines, abrite des singes, des lamantins, des crocodiles, et la moitié des espèces d'oiseaux du pays. Il pleut plus dans le parc que partout ailleurs en Costa Rica et Tortuguero est très difficile d'accès. Les touristes se pressent en foule sur sa plage sans fin pour observer « l'arribada ». On peut prendre l'un des bateaux faisant la navette tous les jours sur les canaux parallèles à la plage Moín, ou bien choisir un avion sur flotteur de San José ou de Limón. **DBB**

LE PARC NATIONAL DE CORCOVADO

PUNTARENAS, COSTA RICA

Nom local : Parque Nacional Corcovado
Superficie du parc : 54 539 ha de terre et 2 400 ha de mer

Le Parc National de Corcovado, au sud-ouest du Costa Rica est un luxuriant mélange de jungle, de marais, de forêts de palétuviers et de plages désolées, entrecoupés par des rivières ou des ruisseaux qui dévalent en cascade. Bienvenue dans la plus grande forêt tropicale d'Amérique centrale située sur la plaine côtière du Pacifique. Une mosaïque de huit écosystèmes fait de ce parc un refuge pour les espèces rares. Six races de chats sauvages, des tapirs de la taille d'un poney, des fourmiliers géants des aras écarlates (grands perroquets) dont l'espèce est menacée.

Ici, l'aigle le plus grand et le plus fort du monde, la harpie, chasse les singes ; les serpents à sonnette de 3 mètres de long rôdent à la recherche de petits mammifères ; des basilics traversent en courant des cours d'eau où les crocodiles attendent un meilleur repas et les tortues de mer font leurs nids sur les plages où rôdent régulièrement des requins. De tous les animaux fascinants de Corcovado, le plus convoité par les touristes est le jaguar. Après avoir presque disparu dans les années 1960, le nombre de ces prédateurs a triplé depuis la création du parc en 1975. La coexistence de plusieurs écosystèmes a retenu l'attention des écologistes et ouvert le parc à l'écotourisme. Trois stations de recherche biologique sont reliées par des sentiers rocailleux et rendent la découverte du Corcovado possible. **DBB**

LA CASCADE LA PAZ

HERDIA, COSTA RICA

Nom local : Catarata La Paz
Nombre de cascades : 5
Hauteur des chutes : de 18 à 36 m

Le Rio La Paz prend naissance au nord du Costa Rica, dans une forêt de nuages au sommet d'un volcan en activité, puis dégringole de presque 1 525 mètres en huit kilomètres avant de faire un plongeon final et spectaculaire dans la végétation tropicale, plongeon que l'on appelle Cascade La Paz ou Cascade La Paix. Ce n'est pas tant la taille de la chute d'eau mais plutôt la nature environnante qui en fait l'attrait. En bordure de la forêt, parmi de gigantesques fougères et plantes grimpantes, à partir d'un sentier il est possible d'observer ce spectacle voire d'être arrosé par un brouillard d'eau. Dans cette région, les cascades sont plus nombreuses que partout ailleurs dans le pays ; la cascade La Paz en est une. Avant 2001, l'endroit était inaccessible. Maintenant, avec la construction des Peace Waterfall Gardens, les touristes peuvent admirer la force jusque-là insoupçonnée de la nature. La réserve est équipée d'escaliers robustes et de plates-formes panoramiques aménagées sur les flancs des falaises. Le parc est à huit kilomètres au nord de la petite ville de Vara Blanca. On peut y arriver en autobus ou en voiture. **DBB**

BAHAMAS

BIMINI WALL ET BIMINI ROAD

BIMINI, BAHAMAS

Hauteur de Bimini Wall : de 45 m à plus de 900 m
Longueur de Bimini Wall : 300 m
Profondeur de Bimini Wall : 5 m
Poids des blocs de calcaire de Bimini Road : 1 à 10 tonnes

Les îles Bimini, à l'extrémité ouest des Bahamas, sont connues pour deux curiosités sous-marines – le Bimini Wall et la Bimini Road. Le Bimini Wall se trouve à moins de 400 mètres du rivage, posé sur le fond abyssal de l'océan. La Bimini Road est une étrange route sous-marine qui s'étire sur 300 mètres à partir de Paradise Point au bout de la baie de Bimini. Son origine a fait couler beaucoup d'encre, l'une des hypothèses prétendant qu'elle faisait partie de la Cité Perdue de l'Atlantide. La « route » est pavée d'énormes blocs de calcaire rectangulaires tellement réguliers que l'on pourrait croire qu'ils ont été taillés par l'homme. Ils ressemblent beaucoup aux rochers de la plage qui sont eux aussi des blocs rectangulaires mais on ignore pourquoi ceux de la route ont été recouverts de cinq mètres d'eau. Les eaux limpides de Bimini sont un paradis pour les plongeurs qui peuvent aller admirer Bimini Road mais aussi Hawksbill Reef. Les plongeurs expérimentés peuvent aller voir Bimini Wall et plus précisément les Nodules et Tuna Alley. **RC**

À DROITE : *Les eaux de la cascade La Paz dégringolent au cœur d'une forêt verte et luxuriante.*

LES TROUS BLEUS

GRAND BAHAMAS / CENTRAL ANDROS / GREAT EXUMA / LONG ISLAND, BAHAMAS

Type de roche : calcaire
Longueur des Lucayan Caverns : 14 km
Grotte marine la plus profonde du monde : Dean's Blue Hole (Andros Island) 202 m de profondeur

Les Trous bleus sont des grottes et des puits remplis d'une eau bleu azur. Certains sont dans la mer à faible profondeur, d'autres à l'intérieur des terres ; ces trous sont plus nombreux aux Bahamas que partout ailleurs. On en distingue trois types. Les « cenotes », des puits verticaux très profonds (jusqu'à 150 m) et que l'on peut voir à partir de la surface (le plus profond est au large de Long Island) ; des grottes en forme de lentille comme les Cavernes de Lucayan, les plus profondes des Bahamas (14 km de longueur) ; et, enfin, les grottes nichées dans des fractures de roche dont certaines n'ont pas plus de 2 m de large. La plupart des Trous bleus sont très dangereux et sous contrôle des autorités. Ces grottes ont été formées pendant la période glaciaire. À cette époque les roches calcaires sous-jacentes ont été érodées par l'eau et ont formé des puits et des grottes. Quand les couches de glace ont fondu, le niveau de la mer est monté et les grottes ont été noyées constituant ainsi les Trous bleus. On peut les voir même sans aller sous l'eau, des guides emmènent les touristes voir les Trous bleus à l'intérieur des terres. **MB**

CUBA

LA VALLÉE VIÑALES ET LA GROTTE DE SANTO TOMAS

PINAR DEL RIO, CUBA

Hauteur des Mogotes : 300 m maximum
Longueur de la Cueva de Santo Tomas : 47 km

La vallée Viñales est une vallée fertile parsemée de collines coniques en calcaire, appelées « mogotes », qui ressemblent à celles de Guilin au sud de la Chine. Les mogotes, couvertes d'une végétation dense, sont parsemées de grottes formées par des rivières souterraines. La grotte de Santo Tomas est la deuxième (pour ce qui est de la longueur) à Cuba, avec des galeries souterraines sur sept niveaux. Elle a une entrée de 20 mètres de large. Près de là, la grotte del Indio, autrefois habitée par des indigènes précolombiens, se visite en bateau sur une rivière souterraine. Les sommets ronds et les pentes presque verticales des « mogotes » ont été façonnés par l'érosion pendant l'ère jurassique. Beaucoup d'espèces de plantes n'existent que là comme le palmier-liège (fossile végétal). On peut voir le Mural of Prehistory, une des plus grandes peintures murales en plein air, sur le flanc de la « mogote » Dos Hermanas. La vallée Viñales, célèbre aussi pour son tabac, est à 180 kilomètres environ à l'ouest de La Havane. **RC**

LES GROTTES DE BELLAMAR

MATANZAS, CUBA

Nom local : Cuevas de Bellamar
Gothic Temple cavern : longueur, 150 m, largeur, 60 m, hauteur, 30 m

Les grottes de Bellamar, célèbres pour la beauté de leurs roches, sont une des plus vieilles attractions touristiques de Cuba. En les visitant, on découvre 17 galeries et six pièces contenant des stalactites et des stalagmites exceptionnelles, mais aussi des formations rocheuses comme Grated Coconut Gallery et la Fontaine d'Amour. Les grottes ont été découvertes en 1861 par des carriers, mais il a fallu attendre 1948 pour un premier relevé sérieux. À partir de 1989, les recherches ont permis de découvrir plus de sept kilomètres de passages. La plus grande caverne s'appelle le « Gothic ». De hautes stalagmites serrées en grappe au centre de la pièce forment la silhouette d'un guerrier à qui l'on a donné le nom de Gardien du Temple.

Le Manteau de Colomb est un gros pilier blanc translucide de 20 mètres de haut et de 6 mètres d'épaisseur. Parmi les autres curiosités des grottes, citons la Gorge du Diable, le Jupon brodé, la Chambre des Bénédictions, la Lampe de Don Cosme, la Cascade de Diamant et le Lac des Dahlias. Les Grottes Bellamar sont à deux kilomètres au sud de la ville de Matanzas. Elles sont très humides et leur température est constante (de 25 à 27 °C). **RC**

LES CHUTES EL NICHO

CIENFUEGOS, CUBA

Nom local : Cascada de El Nicho
Chutes d'eau El Nicho : de 20 à 35 m de hauteur

Il n'y a pas de cordillère centrale à Cuba, les régions montagneuses sont éparpillées sur toute l'île. El Nicho, situé dans la Sierra de Trinidad, au centre de Cuba, compte plusieurs chutes (entre 20 et 35 mètres de hauteur). Une brume perpétuelle monte des eaux écumantes là où la cascade fait un plongeon de 30 mètres. Les cascades les plus spectaculaires sont Los Desparramaderos et Tres Deseos.

À la Réserve d'El Nicho, on peut nager dans les pièces d'eau entre les chutes, visiter les grottes, marcher dans les montagnes ou observer la vie exotique et variée.

Avec un peu de chance, les ornithologues amateurs pourront découvrir l'oiseau national de Cuba, le tocororo dont l'aspect est très caractéristique. Le plumage bien particulier – bleu, rouge et blanc (les couleurs du drapeau cubain) – des tocororos permet de les reconnaître facilement.

El Nicho est à environ 46 kilomètres de la ville de Cienfuegos et on ne peut l'atteindre qu'en 4 x 4. La route touristique qui y mène traverse des paysages à couper le souffle dans la Sierra del Escambray. Il existe de nombreux chemins d'accès aux cascades, tous très bien entretenus. **RC**

LES CASCADES DE LA DOMINIQUE

ST. GEORGE / ST. DAVID / ST. PATRICK, LA DOMINIQUE

Chutes Trafalgar : 60 m de haut
Chutes Middleham : 60 m de haut
Chutes Sari Sari : 45 m de haut
Superficie de la Dominique : 1 127 km²

L'île caraïbe de La Dominique est un paradis pour les amoureux des cascades. Avec ses montagnes de 1 200 mètres d'altitude, ses 1 000 centimètres de pluviosité annuelle, les cascades sont très nombreuses et chaque année on en découvre de nouvelles dans des régions reculées. Beaucoup sont dans le Morne Trois Pitons National Park. Les Chutes de Trafalgar, à 8 kilomètres de Roseau, la capitale, est la plus connue et la plus accessible. De là on a une vue panoramique sur deux cascades – la plus grande « Father » et la plus petite « Mother ». Une excursion plus sportive de 10 ou 12 heures à travers une forêt dense vous conduira aux Chutes Middleham, la plus haute cascade de La Dominique, d'une beauté à couper le souffle. Il faut grimper en s'aidant des mains et des pieds dans les rochers et traverser la rivière pour atteindre le Sari Sari Falls près du village de La Plaine dans la partie est de l'île. Les Victoria Falls, spectaculaires, sont alimentées par la White River, dont les eaux laiteuses riches en minéraux viennent du Boiling Lake. Des centaines d'autres cascades de La Dominique valent le déplacement dont Emerald Pool Falls, Boli Falls et Syndicate Falls pour ne citer qu'elles. RC

BOILING LAKE

ST. PATRICK, LA DOMINIQUE

Diamètre du lac : 63 m
Température moyenne : 88 °C
Profondeur : inconnue
Altitude : 762 m

Au centre du parc national de Morne Trois Pitons, en Dominique se trouve le deuxième lac bouillant du monde en taille (le plus grand est en Nouvelle-Zélande). En 1875 on a mesuré la température de l'eau près des bords ; elle se situaient entre 82 ° et 91,5 °C. La profondeur dépassait 59 mètres. Plus tard un geyser se forma au centre et le niveau de l'eau baissa. L'eau cessa de bouillir et son niveau continua à baisser mais depuis il est revenu à son état initial. On pense que c'est une fumerolle inondée par les pluies et les ruisseaux qui est à l'origine de Boiling Lake. Il bout au milieu à cause de la présence de magma sous la surface.

L'excursion, longue et éprouvante (2 à 3 heures de marche à partir de Titou Gorge) jusqu'à Boiling Lake traverse la Vallée de la Désolation, paysage étonnant avec une végétation pauvre, des sources chaudes colorées et des nuages de vapeur sulfureuse s'élevant en volutes des cheminées. Les eaux bouillonnantes bleu-gris de Boiling Lake sont la plupart du temps ensevelies sous des nuages de vapeur. Il faut rester prudent, car plusieurs personnes ont été sérieusement brûlées par ses eaux et au moins deux sont mortes pour avoir inhalé des vapeurs empoisonnées. RC

ÎLES CAÏMANS

STING RAY CITY

NORTH SOUND, ÎLES CAÏMANS

Profondeur de l'eau : de 1 à 2 m
Température de l'eau : 28 °C

Pas d'immeuble de bureaux ni la moindre boutique à l'horizon – Sting Ray City est une agglomération peuplée d'êtres particuliers qui feront passer à leurs visiteurs l'un des meilleurs moments de leur vie. Sur une langue de sable à 20 minutes de bateau de Grand Caïman, des centaines de raies à longue queue viennent à la rencontre des gens pour leur demander de la nourriture. La première excursion du matin est la meilleure quand les raies se rassemblent en très grand nombre pour leur petit déjeuner. L'eau est peu profonde (1 à 2 m), on peut se tenir debout, nager avec un tuba ou s'agenouiller parmi les raies. On peut les nourrir avec des petits morceaux de calmar et même les caresser. Habituées au contact humain, elles sont apprivoisées ; Grand Bahama est le seul endroit au monde où elles se montrent si familières. Les raies ont l'air de voler dans l'eau, se propulsant vers l'avant avec leurs nageoires. De toute évidence le piquant venimeux est au bout de leur longue queue, mais elles ne s'en servent que pour se défendre… évitez donc de leur marcher dessus. C'est une rencontre attendrissante. MB

LES BLOW HOLES

CÔTE EST, ÎLES CAÏMANS

Superficie des îles Caïmans : 262 km²
Roches : calcaire entouré de récifs de coraux
Point le plus élevé : The Bluff (le Pic), 43 m

Si l'on veut voir un spectacle réellement impressionnant, c'est sans conteste aux Blow Holes, sur la côte est de la Grande Caïman, qu'il faut aller. Quand les vagues viennent s'écraser sur la plage, l'eau jaillit à travers les trous du rocher, telle une colonne s'élevant dans l'air. À la Grande Caïman, la plus grandes des îles Caïmans, le sol est constitué de coraux, de sable et de boue. Les gens de l'île appellent ce relief « cliff » quand ils le voient de la mer et « ironshore » quand ils le regardent de la côte. Le « ironshore » est une succession de roches calcaires qui entourent le noyau calcaire du « cliff ». Les vagues déferlent sous la côte et à travers les cavités des rochers s'élancent dans l'air comme des geysers. Quand les vagues sont fortes et le vent dans la bonne direction, l'eau s'élève à 10 mètres du sol. Les chaussures de randonnées sont conseillées car les rochers déchiquetés le long de « l'ironshore » sont très coupants.Beaucoup de bateaux ont brisé leurs coques sur les rocs de « l'ironshore ». Le lieu-dit « Les dix naufrages » (en effet, à cet endroit dix grands voiliers se sont fracassés le même jour) se trouve le long de cette côte. **RC**

JAMAÏQUE

COCKPIT COUNTRY

ST. JAMES / TRELAWNY / STE ELIZABETH, JAMAÏQUE

Surface : 1 295 km²
Pluviosité annuelle : de 1 500 à 2 500 mm

Cockpit Country, au nord-ouest de la Jamaïque, est dotée d'un sol assez rare, composé de calcaire karstique recouvert de forêts. Des millions d'années d'érosion ont sculpté ce paysage original avec ses collines coniques et ses vallées escarpées souvent inhabitées et relativement inexplorées. Les Anglais du XVIIe siècle ont appelé ces dépressions calcaires « cockpits » car elles ressemblent aux arènes des combats de coqs. L'eau s'infiltre à travers le terrain poreux et les failles du sol jusqu'à un réseau de caves souterraines. Windsor Great Cave et Marta Tick Cave, abritent des colonies de plus de 50 000 chauves-souris.

Cockpit Country compte parmi les sites les plus importants du monde pour la défense de l'environnement. Un grand nombre de plantes et d'animaux sont protégés ; 100 plantes n'existent nulle part ailleurs et parfois même ne poussent que sur un seul tertre de cette île. Sur les 100 espèces d'oiseaux de la Jamaïque, 75 se trouvent ici dont l'amazone verte (perroquet), très menacé. Il ne faut pas s'aventurer dans la région sans guide local car le terrain est accidenté, les failles dangereuses et la probabilité d'être complètement perdu… très forte. **RC**

LES CHUTES DE DUNN'S RIVER

ST. ANN, JAMAÏQUE

Nom local : Xayamaca ou Las Chorreras
Hauteur des chutes d'eau : 183 m

Dunn's River, l'une des grandes attractions touristiques de la Jamaïque, est un ensemble de chutes d'eau tombant en cascade sur les rochers de calcaire poli, étagés en terrasses, jusqu'à une magnifique plage de la mer des Caraïbes. Situées dans une région appelée *Xayamaca* par les Indiens Arawak ce qui signifie « terre de rivières et de sources », les chutes de Dunn River ont l'originalité d'être à la fois une cascade et l'embouchure d'une rivière. Elles ont servi de décor au premier James Bond, *James Bond et le Dr No* et sont ainsi devenues célèbres. Pour admirer la vue, il faut grimper à pied les 183 mètres de dénivelé au-dessus de la plage. La promenade, sans grande difficulté, prend environ une heure. Selon les endroits, les chutes d'eau sont calmes ou tumultueuses. En chemin, on trouve des piscines naturelles, formées par les terrasses des rochers, dans lesquelles il est possible de nager. La montée est glissante et il faut donc prévoir des chaussures adaptées. Pour éviter la foule, il est conseillé de partir tôt le matin. Les cascades sont au cœur de la luxuriante forêt tropicale du Parc des chutes de Dunn's River, situé à environ 1,5 kilomètre d'Ochos Rios sur la côte nord de la Jamaïque. RC

LE LAGON BLEU

PORTLAND, JAMAÏQUE

Profondeur maximale : 56 m
Nom local : Blue Lagoon

Entouré de pentes escarpées, le Lagon bleu est une crique abritée reliée à la mer par un étroit chenal. C'est le film *Le Lagon bleu* (avec Brooke Shields) qui l'a fait connaître du grand public ; c'est toujours un lieu très prisé par les metteurs en scène et les photographes. Toutes sortes de rumeurs courent à propos de ce lagon. Les Indiens Arawak croyaient que la crique était sans fond ; en fait sa profondeur maximum est de 56 mètres. On prétend qu'Errol Flynn, l'acteur héroïque, a plongé sans bouteille d'oxygène jusqu'au fond du lagon. Dans les années 1950, Robin Moore, un auteur de romans policiers (*The French Connection*) aurait acheté une villa donnant sur le lagon… L'endroit est aujourd'hui une station touristique de luxe. Autrefois, Le Lagon bleu s'appelait le Trou de Mallard (Mallard's Hole) – du nom du fameux pirate Tom Mallard qui, paraît-il, utilisait le lagon comme repère et poste de guet. Avec la flore et la faune jamaïcaine en toile de fond, les eaux transparentes de la petite lagune passent par toutes les nuances du bleu et du vert selon l'heure du jour. Avec masque et tuba vous pourrez voir des centaines de poissons de toutes les couleurs dans ces eaux limpides. **RC**

LA FORÊT NATIONALE DES CARAÏBES

CAVANAS / JUNCOS / PIEDRAS / LUNQUILLO / RIO GRANDE, PORTO RICO

Nom local : El Yunque
Superficie : 11 300 ha
Altitude : 1 065 m

À 40 kilomètres seulement de San Juan, on peut voir la seule forêt pluviale protégée de tout le territoire des États-Unis – la Forêt Nationale des Caraïbes ou El Yunque en langue locale. Le plus jeune pic (et le deuxième en altitude) de la chaîne montagneuse de Porto Rico est la Sierra de Lunquillo – ce nom signifie « terres blanches » en tiano. La réserve d'El Yunque a été une des premières de l'hémisphère ouest à être créée (1876) et devait assurer la sauvegarde du bois pour la construction des navires. Les pentes sont glissantes et raides, souvent à plus de 45°. Il n'y a pas de saison sèche, mais une période de tempête – en 1998 l'ouragan a dévasté la forêt avec des vents soufflants à 185 km/heure.

On peut distinguer quatre sortes de forêts à El Yunque : la forêt pluviale de la plaine, la forêt pluviale subtropicale (au-dessus de 600 mètres), puis des forêts de nuages, et enfin des forêts naines aux arbres rabougris, près du sommet. La forêt est le seul refuge du très rare et menacé perroquet de Porto Rico. Elle abrite aussi des espèces endémiques portoricaines comme le tangara de Porto Rico (passereau d'Amérique du Sud), la Paruline d'Angela et le viréo latimeri. Le sol riche en calcaire attire aussi de nombreux escargots. Le parc a d'excellents sentiers bien balisés et il est facile d'accès à partir de San Juan. AB

KARST COUNTRY

ISABELA, PORTO RICO

Superficie totale des forêts nationales : 1 600 ha
Superficie de la forêt Guajataca : 970 ha

Karst Country au nord-ouest de Porto Rico, entre Quebradillas et Manati, est une région singulière avec ses mamelons blancs et verts tous semblables et tous hauts d'environ 30 mètres. Il existe d'autres paysages karstiques à Porto Rico, en République Dominicaine et en Slovénie. Ces tertres étranges apparaissent quand l'eau s'infiltre dans le calcaire et creuse des bassins et des dépressions. Les buttes karstiques ou « mogotes » se forment là où se trouvent des roches moins poreuses qui résistent à l'érosion ; elles ont toutes la même forme et la même taille.

Le télescope radio-radar le plus sensible du monde se trouve à l'Observatoire d'Arecibo situé dans une ancienne vallée de Karst Country. C'est dans ce lieu, filmé dans *Contact*, que la NASA a installé son équipe de Recherche d'Intelligence Extra-terrestre SETI (Search for Extra-Terrestrial Intelligence).

Le calcaire karstique est protégé dans quatre forêts nationales : Guajataca, Cambalache, Vega et Rio Abajo. Guajataca est situé près d'Arecibo – les touristes peuvent y admirer les formations rocheuses spectaculaires de Wind Cave et se promener sur 40 kilomètres de sentiers. **RC**

LA FORÊT DE GUÁNICA

GUÁNICA, PORTO RICO

Surface : 3 936 ha
Altitude : 400 m

Au sud-ouest de Porto Rico, sur la côte des Caraïbes se trouve la forêt de Guánica. Privées d'eau par la Cordillère centrale, les forêts sèches de cette région sub-tropicale abritent 50 % des 284 espèces d'oiseaux de l'île. Parmi elles, l'espèce endémique du tacco de Porto Rico (ou tacco de Vieillot), l'engoulevent portoricain et le tyranneau portoricain. Des sentiers de randonnée (19 km) vous mènent au milieu de plantes adaptées à la sécheresse. Assoiffée et poussiéreuse, la forêt a pourtant plus de 750 espèces de plantes, dont des cactus, des vignes, des agaves et des arbres de Guatacan à croissance lente qui ont 400 ans d'âge.

La route de Cueva surplombe les magnifiques escarpements calcaires qui descendent jusqu'à la côte et la mer bleu azur. Au pied de ces pentes raides s'étalent les plages, des forêts de palétuviers et les fonds de mer herbus et riches en vie animale. Guánica est aussi le principal repaire du crapaud huppé portoricain et de la crevette cavernicole portoricaine. Cette forêt a été abîmée par le bétail et les cultures ce qui a conduit l'UNESCO à la classer Réserve de Biosphère. La ville la plus proche est Ponce, à 24 kilomètres en descendant la côte vers l'est. **AB**

LA BAIE DE MOSQUITO

VIEQUES, PORTO RICO

Concentration de dinoflagellates : 158 000 par litre d'eau
Superficie de la baie de Mosquito : 64 ha

La nuit dans la baie de Mosquito, sur l'île portoricaine de Vieques, les eaux s'allument de petites lumières gris-bleu, assez fortes pour permettre de lire. Ces lueurs viennent des millions de dinophycées microscopiques qui libèrent leur énergie sous forme de lumière. Ces organismes unicellulaires brillent quand ils sont agités, peut-être pour éloigner les prédateurs qui les menacent. Minuscules, ils se nourrissent des racines et des feuilles pourries des palétuviers et l'embouchure étroite de la baie les retient dans le golfe.

Les baies bioluminescentes sont fragiles et peuvent être détruites par la pollution. Bahia la Phosphorescente, sur la côte sud-ouest de Porto Rico rivalisait autrefois avec la baie de Mosquito, mais aujourd'hui elle brille dix fois moins. Dans d'autres régions du monde, la bioluminescence est saisonnière tandis que la baie de Mosquito scintille toute l'année. Les nuits nuageuses et sans lune sont les plus propices à l'observation. Nager dans ces eaux clignotantes est une expérience inoubliable. RC

LES GROTTES DE RIO CAMUY

CAMUY, PORTO RICO

Superficie des grottes : 110 ha
Âge des grottes : 45 millions d'années

Le Parc de Rio Camuy Cave au nord-ouest de Porto Rico est un des ensembles de grottes les plus importants du monde avec ses puits, ses cavernes grandes comme des cathédrales et son immense rivière souterraine sans équivalent connu à ce jour. Dans les années 1950 des garçons du pays montraient les grottes aux spéléologues jusqu'à ce que le site soit ouvert au public, en 1986. Depuis, 16 entrées différentes ont été découvertes et près de 11 kilomètres de souterrains aménagés pour le public. Les pétroglyphes gravés dans les murs de la Grotte Cathédrale par les anciens Taino prouvent que ces caves ont été occupées à l'époque pré-colombienne.

Les grottes abritent des espèces rares, dont un poisson aveugle que l'on ne trouve que là. Seule une petite partie des cavernes est ouverte au public. Les visiteurs descendent avec un wagonnet dans un puits de 60 mètres, marchent dans la grande et lumineuse Grotte Clara – qui contient un grand nombre de stalactites et de stalagmites – et vont en benne roulante jusqu'à une terrasse surplombant le Puits de Tres Pueblos (120 mètres de profondeur) d'où ils auront une vue magnifique sur la Camuy River. RC

LES ÎLES VIERGES (TERRITOIRE BRITANNIQUE)

LES BAINS DE L'ÎLE DE VIRGIN GORDA

VIRGIN GORDA, LES ÎLES VIERGES

Taille des rochers : jusqu'à 12 m de diamètre
Âge des rochers : 70 millions d'années
Longueur de l'île de la Vierge Gorda : 16 km

Les Bains de l'île de Virgin Gorda (la deuxième île en taille parmi les îles Vierges) sont comme une succession de rochers granitiques géants et de points d'eau abrités situés sur la côte sud-ouest de l'île. Gorda signifie « Grosse » ou « Enceinte » et l'on raconte que l'île a été nommée ainsi par Christophe Colomb à cause de sa forme, vue de l'horizon. L'île s'étire sur une longueur de 16 kilomètres avec des montagnes au nord et au centre. Les roches volcaniques les plus anciennes de cette région datent d'environ 120 millions d'années, mais les rochers granitiques de l'île de Virgin Gorda, apparus au fond de la mer des Caraïbes, n'ont que 70 millions d'années.

Quand le sol sous-marin s'est soulevé, il y a 15 à 25 millions d'années, les rochers sont sortis de l'eau puis les intempéries et l'érosion ont arrondi ces galets géants et creusé à l'intérieur grottes et tunnels.

Les Bains sont une des attractions touristiques les plus courues des îles Vierges. Elles sont accessibles par terre ou par mer (des bateaux taxis font la navette). RC

MONTSERRAT (ANTILLES BRITANNIQUES)

LE VOLCAN DE SOUFRIÈRE HILLS

MONTSERRAT, ANTILLES BRITANNIQUES

Altitude du volcan : 915 m
Éruptions : de 1995 à ce jour

L'activité sismique sous le volcan a été enregistrée tous les 30 ans depuis le début du XXe siècle, mais la première éruption de Soufriere Hills a démarré en juillet 1995, répandant de la cendre autour de Montserrat ; 5 000 personnes ont dû être évacuées. On pense que les éruptions du volcan de Soufriere Hills sont déclenchées par les tempêtes de pluie et les pleines lunes. Les échappées de vapeur et de cendres se produisent lors les périodes de forte activité sismique ; une nouvelle cheminée s'est formée au sud-ouest de Castle Peak. Avant l'éruption de 1995, Castle Peak était le plus jeune dôme volcanique. Les coulées de lave provenant de l'effondrement du dôme ont créé un nouveau delta à l'embouchure de la rivière White, mais il est trop tôt pour savoir si le delta restera tel quel ou s'il sera érodé par les vagues. Le volcan occupe la moitié sud de l'île de Montserrat, sur le flanc nord de l'ancien volcan de South Soufriere Hills. Soufriere Hills et ses environs sont strictement interdits aux touristes puisque toujours en éruption. Quand il n'est pas caché par les nuages – ce qui est rare – les touristes peuvent monter sur la colline Garibaldi ou sur celle de Jackboy et voir les terres dévastées par les éruptions. RC

GUADELOUPE (TERRITOIRE FRANÇAIS)

LES CASCADES DU CARBET

BASE-TERRE, GUADELOUPE

Hauteur de la plus grande cascade : 125 m

Hauteur de la deuxième cascade : 110 m

Hauteur de la plus petite cascade : 20 m

Les cascades du Carbet situées en Guadeloupe sont les plus grandes chutes d'eau des Caraïbes orientales. C'est Christophe Colomb qui, en 1493, a découvert et nommé l'île de la Guadeloupe. Guadeloupe est formée de deux îles aux paysages très différents. Grande Terre, l'île orientale, couverte de collines rondes et de plantations de canne à sucre et Basse Terre, l'île occidentale, dont le relief, accidenté et montagneux, est dominé par le volcan de la Soufrière. C'est dans le Parc Naturel de Basse-Terre (30 000 hectares), que se trouvent les Chutes du Carbet ainsi que le volcan de la Soufrière. Le Parc comprend aussi des zones de forêt tropicale. L'eau des trois cascades qui forment les Chutes du Carbet dévale les pentes du volcan. La cascade située vers le sommet est la plus grande des trois avec une hauteur de 125 mètres. La seconde est légèrement moins haute (110 mètres), mais sans doute plus spectaculaire.

Plus bas sur la pente, la troisième est beaucoup plus petite que les deux autres (20 mètres environ), mais elle a un charme pittoresque et elle est facile d'accès. RC

MARTINIQUE (TERRITOIRE FRANÇAIS)

LE ROCHER DU DIAMANT

LE DIAMANT, MARTINIQUE

Hauteur au-dessus de la mer : 176 m

Âge : 960 000 ans

Le rocher du Diamant est un rocher volcanique taillé comme… un diamant. Cet ancien dôme de lave est devenu l'emblème de la Martinique partout dans le monde. En 1804, quand les Français et les Anglais se disputaient l'île, l'amiral Samuel Hood réquisitionna le rocher pour les Anglais. L'endroit fut fortifié avec des canons et transformé en bâtiment de guerre britannique rebaptisé HMS Diamond Rock. (*HMS Le Diamant*) Les Anglais bâtirent des dépôts de munitions, des docks, et un hôpital. L'équipage de 107 hommes réussit à faire le blocus de l'île et à tenir le rocher pendant près de 18 mois.

Les flottes française et espagnole s'allièrent pour reprendre « le bâtiment » par une tactique originale : ils firent s'échouer sur le rocher un bateau plein de rhum et reprirent l'avantage sur les soldats anglais saouls. Les marins anglais survivants passèrent en cour martiale. Le rocher du Diamant est à 1,6 kilomètre au large sur la côte sud de la Martinique. Les flancs escarpés du rocher sont habités par les oiseaux de mer ; ses fonds sous-marins riches en coraux, en faune et en flore font du rocher du Diamant l'un des meilleurs lieu de plongée de la Martinique. RC

LA MONTAGNE PELÉE

GRAND-RIVIÈRE / LE MORNE ROUGE / LE PRÊCHEUR, MARTINIQUE

Altitude : 1 397 m
Éruption de 1902 : 28 000 morts

La Montagne Pelée domine l'extrémité nord de la Martinique dans les Antilles. Le 8 mai 1902, une éruption (la plus meurtrière de tout le XXe siècle) détruisit la ville côtière de Saint-Pierre, tuant près de 28 000 personnes. L'inhalation des cendres chaudes et des vapeurs a entraîné la mort des habitants de Saint-Pierre en quelques minutes.

Dans la ville, seulement deux hommes ont survécu au souffle empoisonné, dont l'un était emprisonné dans une cellule mal aérée. Lorsqu'il a été retrouvé 4 jours après le cataclysme, il est devenu une célébrité locale. Les autres survivants de l'éruption de 1902 étaient dans les faubourgs de la ville ou sur les bateaux amarrés au port.

Un énorme dôme de lave que l'on appela « Tour de Pelée » surgit du cratère en 1902 et grandit jusqu'à 305 mètres de haut avant de s'effondrer 11 mois plus tard. Le dôme actuel a été formé par les dernières éruptions de la Montagne Pelée, entre 1929 et 1932. Saint-Pierre a été reconstruit depuis et près de 22 000 personnes y vivent aujourd'hui. RC

CI-DESSOUS : *La Montagne Pelée est l'un des neuf volcans actifs de l'arc des Petites Antilles.*

SAINTE-LUCIE

LES DIAMOND FALLS ET LES SULPHUR SPRINGS

SOUFRIÈRE, SAINTE-LUCIE

Nom local : la Soufrière
Diamond Baths : construits en 1784
La Soufrière/Sulphur Springs : superficie du cratère : 3 ha

Diamond Falls est la plus petite des six cascades alimentées par les sources sulfureuses dont l'eau se colore de nuances jaunes, vertes ou violettes. À côté de la chute d'eau, on peut se baigner dans les bains minéraux qui furent construits sur les ordres de Louis XVI pour permettre aux soldats français, postés dans la région, de profiter des vertus curatives des eaux. Les Diamond Baths, détruits pendant la Guerre des Brigands (de 1794 à 1795), ont été restaurés et les touristes peuvent à la fois admirer la cascade et profiter d'un bain tonifiant dans ses eaux chaudes. Certaines des baignoires du XVIIIe siècle sont toujours utilisées.

Les eaux qui alimentent Diamond Falls viennent de Sulphur Springs. Une route pénètre jusqu'aux vestiges du cratère de Mont Soufrière, près du volcan actuel. Les murs du cratère ont été rongés par l'érosion, dénudant trois hectares de flancs montagneux creusés de mares de boue brûlante et d'évents qui propulsent de la vapeur à 15 mètres de haut. Les deux sites touristiques sont accessibles par Sainte-Lucie. **RC**

LES PITONS

SOUFRIÈRE, SAINTE-LUCIE

Âge : 30 à 40 millions d'années
Hauteur du Petit Piton : 798 m
Hauteur du Gros Piton : 750 m

Les majestueux pics jumeaux de Gros Piton et de Petit Piton sont connus dans le monde entier – ils apparaissent sur le drapeau de Sainte-Lucie comme deux triangles dessinés sur un fond bleu. Malgré son nom, Petit Piton est plus haut que Gros Piton, mais Gros Piton est le plus large des deux. C'est une éruption volcanique, il y a 30 à 40 millions d'années qui a donné naissance aux cônes pyramidaux des montagnes. La végétation des Pitons varie selon leur escarpement, leur géologie, et la proximité de la mer. Il pleut davantage sur les Pitons que sur le reste de l'île et les pics sont parfois cachés par les nuages jusqu'à 100 jours par an. La forte humidité favorise la croissance des plantes comme les orchidées et les broméliacées. Plus de 148 espèces de plantes, et 27 espèces d'oiseaux ont été recensés à Gros Piton.

Les Pitons sont près de la ville de Soufrière au sud-ouest de Sainte-Lucie. Gros Piton est le seul pic dont l'escalade est permise – mais une autorisation et l'accompagnement d'un guide sont obligatoires. **RC**

À DROITE : *Le Gros Piton surplombe l'océan.*

SAINT-VINCENT

LE MONT SOUFRIÈRE

SAINT-VINCENT

Âge : 600 000 ans
Hauteur : 1 234 m
Éruption de 1902 : 1 600 morts

Situé à l'extrémité nord de Saint-Vincent, le Mont Soufrière est un volcan actif, et Saint-Vincent, sa dernière cheminée. L'île de Saint-Vincent forme un seul cône volcanique parmi les 25 volcans en arc de cercle qui forment les Petites Antilles. Ces îles ont vu le jour à cause de la subduction de croûte océanique qui s'est écartée de la chaîne du milieu de l'Atlantique vers l'ouest. Même si les dégâts de la dernière éruption en 1979 sont encore partiellement visibles, la belle forêt de nuages de Mont Soufrière reste une excursion intéressante. Un sentier de 5 ou 6 kilomètres traverse la forêt jusqu'au pic recouvert de scories et jusqu'au cône de lave bouillonnante. Le perroquet de Saint-Vincent, un magnifique oiseau, vit là et dans la Vermont Nature Reserve voisine. Avec moins de 750 représentants, cet oiseau fait l'objet d'une protection internationale. L'autre oiseau endémique de l'île est la fauvette siffleuse. Caractéristiques aussi de la région, le colibri caribéen, les trembleurs gris, le canard siffleur des Antilles, l'organiste louis-d'or et le moqueur. La ville la plus proche, Kingstown (la capitale de l'île), est à deux heures de route. AB

LA GRENADE

LE PARC NATIONAL DE GRAND ÉTANG

LA GRENADE

Superficie du Parc national de Grand Étang : 1 562 ha
Superficie du Lac du Grand Étang : 12 ha
Altitude : 530 m au-dessus du niveau de la mer

Situé sur les hauteurs montagneuses de l'intérieur de Grenade, le Parc national de Grand Étang est la région touristique la plus fréquentée de l'île. Le lac du Grand Étang, au centre de la réserve, remplit le cratère du Mont Sainte-Catherine, un des volcans éteints de l'île. La forêt pluviale qui entoure le lac abrite une grande diversité de plantes et d'animaux. La flore de Grand Étang comprend des arbres comme l'acajou et le gommier, des palmiers géants et des hibiscus mais également toute une variété de fougères et d'orchidées tropicales. Beaucoup d'animaux habitent dans cette végétation luxuriante, surtout des oiseaux. Parmi les espèces que l'on voit souvent ici, on peut citer le colibri antillais, le tangara des Petites Antilles et le faucon aux larges ailes (nommé sur place « gree-gree »). Des opossums et des singes Mona rôdent sous la voûte des arbres, et l'on voit aussi des grenouilles, des lézards et des tatous.

Le Parc national de Grand Étang occupe le centre de Grenade, à 13 kilomètres seulement de St. George, la capitale. Plusieurs campings sont ouverts tout au long de l'année. La saison sèche, de décembre à mai, est la plus agréable pour se promener. RC

LES CHUTES DU MONT CARMEL

ST. ANDREW, LA GRENADE

Autre nom : Marquis Falls
Chutes du mont Carmel : 21 m de hauteur

De toutes les cascades de Grenade, les chutes du mont Carmel sont les plus hautes. Situées à trois kilomètres au sud de Grenville, ces chutes jumelles tombent 21 mètres plus bas dans un bassin d'eau. Les chutes Annandale, près du village de Constantine sont beaucoup plus petites mais faciles d'accès. Concord Falls est une triple cascade en bordure de Grand Étang Forest Reserve, à l'ouest de Grenade. Les chutes situées en bas des pentes sont encore plus faciles d'accès. La deuxième cascade (Au Coin) est à une petite distance de marche au-dessus de la rivière. Si l'on poursuit la randonnée pendant deux heures, on arrive à la plus haute des trois cascades (Fontainbleu). Pour atteindre les chutes Seven Sisters, il faut marcher une demi-heure dans la forêt pluviale. Ces sept cascades restées intactes et paisibles, n'ont pas été gâchées par le tourisme. Rosemount est une cascade privée que l'on ne peut voir que si l'on dîne à la Rosemount Plantation House. D'autres chutes d'eau ont été récemment découvertes comme celle de Honeymoon (en bas du Mont Qua Qua) et Victoria, la plus sauvage de toutes, au pied du mont Sainte-Catherine sur la côte ouest. **RC**

II

L'AMÉRIQUE DU SUD

En Amérique du Sud, la Nature se manifeste en des lieux multiples et sous des formes variées – dans la gorge du Pachacoto et ses vols de colibris, sur les prairies des Los Llanos et leurs myriades d'oiseaux migrateurs, à travers la forêt inondée du Brésil, grouillante de piranhas, sur les pics neigeux des volcans, les murs de glace de Patagonie, dans le Pantanal avec ses jaguars géants, autant d'éléments de la faune et de la flore qui transcendent les frontières naturelles et géographiques.

À GAUCHE : *L'Amazone serpente à travers les grandes forêts du Brésil.*

COLOMBIE

LA SIERRA NEVADA DE SANTA MARTA

CÔTE NORD, COLOMBIE

Altitude : 5 775 m au-dessus du niveau de la mer

Milieux naturels : forêt pluviale en plaine, broussailles sur les terres sèches, forêt de montagne, paramó, hauteurs désertiques

La Colombie est l'un des pays où la biodiversité est la plus grande. Sa superficie ne représente que 0,77 % de la surface de la terre et pourtant elle abrite 99 milieux naturels et possède 15 % de la biodiversité totale de la planète. Sa faune est riche de 1 815 espèces d'oiseaux (20 % de la totalité des espèces) et sa flore de plus de 50 000 familles de plantes (dont un tiers qu'on ne trouve qu'ici). La Colombie arrive au troisième rang mondial pour la variété de ses papillons avec 3 100 espèces.

La Sierra Nevada de Santa Marta est une des plus belles régions. Ses montagnes anciennes regroupées au nord-ouest de la Colombie sont ce qui reste d'une chaîne de montagnes qui existait avant les Andes. D'une superficie de seulement 23 km^2, elles abritent 356 sortes d'oiseaux, 190 espèces de mammifères et 42 familles d'autres animaux. C'est l'altitude du pic de Santa Marta (5 775 mètres) qui permet cette diversité ; cette montagne côtière, la plus haute du monde offre une gamme de climats très favorable à ces différents écosystèmes. **AB**

LE PARC NATIONAL DE LA SIERRA NEVADA DEL COCUY

CORDILLÈRE ORIENTALE, COLOMBIE

Superficie : 306 000 ha
Altitude : de 600 à 5 330 m
Type de roche : essentiellement du granit

Le Parc National de la Sierra del Cocuy ressemble à une forêt hérissée de plus de 20 pics enneigés (dont les aiguilles granitiques de Negro Norte et de Ritacuba Blanca) où se logent les plus grands glaciers d'Amérique du Sud. Le parc fut créé en 1977 pour protéger cette chaîne montagneuse de 30 kilomètres. Avec ses 4 500 mètres de dénivelé, le parc offre des milieux naturels variés avec des forêts de plaine, des forêts de montagne, de la végétation buissonnante, des champs de neige éternelle et des glaciers. Parmi les animaux, on peut y rencontrer l'ours à lunettes, le canard des torrents, des condors et toutes sortes de colibris. Dans ce paramó (formation végétale d'altitude), on trouve des frailejones (*espeletia grandiflora*), étranges avec leurs rosaces rondes et leurs hampes fleuries qui ressemblent à des rince-bouteilles géants. On y découvre aussi des puyas, de la famille des ananas mais résistants au froid, et des orchidées qui tiennent bon sur les rochers en plein vent. Le parc se trouve à 400 kilomètres au nord de Bogota. **AB**

LA FORÊT DU CHOCÓ

CÔTE PACIFIQUE, COLOMBIE

Superficie : 131 250 km²
Longueur : 1 500 km
Milieu naturel : forêt pluviale tropicale très humide

Située sur la côte pacifique, entre la mer et les Andes, la forêt du Chocó est très humide ; elle reçoit entre 5 000 et 16 000 millimètres de pluie chaque année. La nature y est généreuse, avec une grande abondance de palmiers, plus hauts dans cette forêt que partout ailleurs. On compte plus de 11 000 espèces de plantes dont un quart endémiques. La moitié des 465 mammifères colombiens vivent dans la forêt de Chocó, y compris 60 espèces que l'on trouve exclusivement là. De même 62 espèces d'oiseaux, dont 17 très rares, sont spécifiques au parc.

Les espèces régionales comprennent le tamarin pinché, la coracine casquée et l'un des amphibiens les plus venimeux, le dendrobate. Le seul contact de sa peau peut provoquer un arrêt cardiaque.

Le manque de route et d'infrastructures importantes (surtout l'absence de train) permet au Chocó d'être toujours préservé. Près du quart de la forêt est encore vierge à côté d'espaces conquis sur l'écosystème naturel (forêt secondaire). D'importantes réserves ont été créées comme celle de Los Katios National Park et, sur la frontière avec l'Équateur, la Awa Indian Reserve. **AB**

LE PARC NATIONAL LOS NEVADOS

ANDES CENTRALES, COLOMBIE

Superficie : 58 300 ha
Altitudes : de 2 600 à 5 300 m
Milieux naturels : hauteurs désertiques, pentes à éboulis, champs de neige, glaciers

Le nom régional – The Snow-covered Ones – évoque les cinq principaux pics du parc qui sont tous des volcans éteints. Parmi eux, Camunday, dont le nom signifie dans le dialecte local « Nez enfumé », en référence à la traînée de neige flottant au vent qui sort souvent de son pic. Les anciens champs de lave sont toujours là ainsi que de nombreuses traces d'une activité glaciaire plus récente comme les vallées suspendues et les petits lacs de montagne creusés par la glace. À 4 300 mètres, la Vallée des Tombes, autrefois site sacré des peuples Quimbaya et Puya, est une vallée stérile ; des centaines de pierres y forment un cercle immense. Au-dessus, en altitude, s'étend un désert de sable. Aux alentours de 3 600 mètres, plusieurs piscines thermales voient leurs eaux chauffées par un reste d'activité volcanique. À cette altitude pousse une végétation de type paramó et quelques forêts alpines. Située dans la chaîne centrale de la Colombie, la région est équipée d'itinéraires bien balisés et de refuges pour les randonneurs. La faune comprend des condors, des ours à lunettes, des pudus (cerfs nains), des tapirs laineux et des colibris. **AB**

LE PARC NATIONAL D'AMACAYACÚ

BASSIN DE L'AMAZONIE, COLOMBIE

Superficie du parc national d'Amacayacú : 29 385 km²
Création du Parc : 1975
Forêt pluviale amazonienne en Colombie : 1 035 995 km²

Amacayacú est la partie vierge de l'Amazonie colombienne – 30 % du pays étant une forêt pluviale amazonienne. Le parc, dans la partie nord de l'Amazonie, est coincé entre cette région et la rivière Cotuhé tandis que la rivière Amacayacú le limite à l'est.

Parmi les arbres du parc, se trouvent le « casse-hache » appelé ainsi à cause de ses racines en arc-boutants et le « figuier étrangleur » car il utilise un autre arbre comme support l'étouffant peu à peu jusqu'à ce que mort s'ensuive. L'endroit est riche en animaux. L'Union ornithologique britannique y a relevé 490 espèces d'oiseaux dont 11 sortes de hérons. Les mammifères sont représentés par 150 espèces, dont le paresseux tridactyle, le tamandua, l'opossum à oreilles blanches et le tamarin pinché. On peut remarquer des dauphins roses ou « botos » dans l'Amazone. Pour aller au Parc il faut d'abord prendre un avion de Bogota à Leticia (45 minutes de vol) et, de là, un bateau (trois heures d'excursion) jusqu'au parc. **MB**

À DROITE : *Une forêt inondée dans le parc national Amacayacú.*

VENEZUELA

LA SIERRA NEVADA DE MÉRIDA

ANDES, VENEZUELA

Altitude : de 500 m à 5 007 m

Milieux naturels : forêt tropicale, forêt de nuages, prairies et landes d'altitude, pentes avec éboulis et glaciers

La Sierra Nevada de Mérida s'étend sur plus de 320 kilomètres entre la frontière colombienne et la côte caraïbe du Venezuela. Elle constitue la plus grande chaîne de montagnes du pays et c'est là que se situe le plus haut sommet du Venezuela, le Pico Bolívar (5 007 mètres). Viennent ensuite le Bonpland (4 883 mètres) et le Humboldt (4 942 mètres), nommés et escaladés pour la première fois en 1910. La largeur de la Sierra varie de 50 à 80 kilomètres. Trois de ses pics sont couverts par quelque 200 km^2 de glaciers soit moins de 1 % de leur surface à l'ère glaciaire. L'érosion due aux glaciers a creusé environ 170 lacs.

Cette montagne, rejeton des Andes, domine la rive sud du lac Maracaibo et fait partie du parc du même nom ; celui-ci inclut la Sierra de Santo Domingo dont le pic le plus haut est Mucuñuque (4 672 mètres). Ouvert en 1952, le Parc National de la Sierra Nevada a été le deuxième des quarante-trois parcs vénézuéliens à être créés. Sur place on peut prendre un funiculaire et faire ainsi le plus long trajet du monde en téléphérique (12,5 kilomètres) jusqu'au Pico Espejo (Pic Miroir) qui culmine à 4 765 mètres. **AB**

LE PARC NATIONAL HENRI PITTIER

ÉTAT D'ARAGUA, VENEZUELA

Superficie : 1 078 km²
Pic le plus haut : Pico Cenizo
Type de roche : roche ignée, vieille de 60 millions d'années

Cette région de la côte montagneuse du nord du Venezuela, aux pentes escarpées, est devenue le premier parc national du pays en 1937, grâce au biologiste suisse Henri Pittier qui y a recensé plus de 30 000 plantes vénézuéliennes. Dans ces rochers vieux de 60 à 80 millions d'années pousse une forêt dense et humide. Grâce à la grande variété des altitudes et des milieux naturels on peut découvrir tour à tour les palétuviers et les broussailles sèches de la côte, les prairies tropicales, les forêts de palmiers en plaine et les forêts de nuages. Le parc abrite plus de 580 espèces d'oiseaux (6,5 % de la population mondiale), dont le viréon oreillard, l'organiste à capuchon, l'ibis à face nue, le toucanet à bec jaune et la cassique roussâtre ainsi que des espèces endémiques comme le cotinga à poitrine d'or, la conure à oreillons et l'anabate à gouttelettes. On peut aussi voir des tatous, des pumas, des tapirs, des ocelots et des singes. Le Portachuelo Pass, à 1 128 mètres d'altitude au-dessus du niveau de la mer, est une des principales voies pour les oiseaux et les insectes qui migrent vers l'Amérique du Sud en longeant la côte atlantique. AB

LOS LLANOS

LLANOS, VENEZUELA / COLOMBIE

Superficie totale : 451 474 km²
Altitude : jusqu'à 80 m
Type de roche : roche ignée du Précambrien, recouverte par des sédiments du Quaternaire et du Tertiaire

Los Llanos sont une prairie inondée chaque année qui recouvre près du tiers du Venezuela et plus du huitième de la Colombie. Prenant place dans une immense dépression, la prairie se remplit d'eau surtout dans sa partie centrale qui coïncide avec la zone inondable du fleuve Orénoque. Les roches précambriennes sous-jacentes forment les larges pentes et les côtés du bassin peu profond. Les sédiments récents sculptent son relief créant ainsi cet aspect varié et des milieux naturels divers – les terres inondables au centre et les bords extérieurs plus secs. La faune et la flore sont très riches surtout sur les affleurements rocheux. Los Llanos sont célèbres pour leurs animaux des marais comme l'oie de l'Orénoque, l'ibis rouge, le cabiai et ses animaux migrateurs. Les crues sont maximales entre juillet et octobre. Pendant la saison sèche, beaucoup de cours d'eau sont taris. Cependant, les rivières importantes et les terres argileuses demeurent et constituent des réserves d'eau. Dans Los Llanos, plus de 3 400 plantes ont été répertoriées, dont 40 endémiques. On y trouve 475 espèces d'oiseaux, dont le synallaxe de l'Orénoque ; parmi les 148 mammifères, il faudra essayer de repérer le tatou au long nez. La région abrite le plus grand serpent du monde, l'anaconda vert et le très rare crocodile de l'Orénoque. **AB**

LE DELTA DE L'ORÉNOQUE

DELTA AMACURO, VENEZUELA

Fleuve Orénoque : 2 560 km de longueur
Superficie du delta de l'Orénoque : 28 100 km²
Occupation humaine : 20 000 Waori

Après avoir traversé les 2 414 kilomètres d'épaisse forêt pluviale dans les montagnes de Guyane, le fleuve Orénoque se ramifie et se disperse dans un labyrinthe de criques étroites, de lits de rivières et de bancs de sable qui forment son delta. Constituée par les sédiments entraînés par le fleuve, sa partie centrale est l'une des plus grandes zones humides du monde. Les îles, baignées par une humidité tropicale et semi-tropicale, sont couvertes de forêts feuillues et de mangroves avec, par endroits, des terres alluviales. Le delta accueille une faune variée : les aras aux couleurs brillantes, les perroquets, les hoatzins huppés exotiques et les kamichis cornus. Ces oiseaux-là se nourrissent dans les arbres, tandis que, sur le sol, les agoutis et les pacas fouillent pour trouver des graines. Pendant la saison humide, de mai à fin septembre, quand la rivière est en crue, les rongeurs migrent vers des terres plus hautes laissant leur place aux crocodiles et aux tortues. Les criques et les lits de rivières sont colonisés par les loutres géantes, les dauphins d'eau douce et aussi les piranhas qui mangent de la viande et des graines. Des gîtes ont été construits pour les touristes sur le bord du delta. **MB**

LES GROTTES DE GUÁCHARO

MONAGAS ET SUCRE, VENEZUELA

Les oiseaux sortent des grottes à : 19h30, heure locale
Les oiseaux regagnent les grottes à : 4h, heure locale
Longueur du réseau des grottes : 10,2 km

Quand Alexandre von Humboldt, le célèbre explorateur, découvrit en 1799 ce réseau de grottes dans les Montagnes de Caripe, ce ne sont pas tellement les cavernes qui le frappèrent mais plutôt leurs habitants.

En pénétrant dans la première grotte, appelée Galerie d'Humboldt, on entend les cris assourdissants de la plus grande colonie de guácharos des cavernes du monde ; en effet, 15 000 de ces oiseaux, de la taille de pigeons, ont été dénombrés dans ces caves. Ils vivent perchés, font leurs nids dans le noir et sortent pour chercher des fruits dans la forêt environnante. Au crépuscule, 250 oiseaux par minute sortent de la grotte, se dirigeant dans l'obscurité par écholocation (comme les chauves-souris et les dauphins mais en utilisant des sons que l'on peut entendre). Ils mangent essentiellement des noix de palme ; les graines contenues dans leurs excrétions nourrissent tout un écosystème dans la caverne comprenant des grillons, des araignées, des mille-pattes, des crabes et des rats. Certaines graines germent sur le sol de la grotte donnant naissance à des forêts miniatures de palmiers chétifs qui, dans l'obscurité, meurent rapidement. Les grottes sont à 10 kilomètres au nord de Caripe. **MB**

LES CHUTES D'ANGEL

ÉTAT DE BOLIVAR, MONTAGNES DE GUYANE, VENEZUELA

Nom local : Salto Angel
Hauteur : 1 002 m
Pluie recueillie dans les ravins : 762 cm

En 1935, Jimmy Angel, un pilote de brousse parti chercher de l'or dans la forêt pluviale vénézuélienne, tomba par hasard sur la plus haute chute d'eau du monde. Une rivière entière tombait en cascade du bord d'un plateau, connu sous le nom d'Auyan Tepui ou Montagne du Diable. Les ravins de ce plateau recueillent d'importantes quantités d'eaux de pluie ; ces eaux se dirigent vers la limite du Tepui et forment les chutes d'Angel. Jimmy Angel emmena sa femme et deux montagnards jusqu'à la cascade ; quand ils essayèrent d'atterrir sur le sommet du Tepui ils se rendirent compte, trop tard, que l'endroit choisi était un marécage. L'avion s'écrasa, personne ne fut blessé mais le petit groupe dut trouver son chemin parmi des ravins vertigineux et à travers une forêt presque impénétrable ; il ne parvint au camp de base que deux semaines plus tard. L'avion d'Angel se trouve maintenant dans le musée de Ciudad Bolivar, la ville voisine.

Les affirmations d'Angel n'ont été corroborées qu'en 1949 par Ruth Robertson, ancienne correspondante de guerre. Elle organisa une expédition en bateau à moteur sur la rivière Churún et constata que ces chutes étaient dix-huit fois plus hautes que celles du Niagara. La masse d'eau qui tombe varie selon l'époque de l'année : pendant la saison des pluies les nuages d'eau au pied de la cascade trempent une grande partie de la forêt fluviale ; pendant la saison sèche, l'humidité qui parvient jusqu'au sol se réduit à une brume. Angel est considéré comme le découvreur de la cascade, et pourtant Ernesto Sanchez La Cruz, un cueilleur de caoutchouc, fut probablement le premier étranger à la voir en 1910, sans oublier qu'une anecdote suggère que Sir Walter Raleigh

> « *Une grande rivière se précipite des hauteurs sans toucher les parois des montagnes… et atteint le sol dans un rugissement et un bruit de tonnerre semblables au vacarme de mille cloches géantes sonnant ensemble* » Sir Walter Raleigh

l'a peut-être vue au XVIe siècle. En effet, Raleigh raconte comment « une grande rivière se précipite des hauteurs sans toucher les parois des montagnes… et atteint le sol dans un rugissement et un bruit de tonnerre semblables au vacarme de mille cloches géantes sonnant ensemble ». Une description qui pourrait se rapporter aux chutes d'Angel. Aujourd'hui n'importe qui peut aller les voir à condition d'avoir assez d'endurance pour faire l'excursion. Pour s'y rendre, il faut prendre l'avion de Caracas jusqu'à Canaima, où des agences touristiques organisent des expéditions en canoë ou bien des vols en petit avion. MB

À DROITE : *Les chutes d'Angel vues du ciel.*

LE TEPUY AUTANA

BOLIVAR, VENEZUELA

Nom local : Cerrotana
Type de roche : grès précambrien
Milieu naturel : forêt pluviale amazonienne (en plaine), montagne tabulaire sur les hauteurs (tépuy)

Classé Monument National en 1978, le tépuy Autana est une masse rose saumon de 1 700 mètres de haut qui s'élève comme une tour verticale au-dessus des forêts pluviales amazoniennes. Comme tous les tépuys, Autana est composé de grès précambrien ; il s'est formé à l'époque où le Venezuela était une mer peu profonde. On pense que les dépôts ont trois billions d'années. L'érosion a formé les hauts plateaux, il y a 300 millions d'années. Autana est l'un des tépuys les plus spectaculaires, surtout à cause de sa grotte. Longue de 396 mètres et haute de 40 mètres, elle a sans doute été creusée par le fleuve Autana lorsqu'il était souterrain et le plateau de grès très étendu. Le sommet du tépuy est une savane détrempée, tapissée de plantes carnivores. Malgré la taille minuscule du sommet, il abrite des animaux et des plantes qui, acclimatés à cette altitude, ont évolué de manière unique au monde. **AB**

CI-DESSOUS : *Le tépuy Autana s'élève au-dessus des plaines herbeuses.*

LE PIC DE NEBLINA

AMAZONIE, BRÉSIL / AMAZONIE, VENEZUELA

Superficie : 36 000 km² si l'on additionne les parcs vénézuélien et brésilien
Altitude maximum : 3 014 m

Découvert en 1953, le Pic de Neblina est la plus haute montagne brésilienne. Un groupe de l'armée brésilienne a réalisé la première ascension en 1965 ; depuis, des militaires brésiliens montent chaque année planter le drapeau national au sommet. Le pic fait partie de la chaîne d'Imeri (80 kilomètres de long) et appartient à un parc national frontalier. La chaîne de l'Imeri a été déformée et plissée pour devenir cet ensemble de pics escarpés et de gorges vertigineuses, comme le canyon du fleuve Baria, le précipice le plus profond du monde. L'Imeri retient les nuages amazoniens ; le climat est donc très humide avec une moyenne annuelle de 4 000 millimètres d'eau de pluie. C'est une des régions les plus arrosées de l'Amazonie et il n'y a pas de saison sèche. Les milieux naturels sont variés et comprennent des forêts pluviales, des forêts inondées, des landes buissonneuses et, sur les pentes plus élevées, des forêts de nuages et des arbustes alpins. Plus de la moitié des plantes du pic est spécifique à ce lieu. **AB**

GUYANA

SHELL BEACH

BARIMA-WAINI, GUYANA

Superficie : 160 km²
Altitude : niveau de la mer
Milieu naturel : plages de sable et de coquillages, bancs de boue, mangroves

Shell Beach est une bande de plage qui s'étend sur 160 kilomètres le long de la côte nord de Georgetown, la capitale du Guyana. Située entre les embouchures des fleuves Pomeroon et Waini, à côté de la frontière avec le Venezuela, c'est la dernière partie de côte vierge du Guyana et aussi le dernier bastion des mangroves. Shell Beach est surtout reconnu comme site de ponte pour quatre espèces de tortues marines : les tortues-luth, les tortues vertes, les carets et les tortues olivâtres. Les nids sont visibles de mars à avril sur neuf plages de la côte. Les simulies (moustiques piqueurs) sont l'élément désagréable mais omniprésent de la faune locale. Malgré les efforts internationaux pour la conservation des tortues commencés dans les années 1960, Shell Beach n'a pas de protection officielle. Plus récemment la Société Guyanaise de Protection de la Tortue Marine a mis au point un programme de surveillance des nids et des pêcheurs pour éviter de voir les nids noyés. Ces actions sont organisées avec les deux communautés amérindiennes Arawak de la région à Almond Beach et Gwennie Beach.

Ici les mangroves ont cinq espèces différentes de palétuviers. Les zones de vase où elles poussent sont d'une importance internationale pour les migrations transcontinentales des oiseaux. Parmi les espèces locales, on peut voir des ibis rouges, de magnifiques frégates et de grands flamants. **AB**

LES FORÊTS D'IWOKRAMA

GUYANA

Superficie : environ 371 000 ha
Altitude : de 0 à 1 000 m
Milieux naturels : forêts pluviales de plaines, forêts de nuages, grands fleuves paresseux en plaine, petits rapides en montagne

La réserve forestière d'Iwokrama est située dans le centre du Guyana. Il s'agit de l'une des quatre dernières zones de forêt pluviale tropicale. Le mont Iwokrama (1 000 m) contient une végétation très diverse, en fonction de l'altitude où elle pousse. Bordé par les forêts des Montagnes Pakaraima à l'ouest, et limité par les savanes au sud et à l'est, Iwokrama est riche de milieux naturels divers, avec ses forêts de plaines aux arbres hauts de 20 à 30 mètres et ses forêts de nuages près des sommets. L'Iwokrama abrite plus de 500 espèces d'oiseaux (sur les 800 que compte le pays). Parmi eux, il faut citer les oiseaux comme les pénélopes, les perroquets et les cotingas. Parmi les espèces spécifiques d'Iwokrama, signalons les harpies (très grands aigles), le perroquet maillé, le géocoucou à ailes rousses, l'ibijau, le toucan de Guyane et le cotinga brun. Parmi les colibris, on peut voir des colibri topaze et des coquettes à raquettes. Deux cents espèces de mammifères vivent ici, dont 90 familles de chauves-souris, la région ayant la plus grande concentration de chauves-souris du monde. L'Iwokrama bat également tous les records quant au nombre d'espèces de poissons d'eau douce (420). Grâce à la coopération entre le gouvernement guyanais et les scientifiques étrangers, la région a mis en place un excellent programme de préservation des espèces. AB

LES CHUTES DE KAIETEUR

POTARO-SIPARUNI, GUYANA

Superficie du Parc National de Kaieteur : 580 km²
Hauteur des chutes : 226 m
Longueur du défilé de Kaieteur : 8 km

De nombreux fleuves naissent dans les montagnes de Pakaraima au centre-ouest du Guyana et tous se jettent en cascade du haut de l'escarpement de grès qui marque la frontière entre la montagne et la plaine. La chute d'eau la plus célèbre est celle de Kaieteur. À cet endroit, l'eau de la rivière Potaro tombe de 226 mètres en faisant de grandes gerbes d'eau dans le bassin en dessous. Les chutes d'Angel sont plus hautes mais les chutes de Kaieteur sont très abondantes en eau tout au long de l'année. La région est également célèbre pour ses plantes indigènes uniques au monde. Par endroits, la forêt fait place à des clairières où des arbustes et des plantes herbacées poussent sur du sable rose. Les broméliacées se nichent dans les fissures des rochers et l'on trouve ici la plante la plus célèbre de la famille des utriculaires, ces plantes qui accumulent l'eau dans les petites outres formées par le cœur de leurs fleurs. Cette plante est carnivore, attrape les insectes avec ses réserves d'eau stagnante et lance sa tige couronnée d'une fleur violette à deux mètres au-dessus du sol. À côté de la gorge, des chutes et du bassin et des fougères délicates, s'épanouissent des broméliacées et des violettes rouges d'Afrique. Des espèces menacées tels les chiens sauvages, les aras hyacinthes et les coqs de roche sont encore présentes dans la région, ainsi que les jaguarondis, des biches daguet rouge et des tapirs. **MB**

LES MONTAGNES DU KANUKU

UPPER TAKATU / UPPER ESSEQUIBO, GUYANA

Altitude maximale : 1 000 m
Milieu naturel : rivières tropicales, forêt de plaine, forêt de nuages, végétation alpine
Type de roche : grès ancien

Les montagnes du Kanuku s'élèvent comme un affleurement de vieux grès au-dessus des prairies sèches de la Savane Rupanuni. Parce qu'elles captent l'humidité des nuages et de la pluie, ces montagnes abritent une grande variété d'espèces dans un paysage pourtant beaucoup plus sec. Formés de deux énormes blocs – le Kanuku est et le Kanuku ouest – séparés par un ravin de 1,6 km de large, les montagnes du Kanuku possèdent une faune et une flore plus variées qu'ailleurs.

La rivière Rupanuni qui serpente doucement entre plateaux et rochers escarpés, abrite des espèces aquatiques comme la loutre géante, les tortues géantes de rivière et le caïman noir. Les forêts de plaine sont habitées par les singes, les aigles mangeurs de singes, les tapirs, et les jaguars. Beaucoup d'amphibiens peuplent aussi la région. Près de 80 % des mammifères du Guyana ont été repérés.

Situés au sud-ouest du Guyana, les montagnes du Kanuku sont difficiles d'accès et peu visités. Leur faune et leur flore ne sont pas protégées mais les indigènes, soutenus par plusieurs organisations internationales, espèrent persuader leur gouvernement d'en faire un parc national. **AB**

GUYANE FRANÇAISE

AWALA-YALIMAPO

GUYANE FRANÇAISE

Autre nom : Les Hattes
Tortue-luth, taille maximum : 2,1 m
Nombre de tortues à Awala-Yalimapo : 15 000

Chaque nuit en mai et en juin les tortues-luth femelles se hissent sur le sable pour déposer leurs œufs. Sortant des vagues, elles reniflent le sable comme si elles cherchaient à reconnaître la plage où elles sont nées des années plus tôt. Sans l'eau pour les porter, elles traînent lourdement leurs grosses masses sur la plage, creusent leurs trous et déposent leurs œufs. Ensuite elles recouvrent leur couvée et retournent lentement à la mer.

Awala-Yalimapo est l'une des plages préférées des tortues-luth et c'est là, dans tout l'hémisphère occidental, qu'elles viennent en plus grand nombre pour déposer leurs œufs. Les touristes peuvent les observer quand elles pondent mais aussi assister (en juillet et en août), à l'éclosion des minuscules tortues. Il faut respecter certaines règles : ne pas s'approcher à moins de 5 mètres d'une femelle qui fait son nid, ne pas diriger sur elle de lampe électrique et quand les petits sortent de leurs coquilles, ne pas les prendre. Des bus assurent la ligne de Cayenne à Aoura, la ville la plus proche, mais il n'y a pas de transports publics jusqu'à la plage. **MB**

À LA CONFLUENCE DE L'AMAZONE ET DU RIO NEGRO

BASSIN DE L'AMAZONE, BRÉSIL

Longueur du Rio Negro :	1 000 km
pH du Rio Negro :	5,1+-0,6
pH de l'Amazone :	6,9+-0,4

En partant de Manaus, il suffit de descendre sur les eaux couleur thé du Rio Negro (fleuve noir), pour arriver à 10 kilomètres à peine en aval, à l'endroit où les eaux noires du Rio Negro se mêlent et se fondent dans les flots couleur crème du Rio Solimões. Cette « Rencontre des eaux » est exceptionnelle. On ne se lasse pas de regarder les remous du courant qui tourbillonnent. Le spectacle se poursuit sur plusieurs kilomètres jusqu'à ce que les vagues tour à tour noires et beiges deviennent cet unique courant blanc laiteux du grand Amazone.

Comment les eaux de ces deux rivières peuvent-elles être si différentes ? Tout simplement parce que, là où elles prennent leurs sources, les roches n'ont pas la même histoire. Le Rio Solimões est la dernière partie d'une chaîne de rivières de 3 000 kilomètres qui descend des Andes péruviennes. Là, les rivières nourricières se fraient un chemin dans

des sols tendres et jeunes d'origine volcanique. Facilement érodées, ces terres apportent chaque année aux eaux du fleuve des milliers de tonnes de sédiments. Le Rio Negro a son origine au nord du Bassin de l'Amazonie dans les montagnes Pakaraima, groupe de massifs de grès. Ces roches d'environ deux billions d'années sont tellement vieilles et usées qu'elles apportent peu de sédiments aux eaux du fleuve. En fait, le Rio Negro serait transparent si les plantes des forêts qui longent ses rives sur 1 000 kilomètres ne répandaient les acides de leurs feuilles dans ses eaux.

Les eaux du Rio Solimões et du Rio Negro ne se ressemblent en rien. Leurs températures, les sédiments qu'elles charrient, leur acidité, sont si différents que les poissons qui nagent d'un fleuve à l'autre sont étourdis et qu'il est facile d'attraper à ce confluent les deux espèces de dauphins d'eau douce qui s'y réunissent. Le même phénomène se produit plus en aval à Santarém où les eaux claires du Rio Tapajós se mêlent aux flots boueux de l'Amazone. **AB**

CI-DESSOUS : *Les eaux noires du Rio Negro se mêlent aux eaux claires du Solimões.*

LE BASSIN DE L'AMAZONE

BRÉSIL / PÉROU / ÉQUATEUR / COLOMBIE / VENEZUELA / BOLIVIE

Superficie du bassin : 7 millions km²
Âge : 60 millions d'années
Milieu naturel : Forêt pluviale tropicale (arbres atteignant 35 mètres de haut), diverses forêts inondées, et savanes arbustives

Bordé au nord et au sud par des plateaux de roche cristalline ancienne, et limité à l'ouest par les montagnes andines, le bassin actuel de l'Amazone a été engendré par une histoire de 70 millions d'années, histoire qui commence quand le méga continent de Gondwana s'est fendu pour former l'Afrique moderne et l'Amérique du Sud. Berceau des plus grandes forêts pluviales tropicales de la planète et de son plus grand fleuve, le bassin de l'Amazone est irrigué de plus de 1 000 fleuves importants. La forêt pluviale amazonienne abrite une faune et une flore d'une exceptionnelle abondance. Les terres, d'origine volcanique, sont plus fertiles à l'ouest, près des Andes. Cet or brun est de moins en moins présent au fur et à mesure que l'on avance vers l'est alors que les animaux et les plantes se raréfient près des célèbres forêts autour de Manaus.

Les lieux les plus intéressants sont Manaus, Tefé et la Réserve écologique de Mamirauá, São Gabriel do Cachoeira au Brésil, Iguitos au Pérou, la Tambopata Natural Reserve et Leticia en Amazonie colombienne, la région de Napo dans l'est de l'Équateur. Parmi les merveilles de la faune et de la flore, il faut citer les loutres géantes, les immenses nénuphars, les tapirs, les toucans, les plantes carnivores, les colibris miniatures, les perroquets, les piranhas, les jaguars, les tortues mata-mata, les orchidées, les dendrobates et les dauphins d'eau douce. **AB**

LA BARRE DE L'AMAZONE

AMAPA / PARÁ, BRÉSIL

Longueur de l'Amazone : 6 518 km
Largeur de l'embouchure de l'Amazone : plus de 320 km
Largeur maximale du lit du fleuve : 16 km

Les barres (mascarets) de rivière se produisent quand le courant du fleuve est à son minimum et qu'une marée de pleine lune est suffisamment forte pour repousser l'eau de la rivière dans son propre lit. Beaucoup de fleuves n'ont pas de barre. Pour qu'elle se forme, la combinaison de plusieurs éléments est nécessaire comme des rives étroites et des rivages élevés qui vont canaliser le reflux de l'eau et condenser son énergie dans la vague. On peut voir des barres plus ou moins fortes sur tous les fleuves qui arrivent dans l'embouchure de l'Amazone, mais les plus spectaculaires sont celles du Rio Araguari dans l'État d'Amapá et celle du Rio Guama dans l'État de Para.

Dans le pays on appelle ce phénomène, « pororoca » ; ce mot vient d'une expression des Indiens Tupi qui signifie « grand rugissement ». Les eaux peuvent courir à plus de 70 kilomètres à l'heure. Certains surfent 6 minutes ou plus sur la barre, le record étant de 17 minutes, même si 40 minutes serait théoriquement possible sur certaines barres. Il existe environ 60 barres de rivière de par le monde, en comptant celles de la baie de Fundy au Canada, Severn River en Angleterre et le Gange en Inde. La plus grande est celle de Qiantang sur le fleuve chinois Fuchun, qui s'élève à 7,5 mètres et s'élance à 40 kilomètres à l'heure. AB

LA RIVIÈRE XINGU

BRÉSIL

Longueur de la rivière Xingu : 979 km
Nombre de tortues : 5 000
Carapace de la tortue : 1 m de long

Le Xingu est un grand affluent de l'Amazone, situé près de son embouchure. Au mois d'octobre, chaque année, ses eaux sont au plus bas et découvrent de nombreux bancs de sable. Une, puis deux, puis des dizaines de têtes d'innombrables tortues géantes de rivière commencent à sortir des eaux peu profondes. Quand elles sont très nombreuses, elles se hissent sur le sable. Ce sont des tortues femelles qui viennent déposer leurs œufs. Elles arrivent deux semaines avant de pondre et se dorent au soleil pour permettre à leurs œufs d'arriver à terme. Elles peuvent être plus de 5 000 à débarquer en même temps. Chaque tortue peut mesurer un mètre de long, – c'est la plus grande espèce de tortue de rivières. Sur le sable, les places sont chères et les pondeuses retardataires déterrent les nids des premières arrivées. Des moines (vautours) débarquent et ne font qu'une bouchée des œufs à découvert, mais ceux qui sont sous le sable sont en sécurité tant que la rivière ne les noie pas. Le phénomène n'est observé que par les scientifiques qui étudient le comportement des tortues car le site est interdit aux touristes. MB

L'ARCHIPEL D'ANAVILHANAS

AMAZONIE, BRÉSIL

Longueur : 150 km
Largeur : 12 km
Milieu naturel : forêt fluviale tropicale, forêt inondée, plages de sable

Anavilhanas est le plus grand archipel intérieur du monde. Situé à environ 80 kilomètres à l'ouest (en amont) de Manaus au centre de l'Amazonie brésilienne, il compte 350 îles. Les niveaux d'eau varient d'au moins 15 mètres dessinant des entrelacs toujours nouveaux de canaux, de digues et de bancs formèrent peu à peu les îles. Les îles devinrent tellement importantes que, lorsque le niveau du fleuve s'éleva à nouveau, à la fin du pléistocène, elles continuèrent à freiner la descente des eaux permettant aux sédiments de se fixer. Ce phénomène consolida les îles ; un milieu naturel permanent se forma, milieu qui retenant presque tous les sédiments du Rio Negro, put se régénérer continuellement malgré l'érosion causée par les eaux. Ce processus se poursuit toujours, essentiellement nourri par le Rio Branco, riche en alluvions mais aussi par le

Anavilhanas est le plus grand archipel intérieur du monde. Situé à environ 80 kilomètres à l'ouest (en amont) de Manaus au centre de l'Amazonie brésilienne, il compte 350 îles.

de sable où seuls les guides et les pêcheurs expérimentés peuvent avancer sans s'embourber. Certaines îles sont vastes, couronnées de forêts et suffisamment grandes et stables pour que des hôtels luxueux se soient installés, d'autres ne sont que des bancs de sable qui disparaissent à l'époque des crues. Les îles ont pris leurs formes définitives pendant le dernier âge glaciaire quand les eaux se sont répandues dans tout le bassin de l'Amazone et que, du fait de changements hydrologiques, plusieurs affluents secondaires du Rio Negro ont déposé leurs excès de sédiments. Plusieurs énormes anciens rochers se sont alors dressés hors d'une eau désormais peu profonde et le Rio Negro, moins abondant, n'avait plus un courant assez fort pour évacuer les dépôts qui

Rio Negro qui, bien que pauvre en dépôts, est un si grand fleuve qu'il charrie suffisamment de matières pour alimenter l'ensemble toujours changeant des îles. Une grande partie de l'archipel appartient à la Station Écologique d'Anavilhanas Archipelago. Cette région est très importante pour plusieurs espèces de tortues d'eau douce qui font leurs nids sur de petits îlots quand l'eau est basse (de juillet à septembre) et pour plusieurs espèces d'oiseaux qui ne vivent que dans les forêts inondées d'Anavilhanas. On peut aussi y apercevoir l'insaisissable dauphin rose de l'Amazone et le pirarucu (arapaima). **AB**

À DROITE : *Les îles de l'archipel d'Anavilhanas s'étendent dans le Rio Negro.*

LA FORÊT INONDÉE
BRÉSIL

Nom local : Varzea
Forêt inondée : largeur : 75 km de chaque côté de la partie centrale du fleuve Amazone ; profondeur : 16 m

Des dauphins et des piranhas en haut des arbres, des poissons qui mangent des noisettes et des singes aux visages rouge vif – il ne s'agit pas d'un conte populaire mais de la bien réelle forêt inondée d'Amazonie. Chaque année fin décembre, les pluies commencent ; les eaux de l'Amazone montent jusqu'à inonder la forêt et noyer, de chaque côté du fleuve, une bande de 75 kilomètres de large sous 16 mètres d'eau. Il n'y a plus de terre sèche. Les gens vivent dans des maisons flottantes ou sur pilotis, avec leurs poulets et leur bétail, installés sur des radeaux ou des balcons au-dessus de l'eau. À la même époque de l'année, beaucoup d'arbres commencent à avoir des fruits, un régal tant pour les espèces qui vivent dans les arbres tels les singes et les oiseaux mais aussi pour le poisson Pacu, les poissons-chats et les piranhas végétariens qui mangent des noisettes pour ne citer que 3 des 200 espèces de poissons d'eau douce, grands amateurs de graines. Les dauphins roses d'eau douce (les botos) attrapent les poissons, rejoints dans leur chasse par les pirarucus – les plus grands poissons d'eau douce du monde avec leurs 3 mètres de long – qui nagent aussi dans la forêt.   MB

LA FORÊT D'IGAPÓ

BASSIN DE L'AMAZONE, BRÉSIL

Superficie : 3 % de l'Amazonie
Âge de la forêt : 10 à 12 000 années

La forêt d'Igapó couvre seulement les deux rives du Rio Negro et celles de ses affluents dans la partie nord du bassin de l'Amazone. Inondée chaque année pendant neuf mois par des eaux de 15 mètres de profondeur, cette forêt abrite des plantes et des animaux spécifiques. Les fleuves comme le Rio Negro, charriant peu de sédiments, peu de digues sont construites et le lit des rivières reste creusé en forme de V. Quand l'Igapó est inondé, on découvre un monde aquatique limpide, calme et plein de reflets dansants. À cette période, les arbres de l'Igapó ont leurs fruits, dont beaucoup sont propagés par des poissons comme le pacu qui migrent dans les rivières noires. Les forêts inondées amazoniennes sont les seules au monde dont les graines sont ainsi dispersées par les poissons, ici agents majeurs de cette dissémination. Les arbres de l'Igapó abritent beaucoup d'oiseaux spécifiques, dont le myrmidon de Klages, l'alapi lugubre et le Todirostre de Snethlage.

Le singe Uacari blanc vit également dans l'Igapó. Pendant la saison sèche, la plupart des animaux abandonne la forêt jusqu'à ce que la prochaine inondation apportant à nouveau fleurs et fruits redonne vie à la forêt. AB

LE PARC NATIONAL DU EMAS

GOIAS, BRÉSIL

Superficie du parc : 131 868 ha
Altitude : 400 à 1 000 m

Nommé d'après le nom de son espèce animale la plus remarquable, le nandou (« emas » en portugais), le Parc national du Emas regroupe les prairies quasi intactes du Cerrado, au centre du Brésil. Caractérisé par ses monticules de termites rouges le parc possède aussi des plantations de palmiers, des forêts-galeries et des ravins profonds. Parmi les 354 espèces d'oiseaux et les 78 mammifères que l'on peut voir à Emas, des amazones à face jaune, des fourmiliers géants, des tatous géants, des jaguars et des loups à crinière. Le curieux phénomène des monticules de termites rougeoyants est particulier à la région. Ce sont les larves de scarabées (coléoptères) qui attirent les termites en vol avec leurs abdomens luisants puis les attrapent avec leurs pinces. Le Cerrado, l'un des plus anciens milieux naturels, peut se glorifier d'une grande variété de plantes qui se sont adaptées au sol pauvre et aux 6 à 8 mois de sécheresse annuelle. Parmi elles, poussent l'ananas du Cerrado et des annuelles très colorées. Le meilleur moment pour y aller est l'époque où l'herbe a été brûlée car le reste du temps elle a 3 mètres de haut et on ne peut voir les animaux que lorsqu'ils traversent la route. AB

LE PANTANAL

BRÉSIL / BOLIVIE / PARAGUAY

Superficie : 210 000 km², 80 % au Brésil, 10 % en Bolivie, 10 % au Paraguay	
Dimensions : environ 500 km sur 950 km	
Altitude maximale : 150 m	

Le nom veut très précisément dire « Grand Marécage ». Immense comme la moitié de la Californie, le Pantanal est le marécage le plus étendu du monde, infiniment plus vaste que le fameux Okovango du Botswana et dépassant de 20 % le Sudd Swamp, moins connu, du Soudan. Bien que recevant 1 599 millimètres de pluie par an, l'inondation annuelle du Pantanal est due au Rio Paraguay qui déborde chaque année en descendant le plateau central du Brésil. Cet immense marécage régulièrement inondé possède une des plus spectaculaires concentrations de vie sauvage au monde, comparable à celle de l'Afrique de l'Est par le nombre des grands oiseaux, des mammifères et des reptiles. Parmi eux il faut citer les jaguars les plus grands (ils ont deux fois la taille de ceux d'Amazonie) ainsi que les plus grandes loutres, les plus grands rongeurs (le capybara), la plus grande cigogne (le jabiru), et le plus grand perroquet (l'ara hyacinthe). Les tortues d'eau fraîche, les pumas et les autres petits chats appartiennent à des espèces répandues. Deux familles de cerfs, le cerf des marais et le cerf de la pampa, sont également présentes, comme aussi celle du caïman du Paraguay, de la famille des crocodiles. Des observateurs ont répertorié jusqu'à 3 000 têtes de ces reptiles, dans un lac d'un hectare. Tous ces animaux vivent dans des végétations variées dont la nature dépend de la composition du sol et de la durée des inondations. Les milieux naturels comprennent des marécages, des forêts-galeries, d'élégantes forêts de palmiers, des bords de lacs embroussaillés et des forêts sur les hauteurs. Le Pantanal est peuplé de très nombreux animaux mais pour un milieu tropical, il possède peu d'espèces différentes et encore moins d'espèces qui lui sont spécifiques. Aucune des 3 500 espèces de plantes, des 129 mammifères, des 177 reptiles, ou des 650 espèces d'oiseaux ne sont spécifiques à la région et seulement 15 des 325 espèces de poissons n'existent nulle part ailleurs. Cependant, ces chiffres importent peu en regard du spectacle splendide qu'offre cette densité animale, densité rendue possible par la capacité nourricière de ce monde gorgé d'eau, capacité encore enrichie par la lumière du soleil et la fertilité des sols. Heureusement malgré quelques élevages en ranch près de 80 % du Pantanal sont toujours intacts. **AB**

Cet immense marécage régulièrement inondé possède une des plus spectaculaires concentrations de vie sauvage au monde, comparable à celle de l'Afrique de l'Est.

À DROITE : *Vue aérienne des marécages luxuriants du Pantanal.*

LE CERRADO

BRÉSIL

Superficie : 1 800 km²
Altitude : de 1 000 à 2 000 m
Âge des rochers : 2 milliards d'années

Le mot « cerrado » signifie « fermé » en portugais. C'est un nom curieux pour ce milieu naturel particulièrement vaste, aux larges horizons, au sol rouge sang et aux immenses ciels bleus. Ce haut plateau intérieur au nord-ouest de Rio de Janeiro n'est jamais monotone avec ses collines d'herbe jaune, ses rochers rouges en surplomb, ses gorges secrètes tapissées de fougères, ses champs de roches brûlantes, et ses rivières bordées de palmiers luxuriants. Occupant 21 % de son territoire, le Cerrado est le second milieu naturel du Brésil, le premier étant l'Amazonie. Son sol ancien, acide et pauvre, est unique dans le pays. Il est riche en or, en minerai de fer, en pierres précieuses, et la plupart des améthystes et des géodes tapissées de gemmes proviennent du Cerrado. Il abonde aussi en trésors naturels : le perroquet à face jaune et le loup à crinière – berger allemand sauvage et roux avec de longues pattes grêles – que l'on ne rencontre que là, comme 18 de ses 161 espèces de mammifères et 28 de ses 837 espèces d'oiseaux.

Parmi les 6500 espèces de plantes fleuries, 40 % sont spécifiques à la région. Elles nourrissent, entre autres insectes, plus de 400 espèces d'abeilles et 10 000 espèces de papillons. Cette richesse d'espèces endémiques fait du Cerrado la savane la plus féconde au monde quant à son écosystème.

Le Cerrado reçoit plus de 1 500 millimètres de pluie chaque année entre avril et octobre. Le reste de l'année est chaud et sec, ce qui, associé avec la fréquence des feux, fait que la plupart des arbres du Cerrado ont des écorces épaisses et de petites feuilles cireuses adaptées à la sécheresse. Beaucoup des plantes du Cerrado sont annuelles. La région ressemble à une savane africaine sans les girafes et les zèbres. Mais le Cerrado est plein de ressources. Parmi les 20 régions protégées par le gouvernement, on peut citer les parcs du Emas, de Canastra, et de Caraça. Les Brésiliens sont tellement attachés à ce pays que les propriétaires se sont groupés pour préserver 85 réserves privées dans lesquelles la faune et la flore du Cerrado sont à l'abri. Malgré cet effort, moins de 20 % du Cerrado sont restés intacts. **AB**

CI-DESSOUS : *Les falaises de grès rouge surplombent le milieu naturel typique du Cerrado.*

LE PARC DE LENÇÓIS MARANHENSES

BRÉSIL

Superficie de Parc National de Lençóis Maranhenses : 155 000 ha
Dunes : jusqu'à 43 m de hauteur
Zones de dunes : 70 km² sur la côte et 50 km² à l'intérieur des terres

Ce déploiement de dunes blanches éblouissantes entrecoupé de lagons d'eaux claires n'est pas un mirage, c'est la ceinture côtière de Lençóis au nord-est du Brésil. Les dunes, formées par le vent qui vient sans cesse de la mer, peuvent monter jusqu'à 40 mètres de haut. La zone des dunes est située près du Rio Preguiça, entre Barreirinhas et la région de Primeira Cruz. Les lagons les plus spectaculaires sont sans doute Lagoa Bonita (*La belle lagune*, en portugais) et Lagoa Azul (*La lagune bleue*), joyaux bleus dans une mer de sable blanc. Mais dune ne signifie pas désert. Pendant la saison des pluies (entre janvier et juin, il tombe plus de 1 600 millimètres d'eau. Le reste de l'année est sec et les lagons sont taris. Mais avec l'arrivée des pluies, chaque trou d'eau retrouve la vie ; des tortues, des poissons et des crevettes réapparaissent.

À leur maximum, certains lagons ont plusieurs kilomètres de long et 5 mètres de profondeur. La meilleure saison pour y aller est de mai à octobre quand les lagons sont remplis. On peut y aller en autobus ou en voiture à partir de São Luis, la capitale, le trajet dure environ 10 heures. Il existe aussi des vols charter vers Barreirinhas. **MB**

LE CORCOVADO

RIO DE JANEIRO, BRÉSIL

Hauteur : 710 m
Type de roche : ignée

Comme beaucoup des magnifiques pics tel que celui de la baie de Guanabara à Rio de Janeiro, le Corcovado se trouve au cœur d'un volcan vieux de 300 millions d'années probablement. La lave située en plein centre refroidit très lentement et se transforme en roche veinée si dure qu'elle résiste seule à l'érosion tandis que tout ce qui l'entoure est raviné. Aujourd'hui, Corcovado, qui signifie « bossu », est particulièrement célèbre pour sa statue du Christ Rédempteur.

Cette statue de 38 mètres a été conçue par Heitor Silva Costa. Il l'a ensuite réalisée avec le sculpteur français Paul Landowski ; cela a duré 5 ans. Achevée en 1931, la statue est immense ; l'une des mains mesure 3,2 mètres !

Le Père Pedro Maria Boss, saisi par la beauté du Corcovado dès son arrivée, avait le premier suggéré l'érection de ce Christ en 1859. Le sommet du Corcovado (710 m) fait partie du Parc national de Tijuca, la plus grande forêt urbaine du monde.

Même si autrefois des plantations de café avaient été créées dans le Corcovado, la forêt a aujourd'hui repris ses droits et témoigne des efforts brésiliens pour préserver la forêt pluviale côtière. **AB**

LE PAIN DE SUCRE

RIO DE JANEIRO, BRÉSIL

Nom local : Pão de Açúcar
Hauteur du Pain de Sucre : 404 m
Hauteur de Pedra da Gávea : 842 m

Le Pain de Sucre est l'un des symboles de Rio de Janeiro. Au XVIe et au XVIIe siècle la canne à sucre était bouillie, raffinée puis placée dans des récipients coniques appelés « pains de sucre ». La ressemblance du mont avec la forme de ces pains lui donna son nom.

Il se dresse au-dessus de la ville et de la baie de Guanabara. Le Pain de Sucre est fait de gneiss granitique qui s'est introduit dans les roches environnantes quand il était en fusion il y a quelque 600 millions d'années. Les pierres autour, plus tendres, ont été érodées dégageant le pic rocheux. Ses contours granitiques ont été adoucis et arrondis comme patinés par une exfoliation. De son sommet, on peut voir d'autres monolithes de granit le long de la côte. Quelques parcelles de la forêt pluviale de la côte atlantique qui recouvrait autrefois toute la région sont encore là. Aujourd'hui, plusieurs funiculaires emmènent les touristes jusqu'au sommet, même si les marcheurs les plus courageux peuvent grimper la pente raide jusqu'en haut. Pourtant, ni Le Pain de Sucre ni le Corcovado ne sont les pics les plus élevés de Rio, puisque cette gloire revient à Pedra da Gávea, lieu de prédilection des amateurs de parapente. **MB**

LA MATA ATLÂNTICA

BRÉSIL

Superficie : 79 000 km²
Altitude maximale : 2 000 m
Situation : côte sud du Brésil

Quand Charles Darwin débarqua à Rio de Janeiro au cours de son légendaire tour du monde sur *HMS Beagle*, il découvrit sa première forêt pluviale. Couvrant 13 % de la superficie du pays, la Mata Atlântica (forêt atlantique) est la deuxième forêt pluviale d'Amérique du Sud et la troisième région biologique du Brésil. Riche d'espèces rares et exotiques, elle enthousiasme les touristes avec les trésors de sa faune et de sa flore. Cette forêt a dramatiquement diminué ne représentant plus que 7 % de ce qu'elle a été. Mais ce reste est vibrant, varié et inoubliable. Une bande de près de 2 500 km de long et de 50 à 100 km de large, constitue le deuxième écosystème de forêt pluviale le plus menacé du monde. Adossée à la haute et ancienne chaîne de Serra do Mar (2 000 m), cette zone de forêt a eu à la fois l'altitude et la latitude pour qu'une faune et une flore riches et variées se développent depuis sa séparation de l'Amazonie. La Mata Atlântica abrite 261 espèces de mammifères, alors que l'Amazonie (cinq fois plus grande) en a 353.

Non seulement ses espèces sont plus nombreuses, mais elles sont plus rares : tout ce que vous voyez dans la Mata Atlântica, vous avez de grandes chances de ne jamais le revoir ailleurs. C'est vrai pour 6 000 des 20 000 espèces de plantes, pour 73 des 620 variétés d'oiseaux et pour presque les 280 types de grenouilles. On y trouve notamment le tamarin-lion doré, un singe minuscule – qui a suscité de grands efforts de protection au Brésil mais aussi dans d'autres pays –, le paresseux brésilien, le toucan à ventre rouge et nombre d'oiseaux dont des perroquets comme l'amazone à joues bleues, le crick à ventre bleu et l'amazone vineuse. Le Brésil compte 200 zones protégées le long de la Forêt côtière atlantique. En 1999, l'Unesco a inscrit 33 régions sur la liste du Patrimoine mondial. Et, enfin, on compte 50 réserves privées. Ces efforts conjugués assurent la conservation de 4 millions d'hectares. De belles parcelles de la Mata Atlântica font partie du Parc national de Tijuca (dans l'État de Rio de Janeiro), du Parc national de Superaguí (dans l'État de São Paulo) et du Parc national Serra do Coudurú (État de Bahia). **AB**

CI-DESSOUS : *Les tropiques humides de Mata Atlântica.*

LE PARC NATIONAL DU CARACA

BRÉSIL

Superficie de la Mata Atlântica à l'origine :	1 477 500 km²
Superficie actuelle de la Mata Atlântica :	121 600 km²
Mata Atlântica protégée :	33 000 km²

Presque toute la forêt pluviale de l'Atlantique, vieille de 60 millions d'années – la Mata Atlântica – a disparu mais un de ses plus beaux vestiges se trouve à Caraca. Le peu qui reste de ces forêts (environ 10 % de ce qu'elles étaient autrefois) est isolé dans des régions montagneuses et Caraca ne fait pas exception. Ici, on peut admirer les montagnes et les chutes d'eau présentes un peu partout comme celles de Cascatinha ou celle de Cascata Maior (Petite et Grande Cascade), mais c'est la forêt et ses habitants qui sont uniques. Plus de la moitié des arbres et plus de 90 % des grenouilles et des crapauds sont spécifiques à la région. Dans les branches vivent des singes hurleurs que l'on entend avant de les voir, des harpies féroces qui peuvent broyer un crâne de singe d'une seule pression de leurs serres et aussi de minuscules ouistitis, parmi les plus rares de leur espèce. Le parc national est en fait un point de rencontre de deux écosystèmes : la forêt atlantique et le Cerrado voisin. Les religieux habitant un vieux monastère de Caraca, bâti en 1717 et aujourd'hui transformé en pension, jouissent de cette situation. Ils nourrissent des loups à crinière et les touristes peuvent aujourd'hui le faire avec eux. MB

LA CAATINGA

BRÉSIL

Superficie :	735 000 km²
Altitude maximale :	2 000 m
Âge des roches :	précambrien au crétacé

La Caatinga présente un milieu naturel semi-aride au climat imprévisible. Bien qu'il tombe une moyenne de 800 millimètres d'eau par an, la pluie peut ne pas tomber pendant plusieurs années. Dans ce climat dur, la vie doit tolérer la sécheresse et être capable de profiter de toute chute d'eau. C'est pour cette raison que les arbres ont de minuscules feuilles minces, vite poussées et aussi vite tombées si la pluie ne vient pas. De gros blocs de grès du crétacé ou « chapardas » parsèment le paysage et, près de la côte, le brouillard se condensant autour de ses monticules, forme des îlots de végétation humide. Le sol de Caatinga, autrefois au fond de la mer, est aujourd'hui très riche en fossiles de poissons et d'espèces côtières comme les ptérosaures. Il est toutefois pauvre en éléments nutritifs et la flore actuelle se réduit à des buissons épineux, à des arbres aux troncs nus, et à des cactées. Parmi les animaux spécifiques de la région, on peut citer la chauve-souris qui se nourrit de cactées, un tatou et des aras de Lear et de Spix. Les excursions les plus intéressantes sont dans les zones protégées comme Serra da Capivara (État de Piauí) et Serra Negra (Pernambouc). AB

À DROITE : *Un pic de grès caractéristique du milieu desséché de Caatinga.*

LE PARC NATIONAL D'APARADOS DA SERRA

BRÉSIL

Superficie du parc d'Aparados : 1 025 km²

Superficie du parc de Serra Geral : 1 730 km²

Créé en 1959, le parc national d'Aparados da Serra est situé au nord-est du Brésil. Appartenant à la zone tempérée du pays, les parcs sont célèbres pour leurs gorges vertigineuses, dont la plus profonde du Brésil, Itaimbezinho, avec ses murs verticaux de sept kilomètres de long et 720 mètres de haut. La plupart des cascades qui dégringolent ces falaises se transforment en brume d'eau avant d'atteindre le sol.

Les parcs sont le refuge des derniers pins araucarias (ou désespoir du singe). La variété d'altitude permet la diversité de la faune et de la flore. On peut découvrir 635 plantes, 143 oiseaux et 48 espèces de mammifères. Les espèces les plus typiques sont l'amazone du prêtre, le loup à crinière, l'ocelot et le singe hurleur marron. Les araucarias peuvent vivre 500 ans et pousser jusqu'à 45 mètres de haut. Leurs noix étaient ramassées par les indigènes – qui les faisaient tomber avec des flèches émoussées – pour les manger. Ces arbres sont véritablement des « fossiles vivants », armés de feuilles piquantes destinées à éloigner les dinosaures qui auraient voulu les brouter. **AB**

LES ROCHERS DE SÃO PEDRO ET DE SÃO PAULO

OCÉAN ATLANTIQUE, BRÉSIL

Hauteur maximale des rochers : 19,5 m
Nombre d'îlots : 9
Âge : 10 à 35 millions d'années

Un petit groupe de roches nues plantées au milieu de l'océan Atlantique et peinturlurées en blanc par les fientes des oiseaux : au premier coup d'œil, les rochers de São Pedro et de São Paulo ressembleraient davantage à une décharge naturelle qu'à un trésor de la nature ! Ces îlots isolés entre l'Amérique du Sud et l'Afrique sont tellement battus par l'écume salée et la houle de l'océan que seuls des champignons de mer, des algues, quelques insectes, araignées et crabes y ont élu domicile. Ces rochers sont en fait le sommet d'un iceberg géant d'une grande importance biologique. Ils forment la cime d'une montagne de 3 650 mètres, un des rares endroits sur terre où une montagne sous-marine surgit dans l'océan. Les rochers renferment une crique abritée avec des trous d'eau qui montent jusqu'à la cheville, une baie peu profonde en forme de U, des falaises et des grottes ; cet avant-poste sert d'abri à des limaces de mer, des langoustes, des crevettes, des anguilles, des requins et 75 espèces de poissons. DBB

ÉQUATEUR

LA RÉGION D'ESMERALDAS

ESMERALDAS, ÉQUATEUR

Altitude de la région d'Esmeraldas : niveau de la mer
Superficie de Manglares Churute : 9,8 km²
Milieu naturel : mangrove

Située au nord de l'Équateur, la région d'Esmeraldas possède des richesses à la fois biologiques et culturelles. Sa partie nord abrite la même faune et la même flore que le Chocó (bien arrosé), et peut donc se vanter d'une grande diversité biologique, semblable à celle de la Colombie. En raison de l'influence du courant marin de Humboldt, le long de la côte de l'Amérique du Sud, le climat équatorien est plus sec au sud et à l'ouest créant un type de forêts adaptées à la sécheresse. La région comprend trois importantes réserves : la Réserve de Mangrove Mataje-Cayapas, le Parc national Machililla, et la réserve de Mangrove Manglares Churute. La réserve Mataje-Cayapas fut fondée en 1996. Selon les saisons, ses forêts sont sèches ou pluviales. Les zones de forêts pluviales sont très riches, avec une faune et une flore qui ressemblent à celles du Chocó. Plus au sud, on peut aller à la réserve Manglares Churute. Créée en 1979, elle protège l'une des rares mangroves de la région à avoir survécu aux ravages causés par l'élevage industriel de la crevette et par la pisciculture qui ont détruit la plupart des forêts de palétuviers du pays. AB

LA CASCADE DE SAN RAFAEL

PROVINCE DE SUCUMBÍOS, ÉQUATEUR

Altitude : 914 m
Hauteur des chutes : 160 m

La chute de San Rafael (également connue sous le nom de chute Cocos), est la plus haute cascade de l'Équateur (160 m). Elle se situe au nord-est du pays, à une altitude de 914 mètres, là où le Rio Quijos passe dans la fente creusée dans les rochers. À cet endroit, le Rio Quijos rejoint le Rio Napo et va se jeter dans l'Amazone. Un réseau de sentiers mène à la cascade entourée de forêts de nuages. Ces chutes sont un véritable paradis pour les ornithologues amateurs. Des martinets à croupion gris et à collier blanc se cramponnent sur les rochers, tandis qu'on rencontre facilement les espèces locales comme la coquelette de popelaire et le jacamar des Andes. Dans la forêt environnante, on peut admirer le magnifique quetzal doré, les alapis à dos blanc amateurs de fourmis légionnaires, et le coq de roche andin. Des canards des torrents vivent dans les eaux vives des rivières. Au-dessus de la cascade se trouve la source de l'eau : le volcan Reventador. Un guide et une endurance exceptionnelle sont nécessaires pour atteindre le sommet à 3 561 mètres. En dessous des chutes se trouve la forêt pluviale de Cuyabeno et ses 600 000 hectares, accessibles à partir de Lago Agrio. **AB**

LE LAC IMUYA

PROVINCE DE SUCUMBÍOS, ÉQUATEUR

Superficie : 10 000 ha
Milieu naturel : forêt pluviale tropicale et forêt inondée

Situé dans la région de Sucumbíos dans l'Équateur amazonien, le lac Imuya occupe une partie difficile d'accès de la Réserve Cuyabeno Wildlife. Avec ses sols fertiles d'origine volcanique, la région est beaucoup plus riche en plantes et en animaux que les forêts amazoniennes du Brésil. Elle abrite 15 espèces de singes – dont les singes hurleurs et les saïs – et le ouistiti pygmée, le plus petit singe du monde. Parmi plus de 500 espèces d'oiseaux, on peut admirer des aras, des toucans, et la batara du Cocha. La forêt inondée (Igapó) n'existe qu'à côté du lac Imuya. Les dauphins d'eau douce et le lamantin se laissent mieux approcher ici qu'ailleurs. Le lac possède aussi en permanence des îles flottantes recouvertes de forêts – un phénomène rare en Amazonie. Le tourisme à Imuya est organisé par les indigènes Cofán, qui ont migré dans cette région pour échapper aux conséquences du forage du pétrole sur leurs terres ancestrales et sur l'environnement. Les forages furent interdits en 1993, et la région alors officiellement donnée aux Cofán. **AB**

À DROITE : *La forêt inondée émerge des profondeurs du lac Imuya.*

LA RÉSERVE DE MAQUIPUCUNA

PICHINCHA, ÉQUATEUR

Superficie : 4 500 ha, avec 1 400 ha de zone tampon
Altitude : de 1 200 à 2 800 m

La Réserve de Maquipucuna est à environ 80 kilomètres au nord-ouest de Quito (il faut deux heures de voiture sur des routes de montagnes pour y parvenir), et la ville la plus proche est Nanelalito. Plus de 80 % de la réserve sont occupés par des forêts de nuages qui poussent sur les pentes escarpées des Andes. Situé à l'ouest des deux chaînes andines de l'Équateur, Maquipucuna reçoit les vents chargés d'humidité de la mer, ce qui lui assure de grosses pluies et des brumes. Sa gamme d'altitudes, qui permet quatre types de végétations différentes, ainsi que sa proximité avec le Chocó donnent au Maquipucuna un ensemble de forêts parmi les plus variées biologiquement du monde. La région abrite probablement plus de 2 000 espèces de plantes. Parmi les innombrables orchidées, 36 sont excessivement rares. Un botaniste, pendant un voyage de trois jours seulement, découvrit quatre nouvelles espèces de plantes. Plus de 54 familles de mammifères et 325 d'oiseaux habitent au Maquipucuna (plus du tiers de tous les oiseaux répertoriés en Amérique du Nord et du Sud). On y trouve également une collection spectaculaire de papillons, lépidoptères, coléoptères et autres insectes tropicaux. Parmi les nombreuses espèces spécifiques à la région, il faut citer la dendrobate. **AB**

LE VOLCAN DE COTOPAXI

COTOPAXI, ÉQUATEUR

Altitude du volcan de Cotopaxi : de 3 800 à 5 897 m
Superficie du Parc national de Cotopaxi : 334 km²

Cotopaxi signifie « Montagne de la Lune » dans la langue des Quechua pour qui elle était sacrée. Elle s'étend à 75 kilomètres au sud de l'équateur et à 55 kilomètres au sud de Quito. La première ascension a eu lieu en 1872, et depuis le Cotopaxi est régulièrement escaladé. Avec ses 5 897 mètres d'altitude et un cône presque parfait, c'est le volcan actif le plus haut du monde. Il a connu 50 éruptions depuis 1738 ; celle de 1877 a craché des fleuves de boues (lahas) à 97 km/heure, anéantissant la ville de Latacunga, qui ont coulé pendant 18 heures vers le Pacifique. L'itinéraire des coulées a laissé des traces toujours visibles sur la plaine. Un glacier est niché à 5 000 mètres. Le parc national de Cotopaxi entoure le volcan ; cette zone de landes est fascinante pour les botanistes avec ses minuscules gentianes et ses violettes. Les lupins et les calcéolaires se blottissent à l'abri des rochers dispersés. Parmi les animaux, on trouve des pumas, des cerfs, des loups andins et des souris marsupiales. Les landes et les forêts de nuages accueillent beaucoup d'oiseaux dont le colibri estelle. Le lac Limpiopungo est un bon endroit pour pêcher et observer les oiseaux. **AB**

À DROITE : *Le pic de Cotopaxi.*

LES ÎLES GALAPAGOS

GALAPAGOS, ÉQUATEUR

Superficie totale des terres de l'Archipel : 7 845 km²
Âge : de 3 à 5 millions d'années
Visite de Darwin : 1835

À 1 000 kilomètres de la côte de l'Équateur, l'archipel de pics volcaniques des îles Galapagos est un lieu très singulier, pas seulement pour les spécialistes qui veulent travailler à l'endroit même où Darwin menait ses expériences mais aussi pour les amateurs enthousiastes. Ici la vie sauvage est riche et toujours aussi abondante qu'autrefois. Chaque île peut être divisée en zones végétales distinctes – des mangroves sur la côte, des cactées et des buissons épineux sur la zone aride de la côte, de petits arbres, des forêts de scalesia (marguerites en arbre) sur l'argile glissante de la zone humide, et des fougères arborescentes dans la zone des laîches. Pour couronner le tout, des cactées en forme de poire poussent sur les plus hauts volcans au-dessus des nuages. Les scalesia, avec leurs branches raides qui se terminent en couronnes, n'existent qu'aux Galapagos. Certains animaux sont aussi spécifiques à la région, et d'autres tout à fait inattendus dans cet endroit comme des manchots, des cormorans qui ne peuvent pas voler, des iguanes qui nagent dans la mer, des pinsons qui boivent du sang et des tortues géantes qui ressemblent à d'énormes pierres qui marchent. Sur chaque île, les animaux de la même espèce sont pourtant différents, comme l'avait déjà noté Darwin. Les indigènes peuvent dire au premier coup d'œil de quelle île telle tortue géante est originaire, en regardant seulement la forme de sa carapace. Chaque île a son caractère propre. Espanola est plate et sans cratère volcanique. À Punta, un geyser spectaculaire envoie sa gerbe à 30 mètres dans les airs et l'île abrite de grands sites de nidification d'albatros. Floreana possède une poste créée par les baleiniers et toujours en activité ; ses plages ont du sable blanc ou du sable noir avec une nuance de vert. Un volcan inondé par la mer fait le bonheur des plongeurs

> …*des manchots, des cormorans qui ne peuvent pas voler, des iguanes qui nagent dans la mer, des pinsons qui boivent du sang et des tortues géantes qui ressemblent à d'énormes pierres qui marchent.*

et nageurs équipés de masques. San Cristóbal abrite un lac d'eau fraîche, et au large de Kicker Rock, tout près de la côte, un ancien cône de tuf volcanique est colonisé par les oiseaux de mer qui aiment s'y percher et y faire leurs nids. Santa Fé change de couleurs avec les saisons, selon les arbustes qui sont en fleurs. Santa Cruz a une réserve avec des tortues géantes et de grandes cheminées de lave, et Seymour est l'endroit où l'on peut voir la danse comique des fous (les oiseaux) aux pieds bleus. Un guide employé par le Parc National doit accompagner tous les visiteurs. **MB**

À DROITE : *Cratères volcaniques sur Isabela, la plus grande des îles Galapagos.*

LE RIFT DES GALAPAGOS

ÉQUATEUR, OCÉAN PACIFIQUE

Longueur de la Chaîne du milieu de l'océan : 67 500 km

Profondeur du Rift des Galapagos : 2 440 m

Dérive des Galapagos : 7,5 cm chaque année vers l'est

Le Rift des Galapagos s'étend à environ 100 kilomètres au nord des îles Galapagos sur la chaîne du milieu de l'océan ; c'est le plus long fossé de ce type dans le monde. Les îles sont nées d'une « fuite » volcanique à la jonction de trois plaques tectoniques, le Pacifique, Nacza et Coco. Comme les îles, le rift des Galapagos est aussi le site d'une découverte biologique importante. Le 17 février 1977 un submersible a exploré pour la première fois une cheminée hydrothermale en mer profonde, et découvert un écosystème dont personne n'avait imaginé l'existence. Les sources chaudes apportent un riche mélange de minéraux au sol de l'océan, permettant à une grande diversité de vies de s'épanouir dans ces obscurités abyssales. Des créatures microscopiques se nourrissent des minéraux de l'eau, formant ainsi la base d'une longue chaîne de nourritures. D'étranges vers en forme de tube, des palourdes, des moules, des crabes et autres crustacées se disputent l'espace avec les méduses des profondeurs et les coraux noirs. Beaucoup d'espèces n'existent que dans ces cheminées (aussi appelées « black smokers ») qui constituent ainsi des oasis pour des communautés aussi diverses que n'importe quelle autre sur la planète. **NA**

LE PARC NATIONAL DE MACHALILLA

MANABI, ÉQUATEUR

Superficie du parc de Machalilla : 54 000 ha de terre, 128 000 ha de réserve marine

Machalilla a tout pour plaire : des forêts sèches, des forêts humides, des plages de sable, des îles peuplées d'oiseaux, un océan tapissé de coraux et des sites archéologiques de toute beauté. Les forêts côtières de buissons couvraient autrefois 25 % de l'ouest de l'Équateur ; aujourd'hui elles ne représentent plus que moins de 1 % de sa superficie, dont la plus grande partie dans ce parc. Peut-être encore plus vulnérables et réduites par le temps les forêts humides. Limitées aux collines les plus hautes, ces forêts nébuleuses se comportent comme des îles, et elles abritent souvent des espèces endémiques.

Ainsi, 20 % des plantes de ce parc n'existent nulle part ailleurs. On y trouve aussi 250 espèces d'oiseaux dont la pénélope panachée, et 81 espèces de mammifères dont l'écureuil Guayaquil, une espèce rare. Il est possible de visiter, avec un guide, l'Isla de la Plata, lieu de reproduction des fous et des albatros (d'avril à octobre). Les baleines à bosse viennent aussi s'accoupler au large (de juin à octobre). La forêt tropicale sèche, avec ses cactées en forme de colonnes de 5 mètres et ses arbres, contient aussi des vestiges des cultures des Chorrera et des Salango. **AB**

LE PARC NATIONAL SANGAY

CHIMBORAZO, ÉQUATEUR

Altitude du parc : de 1 000 à 5 230 m
Milieux naturels : forêts tropicales, forêt de nuages et forêt marécageuse, prairies de paramó, landes alpines, lacs, marais, pentes d'éboulis, lave, champs de cendres, champs de neige, glaciers

Classé au Patrimoine mondial en 1979, ce site est sans doute la plus extraordinaire des zones protégées de l'Équateur continental. Dominé par trois volcans, le Sangay (5 230 mètres), le Tungurahua (5 016 mètres) toujours actifs et le El Altar, éteint et glacé (5 139 mètres), le parc a une topographie compliquée. Des bandes découpées d'alluvions forment le support d'un paysage de gouffres et de collines riches en plantes. Dans la partie orientale du parc, les Andes déroulent leurs paysages depuis leurs pics déchiquetés et enneigés jusqu'aux riches plaines verdoyantes. Les volcans abritent une végétation alpine, des glaciers, des coulées de lave et des champs de cendres. Les lacs sont nombreux, dont la Laguna Pintada de 5 km de long. Les écarts entre les quantités d'eaux de pluie (de 4 800 millimètres à l'est à 633 millimètres à l'ouest sous le vent) engendrent une flore et une faune différentes. Le parc peut s'enorgueillir de plus de 3 000 espèces de plantes, dont la moitié poussent dans les forêts de nuages. Parmi les animaux d'altitude, il faut citer le tapir, le puma, le loup andin, l'ours à lunettes, le condor et le colibri géant. Les jaguars, les outres géantes, les margays, vivent dans les régions plus basses du parc. AB

LE PLATEAU DU CAJAS

AZUAY, ÉQUATEUR

Superficie : 675 km²
Altitudes : de 2 400 à 4 400 m
Milieux naturels : paramó (formation végétale d'altitude), forêts de quinoa, forêt tropicale d'altitude

Le plateau du Cajas se trouve aux confins reculés de la chaîne des Andes. Il est situé au sud de l'Équateur près de la ville de Cuenca. Au-dessus de 3 350 mètres, on trouve différents types de prairies de paramó, dont les variétés locales de yareta (sorte de mousse) et de pajonal (longue herbe jaune). On y trouve aussi des fleurs de montagne, dont de minuscules gentianes, des orchidées, des lupins et des marguerites, ainsi que des puyas parsemées dans le paysage. Les forêts d'arbres de quinoa aux écorces rugueuses, qui poussent à une altitude plus haute que nulle part ailleurs, se réfugient à l'abri des collines et du vent. Ces forêts protégées accueillent des espèces de plantes et d'animaux tout à fait différentes de celles qui habitent dans le páramo battu par les vents. Les forêts de nuages se développent plus bas, surtout dans la Réserve de Rio Mazan, refuge du toucan bleu, de la conure à huppette dorée et la métallure de Baron. Le plateau abrite beaucoup d'espèces endémiques, plusieurs orchidées, et une souris pêcheuse. Certaines caractéristiques géologiques sont le résultat de la glaciation qui eut lieu durant le pléistocène. La région est en attente d'inscription sur la liste du Patrimoine mondial. AB

LE PARC NATIONAL PODOCARPUS

LOGA, ÉQUATEUR

Superficie du parc national : 146 280 ha
Milieux naturels : plaine, forêts de moyenne altitude, forêts de nuage et paramó.

Créé en 1982, le Parc national de Podocarpus est situé à cheval sur la montagne El Nudo de Sabanilla et entre les villes de Loja et Zamora dans le sud de l'Équateur. La région a bénéficié de l'humidité marine même pendant les époques les plus sèches. Elle présente une grande variété de milieux naturels dotés d'une vie sauvage très riche. Le parc national a pris le nom de l'arbre Podocarpus, l'unique conifère originaire du pays, dont les plants recouvrent 4 000 hectares du parc. Ici, plus de 3 000 espèces de plantes sont uniques, dont 20 % des 365 orchidées et plusieurs fleurs de la passion de toute beauté. Le parc a également de grandes étendues d'arbres à quinine (chinchonas) sauvages, qui, comme leur nom l'indique, furent la source du médicament anti-malaria. Le parc accueille 130 espèces de mammifères dont le pudu nordique, le paca des montagnes, les coatis des montagnes, les ours à lunettes. Les singes-araignée, les ocelots et les tatous géants vivent plus bas. Les oiseaux sont la gloire du parc. Plus de 60 espèces de colibris vivent là parmi 600 oiseaux répertoriés. Ces oiseaux représentent 40 % de l'ensemble des oiseaux équatoriens et il semble possible d'en découvrir au moins 200 autres. AB

PÉROU

LE DÉSERT DE SECHURA

PIURA, PÉROU

Largeur maximale du désert : 150 km
Longueur minimale : 2 000 km
Moyenne annuelle des précipitations : 150 à 200 mm

Couvrant toute la côte ouest du Pérou, le désert de Sechura est la plus grande étendue désertique du continent sud-américain. Une extension du désert chilien horriblement sec d'Atacama, le secteur péruvien présente ses propres caractéristiques. Ressemblant à une langue de sable coincée entre les Andes, Sechura est traversé par plus de cinquante rivières andines et, malgré plusieurs plaines étendues, il comporte de nombreuses collines basses appelées « lomas ».

Le phénomène de La Garúa – un épais brouillard hivernal qui se forme lorsque les vents froids et humides venus de l'océan se mêlent à l'air sec et chaud du désert – donne un patchwork de fleurs éclatantes et de petits arbustes. Ces « lomas » qui ponctuent une mer de plaines crevassées et quasiment stériles permettent la croissance de quelque 550 espèces de plantes, dont plus de 60 % n'existent nulle part ailleurs. Ces oasis florales attirent les colibris et servent de « nurseries » d'insectes où se réunissent au début de l'hiver des oiseaux chanteurs. Au nord, Trujillo comporte également des sites archéologiques et c'est à Nazca, dans le sud, que l'on trouve les célèbres figures Nazca tracées dans le sable. **DBB**

LA GORGE DE PACHACOTO

ANCASH, PÉROU

Altitude de la gorge de Pachacoto : 3 700 m

Altitude de Huaraz : 3 050 m

Entourée de montagnes coiffées de neige, la gorge de Pachacoto est le meilleur endroit au monde pour admirer le puya géant en fleur. Le puya est une variété étrange de broméliacée des Andes. Pendant plus d'une centaine d'années, il se présente comme une boule de feuilles pointues en forme de sabre et aux bords épineux ; sa croissance est très lente. Puis, juste avant de mourir, il envoie vers le ciel une tige florale couverte de plus de 10 000 fleurs et pouvant s'élever jusqu'à 11 mètres.

Les colibris tels que le colibri estelle se nourrissent du nectar du puya pendant sa floraison. Du fait de la raréfaction de l'air à cette altitude, ces oiseaux ne peuvent pas se maintenir sur place en battant des ailes. Ils se servent de chaque fleur comme d'une plate-forme d'atterrissage. Si certains oiseaux infortunés s'empalent sur les feuilles pointues à la base de la plante, les phrygilles à tête grise et les martinets font leurs nids à cet endroit périlleux. La gorge se trouve à 57 kilomètres au sud de Huaraz, dans le parc national de Huascarán qui abrite aussi d'autres animaux comme la vigogne, un membre svelte – et peu répandu – de la famille des camélidés, autrefois recherché pour sa laine très douce. **MB**

LE MACHU PICCHU

CUZCO, PÉROU

Altitude du Machu Picchu : 2 350 m au-dessus du niveau de la mer
Altitude de la cité : 2 045 m

À proprement parler, le Machu Picchu, dont le nom signifie « vieux pic » dans la langue quechua, n'est pas une merveille naturelle. En revanche, l'ancienne cité Inca du même nom dans les Andes a conquis sa notoriété en raison de sa situation géographique. La cité repose sur une intrusion magmatique de 400 km², la batholithe de Vilcabamba, qui a forcé son chemin à travers les roches sédimentaires environnantes durant le permien, il y a environ 250 millions d'années et progressivement dégagée au cours des périodes de formation de montagnes et d'érosion qui ont suivi. Ce phénomène a créé des montagnes et des gorges spectaculaires telles que la gorge de l'Urubamba, en amont du Machu Picchu. À cet endroit, le fleuve descend de 1 000 mètres en 47 kilomètres avec de nombreuses cascades et de violents rapides. On dénombre 300 espèces d'orchidées, parmi lesquelles l'orchidée de paradis, qui peut atteindre 5 mètres de haut et possède une fleur de 8 centimètres de long. On y trouve aussi une des plus petites orchidées au monde : elle fait juste 2 millimètres de diamètre. MB

CI-DESSOUS : *Les gradins du royaume Inca du Machu Picchu.*

LA VALLÉE DES VOLCANS

AREQUIPA, PÉROU

Âge de la Vallée des Volcans : 200 000 ans

Meilleure période pour visiter : avril à novembre

Il y a des milliers d'années, une coulée de lave géante s'est infiltrée dans une vallée fluviale des hautes Andes péruviennes. Au fur et à mesure de son refroidissement, des poches de gaz et d'air restées prisonnières du magma explosaient en mini-éruptions secondaires, laissant derrière elles un paysage carbonisé et boursouflé de plus de 25 cônes distincts et de 80 cratères. Connu sous le nom de Vallée des Volcans, ce vaste champ de lave parsemé de monticules de 300 mètres de haut abrite la plus forte concentration de formations volcaniques de la planète. Située à près de 3 700 mètres au-dessus du niveau de la mer, la vallée est entourée par des crêtes et des sommets couverts de neige, dont le Coropuna, qui culmine à environ 6 400 mètres ; c'est le plus haut volcan péruvien et le dixième d'Amérique du Sud. Les courants de lave, qui sortaient autrefois des volcans, ont dévalé les pentes et les gorges escarpées ; en refroidissant ils se sont transformés en de longues bandes étroites de roche dure. L'activité géothermique de cette région, appelée vallée de la rivière Andagua, a également provoqué l'émergence de sources chaudes. **DBB**

LE SPHINX ET LA CORDILLÈRE BLANCHE

PÉROU

Nom local : La Esfinge / Cordillera Blanca

Altitude du Sphinx : 5 325 m

Superficie du glacier (cordillère Blanche) : 725 km²

S'élevant au-dessus de la vallée de Paron, dans les Andes péruviennes, tel le gardien de ces endroits sacrés, cette protubérance de granite nu et orange, haute de 915 mètres et surnommée le Sphinx – « La Esfinge » – brille comme un signal en flammes. Il s'agit d'une des plus hautes formations géologiques sans végétation – si l'on ne tient pas compte de quelques cactus – de tout le continent américain, ce qui en fait un site pour tous les amateurs de courses en haute altitude. Bien que ce sommet soit le « pharaon » de la vallée de Paron, ce n'est qu'un nain à côté de la chaîne de la cordillère Blanche. Devant son nom à sa couche de glace et de neiges éternelles, cette longue crête est la chaîne montagneuse tropicale couverte de glace la plus étendue du monde, avec plusieurs sommets dépassant les 6 000 mètres. La cordillère Blanche abrite 722 glaciers au sein de ses larges vallées. Cette épine de granit marque également la ligne de partage des eaux du pays, avec le río Santa qui s'écoule à l'ouest vers l'océan Pacifique, et le río Marañón sur le versant oriental qui se jette dans l'océan Atlantique. **DBB**

LE CANYON DE COLCA

AREQUIPA, PÉROU

Nom local : Cañon del Colca
Envergure du condor des Andes : 3 m
Diamètre du Colcas : 1 m (Pumunuta Cave)

Durant des centaines de milliers d'années, la rivière Colca a creusé les hautes Andes péruviennes pour y créer le plus profond canyon au monde. Peu de gens l'ont vu, ou en ont même entendu parler. Ses parois sont tellement escarpées que l'on a l'impression qu'un couteau géant a tranché dans les montagnes une saignée faisant 3,4 kilomètres de haut, des rives de la gorge jusqu'au lit de la rivière. L'ancien peuple colca y habitait autrefois. Ce peuple pré-inca conservait le blé dans des réservoirs circulaires en pisé que l'on appelait « colcas ». Il a également bâti des terrasses dans le canyon, faisant preuve de compétences remarquables en matière de construction et d'hydrologie. De nos jours, le canyon est l'endroit idéal pour admirer les condors géants des Andes, qui rivalisent avec l'albatros de Tristan en matière d'envergure. Ils sont perpétuellement à la recherche d'une charogne et, s'ils trouvent une grande carcasse, il peut arriver qu'ils mangent tellement qu'ils peinent ensuite à décoller. Des excursions à la journée ou des randonnées organisés partent d'Arequipa, la ville la plus proche. **MB**

LA RÉSERVE NATIONALE DE PARACAS

PISCO, PÉROU

Période de reproduction du pélican thage : en octobre

Période de reproduction du fou varié et du cormoran de Bougainville : en novembre

Période de reproduction des otaries d'Amérique du Sud : de janvier à février

Paracas ou « vent de sable », doit son nom au vent chargé de sable qui la balaie tous les jours à midi. La péninsule de Paracas abrite les fameux oiseaux producteurs de guano sur lesquels s'était bâtie une industrie d'engrais. Aujourd'hui Paracas est protégé, ce qui permet à ses visiteurs de profiter de l'un des spectacles de faune sauvage les plus authentiques au monde – des millions d'oiseaux de mer qui font leurs nids, dont les manchots de Humboldt, les pélicans thages, les fous variés, les cormorans de Bougainville et les sternes incas. Dans les falaises de la côte, la mer a sculpté des arches spectaculaires sous lesquelles des grottes accueillent des otaries et des lions de mer. Dans le ciel, on aperçoit les condors des Andes qui descendent des montagnes. Avec un peu de chance, on peut aussi observer des chauves-souris vampires suçant le sang de leurs victimes.

Des organisations diverses dont la Nature Conservancy, la Pro Naturaleza travaillent avec les services des parcs péruviens et différents défenseurs de l'environnement pour mettre en place un plan permettant de trouver des solutions à la pêche massive, au tourisme incontrôlé et au déversement des déchets. MB

LA RÉSERVE ÉCOLOGIQUE DE MANÚ

MANÚ / PAUCARTAMBO, PÉROU

Inscrite par l'Unesco au patrimoine mondial en 1987
Saison sèche : de mai à septembre
Saison des pluies : d'octobre à avril

Manú est la plus grande réserve de forêt pluviale du monde. Faisant à peu près la moitié de la surface de la Suisse, elle offre trois biotopes principaux à la faune et à la flore sauvages : en altitude, la puna – qui ressemble à la toundra –, avec des condors, des viscaches des montagnes, des cerfs huemuls, et une herbe jaune appelée ichu ; la forêt des brouillards noyée toute l'année dans les nuages de brume avec des colibris, des ours à lunettes, des coqs de roche et des broméliacées ; et la forêt pluviale en plaine avec des aras, des singes hurleurs, des caïmans noirs et des loutres géantes.

Cependant, c'est la forêt pluviale qui est la plus remarquable On y trouve 300 espèces de plantes, 13 de singes, 120 d'amphibiens, 99 de reptiles, et 1 000 espèces d'oiseaux – soit 15 % du total mondial. Les scientifiques travaillant sur place ont découvert qu'un seul arbre pouvait abriter jusqu'à 43 espèces de fourmis. Deux des serpents amazoniens les plus venimeux vivent ici.

Manú se trouve seulement à 160 kilomètres du Machu Picchu, au sud-est du Pérou ; cependant, certaines de ses parties sont tellement retirées qu'il existe encore dans cet endroit des tribus avec lesquelles personne n'a jamais établi le moindre contact. MB

LA RÉSERVE NATURELLE DE TAMBOPATA

TAMBOPATA, PÉROU

Superficie : 8,8 millions d'hectares
Altitude : 200 à 2 000 m
Végétation : forêt pluviale tropicale, forêt des brouillards, prairie de haute altitude

Située dans le sud-est du Pérou, à la frontière des Andes et du bassin amazonien, cette réserve occupe une région où la diversité et la richesse de la faune et de la flore atteignent un niveau unique. Protégeant les bassins de trois fleuves, elle offre une très grande biodiversité. Avec le parc national voisin de Bahuaja Sonene, cette zone englobe une forêt pluviale de plaine, une forêt andine de zone de brouillards et une sorte de steppe à graminées, le páramo. La réserve naturelle s'étend sur 1 524 mètres d'altitude. À Tambopata, on compte 1 300 espèces d'oiseaux, 200 de mammifères, 90 de grenouilles, 1 200 de papillons, et 10 000 de plantes à fleurs. À côté du lac de Sandoval se trouve le plus grand dépôt salifère du monde, dans lequel se rendent chaque jour 15 espèces de perroquets. Au total, la réserve abrite 32 espèces de perroquets, soit 10 % du nombre mondial. Appartenant à la communauté indigène qui la gère selon les règles de l'écotourisme, la réserve permet à ses visiteurs d'admirer des loutres géantes, des dauphins roses de rivière, des caïmans noirs ainsi que des harpies. **AB**

TAMBA BLANQUILLA

MADRE DE DIOS, PÉROU

Nombre d'oiseaux présents quotidiennement : jusqu'à 300 aras et 1 500 perroquets

Activité des oiseaux : de 6 heures du matin jusqu'à midi (heure locale)

En descendant la rivière pendant 25 minutes à partir de la réserve de Manu, on arrive à Tamba Blanquilla sur une bande d'argile qui attire de grands rassemblements de perroquets et d'aras aux couleurs vives. Cet endroit est une veine d'argile de 8 mètres de haut exposée dans la tranche de la berge. Les oiseaux se succèdent selon un ordre immuable. Les plus petits, comme les piones à tête bleue et les amazones poudrées, arrivent à l'aube. Les plus grands perroquets et les superbes aras se présentent entre 8 heures et 10 heures du matin et se perchent dans les arbres avoisinants. S'ils ne sont pas plus de vingt oiseaux ou s'il pleut très fort, le groupe se disperse. Si le quorum est atteint, ils volent jusqu'à la rive pour manger l'argile. Cette mixture de kaolin leur sert à neutraliser les poisons présents dans les plantes dont ils se nourrissent. Les visiteurs de Manù assistent à ce cérémonial depuis une cache flottante, qui leur permet de s'approcher à moins de 20 mètres.

La meilleure période pour les voir est de juillet à novembre lorsque les oiseaux sont les plus nombreux. **MB**

PARC NATIONAL DE HUASCARÁN

ANCASH, PÉROU

Dénominations : Parc national, 1975 ; réserve biologique, 1977. Inscrit sur la liste Patrimoine mondial, 1985

Superficie : 3 400 km²

Le Parc national de Huascarán, qui s'étend sur la portion la plus spectaculaire des Andes, est l'un des espaces protégés les plus impressionnants d'Amérique du Sud. Connu pour sa beauté à couper le souffle, ce site naturel offre le spectacle de formations glaciaires et géologiques exceptionnelles. Il se situe dans la cordillère blanche, la chaîne tropicale la plus haute du monde. On peut y voir 27 pics de plus de 6 000 m, couronnés de neige. Le Huascarán, avec ses 6 768 m, est le plus haut. Des torrents issus de 30 glaciers ont creusé de profonds ravins et laissé 120 lacs glaciaires. Aux roches sédimentaires accumulées au fond des mers du jurassique s'ajoutent les dépôts magmatiques du crétacé et de l'ère tertiaire, qui ont formé les batholithes andines. La flore varie en fonction de la topographie, avec des forêts humides dans les vallées et, plus haut, de grandes étendues de toundra alpine et de paramo d'altitude. On y trouve encore l'ours à lunettes, le puma, le chat des Andes ou le chevreuil à queue blanche, même si, dans le passé, la faune a été largement décimée par les chasseurs. Parmi les oiseaux, le condor des Andes, le colibri géant, le foulque géant et le tinamou sont les plus remarquables. Paradis des alpinistes, ces montagnes possèdent aussi, en contrebas, des sources thermales chaudes, utilisées pour leurs vertus thérapeutiques. **GD**

LE LAC TITICACA

PÉROU / BOLIVIE

Superficie du lac : 8 300 km²
Altitude de lac : 3 810 m au-dessus du niveau de la mer
Nombre d'îles : 41

S'étendant à cheval sur la frontière entre le Pérou et la Bolivie, avec en arrière-plan la cordillère Royale aux montagnes coiffées de neige se trouve le lac Titicaca. Il s'agit du plus grand lac d'Amérique du Sud et, depuis 1862, lorsqu'un bateau à vapeur y fut assemblé pièce par pièce et mis à l'eau, c'est aussi la plus haute voie navigable du monde. Les descendants du peuple Uros utilisent encore des bateaux tressés avec des roseaux totora. Les habitants se sont adaptés à la vie dans cette région d'altitude : leur cœur et leurs poumons sont plus développés que la normale et ils ont plus de globules rouges dans le sang. En ce qui concerne le lac, il possède ses propres espèces d'animaux comme le grèbe du Titicaca et une espèce très particulière de grenouille qui passe sa vie entière dans les eaux peu profondes et riches en sédiments. Bel exemple d'adaptation à l'air raréfié de cet endroit, elle absorbe l'oxygène à travers sa peau froissée, qui ressemble à un costume trop grand et dont les plis augmentent la surface de contact. Du côté bolivien, on prétend que c'est sur l'Isla del Sol, « l'île du Soleil », que les dieux sont descendus pour fonder la dynastie inca et apporter la sagesse aux habitants de la région. **MB**

LES CHUTES DE FEDERICO AHLFELD

BOLIVIE

Hauteur des chutes : 35 m
Nombre de chutes : 6 à 10, suivant la pluviosité
Superficie du parc national Noel Kempf : 1,5 million d'hectares

Caché au cœur des espaces vierges et reculés décrits par Sir Arthur Conan Doyle dans son roman *Le Monde perdu*, les chutes boliviennes de Federico Ahlfeld semblent tout droit sorties d'un monde imaginaire. Se jetant du haut d'une falaise de grès haute de 10 étages et aussi large, les eaux de la rivière Pauserna se divisent en une demi-douzaine de cascades distinctes qui plongent plus bas dans un bassin aux eaux profondes et cristallines. Situé à la limite nord-est de la Bolivie près de la frontière brésilienne, Ahlfeld est un des nombreux joyaux du parc national Noel Kempf Mercado, aujourd'hui encore considéré comme un des espaces vierges de la planète. La vaste jungle s'éclaircit autour des chutes permettant d'y accéder facilement et d'admirer la vie intense qui grouille. Des tapirs de la taille d'une vache et le plus grand rongeur du monde, le capybara, fréquentent les rives de la Pauserna, tandis qu'en amont on peut voir quelques spécimens de dauphins roses de rivière. La région permet également d'apercevoir les loutres géantes de rivière, menacées d'extinction.

Avec seulement 200 visiteurs chaque année, Ahlfeld et ses environs luxuriants demeurent encore un authentique Monde perdu. **DBB**

LES YUNGAS

BOLIVIE

État de conservation : critique, menacé
Superficie : 186 700 km^2
Précipitations : 500 à 2 000 mm

Situées sur le versant oriental des Andes boliviennes, les Yungas forment la zone de transition entre les forêts de plaines humides et les déserts froids et secs des hauteurs. Elles incluent la forêt de brouillard à la fois humide et sèche et la forêt Apa-Apa, qui sont cachées par d'énormes figuiers ornés de broméliacées et par des rideaux de bambous. La région regorge de vallées escarpées et de cascades qui ont favorisé le développement d'espèces locales, beaucoup d'insectes et de plantes.

Les différences d'altitude ont engendré une très grande richesse de la flore et de la faune. Parmi les oiseaux résidant dans les plus hautes altitudes, on trouve le piauhau à faucille, le colibri à ailes saphir, le synallaxe à menton blanc et le toucan à capuchon. Au-dessus de la ligne des arbres, on peut voir les forêts de polylepis à l'abri des montagnes. Protégées du vent, ces îles boisées se sont développées dans un environnement dévasté par les bourrasques. On y trouve des espèces endémiques telles que le chipin de Cochabamba, le conirostre géant, et le taurillon mésange. La déforestation a été très importante par endroits et, dans certaines régions, il subsiste très peu de couverture végétale. **AB**

L'ALTIPLANO

BOLIVIE / CHILI / PÉROU

Altitude moyenne : 3 660 m
Superficie de l'Altiplano : 168 350 km²

L'Altiplano est un haut plateau qui surplombe les Andes du Sud. S'étendant de l'ouest de la Bolivie et du nord-est du Chili jusqu'au sud du Pérou, il s'agit d'une dépression sédimentaire entre les chaînes occidentales et orientales des Andes. Ces sédiments résultent de l'érosion des plus hauts sommets et de l'accumulation des débris volcaniques. Le remblaiement de cette dépression s'est produit il y a des millions d'années alors que l'ancien socle marin se soulevait et que les nouveaux sommets andins s'élevaient. La mer a fini par se retirer en laissant derrière elle beaucoup de marais salants. Actuellement l'érosion de sommets, qui font plus de 6 000 mètres de haut, crée toujours de nouveaux dépôts. À 3 820 mètres, l'endroit le plus bas du plateau est occupé par le lac Titicaca.

La région est divisée en deux : la puna plus froide et plus sèche au sud et au nord la jalca, plus humide. Les plantes et les animaux qui vivent dans ces deux parties sont tout à fait distincts, bien que la résistance au vent et au gel soit essentielle pour la survie des plantes des deux régions. La puna est formée d'arbustes nains et de touffes d'herbes laissant souvent apparaître le sol nu entre eux. Les plantes « coussin » (leur nom se réfère à leur forme) sont également fréquentes. La jalca est plus luxuriante, avec des puyas et d'autres plantes à rosette. Dans certaines zones la fonte annuelle des neiges forme des marais d'eau douce appelés *bofedales*. Ailleurs, ils peuvent être saumâtres et, grâce à leurs eaux riches en algues minuscules et en crevettes, permettre à de grandes populations de flamants de se nourrir. L'Altiplano recèle également les ancêtres de la pomme de terre et de la tomate ainsi que d'autres végétaux comestibles importants pour l'alimentation des habitants de la région tels que le quinoa, l'oca et le cañihua. Certaines zones de l'Altiplano sont protégées, dont le parc national chilien de Lauca, près d'Arica. Le parc abrite la vigogne et le guanaco (deux camélidés sauvages), et le huemul (un cerf sauvage rare). On y trouve aussi 140 espèces d'oiseaux, dont de nombreuses rares et propres aux zones humides, ainsi que plus de 400 espèces de plantes, dont beaucoup sont endémiques. La région est habitée depuis très longtemps – certains villages depuis plus de 10 000 ans sans aucune interruption – et un million de personnes y vivent actuellement. **AB**

L'Altiplano est un haut plateau qui surplombe les Andes du Sud. D'altitude élevée, froid et recevant peu de précipitations, il possède une beauté farouche.

À DROITE : *La Lagune verte et le volcan éteint Licáncabur.*

LA LAGUNE ROUGE

LIPEZ DU SUD, BOLIVIE

Nom local : Laguna Colorada
Altitude : 4 200 m (Laguna Colorada)
Superficie de l'Uyani, le complexe salant : 11,000 km² de lacs et de maraissalants

La Lagune rouge est un lac de haute altitude au sud-ouest de l'Altiplano bolivien. Coloré par ses myriades de minuscules algues et de crevettes, il attire jusqu'à 30 000 flamants de trois espèces différentes, dont le rarissime flamant de James. Sa couleur exacte dépend de l'angle du soleil, elle varie donc tout au long de la journée, passant du bleu au pourpre ou au brun sombre. D'énormes blocs de sel ressemblant à des icebergs flottent sur ses eaux. Cette lagune fait partie de l'Uyuni, un ensemble de lacs et de marais salants riches en minéraux qui, avec le Titicaca et le Poopo, sont les vestiges d'une immense mer intérieure. Des pluies saisonnières renouvellent l'eau douce.

Pendant une partie de l'année, la région n'est qu'un désert froid et sec. La région demeure active avec le volcan Licáncabur, haut de 6 200 mètres et coiffé de neige, qui surplombe la Lagune verte voisine. On peut voir aussi des geysers de boue larges de 100 mètres à Sol de Manana, des piscines thermales et d'étranges rochers sculptés par le vent. La maigre végétation comprend des lichens, des touffes d'herbes et des cactus couverts de piquants. Ceux-ci fournissent leur nourriture à la vigogne et à la viscache, un grand rongeur vivant en groupe dont les colonies peuvent couvrir jusqu'à 600 m². **AB**

CHILI

LA VALLÉE DE LA LUNE

ATACAMA, CHILI

Âge de la roche : 23 millions d'années
Diamètre de la vallée : 500 m
Saison : toute l'année

Les blocs escarpés et les étroites tours de grès de la vallée de la Lune se trouvent dans une région du nord du Chili souvent considérée comme une « friche stérile ». Aussi hostile et sec qu'il paraisse, ce paysage situé en plein milieu du vaste désert d'Atacama est une merveille géologique. Nichée à la pointe nord de la chaîne de Salt Mountain, toute la région formait la cuvette exposée d'un ancien lac qui fut basculée, tordue et soulevée sur des millénaires. Des vents permanents et des averses saisonnières ont alors sculpté la pierre cabossée, pour en faire le paysage lunaire que l'on peut admirer aujourd'hui. Riches en dépôts minéraux colorés, les rochers sont veinés d'oxydes de fer rouges et orange ou ornés de crêtes épaisses de sel, le tout nimbé d'une fine poussière de gypse. La lumière changeante du coucher du soleil transforme la vallée en un ensemble de torses et de membres qui s'irisent comme un caméléon et dont les ombres dansent sur la plaine décapée par le sable. Sous la lumière de la lune, le paysage écrasé de blancheur prend un aspect qui justifie complètement son nom. La vallée de la Lune se trouve à 20 kilomètres à l'ouest de San Pedro d'Atacama, et on peut y accéder à bicyclette ou en automobile. Des excursions partent tous les jours de San Pedro. **DBB**

LE DÉSERT D'ATACAMA

ANTOFAGASTA, CHILI

Superficie du désert : 105 200 km²
Pluviosité annuelle : 0 à 2,1 mm selon les secteurs
Longueur du désert : 1 600 km

Certaines zones du désert desséché et poussiéreux d'Atacama, dans le nord-ouest du Chili, n'ont jamais vu une seule goutte d'eau. Réputé comme l'endroit le plus sec de la planète – même les bactéries y sont rares – la décomposition ne peut s'y produire ; des plantes et des animaux morts depuis des milliers d'années continuent de cuire encore aujourd'hui sous le soleil. Ce paysage de rochers, de dunes de sable, de cratères dus à des impacts de météorites, et d'anciennes cuvettes de lacs desséchés depuis des lustres est souvent comparé avec la Lune ou Mars ; il sert d'ailleurs régulièrement de site d'essai pour les robots télécommandés de la Nasa.

Les bords de l'Atacama qui vont jusqu'aux pieds des Andes à l'est et tombent dans l'océan Pacifique à l'ouest, abritent une surprenante diversité d'animaux et de plantes. Des lamas et des vigognes se rassemblent à proximité des quantités d'oiseaux chanteurs, pendant que des lézards chassent les scorpions entre les petits arbustes et les cactus qui parsèment les plaines ; les flamants et les manchots font étape sur la côte. Trois zones protégées couvrent les régions du désert d'Atacama. La réserve nationale de la Pampa del Tamarugal abrite les deux seuls lieux de reproduction au monde du passereau de Tamarugo. **DBB**

LE LAC SALÉ D'ATACAMA

ANTOFAGASTA, CHILI

Nom local : Salar de Atacama
Meilleures saisons : hiver, printemps, automne ; pluies de décembre à mars
Altitude moyenne : 2 300 m au-dessus du niveau de la mer

Les eaux profondes d'une ancienne mer intérieure dans le nord du Chili se sont évaporées pour laisser place, au bout de quelques millions d'années, au désert, révélant des champs couverts d'une épaisse couche de sel cristallisé.

Un examen plus attentif de ce qui est connu comme le lac salé d'Atacama permet cependant de découvrir encore des restes d'eau peu profonde sous la croûte de sel camouflée par une fine poussière désertique. Plus grand dépôt de sel du Chili, cette immense étendue minérale comprend aussi des champs de gypse d'un gris crayeux et elle est criblée par des eaux de surface de la taille d'un lagon.

Malgré l'extrême salinité de la région et le soleil inexorable du désert, son réseau de zones humides uniques – auquel se sont adaptées quelques plantes particulièrement robustes telles que l'*Ephedra breana*, une herbe médicinale et le cachiyuyo, une espèce endémique d'arbuste chétif – permet l'existence d'une faune sauvage variée, depuis les flamants du Chili et les oies des Andes jusqu'aux lamas apprivoisés et à leurs ancêtres sauvages, les guanacos. Le lac salé se trouve à 56 kilomètres au sud de San Pedro d'Atacama. **DBB**

CI-DESSOUS : *L'étendue aride du lac salé d'Atacama au Chili.*

LES GEYSERS D'EL TATIO

ANTOFAGASTA, CHILI

Nom local : Los Géseires del Tatio
Hauteur moyenne des geysers : 75 cm
Nombre de sources éruptives : 110

Ici, l'eau bout à partir de 86 °C au lieu des 100 °C habituels en raison de l'altitude. Situé à 4 200 mètres au-dessus du niveau de la mer, El Tatio est un des plus hauts champs de geysers au monde. Le sol est jonché de cheminées et de cônes de sel cristallisé, et la seule eau présente est celle qui jaillit du sol. Il y a 110 sources éruptives, parmi lesquelles 80 sont des geysers actifs et 30 des « puits jaillissants », formant ainsi la plus grande concentration de geysers de tout l'hémisphère austral. Leurs éruptions s'élèvent cependant à moins d'un mètre de haut.

Les canaux peu profonds qui s'échappent du champ de geysers sont remplis de colonies de bactéries et d'algues résistantes à la chaleur, qui les teintent en rouge et en vert. À moins de quelques mètres des geysers, l'eau est déjà suffisamment refroidie pour lui permettre d'héberger une espèce de grenouille unique. Ses têtards se cachent parmi les filaments des bactéries. Les adultes n'hésitent pas à manger leurs congénères sans le moindre scrupule. C'est pour cette raison que l'on peut les voir se promener avec des pattes d'autres grenouilles dépassant de leur gueule. Les geysers se trouvent à 150 kilomètres au sud-est de Calama. **MB**

LE LAC CHUNGARÁ

TARAPACA, CHILI

Altitude : 4 518 m
Profondeur : 40 m
Superficie du Parc national de Lauca : 138 000 ha

Tout en haut de l'Altiplano andin, le haut plateau au nord-est du Chili, les eaux d'un bleu profond du lac Chungará forment le plus haut plan d'eau. Situé à peu près à 4 550 mètres au-dessus du niveau de la mer, Chungará s'étale paisiblement près de la base du volcan endormi et coiffé de neige de Parinacota, qui surplombe de 1 830 mètres les rives du lac. Dominant le territoire favori de la plupart des animaux de la région, Chungará est bordé de zones humides et se révèle un biotope extrêmement important pour les vigognes et les alpagas, la rarissime foulque macroule géante et une foule d'oiseaux migrateurs. Le lac abrite même sa propre espèce de poisson-chat. Faisant partie du parc national de Lauca, qui fut décrété réserve de la biosphère mondiale en 1983 en raison de sa végétation arbustive de haute altitude unique en son genre, la région est un havre protégé pour le cerf des Andes, espèce très menacée dont il ne reste qu'un millier. En dépit de sa position reculée et de son état particulièrement bien préservé, le lac doit faire face à de graves menaces de la part des compagnies locales de services, qui revendiquent le droit de puiser dans ses eaux. Une décision qui détruirait le fragile écosystème de Chungará. Le parc et le lac Chungará sont accessibles en voiture depuis la ville d'Arica. **DBB**

LE VOLCAN ANTUCO

BIO-BIO, CHILI

Altitude de l'Antuco : 2 985 m
Dernière grande éruption : 1869

Il y a environ 10 000 ans, la lave endurcie du cône massif, et s'étalant très vite le long de la frontière de l'Argentine et du centre du Chili, devint trop abrupte et son flanc occidental s'effondra en une avalanche de poussière dévastatrice. L'imprévisible volcan Antuco, comme il vint à être connu, laissait dans son sillage une cicatrice en forme de fer à cheval de cinq kilomètres de large qui continuait de se consumer lentement. En dépit de ces débuts violents et des amas de décombres carbonisés qui recouvrent sa base, Antuco est une destination paisible. Ses flancs sont couverts de cyprès de montagne et d'araucarias du Chili que leurs feuilles étagées et pointues font ressembler à des candélabres.

Au XIXe siècle, lors de la dernière phase d'activité du volcan Antuco, les coulées de lave ont barré les rivières issues du lac résident Laja, ajoutant presque sept étages – 20 mètres – de profondeur à cet ancien lagon tout en créant de superbes cascades au drapé vaporeux. Mais la tranquillité actuelle de l'Antuco est dangereusement trompeuse car si ce géant paraît endormi, il n'est pas éteint. **DBB**

LA RÉSERVE NATURELLE DE MALALCAHUELLO

ARAUCANÍA, CHILI

Altitude maximale : 2 940 m
Végétation à basse altitude : forêt pluviale valdivienne tempérée
Végétation de haute altitude : prairies et gazon alpins

Située dans le nord de la région de l'Araucanía, au sud du Chili, cette réserve a été créée en 1931. Son attrait principal réside dans l'impressionnant volcan Lonquimay dont les pentes présentent un ensemble de formations volcaniques et qui se couvrent vers le sommet de nombreuses variétés de plantes alpines. Les condors y font leurs nids. Son sommet recouvert de lave s'enorgueillit du cratère de la Nativité ainsi appelé parce qu'il s'est formé après une éruption le jour de Noël 1988. Le parc et les premières pentes du volcan sont couvertes d'une forêt mixte d'araucarias, de lauriers, de chênes et de hêtres, dominée par les araucarias dans les secteurs plus exposés et plus secs. Appelée forêt valdivienne et revêtue de fougères et de mousses diverses, elle regorge d'espèces endémiques de plantes, de mammifères et d'oiseaux. On y rencontre des fuchsias sauvages dans les zones dégagées. Malalcahuello abrite plus de 400 espèces d'oiseaux, ainsi que le pudu – un cervidé nain –, le puma, le chat sauvage du Chili, des loutres, des renards fuégiens, le huemul, ou cerf guémal, extrêmement rare et menacé de disparition. On y trouve enfin la grenouille de Darwin, qui couve ses bébés dans le sac de sa gorge. **AB**

LE LAC SALÉ DE SURIRE

TARAPACÁ, CHILI

Superficie : 1 829 ha
Altitude : 4 200 m
Végétation : prairies arides

Ce lac salé de haute altitude au sud du Chili a été ainsi nommé en référence au « suri », ou nandou andin, un grand oiseau ressemblant à l'autruche et typique des plaines de haute altitude de la région. Institué monument national depuis 1983, la région offre des bassins d'eau chaude, une flore et une faune sauvages abondantes, et toute une variété de lagons d'eau douce ou d'eau salée. Seulement interrompu par la proéminence de 122 mètres de la colline d'Oquella, le lac salé central, ou « salar », est une surface presque parfaitement plate sur laquelle coulent les rivières Casinane et Blanco. Il est entouré par des volcans éteints dont les sédiments filtrés ont formé le « salar » actuel. Les lagons abritent une profusion d'oiseaux, dont les flamants des Andes, de James et du Chili, l'avocette des Andes et le canard huppé. Les prairies des pampas de Surire accueillent la vigogne, l'alpaga, le colin du puna, et le nandou. Avec une pluviosité annuelle ne dépassant pas 250 millimètres, la végétation est très clairsemée. La nuit, les températures chutent bien en dessous de zéro, et la journée elles peinent à atteindre 5 °C. La ville la plus proche est Colchane, à 79 kilomètres vers le sud. **AB**

LE PARC NATIONAL TORRES DEL PAINE

MAGALLANES Y ANTÁRTICA, CHILI

Superficie du parc national : 2 242 km²
Altitude du Paine Grande : 3 050 m

Ce parc national, qui offre des paysages spectaculaires ainsi qu'une faune et une flore abondantes, est dominé par le massif de Paine, un ensemble de montagnes granitiques moyennement élevées qui se sont formées il y a 12 millions d'années. Les Torres del Paine – « Tours du Paine » - sont trois pics de granit déchiquetés, le plus haut étant Paine Grande. Les Cuernos del Paine – « Cornes du Paine » – sont deux pointes de granite coiffées d'ardoise noire. Le parc s'étend au bord de la calotte de glace patagonienne au sud du pays, calotte dont les glaciers nourrissent des lagons et des lacs. La végétation locale se compose de prairies balayées par le vent et des massifs de forêts lenga qui s'amenuisent à mesure que l'on monte en altitude. Des guanacos, des nandous, des pumas, des renards gris de Patagonie et des renards des Andes rôdent tandis que les condors des Andes, les urubus noirs, et les caracaras huppés planent dans le ciel. Un sentier de trekking très prisé, le circuit des Torres del Paine, emmènent les randonneurs jusqu'aux montagnes, aux lacs et à l'énorme glacier Ventisqueero. **MB**

CI-DESSOUS : *Les Torres et les Cuernos del Paine ponctuent l'horizon du parc.*

LES CHUTES DU SALTO GRANDE

MAGALLANES Y ANTÁRTICA, CHILI

Hauteur de Salto Grande : 20 m
Largeur de la cascade : 14 m

Un large, indéchirable et scintillant rideau d'eau se déversant d'un lac bleu turquoise sur 18 mètres, ce sont les chutes du Salto Grande à l'extrême pointe sud du Chili qui sont classées monument naturel. Ajoutez à cela un fond imposant de pics granitiques pointus qui se dressent à 2 500 mètres dans les airs, des berges montagneuses mouchetées d'arbustes rouges, jaunes et verts et un arc-en-ciel permanent qui s'élève de la brume des chutes, l'ensemble du spectacle prend alors un aspect féerique. Et ce n'est que le début du Salto Grande. Formant une partie du parc national des Torres del Paine – décrété réserve de la biosphère en 1978 en raison de son extraordinaire richesse écologique et des immenses tours rocheuses auxquelles le parc doit son nom, les eaux du Salto sont alimentées par des glaciers. Ses rives sont fréquentées par des colonies sédentaires de flamants, par les troupeaux de passage de guanacos, ainsi que par des groupes du plus grand de tous les oiseaux américains, mais qui ne vole pas : le nandou – pour n'en donner que quelques exemples. On peut rejoindre Salto Grande par la route à partir de Punta Arenas jusqu'au parc Torres, juste au sud de Puerto Natales. **DBB**

LA LAGUNE SAN RAFAEL

AISEN DEL GENERAL, CHILI

Glacier San Rafael : 9 km de long
Superficie du Parc national de la Laguna San Rafael : 1 742 448 ha

Le parc national de la Laguna San Rafael est dominé par la bouche de l'extraordinaire glacier San Rafael, l'un des 19 qui forment la croûte glaciaire du nord de la Patagonie. Il se déplace à la vitesse de 17 mètres par jour depuis 3 000 mètres d'altitude jusqu'au niveau de la mer, et il fond dans un lagon qui s'ouvre vers la mer par un chenal dans le golfe d'Elefanes. Chaque jour, des blocs se détachent de cette falaise glacée haute de 70 mètres et plongent dans le lagon, les plus gros provoquant des vagues de 3 mètres de haut. L'océan Pacifique tout proche joue un rôle essentiel pour la faune de la région. On peut fréquemment voir des albatros, des manchots, des cormorans, des brassemers cendrés, des loutres de mer et des otaries. Des oies à tête cendrée fouillent dans les herbes du rivage, et après les pluies torrentielles on constate l'apparition d'une minuscule grenouille noir et blanc, dont l'espèce n'a toujours pas été identifiée. Ce parc est situé dans la région des fjords du Chili et il n'existe aucune route pour y accéder. Ceux qui veulent le visiter doivent le rejoindre par la mer à partir de Puerto Montt, ou par avion depuis Coyhaique ou Puerto Aisén. L'éventuel recul du glacier est un sujet de préoccupation. **MB**

LA RÉGION DES FJORDS

CHILI

Hauteur des glaciers : jusqu'à 61 m
Emplacement : au sud du golfe de Penas
Longueur de la côte des fjords : 37 000 km

À mesure que l'épine dorsale rocheuse qui longe toute la côte du Chili descend vers le sud, elle s'enfonce lentement sous terre et finit par disparaître dans les profondeurs de l'océan. Les sommets des montagnes deviennent des îles séparées par de larges canaux ; les anciens glaciers qui descendent des hauteurs andines finissent leur voyage dans la mer sous la forme de parois géantes de glace de la hauteur d'un gratte-ciel. C'est la terre chilienne des fjords, un immense paysage marin sauvage de falaises d'un bleu cristallin et d'icebergs flottants. Ces glaciers suspendus âgés de 3 000 ans sont en fait le prolongement d'une des plus grandes calottes glaciaires de la planète qui termine son parcours dans le Pacifique. Il s'agit là d'une des rares parties du globe où autant de forces naturelles colossales sont ainsi réunies. Dans ce tourbillon où s'affrontent courants pacifiques et atlantiques, l'eau douce glaciale se déverse dans les eaux salées de l'océan, au cœur d'un paysage marin accidenté et terriblement houleux. Tout cet ensemble entretient une abondante chaîne alimentaire comprenant les manchots et les otaries, aussi bien que les orques, qui mangent les deux. C'est aussi le seul terrain de pêche des baleines à bosse en Amérique du Sud. **DBB**

LE GLACIER DE BALMACEDA

PUNTA ARENAS, CHILI

Altitude : du niveau de la mer jusqu'à 2 035 m
Âge : 30 000 ans
Durée de la première traversée : 98 jours

Coincé entre deux pics triangulaires d'une roche nue et noire qui s'élancent vers le ciel de façon suffisamment abrupte pour créer leur propre climat, le glacier Balmaceda commence son périple au cœur d'un halo permanent de nuages d'orage et descend jusqu'à une anse sur le Pacifique. Jusqu'au milieu des années 80, les vagues venaient lécher son extrémité glacée ; à cause du réchauffement du climat, cette masse s'arrête maintenant 150 mètres plus haut sur la pente.

Cette terre inhabitée, qui fait partie de la vaste couverture glaciaire du sud de la Patagonie, est la patrie des condors, qui règnent sans partage sur les airs, et des orques, qui dominent les flots, tandis que le Balmaceda, lui, domine la terre. Mais comme tout monument naturel, l'homme a fini par conquérir le Balmaceda en en faisant la limite de la première traversée des champs de glace australs sur toute leur longueur, réussie en janvier 1999 par un groupe d'explorateurs polaires chiliens. Cependant le simple touriste ne pourra l'apercevoir, pour sa part, que par bateau ou par avion, de nombreux voyages organisés permettant de s'approcher du glacier pour l'admirer. **DBB**

LE CANAL DE BEAGLE

CHILI / ARGENTINE

Longueur du glacier de Beagle :
240 km

Largeur du glacier de Beagle :
5 à 13 km

Bien que portant le nom du célèbre bateau de Charles Darwin, le canal de Beagle fut en fait découvert par Robert FitzRoy lors d'un voyage de repérage dans les années 1830. Le canal est lui-même un passage étroit mais abrité au large de la Terre de Feu, dont le point culminant – le mont Darwin – coiffé de plus de 90 mètres d'épaisseur de neige, s'élève à plus de 1 830 mètres. Ces îles fréquemment disputées au long de l'histoire sont actuellement sous la souveraineté partagée de l'Argentine et du Chili. Ce canal revêtait une importance toute particulière pour les anciens marins car il leur permettait d'éviter le Cap Horn, une entreprise périlleuse qui se terminait en désastre pour de nombreux infortunés.

Si on laisse de côté les diverses éruptions politiques qui troublent parfois la tranquillité de ces eaux, le canal de Beagle est aujourd'hui un refuge éloigné de tout et à l'aspect désolé pour toutes les formes de vie marine. Des montagnes escarpées, des glaciers et des cascades constituent un amphithéâtre naturel. Très peu de choses ont changé depuis l'époque où Darwin écrivait : « Il est à peine possible d'imaginer quelque chose de plus magnifique que la couleur de ces glaciers, d'un bleu aux nuances de béryl. » On pouvait alors, comme maintenant, voir d'énormes fragments des mêmes glaciers se briser pour basculer dans les abysses tandis que les cachalots nagent à un jet de pierre du rivage.

Les eaux glaciales qui marquent la jonction des océans Atlantique et Pacifique constituent une réserve abondante de nourriture pour les nombreuses îles qui parsèment le canal, ce qui explique la grande variété des espèces d'oiseaux que l'on y rencontre : des goélands, des pétrels, des albatros, des labbes, des brassemers cendrées et des cormorans se bousculent pour

*Des montagnes escarpées, des glaciers, et des cascades
constituent un amphithéâtre naturel
où le spectacle de la nature se déploie dans toute sa beauté.*

défendre leur place au milieu des colonies de manchots de Magellan et des manchots papous. Lors de leur traversée des forêts de hêtres les plus australes de la planète, les randonneurs pourront aussi apercevoir le pic de Magellan, le plus grand d'Amérique du Sud. Entre autres merveilles ornithologiques, on peut noter les condors des Andes, les buses aguia et les conures. Le canal de Beagle est devenu une destination de plus en plus courue des amateurs d'éco-tourisme et son accès est facilité par la proximité d'Ushuaia, la ville la plus proche du pôle Sud. Des excursions en compagnie de guides peuvent être organisées. **NA**

À DROITE : *Les phoques et les cormorans se rassemblent sur les rochers du canal de Beagle.*

LES PÉNITENTS DE NIEVE

CHILI / ARGENTINE

Altitude du col d'Agua Negra : 4 765 m
Hauteur des Pénitents de Nieve : jusqu'à 6 m de haut
Altitude des Pénitents Cerro : 4 350 m

Le col d'Agua Negra, situé entre le Chili et l'Argentine s'ouvre sur un magnifique paysage : des pics de neige gelée alignés sur des rangées sans fin, qui se dressent tels des personnages en capuche blanche. On les a surnommés Penitentes de Nieve – « Pénitents de neige » – en référence aux pénitents d'une procession chrétienne de la Semaine sainte. La plupart ne font pas plus de 2 mètres de haut mais certains peuvent atteindre 6 mètres et demeurent au bord de la route pendant tout l'été. Charles Darwin, qui les aperçut en 1835, pensait qu'ils avaient été sculptés par le vent. Mais, en 1926, le géologue argentin Luciano Roque Catalano avança une autre hypothèse : puisque le sommet de ces aiguilles de neige fond durant la journée et regèle la nuit, les cristaux de neige ne s'orientent pas au hasard mais suivant une direction bien précise, influencée par le champ magnétique terrestre. En conséquence, tous les pics de neige sont tournés dans la direction est-ouest. Les Pénitents de Cerro présentent des tours rocheuses similaires aux aiguilles de neige plus haut dans la montagne. On peut également apercevoir des Pénitents de neige à Cerro Overo. **MB**

ARGENTINE

LES CHUTES D'IGUAÇU
ARGENTINE / BRÉSIL

Hauteur des chutes d'Iguaçu : 85 m
Largeur de la gorge : 4 km
Hauteur des embruns : 90 m

Ici la rivière Iguaçu déverse 58 000 tonnes d'eau à la seconde par-dessus le bord sud du plateau de Paraná dans une gorge en forme de fer à cheval. Des îles bordées d'arbres et des affleurements rocheux divisent les chutes en plus de 275 cascades individuelles. L'énorme grondement des eaux peut s'entendre de très loin et les embruns qu'elles soulèvent s'élèvent à près de 100 mètres. La plus grande cascade est Union Falls, qui se déverse dans la gorge du Diable, un gouffre profond où la rivière a creusé une faille géologique. Les touristes peuvent s'approcher des cascades dans des petits bateaux en caoutchouc. Des passerelles et des ponts étroits spécialement construits sur le côté argentin emmènent les marcheurs jusqu'à de spectaculaires massifs de bambous, de palmiers, de lianes et d'orchidées sauvages qui bordent la gorge. Les arbres festonnés de fougères, de lichens et de broméliacées sont décorés par les nids suspendus des oiseaux chanteurs locaux. Des nuées de martinets noirs tournoient et plongent vers leurs nids derrière les murs d'eau tandis qu'au lointain on peut entendre les cris rauques des bandes de singes hurleurs. MB

CI-DESSOUS : *Les assourdissantes chutes d'Iguaçu.*

LES MARAIS D'IBERÁ

CORRIENTES, ARGENTINE

Superficie des marais d'Iberá : 1,3 million d'ha
Pluviosité annuelle : 1 200 à 1 500 mm

Les marais d'Iberá, dans le nord-est de l'Argentine, forment un monde gorgé d'eau et en majeure partie inaccessible qui abrite des espèces rares et menacées de disparition telles que des anacondas géants, des loups et des cerfs des marais – ces derniers possèdent des sabots palmés qui leur permettent de ne pas s'enfoncer dans les sols mous. Ils renferment également un des écosystèmes les plus rares de la planète : des lagons d'eau profonde avec des îles flottantes nommées embalsados, ou « terres de barrages », qui montent et descendent en fonction du niveau de l'eau. Formées par l'enchevêtrement de plantes aquatiques, ces plates-formes peuvent atteindre plus de 3 mètres d'épaisseur et sont assez solides pour supporter des arbres adultes.

Le caractère unique de ce biotope, combiné à son isolement, en a fait un refuge pour 2 espèces de caïmans ainsi que pour 80 espèces de poissons et des centaines d'oiseaux. Deuxième plus grande zone de marais d'Amérique du Sud, elle est restée intacte pendant des siècles jusqu'à ce qu'un barrage sur le fleuve Paraná provoque une montée du niveau des eaux, ce qui risque de transformer cette zone de marais en un lac. L'État travaille avec des organismes de protection nationaux et internationaux pour empêcher ce désastre écologique. **DBB**

LES PAMPAS

ARGENTINE

Superficie des Pampas : 328 000 km²
Pluviosité annuelle : 500 à 1 000 mm

Immense mer ondulante d'herbes qui montent jusqu'à la taille, les pampas du centre de l'Argentine sont des plaines illimitées où l'on croise des chevaux sauvages, des guanacos, des espèces endémiques de renards et des nandous. S'étendant des Andes à la côte atlantique et passant d'un climat aride à l'ouest aux terres humides de l'est, la région est un sanctuaire pour des oiseaux rares tels que le carouge safran, menacé de disparition sur toute la planète et le bécasseau roussâtre, qui migre ici chaque année depuis les toundras d'Alaska et du Canada où il se reproduit.

Couvrant un quart entier de la surface du pays, les pampas possèdent quelques-uns des plus riches sols au monde et abritent la majorité de la population humaine du pays, une combinaison qui s'est révélée désastreuse sur le plan écologique.

Autrefois le plus grand biosystème d'Argentine, il s'agit maintenant du plus menacé. Les troupeaux de bétail, une chasse non réglementée et une agriculture utilisant les engrais à fortes doses ont fait fuir les grands carnivores comme le puma ou encore le chat de la pampa, une espèce endémique.

Cependant des efforts de protection commencent à voir le jour, le parc provincial Ernesto Tornquist abrite ainsi une zone de 6 880 hectares, la plus grande étendue de pampas d'un seul tenant de tout le pays. **DBB**

🏛 LA PRESQU'ÎLE DE VALDÉS

CHUBUT, ARGENTINE

Taille des baleines franches australes : jusqu'à 15 m de long
Point le plus bas d'Amérique du Sud : Salinas Chicas, dans la presqu'île de Valdés, à 40 m sous le niveau de la mer

Chaque été, plus de 7 000 otaries australes, 50 000 éléphants de mer et 1 500 baleines franches se rassemblent pour se reproduire dans la presqu'île de Valdés. Les baleines arrivent dans les deux baies de la péninsule où elles passent l'hiver austral, c'est-à-dire d'avril à décembre. La période de plus forte activité se situe en septembre et en octobre, lorsque des groupes d'au moins 20 baleines mâles manœuvrent pour approcher des femelles sensibles à leurs avances. Cette cour peut être violente – comme en témoignent les cicatrices que portent de nombreuses baleines – mais la principale menace du secteur réside dans la présence d'autres cétacés : les orques. Ceux-ci apparaissent à Punta Norte, dans la partie nord-est de la presqu'île. La plage est interdite aux visiteurs mais, en février et mars, des plates-formes sont aménagées pour permettre d'observer les orques qui s'approchent de la plage avec les vagues pour attraper des otaries. La presqu'île est à 1 500 kilomètres au sud de Buenos Aires. Port Madryn possède un centre de plongée sur les bords du Gulfo Nuevo et, à Puerto Piámide, des bateaux permettent aux touristes de s'approcher des baleines franches. Sur les chemins qui mènent à Punta Norte, on peut aussi voir une colonie de cochons de Guinée qui courent dans la brousse. **MB**

LA POINTE DE TUMBO

CHUBUT, ARGENTINE

Période de couvaison des manchots : septembre à mars
Nidification : 2 œufs couvés par le père et la mère durant 39 à 43 jours
Taille des manchots : 71 cm de haut

Punta Tumbo, une baie isolée et sablonneuse adossée à une brousse désertique d'arbustes bas et de rochers nus au centre de la côte atlantique d'Argentine, paraît un endroit improbable pour rencontrer des manchots. La région est pourtant idéale pour les manchots de Magellan qui nichent ici par centaines de milliers, certains parlent même d'une population d'un million d'individus. Ces oiseaux creusent des terriers peu profonds dans le sol riche en argile ou dégagent des anfractuosités sous les buissons éparpillés et les corniches de pierre. Les adultes passent la moitié de l'année dans ce décor sauvage entre la mer et leur terrier pour nourrir leurs petits, et l'autre moitié en mer à suivre les courants océaniques qui les emmènent au nord vers le Brésil. La colonie de Punta Tumbo est non seulement la plus grande d'Amérique du Sud mais avec 120 années d'existence, c'est également la plus ancienne. Sa pérennité a sans doute été favorisée par une existence quasi exempte de tout prédateur, l'attention des orques – sa principale menace – étant détournée par une colonie d'otaries qui se masse sur la côte à 160 km de là plus au nord. Punta Tumbo se trouve au nord-est de la Patagonie. **DBB**

LE MONT FITZROY

ARGENTINE

Altitude du mont Fitzroy : 3 405 m
Première ascension : en 1952, par une expédition française

Aiguille centrale d'un massif déchiqueté et plus haut sommet de la région, le mont Fitzroy domine la Patagonie méridionale, accidentée et balayée par les vents, à la pointe de l'Amérique du Sud. Surplombant plusieurs glaciers, cette flèche imposante plantée dans les airs est ornée d'une couronne permanente de nuages et d'une brume de neige, qui ont incité les premiers habitants de la montagne à l'appeler *El Chaltén*, c'est-à-dire « la montagne qui fume ». Bien que réputés pour être affligés par un temps imprévisible et des vents très violents, le Fitzroy et ses sommets voisins font aujourd'hui partie des destinations les plus convoitées des alpinistes professionnels, en raison des difficultés qu'ils présentent. Cependant, la meilleure place pour apprécier le Fitzroy se situe sur ses contreforts ; les glaciers glissent tranquillement au milieu de forêts d'arbustes rabougris et d'arbres tordus, dans lesquelles abondent oiseaux chanteurs, lacs et cascades. Le mont Fitzroy marque la limite nord du parc national des Glaciers (inscrit au patrimoine mondial en 1981), une réserve d'une cinquantaine de glaciers et de multiples icebergs issus de la deuxième plus grande calotte glaciaire continentale au monde. **DBB**

LE GLACIER PERITO MORENO

SANTA CRUZ, ARGENTINE

Superficie du Parc national des Glaciers	600 000 ha
Nombre de glaciers	365
Longueur du glacier Moreno	30 km

Dans le parc national des Glaciers, au sud de l'Argentine, le glacier Moreno provoque d'énormes dégâts tous les trois ou quatre ans. Il fait partie des nombreux glaciers qui s'écoulent de la calotte de glace de la Patagonie du sud, mais à la différence des autres il traverse le lac Argentino, le plus profond d'Argentine, puis se dirige vers la péninsule de Magellan sur la rive opposée, en bloquant le chenal de Tempanos. Il peut aller jusqu'à s'enfoncer dans la forêt, mais surtout il fait barrage à l'eau provenant de la fonte des glaciers Upsala et Spegazzini, qui s'écoule au nord du lac, derrière le gigantesque mur de glace du Moreno. Avec pour conséquence une impressionnante remontée du niveau des eaux en amont du barrage, jusqu'à 37 mètres au-dessus du côté en aval. La pression peut devenir tellement élevée que, dans un laps de deux à trois jours, le barrage de glace éclate violemment et qu'une partie du glacier se disloque, de gigantesques blocs s'effondrant dans le lac. On peut entendre le fracas de la glace qui se brise à des kilomètres à la ronde. On peut accéder à ces glaciers à partir d'El Calafate, qui est reliée à Buenos Aires par des vols directs. MB

CI-DESSOUS : *Le glacier Moreno s'avançant dans le lac Argentino.*

OCÉAN ATLANTIQUE

LA DORSALE MÉDIO-ATLANTIQUE
OCÉAN ATLANTIQUE

Longueur de la dorsale médio-atlantique : 16 100 km
Largeur de la dorsale médio-atlantique : 480 à 970 km

Presque aussi haute que les Alpes, cette énorme crête rocheuse fait plus de deux fois la longueur des Andes. Plus longue chaîne montagneuse du globe, la dorsale médio-atlantique (DMA) court à travers les profondeurs de l'océan d'un pôle à l'autre, séparant l'Atlantique en un secteur ouest et un secteur est. Bien que presque tout l'ensemble de la chaîne soit sous l'eau, de temps à autre une de ses lignes de crête de 3,3 kilomètres de haut crève la surface pour former une zone d'îles isolées. Et lorsque la dorsale aborde le cercle Arctique, elle se termine en une plaque de terre émergée, l'Islande. La DMA est le résultat de l'expansion du fond marin, une lutte géologique entre les plaques de l'écorce terrestre qui, au long de millions d'années, a entraîné le continent américain vers l'ouest, l'Afrique et l'Eurasie vers l'est. Bien qu'on la considère comme une seule, elle consiste en fait en deux crêtes parallèles séparées par une fosse tectonique qui n'arrête pas de s'élargir. Avec ses innombrables vallées et ses sommets, ses plateaux immenses et ses gorges étroites, ce monument naturel abrite tous les types d'écosystèmes connus – des sources chaudes jusqu'aux baïnes dues aux marées. **DBB**

III

L'EUROPE ET LE MOYEN-ORIENT

Du berceau mystique du soleil de minuit aux eaux bienfaisantes de la mer Morte, l'Europe et le Moyen-Orient recouvrent une infinité de pays et de civilisations. Leur histoire naturelle porte les stigmates de la relation hostile ou harmonieuse, mais toujours mouvementée, qu'entretiennent l'Homme et la Nature – des châteaux construits sur les sommets les plus escarpés aux fresques peintes sur les parois de ses grottes, en passant par les routes commerciales de ses cols de montagne et l'affrontement de périls sans nombre.

À GAUCHE : *Le Puy-de-Côme, point culminant de la chaîne des Puys.*

ISLANDE

LE CRATÈRE HVERFJALL

HÚSAVIK, ISLANDE

Âge du cratère Hverfjall : 2 800 ans
Hauteur du cône de scories : 200 m

L'Islande est située au milieu de l'Atlantique sur le fossé d'effondrement entre l'Europe et l'Amérique. D'où le grand nombre de tremblements de terre et de volcans.

Hverfjall est un cratère créé pendant une courte mais puissante éruption, il y a environ 2 800 ans. Contrairement à un volcan, dont les jets de lave forment un énorme cône, le magma en fusion a rencontré la nappe phréatique lors de son éruption. L'explosion qui a suivi a produit un vaste cratère de scories et de pierres. Mesurant environ 1,5 kilomètre de large, le cône de scories s'élève à presque 200 mètres. Tout autour gisent les preuves de l'agitation souterraine. Les éruptions des années 1720 et les feux volcaniques de Krafla, dans les années 1970, ont semé le paysage adjacent de fumerolles et de flaques de boue frémissante – de la terre formée récemment, apparemment sans vie, mystérieuse et crachant pourtant encore du feu.

Hverfjall est situé au nord du quatrième plus grand lac du pays, Myvatn, une véritable oasis au sein d'un désert de lave. Parmi les coulées volcaniques et les cratères, les cônes de scories et les geysers, des milliers d'oiseaux sauvages migrent vers cette région tous les ans. AC

CI-DESSOUS : *Le cône de scories du cratère Hverfjall.*

LES CHUTES DE DETTIFOSS

HÚSAVIK, ISLANDE

Hauteur des chutes de Dettifoss :
44 m
Largeur des chutes : 100 m
Débit des chutes :
500 000 litres/seconde

La région de Myvatn, au nord-est de l'Islande, doit son nom au lac qui s'y trouve. C'est une région d'activité volcanique dont le paysage lunaire est dominé par le volcan Kafla. On y trouve des champs de lave et des sources chaudes, comme Námaskaro, vaste étendue de geysers et flaques de boue frémissante. C'est également la région des gorges et des chutes d'eau – les plus spectaculaires sont celles de Dettifoss, qui coulent le long du Jokulsá á Fjollum, le plus long fleuve de l'île. Ce dernier est alimenté par l'eau de fonte du sommet enneigé de Vatnajokull et traverse un haut plateau marqué par des coulées de lave, avant de se jeter dans la Baie d'Oxarfjorour.

Les chutes de Dettifoss mesurent 44 mètres de haut et 100 de large. Avec un débit d'environ 500 000 litres d'eau par seconde, ce sont les plus puissantes chutes d'Europe. Plus au sud se trouve une autre cascade, Selfoss, haute de 10 mètres et, en aval, celle de Hafragilsfoss, qui se jette de 27 mètres de haut.

Un profond canyon s'étend sous Dettifoss, le Jokulsárgljúfur, creusé par une série d'inondations catastrophiques, la dernière ayant eu lieu il y a environ 2 500 ans. Dans les années 1970, l'idée de construire une centrale hydroélectrique a été abandonnée et la région est actuellement protégée. **MB**

LA NAPPE DE GLACE DE VATNAJÖKULL ET LE VOLCAN DE GRÍMSVÖTN

SKAFTAFELLS-SYSLA, ISLANDE

Superficie de la nappe de glace : 8 100 km²
Épaisseur de la glace : 1 000 m

La nappe de glace de Vatnajökull est, par endroits, épaisse de 1 000 mètres et s'étend sur 8 100 km². Elle contient plus de glace que tous les glaciers européens réunis et alimente 12 glaciers majeurs. Elle est posée sur des roches basaltiques sombres, conséquence de 20 millions d'années d'activité volcanique. Le volcan de Grímsvötn se trouve directement sous la plaque de glace. Sa chaleur fait fondre celle-ci, qui forme alors un lac inattendu deux kilomètres plus loin. Grondant doucement la plupart du temps, le volcan se réveille de temps en temps. La chaleur extrême vaporise la glace pour former un nuage fumant, de 8 kilomètres de long. Le torrent d'eau fulgurant devient alors si énorme qu'il emporte routes et ponts sur son passage. En temps normal, l'eau coule sagement de la bouche des glaciers. Skeidarárjökull, un glacier situé à l'extrémité sud de la nappe, alimente un fleuve qui serpente en direction de la mer à travers une plaine de graviers sombres. À l'est, le glacier de Breioamerkurjökull donne naissance à d'énormes icebergs qui flottent dans un lagon glaciaire d'eau douce, connu sous le nom de Jökulsarlón. **MB**

SVARTIFOSS

SKAFTAFELLS-SYSLA, ISLANDE

Hauteur de la chute de Svartifoss : 25 m

Création du parc national de Skaftafell : 1956

Le Parc National de Skaftafell, dans le sud-est de l'Islande, a été créé en 1956. Parmi les trésors naturels protégés ici se trouve la chute de Svartifoss, ou « cascade sombre », qui atteint 25 mètres. Alimentée par l'eau de fonte du glacier Svinafellsjökull, le mince filet d'eau se déverse sur une vaste falaise, composée de colonnes hexagonales de basalte qui semblent pendre comme les tuyaux d'un orgue par-dessus le bord d'un amphithéâtre en forme de fer à cheval. Cette particularité naturelle a inspiré le design architectural de la cathédrale de Reykjavik, la capitale du pays. Un sentier qui traverse le ravin mène à d'autres chutes, comme celle de Hundfoss, « la cascade du chien », avant de parvenir à l'insolite chute de Svartifoss. À l'origine de ce nom étrange, les chiens des fermiers du coin emportés par les eaux alors qu'ils essayaient de traverser, à un gué situé en amont de la chute. Skaftafell, quant à lui, était autrefois une oasis de pâturages au cœur d'un paysage aride. Aujourd'hui, les collines verdoyantes sont recouvertes de forêts de bouleaux, saules et sorbiers. À proximité, enfoui dans un sommet enneigé, se trouve le troisième volcan le plus élevé d'Europe, Öraefajökull, entré en éruption violente à deux reprises. MB

LES GEYSERS GEYSIR ET STROKKUR

SOUTHLAND, ISLANDE

Hauteur des projections d'eau de Geysir : 60 m
Hauteur des projections d'eau de Strokkur : 30 m
Fréquence d'éruption de Strokkur : toutes les 10 minutes

Au sud de l'Islande, dans une vallée géothermale comptant plus de 50 sources chaudes et des flaques de boue multicolores, se trouvent deux geysers, Geysir et Strokkur. La présence de Geysir est signalée pour la première fois en 1924, suite à un tremblement de terre qui frappe la région pendant l'éruption dévastatrice du mont Hekla. Cette activité sismique a donné naissance à de nouvelles sources chaudes, parmi lesquelles ces deux impressionnants geysers.

En 1647, le plus grand des deux a reçu le nom de Geysir, ce qui signifie « exubérant ». Ce terme est depuis devenu le mot universel pour désigner toute projection explosive d'eau bouillante. À cette époque, Geysir jaillissait plusieurs fois en l'espace de quelques minutes, chaque jet s'élevant plus haut, jusqu'à atteindre 60 mètres. Après ce jet rugissant de vapeur, le calme revenait alors jusqu'à l'explosion suivante, à intervalles réguliers de trois heures. Plus tard, les éruptions se sont espacées, avant de cesser complètement au début du XXe siècle : le geyser s'est alors assoupi pendant une trentaine d'années.

En 2000, un tremblement de terre a réveillé Geysir, mais celui-ci jaillit désormais à intervalles irréguliers. Avant les années 1990, les éruptions pouvaient être stimulées par l'ajout de savon, mais les préoccupations environnementales ont mis fin à ce genre de pratiques. Le voisin de Geysir, Strokkur, dont le nom signifie « la baratte », se donne en spectacle toutes les dix minutes, jaillissant dans les airs à une hauteur de 20 à 30 mètres. Les visiteurs peuvent assister au soulèvement d'une bulle d'eau bleu turquoise à l'intérieur du geyser, se préparant à jaillir en un jet spectaculaire de gouttelettes et de vapeur.

> *Les visiteurs peuvent assister au soulèvement d'une bulle d'eau bleu turquoise à l'intérieur du geyser, se préparant à jaillir en un jet spectaculaire de gouttelettes et de vapeur.*

L'histoire de la propriété de la région de Geysir est haute en couleur. Possédée à l'origine par un fermier local, ce dernier la vend, en 1894, à un distillateur de whisky appelé James Craig. Celui-ci fait alors clôturer le site, permettant aux visiteurs de voir les geysers contre une somme d'argent. Un an plus tard, las de son investissement, il en fait cadeau à un ami, E. Craig, qui abolit les droits d'entrée. James Craig est devenu Premier ministre de l'Irlande du Nord. Le neveu d'E. Craig, Hugh Rogers, a vendu le site en 1935 au cinéaste Sigudur Jonasson, qui en a fait don à vie au peuple islandais. **MB**

À DROITE : *Le geyser Strokkur jaillit dans l'air glacé.*

L'ÎLE DE HEIMAEY

VESTMANNAEJAR, ISLANDE

Accroissement de la superficie causé par l'éruption du volcan Eldfell : 15 %

Population de Heimaey : 5 300

Heimaey fait partie des îles Westman, situées à environ 25 kilomètres au sud de l'Islande. Le 23 janvier 1973, le volcan Eldfell, situé sur l'île, s'est brusquement réveillé, après un assoupissement de 5 000 ans. À la limite de la ville de Vestmannaeyjar, le sol s'est fendu, le magma en fusion et la cendre volcanique ont jailli d'une fente longue de 2 kilomètres, formant d'énormes gerbes de lave. Les immeubles ont été entièrement ensevelis sous la cendre. Lors de la première tentative pour mesurer le flux de lave, 30 kilomètres de tuyau d'arrosage et 43 pompes ont été nécessaires pour envoyer des jets d'eau de mer sur le flot de lave qui avançait. Malgré ces tentatives, la lave a fini par engloutir la partie est de la ville et 300 immeubles ont été brûlés ou ensevelis. Fort heureusement, la flotte de pêche – principale industrie de la ville – se trouvait au port à cause d'une tempête, et a pu ainsi évacuer très rapidement les 5 300 habitants. Après plusieurs semaines, l'éruption s'est calmée et les habitants ont pu regagner leurs maisons. Si certains ont échappé au pire, d'autres ont dû reconstruire entièrement leur habitation. La coulée de lave a agrandi la côte est, formant un brise-lame naturel pour le port. **MB**

L'ÎLE DE SURTSEY

VESTMANNAEJAR, ISLANDE

Hauteur de Surtsey : 174 m
Diamètre de Surtsey : 1,5 km
Superficie de Surtsey : 2,8 km^2

En novembre 1963, des pêcheurs qui plaçaient leurs filets à 33 kilomètres au sud de l'Islande, remarquèrent que quelque chose n'allait pas. Un peu plus tard, un volcan entre en éruption au fond de la mer, doucement d'abord, puis de façon plus explosive en atteignant la surface, projetant des blocs volcaniques et de la poussière au-dessus de la cheminée. Trois autres cheminées s'activent au même moment. Syrtlingur et Jolnin forment alors chacun une île, détruites depuis par l'érosion maritime. Surtla, quant à elle, ne s'élèvera jamais au-dessus de la surface. Surtsey, qui doit son nom à Surtur, géant de feu de la mythologie nordique, existe toujours. Elle s'élève à 174 mètres au-dessus du niveau de la mer et couvre une superficie de 2,8 km^2. Au printemps suivant, une mouche est le premier visiteur de l'île. La première plante fleurit en 1965 et l'éruption prend fin en 1967. Vingt ans plus tard, on y recense 25 espèces de plantes. Les premiers oiseaux – des fulmars – y bâtissent leur nid en 1970. Les derniers rapports indiquent que 89 espèces d'oiseaux y nichent et que les phoques et les oiseaux font escale sur l'île au cours de leur migration. MB

NORVÈGE

L'ARCHIPEL DE KONGSFJORDEN

SVALBARD/FINNMARK, NORVÈGE

Longueur de Kongsfjorden : 40 km
Largeur de Kongsfjorden : 5 à 10 km

Kongsfjorden est un archipel glacé qui couvre 62 000 km². Il se situe au pied des sommets enneigés des montagnes Tre Kroner (« Trois Couronnes »), sur la côte nord-ouest de Spitsbergen, l'île principale de Svarlbad. C'est le Hollandais Willem Barents qui aperçoit pour la première fois, en 1596, les montagnes Tre Kroner, alors qu'il est en mer. Il nomme l'île d'après ces dernières – Spitsbergen signifie « montagnes aiguisées ».

Au XVIIe siècle, la possession de Svarlbad fut disputée par les Norvégiens, les Hollandais et les Anglais, alors que la pêche à la baleine était à son apogée. La question de la souveraineté fut à nouveau soulevée au XVIIIe siècle, lorsque d'importantes couches de charbon ont été découvertes. La souveraineté de la Norvège est finalement reconnue en 1920, à la Conférence de Paix de Paris, et officiellement accordée en 1925, par le biais du Traité de Svarlbad.

Kongsfjorden s'étend sur 40 kilomètres dans les terres et constitue un magnifique paysage. C'est ici que les eaux les plus chaudes de l'océan Atlantique rejoignent les plus froides de l'Arctique. Par ailleurs, l'eau glacée provenant

d'un glacier actif formé par les marées, situé au sommet du fjord, s'y ajoute ; c'est pourquoi les biologistes sont fascinés par l'étude de cet environnement marin dynamique. Les scientifiques étudient également le mouvement des glaciers de Svalbard, qui peuvent parcourir plusieurs kilomètres le long de la surface rocheuse, en quelques années à peine.

Outre des scientifiques, on y trouve aussi deux communautés minières (charbon), l'une norvégienne, l'autre russe. Sur les rivages de Kongsfjorden se trouve le hameau de Ny-Ålesund, ancienne mine de charbon transformée en centre de recherches. En hiver, les humains partagent la terre avec des ours polaires, des rennes et des renards arctiques, seuls animaux capables de survivre aussi loin dans le Grand Nord. Pendant les quatre mois d'été, des baleines blanches, des phoques et des morses arrivent, accompagnés de 30 espèces d'oiseaux. Svalbard accueille de nombreux visiteurs. La capitale, Longyearbyen, est le lieu situé le plus au Nord du monde, lorsqu'on voyage sur un vol régulier. La région de Kongsfjorden incarne l'Arctique : c'est l'endroit le plus proche du pôle Nord où l'on peut se rendre (et séjourner dans un hôtel). **CM**

CI-DESSOUS : *De grands icebergs s'étendent sur les eaux glacées de l'archipel de Kongsfjorden.*

LE CAP NORD

FINNMARK, NORVÈGE

Nom local :	Nordkapp
Âge du Cap Nord :	2,6 miiliards d'années
Altitude du cap :	307 m

Commençons par une petite rectification : le Cap Nord, magnifique falaise de granit escarpée qui se dresse sur l'île de Magerøya, au nord de la Norvège, bien au-delà du cercle Arctique, n'est pas le point le plus au nord de l'Europe. Même si ce dernier reçoit toute la gloire lorsque des milliers de touristes arrivent pour admirer le soleil de minuit, entre le 11 mai et le 31 juillet, le point le plus au nord

Oscar II, roi de Suède et de Norvège, escalada le sommet du plateau en 1873. En 1907, le Cap Nord reçoit également une autre visite royale, celle du roi Chulalongkorn du Siam (aujourd'hui la Thaïlande). Avant l'avènement des bateaux à vapeur, en 1845, tous les déplacements se faisaient par la terre ferme, à travers des régions dégagées, arides et très accidentées. Un petit nombre de touristes aventureux voyageait à bord de bateaux à vapeur pour explorer le Cap Nord. En 1875, Cook's de Londres perçoit cette lacune dans le marché du tourisme et saisit l'opportunité en organisant des visites groupées dans la région.

> *La vision du soleil de minuit au Cap Nord de la Norvège est néanmoins un spectacle inoubliable – le soleil sombre majestueusement vers l'horizon puis s'arrête, suspendu dans le ciel, une boule rouge géante sur une mer virginale dorée, avant de se lever de nouveau.*

de l'Europe est en fait un promontoire plat et aride appelé Knivsjelloden. La vision du soleil de minuit au Cap Nord de la Norvège est néanmoins un spectacle inoubliable – le soleil sombre majestueusement vers l'horizon puis s'arrête, suspendu dans le ciel, une boule rouge géante sur une mer virginale dorée, avant de se lever de nouveau. Les nuages, le brouillard et même la neige obscurcissent parfois la vue.

Le Cap Nord a été découvert en 1553 par le capitaine naval anglais Richard Chancellor. On le connaissait localement sous le nom de Knyskanes, ce que Chancellor ignorait. Il le baptisa Cap Nord et le nom finit par rester. Le prince Louis-Philippe s'enfuit vers le cap afin d'échapper à la Révolution française et

Dès 1956, avec la construction d'une route près de Honningsvåg, la voie s'ouvre au tourisme de masse. Aujourd'hui, un « centre d'expérience » a été construit à même la roche, où l'on trouve des informations concernant l'histoire du cap et la région environnante du Finnmark. Ce centre abrite également un bureau de poste ainsi qu'un restaurant où l'on sert champagne et caviar norvégien. Les visiteurs peuvent rejoindre le Club Royal du Cap Nord, fondé en 1984, moyennant finances. Après cinq visites au Cap, les membres reçoivent un badge en récompense. **CM**

À DROITE : *Des macareux se reposent sur les rochers du Cap Nord.*

LE MAELSTRÖM DE LOFOTEN

NORDLAND, NORVÈGE

Âge du Maelström de Lofoten :
20 000 ans

Largeur du Maelström de Lofoten :
4 km

Profondeur du Maelström de Lofoten :
40 à 60 m

Les belles îles de Lofoten, situées au-delà du cercle Arctique, au large de la Norvège, ont longtemps attiré l'attention du monde entier à cause du terrifiant phénomène marin qui sévit sur leurs côtes. La convergence de courants rapides, près de Moskenesøy, l'île située le plus loin du littoral parmi les cinq principales, forme un puissant tourbillon, que l'on connaît sous le nom de maelström. L'existence du maelström a été consignée pour la première fois en l'an 4 avant J.-C. par l'explorateur Pythéas, parti de Massalia, ancienne colonie grecque et aujourd'hui Marseille. Les pêcheurs locaux racontaient de terribles histoires de bateaux, baleines et ours polaires aspirés dans le maelström et déchiquetés par les rochers dentelés du fond de l'océan. Dans ses *Histoires extraordinaires*, l'écrivain américain Edgar Allan Poe le décrit de la façon suivante : « Là, le vaste lit des eaux, sillonné et couturé par mille courants contraires, éclatait soudainement en convulsions frénétiques, – haletant, bouillonnant, sifflant, pirouettant en gigantesques et innombrables tourbillons […] et projetant dans les airs une voix effrayante, moitié cri, moitié rugissement, telle que la puissante cataracte du Niagara elle-même, dans ses convulsions, n'en a jamais envoyé de pareille vers le ciel. » La description poétique de Poe peut être appréciée grâce aux promenades en bateau organisées par les pêcheurs de Lofoten, qui emmènent les visiteurs à travers le Maelström, ou *Mokstraumen*, son nom local. Cela demeure une expérience impressionnante. CM

LES ÎLES LOFOTEN – LE FRAI DE LA MORUE

NORDLAND, NORVÈGE

Distance parcourue pendant la migration : 800 km
Première ponte : 400 000 œufs
Ponte adulte : 15 millions d'œufs

Vers la fin de l'hiver, la morue du nord-est de l'Arctique quitte la mer de Barents et se dirige vers les îles Lofoten, au large de la côte norvégienne. Si la plupart des morues sont sédentaires, cette espèce-ci est migratoire. Pendant le printemps et l'été, la morue suit le capelan jusqu'aux côtes du Finnmark, où on la surnomme « morue du printemps ». Elle parcourt 20 kilomètres par jour ; les femelles les plus âgées arrivent en premier. Vers la fin du mois de janvier, lorsque les premiers poissons apparaissent à Lofoten, on leur donne le nom de *skrei*, ce qui signifie « morue adulte en période de frai », période qui s'étend jusqu'en avril. Certains poissons mesurent jusqu'à 2 mètres de long et peuvent contenir plus de cinq millions d'œufs. C'est ici que commencent les quinze années de vie de ces morues, et que périssent un certain nombre d'entre elles, car environ 4 000 pêcheurs les y attendent. Des bandes d'orques épaulards profitent de cette période d'abondance. La plupart des insulaires vivent grâce au *skrei*. Les pêcheurs emmènent parfois les touristes, dans ce lieu où pêche à la ligne cohabite avec pêche de grande envergure. MB

LE RÉCIF DE CORAIL DE RØST

NORDLAND, NORVÈGE

Longueur du récif de Corail de Røst : 35 km

Largeur du récif de Corail de Røst : 3 km

Épaisseur du récif de Corail de Røst : 35 m

Il existe des récifs de corail d'eau froide, dans l'Atlantique Nord et dans le Pacifique. L'un des plus grands récifs connus se situe à une profondeur de 300 mètres, au large de Røst, dans les îles Lofoten. Il croît très lentement et est probablement âgé de 8 000 ans. C'est un des nombreux récifs que l'on trouve le long de la plaque continentale norvégienne, mais aussi au large des côtes anglaises et irlandaises. Ils surgissent là où de forts courants les alimentent (les embouchures de fjords, par exemple). Il pénètre peu de lumière dans ces régions, et la température de l'eau est parfois de 4 °C. Le récif le moins profond se trouve aux abords du fjord Trondheim, à une profondeur de 39 mètres ; le plus profond gît à 4 000 mètres dans l'Atlantique Nord. L'organisme auquel on doit ces récifs d'eau froide est le *Lophelia*, vivant en minuscules polypes, comme des anémones de mer miniatures, mais qui ne se rassemblent pas comme dans les récifs tropicaux. Ils s'alimentent principalement des fleurs printanières du phytoplancton. Tout comme les récifs tropicaux, ils accueillent un grand nombre d'autres organismes, notamment les éponges, les vers, les échinodermes, les crustacés et les poissons, y compris la morue et le rouget. On ne peut atteindre ces récifs qu'à bord de sous-marins. **MB**

LE FJORD GEIRANGER

MØRE AG ROMSDAL, NORVÈGE

Âge du fjord Geiranger : 1 million d'années

Longueur du fjord Geiranger : 16 km

Profondeur du fjord Geiranger : 300 m

Geiranger est sans doute le fjord le plus impressionnant de Norvège. Il serpente dans les terres sur une distance de presque 16 kilomètres, passe devant le port d'Ålesund, entre les parois hautes de 2 000 mètres des montagnes de Møre ag Romsdal, jusqu'à la petite ville de Geiranger. Ce fjord, profond de 300 mètres, abrite de nombreuses chutes d'eau, comme les « Sept Sœurs », le « Voile de la Mariée » et le « Prétendant ». Les fermes abandonnées de Skageflå et de Knivsflå se cramponnent à de vertes corniches, sur les flancs de montagne. Ce n'est pas étonnant que des bateaux de croisière visitent le fjord chaque été pour son paysage. À la tête du fjord se trouve Flydalsjuvet, un célèbre éperon marin, où les plus courageux (ou téméraires) se font photographier admirant cette vue stupéfiante mais vertigineuse. Les fjords norvégiens comme Geiranger se sont formés il y a un million d'années, lorsque la glace a creusé de profondes failles entre les montagnes. La glace étant plus épaisse à l'intérieur des terres, le fjord s'épaissit lui aussi graduellement. Les plus grands fjords, comme Geiranger, contiennent de l'eau salée et ne gèlent pas en hiver. Ils sont extrêmement calmes, avec des marées négligeables. **CM**

LA CHAIRE

ROGALAND, NORVÈGE

Altitude de la Chaire : 600 m
Superficie du plateau de la Chaire : 25 km²
Nom local : Prekestolen

La Chaire (*Prekestolen*) est un gros bloc carré de pierre qui domine le fjord Lysfjorden. La langue du fjord se situe dans le port de Stavanger, dans le sud de la Norvège, ancienne capitale mondiale de la sardine et, actuellement, quartier général de l'industrie pétrolière offshore du pays. Ironiquement, la Chaire est située dans une région de plaines que les Norvégiens appellent Sørlandet.

De son sommet rocheux et dépouillé de toute végétation, la vue est magnifique, dominant presque le fjord entier : ses eaux bleues et limpides reflètent les nuages au-dessus de nos têtes. Les montagnes rocheuses et désolées de Rogaland, au nord, et la chaîne de Vest-Angler, au sud, sont parsemées ici et là de touffes vertes de végétation. Entre le rocher et le village de Jøssing, il faut compter deux heures de randonnée… non recommandée aux cœurs fragiles et aux victimes du vertige. La Chaire, vertigineuse, semble toutefois un jeu d'enfant à côté de Kjeragbolt, énorme rocher flanqué de deux parois rocheuses abruptes, plus loin le long du fjord. Le sommet de Kjeragbolt ne permet qu'à une seule personne de s'asseoir et d'admirer la vue. Une expérience étourdissante et extrême ! **CM**

LA CHUTE KJOSFOSSEN

SOGN OG FJORNANE, NORVÈGE

Hauteur de Kjosfossen : 93 m
Longueur de la voie ferrée de Flåm : 20 km

La Norvège possède un grand nombre d'impressionnantes chutes d'eau, ou *fossene* – c'est ainsi qu'on les nomme. Il y a l'imposante Låtefoss, le tourbillon sauvage de Vøringfoss et l'élégance de Mardalsfossen. En ce qui concerne la puissance pure, Kjosfossen, située dans les montagnes Hardanger, est imbattable. Elle dévale la paroi d'une falaise sur 93 mètres, s'accompagnant d'un grondement perceptible à des kilomètres, des nuages de gouttelettes s'élevant dans les airs pour former, à la lumière du soleil, des prismes colorés. Cette chute est alimentée par le lac Reinunga.

La meilleure façon de voir Kjosfossen, ainsi que la plus passionnante, est de voyager en train de Flåm à Myrdal. Cette ligne est l'une des attractions touristiques de la Norvège. Elle s'étend sur à peine 20 kilomètres, mais grimpe le long de la paroi d'une gorge, passant par une série de 21 tunnels. Le train s'arrête à un belvédère d'où l'on jouit d'une vue panoramique sur la cascade. La descente escarpée à travers la vallée de Flåm mène ensuite à une rivière rugissante. Flåm se situe à l'extrémité d'Aurlandfjord, qui, à son tour, se jette dans Sognefjord, le plus long et le plus profond fjord du pays. **CM**

SOGNEFJORD

SOGN OG FJORNANE, NORVÈGE

Altitude des parois du Sognefjord : 900 m
Largeur maximale : 5 km
Profondeur : 1 200 m

S'élevant presque à la verticale du bord de l'eau, les montagnes qui sillonnent Sognefjord éclipsent tous les grands navires qui pénètrent dans ce bras de mer. D'énormes parois de granit, probablement âgées de 2 milliards d'années, s'élèvent à 900 mètres au-dessus de la crique. Des chutes d'eau, semblables à de fins rubans, plongent en cascade sur les roches sombres. Ce fjord, le plus long de Norvège, s'étend sur 184 kilomètres à l'intérieur des terres. Il mesure jusqu'à 5 kilomètres de large par endroits et ses eaux atteignent la profondeur stupéfiante de 1 200 mètres. Le fjord s'est formé lorsque les glaciers ont crevé la couche sous-jacente de roche, pendant l'ère glaciaire, donnant ainsi naissance aux parois abruptes de granit. La glace a fondu lentement et le niveau de la mer est monté, inondant la vallée.

Jodestal est le plus grand glacier d'Europe continentale. Il s'étend sur une superficie de 487 km². La neige fondue de ce glacier s'écoule en partie dans le Fjaerlandsfjord, un des bras du Sognefjord. Le bras le plus éloigné de la mer, Ardalsfjord, renferme la chute de Vettis, qui plonge de 275 mètres – une attraction qui séduit les passagers de croisières estivales. MB

LE MONT SONFJÄLLET

HÄRJEDALEN, SUÈDE

Altitude du mont Sonfjället	1 278 m
Superficie de la montagne	713 ha
Superficie du parc	2 622 ha

Le sommet légèrement arrondi du mont Sonfjället se dresse à 1 278 mètres au-dessus d'une forêt de pin, dans la province suédoise de Härjedalen. Ce pic donne son nom au parc national qui l'entoure. La région a reçu le statut de Parc national afin de protéger les versants de la montagne tapissés de lichen, de la gourmandise des rennes.

Le sommet est célèbre pour les rochers qui le couvrent. Ceux-ci contiennent des motifs quadrillés, résultat de gelées rigoureuses. Une grande partie de la montagne est dépouillée de végétation car son soubassement est fait de quartzite acide, qui inhibe la croissance des plantes. Seuls survivent les buissons de camarine noire et de raisin d'ours (busserole). Plus de la moitié de la superficie du parc est recouverte de forêts, de conifères pour la plupart, et abrite l'ours et le lynx. Parmi les oiseaux, on trouve le lagopède alpin, le bruant des neiges, le pluvier doré, le pipit farlouse, la buse pattue, le corbeau, le sizerin flammé, le pinson du nord, ainsi que diverses espèces de hiboux. Pour réellement apprécier tout ce que le parc offre, le fleuve Valmen possède, sur sa rive orientale, une cabane ainsi que plusieurs refuges. Deux sentiers quadrillent le parc pour les randonneurs. **CM**

LA PORTE DE LA LAPONIE

NORRBOTTEN, SUÈDE

Nom local	Lapporten
Élévation maximale	1 745 m
Type de vallée	vallée en auge

Lapporten se situe dans l'extrémité nord de la Suède, 200 kilomètres au-delà du cercle Arctique. C'est une surprenante vallée en auge, flanquée de deux des plus hautes montagnes de Suède, Tjuonatjåkka et Nissotjårro. Formée par la glaciation, cette vallée parfaitement symétrique ressemble, de loin, à un énorme trou creusé en plein milieu de la chaîne de montagnes. Lapporten, ou la porte de la Laponie suédoise, est un ravissant paysage de toundra sauvage, peuplé de rennes et de Lapons.

Un sentier de 450 kilomètres part du parc national d'Abisko et se prolonge vers le sud jusqu'à Hemavan. Parcourir à pied le sentier entier peut prendre un mois et plonge le randonneur au cœur d'une des plus belles régions sauvages d'Europe : de vastes étendues dégagées de toundra et de forêts. En automne, les vallées bordées d'arbres regorgent de couleurs magnifiques. Certains considèrent cette saison comme le meilleur moment pour visiter les lieux. À cette époque, le nombre de moustiques diminue, après avoir atteint, pendant l'été, des proportions dignes d'une « invasion ». Comme l'a déclaré le grand naturaliste Carl Linneaus, « sans les moustiques, la Laponie serait le paradis sur terre ». **JK**

LE PARC NATIONAL ABISKO

NORRBOTTEN, SUÈDE

Superficie du parc national Abisko : 7 700 ha
Création du parc national : 1909

Parmi les nombreux parcs nationaux de Laponie, dans le Nord de la Suède, Abisko est le plus pittoresque. Encadré par des chaînes de montagnes au sud et à l'ouest, et par les eaux du lac Torneträsk au nord, la basse vallée d'Abisko est une pure merveille. La lumière arctique danse sur la rivière Abiskojokka, qui traverse le parc, et de profonds canyons aux parois escarpées révèlent le violent passé géologique de la région. Le parc national Abisko offre les plus belles vues de Laponie. Il est traversé par le Kungsleden (la Voie Royale) depuis Nikkaluotka, un petit village lapon situé à 60 kilomètres au sud de Kiruna, jusqu'à Riksgränse, sur la frontière norvégienne. Les visiteurs peuvent également prendre un téléphérique jusqu'au sommet du mont Njulla, où l'on jouit d'une très belle vue sur le lac Torneträsk et la Porte Lapone. La flore croît sur les roches riches en limon, et le parc abrite un certain nombre de plantes rares – l'orchidée lapone est une fleur protégée qui ne pousse nulle part ailleurs dans le pays. De vigoureuses hirondelles, des lemmings et quelques élans flânent au fin fond du parc, et de nombreuses espèces de petits oiseaux, comme le pouillot boréal, volent dans le ciel. CM

LE MONT AKKA

NORRBOTTEN, SUÈDE

Âge du mont Akka : 400 millions d'années
Altitude de Stora Sjöfallet : 2 015 m
Création du parc national : 1910

Se dessinant au-dessus du parc national Stora Sjöfallet, situé au-delà du Cercle Arctique, dans le nord de la Suède, le mont Akka est connu sous le nom de « Reine de Laponie ». La montagne, avec ses pics aiguisés et ses nombreux glaciers, est parfois appelée également « la montagne de Nils Holgerson », depuis son apparition dans le roman de l'écrivain suédois Selma Lagerlöf (1858-1940), *Le Merveilleux Voyage de Nils Holgerson*. À l'est du mont Akka se trouve une autre montagne, la Kallaktjåkka (1 800 mètres), dont le versant nord donne sur la vallée de Teusadalen.

Le parc national Stora Sjöfallet comprend 127 800 hectares de forêts de bouleau humble et de pin, de forêts mixtes et de tourbières. Le reste est constitué d'eau, de terres cultivées et de montagnes rocheuses dépourvues de végétation. Stora Sjöfallet, ou « les chutes du Grand Lac », sont situées dans le parc. Les chutes ont perdu leur puissance d'autrefois, car une grande partie du courant est utilisée pour fournir de l'énergie hydroélectrique. Le mont Akka et la région environnante offrent une grande variété de paysages – chaînes alpines et basses corniches, tout comme des hauts plateaux et de profondes vallées. CM

LA CHUTE DE NJUPESKÄR

DALARNA, SUÈDE

Hauteur de la chute de Njupeskär : 125 m

Faune : élans et cerfs

La plus haute chute de Suède plonge de 125 mètres au sein d'un torrent d'écume blanche, entre des parois de granit noir irrégulières, entourées de forêts vierges de pins et d'épicéas. La chute se situe à Fulufjället, au nord de Dalarna, la plus typique des vingt-quatre provinces de Suède, avec ses forêts, ses lacs, ses montagnes, ses fermes et ses cottages de bois peints en rouge. Njupeskär se trouve à deux kilomètres d'un village qui porte le nom plutôt sinistre de Mörkret – littéralement, « l'obscurité ». D'ici, les visiteurs peuvent marcher jusqu'aux chutes à travers une réserve naturelle boisée où l'on aperçoit élans et cerfs vagabondant dans le feuillage dense.

En automne, le sol des forêts est tapissé de baies, dont les plus appréciées sont les mûres boréales. Ces mûres sont utilisées pour préparer une sauce que l'on verse sur du camembert chaud, dessert servi dans les restaurants huppés de Stockholm et d'autres villes de Suède. C'est au cœur de l'été que Njupeskär attire la plupart des visiteurs, lorsque la population de Dalarna revêt les costumes traditionnels et danse autour de mâts enrubannés, au son de violons folkloriques. La province est également célèbre pour ses petits chevaux de bois rouges, sculptés à l'origine par les forestiers pour leurs enfants, et devenus un symbole national. **CM**

L'ARCHIPEL DE STOCKHOLM

STOCKHOLM, SUÈDE

Superficie de l'archipel de Stockholm : 5 600 km²
Nombre d'îles : 24 000

Les 24 000 îles, « holms » (îlots en suédois) et « skerries » (rochers isolés en haute mer) qui forment l'archipel de Stockholm – Stockholm skärgård – constituent un véritable paradis en été. L'écrivain et dramaturge suédois August Strindberg (1849-1912) les décrit comme « un panier de fleurs sur une vague de l'océan ». En hiver, cette région se transforme en étendue de glace – « monotone (…), extrêmement isolée », a écrit le poète et essayiste Hilaire Belloc (1870-1953). L'archipel a été formé par le mouvement de la glace, qui a ciselé ce qui était à l'origine une chaîne montagneuse et cédé la place à des affleurements de roche. En se retirant, la glace a poli les rochers. Les îles possèdent des côtes lisses et arrondies au nord, alors qu'au sud elles sont angulaires, aiguisées et escarpées. L'archipel commence au cœur de Stockholm, sur l'île de Skeppsholmen. Les îles proches du continent sont plus grandes que celles qui en sont éloignées, séparées par de vastes étendues d'eau que les Suédois appellent *fjärdar*. Ces îles accueillent des visiteurs saisonniers, mais ne comptent que 2 700 habitants la majeure partie de l'année. Le transport entre les îles s'effectue grâce à des ferries, appelés Waxholmsbåtar. Ceux-ci transportent plus d'un million de passagers et 2 721 tonnes de fret par an.

On compte 27 espèces d'oiseaux marins dans l'archipel. Le hareng baltique, la morue, le flet, l'anguille, le corégone, le brochet et la perche-brochet vivent dans ses eaux. Blaireaux, renards, lièvres et cerfs peuplent les terres. CM

LA CHUTE DE TÄNNFORSEN

JÄMTLAND, SUÈDE

Hauteur de la chute de Tännforsen : 38 m
Largeur des chutes : 60 m

On estime que la chute de Tännforsen, située dans la province septentrionale de Jämtland, est la plus grande chute libre de Suède. D'autres chutes, qui auraient pu disputer ce titre, sont depuis longtemps exploitées pour fournir de l'hydroélectricité. Ce sort a jusqu'à présent épargné Tännforsen. La protection accordée en 1940 a pris fin en 1971, mais la chute et les terres environnantes ont été, depuis, déclarées réserve naturelle.

Les eaux de Tännforsen se précipitent d'une hauteur de 38 mètres et traversent un lit en escalier composé de pierres âgées de millions d'années. Entre les mois de mai et de juin, le débit atteint 740 000 litres par seconde. La splendeur de Tännforsen est à son apogée entre décembre et février, lorsque le volume est moins important et l'eau gelée. Par temps frais et dégagé, la chute scintille sous les rayons rouges, roses et orange du soleil couchant. Les touristes ont pu découvrir cette région pour la première fois en 1853, lorsque le roi Karl XVI Johan inaugura la route vers la cascade. CM

À DROITE : *La chute de Tännforsen au coucher du soleil.*

LA MONTAGNE BORGA

VÄSTERBOTTEN, SUÈDE

Hauteur de la montagne Borga : 800 m
Altitude de Borgahällen : 1 200 m

La montagne Borga, au nord de la province suédoise de Västerbotten, n'est peut-être pas exceptionnelle, mais elle possède néanmoins deux atouts naturels qui se font de plus en plus rares de nos jours : de l'air pur en abondance et une campagne préservée avec soin.

Dans cette région sauvage, il est possible de flâner le long de nombreux sentiers. Borga est un refuge pour les randonneurs et les amoureux de la nature, qui espèrent apercevoir ours et autres animaux sauvages dans les forêts qui recouvrent ses contreforts, tandis que les pêcheurs s'activent sur les lacs et les rivières de la montagne. Certains passent leur temps à chercher de l'or dans la crique de Slipsik, bien que l'on en trouve rarement, voire jamais. Les versants de Borga abritent environ 50 espèces différentes de fleurs sauvages et, en automne, les baies et les champignons abondent. Ici, comme partout ailleurs dans le pays, une loi tacite suédoise garantit à tous le libre accès à la nature et la permission de camper partout où il est raisonnablement possible de le faire.

Près de la montagne Borga, se trouve l'étonnant lac Borgasjön. De Borgahällen, situé à 1 200 mètres au-dessus du niveau de la mer, la vue sur le lac est réellement spectaculaire. L'à-pic de 243 mètres n'est pas conseillé aux personnes fragiles du cœur. CM

GOTLAND

GOTLAND, SUÈDE

Distance de la terre : 90 km
Longueur de Gotland : 170 km
Largeur de Gotland : 52 km

Gotland est une petite île au milieu de la mer Baltique, au large de la côte est de la Suède. On y trouve les *raukars*, piliers calcaires naturels qui évoquent des formes humaines. Par temps de brouillard, on les croirait sortis des sagas de Vikings, le regard fixe sur la mer et les expressions pétrifiées de stupeur. On peut voir les plus impressionnants *raukars* entre Digerhuvud et Lauterhorn, au large de la côte de Fårö, au nord de l'île principale, pays natal du cinéaste suédois Ingmar Bergman.

Gotland possède des paysages variés, allant des landes désolées et des champs verdoyants aux hautes falaises et aux longues plages de sable. L'île héberge 35 espèces différentes d'orchidées sauvages et, sur Stora Karlsö, une minuscule île sur la côte ouest, des milliers de grands pingouins ont bâti leurs nids. Des moutons à cornes, appartenant à une espèce locale, paissent sur l'île Lilla Karlsö. Destination préférée des vacanciers suédois, Gotland est remarquablement préservée. Sa capitale, Visby, était autrefois un centre de commerce majeur dans le Baltique, en relation avec Lübeck, capitale de la Ligue hanséatique. **CM**

CI-DESSOUS : *Rochers sur la plage de Gotland, au crépuscule.*

FINLANDE

LE LAC INARI

LAPONIE, FINLANDE

Superficie du lac Inari : 1 300 km²
Profondeur du lac : 97 m

La Laponie finlandaise est une région de lacs, dont le plus grand est le lac Inari qui se situe près de la frontière russe. C'est une petite mer plutôt qu'un lac : de son centre, on n'aperçoit pas la terre ferme et, en cas de tempête, le vent peut y soulever des vagues dangereusement hautes. Ses rives sont découpées en centaines de petites criques et ses eaux sont parsemées de plus de 3 000 îles recouvertes d'arbres. Le lac s'étend sur 1 300 km² et ses parois descendent jusqu'à 97 mètres de profondeur, bien qu'une légende locale et les chansons populaires prétendent que l'Inari est aussi profond qu'il est long. Le lac est alimenté par l'Ivalojoki et se jette dans l'océan Arctique en traversant le Paatsjoki.

Les Lapons de l'Antiquité portaient leurs offrandes aux dieux sur l'île d'Ukko, qui a reçu le nom du dieu du ciel, dieu suprême de la mythologie finlandaise. Une autre île, Ukonkivi, était autrefois le lieu de sacrifices destinés à favoriser les pêches fructueuses, tandis que, sur Korkia, une grotte de glace servait à conserver le poisson. Sept types de saumon et de truite vivent dans ces eaux. Le soir, les cieux au-dessus du lac s'illuminent sous les effets lumineux de l'aurore boréale. La dernière neige fond aux alentours de la deuxième semaine de juin. **MB**

L'AURORE BORÉALE

LAPONIE, FINLANDE

Altitude :	60 à 600 km
Fréquence :	200 fois par an

L'aurore boréale offre, tout comme son homologue du Sud, l'aurore australe, un des spectacles les plus impressionnants. Chaque année, en Laponie Arctique, il peut y avoir jusqu'à 200 de ces manifestations, résultat de l'interaction du vent solaire – un flot de plasma qui s'éloigne du soleil à plus de 1 000 kilomètres par seconde – et du champ magnétique de la Terre. Le plasma retenu dans l'ionosphère, au-dessus de la Terre, rutile de rouge, vert, bleu et violet, formant tantôt des flèches lumineuses, tantôt des rayons, des volutes et des spirales qui envahissent le ciel nocturne.

Les Finlandais ont au moins une vingtaine de contes sur l'origine des « Lumières du Nord ». L'histoire la plus prisée raconte qu'un renard arctique les auraient créées en ondulant de la queue, envoyant de la sorte des étincelles de feu illuminer le ciel. Le mot finlandais *revontulet*, qui désigne les Lumières du Nord, signifie effectivement « feu de renard ». La vérité scientifique sur ce phénomène ne diminue en rien son envoûtante beauté. **NA**

À DROITE : *Les couleurs spectaculaires de l'aurore boréale.*

ÉCOSSE

LE NORTH GAULTON CASTLE

ORCADES, ÉCOSSE

Hauteur de North Gaulton Castle :	50 m
Type de roche :	vieux grès rouge

Protégeant les Orcades de l'océan Atlantique, North Gaulton Castle est une des plus spectaculaires formations rocheuses des îles Britanniques. Tout comme son jumeau, Yesnaby Castle, il est constitué d'épaisses couches de vieux grès rouge qui caractérise les Orcades. Le grès est enrichi de stromatolites et autres fossiles, preuve même que l'énorme lac dévonien qui couvrait autrefois les Orcades regorgeait de vie. La colonne de grès se situe le long d'une des étendues les plus isolées de la côte ouest de l'île principale. Malgré l'évidente attirance exercée sur les amateurs de varappe, son isolement a limité l'activité à une poignée d'ascensions. Pour les courageux prêts à relever le défi, comme pour ceux qui se contentent d'observer la tour en sécurité (relative) du haut des promontoires formés par les falaises, la splendeur de ce paysage marin n'a d'égales que la faune et la flore locales. Outre les diverses espèces d'oiseaux marins, qui s'abritent en grandes colonies sous les falaises de grès, le visiteur chanceux peut aussi voir un campagnol des champs ou apercevoir brièvement une insaisissable loutre de mer. **NA**

LE OLD MAN OF HOY

ORCADES, ÉCOSSE

Hauteur du Old Man of Hoy : 137 m
Type de roche : grès dévonien

Composé d'un mélange friable de couches de grès dévonien, cet éperon marin est le plus haut de Grande-Bretagne, s'élevant à 137 mètres sur une mince base de 30 mètres de large. L'éperon est récent, sur les cartes et les tableaux du milieu du XVIIIe siècle, le Old Man (« Vieil Homme ») fait encore partie du promontoire. En 1900, les ravages du temps et de la marée ont donné naissance à une colonne et une arche – les deux jambes arquées qui ont inspiré le surnom du Old Man. Personne ne sait combien de temps l'appendice survivant résistera encore. Rendu célèbre en 1967 par la stupéfiante ascension de Tom Patey, Rusty Bailie et Chris Bonington, le Old Man of Hoy est depuis devenu un défi pour les alpinistes, prêts à affronter les épanchements et les piqués des fulmars, guillemots, petits pingouins et mouettes tridactyles qui y nichent. Non loin de là se trouve Saint John's Head (« la Tête de saint Jean »), une des plus hautes falaises marines à pic, qui s'élève à 346 mètres au-dessus des vagues. Hoy est important non seulement pour la grande diversité de ses oiseaux, notamment le grand labbe, le labbe parasite et le plongeon catmarin, mais aussi pour son unique colonie de lièvres des montagnes. **NA**

DUNCANSBY STACKS

CAITHNESS, ÉCOSSE

Âge de Duncansby Stacks : 380 millions d'années
Hauteur au-dessus du niveau de la mer : 60 m

Duncansby Head, à Caithness, un des points les plus au nord de la Grande-Bretagne, rappelle à quel point la mer peut éroder et ciseler nos côtes. Au sommet de la falaise, un sentier qui passe devant le phare, offre une série de vues impressionnantes, comme Sclaites Geo – une crevasse qui s'enfonce dans les falaises et abrite des milliers d'oiseaux de mer, l'arche de pierre Thirle Door, victime de l'érosion et enfin les « dents de dragon » irrégulières de Duncansby Stacks.

Les falaises de grès rouge s'abandonnent à l'action de la mer. Datant du dévonien, les corniches exposées abritent fulmars, mouettes tridactyles et petits pingouins et racontent l'histoire des changements climatiques. Le sédiment s'est formé à l'intérieur d'un lac d'eau douce, qui s'étendait alors des Shetlands à Inverness, puis à la Norvège. Des motifs répétés dans les couches, à différentes épaisseurs, montrent comment le climat dévonien a provoqué les changements biologiques du lac. Comme tous les éperons marins, ceux de Duncansby Head sont des « travaux en cours » – d'autres éperons continueront à être sculptés dans les falaises et il est certain que les plus anciens finiront par s'effondrer dans la mer. NA

LE LOCH LANGAVAT

HÉBRIDES EXTÉRIEURES, ÉCOSSE

Longueur du loch Langavat : 12 km
Longueur du fleuve Grimersta : 2 km
Superficie du système aquatique de Grimersta : 8 017 ha

Les Hébrides extérieures, en Écosse, possèdent de nombreux lochs d'eau douce. Le loch Langavat est niché entre les collines, sur les côtes de Lewis et Harris. La région a été décrite comme un « paysage liquide » car le loch est la source du système de lochs et lacs de Gimersta, qui possède l'un des meilleurs sites d'Europe pour la pêche à la mouche de saumon atlantique sauvage.

Langavat s'écoule dans les deux rivières Langavat, qui alimentent une série de quatre lochs peu profonds ainsi que les ruisseaux attenants. L'ensemble coule vers le fleuve Grimersta et la mer, qu'il atteint à la hauteur du Loch Roag. Ce loch marin est en fait une incision dans le littoral nord-ouest de l'île de Lewis. Sur la côte est s'élèvent une vingtaine de célèbres monuments anciens, composés de gneiss de Lewis, une des roches les plus anciennes de Grande-Bretagne. On les connaît sous le nom de « Cercle de Pierre de Callanish », probablement érigés il y 3 000 ou 4 000 ans. L'île est également parsemée de lacs plus petits, les *rock-earns*, situés sur des plates-formes érodées par la glace. Ce paysage est le produit de la glaciation survenue à l'époque glaciaire, entre 3 millions et 10 000 années auparavant. MB

L'ARCHIPEL DE SAINT KILDA

HÉBRIDES EXTÉRIEURES, ÉCOSSE

Nombre d'îles : 4
Distance du continent : 66 km
Point culminant (Conachair Hill) : 430 m

L'archipel de Saint Kilda se situe à l'ouest de Benbecula, dans les Hébrides extérieures. L'archipel, constitué d'un cercle volcanique du Tertiaire, détruit par l'érosion glaciaire, forme aujourd'hui des falaises s'élevant à pic sur plus de 370 mètres. Stac an Armin, 191 mètres, et Stac Lee, 165 mètres, tous deux situées sur l'île de Boreray, sont les plus grands éperons marins des îles Britanniques. Les îles de Hirta, Dun, Soay et Boreray constituent un bel exemple de l'écologie insulaire. Des espèces comme le troglodyte de Saint Kilda et le mulot gris de Saint Kilda sont différentes de leurs homologues continentaux et les moutons sauvages de Soay font l'objet d'études. Les îles abritent l'une des plus importantes colonies de fous de Bassan, la plus grande et la plus ancienne colonie de fulmars de Grande-Bretagne et la moitié de la population britannique de macareux. La présence d'oiseaux marins nidificateurs et l'enrichissement des sols qui en découle, aident au développement de plus de 130 espèces de plantes à fleurs. En 1930, le dernier habitant de l'archipel a été évacué vers le continent ; ainsi prirent fin 2 000 ans d'occupation humaine. Les biologistes, géologues et archéologues visitent actuellement les îles fréquemment. NA

LA GROTTE DE FINGAL

HÉBRIDES INTÉRIEURES, ÉCOSSE

Profondeur de la grotte : 70 m
Longueur de Staffa : 1,2 km
Hauteur de Staffa : 41 m

La grotte de Fingal fait partie du même phénomène géologique qui a formé le Giant's Causeway (la Chaussée du Géant), en Irlande du Nord. Des rangées de piliers de basalte noir balafrent les falaises qui entourent l'île déserte écossaise de Staffa. Là où la mer a écrasé les rochers, d'énormes grottes se sont formées. La plus grande, la grotte de Fingal, doit son nom au héros irlandais Finn MacCooul ou Fionn MacCumhail, connu par les Écossais sous le nom de Fingal, dont on dit qu'il a défendu les îles écossaises de l'invasion des Vikings. La légende raconte aussi que Finn, qui était un géant, a construit « la Chaussée du Géant » afin que sa fiancée, une géante vivant à Staffa, puisse traverser sans se mouiller les pieds.

Les formations rocheuses de Staffa sont passées inaperçues jusqu'en 1772, lorsqu'une équipe d'historiens de la nature se rendant en Islande, les a repérées. La grotte de Fingal s'est révélée très populaire auprès des artistes, poètes et musiciens. Elle fut notamment la source d'inspiration pour l'ouverture épique des « Hébrides » de Mendelssohn. Des sommités comme Sir Walter Scott, John Keats, William Wordsworth, Alfred Lord Tennyson et Jules Verne ont visité l'île. MB

LE OLD MAN OF STORR

SKYE, ÉCOSSE

Longueur de la péninsule : 48 km
Hauteur du pilier : 49 m
Âge : 60 millions d'années

Le Old Man of Storr est un pic fuselé, semblable perché sur le rebord d'une falaise escarpée, situé sur la Péninsule de Trotternish, au nord-est de l'île de Skye. Constitué d'un pilier de 49 mètres de haut, posé sur un socle, le Old Man Of Storr est formé de basalte sombre, résultat de l'intense activité volcanique de la région, il y a environ 60 millions d'années. Les volcans ont crevé les roches jurassiques qui contenaient les fossiles de reptiles marins. Les restes d'ichtyosaures et de plésiosaures ont été retrouvés non loin de là. Le Old Man of Storr a été formé par les éboulements successifs depuis la période glaciaire. À son extrémité nord se trouve le Quiraing, autre paysage magique de pics et de ravines. Non loin de là, se trouve Kilt Rock (Rocher du Kilt), formé de colonnes verticales de dolomite plissées, qui lui donnent l'apparence d'un… kilt.

Même si le Old Man of Storr a perdu sa tête lors d'une tempête il y a une cinquantaine d'années, il se dresse fièrement parmi les pics et aiguilles adjacents. Malgré la distance qui le sépare de la mer, il constitue un point de repère pour les pêcheurs en mer. Sa forme fuselée est difficile à escalader – la première tentative couronnée de succès date de 1955. **MB**

LES COLLINES DE CUILLIN

SKYE, ÉCOSSE

Superficie des collines de Cuillin : 1 386 km²
Nombre de pics dans la région : 12

L'île de Skye fascine les géologues depuis plus d'un siècle. Cette île, qui fait partie des Hébrides intérieures, se compose de quelques-uns des plus anciens rochers d'Europe – le Complexe Lewisien de gneiss, âgé d'environ 2 800 millions d'années – emboîtés dans des rochers plus récents, notamment des sédiments jurassiques, qui contiennent la succession de fossiles la plus complète d'Écosse.

Les collines de Cuillin se dressent sur ce paysage chaotique. Elles comprennent douze pics de plus de 915 mètres de haut qui constituent, tout au long de l'année, un pôle d'attraction pour les randonneurs et les alpinistes expérimentés. Les sommets arrondis de granit de Red Cuillin contrastent avec ceux de Black Cuillin, incroyablement escarpés et irréguliers. Ce dernier est ce qui reste des volcans massifs qui faisaient autrefois rage à Skye : la glaciation répétée a ciselé les crêtes et les lames qui font la popularité de ces montagnes. Le littoral de Skye est un des meilleurs endroits pour observer les cétacés. Baleines minkes, baleines à bec, épaulards, rorquals communs, rorquals boréaux et baleines à bec de Sowerby peuvent tous être aperçus ici, tout comme le dauphin à nez blanc, le dauphin de Risso, le dauphin à flancs blancs de l'Atlantique et le dauphin commun. NA

LES CHUTES DE GLOMACH

KINTAIL, ÉCOSSE

Hauteur des chutes de Glomach : 113 m

Déclaré site de Patrimoine culturel « National Trust » en 1944

Dévalant 113 mètres le long du flanc nord de Ben Attow, les chutes de Glomach récompensent largement le randonneur qui effectue ce trek de huit heures pour profiter du spectacle. Les chutes sont alimentées par le « rideau de Cluanie » – un étrange phénomène météorologique se manifestant par un nuage immobile, chargé de pluie, qui s'étend rarement au-delà du loch Cluanie. Situées à 29 kilomètres à l'est de Kyle of Lochalsh, Glomach figurent parmi les plus hautes et les plus vastes chutes de Grande-Bretagne. Glomach, ou *Allt a'Ghlomaich*, signifie lugubre et, par temps humide et sombre, le parcours pour y parvenir justifie pleinement ce nom. La vue impressionnante de l'envolée de l'eau, qui tombe abruptement jusqu'aux derniers 15 mètres, vaut cependant largement l'effort. Le panorama est des plus magnifiques après une longue période de pluies, malgré une approche rendue plus difficile par l'abondance de boue.

La région de Kintail est un coin très attirant de l'Écosse, avec sa part de Munros – ces montagnes qui dépassent 914 mètres d'altitude – et offre des randonnées stimulantes lorsque le temps est trop sec pour voir les chutes. NA

SUILVEN

HIGHLAND, ÉCOSSE

Altitude de Suilven : 731 m

Type de roche : grès-quartzite

Suilven, dans le Sutherland, offre une des vues de montagne les plus belles de Grande-Bretagne malgré sa modeste altitude de 731 mètres. Cette masse de grès-quartzite s'élève abruptement, se dressant toutefois de manière imposante face aux gneiss Lewisien âgés de 2,8 milliards d'années – ce sont les roches les plus anciennes du pays. De l'est ou de l'ouest, la montagne semble impossible à escalader, énorme bloc de pierre aux flancs escarpés et dangereux. Pourtant, en l'observant du nord ou du sud, on peut discerner la véritable forme de la montagne, grande voile déchiquetée et abrupte, flottant sur une mer de mosaïques de pierres et de petits lochs. L'escalade est une entreprise délicate de par son isolement, sa longueur et son exposition. L'intérêt du long sentier de plain-pied qui traverse la lande « knock-and-lochan », où l'herbe pousse en touffes, réside dans ses vues variant sans cesse sur la montagne qui se dessine au loin, mais le chemin du retour est pénible. L'ascension en soi réserve plusieurs surprises : la « pelouse » aplatie sur Caisteal Liath, le sommet occidental le plus élevé, l'étroitesse terrifiante de la corniche ainsi que les panoramas sur ce magnifique paysage désert. NA

LE PIC BEINN ASKIVAL

RUM, ÉCOSSE

Altitude de Beinn Askival : 812 m
Type de roche : basalte

Avant le cénozoïque (65 à 0,85 millions d'années), l'Europe et l'Amérique du Nord faisaient partie du même vaste continent. Lorsque celui-ci s'est scindé, le mouvement des plaques a provoqué une importante activité volcanique au sein de la crevasse ainsi formée. Cette activité se concentre aujourd'hui le long de la faille mi-Atlantique, alors qu'elle se situait, au début du tertiaire, le long de ce qui est actuellement la côte ouest de l'Écosse. C'est à cette époque que se sont formées la plupart des Hébrides. Parmi les îles de la mer Hébride, Rum figure parmi les plus belles ; elle abrite une des plus grandes colonies de puffins des Anglais. Plus de 60 000 couples migrent tous les ans du Brésil vers les sommets élevés de l'île, comme Beinn Askival, fragment volcanique qui s'élève à 812 mètres au-dessus de la mer. Les couches de roches basaltiques de l'Askival prouvent l'existence d'une poche magmatique « ouverte » classique, à partir de laquelle des coulées successives de lave ont formé de nombreux types de roches. Ces couches sont visibles au sommet de Beinn Askival et sur son pic jumeau, Beinn Hallival ; elles fournissent un laboratoire naturel aux géologues qui évoluent tant bien que mal au milieu des puffins. NA

GREAT GLEN ET LE LOCH NESS

INVERNESS-SHIRE, ÉCOSSE

Longueur de Great Glen : 88 km
Longueur du Loch Ness : 39 km

Great Glen (grande vallée) divise pratiquement l'Écosse en deux. Elle longe une faille âgée de 350 millions d'années qui traverse en diagonale les Highlands écossais, et donne naissance à une série de lacs d'eau douce – Loch Lochy, Loch Oich et le Loch Ness, ainsi que le loch marin Loch Linnhe. Le canal calédonien construit par Thomas Telford, qui fait du nord de l'Écosse une presqu'île, relie les lacs entre eux. Un sentier de randonnée connu sous le nom de Great Glen Way, longe le canal entre Fort William et Inverness.

Des tremblements de terre mineurs ont été attribués à la faille de Great Glen mais, en fait, ils sont provoqués par failles mineures se trouvant dans tout le pays. Il y a environ trois tremblements de terre par siècle, d'une magnitude de 4.0 sur l'échelle de Richter (la magnitude la plus basse étant de 2.0 et la plus importante de 8.9). C'est en 1816 qu'a lieu le plus important séisme avec des secousses se

sentant dans toute l'Écosse. Pendant la période glaciaire, la vallée se gorge de glaciers, qui ont façonné les versants abrupts de chaque côte. Le point culminant est le Mealfuarvonie, un bloc de 700 mètres de haut, composé de conglomérats de grès rouge ancien.

Le plus célèbre des lacs est le Loch Ness, qui contient le plus important volume d'eau des îles Britanniques. D'une profondeur moyenne de 185 mètres, il possède une caverne, appelée Edward's Deep, qui, dit-on, s'enfonce à 250 mètres sous la surface. La couleur du lac est due aux taches laissées par la tourbe des collines alentour et sa température moyenne est de 5 °C. La légende raconte qu'au Ve siècle, saint Columba a affronté un dangereux monstre dans le lac, légende qui conduit chaque année de nombreuses personnes sur les rives du lac dans l'espoir d'apercevoir le monstre du Loch Ness, que l'on surnomme affectueusement Nessie. Ce dernier a été décrit tantôt comme un plésiosaure, un chien d'eau ou un serpent de mer. Malgré les nombreuses expéditions scientifiques, son existence reste à prouver. MB

CI-DESSOUS : *Les eaux calmes du Loch Ness.*

LES GORGES DE CORRIESHALLOCH ET LES CHUTES DE MEASACH

ROSS-SHIRE, ÉCOSSE

Longueur des gorges de Corrieshalloch : 1,5 km	
Profondeur des gorges : 61 m	
Hauteur des chutes de Measach : 46 m	

Si les « box canyons » – gorges fermées sur trois côtés – sont rares en Grande-Bretagne, les gorges de Corrieshalloch, situées près de Braemar, dans les Highlands écossais, en sont un bel exemple. En termes géologiques, ces gorges sont très jeunes. Les fractures naturelles dans les schistes métamorphiques du Moinien ont rapidement été érodées par les puissantes fontes de neige glaciale lors de la dernière période glaciaire. Aujourd'hui, les gorges s'étendent sur plus de 1,5 kilomètre et atteignent une profondeur de 61 mètres. Un pont suspendu enjambe la rivière Droma, qui creuse son lit à même la roche depuis 12 000 ans. La rivière se termine par les chutes de Measach qui tombent 46 mètres plus bas sur le sol rocheux.

Les parois des gorges de Corrieshalloch abritent une variété de fougères vivaces, mousses et hépatiques, qui poussent abondamment dans ces conditions humides et abritées. Cette biodiversité et l'intérêt géologique du site lui ont permis d'obtenir la qualification de Réserve naturelle nationale et de Site d'Intérêt scientifique spécifique. NA

LE MONT BEN NEVIS

LOCHABER, ÉCOSSE

Altitude : 1 344 m	
Température moyenne de l'air au sommet : 0 °C	

Ben Nevis a surgi il y a environ 350 millions d'années et les rochers qui s'étendent le long des flancs d'*Allt a'Mhuilinn* forment des murs concentriques : deux de granit et deux de diorite. S'élevant à 1 344 mètres au-dessus du niveau de la mer, Ben Nevis est la plus haute montagne des îles Britanniques, un colosse qui exige le plus grand respect des randonneurs et des alpinistes qui parcourent les itinéraires menant à son sommet désertique.

Le climat proche de celui de l'Arctique offre un havre à une faune et une flore très variées. Les vastes étendues inférieures sont recouvertes de bois de pins natifs, chênes et bouleaux qui, plus haut, cèdent la place à des landes de tourbe et de bruyère, parsemées de mousse, de myrtilles et de polygala. Plus près du sommet la flore revêt un habit alpin, où seuls les mousses et lichens les plus résistants survivent au rude hiver de Lochaber. Les flancs de Ben Nevis abritent également la grande majorité des mammifères d'Écosse, notamment le rare chat sauvage, le lièvre des montagnes et le cerf rouge, qui gambadent tranquillement tandis que des aigles royaux planent dans le ciel. NA

LES MONTAGNES DE LOCHABER

LOCHABER, ÉCOSSE

Superficie des montagnes de Lochaber : 2 419 km²
Précipitations annuelles : 500 cm

Couvrant une étendue de 2 419 km², la région de Lochaber, en Écosse, est célèbre pour son paysage au relief accidenté, qui se caractérise par les montagnes de Glencoe et la zone de Ben Nevis. Bordée à l'ouest par le Loch Linnhe et à l'est par des tourbières de haute altitude appelées Rannoch Moor, l'intérieur en accordéon alterne pics enneigés et profondes vallées glaciaires. Dans certaines de ces vallées isolées, il est encore possible de déceler des fragments de l'ancienne forêt calédonienne,.

Le climat est humide, la plupart des hauts plateaux reçoit environ 500 centimètres de pluie par an. Une part de ces précipitations tombe sous forme de neige pendant les mois d'hiver, neige qui survit toute l'année sur les parties les plus élevées du versant nord. Cette généreuse chute de neige permet à la région d'abriter parmi les plus rares espèces de mousse, hépatique, lichen et fongus de Grande-Bretagne. Cette chaîne de montagnes attire chaque année plusieurs milliers de visiteurs, certains pour observer de loin, d'autres pour escalader et faire des randonnées au cœur des rochers escarpés et exposés aux intempéries. Tous profitent de la splendeur majestueuse de ces sommets anciens. NA

GLENCOE

LOCHABER, ÉCOSSE

Superficie de Glencoe : 5 746 ha

Âge : approximativement 500 millions d'années

Point culminant (Stob Coire nan Lochan) : 1 140 mètres

L'histoire de la « Vallée des Pleurs » témoigne d'un passé violent. Glencoe fut, en effet, le théâtre de l'horrible massacre des MacDonalds par les Campbells, qui eut lieu en 1692. Derrière cette histoire humaine, une ancienne caldeira volcanique effondrée il y a environ 400 millions d'années.

Des aigles royaux planent au-dessus des murs plongeants d'Aonach Eagach, l'arête nord dentelée de la vallée, l'un des paysages de montagne les plus photographiés de Grande-Bretagne. La ravine de Clachaig, véritable pôle d'attraction pendant le long hiver d'Argyllshire, fournit un des meilleurs exemples de faille circulaire du monde – témoignage de l'ancienne activité volcanique qui a donné naissance à la complexe géologie de Glencoe.

C'est une activité glaciaire plus récente qui a donné à la vallée sa forme actuelle. *Coire Gabhail* – la vallée cachée – est l'exemple classique d'une vallée suspendue ; lorsque le glacier s'est retiré, il y a laissé l'entrée de la « Vallée Perdue », suspendue à 250 mètres au-dessus de la rivière Coe. Les éboulis qui longent la vallée sont les vestiges délabrés de nappes de glace ayant fondu il y a fort longtemps, et abritent d'importantes espèces de plantes. NA

LE LOCH LOMOND

ARGYLL AND BUTE, ÉCOSSE

Longueur du Loch Lomond : 38 km
Superficie de la surface du lac : 70 km²
Profondeur du lac : 190 m

Le Loch Lomond est un plan d'eau douce, long de 38 kilomètres, parsemé de nombreuses îles désertes, qui constituent chacune un microcosme de l'histoire naturelle écossaise. Dans la région de Lomond, on trouve plus d'un quart des espèces britanniques de plantes. La plupart des îles appartiennent à des particuliers mais il est possible d'accéder aux réserves naturelles d'Inchailloch, Bucinch et Ceardach, où l'on peut observer de nombreuses espèces d'oiseaux qui nichent au sol. Le loch offre également un sanctuaire pour les oiseaux sauvages qui y passent l'hiver, comme l'oie rieuse du Groenland.

Le Loch Lomond s'est formé lorsque des rochers du Dalradien, qui constituaient une chaîne de montagnes plus élevée que l'Himalaya, sont entrés en collision par le sud avec les plaines du Dévonien. Il constitue aujourd'hui la frontière géologique entre les Highlands et les Lowlands d'Écosse. Le complexe de la frontière des Highlands, mélange de sédiments marins, complète la géologie de la faille limitrophe de la région. Du sommet du Conic Hill, qui s'élève à 1 005 mètres, il est possible de voir la faille traversant plusieurs îles. **NA**

ARTHUR'S SEAT

MIDLOTHIAN, ÉCOSSE

Hauteur d'Arthur's Seat : 250 m
Âge : 335 millions d'années

Arthur's Seat ou le siège d'Arthur, oasis tranquille au cœur d'Édimbourg, la capitale de l'Écosse, est ce qui reste d'un volcan autrefois sous-marin, qui finit par exploser il y a 335 millions d'années. Le géologue pionnier James Hutton (1726-1797), qui a déclaré que la Terre ne présente « aucun vestige du commencement et aucune perspective de fin », a reconnu l'importance d'Arthur's Seat et des Salisbury Crags, situés à proximité. De leurs flancs, il a récolté des preuves capitales montrant que la surface et l'intérieur de la Terre sont en état de flux constant. Les rocs de teschenite dure, que l'on connaît sous le nom d'ajonc, ont été extraits pour paver les rues d'Édimbourg, mais Hutton a veillé à ce que plusieurs caractéristiques géologiques majeures soient préservées pour que les générations futures puissent y accéder et les étudier.

L'ascension jusqu'au sommet d'Arthur's Seat offre de magnifiques vues sur la ville et la campagne environnante. Des artefacts datant de l'âge de bronze ont été découverts plus à l'ouest, dans le loch de Duddingston, et des traces évidentes de terrasses datant de l'âge du fer plus tardif sont encore visibles sur les flancs sud, moins abrupts. **NA**

LES COLLINES TRAPRAIN LAW ET NORTH BERWICK LAW

EAST LOTHIAN, ÉCOSSE

Altitude de Traprain Law : 224 m
Altitude de North Berwick Law : 187 m

Traprain Law et North Berwick Law sont des collines composées de roches volcaniques, qui dominent les plaines de l'East Lothian.

Traprain Law est une colline en forme de baleine située à l'est de Haddington, entourée par des champs agricoles plats. Le bout arrondi de la colline est orienté vers l'ouest alors qu'elle se termine en pointe vers l'est. Si le versant sud de la colline est une falaise abrupte, les pentes nord sont plus douces. Le site est probablement occupé depuis l'âge de la pierre et constituait, à l'âge du fer, un site fortifié. C'est le plus grand fort situé au sommet d'une colline d'Écosse – et le deuxième de Grande-Bretagne, juste après Maiden Castle, à Dorset.

North Berwick Law est une colline pyramidale irrégulière qui domine la ville côtière de North Berwick. Beaucoup des pierres utilisées pour bâtir les immeubles (basalte rouge) ont été extraites à cet endroit. Du haut de la colline on aperçoit l'estuaire de Forth au nord, Édimbourg à l'Ouest et le Lammermuirs au sud. Une arche faite à partir du maxillaire d'une baleine se trouve au sommet de la colline. RC

ST. ABB'S HEAD

BERWICKSHIRE, ÉCOSSE

Hauteur de Kirk Hill : 90 m
Déclarée Réserve nationale naturelle en 1983

Dominé par la colline de Kirk Hill, St. Abb's Head porte les traces d'une occupation humaine datant d'il y a au moins 3 000 ans. Ancien point de rencontre des chrétiens en Écosse, les ruines du monastère du VIIe siècle de St. Ebbe's, peuvent être aperçues parmi les hautes herbes, au bord de la falaise.

L'importance géologique de la région va plus loin, puisque en dessous des rochers se trouve Pettico Wick, qui témoigne de la collision continentale qui unit la Grande-Bretagne à l'Écosse, survenue entre la fin du silurien et le début du dévonien. La déformation ultérieure, le plissement et le soulèvement des roches du silurien et de l'ordovicien, ont conduit à la formation de ces montagnes, érodées sur des milliers de mètres pendant le dévonien. La célèbre « Inconformité » de James Hutton, géologue du XVIIIe siècle peut être observée à Siccar Point, près de Dunbar.

St. Abb's Head appartient au National Trust for Scotland qui l'entretient, ce qui atteste de son importance. À la saison des amours, on y trouve une des plus grandes colonies d'oiseaux marins en Europe. Une visite au début de l'été est récompensée par la cacophonie des petits pingouins, cormorans huppés, fulmars, goélands argentés, macareux et cormorans qui jouent des coudes sur les rebords escarpés. NA

BASS ROCK

EAST LOTHIAN, ÉCOSSE

Hauteur de Bass Rock : 107 m
Population de fous de Bassan : 80 000
Distance de la terre : 1,6 km

Bass Rock fait partie d'un groupe de quatre îles, avec Craigleith, Lamb et Fidra. Située dans le Firth of Forth, l'île est le sanctuaire d'oiseaux marins le plus proche de la terre ferme. La principale colonie de fous de Bassan – 80 000 oiseaux soit 10 % de la population mondiale – se réunit ici.

Le fou de Bassan, d'une envergure de 1,80 mètre, est le plus grand oiseau marin de Grande-Bretagne. Les ornithologues ont commencé à l'étudier au XIXe siècle. Son nom scientifique, *Morus bassana*, intègre le nom de cette île. Les visiteurs peuvent observer la colonie à North Berwick, au Centre écossais des oiseaux marins, grâce à des caméras contrôlées à distance, ou tout simplement prendre un bateau jusqu'à Bass Rock.

Bass Rock est un culot volcanique datant du carbonifère inférieur. Il s'élève à 107 mètres, avec des falaises abruptes sur trois des côtés et un tunnel creusant la roche à une profondeur de 105 mètres. La pente la plus douce, au sud, forme un promontoire bas, sur lequel se trouvent les ruines d'un château datant de 1405. On y trouve également un phare construit en 1903 pour avertir les marins de la présence de l'île. TC

SICCAR POINT, L'INCONFORMITÉ DE HUTTON

EAST LOTHIAN, ÉCOSSE

Âge : 80 millions d'années
Première visite de Hutton à Siccar Point : 1788

Siccar Point, sur la côte du Berwickshire, en Écosse, est devenu l'un des sites les plus célèbres de l'histoire de la géologie. Les formations rocheuses que l'on trouve ici (et sur l'île d'Arran) ont permis à James Hutton d'établir l'âge de la Terre et d'étudier les processus géologiques. Avant Hutton, il était courant de penser que la planète n'avait pas plus de 6 000 ans et que la plupart des rochers avaient été posés sur Terre lors de la Création. Après sa première visite, en 1788, Hutton a affirmé que les processus géologiques créaient des couches de roches et de sédiments et que les affaissements (ou « inconformités ») étaient causés par l'érosion ou l'absence de dépôt, sur de longues périodes. Les inconformités sont des phénomènes géologiques où l'on trouve des roches d'âges différents empilées les unes sur les autres, souvent selon des angles différents. À Siccar Point, les lits verticaux gris se composent d'ardoises remontant au silurien, déposées, rabattues et érodées puis recouvertes par des couches de grès dévonien. RC

LA CHUTE D'EAU GREY MARE'S TAIL

DUMFRIES ET GALLOWAY, ÉCOSSE

Hauteur de la Grey Mare's Tail : 90 m
Type de vallée : vallée suspendue

Grey Mare's Tail (la queue de la jument grise) est le nom de la chute d'eau située dans les collines au nord-est de Moffat, à Dumfries et Galloway. Elles plongent d'un des plus hauts lochs d'Écosse, le Loch Skeen, par-dessus une falaise haute de 90 mètres.

La « queue » constitue un superbe exemple de vallée suspendue ; un affluent de haute altitude se jette dans une profonde vallée et se transforme en chute d'eau à hauteur du point de rencontre.

La vallée inférieure a été creusée et approfondie par des glaciers pendant la période glaciaire, laissant une falaise abrupte entre le loch supérieur et le fond de la vallée.

La fin de l'hiver et le début du printemps sont les meilleurs moments pour voir les chutes, lorsque le volume de l'eau atteint son débit maximum.

La turbulence blanche et écumeuse de l'eau a inspiré de nombreux poètes, notamment Sir Walter Scott, qui a comparé Grey Mare's Tail à « la queue blanche comme neige d'un cheval de combat ».

La région possède également la plus riche collection de plantes d'altitude du sud de l'Écosse. JK

ANGLETERRE

LES ÎLES DE FARNE

NORTHUMBERLAND, ANGLETERRE

Âge des îles de Farne : 280 à 345 millions d'années
Nombre d'îles : 28

Lors d'une tempête le 7 septembre 1838, la fille de William Darling, le gardien de phare de Longstone Island, Grace Darling, alors âgée de 22 ans, repère un paquebot échoué, le *Forfarshire*. Elle supplie alors son père de porter secours et c'est ainsi qu'ils traversent à deux reprises la mer périlleuse à la rame, pour sauver les vies de 9 des 41 marins à bord. Grace est devenue une héroïne.

Longstone Island est l'une des 28 îles qui forment le groupe des îles de Farne, séparées de la terre ferme après une élévation post-glaciaire du niveau de la mer et par l'érosion marine. Les affleurements faisant face à la mer, qui résultent de l'intrusion volcanique de Great Whin Sill, ont donné naissance aux Farnes. La roche dominante, la dolérite, résiste aux battements incessants de la mer du Nord. Par endroits, l'envahissante nappe de glace peut atteindre 30 mètres de hauteur. Ailleurs, des fissures se sont élargies pour former de profondes crevasses comme le Chasm et St. Cuthbert's Gut, sur Inner Farne. Pendant une tempête, la

mer peut projeter des colonnes d'eau pouvant atteindre plus de 30 mètres. Les îles de Farne possèdent des liens forts avec la Chrétienté Celtique : St. Cuthbert a vécu dans la solitude sur Inner Farne. Son célèbre don de guérison attirait sur l'île des pèlerins venus des quatre coins du Royaume de Northumbrie. Il se peut que le nom des îles de Farne dérive d'ailleurs de « Farena Ealande », ou « l'île des Pèlerins ». Cuthbert est mort en 687 avant J.-C. C'était un passionné de la nature, avec une préférence pour les oiseaux et les phoques, souvent ses uniques compagnons sur cette île isolée. Une autre île qui a des connotations religieuses, Lindisfarne, est la seule île habitée du groupe. Aujourd'hui, les îles de Farne sont toujours réputées pour leur faune et leur flore. Plus de 20 espèces d'oiseaux marins, parmi lesquels l'eider, la mouette tridactyle, la sterne, le guillemot, le macareux, l'huîtrier pie, le pluvier à collier et les pipits maritimes, ainsi qu'une colonie de phoques gris s'y reproduisent chaque année. Une enquête récente a permis d'établir qu'il y existe plus de 70 000 couples d'oiseaux marins et 35 000 terriers occupés par des macareux. TC

CI-DESSOUS : *Les îles de Farne sont un lieu de reproduction idéal pour les macareux et autres oiseaux marins.*

LES PINACLES

NORTHUMBERLAND, ANGLETERRE

Âge des Pinacles	: 280 à 345 millions d'années
Hauteur	: 20 m

Les Pinacles font partie des îles de Farne, le dernier affleurement de Great Whin Sill. C'est une couche de dolérite (un type de roche volcanique proche du basalte, mais avec des cristaux de roche plus fins) qui s'étend sur toute la largeur des campagnes anglaises, partant de Cumberland et s'enfonçant vers l'est dans le Northumberland, et couvre quelque 130 kilomètres. Le filon commence à l'Ouest, aux sources de la rivière Tyne, et prend fin sur les îles de Farne, au large de la côte de Northumberland. Les Pinacles sont situés au large de Staple Island. Ayant la forme de molaires géantes, ils s'élèvent dans la mer du Nord et fournissent un refuge aux oiseaux marins tels que les macareux, les guillemots, les petits pingouins et les sternes.

Les Pinacles sont un parfait exemple de la nature de la dolérite. Le temps a fait disparaître les couches sédimentaires laissant place à cette solide roche volcanique qui doit se battre contre les éléments de la nature. Le Stack, qui se trouve à 18 mètres de la mer, juste derrière les falaises au sud d'Inner Farne, est un autre exemple de ce phénomène. TC

LE LAC WAST WATER

CUMBRIA, ANGLETERRE

Longueur de Wast Water	: 5 km
Altitude du Pic de Scafell	: 978 m
Altitude de Great Gable	: 899 m

Le District des Lacs, en Angleterre, a été façonné par des glaciers à même les montagnes de granit pendant la période glaciaire. Il y a dix mille ans, lorsque les glaciers se sont retirés, l'eau s'est accumulée dans un creux à une profondeur de 79 mètres, créant ainsi Wast Water, le lac le plus profond d'Angleterre. Il est situé dans la vallée de Wasdale, un endroit isolé et accidenté, entouré de montagnes, notamment la plus haute d'Angleterre, Scafell Pike et le magnifique Great Gable, avec son pinacle de pierre caractéristique, plus connu sous le nom de Napes Needle. Un mur d'éboulis haut de 550 mètres plonge d'Illgill Head dans une eau gris ardoise, jusqu'au fond du lac. Avec des précipitations moyennes de 300 centimètres par an, cet endroit est un des plus humides de Grande-Bretagne.

À la pointe du lac se trouve le petit village de Wasdale Head, autrefois lieu de prédilection de Walter Haskett Smith, le « père de l'alpinisme britannique ». Il a inauguré ce sport en escaladant le Great Gable et Napes Needle en 1886. Il a d'ailleurs recommencé l'ascension bien des années plus tard, à l'âge de 76 ans, devant un public de 300 alpinistes. MB

À DROITE : *Un paysage accidenté entoure Wast Water.*

LA PIERRE DE BOWDER

CUMBRIE, ANGLETERRE

Âge de Bowder Stone : environ 452 millions d'années
Poids de Bowder Stone : 1 814 tonnes
Circonférence : 27 m

La Pierre de Bowder ressemble à une maison en équilibre sur un coin. Si les géologues ne sont pas d'accord quant à son origine, ils s'accordent pour dire que la Pierre de Bowder de Borrowdale, en Cumbrie, est peut-être le plus gros fragment isolé de pierre du monde et sans doute l'un des plus anciens. Pendant la période glaciaire, des glaciers géants ont percuté et crevé le paysage anglais. Ils ont laissé derrière eux des traces de leur présence, notamment des vallées en auge comme celle de Borrowdale, dans le District des Lacs anglais.

Perchée de façon précaire sur une base étroite, la Pierre de Bowder est une énorme masse de lave andésite datant de l'âge ordovicien, qui gît aujourd'hui sous le littoral de King's How, entre les villages de Grange et de Rosthwaite.

Un glacier a pu la transporter d'Écosse et la déposer à sa localisation actuelle. Ces pierres sont dites « erratiques » car elles ont la même origine que le glacier et ne correspondent pas géologiquement au lieu.

Il se peut aussi que la Pierre se soit écroulée de Bowder Crag après une importante chute de pierres, vers la fin de la dernière glaciation (il y a 13 500 à 10 000 ans). Les visiteurs peuvent monter sur cet énorme rocher grâce à une échelle en bois. TC

LES CHUTES DE HIGH FORCE

DURHAM, ANGLETERRE

Hauteur de High Force : 21 m
Longueur de la Rivière Tees : 113 km
Longueur de Pennine Way : 402 km

Situé au bout d'un sentier boisé, High Force a souvent été décrite comme la plus grande chute d'Angleterre. C'est en tout cas l'une des plus impressionnantes et des plus puissantes, malgré le fait que l'eau passe au travers d'un petit espace de 3 mètres.

De sa source, située sur le versant est de la montagne de Cross Fell, la rivière Tees gagne en vitesse et en volume jusqu'à atteindre l'escarpement de Great Whin Sill. Elle se jette alors par-dessus une faille dans cette intrusion basaltique et se fracasse du haut de 21 mètres dans le point d'eau juste en dessous. Son apparence est plus spectaculaire en automne et en hiver, lorsque le fracas de l'eau est vraiment assourdissant.

On peut jouir de la beauté de High Force d'en bas ou en cheminant sur le sentier forestier de Pennine Way, qui possède de nombreuses aires de repos tout le long. C'est un point d'accès très populaire parmi les kayakistes d'eau vive qui s'élancent dans une descente de 3,5 kilomètres. Les bois de la rive sud de la rivière font partie de la réserve naturelle de Moor House-Upper Teesdale, qui abrite les plus grands bosquets de genévriers d'Angleterre. CS

GAPING GILL

YORKSHIRE, ANGLETERRE

Âge du calcaire : 300 millions d'années
Longueur du système de cavernes de Gaping Gill : 70 km
Hauteur de la chute : 105 m

Gaping Gill est le puits le plus profond d'un des plus grands systèmes de cavernes d'Angleterre. L'énorme chambre a été creusée au cours des siècles par les eaux de Fell Beck, qui ont érodé le calcaire, créant ainsi une chute d'eau souterraine deux fois plus haute que les chutes du Niagara ! À moins d'être un spéléologue expérimenté, la seule façon de pénétrer à l'intérieur de Gaping Gill est de se rendre à une « réunion-treuil », lorsque les spéléologues descendent les visiteurs dans une cage en métal suspendue à un câble d'acier.

Cette grande caverne possède cinq autres entrées – Bar Pot, Flood Entrance Pot, Stream Passage Pot, Disappointement Pot et Henslers Pot – mais aucune de ces entrées ne doit être empruntée à moins d'être un spéléologue expérimenté.

Que l'on pénètre ou non au sein de Gaping Gill, la promenade de Clapham à l'entrée de la caverne, à travers une gorge calcaire abrupte, au milieu du superbe panorama vallonné du Yorkshire, vaut le détour à n'importe quelle époque de l'année. Tout près, se trouvent d'autres cavernes intéressantes (comme celle d'Ingleborough) plus faciles à visiter, ainsi que d'autres paysages calcaires uniques, comme l'étrange « pavé calcaire » à l'aspect lunaire, qui abrite de nombreuses plantes rares. CC

JINGLE POT

YORKSHIRE, ANGLETERRE

Longueur de Jingle Pot : 1 km
Profondeur totale : 67 m

Les Yorkshire Dales sont une série de vallées glacées creusées dans les hautes terres au centre de Pennines, la principale chaîne de montagnes d'Angleterre, qui s'étend du nord des Midlands jusqu'à l'Écosse. Les montagnes sont plus basses que celles du District des Lacs, et portent moins de traces de la glaciation. Les sommets sont plus arrondis, sans arêtes aiguisées, et les vallées et vallons sont plus dégagés. Cette région est une des plus grandes zones karstiques de Grande-Bretagne et l'on y trouve de nombreux monticules de récifs (collines de forme conique, riches en fossiles qui formaient des atolls de corail dans les eaux peu profondes de la mer des temps préhistoriques) calcaires caractéristiques et très spectaculaires. Le calcaire du carbonifère est poreux et les collines de Yorkshire Dales sont criblées de grottes et cavernes calcaires.

Jingle Pot est une des nombreuses cavernes, de West Kingsdale, dans le Yorkshire. Son nom dérive d'un dialecte du nord et de l'anglais moyen, et signifie la caverne aux tintements, aux cliquetis. Les spéléologues qui s'assurent à un arbre suspendu au-dessus du puits ont de fortes chances d'entendre un grincement troublant pendant leur remontée. TC

LES ROCHERS DE BRIMHAM

YORKSHIRE, ANGLETERRE

Âge de Brimham Rocks : 320 millions d'années
Altitude de Brimham Moor : 300 m

L'Idole, le Bateau, l'Ours Dansant, la Tortue, le Tube de Smarties – tels sont les noms de quelques-unes des formations rocheuses de grès meulier de Niddersdale, dans le Yorkshire. Les rochers sont éparpillés sur plus de 20 hectares de Brimham Moor.

Ces formes étranges ont probablement été façonnées il y a 320 millions d'années, lorsqu'une énorme rivière a arraché des gravillons et du sable des montagnes de granit situées dans le nord de l'Écosse et en Norvège. Un delta s'est alors formé, couvrant la moitié du Yorkshire. De croissantes couches de gravier et de sable, ainsi que des cristaux de feldspath et de quartz, se sont accumulés pour former un grès très dur, que l'on appelle grès meulier. La stratification entrecroisée, causée par le fond irrégulier du lit de la rivière, a créé une série de couches inclinées dans la direction du courant. La plupart des rochers doivent leur forme étrange à l'érosion survenue pendant et après la glaciation du dévensien, la dernière période glaciaire du pléistocène en Grande-Bretagne, il y a 80 000 à 10 000 ans. Le décapage opéré par le sable au niveau du sol a rongé les couches les plus friables, cédant la place à un minuscule socle surplombé d'un sommet massif. **TC**

LES ROCHERS DE BRIDESTONES

YORKSHIRE, ANGLETERRE

Longueur du sentier naturel de Bridestones : 2,4 km
Type de roche : grès
Végétation : landes de bruyère, prés herbeux et terrain boisé ancien

Les rochers de Bridestones, situés dans les landes du nord du Yorkshire, en Angleterre, sont formés de grès déposé pendant l'ère jurassique, il y a environ 180 millions d'années. À cette époque, les dinosaures régnaient sur Terre, le climat était plus tropical et le nord du Yorkshire gisait sous une mer peu profonde. Au fil des années, le sable déposé au fond de la mer a été compressé pour former du grès. Les vastes couches (plans de stratifications) des rochers de Bridestones révèlent que le sable déposé dans les dunes sous-marines a fréquemment été perturbé et érodé par des tempêtes, donnant naissance à des dunes de sable isolées. Lorsque le niveau de la mer a baissé, les éléments ont percuté le grès fraîchement émergé. Les plans de stratification faible se sont érodés facilement, créant des couches « en sandwich » et sculptant d'énormes affleurements de grès. La forme des rochers est due au sable qui s'abat avec force sur la base des rochers, érodant les fines couches qui leur donnent cette apparence de champignon. Les landes de Bridestones constituent une réserve naturelle nationale, composée de landes, prairies et terrains boisés très anciens, datant probablement de la fin de la dernière période glaciaire. **TC**

LES ROACHES

STAFFORDSHIRE, ANGLETERRE

Âge des Roaches : 350 millions d'années
Type de roche : grès meulier
Hauteur : 30 m

Les Roaches forment un escarpement de grès meulier composé de rochers à l'aspect étrange, et marquent la frontière sud-ouest du Parc national de Peak District. La période glaciaire et des milliers d'années d'érosion ont peu à peu poli les rochers accidentés jusqu'à former cet assemblage frappant. Situés entre Leek et Buxton, dans le Staffordshire, les Roaches se composent de deux corniches en dent de scie – les « Étages » supérieur et inférieur – reliés par une série de marches de pierre. Ils ont été créés il y a 350 millions d'années, lorsqu'une mer peu profonde a recouvert la région, laissant le sable et les gravillons s'accumuler sur un récif de corail. Ces sédiments ont été compressés et sont devenus de solides rochers sans failles ni faiblesses naturelles – idéaux pour les maçons qui peuvent travailler la pierre dans toutes les directions, ainsi que pour les alpinistes qui savent que le rocher ne leur fera pas faux bond.

En effet, c'est une des destinations d'escalade les plus prisées de Grande-Bretagne, avec plus de 100 itinéraires au choix. Les Roaches se trouvent à un emplacement idéal, jouissant de superbes vues sur la plaine du Cheshire et le Peak District. **JK**

LA COLLINE WREKIN

SHROPSHIRE, ANGLETERRE

Altitude de Wrekin : 400 m
Âge : 566 millions d'années

On raconte que Wrekin, située près de Telford dans le Shropshire est la plus ancienne colline d'Angleterre et qu'elle aurait inspiré J.R.R. Tolkien pour la Terre du Milieu dans *Le Seigneur des Anneaux*. Cette colline de roche volcanique mesure 400 mètres de haut. Pendant la période précambrienne tardive, Shropshire s'étendait sous une mer peu profonde et les tremblements de terre ont contribué à la formation d'importantes failles dans la croûte terrestre. Wrekin est située près de la faille de Church Stretton. On ne connaît pas la cheminée qui a déposé la roche en fusion et les cendres qui ont donné naissance à Wrekin, il y a des millions d'années. Une légende raconte qu'un géant gallois, détestant les habitants de Shrewsbury, voulut ensorceler la rivière Severn et inonder la ville. Il prépara une pelletée de terre et se mit à la recherche de Shrewsbury. Dans sa hâte il ne vit pas la ville et arriva à Wellington, où il demanda son chemin à un cordonnier. Remarquant alors la pelletée de terre, le cordonnier se rendit compte qu'il y avait là quelque chose d'anormal. Il enleva ses chaussures en disant qu'il les avait usées à force de chercher cette ville. Désemparé, le géant laissa tomber la terre créant ainsi le Wrekin. **TC**

LE MASCARET DE SEVERN

GLOUCESTERSHIRE, ANGLETERRE

Hauteur du mascaret de Severn	3 m
Vitesse moyenne	156 km/heure
Distance parcourue	33,8 km

Chaque année, la rivière Severn, située dans le Gloucestershire, est au centre d'un phénomène naturel spectaculaire – une puissante vague que l'on appelle le mascaret de Severn. Ce dernier peut ressembler à un renflement vitreux, une monstrueuse vague déferlante, ou même à un trou qui avance. Le mascaret remonte violemment le courant, à une vitesse pouvant atteindre 21 km/heure. La vague est connue pour avoir atteint presque l'estuaire de la Severn. Alors que celui-ci devient plus en plus étroit, le mur d'eau prend de la vitesse et devient beaucoup plus large, formant un mascaret. Ce dernier remonte le courant pendant plus de deux heures, parcourant environ 34 kilomètres, d'Awre à Gloucester. Il passe par Avonmouth, où la rivière a environ 8 kilomètres de large puis par Chestow et Aust, Lydney et Sharpness où elle ne mesure plus qu'environ 1,6 kilomètre de large. Lorsque la rivière atteint Minsterworth, elle mesure moins de 100 mètres de large.

Les mascarets les plus importants se produisent entre un et trois jours après la nouvelle ou la pleine lune, au moment des

Chaque année, la rivière Severn, située dans le Gloucestershire, est au centre d'un phénomène naturel spectaculaire – une puissante vague que l'on appelle le mascaret de Severn. Ce dernier peut ressembler à un renflement vitreux ou à une monstrueuse vague déferlante.

trois mètres de hauteur ; sa puissance est telle qu'elle balaye sur son passage le bétail et les moutons qui se trouvent sur les rives. Elle transforme cette paisible rivière en une zone interne de surf. Des douzaines de surfers s'affrontent pour voir qui ira le plus loin.

Le marnage de la Severn, dans le sud de l'Angleterre, est le deuxième plus élevé du monde, pouvant atteindre 15,4 mètres. Lorsque la marée monte, les berges à roche dure de Sharpness restreignent les mouvements de l'eau ; combiné aux striures du lit de la rivière, cela a pour effet de retenir l'eau et de l'empêcher de couler. Un mur d'eau se forme alors qui finit par être canalisé vers marées printanières. Une croyance populaire veut que les enfants nés lorsque la marée arrive seront chanceux, tandis que les malades ont plus de chances de mourir pendant le reflux de la marée.

Le mascaret de Severn est un des plus grands de la planète – on compte environ 60 mascarets dans le monde dont ceux de la Seine, de l'Indus et de l'Amazone. Le plus haut est de loin le Ch'ient'ang'kian (Hang-chou-fe), en Chine. Lors des marées du printemps, cette vague atteint 7,5 mètres de haut et une vitesse de 24 à 27 kilomètres à l'heure. Le bruit créé est si fort que l'on peut l'entendre avancer à 22 kilomètres à la ronde. **TC**

LA GORGE DE CHEDDAR

SOMERSET, ANGLETERRE

Âge de la gorge de Cheddar : 18 000 ans
Âge des rochers : 280 à 340 millions d'années
Profondeur de la gorge : 113 m

La légende raconte qu'une trayeuse étourdie aurait laissé un seau de lait refroidir dans les grottes de Cheddar Gorge, dans le nord du Somerset, au sud-ouest de l'Angleterre, où règne une température constante de 7 °C tout au long de l'année. En revenant, elle trouva le lait transformé en une savoureuse substance – et voilà comment naquit le fromage de Cheddar. Elle aurait été fière d'apprendre que la production de fromage est établie ici depuis

volume d'eau dégagée érodant le calcaire. La route sinueuse qui traverse aujourd'hui les gorges marque la position de l'ancienne rivière.

La gorge de Cheddar contient deux importantes grottes : Cox's Cave et Gough Cave. Cox's Cave a été découverte pendant une opération d'exploitation en 1837. Elle se compose de sept belles petites grottes, reliées par un passage voûté bas. En 1893, c'est au tour de Gough's Cave d'être découverte. On y trouve les Fonts et ses galeries de stalagmites qui s'élèvent dans la colline. La plus grande rivière souterraine de Grande-Bretagne, Cheddar Yeo, réapparaît juste en dessous de l'entrée de Gough's Cave.

> *La légende raconte qu'une trayeuse étourdie aurait laissé un seau de lait refroidir dans les grottes de Cheddar. En revenant, elle trouva le lait transformé en une savoureuse substance – et voilà comment naquit le fromage de Cheddar.*

plus de 800 ans. Sous le règne de Charles Ier, la demande à la cour du fromage était beaucoup plus importante que la production.

Cheddar Gorge est une étroite gorge calcaire abrupte entourée de falaises, située près de la ville de Cheddar, qui traverse les collines de Mendip. Ce sont les plus grandes gorges de Grande-Bretagne, avec une profondeur maximale de 113 mètres. Elles attirent environ 300 000 visiteurs par an. Les roches de la gorge datent de la période carbonifère, il y a 280 à 340 millions d'années. Celle-ci s'est formée il y a environ 18 000 ans, lorsque de nombreux glaciers de Grande-Bretagne se mirent à fondre, l'important

Les grottes de Cheddar fournissent un abri aux hommes depuis les débuts de l'Humanité. On y trouve des traces d'activité humaine datant de l'âge de la pierre et du paléolithique supérieur tardif. À cette époque, l'homme utilise pour la première fois des tabourets de pierre ! C'est également dans les grottes de Cheddar que l'on a retrouvé le squelette humain complet le plus vieux de Grande-Bretagne – l'Homme de Cheddar, âgé de 9 000 ans. La région a été déclarée Site d'intérêt scientifique en raison de sa géologie et de sa population de chauves-souris « fer à cheval ». **TC**

À DROITE : *Les falaises calcaires de la gorge de Cheddar.*

LES GROTTES DE WOOKEY HOLE

SOMERSET, ANGLETERE

Âge du calcaire :
400 millions d'années

Première occupation humaine :
il y a 50 000 ans

Hyena Den (l'antre des hyènes), Badger Hole (le trou des blaireaux) et Rhinoceros Hole (le trou des rhinocéros) sont les noms de grottes appartenant au complexe de Wookey Hole, dans le Somerset, au sud de l'Angleterre.

Il y a environ 400 millions d'années, un océan recouvrait les Mendips. Les coquilles de microscopiques créatures marines se sont transformées en carbonate de calcium qui s'est déposé au fond de l'océan, avant de durcir et de se transformer en roche. Lorsque le niveau de la mer a exposé les rochers, l'eau de pluie a dissous les défauts et élargi les crevasses. Enfouie dans les profondeurs de la Terre, la rivière Axe s'est frayé un chemin à travers les fissures des grands blocs de calcaire et a agrandi les cavernes.

Ces grottes asséchées ont par la suite fourni un habitat sûr, avec une température constante de 11° C. Les premiers pensionnaires humains sont arrivés il y a environ 50 000 ans, chassant les ours et les rhinocéros à l'aide d'armes de pierre. À l'âge du fer, des fermiers celtes ont vécu près de l'entrée de la grotte pendant plus de 600 ans. Il y a 2 000 ans, les Romains se sont installés ici, construisant des routes et exploitant les ressources minérales de Mendip Hills. On ne sait pas grand-chose de l'histoire des grottes jusqu'au XVIIIe siècle, lorsque le poète Alexander Pope s'y est rendu et a fait abattre des stalactites qu'il emporta comme souvenir. Actuellement, les grottes abritent chauves-souris « fer à cheval », papillons de nuit, araignées cavernicoles, grenouilles, anguilles et crevettes d'eau douce.

C'est à Wookey Hole qu'est née la plongée britannique en grotte, Cathedral Cave étant une des grottes les plus célèbres de l'histoire de la spéléologie britannique. Connue sous le nom de Chambre 9, elle devint la base de plongée

Au XVIIIe siècle, le poète Alexander Pope s'est rendu dans les grottes et a fait abattre plusieurs stalactites pour emporter quelques souvenirs. Aujourd'hui, les grottes abritent chauves-souris, papillons de nuit, araignées cavernicoles, grenouilles, anguilles et crevettes d'eau douce.

pour toutes les explorations du système souterrain. Elle mesure 30 mètres de profondeur, l'eau 21 mètres et ses murs sont rougis par l'oxyde de fer et scintillent de formations de stalactites « fluipierre ». Dans les ombres des murs de la grotte, se cache la sorcière de Wookey Hole, une formation de roche calcaire bizarrement et entièrement façonnée comme une sorcière, avec un nez crochu et un menton protubérant. Une légende raconte qu'au XVIIIe siècle, un moine, pensant que la vieille femme était un démon, l'aspergea d'eau bénite la transformant ainsi en pierre. TC

À DROITE : *Les impressionnantes formations de stalactite « fluipierre » de Wookey Hole.*

LES SEVEN SISTERS

SUSSEX, ANGLETERRE

Âge : 130 à 60 millions d'années
Altitude de Haren Brow : 77 m

Seven Sisters (Sept Sœurs) est le nom donné à une rangée d'ondulations dessinées sur les falaises crayeuses de la côte sud de l'Angleterre. Les parties calcaires de minuscules algues marines et des fragments de coquillages ont formé des stries de craie blanche sous la mer, il y a de 130 à 60 millions d'années. Les falaises sont situées à l'endroit où la crête des South Downs de Sussex rencontre la Manche. D'anciennes rivières ont découpé des vallées dans la craie, donnant naissance aux magnifiques Seven Sisters. S'élevant à 77 mètres, Haven Brow est la plus haute. À côté de celle-ci se trouvent Short Brow, Rough Brow, Brass Point, Flagstaff Point, Baily's Brow et Went Hill Brow. La mer caresse constamment la craie, réduisant les falaises et donnant lieu à des chutes de pierres régulières. Cela a pour effet de révéler un trésor infini de fossiles, parmi lesquels des spécimens parfaits. Les chasseurs de fossiles fouillent les galets et la craie, à la recherche de brachiopodes, bivalves et échinoïdes. Les falaises reculent d'environ 30 à 40 centimètres chaque année.

Le chiffre sept est fréquent dans les listes de circonscriptions anglo-saxonnes (comme le vieux nom de la ville de Sevenoaks). Dans le cas des Seven Sisters, ce chiffre est trompeur car il existe une huitième falaise, la dernière de la rangée, la plus petite, ignorée des sœurs. **TC**

LULWORTH COVE

DORSET, ANGLETERRE

Nombre de visiteurs annuels :
1 million

Type de roche : calcaire

Les formations rocheuses et le paysage aux environs de Lulworth Cove attirent des visiteurs venus du monde entier. La crique a été créée sur des milliers d'années, lorsque la mer, traversant les falaises calcaires de Purbeck et de Portland, a commencé à éroder les argiles et la craie qui se trouvaient derrière. Les strates rocheuses de Middle et Upper Purbeck sont tortueuses et ridées, formant les « Lulworth Crumples », dont une est située au dos de la falaise adjacente à Stair Hole.

Actuellement, Lulworth Cove forme un port naturel situé à la pointe est de la « côte jurassique ». C'est de cette plage que part Troy, le personnage du film de John Schlensinger, adapté du roman de Thomas Hardy *Loin de la foule insensée*. Le Dorset Coast Path borde la crique et entre Ringstead et Lulworth se trouve la Burning Cliff (falaise brûlante), où l'huile de schiste présente dans le sol s'est consumée pendant des années. À Bacon Hole, se trouve une forêt fossile où les restes d'arbres conifères de la fin du jurassique et du début du crétacé sont enracinés dans un sol très ancien que l'on connaît sous le nom de Great Dirt Bed. Lulworth se situe à environ 33 kilomètres de Weymouth. CC

DURDLE DOR

DORSET, ANGLETERRE

Altitude de la falaise à Durdle Dor : 100 mètres

Type de roche : pierre de Portland

En 1972, lors d'une visite à Durdle Door, le dramaturge John O'Keefe écrit : « Ici je me tenais et contemplais avec étonnement et plaisir cette extraordinaire création de la Nature. » Durdle Dor est vraiment une merveille de la nature et un des sujets les plus photographiés le long de la côte jurassique du Dorset. Cette arche géante de calcaire enjambe la mer à l'extrémité est de la crique de Durdle Door. Taillée par les vagues d'une violence inouïe venues du sud-ouest, les roches les plus fragiles ont été victimes de l'érosion, cédant la place aux pierres de Portland, plus résistantes, qui se dressent fermement. Ces rochers ont été déposés là il y a 135 à 195 millions d'années, pendant la période jurassique, lorsque l'Angleterre se trouvait sous une mer tropicale. Le nom de Durdle Dor ou Durdle Door est utilisé depuis environ mille ans. Durdle vient d'un mot d'ancien anglais, *thirl*, qui signifie « percer » ou « troué », et Dor reflète sa forme de porte. CS

LA PLAGE DE CHESIL

DORSET, ANGLETERRE

Longueur de la plage de Chesil :
29 km

Hauteur des falaises de Shingle :
18 m

La plage de Chesil est une barrière de galets qui devance une série de lagons abrités, et s'étend sur 29 kilomètres le long de la côte sud de l'Angleterre de Bridport Harbor (West Bay) à la Baie de Chesil, sur l'île de Portland. Du côté de Portland, les cailloux ont la taille d'œufs de poule, alors que 25 kilomètres plus loin, à West Bay, leur taille est celle de petits pois. Entre ces deux extrémités, ils rapetissent si régulièrement que les pêcheurs qui échouent sur la plage pendant la nuit peuvent déterminer l'endroit exact où ils se trouvent grâce à la taille des cailloux sous leurs pieds. En effet, le nom de Chesil, vient de l'ancien anglais *ceosol* qui signifie galet.

Le banc peut atteindre 18 mètres de haut. Les galets sont composés à 98,5 % d'argile et de chert, le reste étant du quartz, du quartzite, du granit, du porphyre, des métamorphiques et du calcaire. La théorie la plus récente concernant l'origine de la plage soutient que Chesil est le résultat de glissements de terrain dans l'est du Devon et l'ouest du Dorset, survenus lors de la dernière période glaciaire Le niveau de la mer est monté et l'érosion a percé les débris, charriant une énorme quantité de matériaux vers l'est. La plage se serait rapprochée du rivage, et aurait atteint sa position actuelle il y a 4 000 à 5 000 ans. TC

LA CÔTE JURASSIQUE

DORSET / DEVON, ANGLETERRE

Longueur de la côte jurassique : 153 km
Nombre de visiteurs de la côte jurassique : 14 millions par an
Âge de la forêt fossile : 144 millions d'années

En 1811, Mary Anning, alors âgée de 12 ans, a découvert un inhabituel squelette fossilisé, sur la plage près de Lyme Regis, dans le Dorset, au sud de l'Angleterre. Ce fossile est en fait le premier squelette complet d'ichtyosaure (en grec, cela signifie « poisson lézard »), un reptile marin géant ayant vécu un peu avant les dinosaures (il y a 250 millions d'années). Les rochers les plus anciens se trouvent à l'ouest, près d'Exmouth et de Sidmouth, alors que des rochers plus jeunes forment les falaises de l'est. La côte de l'est du Devon possède les plus riches sites de reptiles du trias moyen en Grande-Bretagne. Le jurassique, quant à lui, est représenté entre Pinhay, dans le Devon, et Kimmeridge, dans le Dorset. Cette région est un haut lieu de la paléontologie. On y découvre, encore aujourd'hui, des fossiles de nouvelles espèces. La séquence terrestre, allant du jurassique au début du crétacé, que l'on trouve dans la

> *Cette région est un haut lieu de la paléontologie et fournit un récit complet de chaque étape du jurassique. On y découvre, encore aujourd'hui, des fossiles de nouvelles espèces.*

Le superbe littoral où vivait alors Mary est aujourd'hui inscrit sur la liste du patrimoine mondial et plus connu sous le nom de Côte jurassique. Celle-ci s'étend sur 150 kilomètres, d'Exmouth, dans le Devon, à Studland Bay, dans le Dorset. Ce littoral est le seul endroit au monde présentant des traces continues de 185 millions d'années d'histoire de la Terre. Il fournit une séquence pratiquement ininterrompue de formations rocheuses du trias du jurassique et du crétacé, s'étendant sur toute l'ère mésozoïque. La côte jurassique contient une série de localités connues à l'échelle internationale pour leurs fossiles – vertébrés et invertébrés, marins et terrestres. Il existe ici des indices de la présence de mers et de déserts tropicaux, d'une ancienne forêt fossile et de marécage infestés de formation de Purbeck est la plus belle du monde. Les plus jeunes rochers du site, datant du mésozoïque, forment ce que l'on appelle Old Harry Rocks, de proéminents éperons calcaires. Récemment, la « Côte jurassique » a reçu le statut de Patrimoine mondial, se plaçant, aux côtés de la Grande Barrière de corail et du Grand Canyon, au rang de merveille naturelle.

La découverte de la jeune Mary Anning l'a rendue célèbre et elle est probablement devenue le paléontologue le plus connu du XIXe siècle. Sa découverte majeure suivante a été celle du premier squelette de plésiosaure, en 1821. **TC**

À DROITE : *Les plages de la côte jurassique sont riches en fossiles de dinosaures.*

OLD HARRY ROCKS

DORSET, ANGLETERRE

Type de roche : craie
Faune et flore : faucons pèlerins et oiseaux marins
Caractéristiques géologiques : éperons et souches, voûtes naturelles

Semblables au sommet d'un immeuble élevé, les falaises calcaires près du village de Studland prennent fin brusquement. Outre les falaises de craie, la région présente de beaux promontoires, des éperons et des arches naturelles. L'érosion a séparé les éperons de Old Harry Rocks et les Pinacles, plus au sud, de la terre ferme. La mer a attaqué une fracture dans la craie, formé une grotte qui s'est progressivement transformée en une arche. Plus tard, l'arche s'est effondrée, formant un éperon. La mer a miné sa base et l'éperon s'est effondré dans la mer. La « compagne » de Old Harry, quant à elle, s'est effondrée en 1896. Ballard Down Fault, une importante faille, se situe ici. Au sud de la faille, la craie est verticale, en revanche au nord, la craie a été déposée presque horizontalement. Old Harry est le nom donné à un éperon isolé. Le terrain situé à l'opposé du sommet de la falaise s'appelle Old Nick's Ground. À marée basse, il est possible de marcher le long de la falaise jusqu'à Harry's Rocks. Du village de Studland, on peut faire une promenade sur le sommet de la falaise jusqu'à Harry's Rocks et Ballard Point. **TC**

LES NEEDLES

HAMPSHIRE, ANGLETERRE

Altitude au-dessus du niveau de la mer : 30 m
Hauteur du phare : 33 m

Lors d'une tempête, en 1764, Lot's Wife (la femme de Lot), un éperon de 37 mètres de haut, situé à l'extrémité nord-ouest de l'île de Wight, sur la côte sud de l'Angleterre, s'est effondré dans la mer. On raconte que la chute a été entendue à des kilomètres à la ronde. Trois autres éperons ont résisté à la tempête et ont été surnommés les Needles (les Aiguilles). Ils constituent, dans la Baie d'Alum, l'extrémité d'une corniche de craie qui traverse l'île de Wight. Ils s'élèvent à environ 30 mètres au-dessus de la mer, progressivement isolés car la craie fragile du promontoire s'érode.

À l'époque victorienne, la région attirait un grand nombre de visiteurs qui faisaient le voyage à bord de bateaux à aubes. Les Needles ont toujours représenté un danger pour la navigation et un phare de 33 mètres de hauteur se cramponne à la base d'un des rochers. Un des récifs les plus dangereux de la zone est en fait un bout du pinacle tombé il y a plus de deux siècles, que l'on peut apercevoir lorsque le niveau de la mer est bas. C'est au Royal Needles Hotel, au-dessus de la Baie d'Alum, que Gugielmo Marconi a installé, début décembre 1897, son équipement révolutionnaire et envoyé la toute première transmission sans fil. **TC**

LE PARC NATIONAL DE DARTMOOR

DEVON, ANGLETERRE

Superficie du Parc National de Dartmoor : 953 km²
Point culminant : 621 m
Âge : 295 millions d'années

La beauté désolée du parc national de Dartmoor, dans le Devon, a inspiré de nombreux artistes et écrivains – le plus célèbre étant sans doute Sir Arthur Conan Doyle, qui situe dans ces landes les aventures de Sherlock Holmes, dans *Le Chien des Baskerville*. La plupart des terres appartiennent à des particuliers mais leur accès reste libre.

Parmi les plus de 160 affleurements de granit – des points de repère qui offrent de merveilleuses vues sur la campagne environnante – Hay Tor est un des plus impressionnants. Hay Tor donne sur la région dont on a extrait les pierres pour bâtir le London Bridge. Dartmoor possède une abondance de sites archéologiques. Il y a de nombreuses pierres dressées préhistoriques, notamment les rares alignements de pierres de Merrivale, ainsi que les vestiges de nombreux villages de l'âge du bronze, situés à Grimspound et Hound Tor. CC

PAYS DE GALLES

SNOWDON ET LE PARC DE SNOWDONIA

GWYNEDD, PAYS DE GALLES

Nom local : Yr Wydda
Altitude de Snowdon : 1 085 m
Parc National établi en : 1951

Snowdonia est le deuxième plus grand parc national d'Angleterre et du Pays de Galles, un lieu véritablement sauvage où ne vivent que 26 000 personnes. Sa faune et sa flore constituent une des principales attractions, notamment ses oiseaux comme l'émerillon et le crave à bec rouge (tout comme son cousin plus grand, le corbeau). Snowdonia possède également des espèces uniques de lys et de scarabées que l'on ne trouve nulle part ailleurs.

La montagne est ce qui reste d'un cratère volcanique qui atteignait autrefois trois fois son altitude actuelle, mais elle reste le sommet le plus élevé du Pays de Galles. Le train de Snowdon dépose les voyageurs à 20 mètres du sommet. D'autres montagnes – Carnedd Moel Siabod, Cader Idris et Rhinogs – sont tout aussi spectaculaires et moins fréquentées. Le parc compte également de nombreux kilomètres de littoral, de zones humides et de rares forêts d'altitude composées de chênes. La ville de Harlech, un des meilleurs endroits où séjourner à Snowdonia, proche de la côte, possède un splendide château et offre de superbes panoramas sur le Snowdon. CC

L'ÎLE DE SKOMER

PEMBROKESHIRE, PAYS DE GALLES

Population de puffins des Anglais : environ 6 000 couples

Longueur de Skomer : 3 km de long

Juste au large de la côte sud-ouest du Pays de Galles se trouve la minuscule île de Skomer. Pendant le court trajet en bateau, au départ de Martin Haven, on aperçoit des phoques gris et des marsouins. L'île de Skomer abrite des milliers d'oiseaux marins, notamment les mouettes tridactyles, les guillemots, les petits pingouins et les macareux. Au printemps, c'est à Skomer qu'ils se reproduisent. Aux premiers jours de mai, l'île est tapissée de jacinthes des bois et de compagnons rouges. Les orvets sont très courants et l'île possède sa propre sous-espèce de campagnol roussâtre, le campagnol de Skomer. La particularité la plus étonnante de Skomer est sans doute l'afflux estival de puffins des Anglais. On estime qu'un tiers de la population mondiale de ces oiseaux océaniques se reproduit sur cette petite île ; jusqu'à 102 000 couples creusent le sol pour bâtir leurs nids, créant de dangereuses structures semblables à des labyrinthes. CC

WORM'S HEAD, LA PÉNINSULE DE GOWER

GLAMORGAN, PAYS DE GALLES

Longueur de Worm's Head : 1,6 km
Superficie de la péninsule de Gower : 188 km²

La péninsule de Gower, région classée Site de très grande exception, s'élance dans le canal de Bristol, entre les estuaires des rivières Loughor et Tawe. Worm's Head est un promontoire calcaire de 1,6 kilomètre qui longe la pointe ouest de la péninsule. On peut y accéder par une chaussée praticable deux heures avant et après la marée basse. Il est possible de profiter de cinq heures pour explorer le site, mais des humains et des moutons ont déjà été coincés. Avant de tenter une pareille expédition, il est judicieux de vérifier les horaires des marées. À marée haute, la mer isole Worm's Head et c'est à ce moment-là qu'il ressemble réellement à un *wurm*, mot d'anglais ancien désignant un dragon ou un serpent. Du Worm, on peut observer les phoques et la baie de Rhossili, une large voûte dorée qui s'étend jusqu'à l'extrémité nord, à Burry Holm. CS

LA CHUTE DE HENRHYD

GLAMORGAN, PAYS DE GALLES

Hauteur de la cascade de Henrhyd : 28 m
Âge de la roche : 550 millions d'années

La chute de Henrhyd est une belle cascade au sein d'une gorge, qui se déverse dans un ruisseau connu sous le nom de Nant Llech, situé à Coelbren, dans la vallée de Swansea. Se précipitant de 28 mètres de haut, c'est la plus haute cascade du Parc national de Brecon Beacons. La chute de Henrhyd et la vallée de Nant Llech sont impressionnantes lors d'hivers très froids, lorsque la glace s'étend considérablement – dans des conditions de froid intense, la chute gèle même complètement.

Il existe de nombreuses autres chutes dans le sud du parc national. On trouve de nombreuses cascades au bord des rivières Nedd, Mellte, Hepste et Pyrddin – la plus connue étant Sgwd Y Eira, sur la rivière Hepste. On surnomme d'ailleurs « Waterfall Country » la zone qui s'étend au sein du triangle formé par les villages de Hirwaun, Ystradfellte et Pontneddfechan, le pays des chutes. **RC**

PEN-Y-FAN ET LES BRECON BEACONS

GLAMORGAN, PAYS DE GALLES

Superficie de Brecon Beacons : 1 344 km²
Altitude de Pen-y-Fan : 886 m
Altitude de Corn Du : 873 m

Le Parc national de Brecon Beacons a été créé en 1957 et contient quelques-unes des plus belles formations d'altitude du sud de la Grande-Bretagne. Au milieu du parc se trouve un massif montagneux appelé Brecon Beacons, dont le pic culminant est Pen-y-Fan, le plus élevé du sud du Pays de Galles. Le parc s'étend sur presque 80 kilomètres, de Llandeilo à l'ouest jusqu'à Hay-on-Wye à l'est, intégrant les Black Mountains, tout comme la Black Mountain et Forest Fawr. La majeure partie du parc est constituée de vieux grès rouge – on peut d'ailleurs apercevoir sa couleur sur de nombreux immeubles anciens situés à l'est de la région. À l'extrémité ouest, le grès cède la place au calcaire carbonifère qui forme des grottes et des chutes.

Le nom de Brecon Beacons vient de la ville galloise de Brecon et de l'ancienne coutume qui consistait à allumer des phares au sommet des montagnes pour avertir les villageois des attaques des Anglais. Aujourd'hui, Brecon Beacons attire énormément de randonneurs. Il existe un parcours appelé « Beacons Horseshoe » (Fer à cheval des Beacons), qui sillonne la crête des sommets de Pen-y-Fan, Corn Du et Cribyn. **RC**

À DROITE : *Les collines de Brecon Beacons recouvertes de neige.*

IRLANDE DU NORD

LA CHAUSSÉE DES GÉANTS

COUNTY ANTRIM, IRLANDE DU NORD

Diamètre des colonnes	: 38 à 50 cm
Âge	: 60 millions d'années

Situées sur la côte de County Antrim, en Irlande du Nord, les colonnes hexagonales de la Chaussée des Géants ressemblent à des ruines. Il y a environ 60 millions d'années, lorsque l'Europe et l'Amérique ont commencé à se séparer, la fissure s'est accompagnée d'activité volcanique. De la lave basaltique en fusion s'est déversée sur ce qui est actuellement l'Irlande du Nord et l'Écosse, formant le plus grand plateau basaltique d'Europe. Le basalte s'est refroidi puis contracté ; les cristaux se sont brisés à la période glaciaire et ont été érodés par l'océan Atlantique. Chaque colonne mesure jusqu'à 2 mètres de haut et se compose de piles de « tablettes » de basalte de 36 centimètres d'épaisseur soudées les unes aux autres. La glace et l'océan ont travaillé les failles entre les tablettes et des éruptions volcaniques qui ont eu lieu en plusieurs endroits ont laissé cette formation de pierres. La Chaussée ressemble à une volée de marches menant à la mer. Les baies avoisinantes ont aussi leurs curiosités ; l'Orgue aux colonnes de basalte à Port Noffer, l'Amphithéâtre et les « Chimney Tops » à Port Reostan. MB

CI-DESSOUS : *Les colonnes de basalte de la Chaussée des Géants.*

LA VALLÉE DE GLENARIFF

COUNTY ANTRIM, IRLANDE DU NORD

Superficie du parc forestier de Glenariff : 1 185 ha
Altitude de la vallée : 200 à 400 m
Longueur de Glenariff : 8 km

Glenariff est considérée comme la plus belle des neuf vallées d'Antrim, situées en Irlande du Nord. Le petit village de Waterfoot, où Glenariff rejoint la mer, est un excellent point de départ pour explorer cette vallée en forme de U. S'étendant sur 8 kilomètres à l'intérieur des terres, les versants abrupts sont le cadre d'une succession d'impressionnants panoramas, parmi lesquels la cascade d'Ess-na-larach – ou « queue de jument », qui se jette dans une gorge abrupte.

La région est célèbre pour la diversité des industries qu'elle a soutenues par le passé. Les riches sols glaciaires ajoutés au profil de la vallée ont produit d'inhabituelles pratiques agricoles : chaque ferme « en escalier » se compose de prés inondables marécageux au fond de la vallée, de champs arables sur les versants plus accessibles et d'alpages incultes sur les sommets venteux. La découverte de minerai de fer a donné naissance à l'industrie minière qui a suscité la construction de la première voie ferrée d'Irlande du Nord, en 1873. La production de fer a cessé en 1925. Le chemin de fer a toutefois permis à la région de prospérer et la beauté naturelle de Glenariff réjouit encore les visiteurs. **NA**

LE LAC DE STRANGFORD

COUNTY DOWN, IRLANDE DU NORD

Superficie du lac de Strangford : 150 km²
Profondeur : 45 m

Strangford est situé sur la côte est de County Down, en Irlande du Nord. C'est le plus grand lac marin des îles Britanniques ainsi qu'un important site international pour les oiseaux sauvages et les échassiers. Le lac est presque coupé de la mer par la péninsule de Ards – hormis un détroit connu sous le nom de Narrows (étroits), qui relie le lac à la mer d'Irlande, en face de Portaferry. Les envahisseurs vikings ont surnommé le lac « Strang Fjord » en raison des dangereux courants marins qui traversent le Narrows à une vitesse de 14 km/heure. Le lac est entouré de collines arrondies peu élevées, ou « drumlins », formées par les glaciers lorsqu'ils se retirent – un grand nombre des îles du lac sont en fait les sommets de « drumlins » submergés.

Les grandes laisses de vase et de sable à l'extrémité nord du lac constituent une zone d'alimentation pour les oiseaux sauvages qui y passent l'hiver. Les îles du lac offrent un lieu de reproduction idéal aux colonies de diverses espèces de sternes. Le lac abrite également la plus grande population d'Irlande de veaux marins reproducteurs. Strangford a été déclaré Réserve naturelle marine en 1995. **RC**

IRLANDE

LES « CALLOWS » DE LA RIVIÈRE SHANNON

OFFALY, IRLANDE

Superficie : 100 000 ha
Habitat : noues riches en plantes pendant l'été, zones inondables pendant l'hiver
Âge géologique : 10 000 à 15 000 ans

Shannon est une des dernières rivières non contrôlées d'Europe (rivières dont les flots ne sont pas régulés par des soupapes pour des barrages ou des entrepôts), et forme une zone inondable qui entretient un des plus grands systèmes de noues d'Europe. Ce système se situe aux alentours de Limerick, où la rivière chute de 12 mètres en 40 kilomètres, et traverse le centre de l'Irlande. Trop chère à drainer, la plaine inondable (appelée « callows » en irlandais, du gaélique irlandais, *caladh*) est protégée par un système de subventions agricoles. Fournissant des pâturages luxuriants, la zone détient la plus dense population d'Europe de râle des genêts, espèce menacée. En hiver, la plaine se transforme en un riche buffet boueux pour des millions d'échassiers et de canards.

Les « callows » n'ont été ni labourés, ni drainés, ni ensemencés ou artificiellement fertilisés depuis environ 1 400 ans. C'est pourquoi la région abrite une communauté de fleurs sauvages qui a depuis longtemps disparu du reste de l'Europe. Environ 216 espèces de plantes ont été recensées, notamment de nombreuses orchidées et graminées. **AB**

LE MONT BENBULBIN

COUNTY SLIGO, IRLANDE

Altitude de Benbulbin : 415 m
Type de roche : calcaire

Benbulbin est une montagne au sommet plat qui s'élève au-dessus des alpages de la plaine littorale de County Sligo, dans l'ouest de l'Irlande. À la base, les flancs de cet imposant plateau s'élevant abruptement s'achèvent en falaises escarpées à proximité de son sommet crénelé. Ce paysage a été dévoilé il y a environ 10 000 ans, lorsque les glaciers de la dernière période glaciaire ont fondu, et c'est à partir de cette époque que Benbulbin fait son entrée dans la mythologie celte. On raconte que le guerrier Diarmvid, s'étant enfui avec Grainne, la compagne du géant Finn MacCooul (à qui l'on doit la Chaussée des Géants) fut victime d'une ruse et finit par se battre avec un sanglier magique sur la montagne. Il mourut le cœur transpercé par la défense de la bête furieuse. Au VIe siècle, saint Columba (Colmcille) mène au combat 3 000 guerriers sur les versants de Benbulbin. Il voulait faire respecter son droit à copier un livre, emprunté à saint Finnian de Movilla. Le mont était également le lieu de prédilection du poète irlandais William Butler Yeats, qui l'a décrit comme « la Terre des désirs du cœur ». On surnomme souvent Sligo « Comté de Yeats » – il est d'ailleurs enterré dans un cimetière à Drumcliff. **MB**

LES SKELLIGS

COUNTY KERRY, IRLANDE

Altitude de Skellig Michael : 218 m
Superficie de Skellig Michael : 18 ha

Les deux pyramides de pierre jumelles appelées Skellig Michael et Small Skellig émergent de la surface de l'océan Atlantique à 12 kilomètres au sud-ouest de Valentia, dans la région de Kerry. Skellig Michael, la plus grande des deux, s'élève à 218 mètres au-dessus de l'eau, tandis que la descente abrupte du flanc de la montagne se poursuit sur 50 mètres sous l'eau, avant de rejoindre le plateau continental.

On peut facilement trouver un bateau pour parcourir le trajet jusqu'aux skelligs. Les plus endurants peuvent gravir les 600 marches de Skellig Michael, qui mènent à un monastère chrétien du VIIe siècle, dont les ruines sont remarquablement bien préservées – justifiant son classement au Patrimoine mondial de l'Unesco – ainsi qu'à un phare. L'existence spartiate des premiers moines a dû déteindre sur les vies des gardiens de phares et de leurs familles, les derniers habitants humains de l'île.

Small Skellig abrite la deuxième plus importante colonie de fous de Bassan du monde. Les oiseaux sont non seulement attirés par la protection que leur offrent les falaises isolées envers les prédateurs, mais également par les eaux grouillant de nourriture fraîche. Les parois à pic et les pointes calcaires, dentelées, criblées de fissures, s'animent dans un étalage coloré de biodiversité marine. **NA**

LES FALAISES DE MOHER

COUNTY CLARE, IRLANDE

Altitude des falaises : 200 m
Âge des falaises : 300 millions d'années
Type de roche : grès

Les falaises de Moher, une rangée d'éperons de 200 mètres de haut, défendent le littoral de County Clare de la puissance de l'océan Atlantique sur 8 kilomètres. S'élevant à la verticale depuis la mer, les falaises sont impressionnantes, mais non invincibles. La base de calcaire a été déposée dans une mer chaude peu profonde il y a 300 millions d'années ; des successions de couches de grès se sont ensuite déposées. Les sédiments ont été élevés par d'importants mouvements terrestres, mais le vent, la pluie et le sel marin grignotent les rochers, de sorte que des sections s'effondrent de temps en temps dans la mer. Il est possible d'atteindre le bord des falaises des deux côtés du sommet et, en se penchant, les promeneurs sont susceptibles de se faire arroser par les embruns.

Comme de nombreux sites géologiques d'Irlande, les falaises de Moher sont imprégnées de légendes. À l'extrémité sud, la vieille sorcière Mal, transformée en pierre, se tient assise, le regard tourné vers la mer ; une horde de chevaux féeriques se serait jetée de la partie nord de la falaise, surnommée Aill na Searrach ou « Falaise des Poulains ». Aujourd'hui, les oiseaux marins se perchent sur les parois et quelques chèvres sauvages vivent sur les saillies. **MB**

LE BURREN

COUNTY CLARE, IRLANDE

Superficie du Burren : 300 km²	
Âge : 360 millions d'années	
Type de roche : calcaire	

Le Burren est un pavement calcaire massif qui s'élève jusqu'au sommet d'argile de Slieve Elva, situé dans l'extrémité nord-ouest du County Clare. Les pavés ont été formés dans la mer, il y a 360 millions d'années, mais le paysage visible aujourd'hui est le produit de la dernière période glaciaire, il y a tout juste 15 000 ans. La glace a alors laissé derrière elle un éparpillement de gros rochers désordonnés. Plus récemment, les blocs de calcaire ont été érodés par l'eau de pluie, donnant naissance à une toile de craquelures et de fissures, les « grykes », au sein d'un paysage baptisé « karren ». La terre s'est accumulée dans les fissures, créant un microclimat propice aux fleurs comme l'orchis maculé, originaire de la Méditerranée, et qui côtoie ici des plantes issues d'un environnement alpin ou même arctique, comme la gentiane printanière ou la chênette. Le Burren est le seul endroit d'Europe où existe une telle cohabitation. Lors de fortes pluies, des lacs temporaires, les « turloughs », se forment. Les rivières s'effondrent dans des trous et se transforment en cours souterrains au sein d'un labyrinthe de cavernes et de tunnels bordés de stalactites et de stalagmites. Une grotte, Aillwee, est ouverte aux visiteurs. MB

ALLEMAGNE

LA VALLÉE DU RHIN
RHÉNANIE-PALATINAT, ALLEMAGNE

Longueur de la vallée du Rhin : (de Bingen à Bonn) : 130 km
Nombre de châteaux : 50

De sa source, dans les hauteurs des Alpes suisses, à son embouchure dans la mer du Nord, à Rotterdam, le Rhin n'est jamais aussi beau que lorsqu'il coule dans cette gorge escarpée, au cœur de l'Allemagne, entre les villes de Bingen et de Bonn. Le Rhin serpente sur 130 kilomètres à travers un splendide paysage de collines surmontées de châteaux, de vignes en terrasses et de falaises en surplomb. La vallée du Rhin traverse le plateau de Rhénanie et les montagnes d'ardoise du Rhin.

Le fleuve est si célèbre dans la littérature et la poésie qu'on le surnomme « le Rhin héroïque ». Il y a plus de châteaux ici que dans n'importe quelle autre vallée fluviale du monde.

Le Rhin est également le fleuve le plus navigué au monde et a joué un rôle important dans l'histoire du commerce en Europe centrale. À l'endroit le plus étroit et le plus profond de la vallée se trouve un rocher d'ardoise de 133 mètres de haut appelé Lorelei, célèbre pour son écho. Cette partie du fleuve regorge de périls qui, ajoutés à l'écho, ont donné naissance à une légende selon laquelle Lorelei, une jeune femme qui se noya dans le Rhin à cause de son amant infidèle, attire par son chant les bateliers contre les rochers. **JK**

LA GORGE DE L'ELBE

ALLEMAGNE / RÉPUBLIQUE TCHÈQUE

Longueur du fleuve Elbe : 1 165 km
Âge de la gorge d'Elbe : 80 millions d'années
Altitude des rochers de Bastei : 200 m

L'Elbe prend sa source dans les montagnes Riesengebirge, en République tchèque (où elles sont plus connues sous le nom de Labe). Au cours de son voyage de 1 165 kilomètres, il pénètre en Allemagne par une gorge au sein des Erzgebirge ou « montagnes de minerai ». En Saxe, juste au sud de Dresde, le fleuve passe devant de sinistres formations rocheuses de grès, déposé là il y a plus de 80 millions d'années. L'érosion causée par l'action de la glace et de l'eau a formé des colonnes et des tours de pierres.

Entre les colonnes au sommet arrondi qui composent la paroi de 200 mètres des rochers de Bastei, les ravines regorgent de bosquets de pins, sapins et bouleaux. Barberine, un autre pilier rocheux est une statue à forme humaine sculptée par les forces de la nature, qui se tient aux côtés de Pfaffenstein, ou « la pierre du prêtre ». Il y a aussi Lilienstein, la « pierre de lys » et son château en ruine situé 285 mètres au-dessus du fleuve. Du belvédère surplombant ces sentinelles de pierre, on peut apercevoir la Lokomotive, une montagne semblable à une locomotive à vapeur. Aux abords de la ville de Rathen, se trouve un amphithéâtre naturel où se jouent des pièces tous les étés, le Felsenbuhe. L'Elbe constitue également une importante voie navigable de l'Europe. **MB**

BERCHTESGADEN, LES MONTAGNES WATZMANN ET LE LAC KÖNIGSEE

HAUTE BAVIÈRE, ALLEMAGNE

Altitude du mont Watzmann : 2 713 m
Profondeur du lac Königsee : 190 m
Superficie du parc national : 210 km²

La région de Berchtesgaden, dans les Alpes bavaroises, a tout ce qu'il faut pour plaire. De superbes pics, des lacs vert émeraude, des sentiers de randonnée, de magnifiques pistes de ski, et une histoire fascinante. En 1978, une grande partie de la région a reçu l'appellation de Parc national, englobant notamment le mont Watzmann deuxième pic d'Allemagne, et le Königsee, le lac le plus propre d'Allemagne. Le parc est un mélange de paysages glaciaires et alpins accidentés et d'étendues boisées d'épicéas, hêtres, sapins et conifères. Berchtesgaden s'avance, tel une flèche, du sud-ouest de l'Allemagne vers l'Autriche.

La meilleure façon d'explorer la région est de s'y promener à pied, bien que les téléphériques offrent un raccourci vers certains sommets. Destination touristique populaire hiver comme été, on y trouve 40 kilomètres de sentiers qui traversent de vastes étendues sauvages. La région recèle également de

> *La région de Berchtesgaden, dans les Alpes bavaroises, a tout ce qu'il faut pour plaire. De superbes pics, des lacs vert émeraude, des sentiers de randonnée, de magnifiques pistes de ski, et une histoire fascinante.*

le Königsee, le lac le plus élevé, situé à 602 mètres d'altitude. Watzmann est une montagne glaciaire typique, composée de calcaire durci que le temps a transformé en crêtes karstiques, sommets escarpés et flancs recouverts d'éboulis. La légende locale raconte que les pics des Watzmann sont les membres d'une famille royale réputés pour leur cruauté, transformés en pierre en châtiment de leurs méfaits. Le pic culminant symbolise le roi et les plus petits le reste de la famille.

Le Königsee ou « lac du Roi », qui atteint une profondeur de 190 mètres et se situe au pied des montagnes Watzmann, a été déclaré nombreux bars avec jardin où les randonneurs peuvent se rafraîchir tout en profitant des plus beaux panoramas des Alpes. On connaît également Berchtesgaden pour avoir abrité le repaire d'Hitler – c'est ici qu'il a construit son « Nid d'Aigle ». Les nazis ont disparu depuis longtemps mais la beauté naturelle des lieux perdure. Les montagnes abritent une faune très variée, notamment la chèvre de montagne, le chamois, le vautour fauve, le bouquetin, ainsi que l'aigle royal, si rare aujourd'hui. JK

À DROITE : *Les superbes pics rocheux s'élèvent fièrement contre les vallées alpines verdoyantes de Berchtesgaden.*

LES ELBSANDSTEINGEBIRGE

ALLEMAGNE / RÉPUBLIQUE TCHÈQUE

Point culminant :	721 m
Type de roche :	grès

Les formations escarpées de grès d'Elbsandsteingebirge surplombent la Saxe allemande à l'est et la Bohême tchèque à l'ouest. Elles figurent parmi les plus remarquables formations rocheuses d'Europe. Le nom Elbsandsteingebirge peut se traduire par « montagnes de grès de l'Elbe », mais celles-ci ressemblent plutôt à de bizarres sommets formés par des millénaires d'érosion, le vent et l'eau rongeant le grès friable qui se décline en tons de vert et de jaune. Elles forment une succession d'étranges promontoires qui jaillissent des forêts verdoyantes de part et d'autre du magnifique fleuve de l'Elbe.

Les cours d'eaux rugissants ont donné naissance à de profonds canyons qui creusent le paysage. La Barbarine, aiguille de pierre s'élevant à 43 mètres, est l'emblème de l'Elbsandsteingebirge. Elle a été escaladée pour la première fois en 1905 et est l'un des 1 100 pics qui attirent dans ces lieux des alpinistes du monde entier. Cette région prétend d'ailleurs être le berceau de l'alpinisme, né le jour où cinq amis originaires de Bad Schandau ont gravi le pic de Falkenstein. Un des meilleurs moyens d'observer ce remarquable paysage est l'historique bateau à aubes qui navigue sur l'Elbe, au départ de Dresde, capitale de la Saxe. **JK**

LA FORÊT NOIRE

BADE-WURTEMBERG, ALLEMAGNE

Point culminant (le Feldberg) : 1 493 m

Superficie recouverte par la Forêt Noire : 6 009 km²

Végétation : épicéa de Norvège

Ce sont les Romains qui ont donné son nom à la Forêt Noire, *silva nigra*. D'une immense beauté, cet endroit alimente d'innombrables contes de fées et légendes. Recouvrant l'extrémité sud-ouest de l'Allemagne, cette forêt aux collines irrégulières, lacs limpides et profondes vallées, envoûte quiconque s'y rend. La forêt, composée surtout d'épicéas de Norvège, un arbre grand et droit, idéal pour le bois de charpente, n'est pas vraiment noire, mais plutôt d'un vert sombre.

C'est un des plus beaux paysages d'Europe, parsemé d'impressionnants châteaux. Plus de 3 000 kilomètres de sentiers attirent les randonneurs pendant la majeure partie de l'année, tandis qu'en hiver les skieurs et les snowboarders envahissent les pistes.

C'est également ici que naît le Danube, puis il s'écoule vers l'est, traversant l'Europe centrale. La chute d'eau de la rivière Gutach, située à proximité de Triberg, est un des plus beaux trésors de la forêt, dévalant 500 mètres sur à peine 2 kilomètres. La Forêt Noire est également célèbre pour ses fabricants de coucous, qui se sont inspirés des lignes épurées du cône de l'épicéa de Norvège pour façonner les poids qui actionnent les horloges. JK

LES ROCHERS DE PLOUMANACH

BRETAGNE DU NORD, FRANCE

Superficie : espace naturel de 60 ha, protégés et gérés par la ville de Perros-Guirec.
Type de roche : granitique.
Âge : 300 millions d'années.

Toute la côte qui s'étend entre Saint-Michel-en-Grève et Trégastel baigne dans l'atmosphère dorée des rochers de granit rose. Les abords de Ploumanach sont ainsi parsemés de ces fameux granits, dont le faciès le plus classique, rouge vif à grain plurimillimétrique, est dit de type « la Clarté », un faciès plus sombre constituant le type « Traouiéros ». Érodées par le vent et les embruns, les formations rocheuses évoquent tantôt les formes familières d'un lapin ou d'une tortue, tantôt d'étranges figures que les autochtones ont baptisées la « Tête de mort », ou le « Sabot renversé ». Toutefois, c'est bien la région dans son ensemble qui forme un véritable complexe granitique, révélant différentes structures magmatiques. Pour la plupart alcalins, les granits seraient apparus pendant le carbonifère supérieur et constituent un ensemble jeune dans l'histoire géologique du Massif armoricain.

En suivant le sentier des Douaniers qui relie le port de Ploumanach à la plage de Perros-Guirec sur 4 kilomètres, on découvre aussi un paysage naturel très intéressant. Une végétation rase d'œillets de mer et de plantain occupe la falaise, tandis que des bruyères forment la lande basse, plus éloignée de la mer. Chêne, châtaignier ou pin maritime se plaisent également en ces lieux. **MLC**

LES FORÊTS ROYALES DE PARIS

ÎLE-DE-FRANCE, FRANCE

Superficie des Forêts Royales : 65 940 ha
Superficie de la forêt de Fontainebleau : 25 000 ha

Les forêts de Rambouillet, Fontainebleau et Orléans, situées au sud de la capitale, étaient autrefois le domaine particulier de la royauté, qui les utilisait pour chasser. Aujourd'hui, elles sont toutes ouvertes au public et bénéficient d'une forte politique de conservation. C'est en automne que les forêts sont les plus belles, lorsque le feuillage des chênes, hêtres et autres arbres à feuilles caduques change de couleur. Rambouillet avec son parc naturel, est la plus populaire des trois.

Fontainebleau arbore une flore composée de 1 300 espèces différentes et est fort prisée des défenseurs de l'environnement. Orléans, avec ses 34 700 hectares, est la plus vaste des trois, mais la moins naturelle, menacée par l'envahissement des pins plantés au début du XIXe siècle ; cependant, cela n'altère en rien la beauté de cette forêt.

Petites vallées, formations rocheuses inhabituelles, cascades et lacs s'ajoutent à une faune considérable, composée notamment de sangliers, blaireaux, renards, putois et plusieurs espèces de cervidés. Les amateurs d'oiseaux peuvent également y observer faisans, buses, faucons et hiboux, tout en écoutant le tambourinage des pics noirs mâles. **CM**

LA BAIE DU MONT-SAINT-MICHEL

NORMANDIE, FRANCE

Longueur de la baie : 100 km
Profondeur de la baie à marée haute : 15 m
Âge de la baie du Mont-Saint-Michel : 70 000 ans

La vaste baie du Mont-Saint-Michel, située sur la côte Atlantique de la Normandie, possède les marées les plus spectaculaires d'Europe. Deux fois par jour, plus de 100 millions de mètres cubes d'eau de mer affluent puis refluent. Victor Hugo, certes avec une certaine licence poétique, a comparé la vitesse de l'eau à celle d'un cheval au galop. À marée haute, la mer avance souvent à un rythme de plus d'un mètre par seconde, atteignant jusqu'à 15 mètres de profondeur. La marée basse est un processus plus lent, moins violent, les eaux se retirant sur environ 18 kilomètres. Elles laissent derrière elles d'importants volumes de sédiments qui élèvent chaque année le fond de la mer d'environ trois millimètres. Le Mont-Saint-Michel et sa baie ont été inscrits sur la liste du patrimoine mondial de l'Unesco en 1979.

Dauphins et phoques vivent dans la baie, célèbre également pour ses huîtres, servies dans les plus grands restaurants de fruits de mer du pays. Le littoral, composé de marécages, dunes de sable et falaises, abrite une grande variété d'oiseaux marins, notamment le petit pingouin. Le Mont-Saint-Michel est surmonté d'un monastère bénédictin du XIIe siècle. **CM**

LA POINTE DES PAVIS

RHÔNE-ALPES, FRANCE

Altitude de la pointe des Pavis : base, 1 502 m ; sommet, 2 075 m au-dessus du niveau de la mer

Habitat : champs alpins, lacs, parois rocheuses, étendues de neige

Situé en Haute-Savoie, le magnifique paysage de la Pointe des Pavis attire tant les alpinistes que les randonneurs. Les premiers s'attaquent aux parois difficiles mais stimulantes, tandis que les seconds peuvent profiter de splendides vues sur les Alpes en empruntant une série de chemins sinueux qui s'enfoncent toujours plus haut à travers les champs. Ceux-ci cèdent graduellement la place à un paysage plus austère et rocailleux et finalement à un site au relief érodé par la glace, semé de rochers couverts de givre. Il y a trois pics, séparés les uns des autres par des crêtes faciles à franchir : la Pointe des Pavis, le plus haut, suivi de la Dent d'Oche et les Cornettes de Bise. En empruntant les sentiers les plus faciles, il est possible d'atteindre les sommets après une marche énergique de 45 minutes. Les alpinistes ont le choix entre huit itinéraires classés selon leur difficulté, destinés à tester le niveau et les capacités de chacun. La meilleure période pour gravir les pics se situe entre juin et octobre.

Les hameaux les plus proches sont Parcour et Vent du Nord ; la ville de Bise se situe à environ 10 kilomètres. Tout près, les lacs Léman et Darbon offrent d'excellentes aires de pique-nique. **AB**

LES GORGES DU DOUBS

FRANCHE-COMTÉ, FRANCE / SUISSE

Longueur des gorges du Doubs : 16 km

Profondeur des gorges : 300 m

L'une des plus belles chutes d'Europe se trouve au fond de l'entaille sauvage et rocailleuse du plateau du Jura, qui se situe entre la France et la Suisse. Coulant entre des rochers anciens couverts de mousse, le Doubs plonge d'une hauteur de 28 mètres à partir du lac de Chaillexon, projetant des nuages de gouttelettes qui se reflètent à la lumière du soleil, avec la forêt sombre en toile de fond.

Les chutes se situent à 5 kilomètres du village de Villers-le-Lac. Avec des falaises qui s'élèvent par endroits à 300 mètres, la partie supérieure des gorges n'est accessible qu'aux randonneurs les plus expérimentés et aux pêcheurs à la mouche. Il faut gravir une série d'échelles en fer posées sur les rochers, les « Échelles de la Mort », pour profiter pleinement du panorama qu'offrent les gorges ; cette promenade est déconseillée aux plus timorés.

Une réserve naturelle dans laquelle des lynx ont été réintroduits dans les années 1970 englobe 56 kilomètres de rive du côté suisse des gorges. On pense d'ailleurs que ces derniers ont fini par s'accoupler, donnant naissance à des petits. Le lynx est un animal discret, que l'on observe plus facilement à la tombée de la nuit et qui ne doit pas être dérangé. **CM**

LA RECULÉE DE BAUME-LES-MESSIEURS

FRANCHE-COMTÉ, FRANCE

Hauteur des grottes de Baume-les-Messieurs : 20 m
Altitude du meilleur point de vue : 200 m

Le mot « reculée », qui désigne dans le langage courant un lieu lointain et difficile d'accès, s'applique plus particulièrement au fond des vallées jurassiennes en cul-de-sac, avec des parois abruptes, que l'on trouve notamment entre Lons-le-Saunier et Salins-les-Bains. Le village de Baume-les-Messieurs s'est développé autour d'un monastère dans une des plus belles reculées franc-comtoises.

À l'extrémité de la vallée, le Dard prend sa source dans les grottes de Baume-les-Messieurs et coule sur des roches volcaniques calcaires, formant une magnifique cascade sauvage. L'eau a usé le calcaire et donné naissance à une série de marches et canaux arrondis par lesquels l'eau dévale, la lumière du soleil créant des spectres de couleur au sein des nuages de gouttelettes. Les falaises qui surplombent le village, et notamment le belvédère de Granges-sur-Baume, offrent de splendides vues sur les alentours. Des oiseaux de proie, comme le circaète Jean-le-Blanc et le faucon pèlerin planent dans le ciel au-dessus de la reculée. CM

LE LAC DU BOURGET

RHÔNE-ALPES, FRANCE

Longueur du lac du Bourget : 18 km
Profondeur du lac : 80 à 145 m
Surface du lac : 4 500 ha

Le lac du Bourget situé au pied des collines des Alpes, est non seulement le plus grand lac naturel de France, mais aussi l'un des plus beaux, loué notamment par le poète romantique Alphonse de Lamartine.

Le lac s'étend sur 18 kilomètres entre les villes de Chambéry au sud, et La Chautagne – marais asséché dans les années 1930 et aujourd'hui la plus grande forêt de peupliers d'Europe – au nord. Le sommet du mont Revard, qui surplombe Aix-les-Bains, sur la rive gauche, offre des vues panoramiques du lac et de ses environs. Le Bourget abrite environ 30 espèces de poissons, notamment le cisco arctique et l'omble chevalier, ce dernier très prisé des pêcheurs à la ligne. De nombreux oiseaux, tels que la rousserolle turdoïde, le morion, le grèbe et le héron cendré, sont attirés par les marais qui entourent le lac. La région protégée des vents du nord et de l'ouest, a un climat tempéré ; des plantes méditerranéennes comme le jasmin, la banane, la figue, l'olive et le mimosa peuvent être cultivées.

Jusqu'au milieu du XIXe siècle, le Bourget était relié au Rhône par le canal de Savières et constituait ainsi une partie de la voie navigable reliant Chambéry à Lyon. CM

LE MONT BLANC

RHÔNE-ALPES, FRANCE / ITALIE / SUISSE

Altitude du mont Blanc : 4 807 m
Longueur du glacier de la mer de Glace : 7 km
Largeur du glacier de la mer de Glace : 1,2 km

La montagne la plus élevée d'Europe est célèbre pour la beauté de ses glaciers et de ses aiguilles de granit. Byron s'y est d'ailleurs rendu en compagnie de Shelley pour y trouver « le langage de la solitude ». Le Mont-Blanc est en fait un massif (ou chaîne de montagnes), plutôt qu'un sommet unique, qui mesure environ 40 kilomètres de long et 10 kilomètres de large. La massif domine les Alpes françaises ainsi que les frontières italienne et suisse. De son sommet, la vue est inoubliable.

Jacques Balmat, un guide de Chamonix – ville située juste au pied de la montagne – accomplit en 1786 la première ascension du mont Blanc en compagnie du docteur M. G. Paccard. Il y retourna l'année suivante avec Horace Bénédict de Saussure, physicien et naturaliste suisse de renom. Aujourd'hui, la plupart des alpinistes gravissent le sommet par la voie normale, mais un autre itinéraire est possible en empruntant le téléphérique de l'Aiguille du Midi, d'où on peut apercevoir certaines merveilles naturelles telles que Les Grandes Jorasses et les aiguilles de Chamonix. Le train à crémaillère du Montenvers mène à la mer de Glace, magnifique glacier, en passant par des forêts de pins et un viaduc. Le glacier est lui aussi impressionnant, avec ses séracs qui scintillent au soleil.

Au pied de la montagne, la Vallée de Chamonix est un splendide site naturel,

> *La montagne la plus élevée d'Europe est célèbre pour la beauté de ses glaciers et de ses aiguilles de granit. Byron s'y est rendu en compagnie de Shelley pour y trouver «le langage de la solitude».*

recouvert de vieilles forêts d'épicéas, qui abrite le très rare pic tridactyle. Les versants inférieurs de la montagne constituent, quant à eux, l'habitat des loirs et des rapaces. Un sentier commun à la France, l'Italie et la Suisse, « le Tour du Mont-Blanc », permettra aux randonneurs de faire le tour du massif. CM

À DROITE : *Le mont Blanc de Courmayeur, versant glacier de Frêyney.*

LE LAC D'ANNECY

RHÔNE-ALPES, FRANCE

Surface du lac d'Annecy : 2 650 ha
Âge du lac : 18 000 ans
Type de lac : lac alpin alimenté par l'eau de fonte printanière

Entouré par de hautes falaises de calcaire gris et de collines recouvertes de forêts, le lac d'Annecy est alimenté par l'eau de fonte printanière. Pouvant atteindre une profondeur de 56 mètres, c'est le deuxième lac naturel de France. Situé au cœur d'un paysage alpin, il est encadré de trois réserves naturelles. Un programme de nettoyage de trois ans a pris fin en mars 2002 et a permis de retirer la boue du fond du lac qui avait accumulé effluents et toxines menaçant l'intégrité écologique du lac ainsi que son potentiel touristique. Ce grand nettoyage a permis des découvertes archéologiques, particulièrement plusieurs mégalithes, preuves que l'endroit était déjà habité il y a 5 à 7 000 ans, lorsque le lac était plus petit qu'aujourd'hui.

La région possède un grand nombre de caractéristiques glaciaires, telles que moraines et plusieurs vallées suspendues dans la région du mont Veyrier, qui surplombe le lac. Le lac offre la possibilité de faire du bateau ou de pêcher, sans compter les promenades le long d'un sentier de 11 kilomètres à partir duquel les vues sont splendides. La ville historique d'Annecy, qui date du Moyen Âge, se situe au bord de la rivière Thiou, qui prend sa source dans le lac, et présente des traces d'occupation humaine remontant à 3 000 avant J.-C. **AB**

LA MEIJE ET SON GLACIER

RHÔNE-ALPES, FRANCE

Altitude de La Meije : 3 983 m

Altitude des autres pics :
Pointe Nérot, 3 537 m ; Pic Gaspard, 3 883 m ; Le Pavé, 3 824 m

La Meije sert de toile de fond au village de La Grave, situé au bord du Parc national des Écrins. Ce sommet fait partie d'une chaîne de montagnes de 15 kilomètres de long, composée de plusieurs sommets élevés, tels que la Pointe Nérot, le Pic Gaspard, le Pavé et de nombreux glaciers. La Meije est le dernier grand sommet à avoir été mesuré, non à cause de sa taille mais simplement des difficultés techniques rencontrées. Le glacier possède de belles grottes de glace, à visiter idéalement en été.

La région est parfaite pour des promenades estivales revigorantes et offre, en hiver, un des plus beaux terrains de ski hors piste au monde, principalement sur glacier. La neige y persiste jusqu'en mai. La Grave, située dans la Vallée de la Romanche, est le point de départ des téléphériques qui mènent à ces fabuleuses descentes en poudreuse. Ce village offre de confortables chambres à louer, tandis que les refuges de montagne accueillent les randonneurs les plus hardis. D'autres villages de la région proposent également des chambres, tel que l'isolé Saint-Christophe-en-Oisans et La Bérade, tous deux situés au sein de la vallée de Vénéon, au cœur du massif des Écrins. **AB**

LE PARC NATIONAL DES ÉCRINS

RHÔNE-ALPES, FRANCE

Superficie du Parc national des Écrins :
91 800 ha

Point culminant, la Barre des Écrins :
4 100 m

Le Parc national des Écrins, situé au cœur des Alpes françaises, porte bien son nom, car il recèle plusieurs véritables joyaux de la nature. Le massif des Écrins se dresse majestueusement à 4 000 mètres au-dessus de la vallée sauvage de Vallouise. Plus bas, sur les dénivellations ensoleillées, la lavande pousse au sein de forêts de chênes, hêtres et pins, qui abritent un papillon de nuit extrêmement rare que l'on appelle localement Isabelle de France. Plus haut, à l'ombre des parois rocheuses des montagnes, la nature devient plus sauvage. Les pins, aux longues racines pivotantes, cèdent la place aux épicéas, dont les racines moins profondes sont plus adaptées à la terre de plus en plus rare des versants rocailleux.

Le parc, créé en 1973, contient un microcosme de flore et de faune alpines. Au départ du Pré de Madame Carle, il faut compter deux heures de marche pour atteindre le pré du glacier Blanc, qui offre de splendides

panoramas, notamment des parois rocheuses qui surplombent le glacier Noir, un peu plus au sud. Un sentier, bordé de nombreux panneaux indiquant les différents points de vue, relie le col au village d'Alpe du Villar-d'Arêne. On aperçoit souvent des aigles royaux survolant la zone. Ces derniers survivent particulièrement bien dans le Parc des Écrins, où ils ont été réintroduits pour se reproduire, avant d'être déplacés vers d'autres régions de France.

Le mont Pelvoux s'élève à 3 946 mètres. C'est une montagne jeune, qui croît au rythme d'environ un millimètre par an. Le mont Pelvoux possède de nombreux glaciers : le glacier Pelvoux au sommet, le glacier du Clos sur le versant sud, le glacier de la Momie et le glacier des Violettes sur le versant est et le glacier Noir sur le versant nord. Au nord du parc se trouve la chaîne de la Meije, qui culmine à 3 983 mètres. Un téléphérique partant de La Grave emmène les touristes presque jusqu'au sommet. Ainsi tous peuvent profiter des vues sublimes. CM

CI-DESSOUS : *Le massif des Écrins, dans le parc national éponyme, deuxième de France par sa superficie.*

L'AIGUILLE DE DIBONA

RHÔNE-ALPES, FRANCE

Altitude de l'Aiguille de Dibona :
3 131 m

Hauteur de la face sud :
350 m

L'Aiguille de Dibona est considérée par les alpinistes comme le sommet le plus éclectique d'Europe. L'alpiniste français Gaston Rébuffat a même suggéré que « cette aiguille est un monument de pierre offert à l'Humanité par la terre et le temps, une extraordinaire sculpture dans le ciel… ». Pour les gens du pays, c'est l'emblème du massif de l'Oisans, situé dans le sud-est de la France et les géologues y voient un bel exemplaire d'aiguille de granit.

Le 27 juin 1913, l'alpiniste italien Angelo Dibona, un des célèbres guides des montagnes Cortinesi, et son client allemand Guido Mayer sont les premiers à atteindre le sommet, qui a d'ailleurs reçu le nom du guide. Le flanc sud est une paroi rocheuse presque verticale de 350 mètres de haut, dont l'escalade ne peut se faire que si l'on est un alpiniste professionel et expérimenté, tandis que le flanc opposé se constitue d'un col moins escarpé, relié à un pic voisin, l'aiguille du Soreiller.

Les Étages, un petit hameau situé dans les Gorges de Soreiller, est le village le plus proche de La Bérade (3 km environ) dans le haut Vénéon. **MB**

LES LACS DES CHÉSERYS

RHÔNE-ALPES, FRANCE

Altitude des lacs des Chéserys :
2 210 m

Type de lacs : alpin

La Haute-Savoie compte de nombreux lacs remarquables par leurs formes et par la composition le leurs eaux. Dans le massif des Aiguilles-Rouges, les lacs de Chéserys sont connus pour leurs reflets incontournalbes et leurs eaux turquoises. Faciles d'accès, ils offrent un magnifique panorama sur le massif du Mont-Blanc. La vue est incomparable notamment sur les Drus et la mer de Glace.

Ce groupe de lacs a été formé par le creusement du glacier lors de la dernière époque glaciaire. Il se compose de deux grands lacs, à 2 210 mètres d'altitude et de cinq autres, plus petits. Ils précèdent l'accès à un autre lac célèbre, le lac Blanc. Les robustes arbustes alpins autour des lacs résistent aux conditions glaciales de l'hiver ; un peu plus bas les alpages sont parsemés d'arbres fruitiers, vaches et chalets. En été, la région des lacs, aves ses pics glaciaires aiguisés, ses collines arrondies, se révèle très agréable. Les massifs se reflètent dans les eaux limpides et un grand sentiment de calme et plénitude envahit les promeneurs. Au départ du village d'Argentière, il faut compter environ 2 heures et demie pour y accéder.

L'Aiguille d'Argentière, toute proche, s'élève à 3 902 mètres et offre plus de 50 parcours stimulants d'escalade à partir de la vallée de Chamonix. **CM**

LES DRUS

RHÔNE-ALPES, FRANCE

Altitude du Grand Dru : 3 754 m
Altitude du Petit Dru : 3 730 m

De loin, les Drus apparaissent comme une montagne unique au sommet ébréché mais en regardant de plus près, on décèle deux sommets coniques aux parois abruptes. Trois glaciers, ou plus, sont probablement à l'origine de ces montagnes presque pyramidales. Ces deux cônes font partie du massif du Mont-Blanc et représentent depuis longtemps un véritable défi pour les alpinistes. En 1938, la première ascension a ouvert une voie en versant sud-est. Il faut six heures pour franchir cet itinéraire à travers les roches et la glace, qui constitue d'ailleurs toujours la voie normale d'ascension. Une escalade plus difficile de 800 mètres, sur le pilier sud, a été ouverte en 1962, mais ces deux voies ne ressemblent en rien à la nouvelle ouverte par l'alpiniste français Jean-Christophe Lafaille en 2001, dans la face ouest. Cette ascension est considérée dix fois plus difficile que la « Divine Providence », sur le Grand Pilier d'Angle du Mont-Blanc. Un important effondrement dans le pilier ouest a récemment détruit plusieurs voies, démontrant le danger que représente l'escalade de ces montagnes en temps de réchauffement climatique. La vallée de Chamonix offre des vues superbes sur les Drus aux amateurs de randonnées moins extrêmes. AB

LE PARC NATIONAL DE LA VANOISE

RHÔNE-ALPES, FRANCE

Superficie du Parc national de la Vanoise : 52 839 ha

Création du parc national : 1963

Point culminant : Pointe de la Grande Casse 3 855 m

Situé au sud-est de la France, le plus vieux Parc national du pays, La Vanoise, est contigu au Parc national italien de Gran Paradiso et forme ainsi la plus vaste aire protégée d'Europe. Dominé par le massif de Vanoise, le parc se trouve juste au sud du mont Blanc, le long de la dorsale des Hautes-Alpes.

Le parc possède une géologie très variée, et englobe des formations rocheuses de gneiss, schiste, grès sédimentaire et calcaire. Plus de vingt glaciers se situent dans le parc. D'une grande biodiversité, le parc abrite également de nombreux animaux, notamment des espèces montagnardes, tels que marmottes, bouquetins et chamois, ainsi que plus de 125 espèces d'oiseaux.

Montagnes, vallées regorgeant de fleurs alpines, toute une série d'habitats distincts permet à chacun d'y trouver son dû, du randonneur occasionnel au fervent alpiniste. Il existe plus de 500 kilomètres de sentiers et deux pistes de montagnes pour les randonneurs, ainsi que de nombreuses voies d'ascension pour les alpinistes. **AB**

À DROITE : *À travers l'orifice d'une grotte enneigée, on aperçoit les sommets rocheux du Parc national de la Vanoise.*

AIGUILLE DU MIDI

RHÔNE-ALPES, FRANCE

Altitude de l'Aiguille du Midi : 3 842 m

Caractéristique : traversée la plus haute au monde, en téléphérique

Située sur la frontière franco-italienne, dans la région de Chamonix, l'Aiguille du Midi est célèbre pour ses vues, son alpinisme, son incroyable téléphérique et sa proximité du mont Blanc. Le téléphérique fait un parcours de 24 kilomètres en deux étapes, traversant la Vallée Blanche et le Glacier du Géant, via le Plan et le sommet de l'Aiguille du Midi jusqu'à la Pointe Helbronner, située du côté italien. On peut également traverser à pieds la combe Maudite, mais un tel exercice demande une bonne condition physique et prend de quatre à cinq heures depuis le sommet de l'Aiguille du Midi. Un guide est indispensable.

Du refuge des Cosmiques (France) et du refuge Torino (Italie), on peut effectuer de nombreuses autres ascensions, telles la face nord du Mont-Blanc du Tacul (à partir des Cosmiques) ou la traversée des Aiguilles de Rochefort. Il est nécessaire de posséder de bonnes connaissances de la montagne et d'avoir un bon guide pour effectuer ces ascensions. L'arête des Cosmiques, qui conduit au sommet de l'Aiguille du Midi, procure également des sensations fortes. Il est plus prudent d'être accompagné d'un guide. **AB**

LE GLACIER DES BOSSONS

RHÔNE-ALPES, FRANCE

Altitude du glacier des Bossons :
4 807 m au sommet du mont Blanc
à 1 300 m au fond de la vallée

Longueur du glacier : 7 km

Débutant à l'extrémité du massif du Mont-Blanc, le glacier des Bossons est le plus long versant glaciaire du continent. Toutefois, le glacier actuel n'est plus que l'ombre de ce qu'il était. Il y a environ 150 000 ans, il s'étendait sur plus de 50 kilomètres, mesurait 1 000 mètres de profondeur et était relié à d'autres glaciers massifs, façonnant ainsi les rochers de la région du Rhône. Au XVIIe et au XVIIIe siècle, un évêque tenta l'exorcisme pour empêcher le glacier de détruire récoltes et maisons. Après de nombreux siècles de calme, le glacier a recommencé à gagner du terrain mais de nos jours, il régresse considérablement. Avec une inclinaison d'environ 45°, ce glacier est le plus abrupt du monde. Il se compose de glace vive et de neiges éternelles, situées à plus de 4 000 mètres d'altitude. Lorsque l'épaisseur de la neige nouvelle dépasse les 30 mètres, elle commence à glisser doucement le long des pentes sous son propre poids. À proximité de la zone de fonte, les crevasses et les séracs sont plus nombreux. La glace met 40 ans à descendre du sommet au pied de la montagne. **AB**

L'AIGUILLE VERTE

RHÔNE-ALPES, FRANCE

Altitude de l'Aiguille Verte : 4 121 m
Caractéristique : sommet altier

Proche voisin du mont Blanc, l'Aiguille Verte est un sommet facilement reconnaissable, un dangereux défi pour les alpinistes. En effet, les avalanches sont fréquentes en hiver et les chutes de pierres en été. Les plus dangereuses sont celles qui résultent d'un éboulement, projetant des énormes blocs de pierres, parfois de la taille de maisons. En 1964, un de ces effondrements a coûté la vie à 14 alpinistes.

Il n'existe pas d'itinéraire facile pour atteindre le sommet, mais la descente par le couloir Whymper est relativement aisée en comparaison des autres voies. Toutefois, les avalanches et les coulées de neige poudreuse y sont fréquentes et dangereuses. Le couloir Whymper est un itinéraire fort apprécié des skieurs de l'extrême et sa pente à 50° a été descendue pour la première fois par Sylvain Saudan en 1963. Par sécurité, il est préférable d'atteindre le sommet de la Verte, lorsque le mont Blanc se teinte de rose et que le soleil se lève sur les Alpes du Valais. MB

LA CHAÎNE DES PUYS

AUVERGNE, FRANCE

Âge de la chaîne des Puys : 8 000 ans
Altitude du puy de Dôme : 1 465 m

Selon certains, la qualification de l'Auvergne de « fruit d'un mariage entre la glace et le feu » proviendrait de son paysage composé de glaciers datant de la période glaciaire et de volcans. La chaîne des Puys comprend 80 volcans éteints, le puy de Dôme étant le plus élevé. Ce paysage exceptionnel est composé de types de dépôt volcanique aussi divers et variés que des fossés d'effondrement, des coulées de lave ou encore des cônes remplis d'eau.

Créé sous l'effet de la collision des continents africain et européen, cette région constitua le centre d'une activité volcanique intense il y a 25 millions d'années. Même si l'activité hydrothermale se poursuit, la dernière explosion d'envergure eut lieu il y a 6 500 ans, soit l'âge du plus jeune volcan. Le caractère spectaculaire de la région provient d'une faille apparue dans la croûte terrestre ayant engendré cet alignement vertical de dômes volcaniques. Au début du XIXe siècle, les versants des monts étaient recouverts de landes, mais aujourd'hui, la forêt les a remplacées. L'Auvergne est réputée pour la pureté de son eau ; elle est parcourue par la Dordogne et la Loire. CM

LE PUY DE DÔME

AUVERGNE, FRANCE

Altitude du puy de Dôme : 1 465 m au-dessus du niveau de la mer
Âge du puy de Dôme : 150 000 ans
Type de roche : volcanique

Le puy de Dôme est le plus célèbre des puys. Le sommet est accessible par une route à péage pour les automobilistes et un petit chemin en terre pour les randonneurs. Il est visité par environ 500 000 personnes chaque année, faisant ainsi de ce lieu l'un des plus populaires parmi les sites naturels de France.

Le puy de Dôme revêt la forme typique des volcans de la région. Le puy de Chopine est, quant à lui, totalement différent : c'est un affleurement en forme d'aiguille composé de magma acide très dur ayant résisté à l'érosion pendant presque 10 000 ans. Le gour de Tazenat, le plus beau lac de la région, atteint 65 mètres de profondeur pour un diamètre de 700 mètres. Il s'est formé lors d'une violente explosion volcanique, il y a environ 40 000 ans. La plupart des volcans se sont éteints il y a environ 8 000 ans et d'autres, notamment Côme et Pariou ont continué leur activité 4 000 ans encore. La région possède deux parcs de faune et flore sauvages, le Parc des volcans d'Auvergne et le Parc Livradois-Forez où les faucons et les corbeaux font leur nid. **AB**

À DROITE : *La forme de meule de foin du puy de Dôme se détache du paysage verdoyant.*

FONTAINE DE VAUCLUSE

PROVENCE-ALPES-CÔTE D'AZUR, FRANCE

Profondeur de la Fontaine de Vaucluse : 329 m
Débit : 150 000 litres par seconde

La Sorgue naît au pied d'une falaise calcaire située au fond d'une vallée close, curiosité géographique qui a donné son nom au département – «Vallis Clausa» (qui signifie vallée close), a pris la forme de Vaucluse. En hiver et au printemps, le débit peut atteindre 150 000 litres par seconde : c'est une des plus puissantes fontaines naturelles du monde. Le fond de la vaste caverne d'où jaillit la source se situe à 329 mètres sous terre et n'a été découvert qu'en 1985.

Le poète Pétrarque s'est réfugié dans la vallée qui mène à Fontaine pour écrire son Chansonnier, composé de sonnets d'amour (non partagé) à la gloire de la ravissante Dame Laura, aperçue à une seule reprise par le poète. La légende raconte que le coulobre, un énorme lézard, terrorisait autrefois la région. Blessé mortellement par saint Véran, il s'est vu forcé de se retirer dans la caverne qui abrite la source. Le monstre s'est alors enfoui profondément sous la terre, arquant son dos pour former ce qui est aujourd'hui la chaîne montagneuse du Petit Lubéron. On raconte également que la teinte verdâtre des eaux de la Sorgue provient du sang du monstre et les lézards sont toujours vilipendés par les fermiers locaux. **CM**

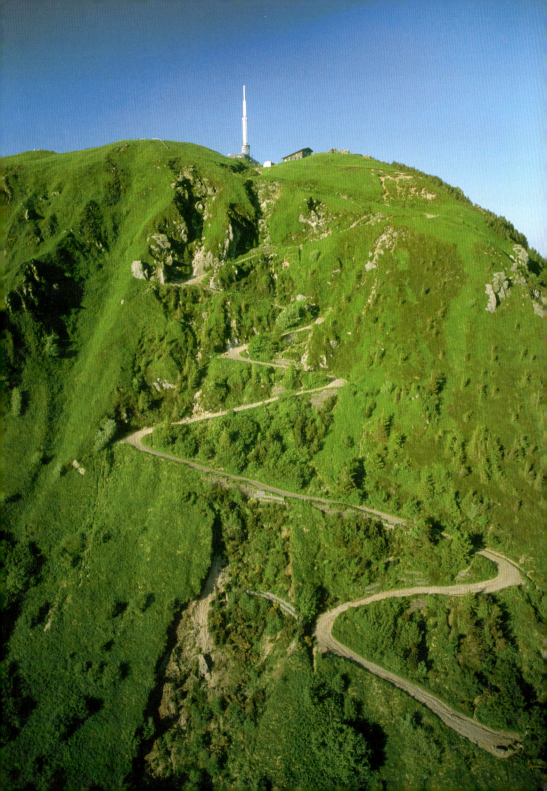

LES GORGES DE L'ARDÈCHE

RHÔNE-ALPES, FRANCE

Profondeur des gorges : 300 m
Longueur des gorges : 32 km
Débit : 7 000 000 de litres par seconde

L'Ardèche, avec ses 120 kilomètres de long, est un des affluents les plus insignifiants du Rhône. Elle prend sa source à 1 476 mètres d'altitude, dans le massif de Mazan, situé au pied des Alpes et a creusé sur son chemin un lit très varié : parois fort abruptes au départ, qui s'élargissent aux alentours du cours inférieur de la rivière, lorsque cette dernière se fait plus sinueuse. Pendant la descente, la nature de la rivière se modifie elle aussi : puissante et agitée au village de Thueyts, calme et majestueuse lorsqu'elle atteint Aubenas, plus bas sur la route. Ses rives, d'abord arides et rocailleuses, se couvrent ensuite de vergers. L'Ardèche coule alors en direction de Vallon-Pont-d'Arc, où elle a creusé une arche naturelle de 34 mètres de haut et 60 mètres de large. C'est ici que commence la principale succession de gorges que l'on ne peut explorer vraiment qu'en kayak ou à pied.

La route entre Vallon et Saint-Martin-d'Ardèche offre toutefois de nombreux belvédères, comme ceux de Serre de Tourre et de Maladrerie. Les gorges abritent le vautour pecnoptère, l'aigle de Bonelli et le merle bleu, dont le nom vaut bien le plumage… **CM**

LES GORGES DU VERDON

PROVENCE-ALPES-CÔTE D'AZUR, FRANCE

Longueur des gorges du Verdon : 20 km

Âge de la roche : 140 millions d'années

Âge des gorges du Verdon : 25 millions d'années

Le Verdon serpente à travers une gorge extrêmement profonde qui s'étend sur 20 kilomètres. C'est le plus grand abîme du continent, que l'on surnomme d'ailleurs le « Grand Canyon » d'Europe. Il enjambe les limites de deux départements, le Var et les Alpes-de-Haute-Provence. Les parois calcaires ont été déposées il y a 140 millions d'années dans la mer de Thétys et ne sont espacées, par endroits, que de 6 mètres au sol, alors qu'une distance de 1 500 mètres les sépare au sommet.

Alimenté par l'eau de fonte des Alpes, le Verdon a cisaillé le plateau calcaire de Haute Provence et donné naissance à cette faille.

Le processus a débuté il y a environ 25 millions d'années, après la formation des Alpes ; l'eau a creusé d'énormes grottes souterraines dont la toiture a fini par s'effondrer, donnant naissance à ces gorges. Jusqu'à récemment, seuls les bûcherons connaissaient son existence et ce n'est qu'en 1901, lorsque le spéléologue Édouard Alfred Martel y mena une expédition, que les gorges du Verdon furent révélées au public. N'importe qui peut aujourd'hui apercevoir le gouffre en parcourant les routes qui longent les deux rebords du canyon. **MB**

LA CAMARGUE

PROVENCE-ALPES-CÔTE D'AZUR, FRANCE

Âge de la Camargue : 5 500 ans
Superficie de la Camargue : 116 000 ha

La Camargue est une région de marais, lacs saumâtres et salants formés par l'envasement du Rhône, lorsque ce dernier se divise en deux. Le bras principal, le grand Rhône, suit une route plus ou moins directe vers la mer Méditerranée, alors que le petit Rhône serpente vers l'ouest. Le corps de la Camargue se situe entre les deux bras, la petite Camargue se poursuivant à l'ouest du petit Rhône. Le nom de la Camargue vient peut-être du général romain Caius Marius, qui aurait établi Aigues-Mortes. On pense que les chevaux blancs et les taureaux noirs qui font la célébrité de la région, sont tout ce qui reste de vastes troupeaux de la Préhistoire qui se sont réfugiés dans les parages.

Sur les 337 espèces d'oiseaux sauvages recensées, le flamant rose est le plus connu. Il est l'emblème de la région bien que, sur les 50 000 oiseaux de passage chaque année, seulement 3 000 vivent en Camargue. Il se peut que leur nombre augmente dans le futur, étant donné qu'une île, relativement isolée du lagon Fangassier, a été mise à disposition des oiseaux et constitue actuellement le seul endroit en Europe où les flamants – entre 10 000 et 13 000 couples – se reproduisent régulièrement. **CM**

LE PARC NATIONAL DU MERCANTOUR

PROVENCE-ALPES-CÔTE D'AZUR, FRANCE

Superficie du parc : 685 km²
Point culminant (La Cime du Gelas) : 3 143 m

Ce parc naturel, qui occupe la région montagneuse du sud-est, est actuellement en cogestion avec le Parco Naturale delle Alpi Marittime, juste de l'autre côté de la frontière. Le lac Allos, l'étendue d'eau de haute altitude la plus vaste d'Europe, se situe au centre du parc, où l'on trouve également une multitude de gorges et de chutes d'eau. Créé en 1979, c'est un des sept parcs nationaux du pays. Le point culminant du parc est la Cime du Gelas, qui s'élève à 3 143 mètres. Il y en a d'autres au-delà de 2 000 mètres, notamment la Tête de la Ruine (2 984 m), le Grand Capelet (2 934 m) et le Mont Bég (2 873 m). Le parc abrite des plantes de haute altitude, mais la proximité du littoral méditerranéen assure un changement graduel de végétation, avec notamment un maquis aromatique typique de la Côte d'Azur. Le parc possède également une faune riche en mammifères – une des plus importantes d'Europe – et l'on y trouve des animaux tels que le chamois, le gypaète barbu, le bouquetin, le mouflon et la marmotte, et abrite des fleurs alpines comme l'ancolie des Alpes et le sabot de Vénus. La Vallée des Merveilles, au pied du Mont Bég, arbore environ 100 000 gravures sur pierre datant de l'âge du bronze. **AB**

LE MONT VENTOUX

PROVENCE-ALPES-CÔTE D'AZUR, FRANCE

Âge du mont Ventoux : 60 millions d'années

Altitude du mont Ventoux : 1 909 m

Le mont Ventoux est la plus haute montagne de Provence, première province annexée par l'Empire romain. Son sommet caractéristique de schiste blanc – que l'on prend souvent pour de la neige – est visible de toute la région. Ce sommet, surnommé « le Géant de Provence », est couronné d'un observatoire auquel mènent trois routes, et

et le Plan de Dieu, lieu natal des meilleurs vins provençaux, Vacqueyras et Gigondas. À l'est, les Alpes où l'on a toujours de splendides vues quoi qu'il arrive.

Le Ventoux est aussi le symbole d'une merveille naturelle que l'on ne peut pas voir : le nom de la montagne dérive en effet des mots « vent » et « tout ». Le principal des 32 vents qui soufflent en Provence est le mistral, vent du nord dévastateur qui rugit le long de la vallée du Rhône. Son nom provençal est Lou Mistrau, ce qui signifie « le Maître ». Bien avant l'arrivée des Grecs et des Romains, le

Le mont Ventoux est la plus haute montagne de Provence…
Son sommet caractéristique de schiste blanc – que l'on prend
souvent pour de la neige – est visible de toute la région.

constitue une étape majeure de Tour de France cycliste. Le meilleur endroit pour commencer l'ascension est le petit bourg de Carpentras, ancienne capitale du Comtat Venaissin, une enclave catholique. La route nord passe par Malaucène, la route sud par Bédouin ou Sault, capitale régionale de la lavande. Les vues sont spectaculaires mais souvent obscurcies par la brume de chaleur en été. Au sud, les montagnes du Lubéron, la Sainte-Victoire, montagne peinte à nombreuses reprises par Paul Cézanne, les Alpilles et l'Étang de Berre, un lagon sur la Méditerranée, proche de Marseille, le plus grand port pétrolier de France. À l'ouest, les Dentelles de Montmirail

mistral était adoré par des tribus celto-liguriennes. On a d'ailleurs découvert un temple sur le mont Ventoux, où les membres des tribus faisaient appel au vent, à l'aide de cors d'argile, qu'ils brisaient ensuite en fuyant promptement face aux vents puissants.

De nombreux sentiers s'enchevêtrent au pied du mont Ventoux, au sein de forêts de cèdres Atlas, chênes et pins, qui abritent mouflons et sangliers, ainsi que 104 espèces d'oiseaux nidificateurs, tels que l'aigle royal, de Bonelli et le circaète Jean-le-Blanc. CM

À DROITE : *Le mont Ventoux forme une toile de fond imposante pour les villages de montagne.*

LE RHÔNE

SUISSE / FRANCE

Longueur du fleuve : 812 km
Débit moyen (relevé à Arles) : 1 700 000 litres par seconde

Au départ, le Rhône n'est qu'un petit ruisseau d'altitude alimenté par un glacier, situé au sein des montagnes suisses de Saint-Gothard. Puis commence un voyage épique de 812 kilomètres jusqu'à la mer Méditerranée. Lorsqu'il se déverse dans le lac Léman, c'est déjà un fleuve à part entière. Il poursuit sa route en France et rejoint la Saône à hauteur de Lyon, devenant une importante voie navigable.

Entre l'établissement de la colonie grecque de Massalia (aujourd'hui Marseille), en 600 avant J.-C., et l'avènement du chemin de fer, au XIXe siècle, le cours inférieur du Rhône faisait partie de l'importante route commerciale qui reliait le Nord au Sud. Le transport fluvial a été ressuscité depuis et l'on peut apercevoir de grandes barges qui transportent des hydrocarbures navigant sur ses eaux.

Le fleuve se divise en deux en dessous d'Arles, donnant naissance à la Camargue dans son delta, avant de se jeter dans la Méditerranée. En été, le Rhône semble totalement maîtrisé, ses rives bordées de routes, usines et centrales

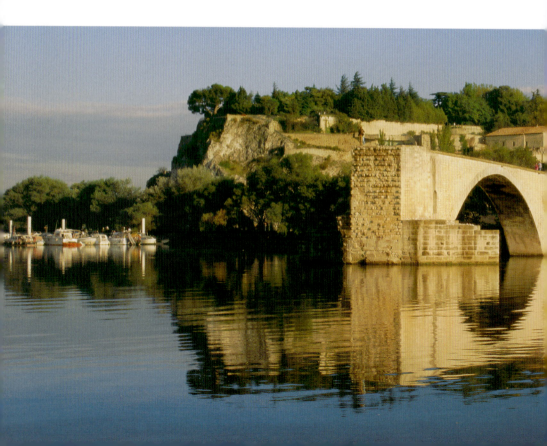

nucléaires et hydroélectriques. Il connaît toutefois d'importantes crues en hiver. En 1993 et 1994, la Camargue a été inondée, de même qu'en 2003 certaines parties d'Avignon et bien d'autres villes et villages situés sur le cours inférieur du fleuve.

Les parcs naturels comme celui de l'île de Beurre, près de Condrieu, et l'île de la Platière, près des Sablons, sont fiers de posséder loutres, castors et ragondins. Non loin de Lyon, le parc du Pilat est sans doute le parc le mieux fourni en équipements de haute technologie, avec des caméras permettant d'observer la nature sans pour autant la perturber.

Parmi les nombreux ponts qui traversent le Rhône, le plus connu est certainement le pont Saint-Bénezet, le fameux Pont d'Avignon de la chanson. Ce pont est la preuve même de la puissance du Rhône. Lors de son achèvement, en 1190, il mesurait 900 mètres de long et se composait de 22 arches. Il n'en reste plus que quatre aujourd'hui, les autres ayant été emportées par le courant au fil des ans. CM

CI-DESSOUS : *Le palais des Papes et le pont Saint-Bénezet se reflètent dans les eaux cristallines du Rhône.*

LE CIRQUE DE GAVARNIE

PYRÉNÉES, FRANCE

Âge du cirque de Gavarnie :
2 millions d'années

Point culminant (Marboré) :
3 248 m

Superficie du Parc national des Pyrénées : 45 707 ha

Le cirque de Gavarnie, situé dans les Pyrénées françaises, est un site dont la beauté naturelle est acclamée dans tout le pays. Victor Hugo l'a décrit en 1843 comme « un miracle, un rêve », et sa splendeur a même inspiré un jeune artiste parisien, Sulpice-Guillaume Chevalier, qui a adopté le pseudonyme de « Gavarni ».

> *Victor Hugo l'a décrit en 1843 comme « un miracle, un rêve » et sa splendeur a même inspiré un jeune artiste parisien, Sulpice-Guillaume Chevalier, qui a adopté le pseudonyme de « Gavarni ».*

Le petit village de Gavarnie se situe au cœur de prés alpins, entouré par son cirque – terme géologique qui désigne un amphithéâtre de montagnes aux parois abruptes formées par l'érosion de la glace.

Trois pics dominent le cirque : le Taillon (3 144 m), le Casque (3 073 m) et le Marboré (3 248 m). Les sombres parois de ces montagnes, qui font partie du massif de Monte Perdido, forment des escaliers, façonnés il y a deux millions d'années par des glaciers et sont semés ici et là d'étendues enneigées, tandis qu'au pied des collines se dressent des forêts de pins et de hêtres. La cascade qui se jette de 400 mètres le long des escarpements du Marboré est en fait la principale source du gave de Pau. C'est en hiver, lorsqu'elle gèle complètement, qu'elle est la plus belle. Pour atteindre la cascade et le « pont de neige » qui se trouvent à proximité, il faut parcourir un sentier, près de la route menant à l'Hôtel du Cirque, pendant 45 minutes.

Le randonneur peut également opter pour l'itinéraire circulaire de Pailha, qui offre de superbes vues sur les Pyrénées. Le sommet du mont Mourgat est le meilleur belvédère du cirque. Cette randonnée demande trois heures de marche. Les visiteurs de Gavarnie doivent d'ailleurs tous être équipés pour la marche, étant donné qu'il faut environ 20 minutes, à une altitude de 1 450 mètres, même lorsqu'il s'agit de se rendre au festival de musique et de théâtre de Gavarnie, qui a lieu tous les ans au cours des deux dernières semaines de juillet.

Le cirque fait partie du Parc national des Pyrénées, classé par l'Unesco au Patrimoine mondial de l'humanité. Créé en 1967, le parc recèle 160 espèces de plantes que l'on ne trouve que dans les Pyrénées, en plus des ours bruns réintroduits dans la région en 1996, et qui font l'objet d'une application rigoureuse des lois qui les protègent. Les aigles royaux et plusieurs espèces de vautours règnent sur les cieux. **CM**

À DROITE : *Des moutons broutent sur les collines du cirque de Gavarnie.*

LA DUNE DU PILAT

AQUITAINE, FRANCE

Hauteur de la dune du Pilat : 117 m
Longueur de la dune du Pilat : 3 km
Largeur de la dune du Pilat : 500 m

Située sur la côte Atlantique, à l'entrée du golfe d'Arcachon, près de Bordeaux, la dune du Pilat (parfois épelée Pyla) est la plus belle et la plus haute dune de sable d'Europe. Elle mesure 117 mètres de haut et s'accroît chaque année de 4 mètres. La dune a longtemps été un point de repère pour les marins et constitue aujourd'hui un attrait pour les touristes, qui jouissent ici d'une superbe vue sur la mer. Le côté nord de la dune est d'ailleurs doté d'un escalier de bois pour en faciliter l'accès. Son nom, issu de la langue d'oc du XVe siècle, signifie « tas de sable » et désignait à l'origine un banc de sable situé un peu plus au nord. Ce dernier a été érodé par les vents, formant la base de la dune, qui s'accroît d'ailleurs rapidement. On estime qu'elle se compose actuellement de 60 millions de m³ de sable. Dénuée de toute végétation, elle s'éloigne lentement mais sûrement de la mer et menace d'engloutir la forêt voisine. Aux alentours de la dune, la côte est largement commerciale, mais certaines îles proches du littoral, facilement abordables en bateau, possèdent une faune aviaire très riche. **CM**

LES GORGES DU TARN

MIDI-PYRÉNÉES / LANGUEDOC-ROUSSILLON, FRANCE

Longueur des gorges du Tarn : 375 km
Type de roche : calcaire

Le Tarn est une rivière étroite mais longue qui s'écoule du pied du mont Lozère à Moissac, où elle rejoint la Garonne. Elle figure parmi les plus belles gorges de France, formées par l'écoulement de la rivière et l'érosion des rochers calcaires du Grand Causse.

Les Causses se sont formés il y a environ 120 millions d'années dans ce qui était alors un vaste golfe de la mer Méditerranée. Les formations rocheuses que l'on peut trouver ici ont été sculptées sur une longue période par les eaux et les géologues les appellent « formations de calcaire karstique ». Ce nom provient du nom Karst, une région de Slovénie aux structures géologiques similaires.

Peut-être la plus belle partie des gorges se situe-t-elle sur les 60 km qui séparent Florac et Le Rozier. À partir du Rozier, le sentier le plus agréable porte le nom d'une formation rocheuse locale, le Rocher de Capluc. On peut également prendre un petit bateau à La Malène pour faire une très agréable promenade sur la rivière.

De nombreuses espèces d'oiseaux nichent dans les hautes falaises qui bordent la rivière, notamment l'aigle royal, l'aiglette et le faucon pèlerin. Une des plus intéressantes formations se situe à Nîmes-le-Vieux, au nord-est de Meyrueis. **CM**

LES GORGES DES CÉVENNES

LANGUEDOC-ROUSSILLON, FRANCE

Point culminant (Mont Gargo) : 1 247 m
Type de roche : calcaire gris
Création du parc : 1970

Situé aux alentours du Causse Méjean, en Lozère, cette aire protégée est célèbre pour son paysage calcaire. Ce dernier se compose de vastes zones de karst hérissé, ainsi que de nombreuses grottes, certaines âgées de plus de 200 millions d'années. Les paysages de calcaire sont parmi les plus variés et intéressants du monde. Il y a également plusieurs gorges, notamment la Gorge de Jontes, une des plus profondes d'Europe. Les nombreuses cavernes ont autrefois attiré nos ancêtres et le parc possède beaucoup de sites archéologiques, notamment de l'âge du bronze qui se composent de menhirs, dolmens et enclos de pierre. Certains sentiers de randonnée suivent les routes utilisées par nos ancêtres.

Le calcaire possède une flore qui lui est particulière ; les prés verdoyants abritent outardes et alouettes, ainsi que de multiples papillons. Les pérégrines et autres rapaces nichent dans les falaises abruptes des gorges. Un programme de reproduction destiné au cheval de Przewalski, aujourd'hui pratiquement disparu de ses steppes asiatiques natales, a été mis en place dans la région. **AB**

LES CASCADES DU HÉRISSON

FRANCHE-COMTÉ, FRANCE

Hauteur de la cascade du Grand Saut	: 60 m
Type de roche	: calcaire
Âge des chutes	: 208 à 146 millions d'années

Situées dans la région des lacs du Jura, cette superbe succession de chutes atteint le summum de la beauté en automne après les pluies, ou au début du printemps, lorsque la fonte des neiges ravive les flots. L'érosion glaciaire a endommagé le calcaire ancien de la région, donnant naissance à de profondes vallées. La plus profonde des vallées est occupée par la rivière Hérisson. De sa source, le lac du Bonlieu, jusqu'au plateau de Doucier, elle franchit 280 mètres en l'espace de 3 kilomètres. Remplie de gorges étroites, mini-plateaux et amas de rochers, cette partie de la rivière compte 31 chutes, chacune possédant sa particularité géologique.

Parmi les plus connues, on trouve l'Éventail, un escalier en forme d'éventail aux eaux écumantes ; le long plongeon à pic du Grand Saut ; la splendeur embrumée du Saut de Doubs et les Tufs, où l'eau s'écoule sur des rochers couverts de mousse. La région possède également des troupeaux à demi sauvages de bisons et de bétail, élevés dans la tentative de recréer les aurochs, ancêtres datant du pléistocène des bovins actuels. **AB**

LE PARC NATIONAL DE MONTE PADRU

CORSE, FRANCE

Point culminant (mont Padru)	: 2 394 m
Longueur de la vallée de Giussani	: 95 km

Située au centre de la Corse, cette région d'altitude associe les courbes et les gorges de la rivière Targagine aux versants rocailleux du mont Padru. À ceci s'ajoute l'intérêt considérable de l'architecture des quatre villages de montagne, Mausoleo, Olmi Capella, Pioggiola et Vallica, semés le long de la vallée de Giussani. Les habitants de ces villages continuent à mener une vie rurale, aujourd'hui pratiquement disparue d'Europe. Les activités de ces habitants ont modifié et enrichi le paysage naturel. En randonnée, ce sont leurs ancêtres qu'il faut remercier pour les sentiers de muletiers pavés et les ponts qui permettent de traverser les torrents de montagne.

Le parc possède plusieurs pics de plus de 1 500 mètres, dont Padru, Assemble Corona, Monte Grossu et San Parteu. La plupart ont des versants couverts de pins, tandis que le maquis, odorant et résistant à la chaleur, domine les parties basses du parc. Des mouflons paissent sur les versants supérieurs, tandis qu'au pied des montagnes se trouvent les chèvres domestiques, omniprésentes dans la région. On y rencontre également un grand nombre de rapaces, notamment l'aigle royal et le gypaète barbu. **AB**

LES GORGES DE LA RESTONICA

CORSE, FRANCE

Point culminant (mont Rotondo) : 2 622 m

Habitat : prés riverains, forêts de montagne de châtaigniers et de pins

À cheval sur la chaîne montagneuse centrale de Corse, les gorges de la rivière Restonica sont célèbres pour leur beauté tout comme pour la diversité de leur faune et de leur flore ; la vallée de la Restonica est un site protégé depuis 1966 en raison de la richesse de son patrimoine naturel. Le lit de la rivière a été creusé en partie par l'eau, puis façonné par des glaciers lors de la dernière période glaciaire. Cela donne un paysage aux contours arrondis, des cascades dynamiques, des précipices soudains et de profondes piscines. Au bout des gorges de la Restonica, se trouve un joyau dans un cirque de montagnes. Le lac de Melo fait partie du chapelet de lacs d'altitude qui entoure le mont Rotondo. C'est l'un des lacs les plus visités car son accès ne présente pas de difficulté majeure. Son voisin, le lac de Capitello perché à 1 930 mètres d'altitude, demande en revanche de franchir une ancienne moraine glaciaire, mais l'effort est récompensé par le magnifique panorama et les escarpements verticaux que l'on y aperçoit. En cas de problème, il existe de nombreuses cabanes de pierre rudimentaires destinées aux randonneurs, qui n'offrent toutefois qu'un simple abri. **AB**

LES CALANCHE DE PIANA

CORSE DU SUD, FRANCE

Type de roche : granit rouge

Hauteur : 300 m

Les aiguilles hirsutes qui composent le paysage des Calanche ont été façonnées par l'action conjuguée des mouvements tectoniques et de l'érosion. Les nombreuses failles qui ont fracturé autrefois la roche granitique de Porto ont été agrandies par le ruissellement des eaux, jusqu'à former des pics qui s'élèvent par endroits à 300 mètres de haut. Les « taffoni », comme on les appelle en Corse, sont de larges cavités dues à l'érosion des roches magmatiques par le vent et les embruns, et évoquent d'étranges figures qui n'ont cessé de fasciner les hommes depuis la préhistoire, quand le mystère de leur origine en faisait des lieux tout désignés pour le repos des morts.

En 1880, Maupassant décrivait ces étonnants rochers comme « tout un peuple monstrueux, une ménagerie de cauchemar pétrifiée par le vouloir de quelque dieu extravagant ». Aujourd'hui, ce paysage de chaos, classé patrimoine mondial par l'Unesco, est toujours d'une beauté à couper le souffle ! De nombreux sentiers de randonnées offrent aux promeneurs de saisissants points de vue sur les golfes de Porto et de Girolata. Depuis le village de Piana, la vue sur tout le golfe permet de deviner, au loin, les sommets enneigés du Monte Cinto. **MLC**

SLOVAQUIE

LES MONTAGNES TATRA

POLOGNE / SLOVAQUIE

Superficie des montagnes Tatra : 795 km²
Point culminant (Rysy) : 2 499 m

Les montagnes Tatra, les plus hautes d'Europe centrale, se situent à deux heures de route de la ville de Cracovie. C'est un lieu touristique populaire depuis des siècles, popularité qui s'est accrue depuis que la ville de Poprad, au pied des montagnes, accueille un Festival du Film. S'élevant à pic d'un haut plateau, celles-ci forment la section centrale des Carpates, ainsi que la plus élevée. La chaîne de pics mesure cinq

contenant plus de trente lacs limpides et glacés appelés « stawy ». Dans la partie ouest de la chaîne de montagnes, l'eau a érodé le calcaire et la dolomite, aplatissant les sommets, creusant de profondes ravines et vallées et créant de nombreuses grottes. Ces dernières forment un labyrinthe souterrain sous le massif. Sept grottes sont ouvertes au public, dont six situées dans la belle vallée de Koscieliska. Litworowa est la plus longue de ces grottes, avec ses 18 000 mètres. Les grottes sont imprégnées de légende. S'il est difficile de croire aux histoires de dragons peuplant les montagnes, on sait que celles-ci ont constitué un repaire de hors-la-loi – les

> *Le temps a érodé le granit dur des montagnes, donnant naissance à une imposante et majestueuse chaîne aux sommets escarpés, où se réfugient chamois, ours, lynx, loups et cerfs.*

kilomètres de large et constitue la frontière naturelle du sud de la Pologne. La frontière politique entre la Pologne et la Slovaquie, quant à elle, traverse l'épine dorsale de la chaîne, dont à peine 24 % se situent en Pologne. Les montagnes doivent principalement leur aspect actuel à la glaciation du pléistocène. Durant les 510 000 dernières années, les glaciers sont successivement apparus et disparus dans la région. Il n'en reste aucun aujourd'hui. Le temps a érodé le granit dur des montagnes, donnant naissance à une imposante et majestueuse chaîne aux sommets escarpés, repaire où se réfugient chamois, ours, lynx, loups et cerfs.

Les Hautes Tatra, composées de roche cristalline, se caractérisent par des tours de pierre acérées, des crêtes et des cirques

« zbojnicki » polonais. Les chauves-souris vivent dans cette région sauvage. Les versants inférieurs des Tatra sont recouverts de forêts de pins et de hêtres, les versants inférieurs sont tapissés de pins nains, prés alpins et herbages. Des fleurs rares se cramponnent aux parois, mais les plus belles variétés se trouvent dans les prés et les vallées, semés de crocus jaunes au printemps.

À la fin du XIXe siècle, un médecin de Varsovie a déclaré que l'air des montagnes Tatra constituait la prescription idéale pour jouir d'une bonne santé. Trois millions de visiteurs s'y rendent chaque année pour suivre son conseil. JD

À DROITE : *Versants abrupts des monts Tatras, en Slovaquie – la plus haute chaîne de montagnes d'Europe centrale.*

LA PARADIS SLOVAQUE ET LE CANYON DE HORNÁD

ZLÍNSKY KRAJ, SLOVAQUIE

Superficie du Paradis slovaque : 19 763 km2
Altitude : 500 à 1 700 m

Le nom est significatif – le « Paradis slovaque » est une région de paysages splendides : prés, canyons, gorges, grottes, collines, rivières et chutes justifient pleinement ce nom. Ce charmant parc national, riche en calcaire, a été façonné par le temps en une grande variété de paysages. Le calcaire est particulièrement vulnérable à l'érosion par l'eau. Grottes et gouffres à explorer ne manquent donc pas – 177 au total. Le canyon de Hornád est un des endroits les plus marquants de la région, superbe étendue de 16 kilomètres engendrée par la rivière Hornád. Par endroits, les rives escarpées du canyon s'élèvent à 300 mètres. Un chemin quelque peu inquiétant traverse le canyon, et emmène les randonneurs sur une succession bariolée de planches, passerelles métalliques, rivetages et chaînes fixées aux parois. La grotte de glace de Dobšinská est tout aussi intéressante. Elle possède son propre glacier souterrain, de 27 mètres de profondeur, ainsi que des cascades, stalagmites et colonnes de glace. **JK**

LA GROTTE DE DOMICA

KOSICKY KRAJ, SLOVAQUIE

Longueur de la grotte : 5,4 km
Type de roche : calcaire karstique
Âge de la roche : 225 millions d'années

La grotte de Domica est la plus belle d'une série de grottes situées dans le Karst slovaque, vaste région calcaire du sud de la Slovaquie, à la frontière hongroise. Le sédiment calcaire a été déposé à l'époque des dinosaures, il y a 225 millions d'années, puis érodé par deux rivières souterraines, le Styx et le Domica. La grotte possède de nombreux couloirs qui se sont formés le long des failles naturelles du calcaire. Le ruissellement continu a donné naissance à une forêt de stalactites, par endroit si épais que les visiteurs courent le risque de s'y égarer. Pendant la visite de la grotte, les visiteurs effectuent une ballade souterraine en bateau. La grotte a autrefois abrité la culture Bukk, un peuple préhistorique qui a vécu il y a 8 000 ans et laissé un ensemble fascinant d'outils de pierre. On a toutefois découvert dans les grottes un objet prouvant que des humains habitaient déjà ces lieux il y a 40 000 ans. Aujourd'hui, la grotte de Domica abrite 14 espèces de chauves-souris, notamment la plus importante colonie de chauves-souris fer à cheval de Slovaquie. La grotte de Domica fait partic de la Réserve naturelle nationale de Domické Sˇkrapy (Domické Karren). **JK**

AUTRICHE

LE GLACIER DE PASTERZE ET LE MONT GROSSGLOCKNER

TYROL, AUTRICHE

Épaisseur du glacier de Pasterze : 300 m
Hauteur du Glossglockner : 3 798 m
Habitat : parois rocheuses alpines

Le glacier de Pasterze, la formation glaciaire la plus importante d'Europe, protège la paroi nord du Glossglockner, la montagne la plus élevée d'Autriche. On peut facilement atteindre l'astragale final de Pasterzenkees grâce à un funiculaire et des sentiers de randonnée bien balisés. Le glacier étant très stable, les visiteurs peuvent marcher dessus sans cordes avec une certaine sécurité. Le glacier recule néanmoins de 30 centimètres par an. Dans mille ans, il n'existera plus. On y accède par la sinueuse Hochalpenstrasse, qui suit une ancienne route de commerce, et que l'on connaît mieux sous le nom de Römerweg. Les vestiges de cette dernière sont encore clairement visibles au bord de la route moderne. À l'époque médiévale, elle reliait l'Allemagne à Venise et servait au commerce des épices, du verre et du sel. À proximité, le très beau lac Zell, les chutes de Krimml et le parc national de Hohe Tauern. Le camping, la randonnée et l'alpinisme sont les activités favorites des visiteurs. **AB**

LES MONTAGNES DE KARWENDEL

TYROL, AUTRICHE

Point culminant (Bikkarspitze) : 2 749 m
Habitat : roche aride, prairies alpines, plantes poussant sur les parois rocheuses
Type de roche : calcaire

Tout comme les Alpes de Lechtal et les montagnes de Mieming, Rofan et Kaiserbirge, les Karwendel font partie du nord de la chaîne calcaire de Torolean. Elles peuvent atteindre 3 000 mètres d'altitude. Les Karwendels se caractérisent par un climat frais et humide et d'importantes précipitations, ainsi qu'une abondance d'alpages, bois et gibier. Une grande partie des montagnes se situe au sein de la plus grande réserve naturelle d'Autriche, Karwendel, protégée depuis longtemps par des décrets royaux. Plusieurs villages de la région abritaient autrefois des pavillons de chasse royaux. Le village de Pertisau possède également des dépôts fossiles qui fournissent de l'ichtyol, une huile utilisée dans les médicaments homéopathiques. Les sentiers du parc sont bien entretenus mais il convient de planifier le voyage pour l'effectuer dans de bonnes conditions. Les cabanes sont une alternative au camping. Le vélo tout-terrain est très populaire sur les chemins situés au pied des montagnes. Le point culminant de la région est le mont Karwendel, composé de calcaire friable. Le plus grand et le plus profond lac du Tyrol, l'Achen, s'étend à une des extrémités de ces montagnes. **AB**

LES CHUTES DE KRIMML

TYROL, AUTRICHE

Hauteur des chutes de Krimml : 380 m
Altitude des chutes : 1 687 m
Longueur de la vallée de Krimml : 19 km

S'élevant à 380 mètres, les chutes de Krimml constituent les plus grandes chutes libres d'Europe. Elles se classent huitième au palmarès mondial. Situées à 1 687 mètres d'altitude, en hiver, le nuage de gouttelettes recouvre les rochers et la végétation de glace scintillante. Il y a trois cascades, dont l'accès se fait par Zell et Ziller, via une route à péage. Dans l'air frais de la montagne, les distances peuvent se révéler trompeuses. Une promenade de la route aux chutes peut prendre plus d'une heure. Un sentier bien entretenu suit les chutes puis s'enfonce dans la vallée de la rivière Krimml, un val d'altitude composé de prairies alpines. C'est un des plus beaux endroits du parc, qui s'achève à la hauteur du glacier de Krimml. Les chutes sont ouvertes aux visiteurs de la fin du mois d'avril aux derniers jours d'octobre (tout dépend des conditions météorologiques). Ces chutes très populaires ont reçu le diplôme de préservation de la nature du Parlement. Elles se situent au sein du parc national de Hohe Tauern, dans les Alpes orientales, qui compte 304 montagnes dépassant 3 000 mètres et 246 glaciers. **AB**

À DROITE : *Les chutes de Krimml coulent au cœur de la forêt.*

EISRIESENWELT

SALZBOURG, AUTRICHE

Longueur : 40 km
Altitude : 1 500 m
Hauteur de l'entrée de la grotte : 18 m

Labyrinthe de cavernes de glace et de grottes semblables à des cathédrales, Eisriesenwelt est le plus important réseau de galeries de glace en Europe. Cachées sous le massif de Tennen, les grottes ont été explorées pour la première fois par Anton von Posselt-Czorich en 1879, puis par Alexander von Mork en 1912. C'est à von Mork que revient la découverte du « monde des géants de glace », qui s'étend sur au moins 40 kilomètres sous terre. Les grottes se situent à une telle altitude – plus de 1 500 mètres – que l'eau qui s'y infiltre, gèle instantanément. À la place de l'habituelle formation de stalactites et stalagmites de calcite, ces grottes contiennent des formations de glace étranges, comme l'« orgue » et la « chapelle » de glace. Un courant d'air frais souffle dans les grottes et recouvre les parois d'une couche de givre luisant.

L'entrée est énorme – 20 mètres de large sur 18 mètres de haut – et est visible de loin. La plus grande grotte mesure 60 mètres de long, pour 30 mètres de large et 35 mètres de hauteur. Les visistes guidées durent environ une heure, et l'on conseille de se vêtir chaudement pour s'y promener, dans une atmosphère qui dépasse rarement 0 °C. **MB**

UNTERSBERG

SALZBOURG, AUTRICHE/BERCHTESGADEN, ALLEMAGNE

Altitude : 1 972 m

Particularité : abrite 70 espèces de papillons, dont un tiers d'espèces menacées

L'Untersberg, vaste plateau montagneux à 16 kilomètres au sud de Salzbourg, remonte jusqu'à l'Allemagne. Fréquenté par les touristes depuis le XIXe siècle, le plateau offre le spectacle de reliefs karstiques – gorges, coupoles, dolines et lapiés – mais il est surtout réputé pour ses grottes : 400 sont connues et 150 ont été explorées dans le détail. La plus impressionnante est la grotte glaciaire de Schellenberg, dont les strates les plus profondes ont plus de 3 000 ans.

Sur le plateau, le lagopède alpin survole le lièvre des neiges et le chamois. Sur les versants escarpés, le hêtre cède progressivement sa place aux forêts de conifères, dont des espèces naines couvrent les sommets. Myrtilles et violettes se cachent au milieu des mousses et des fougères.

On trouve des sentiers de randonnée, une piste de ski et des pistes cyclables. On peut visiter les grottes et emprunter un téléphérique qui offre une vue vertigineuse sur la vallée. Selon la légende, Charlemagne dort sous la montagne et ne se réveillera que pour conduire le combat du Bien et du Mal, lorsque les corbeaux cesseront de voler autour du sommet. D'après une autre légende, cette mission reviendra à l'empereur Frédéric Ier Barberousse. **GD**

LA GORGE DE SEISENBERG

OBERÖSTERREICH, AUTRICHE

Longueur de la gorge de Seisenberg : 600 m

Profondeur de la gorge de Seisenberg : 50 m

La gorge de Seisenberg est en fait un impressionnant canyon de 600 mètres de long et 50 de profondeur, à proximité de Weissbach, à Salzbourg. En 1831, elle est rendue accessible par des bûcherons qui y construisent le premier sentier, leur permettant de transporter les rondins à travers la gorge. Le ruisseau de Weissbach traverse la forêt jusqu'à une série de rapides spectaculaires, plongeant ensuite dans l'étroite gorge où l'eau a creusé cavernes et tunnels aux parois lisses. Un escalier élaboré de marches en bois pratiques, ainsi que des passages, ont été mis en place pour permettre aux visiteurs de traverser le canyon. L'escalier est ouvert de mai à octobre. La promenade à travers la gorge dure environ une demi-heure dans chaque sens. Tout près, dans la gorge de Vorderkaser, l'Odenbacha creusé un canyon de 400 mètres de long et 80 de profondeur. Une volée de marches mènent les visiteurs à d'extraordinaires formations rocheuses. On trouve également plusieurs lacs naturels à l'entrée de la gorge, propices aux baignades. Dans cette région, il ne faut pas oublier de visiter la grotte de Lamprecht, l'une des plus grandes du monde, située près de Weissbach. **RC**

LA GORGE DE LICHTENSTEIN

SALZBOURG, AUTRICHE

Nom local : Liechtensteinklamm
Profondeur de la gorge : 300 m
Hauteur de la plus grande chute : 50 m

La légende raconte que la gorge de Lichtenstein, située au cœur de l'État autrichien de Salzbourg, a été créée par le Diable, furieux d'avoir été trompé par un forgeron avec lequel il avait fait un pacte. Cette étrange mythologie, ajoutée à l'immense beauté naturelle du site, attire les curieux dans la petite ville alpine de St. Johann im Pongau depuis 1875. C'est à cette époque qu'un groupe de gardes forestiers locaux – aidés par un don de Johann II Fürst von Lichtenstein, à qui la gorge doit son nom – a établi le réseau abrupt de chemins qui traversent le canyon et offrent de belles vues sur ses chutes remarquables.

Cela fait plusieurs milliers d'années que la rivière Großarl, alimentée par l'eau de fonte glacée, creuse son chemin dans le sol, pour former le canyon. Dans sa descente tortueuse, l'eau cogne et tourbillonne contre la roche, donnant naissance à des formes et des motifs incroyables. Un sentier relie une série de petits ponts qui confrontent les visiteurs aux chutes indomptées ; par endroits, les parois de la gorge sont si proches qu'on aperçoit à peine le ciel. Lorsque le soleil brille sur les embruns rugissants qui s'élèvent du canyon, un arc-en-ciel éblouit les randonneurs. **NA**

LA GROTTE DE LAMPRECHT

OBERÖSTERREICH, AUTRICHE

Profondeur de la grotte de Lamprecht : 1 632 m

Longueur de la grotte de Lamprecht : 50 km

La grotte de Lamprecht est l'un des plus grands systèmes de cavernes d'Europe, ainsi que la plus profonde grotte accessible au public du monde. Selon la légende, la grotte a reçu son nom du chevalier Lamprecht, qui ramena des Croisades un trésor dont ses filles héritèrent. L'une des deux filles déroba la part de sa sœur et la cacha dans cette grotte. Le gouvernement régional finit par murer la grotte en 1701, après des siècles de tentatives infructueuses pour récupérer le trésor. La rivière souterraine torrentielle qui s'élance de la grotte après de fortes pluies, ou la fonte des neiges, n'a probablement pas tardé à détruire le mur.

Malgré un système d'alarme contre les inondations, 4 spéléologues allemands ont été emprisonnés pendant un court laps de temps en janvier 1991, ainsi que 14 touristes en août 1998, après de fortes pluies. Cette même année, une connexion entre la grotte de Lamprecht et le système de cavernes PL-2 a été découverte, faisant de cette grotte l'une des plus profondes du monde. Ce record a toutefois été battu par la grotte de Voronya (ou grotte de Krubera), située en Abkhazie, Géorgie. RC

ROUMANIE

LE MASSIF DE CEAHLAU

NEAMT, ROUMANIE

Altitude : 1 907 m

Superficie du parc national : 172 km²

Type de roche : calcaire

On connaît le massif de Ceahlau sous le nom de « Joyau de Moldavie ». Bien qu'il fasse partie de la chaîne montagneuse des Carpates orientales, il s'agit d'une montagne isolée et solitaire, d'autant plus proéminente. Le massif ressemble à un énorme château en ruine, avec des roches à divers stades de décomposition, évoquant murs, tours et remparts. Cette montagne est sacrée, chacun de ses sommets possède son propre nom, tout comme sa propre légende quant à sa création.

On surnomme aussi le massif « Montagne Magique ». La légende raconte que Zamolxe, le Dieu des Daciens, ancêtres du peuple roumain, vivait à Ceahlau. C'est ici qu'il sacrifia la fille de Kind Decbal, au sommet de la plus haute montagne, Dochia. De nombreuses pistes d'escalade mènent aujourd'hui au pic de Dochia et l'on raconte que la magie de la montagne assure l'amitié éternelle à ceux qui la gravissent ensemble. Les 2 000 variétés de fleurs, le grand nombre d'animaux et de plantes rares et les chutes Duruitoarca, sans compter la beauté du paysage, ont permis à la montagne et la région environnante de recevoir le statut de Parc national. Sa préservation est ainsi assurée. JK

CHEILE TURZII

TRANSYLVANIE, ROUMANIE

Autre nom : gorge de Turda
Longueur : 2 km
Profondeur : 300 m

Cheile Turzii est une magnifique gorge qui traverse les montagnes Apuseni. Les parois calcaires de 300 mètres forment le cadre de cette superbe réserve naturelle créée par la rivière Hasdate. Le site est célèbre depuis l'époque romaine. Cheile Turzii est également connue sous le nom de gorge de Turda, d'après la ville de Turda, célèbre pour ses mines de sel traditionnelles. Les parois de la gorge comptent plus de soixante grottes et abritent de nombreuses colonies de chauves-souris. Des outils de pierre découverts dans les cavernes permettent de dire que celles-ci ont abrité autrefois des populations à l'âge de la pierre et du bronze. Au Moyen Âge, des autochtones fuyant les envahisseurs tartares se sont réfugiés dans les grottes. Leur microclimat fournit un habitat idéal pour les plantes qui aiment le soleil, que l'on trouve habituellement sur les côtes de la Méditerranée ou en Asie centrale. Plus de 1 000 espèces de plantes vivent ici, tout comme 111 espèces d'oiseaux, notamment l'aigle royal, l'aiglette, le tichodrome échelette et le vautour des rochers. Cheile Turzii figure aussi parmi les destinations les plus courantes pour l'alpinisme, avec plus de 100 itinéraires de niveaux de difficultés différents. JK

LA GORGE DE BICAZ

NEAMT, ROUMANIE

Longueur de la gorge de Bicaz : 5 km
Hauteur de la gorge de Bicaz : 300 m

La gorge de Bicaz est un superbe gouffre situé au cœur de la chaîne montagneuse des Carpates, au centre de la Roumanie. La crevasse mesure 5 kilomètres de long et 300 mètres de profondeur. Extrêmement étroite par endroits, elle zigzague entre d'abruptes falaises calcaires. Au « Col de l'Enfer » (judicieusement nommé), les falaises surplombent le chemin de montagne, éveillant chez le randonneur le besoin primaire de poursuivre promptement sa route.

La meilleure façon de se rendre compte de l'immensité de la gorge de Bicaz est de s'y promener à pied. De nombreux tichodromes échelettes y vivent. Le lac Bicaz, à proximité, est idéal pour se reposer et se détendre après les efforts de la randonnée. De plus, la région possède une histoire riche. C'est le pays natal de Vlad Drakulea, un chef local de l'époque médiévale qui combattit les Turcs et finit par devenir la source d'histoires d'horreur et entrer dans la légende. Il est aujourd'hui plus connu sous le nom de comte Dracula. La gorge est située à 21 kilomètres de la ville de Bicaz en Moldavie, à la frontière avec la Transylvanie. La gorge est entièrement protégée à l'intérieur du Parc national Hasmas-Bicaz. JK

LE DELTA DU DANUBE

TULCEA, ROUMANIE

Nombre d'espèces d'oiseaux : 310
Nombre d'espèces de poissons : 75
Nombre d'espèces de plantes : 1 150

À l'approche de la côte roumaine de la mer Noire, le Danube se sépare en trois rivières, Chilia, Sulina et Sfantu Georghe, qui coulent à travers un paradis humide, le delta du Danube. Il y a environ 5 000 ans, cette région était un golfe de la mer Noire, mais les sédiments se répandant du Danube ont fini par le remplir, pour donner naissance à cet énorme delta, qui reçoit toujours plus de deux tonnes de limon par seconde, élargissant ainsi chaque année le territoire de la Roumanie de 40 mètres.

Un vaste réseau de canaux, ruisseaux et étangs, où l'on compte d'innombrables îlots et bancs de sable, relie les rivières qui traversent le delta. La surface des lacs est couverte de nénuphars jaunes et blancs. Le delta du Danube possède une des plus vastes étendues de roseaux du monde, couvrant plus de 1 563 km^2. La végétation luxuriante s'étend dans les terres, avec des forêts tapissées de lianes. Cette zone humide attire les oiseaux migrateurs et abrite la plus grande colonie de pélicans blancs et dalmatiens d'Europe. La moitié de la population mondiale de bernaches à cou roux y passe également l'hiver. Avec plus de 307 espèces d'oiseaux, ce lieu est un véritable paradis pour les ornithologues. **JK**

SUISSE

LES MONTAGNES D'ENGADINE

GRISONS, SUISSE

Point culminant : 2 584 m
Habitat : roche aride, prairies alpines, forêts de pin, lacs alpins
Type de roche : calcaire

La quasi infranchissable montagne Piz Buin, la plus haute montagne des Alpes Sivretta sépare l'Engadine de ses voisins, ce qui a mené à l'isolement culturel de cette région romanche, très différente du Tyrol autrichien, tout proche. De nombreux villages et hameaux anciens sont situés dans les cols de montagne. Les bâtiments en pierre, les fenêtres profondément encastrées et les façades ornées de peintures – que l'on nomme *Sgrafitti* –, sont caractéristiques de la région.

La région est fière de ses châteaux, ses lacs scintillants, ses prés alpins ondulants (où l'on aperçoit en regardant attentivement une abondance de minuscules fleurs) ainsi que de l'étincelante rivière Inn (qui coule en direction d'Innsbruck, puis du Danube, avant d'atteindre finalement la mer Noire) ; tout comme de ses imposantes montagnes et ses forêts de pins, sombres et mystérieuses, en guise de toile de fond.

Scuol est la ville principale de la vallée de l'Inn, suivie par une succession de hameaux – Ftan, Guarda, Zernez. Un de ces villages, Müstair, possède une église contenant des fresques médiévales en parfait état de conservation. **AB**

LES GORGES D'AREUSE

NEUCHÂTEL, SUISSE

Habitat : prairies alpines, vignes, lacs alpins, végétation au bord de l'eau, rivières.

Type de roche : calcaire

Formées lorsque les eaux du Jura ont essayé de passer au travers des dépôts calcaires, les gorges d'Areuse sont étroites, coincées entre de jolis champs agricoles et des eaux rocailleuses peu profondes. Il y a toutefois quelques étendues où les eaux vertes forment d'impressionnantes cavernes et de puissants rapides. Les gorges se situent dans la région des trois lacs du canton suisse de Neuchâtel. Il est possible de traverser les gorges par un sentier qui semble suspendu aux parois rocheuses. La randonnée de deux heures offre une superbe vue. On y accède à partir du petit village de Noiraigues, situé dans la région connue sous le nom de Champ de Moulin. La ville la plus proche est Môtiers, célèbre pour ses bâtiments médiévaux. Les mines d'asphalte de Travers se situent également dans les alentours. Les mines sont fermées depuis 1986 – après deux cent cinquante années d'activité –, un musée y a été créé et un restaurant, où l'on peut déguster du jambon cuit à 220 °C dans l'asphalte, s'y est installé. De Gals, il faut une vingtaine de minutes en voiture pour atteindre les gorges. Après une promenade dans les gorges, un petit voyage en funiculaire ramène les randonneurs au Champ de Moulin. **AB**

LE HOLLOCH

LUCERNE, SUISSE

Longueur : 190 km

Profondeur de la grotte : 872 m

Âge : environ un million d'années

Le Holloch (Trou de l'Enfer), est le plus grand système de cavernes en Europe et compte, avec ses 190 kilomètres de passages, galeries et lacs souterrains, parmi les plus longues grottes du monde. Un fermier du pays les a découvertes en 1875, mais à peine 6,4 kilomètres avaient été explorés lorsque le géologue suisse Alfred Bogli a commencé à étudier les grottes. En 1952, une inondation a bloqué Bogli et trois assistants sous la terre pendant dix jours. En 1955, Bogli avait déjà mesuré 55 kilomètres de grottes. C'était, à cette époque, la grotte la plus longue connue.

La grotte possède de superbes stalactites et stalagmites, ainsi que des formations rocheuses colorées et une faune et flore cavernicoles. Un gigantesque système de galeries appelé Nirwana, accessible uniquement par temps sec, a été découvert en 1982. Des visites guidées d'une petite section de la grotte sont proposées aux touristes mais il est possible d'effectuer des expéditions plus longues entre novembre et mars. En hiver, le système de cavernes est à sec car les précipitations tombent sous forme de neige et l'eau ne s'infiltre pas dans le calcaire. Au printemps, après les fontes de neige, l'eau inonde les grottes les plus profondes. **RC**

LE GRAND GLACIER D'ALETSCH

VALAIS, SUISSE

Longueur du Grand Glacier d'Aletsch : 24 km

Âge : 60 000 ans

Le Grand Glacier d'Aletsch est le plus grand glacier des Alpes. Classé au Patrimoine mondial, il mesure 24 kilomètres de long. Situé dans la région des Alpes bernoises, le glacier est la source de la Massa, petite rivière qui se jette dans le Rhône. Il est antérieur à la période glaciaire, et probablement âgé de 60 000 ans, mais sa présence donne une idée de l'aspect du nord de l'Europe et de l'Amérique il y a 10 000 ans. On y accède par une route de montagne qui mène jusqu'au village de Betten, d'où l'on peut alors prendre un téléphérique qui relie Betten à Bettmeralp. Il est permis de marcher sur le glacier, mais uniquement en compagnie d'un guide. Il est également possible de faire des randonnées sur des sentiers bien entretenus et balisés. Ces chemins s'enchevêtrent parmi des caractéristiques glaciaires et d'érosion, ainsi que des prés alpins, alors que d'autres donnent accès à la forêt d'Aletschwald. Les forêts de pins de la réserve naturelle sont proches ; les touristes peuvent y trouver nombre d'informations intéressantes. On peut y guetter des marmottes, des aigles et des plantes alpines (y compris la gentiane et l'edelweiss). Le Jungfrau se situe non loin de là. AB

LE CERVIN

SUISSE / ITALIE

Hauteur du Cervin : 4 478 m
Âge : 50 millions d'années
Première ascension réussie : 1865

Le sommet immédiatement reconnaissable du Cervin, pic pyramidale légèrement de guingois, trahit la façon dont il a été formé. Le pic, ou corne, est l'endroit où les quatre arêtes se rencontrent. Entre elles, des empilements successifs de neige et de glace se sont accumulés dans les creux pour former des glaciers, morcelant les rochers et creusant des cirques. Les rochers qui forment la montagne ont été projetés haut dans les airs et plissés il y a environ 50 millions d'années par des mouvements terrestres, après la collision des continents africain et européen. Le Cervin enjambe la frontière entre la Suisse et l'Italie, et 2 000 alpinistes y grimpent chaque année – il peut arriver que 100 alpinistes se retrouvent au sommet en même temps. Une quinzaine de ces alpinistes meurent chaque année dans des accidents de montagne. En 1865, un graveur sur bois anglais, Edward Whymper, a gravi pour la première fois le Cervin, mais l'expédition se termina en désastre. Son équipe et lui ont atteint le sommet du côté suisse juste avant un groupe italien qui grimpait de l'autre côté ; lors de la descente, l'un des groupes est tombé. Quatre personnes sont mortes en s'écrasant sur le glacier, 1 200 mètres plus bas. **MB**

JUNGFRAU-ALETSCH-BIETSCHORN

BERNE / VALAIS, SUISSE

Superficie : 54 000 ha
Altitude maximale : 4 274 m

La région de Jungfrau-Aletsch-Bietschorn, située au sud des Alpes suisses centrales, est superbe. Une riche diversité géologique et des processus glaciaires l'ont transformée en un paysage extraordinaire. Des formations rocheuses extrêmement complexes, résultat de poussées vigoureuses et de plissements de couches de roche il y a 20 à 40 millions d'années, ont été exposées par l'action conséquente des glaciers.

Cette région couvre 54 000 hectares, avec des altitudes atteignant entre 900 et 4 274 mètres. Neuf sommets dépassent les 4 000 mètres ; la région est creusée par le Grand Glacier d'Aletsch, le plus grand d'Europe, une vaste rivière de glace de 24 kilomètres de long et 900 mètres de profondeur.

Des bouquetins, des lynx et des cerfs y ont été réintroduits avec succès et l'on espère que la région pourra offrir, dans les prochaines années, un refuge aux espèces menacées. La plupart des espèces alpines y sont représentées et la faune se compose principalement de marmottes, de chamois, de hiboux pygmées, d'aigles royaux ainsi que la très rare salamandre alpine. Les mesures de protection instaurées en 1933 ont fait de cette région un des habitats naturels les mieux préservés d'Europe. **NA**

ITALIE

LE PARC NATIONAL DE GRAN PARADISO

VAL D'AOSTE, ITALIE

Superficie protégée : 620 km²
Point culminant des montagnes Gran Paradiso : 4 061 m

Gran Paradiso est le plus ancien parc national d'Italie, au cœur des Alpes italiennes. Cette merveille alpine, située à l'extrémité nord-ouest de l'Italie, dans la région d'Aoste, se compose de montagnes aux sommets enneigés, de profondes vallées, de lacs glaciaires, de pentes recouvertes de forêts et de prairies alpines colorées. Ici, les montagnes portent la marque de la glaciation, avec de solides arêtes et des sommets en dents de scie. Nombre d'entre elles ont encore des glaciers qui embrassent leurs versants. Le parc possède un habitat riche et varié, qui commence par des vallées boisées de mélèzes, pins et sapins dans les parties basses et se poursuit par des alpages recouverts de fleurs au-dessus de la cime des arbres s'achevant, bien plus haut, par des paysages rocheux et arides parsemés de glaciers.

La montagne Gran Paradiso, la plus grande montagne située entièrement en Italie, domine le parc. Ce beau sommet est apprécié des skieurs et des alpinistes. L'escalade est abrupte et représente un vrai défi, mais n'exige aucune connaissance technique particulière. Gran Paradiso était autrefois une réserve de chasse royale et possède ainsi 725 kilomètres de pistes et de chemins de muletiers ; c'est une destination idéale pour les randonneurs de tous niveaux. Il fut déclaré parc national en 1922 – suite au don qu'en a fait le roi Victor Emmanuel III à la nation – afin de protéger la population déclinante de bouquetins. Ces antilopes sauvages vivent dans les pâturages et sont le symbole de Gran Paradiso. Les mâles sont identifiables à leurs cornes, longues et

> *Ici, les montagnes portent la marque de la glaciation, avec de solides arêtes et des sommets en dents de scie. Nombre d'entre elles ont encore des glaciers qui embrassent leurs versants.*

recourbées ; les femelles, aux cornes plus courtes, vivent en groupes séparés avec leurs petits. Le parc abrite également des chamois grégaires, une autre antilope aux pieds légers, qui semble défier la gravité lorsqu'elle broute sur les rebords étroits et les versants abrupts semés d'éboulis. Parmi les autres animaux du parc, on trouve l'aigle royal, l'aigle eurasien et la marmotte. Il est aussi possible d'apercevoir des gypaètes, ou des vautours à collier. Ce rapace rare avait autrefois disparu de la région, mais a été réintroduit dans le parc national de la Vanoise par la frontière française. **JK**

À DROITE : *Gran Paradiso est le plus ancien des parcs naturels d'Italie, et sans doute le plus beau.*

LA GROTTE BLEUE

CAMPANIE, ITALIE

Longueur de la grotte Bleue : 54 m
Largeur de la grotte Bleue : 30 m

La Grotte Bleue, située sur la côte de l'île de Capri, est une des plus grandes grottes marines du monde. Les visiteurs y pénètrent en barque par un passage dont le toit est si bas qu'il faut s'allonger dans l'embarcation pour passer. Le batelier attend que les eaux baissent, puis tire le bateau à l'aide d'une corde fixée à la paroi. Une fois à l'intérieur, on se trouve face à un magnifique spectacle géologique : une vaste grotte ovale qui scintille littéralement d'une lueur bleue aux reflets argentés. L'effet est si éblouissant qu'il donne l'impression de pénétrer dans un saphir géant. Cette lumière provient d'une seconde entrée sous-marine, à travers laquelle elle illumine le sable blanc au fond de la grotte, qui projette alors une lumière d'un bleu pur car l'eau a absorbé toutes les ondes de couleur excepté le bleu.

Bien avant la visite de nombreux touristes, les Romains l'avaient proclamée lieu de culte pour l'empereur Tibère et la vénéraient déjà. Ils ont orné les murs de la grotte de plusieurs statues, notamment des représentations de Neptune et de Triton, découvertes au fond de la mer en 1964. JK

LES ROCHERS DE RITTEN

TRENTIN / TYROL DU SUD, ITALIE

Âge des rochers de Ritten :
10 000 ans
Origine : glaciaire
Nombre de piliers : 100 à 150

Juste au nord des Dolomites, dans le sud du Tyrol italien, se trouvent d'extraordinaires rochers. Perchés sur des piliers de terre comme des chapeaux trop grands, on pourrait croire à une plaisanterie de Mère Nature. Certains mesurent plus de 40 mètres, tandis que d'autres ne forment que de petits monticules.

Les piliers doivent leur origine à un glacier qui évoluait dans la vallée pendant l'ère glaciaire. Lorsque le climat s'est réchauffé, il y a environ 10 000 ans, la glace et le glacier ont fondu, laissant derrière eux des dépôts argileux, mais aussi de gros rochers arrachés aux flancs des montagnes. Depuis, les rivières ont creusé des ravines dans l'argile, puis la pluie a découpé les crêtes survivantes, formant des rangées de piliers d'argile. Coiffé d'un rocher, le pilier se trouve à l'abri de la pluie, comme une personne sous un parapluie. Toutefois, l'eau de pluie érode graduellement les côtés du pilier jusqu'à ce que le rocher protecteur s'écroule et le pilier se désintègre. Ritten (ou Renon en Italie – le nom des lieux adopte aussi bien une forme allemande qu'italienne, puisque le sud du Tyrol faisait autrefois partie de l'Empire austro-hongrois) est un de ces endroits, parmi d'autres dans les Alpes. Les Italiens appellent ces formations « petits hommes ». MB

LES DOLOMITES

TRENTIN – TYROL DU SUD, ITALIE

Altitude de la Marmolada : 3 342 m
Âge des montagnes : environ 65 millions d'années

Les Dolomites se situent au nord de l'Italie. Composées de roche calcaire déposée au fond d'une mer chaude peu profonde, les montagnes sont nées en même temps que les Alpes, il y a environ 65 millions d'années. À l'origine de leur nom, un géologue français, Déodat de Dolomieu, dans les années 1870, il a découvert que ces rochers contenaient du magnésium. Grises, blanches ou brun usé pendant la journée, les Dolomites deviennent rouges, orange et roses au lever et au coucher du soleil. L'érosion les a sculptées en forme de tours, de pinacles et de clochetons. On compte huit sommets de plus de 3 050 mètres dans les Dolomites mais les glaciers ont presque tous disparu. La Marmolada possède un sommet pyramidal dont le versant sud est une falaise abrupte de 600 mètres de dénivelé. Les plateaux adjacents des Alpes de Suisi se composent de prés alpins entourés de montagnes ; le massif du Catinaccio, aux parois rocheuses massives, se situe également dans les alentours. En été, les sentiers qui traversent les vallées, comme celle d'Ombretta, permettent aux visiteurs de profiter de la splendeur du lieu. Certains itinéraires, parfois aériens mais équipés du nom de « Via ferrata », font toute l'originalité des Dolomites et permettent un défi aux randonneurs avertis. **MB**

LE MONT ETNA

SICILE, ITALIE

Altitude de l'Etna : 3 320 m
Circonférence à la base de l'Etna : 160 km
Âge : 1 million d'années

L'Etna, volcan en activité le plus élevé d'Europe, se situe sur la côte de la Sicile, au nord de la Catane. Âgé d'à peine un million d'années, cela fait 500 000 ans qu'il entre constamment en éruption. L'Etna est une énorme montagne qui couvre 1 200 km² (un dixième de la superficie de l'Île-de-France), et domine l'île entière. L'altitude de son cratère dépend cependant de l'activité volcanique. Actuellement, il mesure environ 3 300 mètres. Sa base est recouverte de broussailles. En gravissant la montagne, on tombe sur des forêts de chênes, d'acajous et de bouleaux où l'air est plutôt frais tandis que le sommet se compose d'un paysage lunaire parsemé de touffes d'astragale de Sicile. Sur le versant est, un funiculaire emmène les randonneurs jusqu'au sommet. Ce dernier est bien sûr fermé aux visiteurs pendant les éruptions violentes. Celles-ci sont alimentées par un réservoir de magma en fusion, sous la montagne, que l'on estime long de 30 kilomètres et profond de 4 kilomètres. Lorsqu'il explose à la surface, on peut apercevoir de loin les jets et les ruisseaux orange et rouge vif. MB

CI-DESSOUS : *Le mont volcanique Etna, apparemment calme.*

LA GORGE D'ALCANTARA

CATAMIA, ITALIE

Longueur de la gorge : 500 m
Largeur de la gorge : 5 m
Profondeur de la gorge : 70 m

Cette étroite gorge aux parois abruptes de basalte gris se situe à 15 kilomètres de la station touristique de Taormina-Giardina-Naxos, dans le sud-est de la Sicile. Ses origines sont liées à Monte Moio, petit cousin de l'Etna, qui est entré en éruption en 2 400 avant J.-C. Le flot incessant de lave a envahi la vallée du fleuve Alcantara, puis a continué sa route jusqu'à la côte – et plus loin encore – donnant naissance au Capo Schiso. Une longue crevasse s'est formée dans la lave refroidie et le fleuve a repris son cours vers la mer. Progressivement, le fleuve a érodé les parois donnant naissance à la gorge d'Alcantara.

La légende raconte que deux frères, dont un aveugle, étaient en train de partager la récolte de blé, lorsque celui qui voyait, cupide, tenta de berner son frère. Un aigle rapporta la scène à Dieu qui foudroya le voleur, transformant, par la même occasion, un tas de grains en une montagne rouge de laquelle s'écoulait un énorme flot de lave.

La gorge est ouverte aux visiteurs, qui peuvent y accéder par un sentier ou grâce à un ascenseur. L'eau du fleuve est glaciale, mais les touristes estivaliers et les autochtones aiment à s'y rafraîchir de la chaleur de l'été. **MB**

LE STROMBOLI

MESSINE, ITALIE

Âge : 15 000 millions d'années
Altitude du volcan : 900 m
Diamètre : 2 km

Le Stromboli fait partie des îles Éoliennes, situées au large de la côte nord-est de la Sicile. C'est une île typiquement méditerranéenne, entourée par une mer d'un bleu profond, offrant plages, bars et restaurants aux touristes, mais qui présente toutefois une singularité de taille. L'île possède un volcan, le Stromboli, l'un des plus actifs d'Europe. Le cône actuel s'est formé il y a 15 000 ans et est crachait de spectaculaires jets à intervalles de 20 minutes, à la seconde près, le deuxième laissait continuellement échapper de plus petits jets de lave et le troisième entrait en éruptions explosives, projetant des blocs et de la cendre. Le Stromboli présente un danger potentiel. Fin 2002, le volcan a commencé à prendre un aspect plus féroce et, début 2003, l'île a été évacuée par précaution.

En temps d'activité normale, le Stromboli constitue une destination touristique. Au pied du volcan se situe le village de Stromboli, un havre pittoresque bordé d'un petit port, de plages de lave noire et de maisons blanches.

Le Stromboli est l'un des volcans les plus actifs d'Europe.
Le cône actuel s'est formé il y a 15 000 ans et est en éruption
constante depuis au moins 2 500 ans.

en éruption constante depuis au moins 2 500 ans. Chaque éruption provoque de petites explosions de gaz qui projettent des blocs de lave en fusion par-dessus le bord du cratère. Les trois cratères entrent en éruption successivement à intervalles d'une heure. Ils fonctionnent comme des valves de sûreté, empêchant des événements plus dramatiques. L'une des pires éruptions de l'histoire a eu lieu en 1919, tuant quatre personnes et détruisant douze maisons avec ses blocs de lave, dont certains pesaient 50 tonnes. La dernière éruption importante date de 1930. Cette éruption a produit, à elle seule, plus de cendres en l'espace de quelques heures qu'en cinq ans d'activité normale. En 1993, les trois cratères étaient encore actifs, le premier cratère Stombolicchio, le goulot d'un ancien volcan, se trouve à un peu moins d'un kilomètre de la côte. L'accès à l'île ne peut se faire que par mer. Des ferries et des hydrofoils arrivent de Milazzo, de Naples, de Reggio de Calabre, de Messine et de Palerme. Un guide autorisé doit accompagner ceux qui désirent visiter le cratère. L'excursion se fait à pied, sur un terrain accidenté, à travers un maquis méditerranéen et prend environ trois heures. On peut obtenir la permission de passer la nuit au sommet. À cause des risques perçus actuellement, le nombre d'habitants autorisés à résider sur l'île est limité à 500. **MB**

À DROITE : *Des jets de lave jaillissent du Stromboli.*

SLOVÉNIE

LA MONTAGNE TRIGLAV ET LES ALPES JULIENNES

GORENJSKA, SLOVÉNIE

Nombre de montagnes : 52
Altitude de Triglav : 2 864 m
Type de roche : calcaire karstique

Les imposantes Alpes de Slovénie, peu connues, comptent parmi les plus beaux habitats alpins d'Europe. On appelle cette chaîne de montagnes les Alpes Juliennes, du nom de Jules César, qui a annexé la Slovénie au IIe siècle. Les Juliennes font partie des Alpes orientales qui englobent les montagnes d'Autriche et la majeure partie des Alpes italiennes. Moins élevées que d'autres montagnes des Alpes, elles ne dépassent pas les 3 000 mètres. À défaut d'altitude, elles ont toutefois du caractère : falaises blanches abruptes, crêtes aiguisées et pics glacés.

Les vallées aux versants escarpés sont recouvertes d'un épais manteau de forêts de pins, qui cède la place à des prairies alpines, fraîches et odorantes et, plus haut, à des pentes rocailleuses sauvages où l'on peut apercevoir bouquetins et chamois. Cette région est célèbre

pour sa flore de montagne et ses villages qui regorgent de fleurs cultivées. C'est un véritable paradis pour les randonneurs, d'autant plus qu'il existe 52 cabanes alpines offrant refuge et nourriture. La vallée de Sava est considérée comme la plus belle d'Europe. La rivière Soca, dont les eaux bleues et cristallines coulent dans la vallée de Trenta, est l'une des plus belles rivières du continent.

Le Triglav est le plus haut sommet de Slovénie avec une altitude de 2 864 mètres et règne en souverain incontesté sur les Alpes Juliennes. Les premiers Slaves croyaient la montagne habitée par un dieu à trois têtes qui gouvernait le ciel, la Terre et le monde souterrain. La grande paroi nord de Triglav s'élève du fond de la vallée à 1 200 mètres et s'étend sur 2 kilomètres ; elle attire de nombreux alpinistes. Un proverbe slovène dit que l'on ne peut être considéré comme un vrai Slovène si l'on n'a pas escaladé Triglav. La montagne possède de nombreux itinéraires pour les alpinistes de tous niveaux. Une fois au sommet, la vue est splendide et couvre une grande partie de la Slovénie. JK

CI-DESSOUS : *Les sommets escarpés des montagnes Triglav se dressent sur un champ alpin ombragé.*

LA CHUTE DE SAVICA

GORENJSKA, SLOVÉNIE

Hauteur : 80 m
Source de la chute : Sava Bohinjka

Parmi les nombreuses chutes du Parc national de Triglav, la chute de Savica est la plus célèbre et la plus populaire de Slovénie. Elle a été immortalisée par un poète slovène du XIXe siècle, Frances Preserenin, dans son immense œuvre *Baptême de Savica*, qui célébrait le nationalisme slovène et demandait l'indépendance de l'empire austro-hongrois. La chute se situe dans la région de Gorenjska – le « jardin verdoyant sur la partie ensoleillée des Alpes ». Savica est aussi une cascade dont les eaux émergent de la paroi abrupte de la falaise de Komarca. Le terrain adjacent, 500 mètres plus haut, possède plusieurs canaux souterrains qui amènent l'eau à cet endroit. Le flot se précipite d'abord en un torrent vertical de 78 mètres, puis continue jusqu'au lac Bohinj, rejoint la rivière Sava et poursuit sa route vers l'est pendant 1 000 kilomètres, jusqu'au Danube. La région aux alentours du lac Bohinj est magnifique. L'accès à la chute de Savica n'est pas recommandé aux plus paresseux ; en effet, il faut gravir un escalier en bois sur une pente raide pendant une vingtaine de minutes pour y parvenir. JK

CROATIE

LE FLEUVE ET LES CHUTES DE KRKA
PARC NATIONAL DE KRKA

SIBENIK ET KNIN, CROATIE

Superficie du parc national : 111 km²
Débit de la chute de Krka : 1 557 l/seconde
Longueur du fleuve Krka : 72 km

Le fleuve Krka parcourt 72 kilomètres entre sa source (une source artésienne), située aux pieds de la montagne Dinara, en Dalmatie, et la mer Adriatique.

Il passe par des régions de calcaire meuble et forme ainsi des canyons sur son passage, Simultanément, le fleuve dépose du calcaire dissous, sous la forme de travertin qui se transforme ensuite en de nombreuses barrières.

Au sein du parc de Krka, il existe sept chutes absolument somptueuses. Standinski Buk, connue également sous le nom de chute de Krka, est sans doute la plus spectaculaire de toutes. Elle se jette de 240 mètres sur une série de 17 marches, effectuant ainsi une chute verticale de 45 mètres.

Les chutes qui jalonnent le Krka sont relativement récentes – moins de 10 000 ans – mais le taux élevé de dépôt de travertin assure au paysage, traversé par le fleuve, une apparence dynamique et changeante. Après la chute de Krka, le fleuve s'élargit pour former le lac Visovac. JK

LES LACS DE PLITVICE

LICKO-SENJSKA, CROATIE

Longueur des lacs de Plitvice : 8 km
Hauteur de la chute de Veliki Slap : 70 m
Type de roche : calcaire

Plitvice se situe dans une région de type karstique, à une différence près : l'eau se trouve à la surface. Depuis des milliers d'années, les rivières coulent sur le calcaire et la chaux et déposent des dalles naturelles de travertin. Ces dernières ont donné naissance à un chapelet de 16 grands lacs et une poignée de lacs plus petits, qui communiquent entre eux par le biais des chutes d'eau, dont la plus grande est Veliki Slap. L'eau provient des rivières Blanche et Noire et du ruisseau de Ljeskovac, qui coulent tous trois dans le lac Proscansko, avant de se déverser dans les autres lacs, puis dans la rivière Korana.

« Jardin du Diable » est le surnom local de cet endroit. La légende raconte que le lac s'étant autrefois asséché, la population se mit à prier pour qu'il pleuve. La reine Noire aurait répondu à ces prières en envoyant des tempêtes pour remplir les lacs. Un parc national a été créé en 1949 et le site a été classé au Patrimoine mondial, en 1979. Plitvice abrite l'ours brun européen, quelques loups, des sangliers et des cerfs. Cette région se situe au sud de la Croatie, entre Zagreb, la capitale, et Zadar, situé sur la côte. Le parc possède des sentiers de randonnée et quelques hôtels. **MB**

ESPAGNE

LE PARC NATUREL DE CORRUBEDO

LA CORUÑA, ESPAGNE

Superficie du Parc national de Corrubedo : 996 ha
Système de plages et de dunes : 4 km de long
Nombre de plantes vasculaires : plus de 200

Située face à la mer, à l'extrémité de la Serra de Barbanza, au sein des Rías Baixas de Galice, la baie du parc naturel de Corrubedo englobe une des plus vastes étendues de dunes atlantiques de la Péninsule ibérique. Bien que l'on trouve ici représentées toutes les étapes de la formation des dunes, ce sont les dunes du tertiaire – les plus anciennes, éloignées de la mer et aujourd'hui très rares, également appelées dunes grises – qui possèdent la plus grande valeur naturelle. Parmi le patchwork varié de plantes poussant dans le sable qui tapissent ces dunes grises, on trouve des spécificités telles que l'*Iberis procumbens ssp. Procumbens* et la vipérine ibérique, confinées toutes deux aux côtes atlantiques. Corrubedo offre également un habitat pour le pluvier à collier interrompu, l'œdicnème criard et le cochevis huppé. Le parc abrite des reptiles ibériques, comme le seps ibérique, le lézard de Schreiber, le lézard des murailles de Bocage et la vipère de Seoane.

À l'extrémité nord du parc, une étendue de sables mouvants, de plus de 1 000 mètres de long sur 300 mètres de large, contraste avec le reste du paysage. Certaines de ses dunes atteignent 15 mètres de haut. Les vents maritimes de sud-ouest poussent les grains de sable vers l'intérieur des terres. **TF**

LA FORÊT DE MUNIELLOS

ASTURIES, ESPAGNE

Étendue de la zone protégée (réserve naturelle intégrale et réserve de biosphère) : 60 km²
Nombre d'espèces de chauves-souris : plus de 15

La forêt de Muniellos se niche dans un immense amphithéâtre naturel, formé de quartzite et d'ardoise paléozoïque, adossé à la partie nord de la cordillère cantabrique. On la décrit souvent comme la « jungle des Asturies », dont les vieux arbres – principalement des chênes sessiles – croulent littéralement sous les mousses, les fougères et les lichens et abritent une riche faune de vertébrés. Considérée comme l'une des plus grandes forêts de feuillus et l'une des mieux préservées d'Europe, Muniellos est également l'un des derniers bastions d'une sous-espèce cantabrique de coqs de bruyère. L'abondance de glands permet aussi à l'ours brun, également menacé, de s'alimenter.

La forêt abrite également le pic noir, le pic mar et d'autres sous-espèces de pics, la bécasse et l'engoulevent, ainsi que des loirs, des chats sauvages, des martres et des fouines, et pas moins de 15 espèces de chauves-souris. Les cours d'eau qui traversent Muniellos constituent un repaire pour la salamandre tachetée et le desman des Pyrénées ; le lièvre de Castroviejo vit dans les broussailles. Seulement 20 personnes sont admises dans le parc chaque jour, afin de préserver cet écosystème. **TF**

LES PICS D'EUROPE

CANTABRIE, ESPAGNE

Point culminant (Torre Cerredo) :
2 648 m

Superficie du secteur protégé :
64 660 ha

Situées à 15 kilomètres de la baie de Biscaye, les montagnes dentelées, souvent enneigées, des Pics d'Europe sont visibles à des kilomètres de la côte. La légende raconte que leur nom leur a été donné à l'époque médiévale, par des pêcheurs basques revenant des mers septentrionales et pour lesquels ces montagnes étaient la première vue de leur terre natale.

D'abruptes gorges ont divisé le pâle calcaire du carbonifère en trois massifs distincts qui, réunis, ressemblent à une énorme chauve-souris aux ailes déployées. Le massif central est le plus imposant, couronné par un nombre important de pics dépassant les 2 500 mètres. Naranjo de Bulnes, culminant à 2 519 mètres, est le sommet le plus emblématique ; il s'agit en fait d'un cône de calcaire, également connu sous le nom de Picu Urriellu, conquis par l'homme en 1904.

La diversité de la faune et de la flore de cette région est époustouflante. On y a recensé près de 1 500 espèces de plantes vasculaires, plus de 70 espèces de mammifères, 176 espèces d'oiseaux, 34 espèces de reptiles et d'amphibiens et 147 espèces de papillons. Ses prairies, qui regorgent d'orchidées, font partie des plus riches du monde. TF

LE FLEUVE ÈBRE

CANTABRIE, ESPAGNE

Longueur du fleuve : 928 km
Vitesse annuelle moyenne : 615 m par seconde
Superficie du delta : 320 km²

Depuis sa source dans la cordillère cantabrique, près de Reinosa, le fleuve Èbre (Ebro, en espagnol) coule vers le sud-ouest avant de se jeter dans la Méditerranée, au sud de Tarragone. Le cours supérieur de l'Èbre se caractérise par une série de spectaculaires gorges calcaires – Hoces del Alto Ebro et Sobrón – peuplées de colonies de vautours fauves ; certains oiseaux comme le vautour percnoptère, les aigles royal et de Bonelli, les pérégrines et les aiglettes se reproduisent dans les montagnes. Une fois sorti des montagnes, le fleuve pénètre alors dans une plaine très aride, située aux alentours de Saragosse, la dépression centrale de l'Èbre qui était autrefois une vaste mer ; elle a été coupée de la Méditerranée par les montagnes côtières de Catalogne. L'Èbre traverse cette plaine alluviale, adossée à des terrasses de gypse et flanquée d'étendues de forêts galeries – appelées *sotos* – et sème des *galachos* (petits lacs) dans son sillon. Après la traversée des chaînes côtières catalanes, l'Èbre rejoint enfin la mer dans une dernière parade, un vaste delta en forme de flèche, créé par le dépôt d'énormes quantités de sédiment, érodé ensuite par le fleuve, puis sculpté par la mer, et ce depuis plusieurs siècles. **TF**

ALTAMIRA

CANTABRIE, ESPAGNE

Âge des peintures : de 14 400 à 14 800 ans
Nombre de peintures : environ 100

Parfois surnommées la « chapelle Sixtine de l'art quaternaire », les cavernes d'Altamira ont été mises à jour en 1879 par un chasseur. À l'intérieur, on a depuis découvert des peintures datant du paléolithique, d'une telle splendeur que leur authenticité a été mise en doute pendant de nombreuses décennies. Des études ont néanmoins révélé qu'elles sont âgées de près de 15 000 ans. Œuvre des hommes de l'âge de la pierre magdalénien, qui occupaient le nord de l'Espagne pendant le pléistocène tardif, ces peintures représentent des animaux – surtout des bisons, mais aussi des chevaux, des cerfs et des sangliers. Composées d'ocres rouges, jaunes et bruns, ces peintures sont accentuées par le noir du charbon de bois de manganèse. En tenant compte des données topographiques des parois, les artistes d'Altamira ont créé un effet tridimensionnel unique. Le système de cavernes mesure 270 mètres et comprend dix chambres et galeries, qui contiennent 70 gravures et presque une centaine de peintures. Les meilleurs exemplaires se situent dans la « Chambre des Peintures », dont le plafond est orné de 15 bisons monumentaux. Classé au Patrimoine mondial depuis 1985, Altamira a tellement impressionné l'artiste Joán Miró qu'il a un jour déclaré : « depuis l'âge des peintures rupestres, l'art n'a fait que dégénérer ». **TF**

MONTSERRAT

CATALOGNE / CANTABRIE, ESPAGNE

Longueur de Montserrat : 6 km
Point culminant : 1 238 m
Superficie protégée : 3 630 ha

Comme un stégosaure pétrifié, la silhouette de la « Muntanya de Montserrat » – la montagne en dents de scie – domine entièrement la plaine située derrière Barcelone, avec ses piliers agglomérés qui s'élancent vers le ciel. Non seulement Monserrat offre plus de 2 000 itinéraires aux alpinistes, mais elle attire des hordes de pèlerins venus adorer la Madonne Noire, que l'on appelle ici La Moreneta. Selon la légende, cette petite figurine en bois aurait été sculptée par saint Luc, et amenée à Montserrat par saint Pierre, en l'an 50 après J.-C. Le carbone 14 suggère, pour sa part, qu'elle aurait été façonnée au XIIe siècle. Saint Ignace de Loyola est réputé avoir posé son épée et trouvé sa vocation religieuse à cet endroit avant de fonder ensuite l'ordre des Jésuites.

Des crevasses de pierre ombragées abritent des touffes de potentilles, ramondes et campanules des Pyrénées, ainsi que deux espèces locales menacées : la saxifrage *Saxifraga catalaunica* et l'érodium *Erodium rupestre*. Au printemps, le sommet, survolé régulièrement par des aigles de Bonelli, est tapissé de tulipes, jonquilles sauvages et de nombreuses orchidées. **TF**

LE CANYON D'ORDESA

NAVARRE, ESPAGNE

Longueur du canyon d'Ordesa : 16 km

Hauteur des parois de la gorge : 600 m

Caractéristique : gypaète barbu

D'imposantes parois calcaires s'élèvent verticalement à 600 mètres au-dessus de la rivière Arazas, qui coule au cœur des Pyrénées, au nord-est de l'Espagne. Elles forment le canyon d'Ordesa, qui s'étend sur 16 kilomètres dans la vallée d'Arazas. Le fond de la vallée est recouvert d'épais manteaux de forêts de hêtres et de sapins ; sur les versants supérieurs, des pins alpins nains s'accrochent à toutes les saillies inoccupées. À sa tête se trouve le Circo de Soaso, un amphithéâtre naturel sculpté par un glacier dans le flanc de la montagne Perdido, 3 355 mètres d'altitude, il y a de cela environ 15 000 ans. La Cascada de Cola de Cabolla, ou « Cascade de la Queue de Cheval » dévale les pentes de cette montagne. Des saillies et des corniches étroites, les *fajas*, ont été creusées dans les escarpements calcaires. On peut y apercevoir des moutons et des chèvres sauvages au pied léger, comme le très rare bouquetin ibérique. En aval d'Ordesa se trouve la Faja de las Flores, qui longe l'Arazas pendant 3 kilomètres, à une altitude de 2 400 mètres. Il est fréquent d'y voir des aigles royaux et des gypaètes barbus. Les sentiers partant de l'entrée d'Ordesa, à hauteur du village de Torla, mènent au sommet de ces montagnes. **MB**

BARDENAS REALES

NAVARRE, ESPAGNE

Population de Sirlis de Dupont : 400 couples

Superficie protégée : réserve de Ricón del Bú Natural Reserve, réserve de Caídes de la Negra Natural

Bardenas Reales est une vaste étendue de terres de gypse, située au sud de Pampelune. Depuis 1882, des éleveurs de moutons venus de vallée de Roncal y jouissent, en hiver, d'un droit de pâture et font, chaque printemps et chaque automne, l'aller et retour sur la route royale de Roncal. Cette petite route, juste au sud d'Arguedas, mène rapidement à des steppes salines recouvertes d'une végétation clairsemée, traversée de ravines avec, en toile de fond, des escarpements aplatis et des tourelles fuselées de calcaire et grès durs. De petites parcelles de terre sont utilisées pour cultiver des céréales, bien que la récolte soit souvent dominée par les coquelicots et les crucifères jaunes et blancs. Malgré le champ de tir militaire situé dans le parc, un grand nombre d'oiseaux des steppes et d'oiseaux monticoles prospère au sein de Bardenas Reales. On trouve, parmi les oiseaux chanteurs les plus communs, le pipit rousseline et une grande variété d'alouettes – le cochevis de Thékla, le cochevis huppé, l'alouette calandrelle et d'autres sous-espèces. Ces derniers partagent les lieux avec l'œdicnème criard, l'outarde canepetière, les gangas cata et unibande, ainsi qu'avec une petite population d'outardes barbues. Parmi les oiseaux qui nichent dans les montagnes, on trouve le martinet à ventre blanc, le traquet rieur, le crave, le moineau soulcie, le vautour percnotère, l'aigle royal, la pérégrine et l'aiglette. TF

LA SIERRA DE GREDOS

LEÓN, ESPAGNE

Longueur de la Sierra de Gredos : 250 km
Point culminant (Almanzor) : 2 592 m

La chaîne glaciaire de la Sierra de Gredos occupe la zone centrale de Sistema Central, orienté vers l'ouest – l'épine dorsale de l'Espagne – qui coupe la partie occidentale du pays en deux. Au sud, des rochers escarpés plongent vers la Meseta Sud, dévalant 2 000 mètres sur moins de 10 kilomètres. Au nord, toutefois, l'inclinaison est moins raide.

Le principal intérêt botanique de la région se trouve au-delà de la cime des arbres, où poussent plusieurs espèces qui n'existent qu'à Gredos, comme l'orpin *Sedum lagascae* et la gueule-de-loup *Antirrhinum grosii*. Le point central de la chaîne est sans aucun doute la Laguna Grande, un lac glaciaire coincé dans un cirque aux parois dentelées. C'est un repaire de bouquetins ibériques qui abrite également la plus grande colonie de gorges-bleues miroir d'Espagne, ainsi que quelques sous-espèces, typiques de la Sierra, de campagnols des neiges, lézards ibériques (confinés à la péninsule), salamandres terrestres et crapauds communs. La chaîne abrite aussi 50 espèces de mammifères, 23 de reptiles, 12 d'amphibiens et presque une centaine d'espèces de papillons, tout comme des noyaux de reproduction d'oiseaux aussi emblématiques que la cigogne noire, l'urubu noir et l'aigle impérial d'Espagne. TF

ATAPUERCA

LEÓN, ESPAGNE

Restes d'hominidés les plus anciens : 800 000 ans
Autres restes d'hominidés : entre 350 000 et 500 000 ans

À première vue, peu de choses suggèrent que la Sierra de Atapuerca – une petite colline calcaire peu avenante – est le site d'une des découvertes paléoanthropologiques les plus fascinantes du XXe siècle.

En effet, ces découvertes ont révélé que le complexe de grandes cavernes qui parsèment les versants de la colline ont abrité des hominidés, il y a de cela un million d'années. Deux sites – Gran Dolina et Sima de los Huesos – ont contribué à la compréhension de la nature physique et des coutumes des hominidés les plus anciens, qui ont migré de l'Europe occidentale en Afrique.

On pense que les fragments d'os déterrés à Gran Dolina auraient appartenu à au moins 6 hominidés ayant vécu il y a environ 800 000 ans. Ils se distinguent totalement des autres vestiges humains et ont été décrits, en 1977, comme une espèce à part entière, *Homo antecessor*, locution latine utilisée pour « explorateur ».

Des milliers de restes humains ont été trouvés tout près d'ici, à Sima de los Huesos – littéralement « puits d'os ». Le site a été qualifié comme « l'un des sites paléoanthropologiques les plus productifs du monde ». TF

LA GARROTXA

BARCELONE, ESPAGNE

Superficie protégée : 11 908 ha
Point culminant : Puigsallana, 1 027 m
Âge : 350 000 ans

La plus grande étendue volcanique de la Péninsule Ibérique se situe à 20 kilomètres au nord-ouest de Gérone. L'épais manteau de forêts à feuilles caduques – principalement des hêtres et des chênes, qui recouvrent environ 75 % du parc – ne parvient pas vraiment à occulter la trentaine de cônes volcaniques, dont certains possèdent même un cratère ainsi que des stries provoquées par les coulées de lave basaltique. Bien qu'aucune activité volcanique n'ait été signalée dans l'histoire de la région, ces volcans sont considérés endormis plutôt qu'éteints. Le séisme de 1428, qui a détruit la ville d'Olot, située à proximité, a apporté la preuve d'une activité sismique constante.

On a répertorié environ 1 500 espèces de plantes vasculaires dans la Garrotxa, y compris quelques enclaves isolées de chênes pédonculés, qui abritent aussi des plantes rampantes comme l'Isopyrum à feuille de rue, l'anémone fausse-renoncule, le perce-neige, le sceau de Salomon, le liparis, ainsi que la sous-espèce locale de cardamine amère *olotensis*. Plus de 100 espèces de papillons ont été observées et les zones humides du parc abritent toutes sortes de demoiselles, telles que les libellules coloptéryx hémorroïdal et vierge, l'anar empereur, l'orthétrum bleuissant et la libellule écarlate. **TF**

LE SALTO DES NERVIÓN

ÁLAVA, ESPAGNE

Hauteur maximale : 275 m
Largeur moyenne : 6 m
Superficie protégée (Monte Santiago) : 4 800 ha

La rivière Nervión, qui émerge de l'amphithéâtre boisé de Monte Santiago, plonge à pic par-dessus les éperons calcaires de la Sierra Salvada (Salbada), avant de continuer vers le Nord en direction de Bilbao et de la mer. Elle donne naissance à la chute d'eau la plus spectaculaire d'Espagne, sinon d'Europe.

Pendant les périodes abondantes de fonte de glace, la chute de Salto del Nervión se précipite dans le Barranco de Delika (Délica) du haut de 275 mètres. Le reste de l'année, l'eau s'évapore souvent avant d'atteindre le sol. Le belvédère qui surplombe la gorge de Delika est le meilleur endroit pour apprécier le Salto del Nervión. Juste au sud de Puerto de Orduña, un sentier se dirige vers l'est pendant 3,5 kilomètres et traverse une épaisse forêt de hêtres, peuplée de chats sauvages, martres, écureuils roux et chevreuils, avant d'atteindre ce belvédère. On peut également apercevoir l'aigle royal, le vautour percnoptère, la pérégrine et le crave, bien que les vautours fauves, qui nichent sur les éperons soient en réalité les habitants les plus nombreux de la zone. Les vestiges d'un ancien piège à loup en pierre, supposé faire tomber les loups dans le précipice, est visible au cœur de la forêt. **TF**

AIGÜESTORTES I ESTANY DE SANT MAURICI

LÉRIDA, ESPAGNE

Étendue du parc national et de la zone de buffer : 40 852 ha

Point culminant (Comaloforno) : 3 033 m

Aigüestortes signifie littéralement « eaux tordues », en référence aux méandres infinis des cours d'eaux qui sillonnent les hautes vallées. Ce parc national catalan est célèbre pour sa pléthore de lacs glaciaires – on en compte plus de 200 – semblables à des joyaux, que l'on surnomme ici *estanys*. Sant Maurici est le plus grand de tous. Pendant le pléistocène, les glaciers ont successivement sculpté une profusion de cirques, arêtes et aiguilles dans le lit imperméable de granit et d'ardoise des hauts plateaux, et formé des vallées en auge classiques ainsi que des moraines aux formes allongées, tandis qu'ils progressaient vers les « plaines » – et ce bien qu'aucun point du parc ne se situe à moins de 1 620 mètres. Les conifères sont présents dans le paysage ; pins sylvestres à basse altitude et forêts mixtes de pin des montagnes et de sapins pectinés entre 1 800 et 2 200 mètres. Le monotrope sucepin, quelques sous-espèces de liparis, la néoltie nid-d'oiseau et la goodyère rampante fleurissent à l'ombre dense de ces arbres, qui abritent également des habitants ailés, comme le grand tétras, la bécasse, la chouette de Tengmalm, le pic noir, le merle à plastron et le venturon montagnard. Au-delà de la cime des arbres, une mosaïque composée d'alpages et de jardins de pierres fleurissent chaque année au début de l'été, les saxifrages et les gentianes abondantes se mêlant au lys des Pyrénées, à l'iris d'Angleterre, la soldanelle des Alpes et la primevère laurentienne. Ces plantes fournissent du nectar à certains papillons de montagne, tels que l'Apollon et le semi-Apollon, le « Candide », l'azuré des géraniums, le demi-argus, les cuivrés de la verge d'or, fuligineux, mauvin et écarlate, le cuivré ibérique et le tristan de Gavarnie. Les visiteurs peuvent y apercevoir

> Aigüestortes *signifie littéralement « eaux tordues », en référence aux méandres infinis des cours d'eaux qui sillonnent les hautes vallées.*

également campagnols des neiges, marmottes et isards (chamois des Pyrénées), mais la faible population de buses du parc est toutefois discrète. Le lézard des Pyrénées, propre aux Pyrénées centrales, est capable de survivre à des altitudes supérieures à 3 000 mètres. En période de reproduction, les rochers escarpés qui entourent le parc accueillent l'accenteur alpin et le tichodrome échelette, tout comme au moins six couples du légendaire gypaète barbu, tandis que la myriade de cours d'eau et de lacs d'Aigüestortes offre les conditions idéales pour le desman et le triton des Pyrénées. **TF**

À DROITE : *La merveilleuse région hivernale d'Aigüestortes.*

LE LAC DE GALLOCANTA

SARAGOSSE / TERUEL, ESPAGNE

Étendue de la zone protégée (site de Ramsar et refuge de faune sylvestre) : 6 720 ha
Extension maximale du lac (en hiver) : environ 1 330 ha
Profondeur maximale : environ 1,5 m

Situé au sein de terres cultivées au relief extrêmement plat, le lac de Gallocanta est sans doute le plus grand lac intérieur naturel d'Espagne. Entre les mois de novembre et février, une veillée jusqu'à l'aube au bord du lac récompensera les plus patients par une des plus mémorables expériences naturelles du continent européen : environ 60 000 grues tonitruantes s'approchent en formations désorganisées pour se percher au bord de l'eau. En effet, 80 % de la population de grues d'Europe occidentale ont choisi Gallocanta comme étape sur la route qui les conduit à leur résidence d'hiver, dans les pâturages boisés riches en glands du sud-ouest de l'Espagne. Les premiers oiseaux arrivent en octobre et le nombre de grues atteint son summum vers la fin novembre, avant leur départ vers le sud. Quelques milliers d'oiseaux courageux affrontent cependant les températures hivernales des plaines d'Aragon. Dès février, le nombre de grues augmente, en attendant l'exode massif vers la Scandinavie et la Russie, entre

fin février et début mars, pour s'y reproduire. Certains hivers, lorsque les pluies automnales ont rempli le lac, des milliers d'oiseaux d'eau arrivent à Gallocanta, notamment la foulque, le rouget et la nette rousse. De même, s'il tombe en été suffisamment d'eau pour isoler des petites îles protégeant les oiseaux des prédateurs, des espèces telles que l'avocette, l'échasse blanche, la sterne Hansel et la guifette moustac demeurent dans la région pour y élever leurs petits. Si, au contraire, de larges étendues de vase sont visibles, le pluvier à collier interrompu s'y reproduit au sein de colonies si denses que les nids sont parfois entassés à moins d'un mètre d'intervalle. Les champs de céréales aux alentours – plus riches en mauvaises herbes qu'en céréales – abritent l'oedicnème criard et l'alouette calandrelle en période de reproduction, ainsi qu'un plus petit nombre d'outardes canepetières et quelques outardes barbues et, en hiver, des attroupements d'alouettes calandre et de gangas unibandes. Gallocanta se situe au sud-est de la ville médiévale de Daroca, entourée de murailles. TF

CI-DESSOUS : *De vertes vallées onduleuses entourent le lac de Gallocanta.*

MALLOS DE RIGLOS

HUESCA, ESPAGNE

Hauteur des piliers rocheux : environ 300 m
Altitude : plus de 900 m
Âge : 30 millions d'années

S'élevant sur la rive gauche de la rivière Gállego et écrasant complètement le village de Riglos situé à proximité, trois groupes de piliers rocheux constituent les vestiges d'un vaste cône alluvial qui s'est avancé vers le sud, à l'époque de la formation des Pyrénées. L'érosion par l'eau et le vent a tout balayé, hormis les matériaux plus solides, dégageant ainsi d'énormes colonnes de conglomérats du miocène faiblement cimentés, dans une déclinaison de bruns roux et d'ocres. Certains des rochers qui les composent mesurent plus d'un mètre de diamètre. Mallos de Riglos attire alpinistes et ornithologues. La région arbore plus de 200 itinéraires différents ainsi qu'une grande colonie de vautours fauves. D'autres oiseaux construisent leur nid dans les falaises, tels que le vautour percnoptère, la pérégrine, l'aiglette, les martinets pâles et à ventre blanc, le merle bleu et le monticole de roche, le traquet rieur et le crave. Des accenteurs alpins et des tichodromes échelettes viennent régulièrement y passer l'hiver. L'aigle de Bonelli et le gypaète barbu y chassent souvent, mais ne s'y reproduisent plus depuis plusieurs décennies. Les rochers regorgent de sarcocapnos, saxifrages pyrénéennes, ramondes et *Petrocoptis montserratii*, cette dernière confinée au nord-est de l'Espagne. TF

À DROITE : *Les monolithes de pierre rouge de Mallos de Riglos.*

VILLAFÁFILA

ZAMORA, ESPAGNE

Superficie du site Ramsar : 2 854 ha
Aire de Protection Spéciale des Oiseaux (ZEPA) : 32 682 ha

Situé au milieu des plaines au relief très plat de la Meseta nord, Villafáfila est célèbre pour sa communauté d'oiseaux des steppes et ses zones humides. En 1989, elle a été désignée site Ramsar. Plus de 260 espèces d'oiseaux ont été répertoriées ici. Villafáfila se compose de dizaines de milliers d'hectares de champs céréaliers semi-arides, de terres en jachère et de pâturages, qualifiées généralement de « pseudo-steppes » à cause de leur nature anthropogénique. Cette mosaïque d'habitats abrite la plus grande enclave d'outardes barbues d'Europe, si ce n'est du monde, avec environ 2 500 individus. À cela s'ajoutent l'outarde canepetière, le ganga unibande et le busard cendré, ainsi que la plus forte densité de faucons crécerelette de la province de Castilla y León (plus de 200 couples). Au cœur de Villafáfila, trois lagons salins très peu profonds, qui peuvent s'étendre sur plus de 600 hectares lors des hivers pluvieux, accueillent plus de 30 000 oies cendrées ainsi que des milliers d'oiseaux d'eau et échassiers. Pendant l'été, cette zone humide attire avocettes, busards des roseaux et échasses blanches. TF

LES GORGES DU DOURO

ESPAGNE / PORTUGAL

Nom espagnol : Arribes del Duero
Aire protégée : au Portugal, 86 500 ha ; en Espagne, 170 000 ha
Longueur de la gorge du Douro : 122 km

Pendant plus de 120 kilomètres, l'incontestable frontière entre l'Espagne et le Portugal longe un spectaculaire gouffre creusé dans le lit de roche siliceuse du fleuve Douro (Duero pour les Espagnols), atteignant par endroits plus de 400 mètres de profondeur. Les affluents ajoutent 200 kilomètres de gorges fluviales – localement appelées *arribes* – qui se terminent souvent en superbes chutes plongeant à pic dans les eaux du Douro. Pozo de los Hunos, sur le Río de las Ulces, constitue un remarquable exemple de ce phénomène, avec une chute de 50 mètres qui projette d'énormes nuages de gouttelettes dans les airs. Pendant la saison des amours, cette terre sauvage et inhabitée abrite une des plus fortes densités de vautours fauves et percnoptères de la Péninsule Ibérique (respectivement 325 et 129 couples en 2000), qui partagent leur habitat avec une vingtaine de couples d'aigles royaux et une douzaine d'aigles de Bonelli, bien plus rares. Les cigognes noires (16 couples) s'y sentent également chez elles, tout comme les aiglettes et les pérégrines. À cette époque de l'année, on y trouve aussi des passereaux tels que le troquet rieur, le merle bleu et le crave. À partir de Miranda do Douro, une promenade en bateau permet d'explorer le canyon de l'intérieur, et même d'apercevoir des aigles de Bonelli. **TF**

LA PEDRIZA

VALLADOLID, ESPAGNE

Altitude maximale : 2 386 m
Étendue de l'aire protégée (réserve de biosphère) : 101 300 ha

L'une des plus spectaculaires étendues de granit exposé de la Péninsule Ibérique se trouve enfouie au cœur de la réserve de biosphère de Cuenca del Manzanares. Connue sous le nom de La Pedriza, elle se divise en deux domaines géologiques distincts, séparés par une faille. Au nord, un cirque aux parois élevées, en forme de fer à cheval, contourne le secteur dominé par de grands rochers de granit, polis par les éléments sur plusieurs millénaires. Leurs noms sont évocateurs : « le Casque », « le Crâne » ou encore « le Rocher du Cochon ». Un des plus imposants – El Tolmo – mesure environ 18 mètres de haut, pour une circonférence de 73 mètres.

La Pedriza attire de nombreux alpinistes. Les endroits les plus élevés hébergent une importante colonie de vautours fauves (environ 70 couples), ainsi que, à la saison des amours, le pipit spioncelle, l'accenteur alpin, le monticole de roche, le merle bleu, le traquet et le crave. Parmi les autres habitants de la région, on trouve le campagnol des neiges, le bouquetin ibérique, le lézard de roche ibérique ainsi qu'une foule de papillons de montagne, notamment la petite coronide, le cuivré mauvin et l'Apollon. Les pins, quant à eux, abritent une communauté de pies bleues, huppées fasciées et traquets oreillards. **TF**

CIUDAD ENCANTADA

CUENCA, ESPAGNE

Altitude de Ciudad encantada : 1 340 à 1 420 m
Âge de Ciudad encantada : Crétacé inférieur (99 à 142 millions d'années)
Étendue de l'aire protégée (Sitio Natural de Interés Nacional) : 250 ha

Bien que la Serranía de Cuenca soit parsemée d'étranges et magnifiques formations calcaires, il n'existe aucun endroit où le processus de l'érosion est aussi développé que dans la Ciudad Encantada, où l'action combinée de l'eau et du vent ont atteint leur apogée. Le plateau de la Ciudad Encantada – littéralement, la « Ville enchantée » – composé de calcaire du dolomitique riche en magnésium, a subi pendant des millénaires les ravages de l'érosion le long de ses failles. Un labyrinthe de vallées et d'affleurements s'est formé, dont l'apparence évoque les ruines d'une ville préhistorique. Comme la couche supérieure est composée de roche plus dure, les formations abondent, créant ainsi un « zoo » géologique peuplé de fantastiques sculptures naturelles. Un grand nombre d'entre elles portent des noms très évocateurs : le Lion, le Phoque, l'Hippopotame, l'Ours, la Baleine et même la Bataille de l'Éléphant et du Crocodile.

Au printemps, on trouve de nombreuses orchidées et des tulipes sauvages parmi les affleurements, tandis que les fissures du calcaire abritent fougères, crucifères à fleurs blanches, gueules de loup des roches et saxifrages, typiques de l'est de l'Espagne. **TF**

MONFRAGÜE

CÁCERES, ESPAGNE

Altitude maximale : 540 m
Étendue de l'aire protégée (parc naturel) : 17 852 ha
Nombre d'espèces de vertébrés : 276

Monfragüe n'est peut-être pas le paysage le plus pittoresque de la Péninsule Ibérique, mais la richesse de sa vie sauvage est à elle seule une pure « merveille naturelle ».

Les rochers de quartzite du paléozoïque, qui longent l'épine dorsale du parc – la Sierra de las Corchuelas –, abritent des enclaves isolées de forêt méditerranéenne dense sur le flanc nord. De chaque côté, les vallées d'ardoise sont recouvertes de *dehesa*, un paysage agricole unique confiné à l'Ibérie et au nord-ouest de l'Afrique, composé de pâturages boisés parsemés de chênes verts, dont la forme de parasol protège les prairies des gelées et des pertes excessives d'eau.

En période de reproduction, Monfragüe abrite un grand nombre de rapaces, avec la place d'honneur attribuée aux 250 couples d'urubus noirs et aux 10 couples d'aigles ibériques dont on ne compte que 160 couples à l'échelle mondiale. Cette région possède la plus forte densité au monde de ces deux espèces. Des vautours, percnoptères et fauves, des aigles royaux et de Bonelli, des pérégrines et des aiglettes, ainsi que plus de 30 couples de cigognes noires, bâtissent leurs nids sur les rochers les plus inaccessibles de Monfragüe. **TF**

PENYAL D'IFAC

ALICANTE, ESPAGNE

Hauteur maximale de Penyal d'Ifac : 332 m
Superficie protégée : 45 ha
Âge : maximum 55 millions d'années

L'extraordinaire emblème de la Costa Blanca, Penyal d'Ifac (ou Peñon de Ifach), est un bloc de calcaire qui s'élève brusquement de la mer, à mi-chemin entre Benidorm et Dénia. Il est relié au continent par un étroit isthme sablonneux. Surnommé « le rocher du Nord » par les Maures, qui le distinguaient ainsi de son homologue méridional, Gibraltar. Ce rocher a longtemps été utilisé comme tour de guet, au sommet de laquelle les sentinelles allumaient un feu pour avertir la population de l'arrivée des pirates.

Malgré ses parois presque verticales, il est relativement facile de parvenir au sommet, qui offre, par temps clair, une splendide vue sur Ibiza. Ifac a attiré l'attention de nombreux botanistes éminents, notamment Antonio Josef Cavanilles (1745-1804) et Georges Rouy (1851-1924), car il regorge de plantes spécifiques à la région de Dénia, comme l'*Hippocrepis valentina*, le *Thymus webbianus*, la *Centaura rouyi* ainsi que le lychnis à fleurs roses *Silene hifacensis*, qui n'existe qu'ici et à Ibiza, tout comme le très rare hélianthème « à tête de chat ». En période de reproduction, le martinet pâle, le traquet rieur et la pérégrine bâtissent leur nid dans les falaises ; les broussailles au pied du rocher hébergent des fauvettes à lunettes, passerinettes, pitchous et mélanocéphales. TF

LA FUENTE DE PIEDRA

JAÉN, ESPAGNE

Étendue maximale du lagon : 1 300 ha
Étendue de la zone protégée (reserve naturelle et site Ramsar) : 1 476 ha

Fuente de Piedra, le plus grand lac intérieur naturel d'Andalousie, est surtout connu pour ses colonies massives de flamants roses, les plus importantes de la Péninsule Ibérique et probablement du continent européen. En 1998, 19 000 couples ont donné naissance à 15 387 oisillons, ce qui représente environ les deux tiers de la population de flamants de la région méditerranéenne. Fuente de Piedra se niche au sein d'une dépression de collines onduleuses riches en gypse, situées au nord-ouest d'Antequera. C'est une étendue d'eaux salines peu profondes, vouées à la production de sel de l'époque romaine aux années 1950. C'est un exemple classique de lagon endoréique, c'est-à-dire qu'il ne possède pas de dégorgeoir naturel et est alimenté principalement par l'eau de pluie, plutôt rare dans la région. Le lac est donc maintenu en partie par l'aquifère sous-jacente. L'évaporation provoquée par le vent et le soleil est tellement extrême que le lagon s'assèche parfois totalement en été. Si le site a été déclaré Ramsar principalement pour ses flamants, il ne compte pas moins de 170 autres espèces d'oiseaux, notamment la sterne Hansel, l'avocette, le pluvier à collier interrompu, la glaréole à collier et la talève violacée. TF

LES LAGUNES DE RUIDERA

ESPAGNE / PORTUGAL

Aire protégée : 3 722 ha
Longueur de la chaîne des lagunes : 28 km
Profondeur maximale des lacs : 20 m

Les lagunes de Ruidera constituent une chaîne de lacs mesurant 28 kilomètres de long, enfouie au cœur de l'aride Campo de Montiel de la Mancha. Les lacs sont reliés entre eux par des cours d'eau souterrains. Les légendes concernant l'origine de ces lagons sont nombreuses, la plus romantique est sans doute celle de Miguel de Cervantes qui, dans la deuxième partie de *Don Quichotte de la Manche*, décrit Merlin transformant en lacs le châtelain Guadiana, Dame Ruidera et leurs filles et nièces. En réalité, les 15 lagons se sont formés pendant le pléistocène, lorsque le fleuve Guadiana a dissous calcaires et marnes. Ils étaient autrefois reliés à la surface par des chutes dévalant les barrières naturelles de carbonate de calcium. En fait, le nom de la chaîne vient à l'origine du mot *ruido*, ou « bruit », en référence au son des cascades aujourd'hui disparues. On n'entend plus ces *ruidos* que rarement, le niveau des eaux ayant baissé à cause de l'exploitation abusive de l'aquifère. Des nettes rousses se reproduisent dans les lacs centraux, plus profonds, tandis que les roselières des lagons, peu profondes et situées aux extrémités de la chaîne, abritent les nids de busards des roseaux, râles d'eau, bouscarles de Cetti, rousserolles turdoïdes, ainsi que des talèves violacées. **TF**

LA SIERRA NEVADA

GRENADE, ESPAGNE

Aire protégée : 86 208 ha
Superficie de la réserve biosphère et du parc naturel : 171 985 ha

La Sierra Nevada, paysage glaciaire le plus au sud de l'Europe, possède également le pic le plus élevé de la Péninsule Ibérique, le Mulhacén qui atteint 3 482 mètres. La chaîne s'étend d'est en ouest sur plus de 80 kilomètres. La partie centrale est un amas de schistes et gneiss de mica acide, criblé de moraines et de cirques glaciaires dans lesquels se nichent 50 lacs gelés. La Sierra Nevada réunit les cinq sortes de végétation ibériques, du type méditerranéen en basses altitudes au type alpin au-dessus de 2 600 mètres. Ce dernier abrite une grande variété d'espèces uniques.

Parmi les 78 plantes vasculaires indigènes poussant dans les éboulis alpins et les jardins de pierre, on trouve des joyaux comme la *Saxifraga nevadensis*, la *Viola crassiuscula* et le lin sauvage *Linaria glacialis*. Ce niveau d'endémisme est aussi présent chez les invertébrés vivant à haute altitude, notamment chez de nombreux scarabées et également chez plusieurs sauterelles mélaniques (incapables de voler) et chez les criquets. La Sierra Nevada – depuis 1999 le plus grand parc national du pays – abrite aussi le seul campagnol des neiges du monde capable de survivre dans un environnement méridional, une importante population de bouquetins ibériques, tout comme la seule enclave de reproduction d'accenteurs alpins du sud de l'Espagne et 124 espèces de papillons. **TF**

COTO DOÑANA

ANDALOUSIE, ESPAGNE

Aire protégée : 111 643 ha
Espèces d'oiseaux recensées : 400

Doñata est depuis longtemps le point névralgique de la faune et de la flore espagnoles. Cumulant presque toutes les désignations internationales – site Ramsar, Patrimoine mondial et Réserve de biosphère – et déclaré Parc national en 1969, Doñana est la région humide la plus importante du pays, offrant nourriture et refuge à quelque 8 millions d'oiseaux. L'intérieur du parc, criblé de lagons, est séparé de l'Atlantique par un immense système de dunes : une succession de crêtes sablonneuses ondulées avancent sans répit vers l'intérieur des terres, engloutissant sur le chemin les forêts de pins parasols. Le parc contient de petites enclaves de forêt méditerranéenne, dominées par d'énormes chênes-lièges. Cependant, pour la plupart, des siècles d'incendies et de pâtures ont réduit l'ancien climax à de petites communautés de broussailles primitives. En 1988, l'écoulement de déchets d'acide toxique provenant d'une mine locale a affecté les poissons, les invertébrés et les oiseaux du parc ; depuis, les scientifiques et écologistes surveillent l'impact sur l'environnement.

L'importance de la faune et de la flore de Doñana est tout simplement stupéfiante. On y a recensé presque 400 espèces d'oiseaux, dont 136 s'y reproduisent régulièrement. Les marais – appelés aussi Marismas del Guadalquivir – abritent la principale enclave espagnole de talèves violacées et la plus grande colonie d'Europe de spatules blanches, ainsi que de petites populations d'oiseaux, tels que l'ibis falcinelle, la sarcelle marbrée et l'érismature à tête blanche. Une douzaine de couples d'aigles ibériques nichent dans les amples voûtes des chênes-lièges, auxquels s'ajoutent des milans noirs qui forment un important noyau en

Site Ramsar, Patrimoine mondial et réserve de biosphère, Parc national depuis 1969, Doñana est indubitablement la région humide la plus importante du pays.

période de reproduction. En hiver, plus d'un million d'oiseaux - des flamants roses, oies cendrées, canards et échassiers – s'entasse au cœur inondé du parc. Doñana est en outre le dernier refuge du lynx d'Espagne, très menacé, ainsi que de la tortue mauresque, qui se fait, elle aussi, de plus en plus rare.

Les visites du parc se font exclusivement en compagnie d'un guide ; en hiver et pendant les périodes migratoires du printemps et de l'automne, l'ample cours d'eau, adjacent à El Rocío, offre des vues exceptionnelles sur de nombreux oiseaux d'eau. TF

À DROITE : *Soleil levant sur les marais de la réserve naturelle du Coto Doñana.*

LE DÉSERT DE TABERNAS

ANDALOUSIE, ESPAGNE

Variations de température : de – 41 °C à 48 °C

Aire de Protection spéciale des Oiseaux : 11 475 ha

Isolé des vents marins chargés d'humidité par les chaînes montagneuses d'Alhamilla et Los Filabres, le désert de Tabernas est le seul vrai désert d'Europe. Les précipitations annuelles dépassent rarement les 200 millimètres et sont le résultat de quelques pluies torrentielles. Entre les montagnes, des affleurements de grès et de conglomérats s'étendent sur environ 25 000 hectares de plateaux de marne, fort abîmée par l'érosion, et sont sillonnées de profondes ravines, les *ramblas*, le décor d'un grand nombre de « westerns spaghetti », dont la trilogie légendaire de Sergio Leone.

Les parois des ramblas, qui s'effritent largement, abritent une avifaune nidificatrice variée, notamment l'aigle de Bonelli, l'aiglette, les martinets pâle et à ventre blanc, le traquet rieur, le guêpier, le rollier, le moineau soulcie et le roselin githagine. Il n'est pas étonnant que les mammifères soient rares dans les parages, mais les reptiles, quant à eux, abondent.

La région est luxuriante et verte de novembre à fin juin, puis elle devient petit à petit sèche et aride jusqu'à la fin de l'été. Le meilleur moyen d'apprécier pleinement ce lieu est de s'y rendre au petit matin, entre les mois de mars et de mai. **TF**

GROTTES DE NERJA

MÁLAGA, ESPAGNE

Superficie totale : 35 484 m²

Longueur de la plus grande stalactite (record mondial) : 32 m

Découvertes en 1959, les grottes de Nerja sont des excavations naturelles situées dans la Sierra de Almijara, en Andalousie. On peut y voir des stalactites, des stalagmites et des colonnes calcaires de taille exceptionnelle, formés par les eaux d'infiltration. Les dépôts de carbonate et de calcite se sont accumulés au fil des siècles, et offrent aujourd'hui un spectacle extraordinaire. Les salles immenses sont ornées de stalactites géantes aux formes fantastiques, dont certaines atteignent 30 m. La plus vaste est la salle du Cataclysme, où l'on peut voir la colonne calcaire la plus haute du monde, qui mesure près de 50 mètres sur 18 mètres de diamètre et qui, selon de savants calculs, résulte de la chute d'un trillion de gouttes d'eau.

Les peintures murales qui ornent les grottes remontent au paléolithique. Squelettes et objets usuels découverts sur le site attestent la présence de l'homme, de 25 000 ans av. J.-C. jusqu'à l'Âge de Bronze. La faune se compose pour l'essentiel de scarabées et de scorpions aveugles. Un tiers des grottes est ouvert au public, et l'une d'elles, un amphithéâtre naturel baptisé salle du Ballet, accueille même des concerts. **GD**

TORCAL DE ANTEQUERA

ANDALOUSIE, ESPAGNE

Aire protégée : 2 008 ha
Altitude maximale : 1 337 m

Situé à quelques minutes en voiture de la métropole de Málaga, l'affleurement calcaire de Torcal de Antequera est une merveille géologique. Il n'existe nulle part ailleurs en Espagne une telle concentration de formations érodées par l'eau – pavement calcaire, colonnes sculptées et pierres en équilibre – illustrant le processus karstique. Ces formations sont le résultat de l'érosion des roches calcaires depuis 150 000 ans. Moins évident, un labyrinthe de galeries et de cavernes s'étend dans le sous-sol, peuplées de forêts pétrifiées de stalactites et stalagmites. À partir du parc de stationnement supérieur, une promenade circulaire de 1,5 kilomètre mène à un impressionnant paysage de tourelles fuselées et d'étroites ravines ombragées, dont les parois sont ornées d'une extraordinaire palette de plantes poussant dans les fissures, notamment la saxifrage et le lin sauvage. Avec plus de 650 espèces de plantes (dont 30 d'orchidées), la région revêt un intérêt important en botanique. Les affleurements sont souvent couverts par des nuages, même lorsque tout autour le ciel est dégagé. Cependant lors d'une rare journée ensoleillée, il est possible de voir la côte africaine. **TC**

GRAZALEMA

ANDALOUSIE, ESPAGNE

Superficie du parc naturel de Grazalema : 53 439 ha
Altitude maximale : 1 654 m
Précipitation annuelle moyenne : 223 cm

Située à l'extrémité sud-ouest de l'Andalousie, la Sierra de Grazalema est pourtant le lieu le plus arrosé d'Espagne. Aussi, ce labyrinthe de pics dentelés et de défilés calcaires abrite une grande diversité d'animaux et de plantes, qui ne survivraient pas dans des plaines arides. Cette région accueille 220 espèces de vertébrés, 75 de papillons et presque 1 400 taxons de plantes vasculaires, certaines d'entre elles endémiques à Grazalema, comme le coquelicot rouge brique.

Réserve Biosphère depuis 1977, le parc naturel de Grazalema est important pour sa forêt de sapins d'Espagne (El Pinsapar), qui s'étend sur plus de 420 hectares sur la façade nord de la Sierra del Pinar, et représente environ un tiers de la population de pins du pays. La présence de ces conifères remonte à la dernière période glaciaire lorsque, poussés par les nappes de glace, ils se sont échoués ici. Certains de ces arbres, que l'on estime âgés de plus de 500 ans, ont des troncs qui mesurent près d'un mètre de diamètre. Grazalema est célèbre pour ses falaises calcaires grises et ses petits ravins, grottes et gorges, cependant la caractéristique la plus spectaculaire est La Verde, avec ses murs rocheux escarpés, qui s'élève à 400 mètres.

Parmi les oiseaux de Grazalema, on trouve plus de 300 couples de vautours fauves – une des plus fortes concentrations d'Espagne, sinon d'Europe – ainsi que d'autres rapaces qui bâtissent leur nid dans les hauteurs, tels que le vautour percnoptère, l'aigle de Bonelli et l'aiglette. Grazalema est également un des rares endroits où niche le martinet cafre. Les galeries souterraines abritent d'importants perchoirs de chauves-souris, notamment de minioptères de Schreiber. Plus de 10 000 animaux vivent au sein du système de cavernes, tandis que les pics culminants accueillent une population de bouquetins ibériques. Le *dehesa* (pâturages boisés) qui recouvre la plupart des plaines du parc offre un refuge à des prédateurs mammaliens comme le putois d'Europe, la genette et la mangouste égyptienne. Dès le début du mois de mai, les oiseaux migrateurs arrivent pour passer l'été dans ce paradis botanique qui regorge d'orchidées et de lys. Au milieu de l'été ce sont les papillons qui abondent, en particulier à Puerto del Boyar. Un permis, délivré par le centre d'informations d'El Bosque, est nécessaire pour visiter El Pinsapar. **TF**

Dès le début du mois de mai, les oiseaux migrateurs arrivent pour passer l'été dans ce paradis botanique qui regorge d'orchidées et de lys.

À DROITE : *Orientée vers le nord, la forêt de sapins d'El Pinsapar.*

LOS ALCORNOCALES

ANDALOUSIE, ESPAGNE

Aire protégée : 168 661 ha
Point culminant : 1 902 m
Nombre d'espèces de vertébrés présents dans le parc : 264

Il y a 40 à 60 millions d'années, toute la région méditerranéenne baignait dans un climat quasi tropical. Une partie du sud de l'Europe et du nord de l'Afrique était recouverte de forêts de feuillus verdoyantes ; le climat actuel, plus tempéré, n'a laissé que quelques rares traces de ces dernières, principalement sur les îles macaronésiennes des Canaries, des Açores et de Madère. Le parc naturel de Los Acornocales, au sud-ouest de l'Espagne, abrite la plus grande forêt au monde de chênes-lièges. C'est un des rares endroits d'Europe continentale où survivent de petites enclaves de cette végétation du tertiaire. Un labyrinthe de profondes ravines parcourt le parc, qui se caractérise par un taux d'humidité de 90 % et des températures ne s'éloignant jamais des 20 °C. Des fougères semi-tropicales, que l'on ne trouve nulle part ailleurs sur le continent européen, prospèrent dans les profondeurs. Les vallées fluviales, les *canutos*, fournissent un habitat aux amphibiens ibériques, dont les tritons de Bosca et pygmée, le discoglosse ibérique, le pélobate cultripède et l'alyte espagnol, ainsi que la salamandre terrestre, le pleurodède de Waltl, la rainette méridionale et le crapaud occidental. **TF**

LE CAP DE FORMENTOR

MAJORQUE / BALÉARES, ESPAGNE

Altitude maximale : 334 m
Caractéristiques : localités botaniques de renom

Géologiquement parlant, la péninsule de Formentor fait partie de la péninsule de Tramuntana. Elle s'avance vers le nord dans la Méditerranée, semant derrière elle des îlots côtiers. Le spectacle est splendide : 400 mètres de hautes falaises accidentées contrastent avec les eaux bleu clair au-dessous et les pins qui grandissent au bord des plages. Au premier abord, ces falaises calcaires semblent hostiles à toute végétation, mais une observation plus avisée révèle des plantes à fleurs comme la *Scabiosa cretica* aux fleurs roses, la *Bellium bellidioides*, qui ressemble à une marguerite et la minuscule jacobée *Senecio rodriguezii*. Les pentes plus douces sont recouvertes de garrigue et abritent, à la saison des amours, fauvettes sardes et mélanocéphales et attirent les passereaux en migration. Une des localités botaniques les plus renommées de Majorque se trouve juste après le tunnel routier, abritant parmi les éboulis la digitale pourprée, le cyclamen, le narcisse à bouquet ainsi que la pivoine *Peonia cambessedesii*, qui n'existe qu'ici, et qui a hérité du nom de Jacob Cambessèdes (1799-1863), un des premiers botanistes à étudier les îles. On raconte que ce dernier est parvenu à obtenir quelques spécimens, situés sur des corniches inaccessibles, en tirant dessus avec une carabine. **TF**

LA SERRA DE TRAMUNTANA

MAJORQUE / BALÉARES, ESPAGNE

Longueur : 80 km
Point culminant : 1 445 m
Aire de Protection Spéciale des Oiseaux (ZEPA) : 48 000 ha

La Serra de Tramuntana domine complètement l'île de Majorque. Les « montagnes du vent fort » sont érodées par le vent *tramuntana* qui vient du continent européen. C'est une zone exceptionnelle de karst, les pics de calcaire ont été érodés par le temps et l'eau, donnant naissance à de nombreuses grottes, de profondes gorges caractéristiques de la région appelées *torrents*. Ces *torrents* montagneux se remplissent rapidement d'eau après la pluie. Un isolement de quatre millions d'années est à l'origine du niveau élevé d'endémisme des Baléares. La Serra de Tramuntana abrite plus de 30 plantes. L'intérieur, cachant des nombreux *torrents*, est un des bastions du crapaud accoucheur des Baléares, décrit pour la première fois à partir de fossiles découverts en 1977. Le long de la côte nord, la Serra de Tramuntana présente une paroi austère, avec ses falaises presque verticales qui atteignent par endroits 300 mètres de haut. Ces inaccessibles précipices abritent les nids de faucons d'Éléonore et de balbuzards pêcheurs. Les montagnes hébergent aussi les seuls urubus noirs du monde à vivre sur une île, environ 70 oiseaux, bien qu'une poignée de couples seulement s'y reproduise chaque année. **TF**

L'ARCHIPEL DE CABRERA

MAJORQUE / BALÉARES, ESPAGNE

Superficie du parc national : 10 021 ha, dont 318 ha sont terrestres.
Superficie de Cabrera Gran : 1 154 ha
Altitude maximale : 172 m

Situé à peine à 10 kilomètres de la pointe sud de Majorque, l'archipel de Cabrera est considéré comme le prolongement géologique de Serres de Llevant. C'est le seul parc national des Baléares, qui se compose d'une vingtaine d'îles et îlots, la plus grande étant Cabrera Gran. Cette dernière est dominée par des calcaires très érodés, datant du jurassique et du crétacé, et semée de petites enclaves de pins d'Alep. On trouve 80 % de la population mondiale de lézards de Lilford – une espèce native des Baléares – dans le parc et 10 races distinctes ont été recensées sur les divers îlots.

L'écosystème marin est également très riche, les champs sous-marins de magniliophyte abritant plus de 200 espèces de poissons et 34 échinodermes. L'archipel de Cabrera est renommé pour ses colonies d'oiseaux de mer, notamment les puffins des Baléares, en voie de disparition, et la plus grande colonie de goélands d'Audouin des Baléares, tout comme des populations de puffins cendrés, d'océanites cul-blanc et de faucons d'Éléonore, ainsi que quelques couples de balbuzards pêcheurs. Pendant la haute saison, les bateaux pour Cabrera Gran partent de Colònia de Sant Jordi et Portopetro, au sud de Majorque. TF

PORTUGAL

L'ESTUAIRE DU TAGE

SANTARÉM / PORTALEGRE, PORTUGAL

Étendue de l'aire protégée (réserve naturelle et site Ramsar) : 4 560 ha
Nombre maximum d'oiseaux en hivernage : flamant rose, 3 000 ; sarcelle d'hiver, 10 000 ; avocette, 6 000 ; alouette de mer, 30 000.

L'estuaire du Tage est l'une des dix plus importantes zones humides d'Europe occidentale pour les oiseaux migrateurs et en hivernage. Prenant sa source dans les Montes Universales, le fleuve Tejo (Tajo pour les Espagnols et Tejo pour les Portugais) est le plus long fleuve de la Péninsule Ibérique, coulant sur plus de 1 000 kilomètres avant de se jeter dans l'océan Atlantique, juste au sud de Lisbonne. Il rencontre ici un vaste labyrinthe de plaines boueuses, marais salants – la plus vaste étendue ininterrompue du Portugal – et prairies saumâtres.

L'importance première de cette énorme zone côtière humide est d'ordre ornithologique. Plus de 240 espèces d'oiseaux ont été recensées ici, avec plus de 120 000 individus s'y attroupant pendant les périodes d'hiver et de passage. C'est un site clé pour l'hivernage du flamant rose, de l'avocette, de l'alouette de mer et de la bargequeue noire, dont la population peut parfois atteindre 50 000 oiseaux. L'estuaire du Tage abrite aussi un noyau de reproduction de hérons pourprés, busards des roseaux et cendrés, milans noirs, glaréoles à collier, échasses blanches et pluviers à collier interrompu. TF

COSTA SUDOESTE

SETÚBAL / BEJA / FARO, PORTUGAL

Altitude maximale : 156 m
Aire du parc naturel : 74 786 ha

S'étendant sur plus de 130 kilomètres entre le port pétrolier de Sines et le village de Burgau, dans l'ouest de l'Algarve, la Costa Sudoeste est un des littoraux les plus sauvages et spectaculaires de la Péninsule Ibérique. Les falaises abruptes, souvent couvertes de dunes à la végétation abondante, sont parsemées ici et là de criques retirées où de petits cours d'eau ont creusé un chemin vers l'océan.

Le point central du parc naturel qui protège ce lieu de rencontre entre la terre et la mer est le Cabo de São Vicente, situé à l'extrémité sud-ouest du Portugal, la « fin » du continent européen et, pendant des siècles, la limite du monde connu. Les falaises calcaires de 80 mètres de haut, assaillies par le ressac violent de l'Atlantique, ont été façonnées en une série de promontoires et éperons côtiers, surplombés d'un pavement calcaire où les plantes rares comme la scille abondent.

La Pointe de Sagres – que les Romains avaient baptisée *Promontorium sacrum*, ou « Promontoire sacré » – se situe à quelques kilomètres à l'est et est imprégnée de l'histoire de l'Empire portugais. Le prince Henri le Navigateur (1394-1460) a fondé son école de navigation dans le proche village de Sagres, école grâce à laquelle il a par la suite financé les expéditions d'exploration de Madère et de la côte ouest de l'Afrique.

La Costa Sudoeste est l'un des rares endroits d'Europe où les loutres s'alimentent dans l'océan. Elle possède une faune aviaire très importante : on recense plus de 200 espèces d'oiseaux au sein du parc. C'est le seul endroit au monde où les cigognes blanches bâtissent leurs nids sur les falaises, partageant ainsi leur habitat, en période de reproduction, avec le cormoran huppé, l'aigle de Bonelli, la pérégrine, le faucon crécerellette, le martinet

> *C'est le seul endroit au monde où les cigognes blanches bâtissent leurs nids sur les falaises, partageant ainsi leur habitat avec le cormoran huppé, l'aigle de Bonelli, la pérégrine, le faucon crécerellette, le martinet pâle et le martinet à ventre blanc, le merle bleu et le crave.*

pâle et le martinet à ventre blanc, le merle bleu et le crave. La plaine rocailleuse, à l'intérieur de Sagres, est un repaire d'oiseaux des steppes tels que l'œdicnème criard, l'outarde canepetière, le pipit rousseline, le cochevis de Thékla et l'alouette calandrelle. Le parc se situe également sur une des principales routes utilisées par les migrateurs transsahariens, en particulier des passereaux ; la plupart des rapaces d'Europe occidentale survolent le Cabo São Vicente chaque automne. La meilleure période pour visiter la région se situe entre mai et septembre, lorsque la température est agréable. Au printemps, la vue des amandiers est spectaculaire. **TF**

À DROITE : *La Costa Sudoeste est semée de rochers escarpés.*

LES ÎLES BERLENGAS

LEIRIA, PORTUGAL

Étendue de l'aire protégée (réserve naturelle et réserve biogénétique) : 1 063 ha
Âge : environ 280 millions d'années
Distance de la côte : 10 km

Balayé en permanence par les vents, le minuscule archipel des Berlengas est un des principaux sites de reproduction d'oiseaux marins de la Péninsule Ibérique. Sommets à découvert d'une plaque continentale déposée il y a environ 280 millions d'années, le groupe se compose d'une île principale – Berlenga Grande – de granit rosé, s'élevant à 85 mètres, à laquelle s'ajoutent trois groupes d'îlots plus petits et plus éloignés, dominés par les schistes et les gneiss : Farilhões, Estelas et Forcadas.

L'importance de ces îles est due au nombre extraordinaire d'océanites de Castro, plus de 200 couples – principalement sur Farilhões –, ainsi qu'aux 10 couples de guillemots qui forment la plus grande colonie de la péninsule, dernier vestige d'une colonie qui comptait plus de 6 000 oiseaux en 1939. Les Berlengas abritent également la seule colonie portugaise de puffins cendrés (180 à 220 couples) et la plus importante enclave de cormorans huppés du pays (quelque 70 couples), ainsi que des sous-espèces locales du lézard de Bocage (*berlengensis*). Les falaises abritent, quant à elles, trois plantes qui ne fleurissent nulle part ailleurs dans le monde : des espèces d'armeria, de vergerette et d'herniaire. **TF**

ALBANIE

LE PARC NATIONAL DE BUTRINT

VLORË, ALBANIE

Superficie du parc : 29 km²
Superficie du lac Butrint : 1 600 ha

Le parc national de Butrint, en Albanie du Sud, se situe sur une péninsule dans la mer Ionienne, face à l'île grecque de Corfou. Il englobe le site de la vieille ville de Butrint, inscrit au Patrimoine mondial, l'un des sites les moins connus et moins abimés de la région méditerranéenne, avec des ruines retraçant chaque époque de sa civilisation.

Butrint est une région d'une beauté unique. La rencontre des montagnes et de l'océan engendre falaises, grottes, ports et baies spectaculaires. Elle se classe parmi quelques-unes des régions naturelles les plus intactes de la Méditerranée. Le parc a été récemment agrandi afin d'inclure 29 km² de lacs environnants, incluant une partie du lac Butrint, le lac Bufi et le canal Vivari, ainsi que plusieurs lagons, marécages et marais. Refuge pour la faune et la flore sauvages, les habitats variés de Butrint, possèdent un écosystème fragile et une importante biodiversité. Ils abritent le plus grand nombre d'espèces d'amphibiens et de reptiles enregistré en Albanie. C'est un refuge pour de nombreuses espèces rares, dont la tortue caouane et le phoque moine méditerranéen. Le lieu a été désigné site Ramsar. **PT**

SERBIE ET MONTÉNÉGRO

LA BAIE DE BOKA KOTORSKA

MONTÉNÉGRO

Longueur de la baie de Boka Kotorska : 28 km

Nombre de jours ensoleillés par an : 200

La baie de Boka Kotorska est le fjord le plus long et le plus profond du sud de l'Europe, et c'est aussi l'une des plus belles baies de la Méditerranée. Encadrée par d'imposantes montagnes qui semblent s'être entrouvertes pour permettre à la mer d'entrer, la baie de Boka s'enroule sur elle-même – héritage de grands glaciers qui ont glissé des flancs de la montagne et creusé la terre.

Boka se situe sur la côte nord de la mer Adriatique. Les montagnes forment une barrière naturelle contre le froid qui arrive du Nord, créant ainsi une oasis méditerranéenne jouissant d'un ensoleillement presque constant. La pluie atteint de 1 500 à 3 000 mm par an dans la région, alors que dans la baie elle atteint 5 000 mm, l'un des taux de pluviosité les plus importants d'Europe. La fin du printemps est le moment idéal pour visiter les lieux, lorsque les sommets sont recouverts de neige et les roses fleurissent au pied des collines. La baie est protégée par le statut de Patrimoine mondial, non seulement pour sa beauté naturelle mais aussi pour les vieux villages qui bordent le littoral. Les eaux protégées de la baie ont constitué pendant des siècles un important centre maritime. **JK**

MACÉDOINE

LE LAC PRESPA

ALBANIE / MACÉDOINE, GRÈCE

Superficie : 250 km^2

Profondeur moyenne : 54 m

Caractéristique : un des 17 anciens lacs du monde âgés de 5 à 20 millions d'années

Le lac Prespa se situe à 853 mètres d'altitude – aucun autre lac des Balkans n'est situé à une telle altitude – et couvre une superficie de 274 km^2. Il s'agit en fait de deux lacs unis par un isthme étroit – Megali Prespa et Mikri Prespa – considérés comme étant les deux parties d'un lac autrefois unique.

Deux tiers du lac appartiennent à la République de Macédoine, le tiers restant à la Grèce et à l'Albanie. Pendant la Journée Mondiale des Zones Humides, qui s'est déroulée en 2000, le parc de Prespa a été la première zone transfrontalière du sud de l'Europe à être déclarée « protégée ». Le parc regroupe le lac Prespa et les zones humides qui l'entourent. Ours, loups et loutres, ainsi que plus de 1 700 espèces de plantes ont été recensés ici.

La zone humide est aussi d'une importance primordiale pour les oiseaux migrateurs et nidificateurs. Plus de 260 espèces se reproduisent à Mikri Prespa, mais les véritables stars des lieux sont sans aucun doute les pélicans (deux espèces se reproduisent dans des colonies mixtes). Le plus grand des lacs comporte des plages de sable. Entre juin et août la température du lac varie de 18 à 24 °C. **PT**

🏛 ⊕ LE LAC OHRID

MACÉDOINE / ALBANIE

Profondeur du lac : 290 m
Superficie : 450 km²

Formé il y a 2 à 3 millions d'années, le lac Ohrid est le plus profond et le plus ancien d'Europe. Il s'est constitué immédiatement après la fin de la dernière période glaciaire. Bien qu'il contienne de faibles quantités de nutriments, le lac abrite de nombreuses espèces de faune et de flore. Du fait de son isolement géographique et de la stabilité du climat, de multiples formes de « fossiles vivants » ont été découvertes. Les espèces rares de poissons sont légion, comme le koran, une variété de truite très recherchée. La faune du lac se compose principalement de divers types d'algues, ainsi que d'une plante sous-marine, appelée hara, formant une courbe continue au fond blanc du lac

La majeure partie de l'eau du lac provient des nombreuses sources en surface et souterraines. Au total, 40 rivières et sources se déversent dans le lac : 23 sur le territoire albanais et 17 sur le territoire macédonien. **PT**

GRÈCE

🏛 ⊕ LE MONT ATHOS

MACÉDOINE CENTRALE, GRÈCE

Altitude du mont Athos : 2 033 m
Dimensions : 48 km de long et 3 à 7 km de large
Type de roche du mont Athos : métamorphique, principalement du marbre

Athos, le plus oriental des trois promontoires de la péninsule grecque de Halkidiki, est une république semi-autonome de l'Église orthodoxe de Grèce. La péninsule abrite des forêts vierges et de nombreuses prairies. Des vallées calmes, des crêtes montagneuses inaccessibles, des pentes couvertes d'arbres arrivant jusqu'à la mer ainsi que des criques retirées, des caps rocheux et des plages de sable constituent les caractéristiques du paysage. Cette chaîne de montagnes, recouverte d'une épaisse forêt, possède vingt monastères, de nombreuses petites maisons religieuses et des moines ermites vivent dans ses cavernes. La population religieuse atteint environ 3 000 personnes, la plupart vivant dans des conditions médiévales. Bien que le culte soit exclusivement chrétien aujourd'hui, il a été précédé par une longue tradition païenne. Homère tient le mont Athos pour sacré, car Zeus et Apollon y vivaient avant de s'installer sur le mont Olympe. Les monastères chrétiens datent du VIe siècle. Depuis 1054, il s'agit d'un centre spirituel orthodoxe.

En 1046, l'empereur Constantin IX *Monomaque* interdit aux femmes de pénétrer dans la péninsule. Cet édit est encore rigoureusement appliqué. Les hommes ont besoin d'un permis spécial pour visiter et il est interdit aux moins de 18 ans et aux personnes sans convictions religieuses d'y passer la nuit. **AB**

LE MONT OLYMPE

MACÉDOINE CENTRALE, GRÈCE

Altitude : 2 917 m

Flore et faune : 1 700 espèces de plantes, 32 espèces de mammifères, 108 espèces d'oiseaux

Il est aisé de comprendre pourquoi le mont Olympe était considéré comme le domaine des dieux, dans l'Antiquité. Il s'agit du plus beau massif montagneux de Grèce. Il émerge majestueusement de la mer au-dessus de la baie de Thermaikos jusqu'au pic de Mitikas, le plus haut sommet de Grèce (2 917 mètres). Invisible par temps nuageux, il apparaît, vaste et splendide, lorsque le ciel se dégage.

Le parc national a été créé en 1938 et une partie a été classée en Réserve de biosphère. Les 1 700 espèces de plantes, dont au moins 24 sont endémiques, font du mont Olympe un paradis pour les botanistes. Il est possible d'escaler le Mitikas, au départ de Lithoro, même sans être un alpiniste chevronné. La majeure partie de la montagne demeure à l'état vierge et accueille, chamois, loups, ours et lynx. Elle revêt une grande importance pour les rapaces, tels le vautour moine, la Bondrée apivore, le Gypaète barbu ou le Percnoptère d'Égypte. Il est certain que les dieux eux-mêmes ne l'auraient pas conçue autrement. **PT**

LE LAC VISTONIS

MACÉDOINE ORIENTALE ET THRACE, GRÈCE

Superficie du lac Vistonis : 42 km²
Profondeur moyenne : 2 à 2,5m

Situé dans la région Xanthi au nord-est de la Grèce, le lac Vistonis et les marais qui l'entourent constituent un environnement préservé d'un intérêt écologique particulier. Le lac étant côtier, le contenu de sel dans l'eau fluctue considérablement. Dans la partie nord du lac, le confluent de trois rivières, Kosynthos, Kompstatos et Travos, donne à l'eau sa couleur saumâtre. En revanche, l'eau est salée au sud du lac, conséquence de la connexion du lac et de la mer par les trois cours d'eau.

Les rives du lac – avec leurs prairies humides, marais salants, vastes laisses de vase, lits de roseaux et broussailles – revêtent une fonction essentielle. Les mois d'hiver, environ 25 000 oiseaux y trouvent refuge. De nombreux hérons et grues viennent se reproduire sur le site et les érismatures à tête blanche sont légion. Les eaux du lac accueillent 37 espèces de poissons, comme par exemple les mulets gris à rayures ou les lamproies. Des chats sauvages, chacals et blaireaux vivent aux alentours du lac. **PT**

LE MONT GIONA

STEREA HELLAS, GRÈCE

Altitude : 2 507 m
Caractéristiques du mont Giona : plus haut pic du sud de la Grèce, plus haut escarpement ininterrompu de Grèce

Le pic de Giona culmine à 2 507 mètres, il est le plus haut sommet du sud de la Grèce et le 5ᵉ plus haut sommet du pays. C'est une masse compacte de calcaire, avec des remparts semblables à des falaises, et un précipice abrupt de 1 000 mètres, l'escarpement ininterrompu le plus haut du pays. Il n'y a pas de routes sur la montagne, mais de petites routes la contournent. À environ 600 mètres s'étend un vaste plateau sur lequel se trouve une douzaine de sources. Karkanos, situé à moyenne altitude, est un immense cratère, difficile à mesurer car il est glacé toute l'année.

La rivière Asopos prend sa source sur le mont Giona et coule en cascades jusqu'à la vallée, puis poursuit son chemin vers l'est, avant de plonger dans une redoutable gorge.

Malgré la faible distance qui le sépare d'Athènes, Giona est encore méconnu, à l'opposé des montagnes voisines, le Parnasse et Oiti. Il existe quelques sentiers balisés, et les épaulements inférieurs de Giona servent de pâturages à une poignée de villages dépeuplés. Au printemps, les prés se remplissent de fleurs, tout comme les clairières et les prairies, lorsque la neige fond en mai. La montagne est largement recouverte de forêts de pins, bien que certaines des pentes basses soient jonchées de feuillus. On trouve encore ici des chamois et des antilopes, strictement protégées mais malheureusement chassés illégalement. **PT**

LE LAC KERKINI

MACÉDOINE CENTRALE, GRÈCE

Variations saisonnières de superficie : 54 à 72 km²
Variations saisonnières de profondeur : 5 m
Profondeur moyenne : 10 m

Le lac Kerkini se situe dans un bassin naturel entouré de hautes montagnes, près de la frontière entre la Bulgarie et la Grèce. Il a été créé lors de la construction, en 1932, d'un barrage sur la rivière Strymonas, à Lithopos. Le marais naturel s'est transformé en lac. Un nouveau barrage a été construit en 1983, pour mettre fin à l'accumulation de limon et un accord conclu entre les deux pays voisins.

l'un des plus grands marécages en Grèce où sont élevés des oiseaux marins. Kerkini abrite une forte population d'oiseaux tout le long de l'année, incluant des espèces rares et en voie d'extinction. Au printemps, ce dernier est noir de foulques et de bien d'autres espèces de canards. Les grèbes huppés exécutent leur danse nuptiale sur les rives du lac.

Le printemps est la saison conseillée pour visiter Kerkini car on peut apercevoir les grandes volées de pélicans. De grands troupeaux de buffles d'Asie broutent dans les marécages et le long des rives de la rivière Strimonas. Ils nagent bien, et plongent

Au printemps, ce lac est noir de foulques et bien d'autres espèces de canards. Les grèbes huppés exécutent leur danse nuptiale sur les rives du lac.

La profondeur du lac varie de 5 mètres chaque année ; il commence à se remplir en février et atteint son niveau le plus élevé en mai.

Ces dernières années, l'augmentation saisonnière de la profondeur du lac s'est accrue et plus de la moitié de la forêt riveraine et de la végétation des marais ont été détruites. Certaines plantes ont toutefois bénéficié de ces circonstances, notamment les nénuphars. Les saules se sont également adaptés, devenant ainsi les seuls arbres semi-aquatiques d'Europe. L'habitat artificiellement créé par le barrage est idéal pour un nombre important d'oiseaux. Le lac, qui regorge de poissons et de flaques de boues pendant plus de la moitié de l'année, attire à lui seul 300 espèces. C'est aussi

fréquemment pour attraper la végétation aquatique, formant des bourbiers. Généralement pacifiques, ils sont toutefois redoutables lorsqu'on les énerve. Aux abords du lac de Kerkini, on trouve une dizaine d'espèces d'amphibiens (incluant des grenouilles et salamandres), 5 espèces d'escargots, 19 espèces de reptiles (incluant les lézards, serpents et tortues) et une grande variété d'insectes. Les guides conduisent les visiteurs en bateau pour voir l'immense colonie de cormorans pygmées et autres oiseaux aquatiques. Il existe également un centre pour les visiteurs au village de Kerkini. Les montagnes enneigées de Beles et Krousia fournissent de splendides vues panoramiques du lac. **PT**

LES MÉTÉORES

SANTONINI, GRÈCE

Aire protégée : 375 ha
Altitude : 1 000 m
Caractéristique : habité d'abord par des ermites, au IXᵉ siècle

Meteora est situé à l'extrémité nord-ouest de la Thessalie et à l'est des montagnes du Pindos. Cet étrange et unique paysage abrite d'immenses affleurements gréseux culminant à 100 mètres. Meteora signifie « suspendu dans les airs » ; certains affirment que cette appellation est due à la nature escarpée des affleurements, d'autres avancent que les roches auraient été catapultées depuis l'espace. Les scientifiques pensent que ces affleurements se sont formés il y a 60 millions d'années lors de la période tertiaire, qu'ils ont émergé dans le delta d'un fleuve avant d'être façonnés par l'activité sismique. 24 monastères sont perchés sur ces anciens pinacles et Meteora, site inscrit au patrimoine mondial depuis 1988, représente un lieu important pour l'Église orthodoxe. Aujourd'hui, les visiteurs peuvent découvrir les quatre derniers monastères encore habités. En aval, les affleurements et forêts planes de Pinios Valley constituent l'habitat des oiseaux de proie, comme le circaète Jean-le-Blanc et d'autres aigles rares, ainsi que des bondrées apivores et des faucons pèlerins. Quelque 50 couples de vautours égyptiens ainsi que des cigognes noires vivent dans la région, mais leur nombre ne cesse de diminuer. Le paysage se compose de collines boisées et de forêts fluviales dans les vallées. Les séismes sont fréquents, mais sans danger. **PT**

LES GROTTES DE DIROS

PÉLOPONNÈSE, GRÈCE

Étendue explorée des grottes : 5 000 m

Caractéristiques : occupées par des hommes du néolithique et du paléolithique

Les grottes de Diros, situées 8 kilomètres au sud d'Areopolis, font partie d'une rivière souterraine. Au confluent de la rivière et de la mer, les stalactites et stalagmites colorées par les dépôts minéraux se reflètent dans les eaux cristallines des lacs souterrains.

La grotte de Glyphada (ou Vlyhada) contient des passages d'environ 5 000 mètres déjà explorés, tandis que sa superficie totale est estimée à environ 33 400 m^2. La température de la grotte fluctue entre 16° C et 20° C ; cette grotte marine est considérée comme l'une des plus belles du monde. À l'intérieur, des fossiles d'animaux datant de deux millions d'années ont été découverts.

La superficie de la grotte Kataphygo avoisine 2 700 m^2, et la longueur de ses passages, 700 mètres. La grotte Alepotripa est située à l'est de Glyphada. On y a découvert des empreintes d'hommes néolithiques ; celles-ci sont visibles dans le musée de l'Âge de la pierre situé à l'entrée de la grotte.

Il y a des milliers d'années, les grottes de Diros servaient de lieu de culte en raison de leur lien supposé avec les Enfers. **PT**

LA FORÊT PÉTRIFIÉE DE LESBOS

ÎLE DE LESBOS, GRÈCE

Âge : 15 à 20 millions ans

Altitude maximale du mont Lepetymos : 968 m

Caractéristiques : forêt fossile sub-tropicale silicifiée

Lesbos est la troisième île de Grèce. Sa partie occidentale possède des forêts pétrifiées qui datent de l'oligocène tardif et du miocène moyen. Une intense activité volcanique a recouvert la forêt de cendre, la protégeant à l'aide de ce fin manteau, qui a filtré l'eau riche en silicium, les minéraux remplaçant petit à petit la matière organique, molécule par molécule. Ce processus doux, loin des perturbations atmosphériques, des agents de décomposition et des animaux creusant le sol, a donné naissance à des fossiles silicifiés en parfait état, à tel point que l'on peut identifier avec précision chaque espèce. Initiées en 1844, des études ont permis aux scientifiques d'affirmer que la forêt était de genre sub-tropical, peuplée d'espèces que l'on trouve uniquement dans les endroits plus humides que l'est actuellement Lesbos. Parmi les espèces présentes, on trouve le laurier, quelques parents du cannelier ainsi que des séquoias Redwood, arbres que l'on ne trouve que dans les régions sub-tropicales d'Asie et d'Amérique. Les troncs fossilisés font partie d'une zone protégée. Formés à l'origine par des tensions tectoniques, les volcans, inactifs, existent toujours ; leurs cônes forment la crête de l'île. Il est facile d'accéder à la forêt par Eressos, Antissa et Sigri, les trois principaux villages de l'île. **AB**

LA GORGE DE SAMARIÁ

CRÈTE, GRÈCE

Longueur de la gorge de Samariá : 16 km
Profondeur de la gorge : 500 m
Âge : 2 à 3 millions d'années

Les flancs de la gorge de Samariá, qui se situe à l'ouest de la Crète, sont si rapprochés qu'ils semblent se toucher au sommet. Le point le plus étroit, où les parois mesurent 500 mètres de haut, mais ne sont séparées que de 3 mètres au niveau de l'eau et 9 mètres au sommet, est surnommé les « Portes ». La gorge a été creusée dans les Montagnes Blanches par la rivière Tarraíos, torrent agité en hiver et doux ruisseau en été, lorsque le soleil méditerranéen y pénètre quelques minutes chaque jour. Cyprès, lauriers-roses et figuiers s'accrochent aux parois, survolés par des craves, des aigles et des pérégrines.

Le village désert de Samariá, enfoui au beau milieu de ce paysage rocheux, a été abandonné en 1962, lorsque la zone a été décrétée parc national. En aval, la gorge s'élargit à hauteur du hameau d'Aryiá Rouméli, à 16 kilomètres de l'entrée de la gorge, près d'Omalos. Aryiá Rouméli est la ville du *diktamos*, une plante utilisée dans les tisanes et qui constitue l'aliment préféré de la chèvre sauvage d'Agrími, le kri-kri.

En partant de Xyloskala, le parcours à travers la gorge, ouvert aux visiteurs de mai à octobre, représente 5 heures de marche. MB

LES GORGES DE VIKOS

ÉPIRE, GRÈCE

Longueur des gorges : 12 km
Profondeur moyenne : 700 m
Largeur moyenne : 200 m

Le parc national de Vikos-Aoos est situé à l'extrémité nord-ouest de la chaîne montagneuse du Pindos. D'une superficie de 119 km², il inclut les gorges de Vikos, la rivière Aoos et le mont Tiymfi (Gamila).

Les gorges de Vikos comptent parmi les plus profondes d'Europe et elles sont d'une beauté stupéfiante. Elles mesurent 16 kilomètres de long et récoltent les eaux de multiples petits cours d'eau avant de les acheminer vers la rivière Voidomatis qui prend sa source dans les gorges. La rivière s'asséchant en l'été, il devient alors possible de descendre au fond du canyon. On préconise aux marcheurs de commencer à Monodendri et de descendre la gorge jusqu'à Vikos ou Papingo, plutôt que l'inverse, afin d'éviter de clore les 10 kilomètres de marche par la montée la plus escarpée.

D'innombrables espèces de fleurs rares poussent dans les gorges et les versants sont recouverts de forêts denses. La région est peuplée d'ours bruns européens et de loups ; des rapaces nichent sur les falaises et l'on peut apercevoir des chamois sur les rochers escarpés. PT

LA VALLÉE DES PAPILLONS

RHODES, GRÈCE

Nom local : Pétaloudès
Superficie de Rhodes : 1 398 km²
Point culminant : mont Attavyros, 1 215 m

Pétaloudès ou « la Vallée des papillons », est une vallée encaissée située à 25 kilomètres au sud-ouest de la ville de Rhodes. Avec ses petits cours d'eau, ses plans d'eau calmes et ses cascades, elle attire chaque été d'innombrables écailles chinées venant s'y reproduire. On suppose qu'elles sont apâtées par l'odeur pénétrante de la résine des arbres à storax, ainsi que par la fraîcheur que conserve la vallée même au cœur de l'été. De juin à septembre, des milliers de papillons de nuit viennent recouvrir les arbres pour s'y endormir, survivant grâce à leur réserve de graisse. À première vue, le camouflage des rayures noires et couleur crème de leurs ailes antérieures rend leur observation difficile, sauf lorsqu'ils se mettent en mouvement et déploient leurs ailes postérieures rouges. Dans les années 1970, le bruit causé par les touristes qui se rendaient à Pétaloudès pour admirer les papillons faisait fuir les insectes. Épuisés par ces envolées paniquées, de nombreux papillons moururent, provoquant une baisse soudaine de leur population. Aujourd'hui, les efforts de protection menés ont porté leurs fruits ; les gardiens veillent au respect de la tranquilité des papillons, favorisant une recrudescence de leur nombre. MB

TURQUIE

LES SOURCES DE PAMUKKALE

DENIZILI, TURQUIE

Superficie : 2,5 km de long par 0,5 km de large

Température de l'eau : 30 à 100° C

Des terrasses aux bords crénelés, des plans d'eau semi-circulaires qui reflètent le ciel bleu azur et, sur le versant d'une colline, des stalactites qui évoquent des chutes d'eau gelées, tel est l'univers magique de Pamukkale, situé dans l'ouest de la Turquie. D'après la légende, Pamukkale – « château de coton » – doit son nom aux géants qui faisaient sécher les récoltes de coton sur les terrasses. En réalité, ces terrasses sont le résultat de sources volcaniques chaudes qui coulent d'un plateau situé un peu plus haut.

Remplie de calcaire, l'eau recouvre de minéraux blancs tout ce qu'elle touche sur son passage. Les couches de calcaire se sont accumulées pour former parois et terrasses et tout ce qui tombe dans l'eau est recouvert en quelques jours à peine. On prétend que l'eau de la source possède des vertus thérapeutiques qui apaisent les rhumatismes et font baisser la pression sanguine. De hauts dignitaires de Rome et de la Grèce Antique sont venus ici, comme les empereurs Néron et Hadrien. Aujourd'hui, les touristes se baignent dans ses eaux chaudes et apprécient la vue de cette cascade blanche figée dans le calcaire. À l'aube et au coucher du soleil, Pamukkale revêt des allures de paysage lunaire rendant la vue spectaculaire et surréaliste. **MB**

LE CANYON DE VALLA

ASIE MINEURE CENTRALE, TURQUIE

Parc national de Kure Daglari : 37 000 ha

Superficie de base des forêts : 55 000 ha

Valla est l'un des nombreux canyons qui traversent la chaîne de montagnes de Kure, située dans la région turque à l'ouest de la mer Noire et il est considéré comme le passage le plus dangereux du pays. Le canyon se trouve dans le Parc national de Kure Daglari, qui couvre environ 20 230 hectares et représente la plus grande – et la mieux conservée – superficie de karst humide dans la région. Le canyon commence là où le Devrekani et le Kanlicay se rencontrent, puis continue en direction de Cide pendant 12 kilomètres. L'entrée n'est pas aisée et un équipement adéquat est nécessaire pour explorer le canyon en toute sécurité. Le canyon de Valla est un lieu sauvage et isolé. C'est l'habitat d'une grande variété d'animaux sauvages tels que l'ours brun, le cerf, le sanglier sauvage et le renard – le nombre de ces animaux a considérablement chuté à cause de la chasse – et l'on peut voir plusieurs rapaces planer au-dessus des parois du canyon qui s'élèvent entre 800 à 1 200 mètres. Le parc national de Kure Daglari assure la protection des forêts de sapins et de hêtres d'Orient en altitude, et de châtaigniers plus près de la mer. On y trouve également des pins noirs et des forêts de feuillus. **MB**

LA CAPPADOCE

ASIE MINEURE ORIENTALE, TURQUIE

Location : est de l'Anatolie
Altitude d'Erciyas Dagi : 3 916 m

La Cappadoce se situe au centre de la Turquie, près d'Ürgüp et de Göreme. Certaines de ces extraordinaires collines, à la couleur du sable, s'élèvent à 50 mètres. D'autres sont surmontées de plaques de pierre plus foncées et ressemblent à des champignons géants. Elles se dressent sur un plateau dominé par le volcan éteint Erciyas Dagi. Il y a plusieurs millions d'années, ce dernier a laissé échappe rde la cendre volcanique, qui a formé du tufen refroidissant. Au cours des millénaires, l'érosion a façonné le tuf, formant ces collines coniques et autres cheminées de fée. Depuis des siècles, les autochtones creusent dans la roche des pièces, des portes et des fenêtres, créant ainsi maisons, églises et monastères. La température constante des grottes offre un environnement douillet en hiver et un refuge frais en été. Certaines de ces habitations possèdent des pièces creusées au-dessus et en dessous du niveau du sol, ce qui donne naissance, par endroits, à des constructions d'une vingtaine d'étages, comme celles que l'on voit dans la ville de Derinkuyu. Dans la vallée de Goreme, une église sculptée à même la roche, possède une fresque montrant saint Georges en train de terrasser un dragon. **MB**

LES GROTTES DES MONTAGNES DU TAURUS

ASIE MINEURE ORIENTALE, TURQUIE

Profondeur d'Evren Gunay Dundeni : 1 429 m

Montagnes du Taurus : 200 km en diagonale

Le tiers de la Turquie étant posé sur une base de calcaire, les paysages karstiques composés d'imposantes chutes, de rivières souterraines et de grottes profondes sont fréquents. Les montagnes du Taurus, un prolongement des Alpes sur l'arête sud-est du plateau d'Anatolie, constituent la plus grande région karstique du pays. La chaîne s'étend du lac Aridir, à l'ouest, à la source de l'Euphrate, à l'est, entrecoupée par une gorge étroite où coule le Gokolut. Les montagnes du Taurus sont criblées de systèmes de grottes. Parmi ces grottes, citons celle d'Insuyu avec des chambres remplies de stalactites et de stalagmites ; la grotte Ilarinini qui contient des citernes d'eau et des ruines romano-byzantines ; la grotte de Ballica avec ses formations grises, bleues, vertes et blanches ; et la grotte la plus profonde du monde, Evren Gunay, qui a été découverte uniquement en 1991 ; le site a de nouveau battu un record de spéléologie en 2004. C'est la grotte la plus profonde du pays et de l'Asie tout entière, où ne peuvent se rendre que les spéléologues les plus expérimentés. Tous ceux qui entrent dans la grotte doivent faire preuve d'une extrême prudence en période de pluie car la grotte peut être inondée. **MB**

LE LAC TORTUM

ASIE MINEURE ORIENTALE, TURQUIE

Longueur du lac Tortum : 8 km
Altitude du lac Tortum : 100 m
Hauteur des chutes de Tortum : 40 m

Les géologues pensent qu'il y a des millions d'années, un énorme morceau de rocher s'est détaché de la vallée de Tortum et a glissé jusqu'en bas. Il a bloqué la rivière Tortum donnant ainsi naissance au lac Tortum. L'eau est montée et a trouvé une nouvelle embouchure par-dessus une faille, se précipitant du haut de 40 mètres jusqu'à une série de cascades et de quatre petits lacs endigués par les débris issus de l'éboulement. Les traces de cet événement sont encore visibles, bien que l'eau des chutes ait décru considérablement, en grande partie siphonnées vers une petite centrale hydroélectrique. De violents tremblements de terre sont à l'origine du mélange confus de strates rocheuses tordues, que l'on peut apercevoir dans l'étroite gorge située juste après la source de réalimentation de la rivière. Des piliers de terre semblables à ceux que l'on trouve à Cappadoce sont visibles sur le bord est du lac. Le complexe que forment la rivière et le lac se situe à environ 100 kilomètres au nord d'Erzurum, une ville située au bord de l'ancienne Route de la soie. **MB**

LE MONT ARARAT

ASIE MINEURE ORIENTALE, TURQUIE

Mont Ararat : Grand Ararat, 5 185 m ;
Petit Ararat, 3 925 m
Diamètre du massif d'Ararat : 40 km

Dans le nord-est de la Turquie, le mont Ararat, un volcan endormi, se dresse avec grâce dans l'isolation des plaines et vallées environnantes. Il englobe deux pics : le Grand Ararat, culminant à 5 185 mètres, c'est le pic le plus haut de Turquie et le Petit Ararat, avec son cône presque parfait qui s'élève à 3 925 mètres. Entre les deux, le plateau Serdabulak, formé par de la lave s'étend sur 2 600 mètres. À partir de 4 270 mètres, l'Ararat est recouvert de neige toute l'année. En dessous de cette ligne de neige, se trouvent de gros blocs de basalte noir, certains de la taille d'une maison. Sur les pentes est et nord du Grand Ararat, on peut voir des glaciers entiers. L'Ararat n'a pas de cratère et aucune éruption n'a été enregistrée, même en 1840 lorsqu'un grand tremblement de terre fit trembler la montagne. L'escalade de cette montagne se révèle un défi. Le meilleur moment pour s'y essayer se situe entre juillet et septembre car en hiver et au printemps les conditions climatiques sont rudes et peuvent rendre l'ascension dangereuse. L'Ararat est toutefois célèbre, non pas pour sa géologie ou sa localisation géographique mais pour son folklore : c'est ici que se serait échouée l'Arche de Noé après le déluge ; de nombreux archéologues ont fouillé la région à la recherche de preuves. **MB**

LA GORGE DE SAKLIKENT

ANKARA, TURQUIE

Longueur de la gorge de Saklikent : 18 km
Profondeur de la gorge : 300 m
Nombre de grottes : 6

La gorge de Saklikent est également connue sous le nom de « cité ou vallée cachée » car on ne la voit que lorsqu'on arrive dessus – c'est précisément ce qu'a fait un berger local, il y a de cela à peine 20 ans. Elle est devenue aujourd'hui une attraction touristique.

Il s'agit de la gorge la plus profonde et la plus longue de Turquie. Ses parois calcaires, ciselées par l'eau, sont hautes et escarpées. On accède à la gorge par une sorte de trottoir fait avec des planches de bois. En amont, les sources de l'Ulpinar émergent au pied des falaises. Les visiteurs doivent traverser à gué la rivière, au cœur de la gorge, pour commencer la promenade. Sur les 18 kilomètres de longueur de la gorge, seulement 4 sont accessibles au visiteur occasionnel. L'eau est glacée tout au long de l'année et, comme il est impossible de ne pas se mouiller, les randonneurs peuvent louer des chaussures en plastique au bar de la Rivière, pour patauger confortablement dans le lit boueux de la rivière.

Par endroits, la rivière devient trop profonde pour y naviguer en sécurité et ne peut être franchie que par des alpinistes expérimentés. Saklikent se trouve à environ 40 minutes de Fethiye par *dolmus* (minibus). **MB**

LE LAC DE CRATÈRE DE KARAPINAR

KONYA, TURQUIE

Altitude du lac de cratère Meke : 981 m au-dessus du niveau de la mer
Circonférence du lac de cratère Meke : 4 km
Superficie du lac de cratère d'Acigol : 1 km²

Le lac de cratère Karapinar s'étend dans un merveilleux champ basaltique et volcanique orné de cinq cônes de cendre, deux champs de lave et de plusieurs cratères à explosion et maars. Le lac de cratère Meke est une des formations volcaniques les plus récentes de Turquie. Il se forma il y a environ 400 millions d'années. On dit de lui qu'il est le *Nazar Boncugu* du monde, la « perle bleue pour chasser le mauvais œil ». Meke Dagi, une île au centre de ce lac, est l'un de plus grands cônes de cendre d'Anatolie Centrale. Elle fut formée il y a seulement 9 000 ans. Vu du ciel, le cratère ressemble à un chapeau mexicain, le cône volcanique entouré d'un lac salé à l'intérieur d'une grande caldeira de 12 mètres de profondeur. Des oiseaux en migration, comme le flamant, le tadorne et un certain nombre d'échassiers, se posent ici pour se reposer.

Le lac de cratère circulaire d'Acigol se situe à environ 3 kilomètres au nord-ouest de Meke et est visible de la route. Des tufs et des couches de sable parsèment le chemin jusqu'à ses rives. La nuit, ses eaux scintillent comme la phosphorescence de la mer. Les deux lacs sont situés entre Konya et Eregli, à environ 96 kilomètres à l'est de Konya. **MB**

IRAN

LES MONTAGNES DE ZAGROS

IRAN

Longueur des montagnes de Zagros : 900 km
Largeur : 240 km
Point culminant : 3 600 m

Il y a environ 13 millions d'années, pendant le miocène moyen, les plaques arabe et asiatique sont entrées en collision. Depuis cette époque, elles ont continué à converger à un rythme de 4 centimètres par an, donnant naissance aux montagnes de Zagros, au sud-ouest de la ville portant le même nom. La chaîne est constamment recouverte de neige dans un pays en majeure partie chaud, stérile et aride. Elle s'étend du nord-ouest au sud-est, à partir de la rivière Diyala – « flèche » en grec –, un affluent du Tigre, jusqu'à l'ancienne ville de Shiraz. La chaîne est constituée principalement de calcaire et d'argile schisteux et présente des plissements parallèles qui forment la ceinture montagneuse la plus vaste et symétrique du monde. En montant vers l'est, les plissements augmentent de taille, jusqu'à fusionner avec un plateau situé à environ 1 500 mètres d'altitude. Les cours d'eau, alimentés par la neige et les 100 centimètres de pluie annuels, inondent la face ouest de la chaîne. Les versants plus élevés du Zagros sont recouverts de chênes, hêtres, érables et sycomores. Saules, peupliers et platanes poussent dans les ravines, tandis que les châtaigniers, figuiers et amandiers peuplent les coteaux inférieurs et les vallées fertiles. JD

LES GLACIERS DE SEL

IRAN

Longueur des glaciers de sel : plus de 5 km
Âge : des centaines de millions d'années
Nombre de glaciers de sel : 200

L'Iran contient la plus grande concentration de glaciers de sel. Appelés diapirs ou champignons de sel, ils montent à la surface et alimentent des déserts salins. La collision entre le bloc continental asiatique et la plaque arabe a plissé les roches et formé les montagnes de Zagros. Par endroits, des dépôts de sel sous-jacents remontent à la surface. Certains ont perforé les rochers, un peu comme du dentifrice sortant de son tube. Le sel agit comme un lubrifiant géologique. Il est meuble et se comporte comme un fluide visqueux, n'ayant besoin que de la poussée de la gravité pour parvenir a traverser la roche et former ces « glaciers ». Certains mesurent des centaines de mètres d'épaisseur et forment des crêtes arquées séparées par des ravines aux versants et parois abruptes. Le sel contenu dans les glaciers n'est pas entièrement blanc ; une partie est colorée de rose par les minéraux. Les tons plus sombres proviennent de la poussière présente dans l'air ou des argiles remontés à la surface avec le sel. Ici, les géologues peuvent étudier ces étranges formations, normalement enfouies profondément dans le sol. JD

LIBAN

LA GROTTE DE QADISHA

BCHARRÉ, LIBAN

Âge de la grotte de Qadisha : 10 millions d'années
Altitude : 1 450 m
Température : 5 °C
Inscrite au Patrimoine mondial en 1998

La grotte de Qadisha est une des grottes de la belle vallée isolée de Qadisha, au nord du Liban. *Qadisha* vient du mot sémitique signifiant « saint », ce qui convient à cette vallée escarpée qui a attiré depuis le Moyen Âge un grand nombre de moines, ermites, ascètes et autres hommes saints. Ceux-ci recherchaient sans doute ici l'isolement accidenté du lieu, ou peut-être simplement sa beauté. Les grandes grottes garantissaient en effet intimité et sécurité.

Qadisha se situe au pied des célèbres Cèdres du Liban, à l'ombre de Qornet es Sawda, la plus haute montagne du Liban. L'intérieur de la grotte contient une forêt de stalactites et stalagmites colorés. Des sources naturelles bouillonnent dans la grotte et se jettent dans la vallée en formant une imposante chute d'eau. C'est ici que la rivière Qadisha prend sa source. L'eau de source mouvementée et l'altitude maintiennent la température relativement basse ; il est peu probable que cette grotte ait été habitée un jour. Si les gens du pays connaissent depuis longtemps la grotte, celle-ci n'a été « découverte » qu'en 1923 par un moine appelé John Jacob, qui était à la recherche de la source de la rivière Qadisha. JK

LES ROCHERS AUX PIGEONS

BEYROUTH, LIBAN

Type de roche : calcaire
Hauteur des Rochers aux Pigeons : 34 m

Les Rochers aux Pigeons sont le point fort du littoral de Beyrouth. Ces solides arches rocheuses se trouvent à 100 mètres de la côte, juste en face des cafés et restaurants qui bordent la corniche de la ville. Les vagues de la Méditerranée se fracassent en projetant des embruns et l'érosion incessante a creusé des passages géants à travers ces monuments, les transformant en énormes arches naturelles. Le coucher du soleil procure une vue sublime sur les rochers. En été, de petits bateaux emmènent les passagers faire le tour des rochers. Le littoral montre ici des signes d'érosion marine poussée, avec des grottes creusées dans les falaises crayeuses par les vagues déferlantes. On ne peut atteindre ces falaises qu'en effectuant un trajet en bateau qui requiert un bon capitaine, capable de lutter contre le ressac. Les nageurs aventureux prennent plaisir à se jeter avec un abandon presque suicidaire du sommet des falaises. Il y a cinquante ans, les Rochers aux Pigeons constituaient un habitat naturel pour les phoques moines. Récemment, des espèces qui avaient disparu lors de la guerre, reviennent ; un certain nombre de plages sont protégées car elles sont le site de reproduction des tortues Loggerhead (caretta caretta). **JK**

LES CÈDRES DU LIBAN

BCHARRÉ, LIBAN

Altitude des Cèdres du Liban :
2 000 m

Âge des arbres les plus anciens :
1 500 ans

Les montagnes du Liban étaient autrefois recouvertes de vastes forêts de cèdres, célébrées dans la Bible, *La Légende de Gilgamesh* et bien d'autres textes anciens. Aujourd'hui, la plupart de ces beaux arbres ont malheureusement disparu. Il reste tout juste 12 bosquets, recouvrant à peine 1 700 hectares. Le bosquet le plus célèbre est celui de Bcharré, au nord du Liban, situé sur les versants de Jebel poussent très lentement du fait de l'altitude considérable à laquelle ils se trouvent, et ne donnent des cônes qu'à partir de 40 à 52 ans. Les graines germent vers la fin de l'hiver, lorsque l'humidité causée par la pluie et la fonte des neiges est à son comble.

Les cèdres du Liban sont réputés les plus majestueux arbres à feuillage persistant, et sont originaires du Liban, des montagnes du Taurus et du sud de la Turquie. Ces arbres représentaient une importante source de richesse pour les Phéniciens, qui exportaient ce bois durable en Égypte et en Palestine. Le bois de cèdre servait à construire bateaux et

> *Ces cèdres sont anciens, certains sont âges de 1 500 ans.*
> *On les appelle* Arz Ar-rab, *ce qui signifie*
> *les « cèdres de Dieu ». Leurs troncs ornés de branches*
> *au feuillage persistant atteignent 30 mètres de hauteur.*

Makmel, une grande montagne pittoresque que l'on ne peut atteindre qu'en voiture, en traversant la vallée de Qadisha.

Ces cèdres sont anciens, certains sont âgés de 1 500 ans. On les appelle *Arz Ar-rab*, ce qui signifie les « cèdres de Dieu ». Leurs troncs ornés de branches au feuillage persistant atteignent 30 mètres de hauteur. La forme des arbres dépend de la densité du bosquet. Les arbres poussent plus droits par haute densité, tandis que les bouquets à faible densité développent des branches plus basses qui s'étirent sur une vaste étendue. Le printemps est le meilleur moment pour voir les cèdres, lorsque les arbres verts se détachent sur une toile de fond blanche comme neige. Ces arbres temples, ainsi que les sarcophages destinés aux pharaons. Même la résine des arbres était utilisée, pour soigner les rages de dents. Les anciennes forêts ont été exploitées pour leur richesse naturelle, en dépit des avertissements des anciens scribes quant à leur destruction irréfléchie. En effet, *La Légende de Gilgamesh* prévoit que la fin de la civilisation s'accompagnera de la disparition totale des forêts de cèdres. La région qui entoure les cèdres est la dernière frontière naturelle du Liban et possède de bons sentiers de randonnée d'où l'on a de belles vues sur les chaînes montagneuses libanaises. **JK**

À DROITE : *Les longues branches des cèdres du Liban.*

ISRAËL

LE CANYON ROUGE
ZONE MÉRIDIONALE D'ISRAËL

Type de roche : grès rouge
Altitude du mont Hizkiyahu : 838 m

Le nom du Canyon Rouge est dû au grès rouge qui le compose, couleur qui vient du fer oxydé qu'il contient. En fait, la couleur des parois du canyon n'est pas uniforme, mais composée de stries de différents tons de rouge, et tachetées d'autres couleurs provenant de minéraux infiltrés dans la roche. Les parois de la gorge, distantes de 2 à 4 mètres, atteignent 30 mètres de haut. Érodées par l'eau et le sable amené par le vent, elles forment un canyon dans le lit de la rivière Shani, au sein des montagnes Eilat. Les inondations déposent des blocs de pierre qui ont élargi le canyon et formé d'énormes marches. Pour atteindre le canyon en partant d'Eilat, il suffit de conduire vers l'ouest en direction de la frontière égyptienne, avant de bifurquer vers le nord. Le canyon rouge se trouve juste après le mont Hizkiyahu. À proximité du canyon, la végétation de type désertique se compose en partie de buissons de genêts blancs et d'acacias ; en ce qui concerne la faune, on peut y apercevoir des perdrix de Hey, qui, grâce à leur couleur, se camouflent dans les sables du désert et il devient difficile alors de les repérer. **MB**

LA MER MORTE

ISRAËL / JORDANIE

Largeur : 18 km
Apports d'eau en hiver : 5,8 tonnes par jour
Caractéristique : plus basse altitude de la Terre

Située à environ 400 mètres en dessous du niveau de la mer, le rivage de la mer Morte est le lieu le moins élevé sur Terre. La mer Morte se trouve au bout de la vallée du Jourdain, et fait partie du Grand Rift africain. Entourée par les collines judéennes à l'ouest, et les plateaux de Maob et Edom à l'est, elle est alimentée par le fleuve Jourdain ainsi que d'autres ruisseaux plus petits. Le lac mesure 80 kilomètres de long et est divisé en deux par la péninsule d'El Nisan, dont le nom signifie « la langue ». La partie nord est plus grande et plus profonde qu'au sud, où l'eau n'atteint pas plus de 6 mètres de profondeur.

L'évaporation causée par les températures estivales, qui peuvent atteindre 50 °C, crée un paysage marin de cheminées blanches et de morceaux flottants de sel. L'eau contient ici six fois plus de sel que l'océan, ainsi que de la potasse, du magnésium et du brome. On prétend que la mer Morte possède des vertus médicinales pour soigner les problèmes de peau et l'arthrite. **MB**

CI-DESSOUS : *Dépôts de sel sur les rivages de la mer Morte.*

MASADA
ZONE MÉRIDIONALE D'ISRAËL

Aire de Masada : 600 m par 300 m
Site inscrit au Patrimoine mondial en 2001

Masada est une butte rhomboïdale massive située à 450 mètres au-dessus de la mer Morte. Cette formation massive, allongée de nord en sud, se trouve à l'extrémité ouest du désert de Judée, isolée de la campagne environnante par des gorges mesurant 100 mètres de profondeur. Fortification naturelle, elle a été aménagée par l'homme lorsque Hérode quitta Jérusalem pendant l'occupation romaine, en 40 avant J.-C. Son palais septentrional, qui surplombe les parois abruptes, semble suspendu dans le vide.

L'accès au sommet se fait par le « sentier du serpent », qui part de la mer Morte, et aboutit au « rocher blanc » à l'ouest ; deux autres sentiers, situés au nord et au sud, sont difficiles à gravir. Il existe également un funiculaire sur le versant est. En l'an 73, le gouverneur romain Flavius Silva, ne jouissant pas de ces accès, a été obligé de construire une rampe sur la « proue » du rocher en forme de bateau pour maintenir son siège. Les Zélotes choisirent la mort à la reddition à l'envahisseur. En pénétrant dans la ville, le gouverneur découvrit de quelle façon les rebelles avaient survécu dans cet environnement aride ; ils possédaient un système sophistiqué de rétention des eaux, qui permettait à la population de tenir un an ou plus avec les pluies d'une seule journée. **MB**

LE CRATÈRE DE MAKHTESH RAMON

ZONE MÉRIDIONALE D'ISRAËL

Mackhtesh Ramon : 40 km de long, 9 km de large, 500 m de profondeur
Mont Ramon : 1 037 m
Âge : 220 millions d'années

Le plus grand cratère du monde se trouve au cœur du désert de Neguev. Ce n'est ni un cratère volcanique, ni un cratère causé par l'impact d'un météorite, mais un makhtesh – ce qui signifie « mortier », c'est-à-dire une vallée entourée de parois abruptes et irriguée par un wadi (lit de rivière). Le cratère mesure 40 kilomètres de long, 9 de large et 500 mètres de profondeur Il s'est formé alors qu'un océan recouvrait la région et a été, depuis, victime de l'érosion et de l'activité volcanique. Les particularités géologiques sont légion ici : une falaise composée d'une succession de rangées de colonnes de basalte, « l'atelier de menuiserie » parsemé de rochers ressemblant à s'y méprendre à du bois de charpente coupé, tandis qu'au sud la paroi du makhtesh est en fait recouverte d'ammonites fossilisées. On a également retrouvé des fossiles d'amphibiens et de reptiles des temps préhistoriques en abondance. La flore de la région se compose de pistachiers atlantiques, de globulaires et de tulipes. À Ein Saharonim, le point le plus profond du cratère, joncs, typhas et roseaux poussent au bord de la source naturelle qui s'y trouve. Le centre d'accueil Makhtesh Ramon surplombe la vallée entière. Un observatoire près du mont Ramon permet de contempler les étoiles lorsque le temps est favorable. **MB**

ARABIE SAOUDITE

LES GROTTES DU DÉSERT

ARABIE SAOUDITE

Entrée des grottes : 60 m de haut
Localisation : près d'Al Kharj, au sud de Riyad.
Dahl Murubbeth : possède des cristaux qui ressemblent à des plumes couvertes de givre

Il y a 60 millions d'années, une couche de calcaire s'est formée dans une mer peu profonde. Cette même roche se trouve aujourd'hui sous les vastes déserts d'Arabie Saoudite. Non loin de Riyad, le calcaire est criblé d'innombrables trous, les « dahls ». Leur envergure est impressionnante, certaines des entrées pouvant atteindre 60 mètres de haut. Sur la route qui part de la capitale et se dirige vers le sud, le désert est semé de longues parcelles d'herbe verdoyante, qui servent de fourrage à quelques-unes des plus grandes laiteries du monde. Des réservoirs naturels, créés pendant une période climatique plus humide, où des forêts luxuriantes recouvraient la région, sont remplis d'eau fossile, permettant l'exploitation de ces parcelles. Ain Hith, une cavité creusée dans le calcaire poreux, contient des formations cavernicoles et plonge dans un lac souterrain, 100 mètres plus bas. On la surnomme formation de Hith, d'après Dahl Hith, où les chercheurs de pétrole ont découvert l'affleurement de surface d'anhydrite. Sans ce bouchon imperméable, le gisement n'aurait d'ailleurs jamais été découvert. **AC**

LE PARC NATIONAL D'ASIR

ASIR, ARABIE SAOUDITE

Superficie du parc national d'Asir : s'étend sur plus de 72 km
Point culminant (Jabal al-Sudah) : 2 910 m

Un nouveau joyau vient d'être ajouté au réseau des parcs nationaux d'Arabie Saoudite, le parc national d'Asir, au sud-ouest du royaume – en fait un regroupement de plusieurs parcs. Asir est célèbre pour sa flore, sa faune et sa richesse archéologique. C'est d'ailleurs une des dernières étendues sauvages totalement intactes du pays. Pour les Égyptiens de l'Antiquité, Asir était la terre des épices et de l'encens. De nos jours, les visiteurs peuvent profiter des vues spectaculaires et observer la vie sauvage abondante, incluant des gazelles et des oryx dans leur habitat naturel. On y trouve également le Lammergeir, un vautour en voie de disparition, ainsi que 300 espèces différentes d'oiseaux, tels que le souimanga pygmée, le tisserin masqué d'Abyssinie et de nombreux oiseaux chanteurs. Après les pluies hivernales, un tapis de fleurs sauvages recouvre le fond de la vallée et les abricotiers commencent à fleurir. Un manteau vert foncé de genévriers protège du soleil le flanc des montagnes. Avec de lointains pinacles pour toile de fond, c'est un splendide paysage de vallées bleues où planent parfois des faucons crécerelles. **AC**

OMAN

JEBEL HARIM

MUSANDAM, OMAN

Altitude : 2 087 m
Particularité : roche striée

Le Djebel Harim (ou « montagne des femmes ») est le point culminant de la péninsule de Musandam, à l'extrême pointe nord du sultanat d'Oman.

Dominées par le mont Hajar et son relief ruiniforme composé de pierre calcaire et de dolomie, les gigantesques falaises de la péninsule surmontent le détroit d'Ormuz de près de 1 000 m de haut, ce qui a valu à cette région le surnom de « Norvège de l'Arabie ». L'ascension de la montagne n'est possible qu'en 4x4 mais, tout au long du voyage, chaque tournant de la piste offre une vue superbe sur des gorges étoites et profondes, des rochers sculptés, des formations rocheuses spectaculaires et le canyon de Wadi Bih.

La base gris noir de la montagne, faite de calcaire déposé au jurassique moyen, cède le pas, aux deux tiers de sa hauteur, aux stries de silice orange de la formation Rayda du jurassique supérieur. Dans cette région du monde, une partie de la plaque d'Arabie heurte la plaque iranienne, de l'autre côté du golfe d'Oman, sous laquelle elle se trouve forcée de coulisser, au point qu'elle s'enfonce inexorablement d'environ 6 millimètres par an. **GD**

LES FJORDS DE MUSANDAM

MUSANDAM, OMAN

Altitude de la péninsule de Musandam : 2 000 m
Superficie de la péninsule : 2 000 km²

La péninsule de Musandam surplombe le détroit d'Ormuz. Les montagnes Hajiar aux parois escarpées, qui plongent dans la mer Arabique, offrent un cadre impressionnant, chaud et sec. Le plus haut sommet, Jebel Harim, culmine à 2 100 mètres. Le paysage, profondément fissuré, alterne falaises, rochers et plages sablées. Le nom Musadam fait référence à une île, située à l'extrémité nord de la péninsule mais a été adopté pour la région entière. Certaines routes traversent cette région isolée mais le meilleur moyen de l'explorer est par la mer. La beauté n'est d'ailleurs pas l'apanage de la surface, puisque la faune marine est elle aussi très variée : on trouve des poissons de récif exotiques, des bancs de barracudas, des poissons lune, des requins de corail, des tortues et des requins baleine. Quelques dauphins ont établi leur terrain de jeu à proximité des falaises. Les plongeurs débutants peuvent explorer les baies, plus abritées et moins dangereuses. **AC**

TAWI ATTAIR
LE PUITS AUX OISEAUX

DHOFAR, OMAN

Profondeur de Tawi Attair : 210 m
Caractéristique : 2ᵉ plus grand siphon au monde

À l'est de Salah, en Oman, où les montagnes repoussent vers la mer la route côtière, celle-ci tourne vers l'intérieur des terres et s'élève vers les hauts plateaux. Ici, les troupeaux de bétail et de chameaux, broutent au milieu d'un lieu secret spectaculaire. Ce paysage verdoyant cache un des plus grands mystères du monde – le deuxième plus grand siphon jamais découvert. Il mesure entre 130 et 150 mètres de diamètre et 210 de profondeur.

Un autre phénomène impressionnant est qu'il renvoie l'écho du chant des oiseaux, donnant l'impression qu'il « chante » aussi.

Tawi Attair est un trou qui s'est formé lorsque le toit d'une énorme grotte s'est effondré. Lorsque la lumière du jour perce l'obscurité de la grotte, on peut y apercevoir un feuillage vert qui festonne les murs ainsi que des centaines de martinets, colombes et oiseaux de proie qui tournoient à l'intérieur. L'énorme puits est relié à la mer par un tunnel minuscule qui remplit une petite piscine où il est possible de se baigner. Tawi Attair est le seul endroit dans l'Oman où il est possible de trouver le rare serin du Yémen. AC

LES ÉVENTS DE MUGHSAYL

DHOFAR, OMAN

Hauteur des jets d'eau : 30 m
Festival de Khareef : de mi-juillet à fin août

Les évents de Mughsayl, en Oman, constituent un phénomène naturel spectaculaire, enveloppé de légendes et de mythes hauts en couleur. Ils accueillent des milliers de visiteurs pendant le festival de Khareef. Il a fallu plusieurs millions d'années pour que ces évents se forment, suite à l'action des courants fouettant les falaises calcaires de faible altitude. Exploitant les failles de la roche, des fissures et des crevasses se sont formées sous la pression de la mer. Lorsque les conditions sont réunies, les vagues se fracassent avec violence contre les rochers. Les panaches d'écume s'élèvent haut dans les airs.

Le littoral rocailleux est parsemé de falaises escarpées et de plages de sable, réputées pour leur brouillard, ce qui ajoute au mystère des lieux. Située sur cette côte embrumée, la route qui mène aux évents est charmante, avec ses sommets montagneux enveloppés de brouillard. La visite devient plus impressionnante lorsque la mer est agitée. Les jets d'eau peuvent atteindre 30 mètres de haut. **AC**

YÉMEN

WADI DHAR

SANAÁ, YÉMEN

Localisation de Wadi Dhar : 10 km de Sanaá

Dar Al-Hajjarpalace : construit en 1930

La république du Yémen est la partie la plus méconnue de la péninsule arabique, et pourtant la plus belle et la plus spectaculaire. Des canaux découpent la région et le massif montagneux de Hadramaut en un grand nombre de plateaux et chaînes. Les vallées et pentes inférieures sont cultivées en terrasses de façon extensive, afin de conserver le sol et l'eau, et produisent des récoltes importantes.

Les profonds wadis – littéralement « cours d'eau » – contrastent avec le paysage désertique, stérile et rocailleux, typique de la région. Wadi Dahr, située à 10 kilomètres de la ville de Sanaá, vieille de 2000 ans, est une de ces vallées. Elle est renommée pour ses jardins fruitiers, ses vergers et ses vignes, qui regorgent de grenades et d'agrumes. L'attraction principale est le palais de la ville, Dar Al-Hajiar. À moitié sculpté à même la roche d'un énorme pilier naturel, et à moitié perché sur ce dernier, le palais constitue un bel exemple de l'habileté yémenite lorsqu'il s'agit de construire en terrain difficile. JD

L'ÎLE DE SOCOTRA ET L'ARBRE DU DRAGON

ADAN, YÉMEN

Superficie de l'île de Socotra : 3 625 km^2

Longueur : 120 km

Largeur : 40 km

L'île de Socotra se situe à 510 kilomètres au large de la corne de l'Afrique et de la côte sud du Yémen, à qui elle appartient. Elle est pratiquement coupée du reste du monde, isolée par des conditions naturelles extrêmes, en particulier pendant la mousson sud-ouest, entre avril et octobre et rend presque toute circulation impossible.

La principale caractéristique de l'île est son haut plateau de calcaire datant du crétacé, le massif de Haggif, souvent enveloppé de nuages. Cette zone nuageuse maintient Socotra en vie, en alimentant la nappe phréatique et en fournissant de l'eau potable à toute l'île. Socotra est un trésor botanique, un musée vivant d'espèces disparues. Le plus célèbre des étranges trésors de l'île est l'emblématique Arbre du Dragon, qui n'existe qu'ici. Ce grand arbre en forme de parasol croît dans les zones de fourrés et d'herbages. Son nom provient de la sève rouge qui suinte des entailles faites dans l'écorce. Cette sève était fort appréciée et utilisée comme onguent antiseptique dans l'Antiquité. JD

À DROITE : *Les arbres du Dragon de l'île de Socotra.*

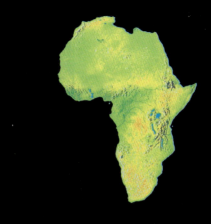

IV

L'AFRIQUE

La photo satellite de l'Afrique laisse apparaître des reliefs très divers. Au nord, les sables jaunes du Sahara ne sont interrompus que par le ruban bleu du Nil. A l'est, la Grande Vallée du Rift menace à tout moment de couper en deux le continent. La « côte des squelettes » et ses innombrables épaves bordent l'Afrique occidentale, tandis qu'au sud, la savane abrite une faune très riche. Le bassin du Congo, au centre, est un patchwork de marécages et de forêts d'émeraude, aussi divers que les régions entre lesquelles il fait le lien.

À GAUCHE : *Dunes en croissant dans le désert du Namib, en Namibie.*

CRÊTE MÉDIANE DE L'ATLANTIQUE

L'ÎLE DE L'ASCENSION

CRÊTE MÉDIANE DE L'ATLANTIQUE

Superficie de l'île de l'Ascension : 88 km²
Tortues vertes : 1 m de long
Terre la plus proche (île de Sainte-Hélène) : 1 931 km

Partie intégrante de la crête médiane de l'Atlantique, l'île de l'Ascension est en réalité une montagne dont le sommet s'élève à 3 048 mètres au-dessus du fond de l'Atlantique. La crête médiane de l'Atlantique résulte d'une faille dans la croûte terrestre. En effet, lorsque les plaques de l'Afrique et de l'Europe se séparèrent de celles de l'Amérique du Nord et du Sud, la pression fut telle que la roche sous-jacente en fusion surgit à la surface de la mer. Ces affleurements rocheux autrefois arides devinrent au fil du temps des terres fertiles. L'île de l'Ascension constitue l'une des nombreuses îles de la crête médiane de l'Atlantique. Les débris pyroclastiques (à la fois ferromagnésiens et siliciques), les dômes et coulées de lave trachyte et ferromagnésienne, ainsi que les cônes de scorie témoignent de cette genèse violente.

En dépit de ce paysage volcanique aride, l'île de l'Ascension regorge d'une faune et d'une flore des plus variées. La tortue de mer verte constitue l'un de ses visiteurs les plus atypiques. Ces reptiles dociles se nourrissent généralement le long du littoral brésilien, mais lors de la période de ponte, ils gagnent la mer et échouent sur les rivages de l'île de l'Ascension. Après leur épuisante traversée de l'océan Atlantique, les tortues se hissent enfin sur la plage pour y déposer leurs œufs. La manière dont elles parviennent à se repérer dans cet océan uniforme reste un mystère ; plusieurs hypothèses sont néanmoins émises sur les raisons de ce voyage.

L'Afrique et l'Amérique du Sud étaient autrefois plus rapprochées, mais au moment de leur séparation une chaîne volcanique a surgi entre les deux continents. Lorsqu'un volcan s'éteignait, les tortues transformaient ses plages en sites de ponte, se mettant ainsi à l'abri des prédateurs terrestres. Dépourvues de lave fraîche, ces îles finirent par disparaître l'une après l'autre dans les profondeurs, sous la force de l'érosion. Les tortues se regroupèrent alors sur l'île suivante, rallongeant ainsi chaque fois un peu plus la distance parcourue. Elles entreprennent aujourd'hui ce périlleux voyage jusqu'à l'île de l'Ascension.

L'île de l'Ascension abrite en outre une stupéfiante variété d'oiseaux tels que le fou à pieds rouges, la sterne fuligineuse, le noddi brun, le phaéton à bec rouge, le martin triste et le serin de Sainte-Hélène. Des requins, thazards-bâtards et barracudas, sillonnent également les eaux au large de l'île. **MB**

> *Partie intégrante de la crête médiane de l'Atlantique, l'île de l'Ascension est en réalité une montagne dont le sommet s'élève à 3 048 mètres au-dessus du fond de l'Atlantique.*

À DROITE : *Bébés tortues se hâtant vers la mer.*

ÎLES DU CAP-VERT

LE PIC DE FOGO

ÎLES DU CAP-VERT

Hauteur : 2 829 m
Diamètre de la caldeira : 9 km
Diamètre de la base du volcan : 25 km²

D'origine volcanique, les îles du Cap-Vert étaient inhabitées lorsque les marins portugais les découvrirent en 1456. Elles forment un archipel situé à quelque 500 kilomètres de la côte du Sénégal, sur une croûte océanique datant de 120 à 140 millions d'années. Pico, sur l'île de Fogo (« feu », en portugais), est le seul volcan encore actif de l'archipel. Du haut de ses 2 829 mètres, le cône de Fogo surplombe l'océan Atlantique. Répertorié comme « zone sensible », ce volcan basaltique forme un groupement géographique avec les Açores et les îles Canaries.

Le paysage de ce cône volcanique offre un contraste entre les zones arides et sèches du sud et celles humides et très fertiles du nord. Les cacahuètes, haricots, café et plantes à tabac poussent sur les versants nord et ouest de l'île. On y produit même un vin rouge riche et capiteux à partir des grappes qui poussent à l'intérieur de la caldeira et qu'importèrent les

exilés français au début du XIXe siècle. Leurs descendants conservent la même méthode de vinification, mais ne pouvant employer de fûts en bois, ils utilisent de vieux bidons d'essence ce qui donne au vin un arrière-goût très surprenant ! Les terres les plus fertiles de Fogo sont situées sur le sol de la caldeira ; ceux qui vivent dans cette zone savent qu'une éruption peut les chasser à tout moment, ce qui survint précisément en 1995. Le 25 mars, les habitants commencèrent à ressentir de faibles secousses. Dans la nuit du 2 avril, la lave commença à se répandre. Sept cheminées s'activèrent, provoquant une avalanche de fontaines de feu et de bombes volcaniques dans les airs, ainsi qu'un panache de gaz et de cendres haut de 2 000 mètres. Plus de 5 000 personnes fuirent la caldeira pour trouver refuge le long de la côte. Deux coulées de lave se formèrent, l'une au-dessus de l'autre. Longues de 4 kilomètres et larges de 600 mètres, leur température atteignit 1 026 °C. La lave engloutit tout un village et réduisit à néant les terres arables. C'est ainsi que Fogo reconquit toute la caldeira. JD

CI-DESSOUS : *Littoral bleu-vert du Pic de Fogo.*

ÎLES CANARIES (TERRITOIRE ESPAGNOL)

LE PIC DE TEIDE

TENERIFE, ÎLES CANARIES

Altitude du Pic de Teide : 3 718 m
Hauteur du sommet du Pic de Teide : 7 000 m
Superficie de Tenerife : 2 354 km²

Au lever du soleil, l'ombre du Pic de Teide recouvre l'océan Atlantique sur 200 km – c'est l'ombre la plus grande du monde. Cette montagne haute de 3 718 mètres est un volcan souvent enneigé qui domine Tenerife sur les îles Canaries. Il possède deux cratères. Le plus récent, un pic en forme de cône, se situe à l'intérieur d'une caldeira formée à une époque d'activité antérieure. Le nouveau cratère atteint une profondeur de 30 mètres et son sol continue de dégager des gaz sulfureux. En 1705, son éruption ensevelit le port de Garachio sous la lave et la cendre. En 1909, une cheminée latérale déversa une coulée de lave longue de 5 km qui dévala son versant nord-ouest en direction des villages côtiers. Les Guanches, premiers habitants de Tenerife, avaient baptisé ce cratère « Pic de l'Enfer » ; c'était le lieu de résidence officiel d'un dieu impitoyable, Guayota. Aujourd'hui, les visiteurs peuvent accéder à la montagne par la route et prendre un funiculaire qui les mène au cratère. Sur leur route, les visiteurs longent une crevasse remplie de glace (même en été) connue sous le nom de Cuevo del Hielo et peuvent admirer la vue du volcan voisin Pico Viejo. **MB**

LOS ROQUES DE GARCIA

TENERIFE, ÎLES CANARIES

Superficie de la caldeira de Las Canadas : 48 km de circonférence
Âge de Los Roques de Garcia : 170 000 ans
Déclaré parc national en 1954

On appelle Los Roques de Garcia les roches spectaculaires et érodées d'un ancien mur de cratère volcanique situé dans le parc national de Teide, au cœur des îles de Tenerife. Tenerife est un strato-volcan que recouvre Las Canadas, l'une des caldeiras les plus impressionnantes du monde. De nombreux films cultes comme *Star Wars*, *La Planète des singes* ou *Les Dix Commandements* ont porté à l'écran ce paysage insolite de Las Canadas. Pour les géologues, les conditions de formation de la caldeira restent floues ; elle pourrait résulter d'une explosion volcanique, comme d'un effondrement, de glissements de terrain ou du phénomène d'érosion. Ces pics rocheux étranges et torsadés sont appelés « Doigt de Dieu » et « Cathédrale ». Le site offre une bonne occasion de comparer deux types de laves particuliers – la lave « aa » qui possède une surface rocheuse irrégulière et la lave « pahoehoe » dont la surface est « cordée ». Le sol du cratère le plus bas (Llano de Ucanca) est recouvert de sable volcanique. Toutefois, ce site aride se transforme en lac au printemps, lorsque l'eau issue de la fonte des neiges ruisselle le long du cratère. Déclaré parc national en 1954, ce site inclut le cratère d'où s'élève le Pic de Teide. **RC**

LE PAYSAGE LUNAIRE

TENERIFE, ÎLES CANARIES

Appellation locale : Paisaje Lunar
Altitude de Vilaflor : 1 400 m

En déambulant au milieu des formations rocheuses de Paysage lunaire on croirait effectivement marcher sur la Lune. Ces cônes rocheux, appelés *pumitas*, surgissent du sol aux teintes charbonneuses, tels d'immenses termitières. Sculptures de pierre façonnées par l'érosion, certains rochers ressemblent à des globules de lave en fusion tandis que d'autres rappellent les clochers vrillés de la Sagrada Familia à Barcelone. Le site est situé à environ 9 km à l'est de Vilaflor. Pour y accéder, il suffit de suivre la route en direction du Mont Teide jusqu'à Vilaflor. Environ 2 km après Vilaflor, tournez à droite au niveau du panneau « Lomo Blanco ». Continuez jusqu'au panneau indiquant « Paisaje Lunar » et garez-vous à cet endroit. Un sentier de forêt vous mènera au Paysage lunaire. Le site offre un beau panorama sur la côte sud de l'île ainsi que sur une partie du cratère de Las Canadas. Certaines colonnes de pierre érodées du Paysage lunaire sont des piliers fuselés à la base évasée et surmontés de fines structures. Du second groupe de colonnes part un chemin menant au site de Barranco de las Arenas. **RC**

LOS ORGANOS
LA GOMERA, ÎLES CANARIES

Hauteur des colonnes de basalte de Los Organos : jusqu'à 80 m de haut
Superficie du parc national de Garajonay : 3 984 ha

Los Organos est une impressionnante falaise qui émerge de la mer au nord de la côte de La Gomera. Vues de la mer, les milliers de tours rocheuses basaltiques verticales ressemblent aux tuyaux d'un gigantesque orgue d'église (c'est de là que la falaise tire son nom).

Ces formations rocheuses font partie de l'île circulaire volcanique de La Gomera, la seconde île la plus petite des Canaries (après El Hierro). Le monument naturel de Los Organos se situe dans la municipalité de Vallehermoso, sur la côte nord-ouest de l'île, mais il n'est pas visible depuis la terre. Cependant, des bateaux emmènent régulièrement les visiteurs faire le tour de l'île, leur permettant ainsi d'admirer facilement les falaises (en particulier lorsque la mer est calme). Des dauphins et des baleines sont souvent aperçus au large de l'île.

L'île n'a pas connu d'activité volcanique récemment ; l'eau a cependant érodé un réseau radial de ravins profonds. Le parc national de Garajonay occupe approximativement 10 % de la surface totale de l'île. Il fut créé en 1981 afin de protéger les précieuses forêts de lauriers de l'île ainsi que les nombreuses espèces indigènes qu'elle abrite. En 1986, il fut recensé au patrimoine mondial de l'UNESCO. RC

LA GORGE DE ARICO

TENERIFE, ÎLES CANARIES

Hauteur de la gorge de Arico : de 9 à 30 m
Âge de la roche : 1 à 2 millions d'années
Routes y accédant : environ 175, pour tous les niveaux

Avec son paysage accidenté de piliers rocheux perforés, de pierres éclatées et de parois rocailleuses de la taille d'un bus campées à flanc de falaises couleur rouille, voici la gorge de Arico de Tenerife. En parcourant le paysage, d'aucuns ne peuvent s'empêcher de penser qu'ils traversent une région naturelle dévastée. Située sur le versant sud-est d'un volcan aujourd'hui éteint qui s'élève à 3 700 mètres au-dessus de la surface de l'océan, le site d'Arico a été inondé de lave bouillante rouge et brûlé par les gaz et cendres effervescents pendant des milliers d'années. Lorsque les éruptions cessèrent et que la montagne se refroidit, les couches de cendre volcanique et de gravats projetés s'amalgamèrent pour constituer un conglomérat pierreux, connu sous le nom d'ignimbrite, que creusent ensuite l'eau et le vent pour former cet étroit canyon. Ce processus a déterré des poches de gaz et des tessons de roches autrefois prisonniers des coulées de lave, conférant ainsi aux parois du canyon un aspect noueux et abrasif. Ces caractéristiques ont fait de Arico l'un des sites d'escalade les plus prisés au monde. Avec ses versants abrupts et ses immenses rochers, escalader la gorge relève d'un véritable défi. **DBB**

ALEGRANZA
ÎLES CANARIES

Altitude maximale : 289 m
Profondeur sous-marine maximale : 1 000 m
Âge : 16 à 20 millions d'années

Surgissant de l'océan Atlantique tel un piédestal rocheux, Alegranza est l'un des petits îlots – situés au large de la côte nord-ouest africaine – qui constituent la pointe nord des îles Canaries. Considéré comme l'un des éléments les plus anciens de cet archipel volcanique, Alegranza est une terre de cratères profonds, de cônes volcaniques, de longues murailles de dunes assises sur un vaste réseau d'excavations et de poches souterraines dépourvues de lave depuis longtemps.

Outre ses trésors géologiques, on relève l'existence toute aussi diverse de nombreuses reliques vivantes telles que les tortues de mer caouannes, des geckos rarissimes vivant dans la partie orientale des Canaries, et introuvables ailleurs dans le monde, ainsi que quelques andains épars d'arganiers épineux. Nombre d'espèces menacées d'oiseaux comme le pétrel, le puffin, le balbuzard pêcheur, le vautour égyptien et le faucon pèlerin nichent sur les hauteurs inaccessibles de l'île, au sommet des falaises côtières. En dépit des 10 millions de touristes qui affluent sur le site chaque année, un vaste système de protection des sites a permis de réduire efficacement l'agitation sur Alegranza et sur les îlots avoisinants. **DBB**

MADÈRE (TERRITOIRE PORTUGAIS)

CABO GIRÃO

MADÈRE

Hauteur de Cabo Girão : 590 m
Type de roche : d'origine volcanique

Le poète portugais Luís Vaz de Camões appelait autrefois l'île portugaise de Madère, « le bout du monde ». Placez-vous au bord de la paroi rocheuse abrupte qu'on nomme Pic de Girão, situé sur la côte sud de l'île principale et vous comprendrez pourquoi. Falaise marine culminante d'Europe et la seconde plus haute du monde, le cap plonge de près de 100 mètres jusqu'à l'océan Atlantique mais ne s'arrête pas là. Telle la partie visible d'un énorme volcan, les flancs escarpés de cette masse de terre sont entourés d'eaux profondes. Au sommet de cette majestueuse falaise, il suffit de balayer l'horizon du regard au-delà de l'Atlantique pour voir se dessiner les contours sinueux de la terre. Alors qu'une promenade sur les hauteurs permet d'admirer une vue imprenable, se fondre dans l'ombre de la falaise sur la mer offre une tout autre perspective. Arborant une parure d'eucalyptus et de mimosas semblables à de la fougère, la bande de basalte noire est enlacée de cascades d'eau qui irriguent une forêt de mousses colorées, de lichens et de plantes de falaises nommées orpins. Afin d'apprécier ces falaises à leur juste valeur, grimpez sur un bateau pour profiter pleinement de la vue sur le cap. **DBB**

CALDEIRÃO VERDE

MADÈRE

Hauteur de Caldeirão Verde : 325 100 m
Altitude : 900 m
Nombre de tunnels : 4

Cirque naturel de roches, ondoyant sous les verts des mousses visqueuses et des fougères duveteuses, le Caldeirão Verde ou « Chaudron Vert » de l'île de Madère se niche au milieu de l'une des dernières forêts vierges. D'une hauteur équivalant à plus de 30 étages et divisée au centre par une mince cascade, la falaise réalise une percée au travers d'une forêt dense de lauriers – un écosystème si rare qu'il fut déclaré patrimoine mondial par l'Unesco en décembre 1999. En raison de sa localisation dans l'une des régions les plus sauvages de l'île, atteindre le « Chaudron » est une véritable aventure. Celle-ci nécessite de suivre les tracés creusés dans les versants abrupts des massifs dentelés et de passer par de longs tunnels étroits, sombres et humides. Malgré l'escarpement du terrain et l'état plutôt préservé de la forêt, la route forme en réalité un réseau de canaux enchevêtrés construits par des hommes. Appelés « levadas », ces canaux furent mis en place par les premiers habitants afin de récolter et dévier les eaux de pluie des régions nordiques de l'île vers celles du sud. Le sentier menant au Caldeirão Verde part du parc forestier de Queimadas, dans la ville de Santana. **DBB**

AFRIQUE DU NORD

LE SAHARA

TUNISIE / SAHARA OCCIDENTAL / MAROC / MAURITANIE / MALI
ALGÉRIE / LIBYE / ÉGYPTE / NIGER / TCHAD / SOUDAN

Superficie : 4 800 km d'Est en Ouest et 1 900 à 4 800 km du Nord au Sud
Âge : 5 millions d'années

Le Sahara, le plus vaste désert du monde, recouvre un tiers du continent africain. Vu de l'espace, il couvre une région équivalant à la taille des États-Unis. Seul désert véritable situé sur le méridien-origine, le Sahara est l'un des points les plus chauds de la Terre. Cependant, même si les températures atteignent parfois 58 °C, c'est à la sécheresse et non à la chaleur

montagneuse s'élève à 340 mètres. Le nord bénéficie d'un climat subtropical sec avec deux saisons des pluies, tandis que les régions du centre et du sud subissent un climat tropical sec. Sur la côte ouest, le courant froid des Canaries provoque la formation d'une ceinture de brouillard côtière plus fraîche que le reste du désert et pourvue d'une flore luxuriante. Sur la majeure partie du Sahara, les pluies sont rares et irrégulières avec une pluviométrie inférieure en moyenne à 8 mm par an. Fait surprenant, le gel peut parfois apparaître dans certaines régions en hiver. Dans la région du

> *Le Sahara, le plus vaste désert du monde, recouvre un tiers du continent africain. Vu de l'espace, il couvre une région équivalant à la taille des États-Unis.*

qu'est dû cet état désertique. Des vents forts et imprévisibles secouent le Sahara. Ils peuvent souffler des jours durant, recouvrant tout le paysage d'un manteau de poussière et de sable. Le paysage saharien est extraordinairement varié ; plus d'un quart du désert est constitué de sable, le reste étant formé de plaines caillouteuses, de lits de rivière saisonniers, de plateaux jonchés de roches ainsi que de montagnes volcaniques. Les mers de dunes de sables mouvants ou « ergs » sont très vastes et s'étendent sur des centaines de kilomètres. Elles peuvent atteindre 170 mètres de hauteur tandis que le Draa, une crête de sable

centre, les températures peuvent chuter en dessous de 0 °C, recouvrant ainsi de neige les pics de Emi Koussi et Tahat. La faune et la flore ont dû faire preuve d'une grande adaptabilité pour pouvoir survivre. Les fennecs, vipères à corne, gerboises du désert, outardes houbara, hérissons du désert et gazelles dorcas peuplent cette région désertique. Des léopards de Barbarie, des aigles dorés et des mouflons apparaissent parfois dans les montagnes de l'Atlas. **AB**

À DROITE : *Une oasis de palmiers au cœur du désert du Sahara.*

ALGÉRIE

TASSILI N'AJJER

ILLIZI, ALGÉRIE

Hauteur de Tassili N'Ajjer : 2 250 m
Type de roche : grès
Datation des peintures rupestres : de 8 000 à 2 300 ans

Au cœur du désert du Sahara, l'art rupestre daté d'il y a 8 000 ans représente des hommes en train de chasser ainsi que des animaux tels que des buffles, des éléphants et des hippopotames. Les roches abritant ces peintures forment un plateau de grès connu sous le nom de Tassili N'Ajjer, au sud de l'Algérie. Les montagnes sont divisées par des massifs distincts que l'eau et les vents de sable ont érodés et transformés en crêtes, ravins et éperons solitaires. La température peut atteindre 70 °C à midi ; tout semble alors figé. Pourtant, les esquisses réalisées par ces artistes primitifs à base d'ocre et de pigments naturels ébauchent un paysage autrefois verdoyant et agréable. L'art rupestre, découvert par l'explorateur français Henri Lhote dans les années 1950, dévoile l'évolution culturelle des peuples primitifs d'abord chasseurs, puis fermiers et soldats. Des reproductions datées d'il y a 3 500 ans, dépeignent des pâtres. Des peintures d'il y a 2 300 ans figurent des chariots et des soldats en armure. Les dernières peintures représentent des chameaux ; puis les peuples primitifs disparurent, et l'art rupestre avec. Un changement climatique a transformé ces terres fertiles en désert. **MB**

LE MASSIF MONTAGNEUX HOGGAR

TAMANRASSET, ALGÉRIE

Hauteur du massif montagneux Ahaggar : 3 000 m
Type de roche : volcanique

Dans le vaste désert de sable qu'est le Sahara, le massif montagneux Hoggar ou Ahaggar forme une île de la taille de la France. C'est un vaste plateau que bordent sur trois côtés des falaises à-pic, et sur le quatrième, un désert dénommé « Terre de la soif ». Le centre du massif abrite des roches volcaniques que l'érosion a façonnées en colonnes anguleuses, formant des groupes compacts de tours ou pinacles et séparées par des ravins. Pareils à d'immenses mains de pierre, certaines se dressent à plus de 3 000 mètres dans le ciel. Malgré la pluie et la végétation peu abondante, certaines gorges situées sur les flans latéraux contiennent des poches d'eau. Elles constituaient des lieux de repos essentiels pour le peuple nomade des Touaregs lors de ses traversées du désert en caravane afin d'aller négocier l'or, l'ivoire et les esclaves. Ils appellent le massif *Assekrem*, ce qui signifie « le bout du monde ». Au début des années 1900, un prêtre français, Charles de Foucauld, vint s'établir dans la région et consacra son existence aux Touaregs. Il fut tué lors d'un soulèvement en 1916. Aujourd'hui, touristes et marcheurs grimpent jusqu'à l'ermitage qu'il créa pour y admirer le lever du soleil sur le Sahara. **MB**

PARC NATIONAL DE TALASSEMTANE

TÉTOUAN, MAROC

Superficie : 640 000 km²)
Particularité : sapin du Maroc (*Abies marocana*)

Paysage d'une extraordinaire beauté avec ses pics montagneux, ses falaises, ses gorges et ses grottes, le parc national de Tallasemtane présente aussi un écosystème exceptionnel de forêt méditerranéenne, riche de multiples espèces endémiques. Le parc, caractérisé par ses hautes montagnes et ses superbes forêts, se situe à la pointe extrême-orientale du Grand Rif, qui va de Ceuta à Assifane. Les pics les plus élevés sont le djebel Tissouka (2 122 m) et le djebel Lakraa (2 159 m). On trouve encore dans le parc des spécimens du seul conifère propre à l'Afrique du Nord, le sapin du Maroc, aujourd'hui menacé de disparition. On peut aussi y voir 239 espèces botaniques, dont un grand nombre de plantes endémiques ou en voie de disparition ailleurs, comme le cèdre de l'Atlas ou le pin noir.

Le parc abrite plus de 37 espèces de mammifères, parmi lesquelles le macaque de Barbarie, qui vit dans les grottes. On a recensé dans le parc plus de 117 espèces d'oiseaux, dont les plus remarquables sont le gypaète barbu et l'aigle royal. L'atmosphère de paix et de sérénité qui règne dans cette région, propice à la contemplation et à la méditation, attire en ces lieux de nombreux fidèles du soufisme. GD

LA GORGE DU DADES

OUARZAZATE, MAROC

Hauteur de la gorge du Dades : 500 m
Âge : 200 millions d'années

Au cœur du Maroc, au nord de la ville de Boumalne, le fleuve Dades a scindé les montagnes du Haut Atlas, pareil à une lame de rasoir. Il en résulte l'apparition de la gorge du Dades. Ses murs s'élèvent jusqu'à 500 mètres, les roches formant des couches horizontales de calcaire, de grès et de marne. Il y a environ 200 millions d'années, d'importantes secousses terrestres ont provoqué le soulèvement et l'amalgame de sédiments gisant sur les fonds marins ; les montagnes de l'Atlas étaient nées.

Chaque hiver, les chutes de pluie sur les montagnes transforment le fleuve étroit de Dades en un torrent fulminant. La cascade des débris provenant des hauteurs creuse chaque fois davantage la gorge. Parfois, l'érosion a curieusement modelé les rochers ; certains ont même une forme humaine. Les autochtones les appellent « les collines aux corps humains ». Tout aussi impressionnante, la gorge de Todra, située au nord-est de l'île. Par endroits, seuls 9 mètres séparent ses versants à-pic qui font 300 mètres de haut. Tout proche de là jaillit une source d'une valeur particulière pour les Berbères des environs. La légende veut qu'en traversant ses eaux, en invoquant le nom d'Allah, une femme stérile devienne fertile. MB

ARABIE / AFRIQUE

LA GRANDE VALLÉE DU RIFT ARABO-AFRICAIN

ARABIE / AFRIQUE

Great Rift Valley : 6 400 km de long
Point culminant (Mt Kilimandjaro) : 5 895 m

La Grande Vallée du Rift s'étend de la mer Morte, jusqu'à la côte du Mozambique. À certains endroits, le déplacement des plaques tectoniques a formé deux failles parallèles dans la croûte terrestre, provoquant l'effondrement de la partie intérieure. La région est sujette à une activité volcanique intense et à des séismes fréquents. En Arabie, l'éloignement des plaques arabes et africaines a donné naissance à la mer Rouge, tandis qu'en Afrique, les secousses terrestres ont créé un rift à double embranchement. La branche occidentale de ce dernier traverse l'Ouganda, le Zaïre et la Zambie ; elle renferme des lacs comme le Tanganyika et le Malawi. La branche orientale traverse l'Éthiopie, le Kenya et la Tanzanie. Elle abrite des lacs alcalins peu profonds tels que le lac Natron, ainsi que de superbes volcans comme le mont Kilimandjaro. Certaines régions de cette grande cicatrice qui fait un septième de la circonférence de la Terre abritent la faune et la flore les plus riches de la planète. **MB**

ÉGYPTE

LA RÉSERVE SAUVAGE DE TABA

JANUB SINA, ÉGYPTE

Superficie de la réserve sauvage de Taba : 3 590 km²
Déclarée réserve sauvage en 1997

La réserve sauvage de Taba se situe sur le golfe d'Aqaba, au sud-ouest de la ville côtière de Taba. Installée à la frontière de l'Égypte avec la Jordanie, Israël et l'Arabie Saoudite, Taba se trouve dans la péninsule du Sinaï qui fut séparée du reste de l'Arabie il y a 20 millions d'années. La réserve sauvage de Taba fut créée en 1997 afin de protéger ses formations géologiques, ses sources naturelles, ses grottes, ses ravins, ainsi que la faune et la flore intérieure et côtière. Plus de 50 espèces d'oiseaux de la réserve, comme l'aigle de Bonelli ou le goéland à iris blanc sont des espèces rares. On recense dans la région quelque 25 espèces de mammifères et 480 espèces de plantes.

Des fouilles ont révélé des traces d'occupation humaine datant d'il y a 5 000 ans. Les sources naturelles produisent de l'eau pour les plantations et les potagers aménagés par les Bédouins et elles sont également essentielles pour 18 espèces d'oiseaux migrateurs. L'un des 22 sites protégés d'Égypte, la région côtière de Taba, abrite des récifs de corail ainsi que des marais de mangroves blanches. Des dugongs trouvent également refuge dans les herbiers marins qui existent. **AB**

SIWA

MATROUH, ÉGYPTE

Superficie de la dépression de Siwa : 2 296 km²
Superficie du plus grand lac salé : 32 km²
Caractéristique : 1 000 sources naturelles

Siwa est la plus occidentale des cinq oasis majeures d'Égypte ; les touristes s'y rendent depuis le VIIIe siècle avant J.-C. Ce site magnifique offre un aperçu de ce que cette immense oasis verte devait autrefois signifier pour les marcheurs du désert. On dit qu'Alexandre le Grand s'y arrêta pour consulter l'oracle de Siwa. L'historien Diodorus Siculus écrivait : « La terre qui héberge ce temple est entourée d'un désert de sable sans points d'eau et qui ne contient rien de bon pour l'homme. L'oasis fait cinquante furlongs de long comme de large. Irriguée par de nombreuses sources d'eau claire, elle est recouverte d'arbres. » De nos jours, les visiteurs peuvent se promener le long du lac de Birket Siwa (l'un des nombreux lacs salés), avant d'atteindre la lisière de la forêt et d'apercevoir les profondeurs de la « Grande mer de sable ». De l'autre côté du lac se trouve la colline et le rocher de l'oracle toujours perché sur son sommet bien que maintenu par des poutrelles d'acier. Là-haut, le visiteur se sent en communion avec tous ceux qui, un jour, vinrent ici entendre la parole des dieux, et il comprend alors pourquoi seule la vérité pouvait émaner d'un lieu comme celui-là. **PT**

LA GROTTE DE SANNUR

BÉNI-SUEF, ÉGYPTE

Superficie de la grotte de Sannur : 12 km²
Âge : 60 millions d'années
Type de roche : grotte rocheuse calcaire entourée d'albâtre

Déclarée « zone protégée » en 1992, la grotte de Sannur est une chambre en forme de croissant d'environ 700 mètres de long et 15 mètres de diamètre. Au milieu de l'ère éocène, une région karstique s'est constituée sous l'effet des eaux souterraines sur le calcaire soluble. Elle fut recouverte d'albâtre généré par l'activité thermale de la source.

D'immenses stalactites et stalagmites ornent la grotte, formés par l'écoulement de l'eau au travers des résidus d'albâtre. Son sol est recouvert de dépôts figés depuis tant d'années qu'ils ont servi à étudier les changements climatiques. La région de Sannur est jalonnée d'anciennes carrières, certaines datant de l'époque pharaonique. La grotte fut découverte par hasard à la fin des années 1980 lors d'un forage effectué à la base d'une carrière d'albâtre à ciel ouvert. Cette stupéfiante alliance de calcaire, d'albâtre et d'eau est unique en géologie. Certains ont tenté d'inscrire le site au patrimoine mondial dans l'espoir que ce statut permette de préserver la grotte des activités de forage et de promouvoir le tourisme. Sannur est l'un des 22 protectorats égyptiens ; sa superficie couvre quelque 80 000 km², soit 8 % du pays. **AB**

LE DÉSERT BLANC

AL WADI AL JADID, ÉGYPTE

Âge du désert : 5 000 av. J.-C.
Caractéristique : paysage impressionnant façonné par le vent

Le Désert Blanc est situé sur la frange septentrionale du désert occidental, territoire couvrant environ 3 millions de km², des rives occidentales du Nil jusqu'en Libye. Le Désert Blanc est un lieu de désolation et de beauté, avec ses monolithes impressionnants surgissant du calcaire et son sol désertique de craie. Au travers des millénaires, les vents ont chassé la poussière de craie, façonnant ainsi des formes étranges et fantastiques dans la pierre dure. Certaines de ces sculptures sont massives et atteignent parfois 6 mètres de haut ; d'autres ont la forme de champignons, d'animaux ou d'humains. La journée, l'aveuglement que provoque le scintillement des rochers renforce encore la chaleur du désert ; cependant, ils offrent un abri apprécié contre les rayons du soleil. Au crépuscule, les rochers arborent des teintes subtiles. Au clair de lune, ils illuminent le désert de leurs reflets magiques et scintillants. La montagne de Cristal (un rocher de cristal de quartz) ainsi que le massif des Pics Jumeaux comptent parmi les sites de la région. De minuscules coquillages sont parfois visibles, incrustés dans la roche et le sol désertique est couvert de quartz et de sulfure de fer (« l'or du fou ») en de nombreux endroits. **PT**

MAURITANIE

LE BANC D'ARGUIN

DAKHLET NOUADHIBOU / AZEFAL, MAURITANIE

Altitude : 5 m au-dessous du niveau de la mer et 15 m au-dessus
Pluviométrie : 34 à 40 mm par an
Déclaré site du patrimoine mondial en 1989

La côte occidentale de Mauritanie, entre le désert brûlant et l'océan glacé, est parsemée de surprenantes zones aquatiques et l'un des plus grands parcs nationaux d'Afrique s'y trouve. Les marécages vaseux et zones intertidales regorgent d'une variété de vers, mollusques, crustacés et autres habitants des mers, ce qui en fait l'un des sites marins les plus appréciés par les oiseaux qui viennent s'y nourrir. Ils sont connus pour les deux millions d'oiseaux du littoral qui s'y établissent l'hiver. La majorité des sept millions d'oiseaux marins qui migrent le long de la côte atlantique s'arrêtent ici afin de se nourrir et reprendre des forces pour repartir ensuite vers le Sud. Trois millions d'oiseaux regroupant plus de 100 espèces comme les flamants roses, les hirondelles de mer et les pélicans trouvent également refuge sur le Banc d'Arguin. Ce dernier accueille aussi des espèces rarissimes de phoques moines et quatre espèces de tortues. Ce site est l'exemple d'une symbiose unique entre l'homme et la nature. Sur les plages voisines, les pêcheurs battent le sol à l'aide d'un bâton afin d'alerter les dauphins. Ces derniers ramènent les bancs de mulets vers la plage où ils aident les hommes à les attraper. **PG**

MALI

LE DELTA INTÉRIEUR DU NIGER

MOPI / SEGOU / TOMBOUCTOU, MALI

Zone inondée en saison sèche : 4 000 km²
Zone inondée en saison des pluies : 20 000 km²
Pluviométrie : 600 mm au sud, 200 mm au nord

Le fleuve Niger prend sa source sur les hauts plateaux de Guinée puis remonte au Nord-Est. Mais juste avant d'entamer sa courbe à l'Est vers le Sahel, il dévoile l'une des plus grandioses zones aquatiques du monde. Chaque année, les fleuves Niger et Bani inondent une vaste région. Tandis que seuls 4 000 km² sont épargnés par les inondations durant la saison sèche, ces dernières en recouvrent 20 000 lors de la saison des pluies, créant ainsi la plus grande zone aquatique intérieure du monde. Entre août et décembre, ces zones accueillent plus d'un million d'oiseaux. Le nombre de sarcelles en hivernage dépasse à lui seul les 500 000. Environ 80 000 couples de grands oiseaux comme les grues cendrées, les ibis et les spatules blanches vivent aussi sur le site. Des troupeaux d'antilopes telles que les cobes des roseaux ou cobes des buffons sont également présents, mais luttent pour survivre, victimes du surpâturage causé par les millions de chèvres et moutons élevés par les 500 000 habitants de la région. Fait étonnant, quelques lamantins, une espèce menacée, vivent sur ces terres du delta intérieur. Plus de 100 espèces de poissons ont été recensées dans le delta. **PG**

TCHAD

EMI KOUSSI

BOURKOU / ENNEDI / TIBESTI, TCHAD

Altitude d'Emi Koussi : 3 415 m
Diamètre de la caldeira principale : 15 km
Type de roche : dépôts volcaniques sur sol de grès de l'ère précambrienne

Emi Koussi est un ancien volcan établi à l'extrémité sud du massif Tibesti, au nord du Tchad. Il s'élève à 2,3 kilomètres au-dessus des plaines de grès environnantes ; c'est le plus haut volcan du Sahara. Emi Koussi mesure 65 km de large, et son cartère évasé, 15 km. La formation de cette « caldeira » fut provoquée par l'effondrement du volcan sur lui-même. L'intérieur de la caldeira principale renferme Era Kohor, un cratère de 3 km de large contenant les sels blancs d'un lac aujourd'hui asséché. Plusieurs couches de lave sont visibles sur les parois du cratère. Le volcan principal est entouré d'un dôme de lave jeune et de la région thermale de Yi-Yerra. Les scientifiques qui s'intéressent à la géologie sur Mars se sont servis d'Emi Koussi pour étudier les caractéristiques analogues du volcan de cette planète, Elysium Mons. Le site comporte quelques autres volcans imposants, des cônes cylindriques et des coulées de lave de types divers. Les rebelles, les mines terrestres et une infrastructure défectueuse rendent l'accès difficile. La présence d'un guide est nécessaire même si la montée présente peu de difficultés. La montagne est située à deux jours de route de la ville la plus proche, Faya. **AB**

LA GORGE DE L'ENNEDI

BOURKOU / ENNEDI / TIBESTI, TCHAD

Nombre d'arches naturelles : plus de 500 (mal connues pour la plupart)
Végétation : forêt xérique
Faune et flore : addax, gazelles dorcas, gazelles dama, fennecs, chacals dorés

Le silence du Sahara se brise à l'approche de la gorge de l'Ennedi car c'est là que les nomades du désert viennent faire boire leurs chèvres et leurs chameaux. La gorge est l'un des canyons qui coupent au travers des rochers gréseux du massif de l'Ennedi. Des falaises rouges braise, d'immenses piliers effrités, des arches naturelles et des parois ornées de peintures rupestres plantent le décor. En contrebas du canyon sourdent des bassins d'eau noire ou gueltas. La Guelta d'Archie, avec son sol sablonneux et blanc revêtu d'une végétation éparse d'acacias Aludéya, se termine en un cirque immense où les nomades de Gaeda et Bideyat viennent abreuver leurs dromadaires. Des poissons d'eau douce se nourrissent de leurs déjections avant d'être à leur tour dévorés par les rares crocodiles du Nil, vestiges vivants d'il y a 5 000 ans. L'Ennedi est situé au nord-est du Tchad, près de la frontière soudanaise ; elle est l'une des régions les plus isolées du Sahara. Certains tours opérateurs y déposent des touristes, mais le lieu n'est pas fait pour les personnes sensibles. Les températures estivales atteignent parfois 50 °C. Pour les voyageurs solitaires, la région n'est accessible qu'en 4x4 ou motocross, par des pistes ou sentiers isolés. **MB**

NIGER

LE LAC TCHAD

CAMEROUN / NIGERIA / NIGER

Superficie de la zone d'eau profonde du lac Tchad : 2 413 km²
Date de la formation du lac Tchad : 2,5 millions d'années

Le lac Tchad, qui fut autrefois le lac le plus grand du monde, s'est considérablement rétréci au cours des 40 dernières années. Alors qu'il couvrait une superficie supérieure à 26 000 km² dans les années 1960, cette dernière n'est plus que de 2 413 km² en 2000. Cet écart est dû à une baisse des chutes de pluie ainsi qu'à une ponction toujours croissante des eaux d'irrigation du lac et des rivières qui l'alimentent. En raison de sa faible profondeur – 7 mètres seulement aux endroits les plus profonds – le lac est très sensible aux changements affectant sa profondeur. Son niveau d'eau fluctue ainsi suivant les saisons. Il abrite 140 espèces de poissons, y compris l'incroyable dipneuste d'Afrique dont la longueur peut atteindre 2 mètres. Durant la saison sèche, il s'enterre sous la vase lorsque l'eau disparaît et « hiberne » dans un cocon souterrain jusqu'à la prochaine crue. Par ailleurs, le site regorge d'oiseaux aquatiques. Ainsi, des centaines d'espèces d'oiseaux vivraient dans la région du lac Tchad où y migreraient. L'hiver, plus d'un million d'êtres vivants appartenant à trois espèces seulement peuplent le site : la sarcelle, le canard pilet et le chevalier combattant. **PG**

LE DÉSERT DU TÉNÉRÉ

AGADEZ, NIGER

Hauteur de la dune : 245 m
Longueur des dunes Seif : 160 km

Au cœur du Désert du Sahara, dans la partie septentrionale du Niger, surgit un désert dans un désert. Le désert du Ténéré est un immense océan de sable (la moitié de la superficie de la France) interrompu par des plateaux rocheux. Ses dunes vallonnées, hautes de plus de 245 mètres, comptent parmi les plus grandes du monde. À l'Est s'étend le Grand Erg de Bilma, 750 kilomètres de sable menant jusqu'au Tchad. Au Sud, s'élèvent les « dunes Seif », crêtes parallèles de sable longues de 160 kilomètres, séparées par des dépressions surnommées « gassis ». C'est le long des gassis, que les Touaregs conduisent, de Bilma à Agadez, leurs caravanes remplies de sel. Autrefois le sel était transporté par des chameaux qui mettaient 15 jours avant d'atteindre Agadez ; ils sont aujourd'hui remplacés par des camions. De nos jours, les repères sont quasiment inexistants dans les sables mouvants ; il y en avait pourtant un jadis. La route qu'empruntent les caravanes est bordée par un puits très profond sur lequel se dressait autrefois un acacia connu sous le nom d' « arbre de Ténéré ». Ce dernier fut mystérieusement détruit en 1973 mais fut remplacé par une copie en métal. **MB**

SOUDAN

LE MARAIS DE SUDD

BAHR AL JABAL, SOUDAN

Superficie : 28 000 km² inondés
Types d'habitats : zones aquatiques, marécages, prairies inondées par les crues et la pluie, lacs et hummocks boisés

Alimenté par le Nil Blanc, le marais de Sudd est le plus grand d'Afrique et la deuxième zone aquatique la plus vaste au monde (seul le Pantanal au Brésil est plus grand). Le Sudd est réputé pour le nombre d'oiseaux migrateurs, oiseaux sauvagins et antilopes qu'il abrite. Au moins 419 espèces d'oiseaux, 91 de mammifères et plus de 1 200 variétés de plantes y vivent. Les jarbinus, les pélicans à dos roses, les grands pélicans blancs, et les hérons goliath (1,4 mètre de haut) comptent parmi les principaux hôtes du marais. Presque tous les becs-en-sabot et grues couronnées du monde s'y trouvent. De nombreuses antilopes, comme les cobes à oreilles blanches, les damalisques korrigum, les gazelles mongalla, sitatungas, antilopes zébrées, cobes defassa et guibs occupent également le territoire. Le cobe lechwe du Nil, habitant des marais aux sabots allongés et pointus destinés à soutenir son poids sur la végétation aquatique, n'apparaît que dans le Sudd. Nombre de ces espèces sont contraintes de migrer à l'intérieur des terres inondées, en quête de nouveaux pâturages. Nullement convoitées par les félins, elles ne sont chassées que par les crocodiles, les pythons et les humains. **AB**

DJIBOUTI

LE LAC ASSAL

TADJOURA, DJIBOUTI

Altitude du lac Assal : 155 m
Température estivale moyenne : 57 °C

Les séismes et éruptions volcaniques sont courants à Djibouti, petit pays qui borde le golfe d'Aden, à l'embouchure de la mer Rouge. Il se niche au cœur d'une zone active de la croûte terrestre où la roche fondue surgit à la surface, aux endroits de séparation des plaques continentales. Ce processus s'effectue généralement en aval de l'océan, et non sur la terre sèche comme ici. Si les montagnes du Danakil de la côte n'étaient pas là pour stopper la mer Rouge, la région serait ensevelie sous les vagues. L'eau de mer parvient cependant à s'infiltrer dans la roche, s'accumulant au creux de la dépression formée par le lac Assal, lac d'eau de mer salée situé à 155 mètres au-dessous du niveau marin. Les températures estivales de cet endroit réputé pour être l'un des plus chauds de la terre atteignent parfois 57 °C. Lorsqu'une partie de l'eau s'évapore, celle qui reste est très salée, plus encore que celle de la mer Morte. Les cristaux de sel blancs contrastent avec le noir des collines volcaniques environnantes. La couleur des eaux varie selon la densité de minéraux. MB

CI-DESSOUS : *Les cristaux de sel scintillent sur les bas-fonds du lac Assal.*

ÉTHIOPIE

ERTA ALÉ

TIGRAY, ÉTHIOPIE

Longueur de l'arc volcanique : 80 km
Altitude du lac Karum : 120 m au-dessous du niveau de la mer

La dépression du Danakil est une région désertique alcaline dont la température s'élève à 50 °C et où l'eau est rare. Cinq gigantesques volcans émergent d'un paysage balafré de ravins, le plus symétrique d'entre eux répondant au nom donné par le peuple Afar : Erta Alé, « montagne fumante ». Des champs de lave coupants encerclent les volcans et dévoilent, derrière leur arc de 80 kilomètres, une plaine de sel. À une époque, la dépression était partie intégrante de la mer Rouge, mais lorsque d'importants mouvements tectoniques provoquèrent la formation des montagnes du Danakil, la région fut scindée et l'évaporation de l'eau laissa une couche de sel d'environ 3 kilomètres de profondeur. Le point le plus bas de la région, soit 120 mètres en dessous du niveau de la mer, est le lac Karum, un lac salé de 72 kilomètres de large dans lequel viennent se déverser chaque année les eaux des hauts plateaux avoisinants. Lorsqu'elle s'y déverse, l'eau est surchauffée par la roche fondue suintant du manteau terrestre et forme des sources d'eau chaude fumantes. L'explorateur britannique Ludovico Nesbitt et ses deux collègues italiens furent les premiers Européens à se rendre sur le site en 1928. Nesbitt l'a décrit comme « un paysage de terreur, de souffrance et de mort ». **MB**

LE LAC TANA

AMHARA, ÉTHIOPIE

Superficie du lac Tana : 3 600 km²
Profondeur maximale : 8 m
Altitude : 1 830 m

Large de 70 kilomètres et long de 60, le lac Tana est le plus grand d'Éthiopie. Il est alimenté par quatre fleuves, l'un d'entre eux prenant sa source dans l'Abbay ou Nil bleu. Cet immense lac n'est pas très profond ; il abrite cependant une grande diversité de plantes et d'animaux. Des crocodiles peuplent ses eaux et les visiteurs peuvent louer des vélos pour aller admirer les hippopotames sur les hauteurs de l'Abbay. Le lac abrite 37 îles peuplées de colonies d'oiseaux aquatiques et d'arbres somptueux. Le long de la rive, les ornithologues ne se lassent pas d'observer les nombreux oiseaux locaux ou migrateurs. La diversité du paysage, rochers ou forêts bordées de rivières, favorise cette observation. En prenant le bateau qui traverse le lac pour se rendre au monastère d'Uhra Kidane Mehret, les visiteurs voient parfois passer des varans au large de la terre ferme. Ces derniers sont assez courants dans la région. Le monastère, quant à lui, est caché au fond d'une forêt tropicale. Des moines y ont vécu pendant au moins 600 ans. Les peintures de l'église comptent parmi les trésors nationaux de l'Éthiopie. **PT**

À DROITE : *Les chutes tumultueuses alimentent le lac Tana.*

LES CHUTES DU NIL BLEU

AMHARA, ÉTHIOPIE

Largeur des chutes du Nil bleu : 400 m
Longueur du Nil bleu : 1 530 km
Superficie de la région du lac Tana : 3 600 km²

En 1770, l'explorateur écossais James Bruce était à la recherche du fleuve du Nil lorsqu'il découvrit les chutes du Nil bleu. Il écrivit alors : « Le fleuve… tombe en une unique cascade d'eau, sans discontinuité, sur plus de 800 mètres de large. » Les Éthiopiens l'impriment ainsi sur leurs billets de 1 birr, et les autochtones le nomment « Tisissat », ce qui signifie « l'eau qui fume ». En temps normal cependant, le fleuve franchit une crête de basalte pour se jeter de ses 46 mètres de hauteur. Il provoque alors sur plus de 1,6 kilomètre une brume que la brise dissipe. Ces chutes splendides ne peuvent cependant être pleinement admirées que le dimanche ; en effet, le reste de la semaine, 90 % de l'eau sont redirigés vers une centrale hydroélectrique, ne laissant visibles que quelques petites cascades.

Autrefois, les chutes étaient entourées d'une végétation dense, mais les plantes, privées d'eau la majeure partie du temps, se sont desséchées. Le Nil bleu forme une source au-dessus du lac Tana sur les hauts plateaux éthiopiens, mais il se transforme en fleuve en quittant le lac, environ 30 kilomètres en amont des chutes. MB

À DROITE : *Les chutes du Nil bleu nimbent de brume le paysage avoisinant.*

LE LAC KARUM

DANAKIL, ÉTHIOPIE

Altitude du lac : 120 m
Diamètre maximal : 72 km
Température : jusqu'à 50 °C

Le lac salé de Karum est situé au point le plus bas de la dépression du Danakil en Éthiopie, l'une des régions les plus basses, chaudes et hostiles de la planète. La dépression du Danakil borde le Grand Rift d'Afrique. À l'origine, elle faisait partie de la mer Rouge jusqu'à ce que des mouvements de la croûte terrestre propulsent les plateaux du Danakil vers le Nord, provoquant l'effondrement du terrain. L'eau de mer prisonnière à l'intérieur s'évapora, laissant derrière elle des couches de sel de 3 kilomètres de profondeur pour certaines. La région est désormais une plaine de sel desséchée, où la température atteint 50 °C au soleil. La pluie est quasi inexistante et l'eau qui coule des hauts plateaux charrie encore plus de sel dans les lacs salins, tels que le lac Karum, qui se trouve à 120 mètres au-dessous du niveau de la mer.

Mais en dépit des conditions extrêmes, le peuple tribal Afar parvient à y vivre grâce au forage des mines de sel et à l'agriculture nomade. Des piquets permettent de soulever les blocs de sel qui sont ensuite vendus au nord-est de l'Afrique. Après les pluies, un lac riche en minéraux et large de 72 kilomètre se forme, mais l'eau s'évapore rapidement. RC

GUINÉE

LE MONT NIMBA

GUINÉE/CÔTE D'IVOIRE/LIBERIA

Altitude du mont Nimba : de 450 à 1 752 m
Point culminant : mont Richard Molarda
Type de roche : quartzite riche en fer

Situé aux confins de la Guinée, de la Côte d'Ivoire et du Liberia, ce site inscrit au patrimoine mondial est une réserve naturelle ainsi qu'une réserve de biosphère. Le mont Nimba – un rempart de quartzites résistants à l'érosion, riches en minerai de fer – s'élève, telle une flèche, dans la plaine environnante. Sa diversité topographique constituée de vallées, plateaux, pics rocheux, collines arrondies et falaises abruptes, est d'une extrême richesse. On relève trois types principaux de végétation : les hauts pâturages parsemés d'arbustes endémiques, les ravins où poussent des arbres endémiques et des fougères arborescentes, les savanes parcourues de forêts-galeries et les forêts de basse altitude. Les mois de mai à octobre (montagne) et d'avril à octobre (base) sont les plus humides. Coiffé de nuages au-dessus de 850 mètres, le mont Nimba abrite plus de 2 000 espèces de plantes (16 endémiques). Quelque 500 nouvelles espèces animales y ont été recensées, dont deux incroyables crapauds vivipares ainsi que des grands potamogales. Parmi les mammifères, on compte des singes, des duikers, des pangolins, des hippopotames pygmées, des genettes et des chimpanzés. **AB**

GHANA

LES CHUTES DE KINTAMPO

BRONG-AHAFO, GHANA

Hauteur de la cascade de Kintampo : 40 m
Caractéristique : acajous hauts de 40 m

Les chutes de Kintampo constituent une cascade impressionnante sur le fleuve Pumpum, dans la région de Brong Ahafo au Ghana. À cet endroit, le fleuve forme une double cascade – une « supérieure » et une « inférieure » – sur son chemin vers la Volta Noire, à Buipe. Là, des acajous hauts de 40 mètres peuplent la forêt. Les chutes, qui comptent parmi les plus belles du Ghana, sont cachées dans la forêt et sont accessibles à pied depuis la route principale qui mène au nord du Ghana et au Burkina Faso. On y accède par des marches au terme d'une descente de 70 mètres. Les chutes de Kintampo furent autrefois aménagées en site touristique ce qui explique la présence d'une piscine à sa base. La maison d'accueil anciennement gérée par les autorités locales est aujourd'hui en ruine, mais il est probable que le site soit réaménagé pour le tourisme et bénéficie d'infrastructures hydroélectriques.

Sous la cascade, un pan des chutes voisines de Fuller disparaît sous terre pour ressurgir quelque 40 mètres plus loin. Les chutes de Kintampo (ou chutes Randall) sont situées près de la petite ville de Kintampo, à mi-distance entre Kumasi et Tamale. **RC**

CAMEROUN

LE MONT CAMEROUN

PROVINCE DU SUD-OUEST, CAMEROUN

Altitude du Mt Cameroun : 4 095 m
Paysage : forêt humide tropicale de basse altitude ; éboulis alpins
Type de roche : volcanique

Situé en Afrique occidentale, le mont Cameroun est un volcan toujours actif – 8 fois en activité au cours des 100 dernières années – l'ultime éruption datant de 2001. Le cône de la montagne couvre environ 45 km^2. Il est rarement visible de la côte en raison du manteau nuageux qui l'entoure. À sa base, Debuncha est réputée pour être l'un des cinq endroits les plus humides au monde (10 000 millimètres de pluie par an). En remontant, la forêt montagnarde remplace progressivement les bois de basse altitude, avant de dévoiler des pâturages alpins et enfin, un sommet parfois enneigé. Tous ces paysages sont à l'origine de l'incroyable diversité de la faune régionale. Les speirops et francolins du mont Cameroun, le bulbul concolore, le crapaud à quatre doigts et la grenouille de l'île Tumbo représentent des espèces uniques au monde. Le mont Cameroun possède le plus grand nombre d'écureuils de toute l'Afrique et abrite le rarissime cercopithèque de Preuss, des drills ainsi que bon nombre de papillons uniques. Les plans de gestion de l'écosystème devraient permettre d'assurer la conservation sur le long terme de cette région exceptionnelle où le rôle de l'écotourisme n'est pas à négliger. **AB**

KÉNYA

LE LAC TURKANA

VALLÉE DU RIFT, KENYA

Longueur du lac Turkana : 321 km
Caractéristiques : crocodiles du Nil de 5,5 m de long

La rivière Omo, au nord du Kenya, serpente au-dessus d'un lac. Des rives et digues de limon charrié par la rivière depuis les plateaux éthiopiens à 640 km de là se sont constituées de part et d'autre, transformant progressivement la rivière en canal. Elle s'arrête à environ 5 kilomètres de la rive où elle forme un gigantesque delta chargé de sel semblable à une patte d'oiseau. Le lac mesure 312 kilomètres de long. À une époque, il se déversait dans le Nil, mais les changements climatiques ont engendré une baisse des eaux de 180 mètres. Il reste néanmoins un niveau amplement suffisant pour les 12 000 crocodiles du Nil qui y vivent. Ils se nourrissent le long des rives de Central Island qui regroupe des petits cratères volcaniques. Mesurant 5,5 mètres de long, ils font partie des plus grands crocodiles d'Afrique. Deux tribus continuent de pêcher dans les eaux du lac, les Turkana et les El Molo, mais ceux qui firent la réputation de la région disparurent il y a au moins 2 millions d'années. Le lac Turkana est l'un des sites archéologiques rendus célèbres par la famille Leakey. Des gisements fossilifères parsèment cette région où des outils en pierre et des traces de nos ancêtres ont été découverts. **MB**

LE LAC BARINGO

VALLÉE DU RIFT, KENYA

Superficie : 130 km²
Altitude : 1 011 m au-dessus du niveau de la mer
Température du geyser : 90 °C

Le lac Baringo est un vaste lac d'eau froide. Il forme le plus grand lac de la Rift Valley. Il est entouré d'une zone semi-désertique par laquelle passait l'ancienne route des esclaves pour rejoindre la côte est de l'Afrique. Situé à 1 011 mètres au-dessus du niveau de la mer, sa profondeur moyenne atteint 5 mètres. Aujourd'hui, le lac est un véritable éden pour les 470 espèces d'oiseaux qui s'y nichent. L'îlot rocheux dénommé « Gibraltar » situé sur la rive est possède la plus importante population de hérons goliath d'Afrique orientale. Les pêcheurs, les Njemps, s'enfoncent dans l'eau jusqu'aux épaules, sans se préoccuper des crocodiles et hippopotames qui peuplent le lac. Ils emmènent les visiteurs admirer les aigles pêcheurs fondre sur les appâts.

Le mois d'avril 2004 apporta la confirmation que la région était encore active sur un plan volcanique. Le forage d'un trou de sonde, à environ 3 km de là, provoqua un geyser, en éruption constante et non sporadique. De ce geyser jaillit une colonne d'eau de 80 mètres visible à 20 km alentour. L'eau salée, et non pas de source comme celle du lac Baringo, prouve que les deux lacs ne partagent pas la même source d'eau. **MB**

LE LAC MAGADI

VALLÉE DU RIFT, KENYA

Superficie du lac Magadi :	104 km²
Longueur du lac :	32 km
Largeur du lac :	3 km

Le lac Magadi est si riche en soude que son extraction au cours des cent dernières années semble ne pas avoir appauvri son gisement. Il semblerait que l'eau souterraine pénètre de force dans les roches alcalines, enrichissant de façon constante le lac en carbonate de sodium. La soude n'est qu'un élément parmi les nombreux sels (y compris le sel commun) et terres qui forment un gisement de trona (combinaison de carbonate de sodium, de bicarbonate de sodium et d'eau) de 30 mètres de large. Cependant, le phénomène d'évaporation fait sortir plus d'eau du lac qu'il n'en fait entrer ; la soude est donc concentrée en certains endroits. La pluviométrie est faible – moins de 400 millimètres par an – et la région environnante semi-désertique. La chaleur peut être étouffante et caustique sur les rives du lac formées de boue de soude recouverte d'une croûte séchée par le soleil. Plusieurs sources d'eau chaude entourent le lac. Seuls points d'eau de source du lac, elles abritent de petites espèces de poissons tilapias désormais habitués à évoluer dans des eaux chaudes. Long de 32 kilomètres et large de 3,2 kilomètres, le lac est situé à 115 kilomètres au nord-est de Nairobi. **MB**

LES CHUTES DE THOMPSON

VALLÉE DU RIFT, KENYA

Appellation locale :	Nyahururu Falls
Hauteur des chutes de Thompson :	73 m
Altitude de Nyahururu :	2 360 m

L'explorateur écossais de la Royal Geographical Society, Joseph Thompson, fut le premier Européen à faire la route de Mombasa au Lac Victoria en 1883. Lors de cet incroyable voyage au travers de contrées jamais explorées et hostiles, il découvrit la plupart des trésors que recèle la nature du Kenya. C'était donc lui rendre justice que de donner son nom à l'une des chutes les plus impressionnantes du pays. Aujourd'hui, ces chutes ont repris leur nom originel et celui de la ville voisine, Nyahururu. Cependant, certains les appellent toujours « chutes de Thomson ». Perchée à 2 260 mètres au-dessus du niveau de la mer, la ville adjacente est l'une des dernières villes peuplées de Blancs implantée au Kenya. En dépit de sa proximité avec l'équateur, l'air pur et sec de son climat est vivifiant et sa forêt de conifères tempérée. Les chutes de Thompson dévalent 73 mètres de parois rocheuses pour se jeter dans une gorge spectaculaire. La vue depuis le sommet des falaises opposées est éblouissante, en particulier après les longues pluies des mois d'avril et de mai lorsque le torrent rugissant dégage des nuages de bruine. C'est une halte coutumière pour les visiteurs en safari vers la Vallée du Rift. **AC**

LES GROTTES AUX ÉLÉPHANTS DU MONT ELGON

VALLÉE DU RIFT, KENYA / MBALE, OUGANDA

Hauteur du mont Elgon : 4 300 m
Largeur des grottes : 60 m
Végétation : teks et cèdres

Lorsque, de retour en Angleterre, l'explorateur Joseph Thomson raconta ses histoires de grottes creusées par les éléphants, on dut le prendre pour un fou. C'est pourtant bien une enfilade de grottes profondes, où les éléphants et autres animaux sauvages venaient trouver du sel, qu'il découvrit sur le mont Elgon, en Afrique occidentale. À 4 300 mètres être visitées, avec précaution toutefois. Kitum, la plus grande et la plus connue, s'étend sur 200 mètres au cœur de la montagne. En massai, son nom signifie « lieu des cérémonies ». Pendant des siècles, la tribu locale des Saboat s'est servie des grottes d'Elgon comme greniers et étables pour le bétail. Ils s'y réfugiaient même parfois afin de se protéger des intempéries et les utilisaient comme sanctuaire durant les périodes de conflits intertribaux. D'autre part, les grottes sont le lieu de rendez-vous favori des éléphants. Chaque nuit, de longs convois traversent la forêt. Ils s'enfoncent

Les grottes sont le lieu de rendez-vous favori des éléphants. Chaque nuit, de longs convois traversent la forêt et s'enfoncent au cœur des montagnes afin de se nourrir des dépôts de sel.

d'altitude, ce mont est le second point culminant du Kenya. Sa formation date de celle de la Rift Valley et dura des millions d'années. Il se situe à 140 kilomètres au nord-est du lac Victoria, à cheval sur la frontière entre le Kenya et l'Ouganda. Cette montagne est un ancien volcan érodé entouré d'une gigantesque caldeira elle-même surmontée d'une colonne de basalte plane spectaculaire. Mais le plus extraordinaire se trouve à l'intérieur : un réseau entier de grottes constituées de tubes de lave. Certaines font plus de 60 mètres de large ; elles sont fréquentées par des éléphants ainsi que d'autres animaux qui les creusent pour trouver du sel. Les quatre plus vastes : Kitum, Makongeni, Chepnyalil et Ngwarisha peuvent au cœur des montagnes afin de se nourrir des dépôts de sel qu'ils arrachent avec leurs défenses. Les murs des grottes portent ainsi les traces de défenses de milliers d'éléphants. Avec ses vastes étendues de forêts vierges, le mont Elgon est l'un des plus beaux sites sauvages du Kenya. Il abrite environ 400 animaux : éléphants, buffles, léopards, colobes, singes bleus, hylochères, cobes et autres espèces d'antilopes. Plus de 240 espèces d'oiseaux ont été recensées dans les forêts alentour que dominent d'immenses teks et cèdres hauts de 25 mètres pour certains. **AB**

À DROITE : *Entrée de la grotte de Kitum, dans le mont Elgon, où les éléphants font provision de sels minéraux.*

LE LAC BOGORIA

VALLÉE DU RIFT, KENYA / TANZANIE

Profondeur du lac Bogoria : 10 m
Hauteur du dénivelé de la rive du lac : 630 m

Certains lacs de soude d'Afrique orientale sont moins caustiques que d'autres, mais ils n'en sont pas moins dangereux. Le lac Bogoria est entouré de sources d'eau chaude ; dans la fraîcheur matinale, le paysage tout entier fume et bouillonne. Ce qui n'empêche pas les flamants roses de venir y boire et d'y rincer leurs plumes. Ils se rassemblent aux embouchures des rivières et ruisseaux d'eau douce qui alimentent le lac ou à une distance confortable des sources bouillantes. Ils se nourrissent d'algues microscopiques et de crevettes. Comme les baleines à fanons, les flamants roses sont des filtreurs ; leur bec leur permet de passer au crible la vase et l'eau pour se nourrir. Les pigments présents dans la nourriture donnent aux oiseaux la couleur de leur plumage. Pas moins de trois millions de flamants roses et 50 000 spécimens de grande taille vivent aux abords du lac en raison de l'abondance de la nourriture. Mais cela n'a pas toujours été le cas. Dans les années 1950, les eaux des lacs voisins de Nakuru et Elmenteita se sont évaporées, remplacées progressivement par une poussière étouffante et torride. **MB**

CI-DESSOUS : *Les eaux et sources bouillonnantes du lac Bogoria.*

LES TUBES DE LAVE

PROVINCE DE L'EST, KENYA

Longueur du tube du Léviathan : 915 m
Longueur totale du réseau : 11 km

Découverts en 1938, ces tubes étaient cachés au milieu de collines d'Afrique orientale. À l'origine de leur formation, se trouve un volcan éteint, situé en bordure du parc national de Tsavo, au Kenya.

Le tube de lave du Léviathan est l'un des plus longs au monde (9 150 mètres). Il est perché à plus de 2 188 mètres en haut des collines Chyulu. D'autres tubes de lave voisins forment le plus long réseau du monde, soit 11 kilomètres en tout.

Un autre enchevêtrement de tubes fut découvert dans la majestueuse Rift Valley du Kenya. Le mont Suswa est un splendide spécimen de volcan éteint.

On suppose que la formation des tubes de lave résulte d'une coulée de lave d'une viscosité particulière le long d'une pente suivant un angle spécifique. Sa surface se refroidit puis se solidifie, mais à l'intérieur, la lave brûlante continue de couler. Lors de l'effondrement d'un pan de cette surface, l'air rentre provoquant la formation d'un tube à la surface.

Depuis des millénaires, l'eau qui pénètre les tunnels forme des stalagmites et des stalactites spectaculaires. **AC**

LA TRAVERSÉE DU FLEUVE MARA

KENYA

Fréquence de la traversée : annuelle
Durée : 3 semaines

Chaque année, en septembre, des millions de gnous, zèbres et gazelles de Thomson arrivent sur les rives du fleuve Mara, en Afrique orientale, bien décidés à le franchir. Ils ont parcouru des centaines de kilomètres à travers le Serengeti et le franchissement du fleuve est une étape indispensable à leur survie. Derrière eux, les terres sont asséchées ; ils n'ont d'autre choix que de suivre les pluies qui leur procureront de l'herbe fraîche. Arrivés au fleuve Mara, ils doivent affronter des adversaires redoutables, les crocodiles. Tapis dans les eaux, les crocodiles du Nil sont à l'affût. Ils ont survécu en se nourrissant de poissons-chats et n'ont pas mangé de viande rouge pendant des mois ; ils sont affamés et déterminés à se repaître de chair fraîche. Avertis par les vibrations caractéristiques de l'approche des troupeaux, ils guettent avec impatience la

traversée. Les zèbres se lancent les premiers. Menée par un puissant étalon, chaque famille d'animaux traverse sans encombres.

Les crocodiles ne s'attaquent qu'aux animaux isolés. Les gnous, cependant, se tuent eux-mêmes. Ils sont si nombreux à traverser à la fois qu'ils se bousculent et se piétinent ; beaucoup se noient. Lors de la saison sèche, les vautours qui nichent à proximité s'assurent que leurs oisillons puissent profiter de cette manne alimentaire. Viennent ensuite les chétives gazelles qui semblent se jouer des crocodiles. Elles plongent dans les eaux tourbillonnantes, au milieu des escadrons de reptiles. Les lions, milans-noirs et hyènes se repaissent également des bêtes qui échouent dans la traversée. De nombreux animaux parviennent cependant à rejoindre la rive opposée et le cycle annuel se reproduit. Un voyage certes périlleux mais vital pour leur survie. La traversée du fleuve Mara constitue l'une des migrations les plus fabuleuses du monde. MB

CI-DESSOUS : *Gnous sur les rives sablonneuses du fleuve Mara.*

OUGANDA

LES CHUTES DE MURCHISON

GULU / MASINDI, OUGANDA

Hauteur des chutes de Murchison :
40 m

Superficie du parc national :
3 840 km²

Le spectacle des chutes de Murchison est l'un des plus impressionnant au monde. Se faufilant à travers une fissure large de 7 mètres, le fleuve se jette de 40 mètres de haut dans un vaste bassin d'eau blanche. Alors qu'il cherchait la source du Nil, Samuel Baker fut le premier Européen à découvrir cette incroyable cascade en 1864. Il la baptisa du nom du président de la Royal Geographical Society d'alors, Sir Roderick Murchison. Les chutes dominent un vaste cours d'eau de source provenant du lac Victoria et qui traverse ensuite la lac Albert pour former une étendue d'eau blanche de 23 kilomètres de long, les rapides Karuma.

D'une superficie de 3 840 km², le parc national des chutes de Murchison est le plus vaste de l'Ouganda. Coupé en deux par le Nil, le parc offre un paysage varié, avec une forêt tropicale touffue au sud-ouest et une savane au nord-ouest. De nombreuses espèces de primates, y compris des chimpanzés, peuplent la forêt, tandis que le fleuve abrite des légions d'hippopotames et de crocodiles qui se nourrissent de ses énormes poissons.

Du sommet, l'explosion d'eau blanche provoquée par la percée du Nil au travers de la roche est spectaculaire. C'est le cours d'eau le plus puissant au monde ; la roche en tremble même. Seules les perches géantes du Nil pesant près de 100 kilogrammes sont capables de résister à cette pression. Elles sont parfois visibles lorsque le courant les propulse hors du lit du fleuve. Le site abrite également plusieurs becs-en-sabot, réputés pour leur bec capable de couper en deux de jeunes crocodiles, ainsi que des dizaines d'antilopes, buffles, girafes Rothschild et d'éléphants. La région du lac Albert et ses fameux rapides servirent de décor pour la production hollywoodienne *African Queen*. **AC**

> *Du sommet, l'explosion d'eau blanche provoquée par la percée du Nil au travers de la roche est spectaculaire. Le Nil est le cours d'eau naturel le plus puissant au monde.*

À DROITE : *Cascade d'eau blanche à travers les rochers acérés des chutes de Murchison.*

LES MONTS VIRUNGA

OUGANDA / RWANDA / CONGO

Point culminant : mont Karisimbi, 4 507 m

Caractéristiques : gorilles des montagnes

Huit volcans – dont six sont éteints et deux encore en activité – chevauchent les frontières de l'Ouganda, du Rwanda et du Congo. L'un d'entre eux, le Nyamuragira, qui signifie « commandant », est l'un des volcans les plus actifs de la planète. En 1938, certains affirmèrent avoir vu une rivière de lave dévaler quinze kilomètres depuis le sommet du volcan. Son voisin, le Nyiragongo, est également en activité. En 1977, des fissures latérales fendirent son cône circulaire en cinq endroits différents. La lave fondue qui en jaillit anéantit tout sur son passage. Au mois de janvier 2002, une coulée de lave dévasta la ville de Goma et charria un million de m³ de roche fondue dans le lac Kivu situé à treize kilomètres de là. Les autres volcans se sont éteints il y a fort longtemps. On distingue le sommet conique de Gahinga et les flancs supérieurs irréguliers du Sabyinyo. Le mont Karisimbi, dont l'origine *nsimbi* signifie « coquille de cauri » en raison de la neige située sur son sommet, culmine à 4 507 mètres. Le plus connu d'entre eux est cependant Bisoke, qui abrite les gorilles des montagnes, une espèce rarissime. Ces gentils géants vivent dans le Parc National des Volcans. Ils se déplacent sur les flancs de la montagne en famille, se nourrissant de bambous, de céleri sauvage et d'orties. Le léopard représente leur plus grand danger naturel, mais c'est l'homme la principale menace à leur survie. Leur nombre a atteint un niveau dangereusement bas, avec moins de 700 animaux vivant aujourd'hui en liberté. Ainsi, toute catastrophe, qu'il s'agisse d'un mouvement tectonique naturel, d'une éruption volcanique, d'une guerre ou du braconnage intensif, pourrait totalement éradiquer cette espèce. Dian Fossey, ergothérapeute américaine, a défendu leur cause. Sa vie dans les monts Virunga a été décrite dans le livre et le film *Gorilles dans la brume*. Mademoiselle Fossey a gagné la confiance de ces animaux et a pu les étudier de très près pendant plus de dix-huit ans. En 1985, un mystérieux agresseur l'assassina dans son lit, mais son œuvre continue à se perpétuer puisque de jeunes chercheurs, issus des principales instances de protection des animaux, bravent la guerre civile et d'autres dangers pour assurer la survie des gorilles. **MB**

Le mont Karisimbi, dont l'origine nsimbi *signifie « coquille de cauri » en raison de la neige située sur son sommet, culmine à 4 507 mètres.*

À DROITE : *Marcheurs escaladant les blancs sommets des monts Virunga.*

LES MONTAGNES DE LA LUNE

KABAROLE / KASESE / BUNDIBUGO, OUGANDA

Âge : 10 millions d'années
Point culminant : (Margherita Peak / Mont Stanley) : 5 109 mètres
Longueur de la chaîne de montagnes : 129 km

L'explorateur américain Henry Morton Stanley (qui a découvert Livingstone) fut le premier Européen à apercevoir en 1888 les Montagnes de la lune en Ouganda. Il remarqua que ces montagnes étaient enveloppées de brume 300 jours par an, mais qu'à de rares occasions celle-ci s'évaporait pour révéler des sommets en dents de scie. Cette suite de glaciers résulte d'importants mouvements géologiques survenus il y a 10 millions d'années. Bien que les montagnes ne se situent qu'à 48 kilomètres au nord de l'équateur, leurs sommets sont constamment enneigés. Au-dessus de la limite des arbres, là où les nuages recouvrent d'un linceul les montagnes pouvant culminer à 2 700 mètres, des plantes, tels que les séneçons gigantesques, les lobélies ou les bruyères, s'élèvent à douze mètres de haut. Durant les mois de novembre et décembre, les précipitations dépassent 510 millimètres en moins d'un mois. Pour le peuple indigène bantou, Ruwenzori signifie « faiseur de pluie ». Des géographes grecs de l'Antiquité ont évoqué des montagnes dont la fonte des neiges alimentait les sources du Nil. Aristote les avait surnommées les « montagnes argentées », et Ptolémée, « les Montagnes de la lune ». **MB**

LE LAC TANGANYIKA

TANZANIE / CONGO / BURUNDI / ZAMBIE

Largeur : 50 km
Profondeur maximale : 1 470 m
Caractéristiques : cichlides

Le lac Tanganyika a été découvert en 1858 par les explorateurs Richard Burton et John Speke, alors qu'ils cherchaient la source du Nil. Ils avaient non seulement trouvé là le deuxième lac le plus ancien du monde, mais également le plus profond d'Afrique. Avec une profondeur moyenne de 570 mètres, il contient la plus grande quantité d'eau douce du continent. Il est si profond que ses niveaux les plus bas contiennent de « l'eau fossile ». En surface, 300 espèces de cichlides, dont les deux tiers sont spécifiques au lac Tanganyika, servent de nourriture à plus d'un million de personnes vivant dans les villes et villages alentour. La pêche se pratique principalement la nuit, les poissons étant attirés par la lumière artificielle. Le lac lui-même mesure environ 673 kilomètres de long et sa largeur moyenne avoisine les 50 kilomètres. Il est encerclé par les parois de la Great Rift Valley et il est commun au Burundi (8 %), au Congo (45 %), à la Tanzanie (41 %) et à la Zambie (6 %). Ce lac se classe premier au monde pour sa longueur et cinquième pour sa largeur, bien que le niveau d'eau s'abaisse de 45 centimètres par an depuis 1962. **MB**

CI-DESSOUS : *Rivage tanzanien du lac Tanganyika.*

LE BASSIN DU CONGO

**BANDUNDU / ÉQUATEUR / KASAÏ OCCIDENTAL / KASAÏ ORIENTAL
MANIEMA ORIENTAL – RÉPUBLIQUE DÉMOCRATIQUE DU CONGO**

Surface : 3 390 428 km² et 1 725 221 km² du noyau de la forêt tropicale

Habitat : forêt humide tropicale à feuilles persistantes, marécages, forêt saisonnière à feuilles caduques

Le bassin du Congo abrite la deuxième plus vaste parcelle de forêt humide au monde : seule l'Amazonie le surpasse. Existant sans discontinuité depuis 65 millions d'années, la forêt humide du Congo est l'une des plus anciennes du monde. Ses arbres gigantesques peuvent atteindre 65 mètres de haut. Ce tout petit pays qu'est la Guinée équatoriale, avec bassin du Congo, une zone de forêts à feuilles caduques entoure la forêt humide, constituant ainsi une transition entre la forêt humide et la savane. Comme elle partage de nombreuses espèces de plantes avec la forêt tropicale, elle revêt une importance saisonnière pour de nombreux animaux. Neuf pays abritent la forêt tropicale congolaise ou l'une des formes écologiques de transition qui lui sont associées. Ces États fournissent un ensemble de zones protégées qui recouvrent quelque 23,8 millions d'hectares, soit 7 % de la totalité, et 14 millions d'hectares, soit 8 % du cœur de la forêt. Cette

*Existant sans discontinuité depuis 65 millions d'années,
la forêt humide du Congo est l'une des plus anciennes du monde.*

28 051 km² (plus petit que le Maryland), recèle dix-sept espèces endémiques de plantes. À la différence de l'Amazonie, les forêts du Congo regorgent d'espèces de grands mammifères, comme les bongos, les okapis, les gorilles, les chimpanzés, les bonobos, les éléphants des forêts et les buffles des forêts. On y trouve de nombreux animaux exceptionnels, comme le picarthate, le paon du Congo, la genette aquatique, la chauve-souris, l'anomalure et la grenouille goliath, la plus grosse grenouille au monde. Les primates du bassin du Congo font preuve d'une grande diversité, dévoilant jusqu'à 16 espèces par zone. En tout, 78 espèces de primates ont été dénombrées dans cette région. Bien que le noyau de la forêt humide à feuilles persistantes soit concentré dans le zone comprend les parcs nationaux de Salonga (République démocratique du Congo-RDC), de Nouabalé-Ndoki et Odzala (tous deux de la RDC), de Wonga-Wongué (Gabon) et de Faro (Cameroun). L'importance de la forêt humide du Congo est illustrée par le fait que six de ses sites ont été inscrits sur la liste du patrimoine mondial. La RDC semble très engagée en faveur de la protection des espèces ; elle a récemment quintuplé la taille d'un parc national pour l'étendre à 1,3 million d'hectares en supprimant plus de 2,7 millions d'hectares de concessions d'exploitation forestière. **AB**

À DROITE : *Un troupeau d'éléphants flâne dans les terres fertiles du bassin du Congo.*

LE LAC KIVU

CONGO / RWANDA

Altitude : 1 459 m
Profondeur maximale : 400 m

On dit que les coulées de lave des volcans de Virunga ont emprisonné les rivières locales pour ainsi créer le lac Kivu. Le dioxyde de carbone remonte et passe par le lit du lac. Puis il s'amoncelle, pris au piège par l'immense étendue d'eau pouvant atteindre 400 mètres de profondeur à certains endroits. Un léger mouvement tectonique ou une activité volcanique, comme la coulée de lave qui parvint jusqu'au lac depuis le mont Nyiragongo en 2002, pourrait libérer ce gaz. Ce dernier, plus lourd que l'air, se dégagerait dans la campagne avoisinante, asphyxiant tous les animaux sur son passage et même les hommes. En 1984 et 1986, ce scénario catastrophe se produisit au niveau des lacs Monoun et Nyos au Cameroun, causant plusieurs milliers de morts. La seconde menace qui pèse sur le Kivu est constituée par le méthane issu d'une conversion du dioxyde de carbone par des microbes. S'il remontait à la surface et entrait en contact avec une flamme nue, l'explosion qui en résulterait pourrait être désastreuse. Néanmoins, le lac Kivu est considéré comme l'un des plus beaux d'Afrique. Situé dans une région connue sous le nom de « pays aux mille collines », son altitude à 1 459 mètres en fait le plus haut d'Afrique. **MB**

LE FLEUVE CONGO

KATANGA, RÉPUBLIQUE DÉMOCRATIQUE DU CONGO

Longueur du fleuve Congo : 4 700 km
Débit du fleuve : 42 000 m³ par seconde

Des prairies situées à la frontière de la Zambie à l'océan Atlantique, le Congo traverse les forêts tropicales les plus denses d'Afrique et les régions les moins explorées du continent. Il passe par des gorges grandioses, se déverse dans des chutes vertigineuses, voyage dans des méandres à travers des forêts de palétuviers, une jungle épaisse ou encore des marécages bordés de roseaux. Le cours supérieur du Congo se nomme le Lualaba ; il traverse d'abord de profonds ravins et des régions marécageuses et se jette ensuite dans le lac Kisale, véritable paradis pour les oiseaux aquatiques. Puis, il s'élargit en une série de cataractes appelées Portes de l'Enfer avant de plonger dans une gorge à pic. Plus loin en aval, le fleuve pénètre dans la forêt tropicale. À cet endroit, 7 chutes – les chutes Boyoma – abaissent le niveau du fleuve de 60 mètres en l'espace de 90 kilomètres. Alors que la jungle s'amenuise, il s'élargit pour former le pool Malebo sur 16 kilomètres de large. Avant de se jeter dans l'océan, le Congo affronte les chutes de Livingstone dont la dénivellation atteint 220 mètres. L'explorateur Henry Morton Stanley les décrivit comme « une véritable descente aux enfers aquatiques ». MB

TANZANIE

LE KILIMANDJARO

KILIMANDJARO, TANZANIE

Statut volcanique : éteint
Autres noms : Oldoinyo Oibor (Massaï), Kilima Njaro (Swahili)

Il y a peu de montagnes au monde qui soient aussi caractéristiques que le Kilimandjaro, avec son sommet enneigé qui s'élève au milieu des plaines africaines au nord de la Tanzanie. Culminant à 5 895 mètres, c'est la plus haute montagne du continent africain et l'une des plus grandes montagnes isolées du monde. Elle exsude une aura mystérieuse, dominant la Great Rift Valley, berceau de l'humanité. Le indigènes cèdent ensuite leur place à la ceinture forestière dès 1 800 mètres d'altitude. Celle-ci est caractérisée par des lobélies géantes, des figuiers, des fougères arborescentes, et des sous-bois luxuriants. Les fleurs abondent dans les zones moins denses. Colobes et singes bleus peuplent cette forêt où l'on peut également rencontrer des éléphants. À 2 900 mètres d'altitude, la zone de forêt s'arrête brusquement laissant la voie à une zone de bruyère et de landes couvertes de séneçons géants. Au niveau des landes les plus élevées, seuls poussent des lichens et des petites mousses. Viennent en dernier la neige et la

Peu de montagnes au monde sont aussi caractéristiques que le Kilimandjaro, avec son sommet enneigé s'élevant au milieu des plaines africaines au nord de la Tanzanie.

Kilimandjaro, ou Oldoinyo Oibor, comme le nomment les Massaïs, est un volcan triple. Le pic le plus récent et le plus élevé s'appelle « Kibo » ; il est situé entre Shira à l'ouest et Mawenzi à l'est. Kibo a la particularité d'être un cône presque parfait et de posséder un cratère de 2,4 km de diamètre. Les Wachaggas, tribu habitant la base fertile du volcan depuis environ 300 ans, aiment à relater une légende. Celle-ci raconte que Kibo, le jeune frère de Mawenzi, donnait du feu à ce dernier pour allumer sa pipe. Si cette histoire suggère une activité plutôt récente, le volcan ne s'est jamais réveillé à l'époque moderne, bien qu'il crache encore de la vapeur et du soufre. Les flancs inférieurs de la montagne cultivés par les tribus roche. Malgré la hauteur de la montagne, le sommet est relativement accessible. Il attire donc des milliers de marcheurs chaque année. Toutefois, il faut grimper lentement car le mal des montagnes est fréquent et peut être fatal. Six itinéraires conduisent au sommet, proposant différents degrés de difficulté et diverses caractéristiques. Les randonneurs et leurs guides peuvent s'abriter dans des huttes qu'ils trouvent tout au long du chemin. L'ascension finale commence vers minuit et elle est récompensée par un somptueux lever de soleil au sommet. **MM**

À DROITE : *Sommet enneigé du Kilimandjaro.*

OL DOINYO LENGAI

ARUSHA, TANZANIE

Hauteur de Ol Doinyo Lengai : 2 856 m
Diamètre du cratère : 300 m
Caractéristiques : cristaux de soude

Sur les bords du Serengeti au nord de la Tanzanie, les Crater Highlands cachent un volcan gris doté d'un sommet maculé de blanc. La tribu indigène des Massaïs lui a donné le nom de *Ol Doinyo Lengai*, qui signifie « montagne de Dieu ». C'est une montagne sacrée où vit le dieu Engai. Lorsque la sécheresse sévit sur la région, les Massaïs se rendent à la base du volcan et prient pour obtenir la pluie. Il est unique parmi les volcans. Lorsqu'il entre en éruption, il libère de la cendre noire mais également de la carbonatite qui, au contact de l'air humide, se transforme en cristaux de soude. La montagne s'élevant à 2 856 mètres d'altitude, ce qu'on pourrait prendre pour de la neige au sommet n'est en réalité que de la mousse blanche. Le cratère d'un diamètre de 300 mètres est accessible à pied en 6 heures environ, et au sommet, les visiteurs peuvent admirer une cheminée qui siffle, d'où jaillissent des fontaines de lave à quelques secondes d'intervalle. La montagne gronde presque continuellement, mais les dernières grandes éruptions datent de 1966 et 1967. En 1966, le volcan fut secoué pendant 10 jours avant d'exploser et d'envoyer un nuage de cendres à 10 000 mètres dans l'air. En quelques jours, la cendre noire a viré au blanc, semblable à de la neige sale. **MB**

LE LAC NATRON

ARUSHA, TANZANIE

Longueur : 56 km
Largeur : 24 km
Hauteur du volcan Gelai : 2 942 m sur le versant sud-est

Le lac Natron se situe à l'extrême sud d'un arc de lacs de soude, en Afrique orientale. La soude est en réalité du carbonate de sodium. Les lacs sont alimentés par des courants qui détachent la soude des sols alcalins. La concentration devient alors tellement forte que ces lacs peuvent s'avérer un piège mortel pour la plupart des espèces vivantes, à l'exception des flamants. Des centaines de milliers de ces animaux construisent leur nid sur des monticules de boue élevés à des endroits peu profonds. La berge incrustée de soude dissuade les prédateurs qui, s'ils essayaient de s'approcher des sites de reproduction, verraient leurs pattes brûlées.

L'ornithologue Leslie Brown dans les années 1950, eut d'ailleurs un accident lorsqu'il voulut étudier les flamants du lac Natron. Alors qu'il commençait à parcourir la distance qui sépare le bord du lac du site des nids, il s'enfonça dans la boue caustique. Il parvint tout juste à se traîner jusqu'au camp, il s'évanouit et resta à moitié inconscient pendant trois jours, les jambes noires et cloquées par la soude. Il fut hospitalisé durant six semaines, et les nombreuses greffes de la peau qu'il subit lui sauvèrent les jambes et la vie. **MB**

LE CRATÈRE NGORONGORO

ARUSHA, TANZANIE

Superficie du cratère Ngorongoro : 260 km²
Âge du cratère : 2,5 millions d'années

Ngorongoro – qui signifie « grand trou » en massaï – est un énorme cratère géologique qui recèle l'une des plus fortes concentrations de faune et de flore sur tout le continent africain. D'une surface de 260 km², il compte 50 espèces différentes de grands mammifères dont des milliers de gnous et de zèbres, d'éléphants et de lions, ainsi que 200 espèces d'oiseaux, des autruches aux canards. Ce paradis naturel s'est formé il y a 2,5 millions d'années lors de la dernière éruption du volcan qui provoqua l'effondrement du sommet de la montagne dans le cratère. Round Table Hill, au nord-ouest, demeure le seul vestige de l'ancien cône, la monture intacte de la caldeira est la plus grande du monde. Aujourd'hui, les scientifiques du monde entier viennent étudier les relations entre les prédateurs et leurs proies, ainsi que l'isolement génétique et le croisement d'animaux de mêmes souches. À la différence des animaux habitant à l'extérieur du cratère, les troupeaux du Ngorongoro ne migrent pas, privilégiant la plaine ouverte à la saison des pluies et les régions marécageuses de Munge Swamp lors de la saison sèche. Ngorongoro est un véritable microcosme de la faune et de la flore d'Afrique orientale. **MB**

LE SERENGETI

MARA / ARUSHA / SHINYANGA, TANZANIE

Surface :	14 750 km²
Statut de protection :	parc national (1951)
Saison des pluies :	de mars à mai, d'octobre à novembre
Altitude :	de 920 m à 1 850 m

En 1913, au cours d'une expédition au sud de Nairobi, Stewart Edward racontait : « Nous marchâmes des heures dans une campagne calcinée… Puis j'aperçus les arbres verts du fleuve, marchai encore trois kilomètres, et me retrouvai au paradis. » Telle était la description du fameux Serengeti. Aujourd'hui, c'est sans doute le sanctuaire de faune et de flore le plus connu de la planète.

Le parc national du Serengeti couvre une surface de 14 763 km² et abrite, avec le site protégé de Ngorongoro, les populations les plus grandes et les plus variées de faune et de flore terrestres au monde. Les Massaïs le nomment Siringitu, ce qui signifie « plaine sans fin ».

Une combinaison unique d'habitats divers permet une splendide richesse de faune et de flore et environ trois millions de grands animaux se promènent dans les plaines. Le Serengeti accueille d'importants troupeaux d'antilopes, dont les oréotragues, les élands de Patterson, les dik-diks, les gazelles et les impalas. De plus gros animaux comme les rhinocéros, les éléphants, les girafes et les hippopotames affluent, de même que les prédateurs comme le lion, le guépard, le léopard et la hyène. Quelque 500 espèces d'oiseaux ont été répertoriées dans le parc.

La migration annuelle est l'un des spectacles les plus impressionnants du monde. Des centaines de milliers de gnous et de zèbres de Burchell traversent les vastes plaines, suivant la pluie pour trouver des pâturages. Rien n'arrête ces animaux : ni les prédateurs, ni le large fleuve Mara où des centaines de gnous et de zèbres se noient ou succombent aux crocodiles.

Après que des chasseurs professionnels eurent décimé les populations de lions, la région fut nommée réserve naturelle en 1921, puis parc national en 1951. Aucun être humain n'habite dans le parc national lui-même, bien que des bergers Massaïs continuent à vivre à la périphérie orientale et qu'une population d'agriculteurs s'accroisse rapidement à l'ouest. Afin de résoudre le principal problème du braconnage, de nombreux efforts ont été fournis pour associer les populations locales à la gestion du parc. Le travail de protection des espèces s'est avéré largement payant et aujourd'hui le Serengeti prospère. Mais la sécheresse, le surpâturage, ou la maladie affectent facilement l'écosystème fragile et une protection attentive est indispensable pour préserver ce havre naturel. **MM**

La migration annuelle est l'un des spectacles les plus impressionnants du monde. Des centaines de milliers de gnous et de zèbres de Burchell traversent les vastes plaines, suivant la pluie pour trouver des pâturages.

À DROITE : *Un troupeau de gnous dans les plaines du Serengeti.*

LES MONTS USAMBARA

TANGA, TANZANIE

Altitude maximale : 1 505 m
Habitat : forêt humide en plaine, forêt nuageuse, marécages tropicaux
Type de roche : cristalline ignée

Les monts Usambara font appartiennent à une chaîne de montagnes qui datant de 100 millions d'années connue sous le nom d'Arc oriental. La faune et la flore présentent une diversité d'espèces et des niveaux extraordinaires d'endémisme, ce qui classe le site parmi les habitats les plus riches d'Afrique. La proximité de la mer et ses vents porteurs d'humidité accroît cette richesse. De plus, l'abrupt des montagnes entraîne une précipitation de 2 000 millimètres d'eau par an. Ainsi, dans le passé, les monts Usambara restaient couverts de forêts, même lorsque les changements de climat continental asséchaient les autres forêts africaines. Les forêts évoluent dans un environnement stable depuis 30 millions d'années. Des espèces autrefois proches mais relativement distinctes aujourd'hui vivent de chaque côté des rochers escarpés. Au total, 2 855 espèces de plantes ont été dénombrées dans les Usambara, dont 25 % sont spécifiques à la région.

Des organisations internationales de protection de la nature œuvrent pour la sauvegarde des monts Usambara. **AB.**

ZAMBIE

LES CHUTES MAMBILIMA ET LE FLEUVE LUAPULA

ZAMBIE / RÉPUBLIQUE DÉMOCRATIQUE DU CONGO

Altitude du lac Mweru : 930 m
Superficie du lac : 4 650 km² (58 % en Zambie, 42 % au Zaïre)

Bordant la frontière entre le nord de la Zambie et la République démocratique du Congo, le fleuve Luapula entame sa descente en cascade le long d'une sinueuse portion de terrain étagé sur environ 5 kilomètres. Connus sous le nom de chutes Mambilima, ces rapides servent de transition dans l'altitude et marquent un spectre écologique très caractéristique le long du Luapula.

Le fleuve commence son lent voyage en amont dans l'une des plus grandes régions humides du monde : les Bangweulu Swamps, marais détrempés. Après s'être fondu dans les chutes Mambilima, il pénètre dans la vallée, où il s'étend dans de larges plaines d'inondation peu profondes, des marécages et des lagunes permanentes. Achevant sa course, le fleuve se déverse dans le lac Mweru, étendue d'eau partagée avec le Congo. Au moins 90 espèces de poissons, ainsi que des antilopes, des hippopotames, des crocodiles, des zèbres et des grues coronculées ont adopté le fleuve et ses environs pour en faire leur habitat. **DBB**

LA VALLÉE DE LA LUANGWA

PROVINCE DE L'EST / PROVINCE DU NORD, ZAMBIE

Superficie du parc national nord de la Luangwa : 4 636 km²
Superficie du parc national sud de la Luangwa : 9 065 km²
Escarpement de Mchinga : 1 100 m au-dessus du niveau de la mer

Peu profonde et à fond plat, la vallée de la Luangwa est située à l'extrémité de la Great Rift Valley et se loge dans son propre rift. Le calme de ses eaux donne naissance à des méandres aux courbes majestueuses, des bras morts et des lagunes, caractéristiques des fleuves à débit lent. Ces paysages constituent des habitats pour le gibier et les oiseaux – en particulier durant la saison des pluies. Cette vallée abrite de nombreux animaux d'Afrique : des hippopotames, des éléphants, des impalas blancs, des girafes Thornicroft, des grands koudous, des gnous de Cookson, des buffles, des zèbres, des lions, des léopards et des hyènes. Le parc national sud de la Luangwa est le sanctuaire d'animaux le plus réputé de Zambie. Dominé par une plaine d'inondation et par la savane qui s'étend du fleuve Luangwa à l'escarpement de Muchinga, il couvre 9 065 km² et s'élève à 800 mètres au-dessus de la vallée occidentale. Le parc national nord de la Luangwa est un véritable joyau presque vierge dont l'entrée est surveillée. Il est connu pour ses troupeaux de buffles et de lions. Depuis quatre décennies le parc reste interdit aux visiteurs ; seuls deux tours opérateurs ont accès à cette région. **PG**

LES PLAINES DU KAFUE

PROVINCE DU SUD, ZAMBIE

Superficie des plaines du Kafue : 6 500 km²
Altitude moyenne : 980 m
Végétation : marais, plaines d'inondation, prairies, sources chaudes et bois

Les plaines du Kafue se situent entre les gorges de l'Itezhitezhi et du Kafue. Elles sont traversées par le fleuve Kafue. Le dénivelé des plaines est si faible que le temps nécessaire au courant pour passer d'une extrémité à l'autre des plaines est estimé à trois mois. Malheureusement, la situation actuelle est rendue plus complexe par la présence de systèmes hydroélectriques dans les deux gorges. Ces dispositifs revêtent une importance économique capitale mais ils modifient l'écosystème qui se met en place sur les plaines lors des crues. Les plaines du Kafue ont perdu la moitié de leur effectif en gros gibier, mais continuent à jouer un rôle déterminant pour des centaines de milliers d'oiseaux, comme la grue coronculée, espèce très menacée. Deux zones d'eau libre existent : le Blue Lagoon et le lac Lochinvar. En été, des milliers d'échassiers et d'oiseaux aquatiques affluent pour se nourrir sur les zones immergées. Les plaines servent également d'habitat à quelque 40 000 Kafue lechwes, espèce endémique d'antilope. Ces animaux sont protégés, mais leur nombre ne peut augmenter en raison des inondations imprévisibles causées par le programme d'énergie domestique. **PG**

LES CHUTES VICTORIA

PROVINCE DU SUD, ZAMBIE / MATABELELAND, ZIMBABWE

Hauteur des chutes Victoria : 108 m
Débit : 550 millions de litres par minute
Âge : 200 millions d'années

Baptisées par les populations locales *mosi-oa-tunya*, qui signifie « la fumée qui gronde », les chutes Victoria peuvent être vues et entendues de très loin. Des jets de brume jaillissent à 500 mètres dans l'air et le bruit des 550 millions de litres d'eau qui dévalent 108 mètres chaque minute est assourdissant. Il faut s'imaginer des chutes deux fois plus élevées que celles du Niagara. Le cours supérieur du chutes Victoria correspondent à la huitième gorge résultant des crevasses situées dans la roche volcanique. Ce qui reste des gorges précédentes se trouve sous les chutes actuelles et l'érosion continue son œuvre. Comme le fleuve creuse environ 1,6 kilomètre tous les 10 000 ans, on peut penser que la neuvième série de chutes commencera à se développer au niveau de la Devil's Cataract (cataracte du Diable), située à l'extrémité ouest des chutes actuelles. Les lagunes tranquilles en amont abritent des hippopotames et des crocodiles. En se promenant à travers les forêts équatoriales on peut même observer des éléphants, des

> *Baptisées par les populations locales* mosi-oa-tunya, *qui signifie « la fumée qui gronde »,*
> *les chutes Victoria peuvent être vues et entendues de très loin.*

fleuve Zambèze est relativement paisible, mais au moment où il s'engouffre dans les chutes, il se mue en un fleuve impressionnant d'une largeur de 1,6 kilomètre parsemé de petites îles. Ensuite, cet immense rideau d'eau plonge dans un gouffre profond de 60 mètres de large. Cette chute d'eau ininterrompue est la plus large du monde. Les roches qui s'y trouvent proviennent d'une grosse coulée de lave basaltique survenue il y a plus de 200 millions d'années. La lave s'est refroidie et fissurée, et les failles ont été comblées par des sédiments plus tendres. Il y a environ un demi-million d'années, le Zambèze commença à couler et à éroder l'une de ces fissures, formant ainsi la première gorge dans laquelle la rivière plongeait. Aujourd'hui, les buffles et des lions. Le Dr David Livingstone fut le premier à découvrir les chutes Victoria en 1855 alors qu'il explorait le Zambèze. Suivant le cours du fleuve sur un canoë, son équipage et lui-même aperçurent de loin les nuages des embruns et s'arrêtèrent prudemment sur une île (appelée Kazeruka ou île de Livingstone), au bord des chutes. Ils rampèrent jusqu'au bord de l'abîme et furent stupéfaits de voir cette énorme rivière disparaître purement et simplement dans une fissure de la terre. Livingstone donna à ces chutes le nom de la reine Victoria. **MB**

À DROITE : *Le calme avant la tempête sur les splendides chutes Victoria.*

MOZAMBIQUE

LE PARC NATIONAL DE L'ARCHIPEL BAZARUTO

MOZAMBIQUE

Déclaré parc national en 1971
Longueur de l'île de Bazaruto : 35 km
Marées : 10 m

L'archipel Bazaruto est une suite étroite d'îles dominées par une chaîne de dunes de sable et par des bois peuplés de cercopithèques à diadème, de galagos, de duiker rouges et de rats-éléphants. Les herbes de mer originelles abritent la plus grande population restante de dugongs de l'Afrique orientale. De larges waddens ainsi que des lacs salins situés à l'intérieur des îles attirent des milliers de flamants, d'oiseaux aquatiques et échassiers. Les plages sont couvertes de sable blanc et les récifs de corail contiennent 100 espèces de corail dur et 27 espèces de corail doux. Ils servent d'habitat à 2 000 espèces répertoriées de poissons, sont visités par les baleines, les dauphins et les 5 espèces de tortues de mer qui peuplent la côte occidentale de l'océan Indien.

Trois des îles les plus grandes – Bazaruto, Benguerra et Magaruque – faisaient autrefois partie d'une carrière de sable rattachée au continent, conséquence d'une accumulation de sédiments charriés jusqu'à la mer par le fleuve Limpopo. Seule Santa Carolina est une véritable île rocheuse. L'archipel se situe au sein du canal de Mozambique, à environ 24 kilomètres au large de Inhassoro et 210 kilomètres au sud de Beira. **MB**

ZIMBABWE

LE PARC NATIONAL DES MANA POOLS

MASHONALAND OCCIDENTAL, ZIMBABWE

Âge : probablement Tertiaire au Quaternaire
Taille : 40 km de long – largeur variable
Végétation : bois avec des acacias albida

Sur la rive sud du Zambèze, où la vallée du rift s'étend en aval des gorges Kariba, apparaît une zone de terrasses plates se situant quelques mètres au-dessus du niveau normal du fleuve. Elles se forment durant les pics d'inondation, recouvertes par les crues gorgées de limon. Lorsque les crues redescendent, un peu d'eau reste dans chaque cuvette. Certaines de ces cuvettes sont suffisamment grandes et profondes pour conserver de l'eau pendant toute la saison sèche. D'autres sont plus éphémères et disparaissent relativement vite. Toutes attirent des animaux qui viennent s'y abreuver. Les animaux se roulent dans la boue et la transportent avec eux, ce qui élargit les cuvettes. Ainsi, elles retiennent l'eau plus longtemps. Le limon fertile facilite la croissance de la flore, l'acacia albida qui produit de grosses quantités de graines recourbées et marron dont raffolent les éléphants et les antilopes. Même si les ruminants boudent le Trichilia emetica adulte sempervirent, les nombreux herbivores présents en mangent les jeunes plants, ce qui empêche toute nouvelle pousse. **PG**

CI-DESSOUS : *Troupeau d'éléphants traversant les eaux des Mana Pools.*

EASTERN HIGHLANDS

MANICALAND, ZIMBABWE

Âge : roche très ancienne, forme d'érosion relativement moderne

Végétation : forêt humide, bois, maquis montagnard

Le long de la frontière entre le Zimbabwe et le Mozambique surgit une très vieille chaîne de montagnes en granit qui fait face aux vents dominants venus du large. Sur les versants exposés à l'est, une forte précipitation a permis la croissance d'arbres élevés dont l'enchevêtrement forme une voûte à 30 mètres au-dessus du sol. Ces forêts humides subtropicales poussent le long de nombreuses rivières ou fleuves à une altitude située entre 300 et 1 600 mètres. Pendant les périodes glaciaires, ces poches de forêts isolées étaient plus ou moins contiguës à des forêts similaires, en Afrique du Sud ainsi qu'au nord jusqu'en Tanzanie ou au Kenya. Lors du réchauffement de la planète et de la fonte des neiges, les forêts disparurent, excepté dans les zones les plus humides. Des espaces forestiers sont restés mais la faune s'est retrouvée isolée, incapable de se rendre dans d'autres parties de la forêt. On signale ainsi les mêmes espèces à des endroits très éloignés les uns des autres. Le rouge-gorge de Swynnerton, par exemple, évolue dans les Eastern Highlands, alors qu'une autre sous-espèce s'est développée dans des montagnes isolées en Tanzanie. De nouvelles espèces ont vu le jour, comme par exemple les apalis de chirinda ou les apalis à tête noire. **PG**

LES BOIS DE BRACHYSTEGIA

MANICALAND / PROVINCE MIDLANDS / MATABELAND, ZIMBABWE

Hauteur des arbres Brachystegia : jusqu'à 15 m

Autres espèces d'oiseaux : hyliote australe, grimpereau tacheté, souimanga à tête violacée, alario, drongo brillant, buse unibande, autour d'Afrique

Principalement composées de zones boisées de Brachystegia, les vastes forêts de miombo s'étendent en Afrique centrale, de l'Angola au Mozambique. Les arbres de l'espèce des Brachystegia sont assez surprenants ; en effet, leurs feuilles, rouges au printemps, virent au vert olive en automne. La thèse avancée serait que les toutes jeunes feuilles rouges manquant de chlorophylle, les ruminants se refusent à les manger.

Elles continuent ainsi de pousser puis finissent par produire de la chlorophylle et verdissent. Les arbres conservent leurs feuilles jusqu'à la fin de l'hiver, puis les perdent en l'espace d'une à deux semaines. Au lieu de rester dormants les mois hivernaux, ils produisent un nouveau feuillage qui confère aux bois ces teintes rouge et kaki plus ou moins intenses selon les années. Outre les variétés d'arbres endémiques, ces bois abritent des espèces d'oiseaux uniques tels que la mésange grise Miombo et le pipit Miombo.

Les visiteurs peuvent parfois apercevoir au travers des Brachystegia des espèces animales menacées comme le rhinocéros noir ou le buffle d'Afrique, ainsi que des herbivores tels que l'antilope des sables, l'antilope rouanne, le grand cobe des roseaux, l'éland ou encore le grand koudou. **PG**

SAVE VALLEY

MANICALAND, ZIMBABWE

Dimensions de la vallée : 150 km de long et 10 à 40 km de large

Âge : depuis l'ère tertiaire - alluvion récente

Végétation : bois du lowveld, buissons et arbres

Le fleuve Save draine le versant sud-est du plateau du Zimbabwe. Situé à 1 200 mètres au-dessus du niveau de la mer, ce plateau descend abruptement sur les zones inondables de la rivière Save en contrebas. En raison de la déclivité du terrain, la rivière ralentit son cours et décharge le sable érodé provenant des granites du plateau situé en amont. Elle sillonne une large vallée plane et se sépare en de multiples cours d'eau peu profonds. Cependant, les tempêtes estivales du highveld provoquent des inondations dans la vallée ainsi qu'un changement continuel de la direction des cours d'eau. Au cours des siècles, la rivière a déposé une grande quantité d'alluvion fertile dans la vallée parsemée d'encaissements, des bras-morts asséchés pour la plupart. Dans les régions où la rivière est absente poussent des espèces uniques d'arbres, de buissons et d'herbes grasses. Les ruminants tels que le koudou et la girafe s'y rendent en masse, suivis par les herbivores comme le buffle, le zèbre ou l'impala. Ces derniers sont la proie de prédateurs tels que le lion, le guépard et le léopard. La végétation luxuriante du site attire une multitude d'oiseaux sauvages hors du commun. **PG**

LE PLAN D'EAU DE TAMBOHARTA

MANICALAND / MASVINGO, ZIMBABWE

Âge : Quaternaire (de 2 à 3 millions d'années jusqu'à aujourd'hui)
**Dimensions de la cuvette
Tamboharta :** environ 2 km de large
Végétation : bois du lowveld ; baobabs

Située en amont de la jonction entre le fleuve Save et la rivière Runde, cette cuvette naturelle se remplit d'eau lors de la saison humide, qui s'évapore ensuite lors de la saison sèche. Tamboharta, cependant, est quelque peu atypique. Les pluies n'ont cependant que peu d'influence sur la vie de cette large cuvette qui ne s'emplit qu'en période de crue de la rivière Runde. Mais une fois comblée, la cuvette peut retenir l'eau pendant plusieurs années. Des espèces rares de plantes y poussent alors, engendrant elles-mêmes d'autres espèces. Lors de la saison des pluies, des milliers d'oiseaux aquatiques délaissent les terres asséchées pour venir se réfugier près de Tamboharta. L'aigle pêcheur compte parmi l'un de ses plus impressionnants visiteurs. Le roi du ciel tournoie au-dessus de l'eau avant de fondre sur les poissons en surface, provoquant ainsi l'affolement général parmi les autres oiseaux de plus petite taille. Plus en amont, des bois touffus poussent sur les versants fertiles de la cuvette. Tels des sentinelles, d'immenses baobabs dominent le paysage composé d'arbustes et d'arbrisseaux. **PG**

LES FALAISES CHILOJO

MASVINGO, ZIMBABWE

Âge : Tertiaire au Quaternaire
Falaises Chilojo : environ 300 m de haut et 4 km de long
Végétation : mopane

Au coucher du soleil, les falaises Chilojo du parc national de Gonarezhou, au sud-est du Zimbabwe, offrent un spectacle sublime.

Le grès couleur pourpre scintille dans la lumière du soir. Le jour, les falaises arborent des teintes orangées et rosées qui, au crépuscule, se transforment en rouge et orange flamboyants. L'obscurité enveloppe peu à peu les falaises, tel un voile menaçant. Sous les falaises, la rivière Runde prend des reflets dorés puis bleuit et noircit lorsque le soleil disparaît, offrant ainsi un contraste saisissant avec la lumière des falaises.

La formation de ces falaises résulte de la collision de la rivière Runde avec un plateau de grès. Scindés par la rivière, des morceaux de grès s'effondrèrent sur la rive en contrebas, formant des falaises abruptes de 100 mètres de hauteur. De couleur rouge ou jaune orangé, ces falaises sont uniques en leur genre dans la région contiguë au parc.

Les eaux de la rivière Runde s'avancent très loin à l'intérieur des terres avant de confluer vers la rivière Save, à l'extrémité sud du Zimbabwe. **PG**

LES DÔMES LISSES

MATABELELAND SUD / BULAWAYO, ZIMBABWE

Âge des dômes : granites anciens datant d'il y a 2 500 millions d'années environ
Hauteur des dômes : variable, jusqu'à 300 m
Végétation : bois de miombo (Brachystegia)

Au Zimbabwe, presque la moitié des surfaces rocheuses sont des granites très anciens. Ces roches ignées en fusion ont transpercé la strate en l'espace de 1 500 ans, il y de cela 3 500 millions d'années. Lors du refroidissement de la roche en fusion, des failles de tailles inégales se sont formées dans trois directions différentes, donnant naissance aux « failles cubiques ». À certains endroits, ces failles sont rares, voire inexistantes. L'érosion de la couche supérieure des roches sédimentaires a engendré des formes de paysages variés. Le processus d'exfoliation a érodé le granite sans le fissurer. D'immenses dômes de granites vallonnés se dressent ainsi à plus de 500 mètres du sol. Exposés au soleil brûlant, ces dômes se fissurent à l'extérieur pour former des failles concentriques. La nuit et en période de fortes pluies, la roche se refroidit et provoque le détachement de fragments rocheux. Le ruissellement des eaux de pluie le long de ces dômes offre un terreau favorable pour la végétation. D'immenses arbres poussent ainsi en cercle autour des dômes. **PG**

À DROITE : *Les monts vallonnés et polis des dômes s'élèvent au-dessus des plaines herbeuses du Zimbabwe.*

LES BALANCING ROCKS

MATABELELAND SUD / BULAWAYO, ZIMBABWE

Âge : granites pré-cambriens (plus de 600 millions d'années)
Localisation des Balancing rocks d'Epworth : à 11,2 km de Harare
Végétation : bois de miombo (Brachystegia)

Les « Balancing rocks » constituent l'une des principales curiosités du paysage zimbabwéen. Il y a plusieurs millions d'années, des intrusions se formèrent dans la terre ; d'anciens granites pénétrèrent d'autres roches, sous forme de roche fondue ou de solutions d'eau minéralisée brûlante. Lors du refroidissement, les blocs granitiques se fissurèrent en trois endroits différents. Ces fissures ont engendré des points de fragilité, interstices où la pluie vient s'infiltrer et cause d'un phénomène d'érosion. L'érosion de la roche et des couches supérieures des strates est à l'origine du polissement des rochers. Les « balancing rocks », solides blocs de roche de forme plus ou moins arrondie, sont également appelés kopjes.

Répartis sur toute la région centrale du Zimbabwe, ces rochers, dont certains défient les lois de gravité, possèdent une variété incroyable de formes et de tailles. Le parc Gosho, projet de sensibilisation à l'environnement de Peterhouse près de Marondera, en présente de beaux spécimens. D'autres sont visibles dans le parc national de Mutirikwi (anciennement Kyle) près de Masvingo. Les « balancing rocks » d'Epworth apparaissent au dos des billets de banque zimbabwéens. **PG**

LES COLLINES DE MATOBO

BULAWAYO, ZIMBABWE

Hauteur moyenne : 1 500 m
Longueur des collines de Matobo : 80 km
Type de roche : granite

Il y a des centaines de millions d'années, de la lave en fusion a jailli, s'est refroidie, fissurée puis érodée pour former les insolites collines granitiques de Matobo, au sud du Zimbabwe. Là, les blocs de granite se dressent les uns au-dessus des autres, tels de gigantesques statues. Au XIXe siècle, Mzilikazi, le chef des Matabele, les surnommait *ama tobo* (têtes chauves) parce qu'ils lui rappelaient ses ancêtres. C'est là qu'est enterré Mzilikazi. Les Matabele n'ont pas été les premiers indigènes à vivre dans la région.

Jusqu'à il y a 2 000 ans, les San ou Bushmen ont occupé les grottes, nous laissant en héritage une galerie de peintures rupestres. À l'aide de glaises mélangées à de la graisse animale et à de la sève d'euphorbe, ils peignaient des animaux, des paysages et des humains. L'endroit impressionna fortement Cecil Rhodes, le fondateur de la Rhodésie (aujourd'hui République de Zambie et Zimbabwe). Il appelait son promontoire favori « Vue du monde », connu par les Matabele sous le nom de *malindidzimu* ce qui signifie « lieu des anciens esprits ». Rhodes fut enterré là en 1902. Sur son lit de mort, il légua les collines au peuple de Matobo afin qu'il puisse en jouir, mais uniquement « du samedi au lundi ». MB

NAMIBIE

LE PLAN D'EAU D'ETOSHA

OMUSATI / OSHANA, NAMIBIE

Longueur de Etosha Pan : 130 km	
Largeur : 50 km	

C'est en Namibie que se trouve « le lieu où l'eau est asséchée ». Il s'agit d'un lit de lac asséché recouvert de glaise alcaline, constellé de traces de gibier. Cette cuvette d'environ 13 kilomètres de long et 50 de large fait partie d'un ensemble qui, avec le delta d'Okavango au Botswana, aurait autrefois constitué le plus grand lac du monde. Les rivières qui alimentaient cette réserve d'eau se sont asséchées et l'évaporation provoquée par la chaleur a eu raison de ce lac. En dépit des conditions difficiles, d'innombrables animaux vivent ici comme les troupeaux de gnous, les zèbres, springboks, gazelles, tous traqués par les lions et les hyènes. Des dizaines de milliers d'entre eux s'y rendent chaque année constituant ainsi l'une des plus importantes migrations d'Afrique. Ils quittent les plaines Adonis, leur refuge en saison sèche et se mettent en route vers le nord-est après les premières pluies de décembre. Etosha s'est lui-même transformé en un vaste lac peu profond, véritable éden pour les flamants roses et autres oiseaux aquatiques. En 1876, l'Américain Gerald McKiernan écrivait : « Toutes les ménageries du monde ne valent pas le quart du spectacle dont j'ai été témoin ce jour-là. » MB

LA RÉSERVE D'OTARIES DE CAPE CROSS

KUNENE, NAMIBIE

Superficie de la réserve d'otaries de Cape Cross : 60 km²
Otaries à fourrure de Cape Cross :
Mâle : 2,3 m de long, poids : 360 kg.
Femelle : 1,7 m de long, poids : 110 kg

Chaque année, sur la côte atlantique au nord-ouest de la Namibie, débarquent quelque 100 000 otaries à fourrure. Elles constituent un cinquième de la population totale de leur espèce. Dès la mi-octobre, les mâles prennent possession des lieux et se battent pour obtenir les meilleurs territoires. Les femelles les rejoignent ensuite et mettent bas à partir de la fin du mois de février jusqu'en avril. Elles partagent ensuite leur temps entre allaiter leurs petits et chasser en mer les poissons et encornets. Elles peuvent nager jusqu'à 180 kilomètres au large et plonger jusqu'à 400 mètres. Tandis que sur la plage leur progéniture doit affronter les chacals et hyènes brunes, ce sont les requins et les orques qui les guettent une fois dans l'eau.

Cape Cross lui-même est un lieu chargé d'histoire. C'est ici qu'accosta en 1485 le capitaine et navigateur portugais Diego Cao. Premier Européen à s'être aventuré aussi loin au sud de l'Afrique, il fut enterré près de là, à Serra Parda. Une croix de pierre fut érigée à l'époque en commémoration de ce débarquement, mais elle fut volée au XIXᵉ siècle. Une réplique fut donc installée en 1974. Cape Cross est situé à 100 kilomètres au nord de Swakopmund. MB

LA CÔTE DES SQUELETTES

KUNENE, NAMIBIE

Longueur de la côte des squelettes : 500 km

Caractéristique : épaves

Littoral pris en sandwich entre l'océan Atlantique et le désert du Namib, la Côte des squelettes s'étend sur 500 kilomètres. Elle est irriguée par le courant Benguela qui draine les eaux glaciales de l'Antarctique, au nord, tout le long de la côte africaine occidentale. En faisant remonter des profondeurs des nutriments, les vents de terre apportent à la faune locale une abondante nourriture. C'est là, près des eaux regorgeant d'anchois, de sardines ou de mulets, que viennent se nourrir les otaries et oiseaux aquatiques. Des hyènes brunes errent parfois sur les plages de sable blanc, tandis que des lions viennent se régaler des carcasses de baleines échouées. C'est cependant le nombre incroyable d'épaves qui fait la notoriété de la côte. Cette dernière est en effet jonchée de paquebots, galions et clippers, victimes des flots tumultueux, du brouillard épais et des récifs déchiquetés. En 1943, on retrouva même un message SOS anonyme gravé sur une latte. L'appellation de la côte fut consacrée lorsqu'un pilote suisse s'y écrasa lors d'un vol entre Cape Town et Londres. Un journaliste déclara alors que ses ossements devaient reposer quelque part sur la « côte des squelettes ». Le pilote ne fut jamais retrouvé, mais le nom resta. **MB**

LE DÉSERT DU NAMIB

NAMIBIE

Température côtière : 10 à 16 °C
Température à l'intérieur des terres : 27 °C
Pluviométrie : 13 mm sur la côte et 50 mm sur l'escarpement

C'est à l'intérieur des terres bordant la Côte des squelettes que se situe l'ancestral désert du Namib. Il s'étend vers le sud, depuis l'Angola jusqu'au fleuve Orange en Afrique du Sud, et s'étire à l'est jusqu'au pied du Grand Escarpement au sud de l'Afrique. Au nord, les rivières ont façonné le soubassement en gorges abruptes tandis que le sud est recouvert de sable d'un gris jaunâtre sur la côte, et rouge brique en son centre. Du nord-ouest au sud-est défilent des rangées parallèles de dunes de sable, dont certaines mesurent plus de 32 kilomètres de long et 244 de haut. Tandis qu'au nord les courants se déversent dans la mer, ils se répandent partout ailleurs dans des *vlei* (puits salant ou laisse de vase) au désert. La majorité de l'année, l'eau arrive sous la forme de brouillards épais. Dans la langue des Nama, le nom « Namib » signifie « endroit vide de tout » ; mais, en réalité, la région est pleine de vie. La flore compte des Welwitschia, plantes possédant deux feuilles géantes et la faune, des gemsboks et springboks. Les champs de dunes abritent peu de mammifères mais grouillent d'une multitude de coléoptères, geckos et serpents, tous conditionnés pour survivre dans un tel environnement. MB

BULL'S PARTY ROCKS

ERONGO, NAMIBIE

Hauteur du rocher « Tête d'éléphant » : 16 m

Caractéristique : peintures rupestres des Bushmen

Les Bull's Party rocks sont situées sur le Ameib Ranch, sur le versant sud des monts Erongo. De forme arrondie, ces gigantesques rochers granitiques ressemblent à des taureaux qui se font face. Non loin se dressent plusieurs rochers en forme de champignons et à l'équilibre fragile. Un affleurement rocheux fut même baptisé « Tête d'éléphant ». Outre ses formations rocheuses, le Ameib Ranch est également connu pour ses peintures rupestres bushman. La grotte Philipp renferme une superbe peinture représentant un éléphant blanc, ainsi que des peintures de girafes, d'autruches, de zèbres et d'humains. L'abbé Henri Breuil décrivit ces peintures pour la première fois dans son ouvrage *La Grotte Philipp*. Les monts Erongo se situent à environ 40 kilomètres au nord de Karibib et d'Usakos et constituent les vestiges d'un ancien volcan imposant de Namibie centrale. La plupart de ces montagnes ne sont accessibles qu'avec un véhicule à quatre roues motrices. Les Bull's Party rocks sont localisés à environ 5 kilomètres du ranch principal. Le monument national de la grotte Philipp n'est accessible qu'à pied en partant du parking et en traversant plusieurs collines de basse altitude. RC

LA VALLÉE DE LA LUNE

ERONGO, NAMIBIE

Âge de la Vallée de la Lune : 450 millions d'années

Welwitschia géant de Husab : 1 500 ans

La Vallée de la Lune (également connue sous les noms de formations rocheuses d'Ugab ou Paysage lunaire) est parsemée d'étranges blocs rocheux érodés par le brouillard côtier et le vent. Ce paysage sinistre se situe dans la vallée de la rivière Swakop, l'un des cours d'eau éphémères les plus longs et larges de Namibie, dans le désert du Namib. Au nord, le paysage est revêtu de lave rouge et de grès jaune, tandis qu'au sud les pâles teintes du désert contrastent avec l'obscurité de ses crêtes. Ces dernières (fréquentes dans cette partie du Namib) résultent du jaillissement puis du refroidissement de la lave au travers de fissures dans la roche. D'une extrême solidité, ces crêtes résistent mieux encore à l'érosion que le granite.

Spécifique au désert du Namib, la plante *welwitschia* pousse dans les plaines de graviers avoisinantes. Elle se compose de deux feuilles grises tentaculaires et coriaces, généralement découpées en lambeaux par le vent, ainsi que d'un pivot particulièrement profond. Elles pourraient vivre pendant plus de 2 000 ans.

La Vallée de la Lune est située près de Swakopmund. Un permis est nécessaire pour s'y rendre et pouvoir admirer les *welwitschias* (un seul et même permis pour les deux sites). RC

LE MASSIF DE BRANDBERG

ERONGO, NAMIBIE

Point culminant de Namibie : 2 697 m
Type de roche : granite
Caractéristiques : peintures rupestres

Brandberg est un large massif granitique dont le point culminant, Königstein, s'élève à environ 2 700 mètres. De forme presque circulaire, ce mont possède un rayon de 30 kilomètres. Son paysage sauvage se compose de gigantesques rochers et d'immenses falaises. D'innombrables gorges sillonnent ces terres fabuleuses où les sources naturelles sont absentes. La chaleur y est intense même en hiver et la recherche d'ombre et d'eau compte parmi les préoccupations essentielles. En dépit de ces conditions difficiles, le Brandberg possède une incroyable richesse de peintures rupestres, y compris celle de la célèbre *Dame blanche*. Lorsqu'il découvrit cette peinture, Reinhardt Maack fut impressionné par son style méditerranéen. Le nom de cette peinture et son lien supposé avec les voyages des Phéniciens en Afrique s'est emparé de l'imaginaire collectif. On pense aujourd'hui que la peinture représente un jeune homme dont le corps est en partie recouvert de peinture blanche, probablement pour une cérémonie d'initiation. Il est difficile de dater précisément les peintures rupestres ; on admet cependant que celles du Brandberg furent réalisées il y a 2 000 ans environ. **HL**

LE SPITZKOPPE

OTJOZONDJUPA, NAMIBIE

Type de roche : inselberg granitique
Âge du Spitzkoppe : 150 millions d'années
Caractéristiques : versant rocheux sud-ouest de 550 m

Le Spitzkoppe de Namibie, impressionnant *inselberg* (« île de montagne ») granitique, surprend au milieu des plaines arides du Damaraland. C'est l'un des sites les plus photographiés du pays. Également connu sous le nom de « Matterhorn de Namibie », ce pic de 1 700 mètres ressemble à la pointe de la défense d'un gigantesque éléphant. De son sommet, on peut admirer les plus somptueux levers et couchers de soleil de Namibie. La montagne elle-même date d'il y a plus de 700 millions d'années. Séparés par une distance de 62 kilomètres, le Spitzkoppe et le Brandberg furent façonnés par les événements qui aboutirent à la séparation du supercontinent Gondwana entre l'Amérique du Sud et l'Afrique. C'est, semble-t-il, la même cavité souterraine qui est à l'origine de ces remontées de granite en fusion. Il est étrange de penser que le Spitzkoppe s'est formé sous terre en raison du phénomène d'érosion qui sévissait alentour. Le pic actuel n'en est que plus haut encore. Outre la beauté de ses terres semi désertiques, la région du Spitzkoppe abrite un site d'escalade prisé, de nombreuses peintures rupestres ainsi qu'une grande richesse de pierres précieuses et semi-précieuses. HL

LES RÉSERVOIRS NATURELS DE NAUKLUFT

HARDAP, NAMIBIE

Âge des réservoirs naturels de Naukluft : 2 à 4 millions d'années
Profondeur de la vallée : jusqu'à 30 m
Longueur de la vallée : 2,5 km

Lors des inondations provoquées par les pluies annuelles dans les montagnes situées au nord-est du désert du Namib, les eaux se déversent dans le canyon Sesriem, puis dans la rivière Tsauchab asséchée, ressuscitant ainsi l'un des endroits les plus secs et chauds de la planète.

Véritable oasis dans le Namib, cette longue fissure relie les monts Naukluft au parc national du Namib-Naukluft. Lors de son passage, elle forme des dépressions et des crevasses en forme de cuvette dont le niveau d'eau permet même d'y nager. Après l'arrêt des pluies, ces réservoirs naturels perdurent pendant des semaines voire des mois, constituant ainsi une source d'eau fiable pour les habitants du désert.

La végétation qu'elle engendre est suffisamment abondante pour abriter une faune variée constituée de gangas, faucons chicquera, autruches, oryxs et de zèbres des montagnes.

Les indigènes au dialecte afrikaans qui peuplaient la vallée avaient l'habitude de tresser six (*ses*) longueurs de corde brute ou *riem* afin d'aller puiser l'eau. C'est ainsi que la vallée fut baptisée Sesriem. DBB

SOSSUSVLEI ET LE CANYON SESRIEM

HARDAP, NAMIBIE

Géologie : cuvette argileuse du désert du Namib
Superficie : 12 ha
Caractéristique : dunes mouvantes de 100 m de haut

Longeant la côte namibienne, les eaux froides du courant Benguela contournent le désert du Namib. Dans cette région de 100 kilomètres de large située au sud du port de Walvis Bay se dressent à 300 mètres de haut des dunes mouvantes. Exempte de réserves d'eau en surface et de végétation, cette région est quasiment invivable. Le lit de la rivière Tsauchab, asséchée la plupart du temps, constitue l'une des seules réserves de vie des environs. Avant de s'infiltrer dans le désert du Namib, la rivière forme le Canyon Sesriem, long de 2 kilomètres. Plus à l'ouest, le lit de la rivière s'étend sur 50 kilomètres au cœur du Namib. Il est flanqué de dunes spectaculaires aux ondoyantes courbes couleur ocre. La cuvette argileuse de Sossusvlei forme une impasse pour la rivière Tsauchab. Même après la période de crue, les eaux s'infiltrent dans le sol au lieu de s'évaporer ce qui permet d'éviter une accumulation excessive de sel. La maigre végétation bordant les cuvettes abrite une faune d'une richesse surprenante. HL

À DROITE : *Le canyon de Sesriem dans le désert du Namib.*

LE CANYON DE LA RIVIÈRE FISH

HARDAP, NAMIBIE

Longueur de Fish River Canyon : 65 km
Âge : 500 millions d'années

Le canyon de la rivière Fish, en Namibie, est le second plus grand canyon du monde, après le Grand Canyon d'Arizona. En réalité, il existe deux canyons : une cassure géologique est à l'origine de la formation du canyon supérieur il y a 500 millions d'années, tandis que le canyon inférieur résulte de l'érosion engendrée par la rivière Fish. Le canyon supérieur forme une large vallée nord-sud que parcourent les immenses méandres de la rivière Fish. Vus d'en haut, les serpentins ressemblent à un gigantesque reptile. Selon une légende des premiers habitants Bushmen, la vallée aurait été formée par un gigantesque serpent rampant à travers le paysage. Les falaises sont particulièrement impressionnantes lorsque les versants du canyon inférieur s'intercalent sous ceux du canyon supérieur, provoquant une cascade de 600 mètres depuis le plateau supérieur jusqu'aux soubassements vieux de 2 500 millions d'années, en contrebas. Le lit du canyon renferme plusieurs sources d'eau chaude, la plus connue étant située à Ai-Ais (« brûlant » en dialecte Nama). Ici, l'eau jaillissante atteint plus de 60 °C. HL

BOTSWANA

LE DÉSERT DU KALAHARI

BOTSWANA, NAMIBIE, ZAMBIE, ZIMBABWE

Température estivale : jusqu'à 50 ºC
Pluviométrie : de 406 à 458 mm à l'Est et de 305 à 356 mm à l'Ouest

C'est dans le Kalahari que se trouve la plus vaste étendue de sable au monde. Ce désert couvre la majorité du Botswana ainsi qu'une partie de la Namibie, de l'Angola, de la Zambie et du Zimbabwe. Son lit rocheux sous-jacent constitué de lave en fusion date de 65 millions d'années. Durant les 50 millions d'années qui suivirent, le désert du Kalahari fut victime de l'érosion par le vent et la pluie, puis enseveli sous le sable venant de la côte. Et pourtant, aussi hostile et sauvage qu'il soit, des peuplades y ont vécu il y a 500 000 ans. Le peuple nomade des San ou Bushmen vint s'y installer il y a 25 000 ans et il y vit toujours. Les Bushmen partagent le désert avec une faune nombreuse constituée de suricates, d'aigles, de serpents et de gemsbocks. D'immenses colonies de springboks migrent à travers le Kalahari, chaque troupeau s'étirant sur 210 kilomètres de long et 21 kilomètres de large. La flore inclut la « bougie du bushman », petite plante grasse épineuse à la tige épaisse, dotée d'une fleur en forme de coupelle qui pousse dans le sable. Elle tire son nom de l'odeur aromatique que dégage sa tige résineuse lorsqu'on la brûle. MB

CI-DESSOUS : *Fleurs sauvages dans le désert du Kalahari.*

LES COLLINES DE TSODILO

NGAMILAND, BOTSWANA

Hauteur des collines de Tsodilo : 1 395 m
Caractéristiques : peintures rupestres
Datation des peintures : principalement de 850 à 1100 ap. J.-C.

Situées à l'extrémité nord-ouest du Botswana, les collines de Tsodilo constituent le premier site inscrit au Patrimoine mondial du pays. À l'est, les collines surgissent du bush du Kalahari. Selon une légende du peuple indigène Kung, ces quatre collines distinctes formaient autrefois une famille ; c'est pour cette raison qu'elles sont aujourd'hui appelées « Homme », « Femme », « Enfant » et « Petit-enfant ». D'une hauteur de 1 400 mètres, la colline « Homme » est le point culminant du Botswana. Le Comité du Patrimoine Mondial a insisté sur la symbolique et l'importance religieuse que revêtent les collines pour les communautés de la région. La tradition locale veut que les chances de retour d'une personne envoyée à Tsodilo en dépit de sa volonté soient infimes. Les collines de Tsodilo sont particulièrement célèbres pour leurs peintures rupestres. Elles renferment plus de 400 sites et 4 500 peintures réalisées pour la plupart entre 850 et 1100 ap. J.-C.

Sur l'une des peintures apparaît ce que l'on pense être une baleine ; fait d'autant plus remarquable que la mer se situe à 1 000 kilomètres de là. **HL**

LE DELTA DE L'OKAVANGO

NGAMILAND, BOTSWANA

Superficie du delta de l'Okavango : 25 000 km²

Végétation : papyrus le long des berges et parcelles boisées sur les îles

Le fleuve Kavango prend sa source sur les hauts plateaux de l'Angola puis traverse la Namibie avant d'atteindre le Botswana. Il forme alors le delta de l'Okavango. Puis, le fleuve poursuit sa course vers le sud à travers les dépôts de sables du Kalahari. Cette particularité lui vaut l'appellation de « fleuve qui ne rencontre jamais la mer ». Son eau s'évapore dans le lac Ngami, la rivière Boteti et dans certaines parties du Basin Makgadikgadi. Lorsque le Kavango atteint le delta, il se sépare en plusieurs bras créant de petites cuvettes dans le sable. L'aspect de ces cours d'eau est toujours changeant en raison du barrage formé par la végétation sur les dépôts de limon charriés par le fleuve et ses canaux. Les hippopotames évoluent dans ces canaux. L'eau et ses nutriments favorisent la croissance de plantes qui permettent aux nombreux animaux et oiseaux de venir se nourrir dans le delta, au cœur d'un habitat asséché partout ailleurs. Le gros gibier abonde et l'incroyable diversité d'oiseaux (plus de 400 espèces) offre un spectacle grandiose. Le delta de l'Okavango demeure cependant un écosystème fragile que la construction de digues en amont pourrait facilement détériorer voire détruire. **PG**

LA RIVIÈRE CHOBE

CHOBE, BOTSWANA / PARTIE OCCIDENTALE, ZAMBIE

Végétation : parcelles boisées riveraines, prairies ouvertes, papyrus géants et roseaux
Éléphants : 120 000 (migrent de et vers la rivière Chobe et autres cours d'eau)

Fleuve le plus large d'Afrique du Sud, le Zambèze prend sa source en Angola et traverse la région de Caprivi en Namibie pour rejoindre la rivière Chobe au Botswana, environ 70 kilomètres en amont des chutes Victoria. Les pluies estivales en Angola atteignent généralement le confluent en avril ou mai. À mesure de son avancée, le Zambèze engloutit la rivière Chobe qui est alors refluée en arrière et continue son cours à contre-courant. Les rivières abritent de nombreux troupeaux d'hippopotames et légion de crocodiles géants du Nil. Les crocodiles femelles sont parfois aperçus couvant leurs œufs sur les rives de la rivière Chobe. Les poissons abondent également et parmi eux, le poisson-tigre, le plus vorace et probablement le plus connu. Lors du recul des eaux, les glaréoles à collier viennent le long de la rivière Chobe. Les régions que bordent les rivières sont composées principalement de sédiments charriés par le Zambèze. Des plantes, comme les roseaux ont envahi ces îles, mais elles sont aussitôt englouties par les eaux montantes lors des crues majeures. Ceci contraint la population et les animaux qui vivent sur les îles à se déplacer sur les hauteurs, loin des vallées fluviales. **PG**

LES CUVETTES DE MAKGADIKGADI

DISTRICT DU CENTRE, BOTSWANA

Superficie des Makgadikgadi Pans : 12 000 km²
Superficie du parc national de Makgadikgadi Pan : 4 900 km²

La majeure partie du Botswana est recouverte d'un manteau de sable de Kalahari balayé par le vent et atteignant 100 mètres d'épaisseur par endroits. Avec 12 000 km² de surface, c'est la plus vaste étendue de sable continue au monde. Le sable soulevé par le vent a ensuite été stabilisé par les plantes une fois le climat devenu plus humide. Par conséquent, de nombreuses régions sont dépourvues de pentes, et l'eau ne peut s'évacuer. Au confluent de la rivière Nata (qui prend sa source au sud-ouest du Zimbabwe) et du Sua Pan, le cours d'eau traverse des lits alcalins riches en soude. Lorsque l'eau s'évapore, elle laisse apparaître des étendues de soude telles que les cuvettes de Makgadikgadi. Durant la saison des pluies, ces cuvettes se transforment en un lac d'une profondeur maximale de un mètre. Dès qu'elles se remplissent d'eau, des bancs d'artémias affluent par milliers, attirant à leur tour un nombre incroyable de grands flamants et de flamants nains (environ 250 000) qui viennent se nourrir. Vus de loin, ils transforment le littoral en une vaste et stupéfiante étendue rouge. L'herbe environnante attire des troupeaux de zèbres de Burchell et de gemsboks. **PG**

DECEPTION VALLEY

GHANZI, BOTSWANA

Longueur de la Deception Valley : 80 km

Végétation : broussailles courtes et herbes

Racines des arbres : 50 m sous terre

Le Kalahari central est traversé d'est en ouest par une série de vallées planes et profondes. Au premier abord, elles font penser à des vallées fluviales nichées dans un environnement semi-aride où il ne pleut jamais assez pour que l'eau parvienne à éroder une gigantesque vallée. La Deception Valley (« Vallée de l'illusion ») est en réalité une vallée « fossile ». L'érosion exercée par le fleuve l'a façonnée en une large vallée fluviale aux bords abrupts qui fut peu à peu recouverte de sable. Ce dernier modifia sa forme en V pour lui donner des contours plus arrondis. Le fond est recouvert de broussailles typiques du Kalahari. La vallée est marquée par la présence occasionnelle de cuvettes qui se forment à la saison des pluies. Les roches de la vallée originelle restent visibles sur le côté et l'on distingue encore les endroits où les hommes de l'âge de la pierre fabriquaient leurs outils. La vallée recèle plusieurs milliers, voire des millions, d'éclats de pierre qui se sont détachés lors de la fabrication des fendoirs de pierres. La Deception Valley fut baptisée ainsi par des cartographes de De Beers en 1961 : cette vallée n'apparaissant sur aucune carte, l'équipe avait pensé, à l'époque, qu'il s'agissait d'une autre vallée située plus au Sud. **PG**

SWAZILAND

SIBEBE

SWAZILAND

Type de roche : pluton granitique
Surface du bassin du fleuve Mbuluzi : 3 100 km²
Amplitude d'élévation du fleuve : 125 à 1 500 m

Tandis qu'une chambre magmatique refroidissait quelque part dans les profondeurs du Swaziland, des mouvements tectoniques ont fait remonter à la surface une pierre de la taille d'une météorite jusqu'à la faire sortir de terre des millions d'années après. Le vent, la pluie et un torrent impétueux ont achevé ce travail, et aujourd'hui Sibebe, également connue sous le nom de roche chauve, est exposée au grand jour. Reconnue comme le plus important bloc de granite jamais découvert et comme la deuxième roche la plus large du monde, Sibebe repose, telle une énorme boule de bowling, sur la chaîne de montagnes Mbuluzi. Ces monts s'élèvent à 300 mètres au-dessus du fleuve Mbuluzi qui traverse le Swaziland pour rejoindre le Mozambique.

Les indigènes ont surnommé « marche la plus abrupte du monde », une ascension de 3 heures sur la façade accessible. Une fois au sommet, les visiteurs sont récompensés par la vue de ces rochers massifs formant un réseau de grottes séparées. Ces abris naturels sont ornés de peintures préhistoriques élaborées par les Bushmen, anciens habitants de Sibebe. Sibebe se situe dans la Pine Valley, à environ 8 km de la capitale Mbabane. **DBB**

AFRIQUE DU SUD

LE PARC DE KRUGER – LE BAOBAWE

LIMPOPO / MPUMALANGA, AFRIQUE DU SUD

Âge des baobabs : moins de 1 000 ans, mais les spécimens les plus anciens datent d'au moins 2 000 ans.
Surface du Baobabwe : 80 km²
Végétation : baobabs

Au nord du parc national Kruger et alentour, se déploie une région que sillonnent d'innombrables cours d'eaux. Cette région se distingue par le nombre incroyable de baobabs qu'elle abrite et qui lui valent l'appellation Baobabwe. Telle une immense armée, ces derniers semblent marcher sur le paysage. Ces baobabs ne sont certes pas aussi gros que ceux que l'on trouve sur les vallées fluviales comme celle du Save, mais leurs formes variées sont hors du commun. Leurs branches ressemblent à un enchevêtrement de racines ; une caractéristique à l'origine de leur qualification « d'arbres renversés ». Leurs troncs massifs, dont certains atteignent jusqu'à 28 mètres de circonférence, recèlent de nombreux trous qui servent de nids aux chats-huants et aux crécerelles. Certains sont totalement creux et font office de cachettes sûres pour un grand nombre d'animaux et de reptiles. Lorsqu'au début de l'été les baobabs commencent à fleurir, les chauves-souris, les oiseaux et les insectes viennent se nourrir du nectar que produisent leurs larges et blanches feuilles odorantes. **PG**

CI-DESSOUS : *Baobab au coucher du soleil.*

MODJADJI

LIMPOPO, AFRIQUE DU SUD

Superficie de la réserve naturelle Modjadji : 530 ha
Hauteur des cycas : jusqu'à 13 m
Meilleure saison pour les graines : de décembre à février

Modjadji recèle les plus grands cycas d'Afrique australe et abrite la plus grande concentration d'une espèce particulière de cycas *Encephalartos transvenosus*. Le cycas est une plante très ancienne, qui ressemble globalement à un palmier, apparue pour la première fois il y a 200 millions d'années. La survie et la sauvegarde des cycas de Modjadji sont dues à la seule « reine de la pluie ». Il y a plus de 400 ans, une femme Shona appelée Dzugudini tomba enceinte avant son mariage et dut quitter sa tribu. Accompagnée par quelques personnes, elle se dirigea vers le Sud et s'installa près de la ville devenue aujourd'hui Tzaneen. Elle fonda la tribu Lobedu qui y vit encore. Selon la légende, elle emporta avec elle le secret de la pluie et obtint ainsi le respect de toutes les ethnies voisines qui jamais ne l'attaquèrent. Depuis le début des années 1800, la tribu est dirigée par une Modjadji, ou « reine de la pluie », qui ne peut pas se marier mais peut avoir plusieurs enfants. Son rôle consiste à protéger les cycas de la région, les plus grands d'Afrique du Sud. Certains mesurent plus de 13 mètres de haut, et les plantes femelles produisent des graines de forme conique pouvant peser jusqu'à 34 kilogrammes. **PG**

NYLSVLEY

LIMPOPO, AFRIQUE DU SUD

Superficie de la réserve naturelle Nylsvley : 16 000 ha
Zone inondable de la Nyl : longue de 70 km (zone inondable la mieux conservée d'Afrique du Sud)

En progressant vers le nord de l'Afrique du Sud, les premiers explorateurs tombèrent par hasard sur un fleuve s'écoulant vers le Nord. Ils pensèrent aussitôt avoir découvert les sources du Nil, mais leurs suppositions se révélèrent fausses. La Nyl prend sa source dans les hauteurs du Waterberg et s'écoule dans une vallée bordée de collines à pic. En été, d'importantes tempêtes inondent la vallée et ses eaux débordent sur une large zone pour créer de vastes marécages. Ces derniers constituent une zone inondable de 16 000 ha. Quelque 3 100 ha de cette région sont aujourd'hui protégés par la réserve naturelle de Nylsvley. Lors de la saison des pluies, quand les marécages sont inondés, Nylsvley attire un nombre et une variété extraordinaires d'oiseaux aquatiques. Plus de 100 espèces ont été répertoriées sur le fleuve et 58 d'entre elles s'y reproduisent. Cette région accueille la plus grande concentration d'oiseaux aquatiques venant se reproduire. Il s'agit également de la seule zone en Afrique du Sud propice à la reproduction de certaines espèces, comme celle du crabier à ventre roux. La Nyl fait figure de cas particulier parce qu'elle ne rejoint pas la mer mais « meurt » près de Potgietersrus. **PG**

LE PARC DE KRUGER – LES COURS D'EAU

LIMPOPO / MPUMALANGA, AFRIQUE DU SUD

Superficie du parc national Kruger : 20 000 km²

Déclaré parc en 1898 (partiellement clôturé en 1961)

Le parc national Kruger est bordé par le fleuve Limpopo au nord et par le fleuve Crocodile au sud. Ces deux fleuves n'en forment en réalité qu'un seul, Crocodile (ou Krokodil) étant le nom donné au cours supérieur du Limpopo. Ils dessinent un arc qui forme, au nord la frontière entre l'Afrique du Sud et le Botswana et qui traverse le Mozambique, au sud-est, pour rejoindre l'océan Indien. Outre ces cours d'eau, le Sabie, le Letaba, l'Olifants, le Luvuvhu et le Shingwidzi alimentent également le parc en eau. Ces fleuves constituent la plus grande réserve d'eau pour les milliers d'animaux peuplant le parc Kruger. Ils sont essentiels pour l'irrigation et la survie des personnes vivant entre les montagnes et le parc. Les berges des fleuves sont les endroits les plus fertiles, les plus productifs et les plus humides du Kruger. Les visiteurs peuvent admirer la grande diversité de la faune et de la flore locale : des bois riverains poussent le long des fleuves et en certains lieux ils ressemblent même à des forêts. Les arbres comme les figuiers sycomores, peuvent atteindre 21 mètres de haut. Une fois formés, leurs fruits attirent des singes, des babouins et une multitude d'oiseaux fructivores. **PG**

LE PARC DE KRUGER – VELD DE MOPANES

LIMPOPO / MPUMALANGA, AFRIQUE DU SUD

Hauteur d'un mopane : jusqu'à 10 m
Autre végétation : figues de sycomores, mafuras, arbre à saucisse, aloès, arbres fruitiers et roses du désert

Le parc national Kruger est une réserve naturelle qui s'étend sur 350 kilomètres le long de la frontière du Mozambique. La moitié septentrionale du parc (au nord du fleuve Olifants), se compose principalement de veld de mopanes. Le mopane domine de grandes étendues dans une région relativement plate située entre les vallées des différents fleuves. La plupart des zones comptent des arbres peu élevés – le plus souvent inférieurs à 1,5 mètre de hauteur – mais à certains endroits, on trouve de véritables bois où la cime des arbres atteint 10 mètres au-dessus du sol. Ces mopanes de taille supérieure recèlent de nombreux trous qui constituent des sites de reproduction importants pour les oiseaux, les chauves-souris et les petits mammifères comme les lièvres ou les rongeurs. La taille inférieure de certains arbres s'explique par la présence d'éléphants mâles qui les ont empêchés de pousser. Les gigantesques et légendaires éléphants mâles du Kruger ont été retrouvés près de ces mêmes mopanes. Ils grandissent et commencent à devenir eux-mêmes des légendes. Ils évoluent en petits groupes de 3 à 7 spécimens, souvent dominés par un mâle particulièrement imposant et doté d'énormes défenses. Il reste heureusement de nombreux mâles dans cette région. **PG**

LE PARC DE KRUGER – RÉGION MÉRIDIONALE VALLONNÉE

MPUMALANGA, AFRIQUE DU SUD

Point culminant du Kruger : Khandzalive à 839 m
Roche kopjes : granite
Arbres dans la région méridionale du parc : Calodendron capense, poirier blanc et arbre de corail

La partie méridionale du Kruger est assez différente des autres régions d'Afrique du Sud car elle est très vallonnée. Le principal type de roche qu'on y trouve est le granite intrusif. Ce dernier montre les effets de l'exfoliation, c'est-à-dire la division de la roche en une série de fines plaques concentriques, phénomène à l'origine d'un paysage de collines et de vallées couvertes de bois hauts mais épars. Certaines des collines représentent de petits dômes de roche nue, tandis que d'autres, beaucoup plus nombreuses, sont caractérisées par des pentes rocheuses plus ou moins boisées. L'alternance de collines et de vallées a créé un habitat propice au développement de la faune – en particulier dans la région basse du Sabie. On y trouve des éléphants, des buffles, des lions et des léopards, ainsi que des lycaons, espèce africaine très menacée. Ces collines abritent une espèce unique d'antilopes, l'oréotrague. Ce spécimen rare et timide est plus facile à observer que dans n'importe quel autre endroit en Afrique du Sud. **PG**

LES CHUTES KADISHI

MPUMALANGA, AFRIQUE DU SUD

Hauteur des chutes de tuf : environ 200 m

Oiseaux : pygargue, perroquet à tête brune, touraco à huppe splendide, cossyphe choriste et pie-grièche olive

Près du barrage de la Blyde, surgissent les chutes Kadishi. Deuxièmes plus grandes cascades de tuf au monde, elles s'élèvent à une hauteur de 200 mètres. Les chutes de tuf sont un phénomène relativement rare ; elles se forment lorsque l'eau est saturée en carbonate de calcium. L'exposition à l'air provoque l'évaporation de l'eau et la dissolution d'une partie du carbonate de calcium. Ce dernier se dépose le long du flanc abrupt de la colline, tel une « chute » de stalactite blanche. Peu de chutes de tuf sont aussi facilement visibles que celles-ci. Plus de 360 espèces d'oiseaux ont été recensées dans la région qui abrite notamment la troisième colonie de vautours fauves au monde et plusieurs couples de grébifoulques d'Afrique, rares oiseaux aquatiques. Comme les ptérodactyles au temps des dinosaures, ces oiseaux sont dotés d'une serre sur le premier doigt de chaque aile. De nombreuses espèces aquatiques vivent dans et autour des rivières et, parmi elles, des hippopotames, des crocodiles, des loutres et des poissons. Dans les forêts alentour, les touristes peuvent observer des babouins chacmas, des singes vervet, des cercopithèques à diadème et parfois même des léopards. **PG**

LE CRATÈRE DU TSWAING ET LE LAC SALÉ DE PRETORIA

GAUTENG, AFRIQUE DU SUD

Diamètre du cratère de Tswaing : 1 130 m
Âge : 220 000 ans

Le cratère du Tswaing était autrefois connu sous le nom de Pretoria salt pan (lac salé de Pretoria). Pendant de nombreuses années, il fut considéré comme un cône volcanique dont le sol affaissé était recouvert d'un lac de soude. Le cratère se compose d'un cercle de roche qui s'élève à 60 mètres au-dessus de la surface de la terre. L'hypothèse émise pour expliquer ce phénomène veut que les collines aient surgi à la suite d'une expulsion de la roche volcanique hors de la cheminée centrale, provoquant ainsi l'effondrement du centre dans la chambre magmatique. Le cratère est cependant formé de roches en granite, roche intrusive fermement enracinée âgée d'environ 3 millions d'années et non pas de roche volcanique. Le fond de ce cratère unique en Afrique du Sud se situe à environ 60 mètres sous la surface de la terre. Le lac de soude est constitué de différentes sortes de boue à grains fins contenant des fragments de roche, dont certains comportent de la magnétite, un oxyde de fer. Actuellement, on pense qu'il s'agit en réalité d'un cratère formé par une météorite qui se serait écrasée sur la Terre il y a environ 220 000 ans. **PG**

LE PARC NATIONAL DU PILANESBERG

PROVINCE DU NORD-OUEST, AFRIQUE DU SUD

Superficie du parc national du Pilanesberg : 55 000 ha
Déclaré parc national en 1979
Âge du volcan : 1 200 millions d'années

Ce paysage volcanique très ancien est beaucoup plus complexe qu'il n'y paraît. C'était à l'origine un immense volcan (ou une série de volcans) qui éclata lors d'une gigantesque explosion ou qui s'effondra sur lui-même. Il fut ensuite enseveli, puis l'érosion mis peu à peu sa roche à nu. Les cônes volcaniques qui subsistent sont traversés par des cours d'eau qui poursuivent leur œuvre d'érosion en aval jusqu'à atteindre les premières roches volcaniques circulaires. Le massif date de 1 200 ans : son point culminant, le Pilanesberg, se dresse à 600 mètres au-dessus d'une sphère de 18 kilomètres de diamètre et abrite le lac Mankwe. C'est ici, au cœur de ce paysage ancestral, que le Parc national du Pilanesberg a vu le jour. En 1979, de nombreuses espèces d'animaux éradiqués par les chasseurs ont été réintroduites dans le cadre de l'« opération Genesis », l'un des projets les plus ambitieux de repeuplement de faune jamais entrepris. Aujourd'hui, presque toutes les espèces animales d'Afrique australe y sont représentées, et parmi elles, les lions, les éléphants, les hippopotames blancs et noirs, les buffles et les girafes. Le parc abrite des sites datant de l'âge de la pierre et de l'âge du fer. **PG**

LE CANYON DE LA RIVIÈRE BLYDE

KWAZULU-NATAL, AFRIQUE DU SUD

Longueur de Blyde river canyon : 24 km
Profondeur du canyon : 800 m

Dominé par de gigantesques crêtes granitiques, le canyon de la rivière Blyde, long de 24 kilomètres, traverse la région nord-est du Grand Escarpement et poursuit sa course vers Blydepoort Dam, à Swadini. À une époque, les courants de la rivière Blyde s'infiltraient avec une telle violence à travers la roche qu'ils sculptèrent un canyon de 800 mètres de profondeur. Aujourd'hui, la Blyde se faufile entre les parois du canyon ; elle est couverte de fynbos, plantes de forêt humide tempérée à feuilles persistantes. Sur un versant du canyon, on peut observer les Trois Rondavels (parfois appelées les « Trois Sœurs »), spirales de roche dolomite qui s'élèvent au-dessus des parois du canyon telles des fusées géantes. Leur faîte est recouvert de végétation verdoyante, et leurs flancs, de lichens orange. Ces trois sommets tirent leur nom d'une ressemblance avec les cases circulaires en chaume communes aux autochtones. Autre curiosité, le Pinacle, colonne unique en quartzite, s'élève des profondeurs boisées du canyon. **MB**

BOURKE'S LUCK POTHOLES

KWAZULU-NATAL, AFRIQUE DU SUD

Profondeur des cavernes : 6 m
Type de roche : dolomite

Les Bourke's luck potholes (marmites de la chance de Bourke) sont situées au confluent de la Blyde river et de la Truer river. À cet endroit, la Truer est canalisée vers une étroite cataracte qui se déverse dans la Blyde selon un angle de 90 degrés. Ce changement abrupt de direction engendre la formation de dépressions en forme de marmites créées. Ces dépressions peuvent s'enfoncer jusqu'à 6 mètres à l'intérieur de la roche dolomite aux couleurs rouge et jaune. À une époque, ce site appartenait au fermier Tom Bourke. Encouragé par les succès des chercheurs d'or en aval, Bourke pensait trouver des pépites d'or dans ses cavernes. Son intuition s'avéra juste, et l'endroit fut baptisé « Bourke's luck » (chance de Bourke). Les noms des deux fleuves ont aussi leur histoire. En 1840, un groupe de pionniers Boer explorait la région en quête d'endroits pour s'établir. Les hommes se dirigèrent vers l'Est, tandis que les femmes et les enfants restèrent au campement, proche d'une rivière. Ne voyant pas revenir leurs maris à la date de retour prévue, les femmes les crurent morts et nommèrent cette rivière Truer qui signifie « rivière de chagrin ». Les maris retrouvèrent toutefois leurs familles quelques temps plus tard, près d'une autre rivière qu'ils baptisèrent Blyde, « rivière de joie ». **MB**

KOSI BAY

KWAZULU-NATAL, AFRIQUE DU SUD

Arbres : dattier sauvage, palmier à raphia, figuier de sycomore, mangrove
Animaux marins/aquatiques : hippopotames, crocodiles du Nil, tortues luth, baleines à bosse, requins taureaux

Située à l'extrême nord-est de l'Afrique du Sud, près de la frontière avec le Mozambique, Kosi Bay est une région d'une grande importance biologique. Elle recèle une impressionnante mosaïque de lacs, de fleuves, de marécages et de forêts humides qui constituent le réseau lacustre le plus sauvage de la côte africaine. Longue de 18 kilomètres, Kosi Bay est formée de quatre lacs et d'une série de canaux enchevêtrés qui se jettent dans l'océan Indien via un estuaire sablonneux. La région accueille une grande variété d'animaux, d'oiseaux et de plantes. Près de l'embouchure de l'estuaire s'étend une zone de marais qui présente 5 espèces de mangroves. En terme de faune, Kosi Bay abrite des specimens de périophthalmes et de crabes appelants, des crocodiles, des hippopotames et plus de 200 espèces de poissons tropicaux. Durant les mois d'hiver, des baleines à bosse passent au large des côtes. La côte est l'un des premiers sites de reproduction d'Afrique du Sud pour les tortues de mer : en décembre et janvier, les tortues caouannes et les tortues luth se hissent sur les plages pour pondre leurs œufs. **PG**

À DROITE : *Tracé spectaculaire de Kosi Bay, en Afrique du Sud, près du Mozambique.*

LE PARC DE LA ZONE HUMIDE D'ISIMANGALISO

KWAZULU-NATAL, AFRIQUE DU SUD

Profondeur du lac St. Lucia : rarement plus de 1,80 m
Superficie marécageuse : environ 300 km²
Végétation : forêts, bush et prairies

Situé sur la côte orientale de Kwazulu-Natal, le parc de la zone humide d'Isimangaliso s'étend depuis Kosi Bay au Nord, jusqu'au Cap Sainte-Lucie au Sud. Le parc – le premier d'Afrique du Sud inscrit au Patrimoine mondial – comprend un gigantesque estuaire lagon qui s'écoule parallèlement à la côte.

Des dunes de sable massivement boisées (les plus hautes du monde) empêchent le Mkuze de rejoindre la mer. Ce fleuve est obligé d'opérer un détour par le Sud, créant le lac Sainte-Lucie, long de 60 kilomètres. Véritable carrefour entre l'Afrique subtropicale et l'Afrique tropicale, le parc propose une étonnante variété d'habitats : les montagnes Ubombo, des prairies inondables, des forêts dunaires, des forêts côtières, des marais salants, des marécages salés, des mangroves, des plages sublimes ainsi que des récifs coralliens.

La région est considérée comme capitale pour la survie d'un grand nombre d'espèces comme les pélicans blancs et les pélicans gris, ainsi que pour celle des plus grandes populations sud-africaines d'hippopotames et de crocodiles. **PG**

LA RÉSERVE DE GIANTS CASTLE

KWAZULU-NATAL, AFRIQUE DU SUD

Zone protégée établie en 1903
Végétation : bush des montagnes et broussailles
Point culminant en Afrique du Sud (Dôme Injasuti) : 3 409 m

Le plateau du Drakensberg (mont aux dragons) doit son existence à des coulées de lave basaltique datant d'il y a 190 millions d'années. L'érosion exercée par les rivières de ce plateau a créé une ligne de falaises couronnées de lits de lave superposés. Ce phénomène est particulièrement visible dans la réserve de Giants Castle (château des géants) : les contreforts se transforment en pentes abruptes pour devenir des falaises massives s'élevant à 3 000 mètres dans le ciel.

Le peuple San prétend que des dragons s'y cachent, d'où son nom. Le nom zoulou pour Giants Castle est « iNtabayikonjwa », ce qui signifie « la montagne qu'on ne doit pas pointer du doigt ». La pointer du doigt témoignerait, dit-on, d'un manque de respect et provoquerait des intempéries. En effet, le Drakensberg connaît les orages les plus lourds et les plus violents de toute l'Afrique australe. La réserve de Giants Castle abrite une grande variété d'animaux, comme l'éland ou le rhebok et le majestueux gypaète barbu ou lammergeier. La notoriété de cet oiseau incroyable tient probablement à son habitude de laisser tomber les os sur une roche plate afin de les ouvrir pour en déguster la moelle. **PG**

LA GORGE DE ORIBI

KWAZULU-NATAL, AFRIQUE DU SUD

Longueur de la gorge de Oribi : 25 km
Profondeur : 300 m
Type de roche : grès sur granite

La gorge de Oribi est l'une des merveilles de la nature probablement les moins connues d'Afrique du Sud. Elle se niche dans les profondeurs des grès au sud du Kwazulu-Natal, environ 20 kilomètres à l'intérieur des terres de Port Shepstone. À cet endroit, la rivière Umzimkulwana sillonne pendant près de 25 kilomètres, le long d'immenses falaises. Les sommets de ces falaises offrent des panoramas magnifiques, mais il faut explorer la gorge par-dessous pour en profiter pleinement : de nombreux passages de longueurs différentes parcourent les gorges. Le cours d'eau principal s'écoule dans un lit dont la base de granite date de plus de 1 000 millions d'années. De chaque côté de la gorge, les falaises hautes de 300 mètres sont à l'origine de splendides chutes d'eau. Le ravin est comblé par de denses forêts côtières à feuilles persistantes ; il existe néanmoins un certain nombre d'habitats naturels. Cette diversité alliée à la difficulté d'accès de la gorge lui permet d'abriter quelque 500 espèces différentes d'arbres ainsi qu'une faune riche qui compte le léopard, le python et le rarissime cercopithèque à diadème. C'est aussi un endroit rêvé pour les amoureux des oiseaux qui peuvent espérer apercevoir le trogon narina et une grande variété de rapaces, comme l'aigle martial et l'aigle couronné. HL

LA RÉSERVE DE HLUHLUWE-UMFOLOZI

KWAZULU-NATAL, AFRIQUE DU SUD

Superficie de la réserve de Hluhluwe-Umfolozi : 96 000 ha
Nombre de rhinocéros : noirs : 350 ; blancs : 1 800

La réserve de gibiers de Hluhluwe-Umfolozi regroupe deux célèbres parcs mondiaux – Hluhluwe au nord et Umfolozi au sud – qui constituaient autrefois les terrains de chasse des rois zoulous. Première réserve établie en Afrique, Umfolozi fut également la première à mettre en place des « pistes sauvages » permettant aux visiteurs de s'aventurer dans le bush et de camper sous les étoiles. Le rhinocéros noir est l'une des créatures les plus spectaculaires du site et tous les efforts sont concentrés pour assurer la protection de cette espèce rarissime. La savane sud-africaine s'étend entre les rivières Black (noire) et White (blanche) Umfolozi. Et c'est également là que foisonnent les rhinocéros noirs et blancs. Le gibier de la région fut décimé au début du XIXe siècle lorsque le bétail fut contaminé par la maladie *nagana* propagée par la mouche tsé-tsé. Les fermiers pensent que le seul moyen d'endiguer le fléau était de détruire la faune locale. Le gibier fut peu à peu réintroduit dans les parcs mais, curieusement, les lions n'y restèrent pas. En 1958, un mâle réapparut, suivi d'un groupe de femelles, quelques années plus tard. Aujourd'hui, la troupe régule le nombre d'antilopes du parc. MB

LE PARC UKHAHLAMBA-DRAKENSBERG

KWAZULU-NATAL, AFRIQUE DU SUD

Point culminant : 3 482 m
Longueur du Drakensberg : 600 km
Géologie : 1 500 m de basalte sur du grès

Connue par les Européens depuis environ deux siècles sous le nom de Drakensberg (mont aux dragons), cette chaîne de montagnes est la plus impressionnante d'Afrique du Sud. Les Zoulous la dénomment uKhahlamba, la « barrière des lances », appellation censée évoquer le son des lances envoyées contre les boucliers des guerriers. Les deux désignations dérivent de l'impression suscitée par les crêtes basaltiques rocheuses et les pinacles qui surplombent les plaines du Kwazulu-Natal. En 2000, cette région a été déclarée quatrième site sud-africain au Patrimoine mondial, sous le nom de parc uKhahlamba-Drakensberg.

Les San ont vécu dans cette région pendant des milliers d'années bien avant les Européens ou les Zoulous. Ils ont laissé une collection unique de peintures pariétales dans plus de 500 grottes. Dans la déclaration du site au Patrimoine mondial, ces trésors sont qualifiés de « la plus grande concentration de peintures rupestres en Afrique sub-saharienne, exceptionnelles tant par leur qualité que par la

diversité des sujets traités ». La peinture la plus ancienne date d'environ 2 500 ans, alors que la plus récente représente des scènes de chasse du XIXe siècle, figurant des chasseurs à cheval et armés de pistolets.

La chaîne de montagnes, ligne de partage des eaux vitales dans ce sous-continent aride, s'étend d'Eastern Cape sur plus de 600 kilomètres jusqu'au Mont aux Sources, point de rencontre entre le Lesotho et les provinces sud-africaines de Free State et Kwazulu-Natal, à une altitude de près de 3 300 mètres. D'aucuns affirment que la chaîne de montagnes se poursuit encore le long de l'escarpement vers le Nord sur encore 400 kilomètres, mais les hauts sommets aux noms allusifs s'arrêtent à la frontière du Lesotho. C'est là qu'est situé le point culminant d'Afrique méridionale : le Thaba Ntlenyana, à 3 482 mètres. La frange principale de l'escarpement s'élève en moyenne à 3 000 mètres d'altitude ; elle est émaillée de sommets aux noms évocateurs comme Giant's castle, Champagne Castle, Cathedral Peak, ou The Old Woman Grinding Corn (la vieille femme qui moud du grain). **HL**

CI-DESSOUS : *Étendues vertes et luxuriantes du Drakensberg.*

LE MONT-AUX-SOURCES

KWAZULU-NATAL, AFRIQUE DU SUD

Point culminant du Mont-aux-Sources : 3 317 m
Chutes Tugela : 948 m de dénivelé

En 1836, deux missionnaires français à la recherche de la source du fleuve Orange parvinrent à un magnifique escarpement dans la région d'un pic appelé Pofung (lieu de l'éland) par les Basatho. Ils crurent alors que ce pic constituait la source de l'Orange, du Caledon et du Tugela. Même si cette idée a été infirmée depuis, le nom de Mont-aux-Sources est resté. Bordé par le Sentinel Peak (pic de la sentinelle) au nord-ouest, par le contrefort occidental à l'ouest et à l'est par le contrefort oriental et l'effroyable Dent du Diable, cet « amphithéâtre » affiche une terrifiante façade basaltique surplombant la vallée du Tugela. Cette paroi rocheuse géante mesure 8 kilomètres de long et s'élève à une hauteur de 800 mètres. Le fleuve naissant qui s'élève sur le Mont-aux-Sources, environ 3 kilomètres en deçà de l'escarpement, se précipite des hauteurs pour former l'une des chutes d'eau les plus hautes du monde, les chutes Tugela. Ces impressionnantes terres d'altitude, formées à l'origine par une éruption de lave fondue de 1 400 mètres d'épaisseur, créent un écosystème alpin rare en Afrique. Les chutes de pluie surviennent principalement lors des tempêtes estivales, tandis que les chutes de neige hivernales déposent souvent sur le sol un manteau d'un mètre d'épaisseur. **HL**

LE GOLDEN GATE

FREE STATE, AFRIQUE DU SUD

Superficie du parc national du Golden Gate : 11 600 ha
Type de roche : grès
Végétation : prairies indigènes

Le Golden Gate (pont doré) est une formation sculptée dans les remparts exposés à l'ouest des montagnes du Lesotho. Cet ensemble est composé d'un grès fin déposé par le vent, appelé « grès des cavernes » en raison du nombre incroyable de grottes qui y sont façonnées. La Little Caledon River a creusé dans la région une vallée profonde dont deux promontoires en grès gardent l'entrée. Au lever du soleil, le Golden Gate semble s'enflammer et révèle un prodigieux tableau aux nuances de rouge, de jaune et de pourpre. Les falaises elles-mêmes s'élèvent à 100 mètres de hauteur et les différentes couches de roche sont clairement visibles. Les strates les plus résistantes semblent même sortir des falaises. Surplombant les falaises qui bordent la vallée, s'élève le contrefort du Brandwag, bloc de grès massif en forme de proue dont on affirme qu'il est encore plus impressionnant que le Golden Gate. La région se targue d'accueillir une faune variée composée d'antilopes, d'élands, de blesboks et de zèbres de Burchell, ainsi que du gypaète barbu et de l'ibis chauve, deux oiseaux rarissimes. Une multitude de plantes rares et atypiques poussent sur les hauteurs, comme les arums et les fire-lilies (*cyrtanthus*). **PG**

LE RICHTERSVELD

CAP DU NORD, AFRIQUE DU SUD

Point culminant : 1 374 m
Pluviométrie moyenne : inférieure à 50 mm par an
Végétation : flore du désert, plantes grasses

À l'extrémité nord-ouest de l'Afrique du Sud, le fleuve Orange effectue une boucle d'environ 100 kilomètres au Nord avant d'atteindre l'Atlantique à Oranjemund.

C'est sur le versant sud de ce méandre qu'est situé le Richtersveld, site rocheux, hostile et jusqu'à très récemment, inaccessible. En dépit de ses sommets culminant à 1 300 mètres maximum et d'une pluviométrie inférieure à 50 millimètres par an, le Richtersveld se révèle un véritable paradis pour les botanistes. Décrit comme un désert montagneux, ses monts déchiquetés et ses vallées d'apparence stérile abritent environ un tiers des espèces florales d'Afrique du Sud. L'espèce la plus reconnaissable est sans doute l'arbre-carquois. À l'origine de cette appellation, l'utilisation que faisaient les habitants San de ses branches afin de fabriquer des carquois pour leurs arcs. Le *Pachypodium namaquanum* constitue une autre espèce unique. Il est connu en afrikaans sous le nom de « demi-homme », la légende voulant qu'il soit mi-végétal, mi-humain.

En bordure de la région, les gravures rupestres présentes sur des roches de grès noir près du lit fluvial datent de 2 000 ans voire plus. HL

LES CHUTES D'AUGRABIES

CAP DU NORD, AFRIQUE DU SUD

Hauteur de la première cascade : 90 m
Hauteur de la seconde cascade : 60 m
Type de roche : gorge en granite

Avec leurs ravins et gorges de granite, les chutes d'Augrabies forment un paysage impressionnant sur le fleuve Orange en Afrique du Sud, environ 80 kilomètres en amont de la pointe sud-est de la Namibie. Au-dessus des chutes, le fleuve traverse une vallée verdoyante relativement plate, bordée d'imposantes collines rocheuses qui s'étendent à l'infini. Le paysage est tel que les chutes ne sont accessibles qu'en passant par le Sud. De là, les visiteurs parviennent aisément jusqu'à cette gorge spectaculaire. Le courant s'accélère peu à peu sous l'influence des rapides creusés dans le granite pour former une première cascade de 90 mètres de haut. Enfin, au terme d'une ultime course sinueuse, l'eau va se jeter dans un bassin profond situé 60 mètres plus bas. Le rugissement des vagues a valu au site d'être appelé « l'endroit au bruit assourdissant » en dialecte local khoi-khoi. Le mystère qui entoure le gouffre de 15 kilomètres de long situé en aval, a donné naissance à une légende. Selon les Khois, le gigantesque serpent aquatique gardien d'un trésor de diamants aurait descendu les montagnes du Lesotho et reposerait aujourd'hui dans les profondeurs du fleuve Orange. **HL**

NAMAQUALAND

CAP DU NORD, AFRIQUE DU SUD

Point culminant : 1 706 m
Pluviométrie annuelle : 50 à 250 mm
Végétation : parterres spectaculaires de fleurs sauvages au printemps

Namaqualand est la région située à la pointe nord-ouest de l'Afrique du Sud. Bordée par l'océan Atlantique à l'ouest et le fleuve Orange au nord, c'est un territoire plutôt aride. Cette région est l'habitat du peuple Nama, dont elle tient son nom. Des pics de granite parsèment la région centrale, tandis que la pluviométrie trop faible empêche la formation de rivières durables. Les abondantes pluies hivernales opèrent cependant un véritable miracle, transformant ce paysage quelque peu hostile en un paradis floral éblouissant. Les visiteurs affluent pour admirer les immenses étendues de plateaux colorés, telles un gigantesque tapis oriental. Les spectaculaires marguerites orange et jaune du Namaqualand qui poussent sur les pâturages des moutons, annoncent les premières l'arrivée des beaux jours. Au Namaqualand, le printemps n'est pas seulement synonyme de beau paysage. Les botanistes connaisseurs, eux, concentrent leur attention sur les terres vierges et plus reculées car c'est là qu'ils trouvent d'innombrables espèces végétales colorées. HL

CI-DESSOUS : *Les pluies hivernales donnent naissance à de somptueux parterres de fleurs.*

LE PARC TRANSFRONTALIER KGALAGADI

AFRIQUE DU SUD / BOTSWANA

Surface du Parc transfrontalier Kgalagadi : 36 000 km²

Végétation : broussaille du désert avec des arbres le long des rives

Température maximale : 40°C

Premier « parc pour la paix » africain, le Parc transfrontalier Kgalagadi résulte de la réunion des parcs Kalahari Gemsbok en Afrique du Sud et du Gemsbuck National Park au Botswana. Les « parcs pour la paix » couvrent plus d'un pays ; ils unifient ainsi des habitats écologiques fragmentés tout en assurant la stabilité environnementale et politique. Au cœur du parc, deux rivières, la Auob et la Nossob, filent vers le Sud en direction du fleuve Molopo, creusant sur leur passage des vallées dans les sables rouges du Kalahari. Les pluies annuelles bouleversent le paysage désertique. Des fleurs multicolores sourdent comme par enchantement tandis que la flore des rivages attire de nombreuses antilopes comme les gemsboks, springboks, bubales rouges et gnous bleus. Ces derniers attirent à leur tour légion de prédateurs. Les lions à crinière noire, tout comme le guépard, la hyène brune et l'otocyon. En journée, il n'est pas rare de voir des léopards sommeiller dans les arbres. **PG**

WITSAND

CAP DU NORD, AFRIQUE DU SUD

Superficie de la réserve naturelle de Witsand : 3 500 ha

Hauteur des dunes de sable : jusqu'à 60 m

Altitude de la réserve naturelle de Witsand : 1 200 m

Vaste région de terres semi-arides souvent recouvertes du sable rouge du désert de Kalahari, le Kalahari Desert country occupe la partie nord-ouest du Cap du Nord. À l'est de Upington s'élèvent plusieurs dunes de sable dont la blancheur contraste avec les sables rouges du Kalahari ainsi qu'avec le paysage environnant. Ces dunes dénommées Witsand (Sable blanc) bénéficient d'une protection toute particulière. Elles ne se distinguent pas qu'en raison de leur couleur. En effet, lorsque le sable est sec et brûlant, le moindre bruit provoque le « grondement », « rugissement » ou « bourdonnement » des dunes. Le sable émet en réalité un son grave parfaitement distinct comparable au grondement de l'eau des rapides ou des cascades perçu à distance. Ces dunes se sont ainsi vues attribuer le nom de *Brulsand*, ou « dunes chantantes ». Elles sont parcourues par plusieurs vallées comportant des zones humides appelés *vleis*, et ce, en dépit de la sécheresse environnante. Ces zones ont alimentées par l'eau émanant de la strate rocheuse souterraine. Elles créent ainsi un environnement d'oasis dont la richesse animalière et florale contraste avec l'aridité des dunes du versant opposé. **PG**

LE RÉPUBLICAIN SOCIAL

CAP DU NORD, AFRIQUE DU SUD

Longueur du républicain social : 14 cm
Poids du républicain social : 30 g
Diamètre des alcôves : 15 cm

Le républicain social est un oiseau de petite taille évoluant dans les régions sèches, au nord-ouest de l'Afrique du Sud. Il vit en colonies comptant jusqu'à 300 oiseaux, tous basés dans un seul et même gigantesque nid. Avec une incroyable ingénuité, le républicain social parvient à construire des nids de 7 mètres de long pouvant peser jusqu'à 100 kilogrammes. Ces derniers sont parfois si lourds qu'il leur arrive de briser l'arbre. Le toit imperméable de ces labyrinthes d'herbes tressées est constitué de matériaux grossiers. Ils comptent jusqu'à 50 alcôves, chacune de la taille du poing d'un homme, garnies d'herbes fines, de poils et autres matériaux doux récupérés aux alentours. Les nids possèdent également un tunnel dont l'ouverture située en bas est obstruée de brins d'herbes afin d'empêcher les serpents et autres prédateurs de s'y aventurer. La construction des nids se poursuit tout au long de l'année, brin par brin, tant que la présence d'herbe le permet. Les républicains sociaux, cependant, sont rarement seuls. Les intrus comme le fauconnet d'Afrique, le pied barbet, le traquet familier, les inséparables à face rose ou les amandine à tête rouge ne sont jamais loin. PG

LES ARBRES À FIÈVRE DU LOWVELD

AFRIQUE DU SUD / ZIMBABWE

Surface de la réserve animalière Mkuze : 40 000 ha dans la partie nord du Zululand

Parc national de Gonarezhou : 5 053 km²

Immortalisé par Rudyard Kipling dans *L'Enfant d'éléphant*, l'arbre à fièvre est une espèce d'acacia qui pousse dans les zones marécageuses du Lowveld, au nord-ouest de l'Afrique du Sud, ainsi qu'au sud-est du Zimbabwe. Son nom provient sans doute de la couleur jaune clair de son écorce ou du teint souvent jaunâtre des victimes de la malaria. Il est plausible que ce nom dérive des régions marécageuses où pousse l'arbre à fièvre, zones convoitées par les moustiques porteurs de la malaria et qui viennent s'y nourrir l'été. Le jaune clair des troncs crée un effet surréaliste, l'hiver en particulier lorsque les arbres sont nus. Quand vient le printemps, ils se couvrent de fleurs jaunes et rondes. L'immense forêt de la réserve animalière Mkuze, en Afrique du Sud, en est remplie. Là-bas, une passerelle a été érigée afin de permettre aux visiteurs de traverser les zones les plus humides de cet habitat marécageux. D'impressionnantes forêts d'arbres à fièvre peuplent également les rives de la rivière Runde, dans le Gonarezhou National Park, au Zimbabwe. Ces forêts constituent en outre un habitat non négligeable pour la faune, en particulier pour les oiseaux tels que le coucal vert. **PG**

BAVIAANSKLOOF

CAP ORIENTAL, AFRIQUE DU SUD

Longueur de Baviaanskloof : 100 km
Hauteurs des montagnes : 1 700 m
Type de roche : grès stratifié du Cap

Fait étrange, certaines régions sauvages et désertées sont parfois situées non loin des centres peuplés. Baviaanskloof, la vallée des babouins, en est un exemple. Son extrémité ouest ne se trouve qu'à 100 kilomètres à l'ouest de Port Elizabeth. Elle est longée par la plupart des voyageurs qui empruntent la route côtière pour se rendre à Cape Town. Comme peu de routes traversent les hauteurs, certaines vallées et hauts plateaux semblent s'étendre ici à l'infini. Baviaanskloof s'étire ainsi sur plus de 100 kilomètres entre deux chaînes de montagnes dont les sommets atteignent 1 700 mètres, à l'extrémité est de la ceinture montagneuse de Cape Fold. La végétation varie, entre les ravissantes proteas des versants élevés, les étranges cycas semblables aux fougères d'épineux et les forêts montagnardes que surplombent de gigantesques arbres au bois jaune. Cette région isolée abrite une grande diversité d'animaux, tels que le léopard, le zèbre des montagnes, le lynx, le koudou et l'éland. Les nombreux surplombs et abris de grès renferment également de superbes peintures rupestres. En outre, il n'est pas rare aujourd'hui de tomber sur un abri contenant les vestiges d'un équipement de chasse bushman. **HL**

LA VALLÉE DE LA DÉSOLATION

CAP ORIENTAL, AFRIQUE DU SUD

Hauteur de la vallée : 120 m
Type de roche : dolérite

La vallée de la désolation est accessible à partir du sommet d'une montagne et c'est là l'une de ses principales caractéristiques. Située dans la chaîne du Sneeuberg qui encercle la ville de Graaff-Reinet du Cap Est, en Afrique du Sud, la vallée fut formée par l'érosion de roches sédimentaires il y a des millions d'années. La vallée offre d'extraordinaires panoramas et constitue un terrain d'observation des processus géologiques complexes qui l'ont façonnée. Elle n'est en aucun cas une « vallée de la mort ». Conséquence de l'érosion, le paysage se compose de falaises et de tours de dolérite accolées, tandis que les sédiments moins solides se sont effondrés avant d'être balayés par le vent. L'éboulis de roches formé au bas de la vallée atteste de cet effritement de la dolérite au fil des ans. Mais plus encore que ce paysage, ce sont les impressionnants piliers rocheux, dont certains culminent à 120 mètres, qui frappent d'étonnement le visiteur. L'appellation de « Tours du silence » aurait sans doute été plus appropriée pour la région. Au-delà des piliers surgissent la vallée de Camdeboo (du khoi, « cuvette verte ») et les vastes plaines du Karoo. **HL**

LE COMPASSBERG

CAP ORIENTAL, AFRIQUE DU SUD

Hauteur du Compassberg : 2 504 m
Type de roche : dolérite recouvrant du grès
Âge : fossiles datant d'il y a 200 millions d'années

Cette immense montagne reçut son nom lors d'une inspection officielle menée par le gouverneur van Plettenberg à la fin du XVIIIe siècle. Elle constitue le plus haut sommet d'Afrique du Sud (à l'exception de la chaîne du Drakensberg) mais reste l'un des pics d'Afrique du Sud les moins connus. Elle fait partie de la chaîne du Sneeuberg située au nord de Graaff-Reinet, près de l'intersection des provinces du Cap du Nord, du Cap occidental et du Cap oriental. Le Compassberg se situe sur la ligne du partage des eaux d'Afrique du Sud. Au Nord, ses flancs descendent jusqu'au fleuve Orange et à l'Atlantique, tandis les autres versants rejoignent la rivière Sundays et l'océan Indien. Dans un paysage aussi aride que celui du Karoo, il est saisissant de voir ces cours d'eau dévaler tous azimuts.

Le Compassberg est formé de roches sédimentaires créées sous l'action de larges fleuves entre le Permien tardif et le début du jurassique. Ces roches sont connues sous le nom de « groupe de Beaufort » par les géologues. Des fossiles d'il y a 200 millions d'années ont été retrouvés sur les monts du Compassberg et dans le Karoo alentour, en particulier des spécimens de reptiles-mammifères. **HL**

HOGSBACK

CAP ORIENTAL, AFRIQUE DU SUD

Point culminant : 1 963 m
Type de roches : schiste argileux et grès

Les montagnes d'Amatola se dressent au nord-ouest de East London, dans la province du Cap oriental en Afrique du Sud. Située à quelque 100 kilomètres de l'océan Indien, cette chaîne revêt une grande importance dans l'histoire du peuple xhosa ; elle constitua l'un des foyers de leur résistance lors des guerres frontalières du XIXe siècle. Établi sur un éperon des Amatoles, le village de Hogsback avec ses cascades, ses forêts de Podocarpus, ses pluies diluviennes et ses neiges hivernales, contraste avec les paysages brûlants et arides des vallées en aval. Les chutes Kettlespout se révèlent particulièrement impressionnantes lorsque le vent envoie un panache d'eau dans les airs. Quatre pics mesurant un peu moins de 2 000 mètres surplombent le village. L'un d'entre eux, Gaika's Kop, porte le nom du célèbre chef xhosa de la fin du XVIIIe-début XIXe siècle, Ngqika. Les trois autres forment un seul et même ensemble appelé « The Hogs » ou « Hogsback » en raison de la ressemblance des falaises avec le dos d'un cochon. Les Xhosas, quant à eux, nomment cet ensemble Belekazana (littéralement, « portant sur le dos ») car ils y voient l'image d'une femme portant son enfant sur son dos. **HL**

ADDO

CAP ORIENTAL, AFRIQUE DU SUD

Superficie d' Addo : 200 km²
Végétation : broussailles et fourrés
Déclaré parc national en 1931

En 1931, la région d'Addo fut déclarée zone protégée (Addo Elephant National Park) afin de préserver les 11 éléphants vivant encore sur ce territoire. Aujourd'hui, le parc abrite environ 350 éléphants d'Afrique et dispose d'une superficie trop réduite. Pour pallier ce manque d'espace, de nouveaux terrains limitrophes ont été acquis. Le nouveau Greater Addo National Park couvrira donc d'ici peu 4 856 km². En raison des 150 kilogrammes de déjections déposées quotidiennement par les éléphants adultes, les bousiers représentent une espèce essentielle pour l'écologie de la région. Ils font même partie des espèces protégées. Le bousier coureur ne vit pratiquement que dans les contrées d'Addo. Cette région possède une végétation endémique composée de fourrés sub-tropicaux denses et de taille moyenne. Le Spekboom, une plante grasse unique, peut cependant atteindre 3 mètres de hauteur. C'est un végétal sempervirent à croissance rapide dont les feuilles douces et succulentes produisent un jus rafraîchissant. Des recherches récentes ont mis au jour l'étonnante capacité du Spekboom à éliminer le dioxyde de carbone de l'atmosphère. **PG**

LE TROU DANS LE MUR

CAP ORIENTAL, AFRIQUE DU SUD

Hauteur du Trou dans le mur : environ 10 m
Largeur de l'arc : environ 15 m
Type de roche : dolérite

C'est sur la côte sauvage du Cap oriental, à environ 50 kilomètres au sud-est de Umtata que se trouve l'une des plus fascinantes formations naturelles d'Afrique du Sud. Là, une imposante île de dolérite aux flancs abrupts surgit du ressac, constituant un rempart à l'embouchure du fleuve Mpako. Au fil des siècles, l'action combinée du fleuve et du ressac a provoqué une gigantesque percée dans l'île, qui valut à cette dernière l'appellation de « Trou-dans-le-mur ». Le peuple local xhosa nomme ce rocher *esiKhaleni*, « le lieu du tonnerre ». À marée haute, il arrive que les vagues heurtent si violemment la roche que le claquement retentit dans toute la vallée. Selon une légende des Xhosas, une belle jeune fille vivait près de la lagune, derrière le rempart rocheux. Un être marin, semblable aux sirènes, désira la jeune fille dès qu'il l'aperçut. Il apporta un énorme poisson qui se fraya un chemin au travers de la roche, créant le « trou dans le mur ». Il enleva la jeune fille et jamais on ne la revit. La beauté sauvage de la côte, les collines herbeuses de cette région, ses falaises escarpées donnant sur des forêts de milkwood, et ses plages immaculées forment une toile de fond idéale pour ce paysage saisissant. HL

CAPE POINT

CAP ORIENTAL, AFRIQUE DU SUD

Longueur de la péninsule : 50 km
Hauteur de Cape Point : environ 250 m
Type de roche : grès de Table Mountain

La péninsule du Cap s'étend au sud de Table Bay et Table Mountain et s'achève par une région de hautes falaises et de plages fouettées par le vent. Bartolomeu Dias fut le premier à l'avoir observée depuis la mer, en 1488. Plusieurs noms sont associés à l'extrémité méridionale de la péninsule dont Cap des Tempêtes (Cabo Tormentoso) et Cap de Bonne-Espérance (Cabo de Boa Esperança). La région a la forme d'un pied dont l'orteil principal pointe vers l'est. Le Cap de Bonne-Espérance constitue l'extrémité ouest du « talon », la pointe la plus à l'est du « pouce » représente Cape Point. Lors de son tour du Cap en 1580, Sir Francis Drake le décrivit comme « le plus beau cap que nous ayons vu sur terre ». C'est qu'est née, au XVIIe siècle, la légende du *Hollandais volant*. Une violente tempête éclata au large du Cap. Le capitaine Vanderdecken aurait défié le Tout-Puissant de faire sombrer le vaisseau. Celui-ci échappa au naufrage, mais en punition du blasphème de son capitaine, il fut condamné à naviguer « jusqu'à ce que le temps lui-même s'arrête ». HL

À DROITE : *Cape Point, splendide mais réputé difficile à contourner.*

LE CAP HANGKLIP

CAP ORIENTAL, AFRIQUE DU SUD

Hauteur de Cape Hangklip : 450 m
Particularité : fut confondu avec le Cap de Bonne-Espérance
Type de roche : grès de Table Mountain

Le cap Hangklip forme l'extrémité orientale de l'embouchure de False Bay, au sud-est de l'Afrique. L'appellation « rocher suspendu » provient du pic de grès voisin dont la hauteur atteint 450 mètres. Par endroits, ses falaises surplombent la mer. Les Portugais baptisèrent le pic Cabo Falso, « Faux Cap ». Ils étaient les seuls navigateurs à parcourir ces mers au cours du siècle qui suivit la découverte de la route vers les Indes, en 1488. En naviguant vers l'Ouest, on pouvait facilement confondre Hangklip et Cape Point et se diriger vers False Bay, au Nord, au lieu de poursuivre le long de la côte atlantique, vers l'Ouest. Hangklip est entouré de plusieurs criques réputées que séparent des rochers. L'océan agité s'étend vers le Sud en longeant la côte qui offre de splendides panoramas sur False Bay, Table Mountain et sur la Péninsule du Cap. Cette région était relativement isolée jusqu'à la construction d'une route pendant la Seconde Guerre mondiale. Au XVIIIe siècle, elle servait de sanctuaire aux esclaves en fuite. Aujourd'hui, le site reste prisé des ornithologues, tandis que les chemins côtiers permettent d'observer à loisir les baleines, en particulier entre août et novembre. HL

LE CAP D'AGULHAS

CAP ORIENTAL, AFRIQUE DU SUD

Longueur de la baie d'Agulhas : 200 km
Type de roche : grès

Le cap d'Agulhas n'est certes pas pourvu des spectaculaires falaises de Cape Point, mais n'en est pas moins digne d'intérêt puisqu'il constitue l'extrémité méridionale du continent africain et la pointe occidentale de la baie d'Agulhas. La plaque continentale africaine s'étend sur plus de 200 kilomètres dans la mer. À Agulhas, le grès s'est transformé en plate-forme rocheuse dont les saillies viennent heurter le ressac. Agulhas signifie « aiguilles » en portugais et il est probable que le nom du cap résulte de ces affleurements. La vaste étendue sous-marine de la baie d'Agulhas revêt une importance majeure pour la région. C'est en partie à cause d'elle que le courant est ici contraint d'évoluer vers le Sud, dans une nuée de remous et tourbillons. Les courants, marées et vents atypiques de la région expliquent le nombre particulièrement élevé de naufrages le long de la côte d'Agulhas par rapport aux autres littoraux d'Afrique australe. Le site était d'ailleurs redouté des premiers navigateurs portugais qui le trouvaient mystérieux et dangereux. Le cap d'Agulhas possède une autre caractéristique majeure : il constitue le point de rencontre entre l'océan Atlantique et l'océan Indien. HL

TABLE MOUNTAIN

CAP ORIENTAL, AFRIQUE DU SUD

Longueur du plateau : 3 km
Âge : 400 à 500 millions d'années
Type de roche : grès

Véritable balise pour les marins naviguant au sud de l'Afrique, Table Mountain est visible et reconnaissable à 200 kilomètres à la ronde. Le marin portugais Bartolomeu Dias fut le premier Européen à la découvrir en 1488. Aujourd'hui, elle forme sans doute le point de repère le plus célèbre d'Afrique du Sud. Elle est constituée d'un énorme bloc de grès déposé sur le fond d'une mer peu profonde, il y a entre 400 et 500 millions d'années. D'importants mouvements tectoniques ont élevé ce rocher à 1 086 mètres au-dessus du niveau de la mer. La « table » mesure environ 3,2 kilomètres de long. Elle comporte une colline de forme conique appelée Devil's Peak (le pic du diable) à l'une de ses extrémités et, à l'autre, une seconde colline dénommée Lion's Head (la tête du lion). En été, son sommet est parfois recouvert d'une chape de nuages semblable à une nappe. La montagne abrite une faune très riche et des spécimens uniques, comme la grenouille fantôme de Table Mountain. Un téléphérique emmène les visiteurs moins sportifs jusqu'au sommet. De là, on peut apercevoir la ville de Cape Town en contrebas ainsi que le Cap de Bonne-Espérance, lorsque le ciel est dégagé. MB

LE CEDARBERG

CAP OCCIDENTAL, AFRIQUE DU SUD

Longueur du Cedarberg : env. 90 km
Largeur du Cedarberg : env. 40 km
Type de roche : grès du Cap

Localisées à environ 200 kilomètres au nord de Cape Town, les montagnes du Cedarberg comptent parmi les zones montagneuses les plus célèbres d'Afrique du Sud, rivalisant ainsi avec les monts du Drakensberg. Ses pics hauts de 2 000 mètres ont fait du Cedarberg un site d'escalade et de randonnée réputé. En outre, les monts abritent une collection de peintures rupestres remarquable et unique au monde ; en effet, 2 000 sites renferment des peintures datant de plus de 5 000 ans.

Le Cedarberg tient son nom du cèdre de Clanwilliam ; aujourd'hui, seuls quelques rares spécimens adultes sont encore visibles, les autres ayant été décimés par les incendies et l'exploitation abusive au cours des dernières décennies. Visible depuis Table Mountain par temps dégagé, le sommet du Sneeuberg, domine le paysage. Ses hauteurs abritent la protea des neiges, espèce rare qui ne pousse que sur certains des sommets enneigés. Le site regorge de formations rocheuses atypiques comme la Maltese Cross (Croix de Malte) – gigantesque pilier de grès érodé haut de 20 mètres qui se dresse dans le ciel tel le poing d'un géant, Wolfberg Arch (Arche de Wolfberg) et les Wolfberg Cracks, hautes de 30 mètres. **HL**

LE LAGON DE LANGEBAAN

CAP OCCIDENTAL, AFRIQUE DU SUD

Longueur du lagon de Langebaan : 16 km
Largeur du lagon de Langebaan : 4,5 km

Situé sur la côte atlantique de l'Afrique du Sud à 100 kilomètres au nord de Cape Town, le lagon de Langebaan constitue le prolongement de Saldanha Bay sur 16 kilomètres vers le Sud. Ses eaux azur peu profondes accueillent une multitude d'espèces de poissons qui attirent eux-mêmes d'innombrables oiseaux. Le Vaillant, naturaliste du XVIIIe siècle, assurait observer « une nuée impénétrable d'oiseaux de toutes espèces et couleurs ». Aujourd'hui, soit 200 ans plus tard, on estime encore à plus de 100 000 le nombre de volatiles présents au printemps et en automne, lors des migrations des oiseaux venus des confins de la Sibérie, du Groenland et du nord de l'Europe. Les marais salants qui bordent la lagune regorgent de plantes grasses. Avec le printemps surgissent de spectaculaires parterres de fleurs sauvages que vient admirer une foule de visiteurs. Toutefois la région n'est pas seulement peuplée d'oiseaux et de fleurs puisqu'elle est habitée par des humains depuis la naissance de l'homme moderne. Des empreintes humaines préservées dans des blocs de grès au bord de l'eau datent de 117 000 ans, période à laquelle on pense que l'homme moderne est apparu en Afrique australe. **HL**

HEX RIVER

CAP OCCIDENTAL, AFRIQUE DU SUD

Point culminant (Matroosberg) : 2 251 m

Caractéristiques notables : montagnes du Cap et vallée

Le nom « Hex River » évoque une image différente pour chacun des habitants d'Afrique du Sud. Pour le voyageur qui emprunte la route principale reliant Cape Town à Johannesburg ou le célèbre Train Bleu d'Afrique du Sud, c'est une belle et luxuriante vallée joignant les terres cultivées du Cap occidental avec les larges étendues arides du Karoo. Pour les cultivateurs, il s'agit de l'une des plus importantes régions maraîchères et vignobles d'Afrique du Sud, réputée pour la qualité de ses produits exportés. Quant au montagnard, ce nom lui évoque les splendides montagnes qui pourvoient la rivière en eau. À 2 200 mètres d'altitude, le Matroosberg culmine la chaîne montagneuse et se révèle un excellent domaine skiable. Le pic Milner a été décrit comme « une stupéfiante formation rocheuse semblable aux épaules d'Atlas portant le ciel ». L'origine du nom de « Hex River » proviendrait de la lettre X, en référence au nombre de croisements de l'ancienne piste avec la rivière jusqu'à la vallée. Plus tard, le cours d'eau fut rebaptisé « Hex » en mémoire d'une femme dont l'amant, parti cueillir une fleur rare, est mort dans les montagnes. On dit que son âme erre toujours là-haut. **HL**

LE MASSIF DU SWARTBERG

CAP OCCIDENTAL, AFRIQUE DU SUD

Largeur du Swartberg : environ 20 km
Point culminant : 2 325 m
Géologie : strates de grès stupéfiantes

Le massif du Swartberg s'étend sur plus de 200 kilomètres d'ouest en est et forme un rempart entre le Grand Karoo et le Petit Karoo. Il fait partie du réseau montagneux de Cape Fold. Sa formation résulte des mouvements des plaques continentales africaines, sud-américaines et australiennes, lorsqu'elles étaient rattachées au supercontinent Gondwana il y a 250 millions d'années. Les spectaculaires falaises aux strates superposées de grès atteignent pratiquement 1 500 mètres de hauteur. Le vert des lichens contraste avec leur couleur rouge, jaune et ocre. Les falaises les plus accessibles se situent à Meiringspoort. Plus à l'Ouest, un chemin de graviers traverse la région de Seven Weeks Poort et ses formations rocheuses, tandis qu'à l'extrémité orientale de la chaîne Toorwaterpoort une route mène à la voie ferrée. Construite il y a un siècle, cette dernière servait à transporter les plumes d'autruches du Petit Karoo jusqu'à la côte. Le nom, qui signifie « eaux magiques », provient des sources chaudes environnantes. En effet, les premiers autochtones croyaient voir des fantômes dans les brumes qui se formaient au-dessus de l'eau au crépuscule. Aujourd'hui, une seule route principale parcourt la montagne, le Swartberg Pass (passage du Swartberg), en réalité une route de gravier améliorée. **HL**

GAMKASKLOOF – L'ENFER

CAP OCCIDENTAL, AFRIQUE DU SUD

Largeur de Gamkaskloof : environ 2 km
Profondeur de Gamkaskloof : environ 600 m
Hauteur des montagnes : 1 700 m

Au cœur du massif de Swartberg serpente une vallée longue de 20 kilomètres. Cette vallée dépourvue d'accès routier jusqu'en 1962 accueillit tour à tour des San Bushmen, puis des éleveurs khoi-khoi et africains. Officiellement connue sous le nom de Gamkaskloof, la plupart des autochtones la nomment « L'Enfer » en écho à l'allusion d'un ancien contrôleur d'élevage qui avait déclaré que c'était « un véritable enfer tant pour entrer que pour sortir de cet endroit ». Gamka, « lion » en khoi, tel est le nom de la rivière qui sillonne les monts hauts de 1 700 mètres et irrigue la vallée. Les connaisseurs peuvent encore trouver des peintures rupestres de l'époque des Bushmen, ainsi que des outils de l'âge de la pierre et des fragments de poterie datant de la période khoi-khoi. Au début du XIXe siècle, des éleveurs hollandais émigrèrent dans la région. Durant la guerre des Boers, un groupe de Boers poursuivi par les Britanniques vint se réfugier dans les montagnes et fut stupéfait d'y découvrir cette communauté isolée qui parlait un hollandais archaïque. La route, longue de 50 kilomètres, partant du haut du Swartberg Pass allait bientôt mettre fin à ces traditions ancestrales. **HL**

LES GROTTES DE CANGO

CAP OCCIDENTAL, AFRIQUE DU SUD

Longueur des grottes de Cango : 5,3 km

Caractéristiques : stalagmites, stalactites, rideaux rocheux suspendus

Les profondeurs du massif de Swartberg abritent un véritable labyrinthe de cavernes, de tunnels et de lacs souterrains : les grottes de Cango. Elles furent découvertes en 1780 par le gardien de troupeaux Klaas Windvogel qui, accompagné de son employeur M. Van Zyl et du professeur Barend Oppel, fut introduit dans la première grande chambre. À la lumière de leurs torches, ils découvrirent une stalagmite de 9 mètres de haut qu'ils nommèrent « Cleopatra's Needle » (l'aiguille de Cléopâtre).

Connue sous le nom de « Van Zyl's Hall », la première chambre mesure 100 mètres de long et 15 de large. Plus récemment, des explorateurs ont mis au jour d'autres chambres, dont l'une de 300 mètres de long. Elles sont tapissées de stalagmites et stalactites composées de calcite ou de craie. Bhota's Hall abrite des rideaux rocheux suspendus de l'époque gothique ainsi qu'une immense colonne dénommée « La tour penchée de Pise », tandis que la « Chambre nuptiale » est ornée d'une sorte de lit à baldaquin. Les formations sont généralement teintées en rouge et rose sous l'action de l'oxyde de fer ; cependant, certaines stalagmites conservent leur couleur blanche naturelle et ressemblent à des tisonniers incandescents. **MB**

LE GRAND KAROO

CAP OCCIDENTAL, AFRIQUE DU SUD

Superficie du parc national du Karoo : 32 000 ha

Végétation : broussailles du Karoo ; plantes grasses

Datation des fossiles : jusqu'à 300 millions d'années

Le Grand Karoo est une région semi-désertique située dans la partie méridionale d'Afrique du Sud. Il couvre une surface de 400 000 km² et abrite le Parc national du Karoo. Il y a environ 250 millions d'années, le Grand Karoo constituait une vaste mer intérieure. Au fil des changements climatiques, l'eau s'est évaporée, laissant place à une zone marécageuse grouillant de reptiles et d'amphibiens. Ces marécages ont depuis disparu et sont remplacés par une prairie aride qui accueillit de nombreux troupeaux de zèbres et d'antilopes jusqu'au XIXᵉ siècle. Ces derniers cohabitaient alors avec les Hottentots qui baptisèrent la région, « le lieu de grande sécheresse ». L'historique du Grand Karoo et ses formations rocheuses ancestrales en font l'un des sites les plus prisés au monde par les paléontologues. La région a subi une activité volcanique cataclysmique, suivie d'une longue période d'érosion.

Peu à peu, d'étranges créatures ont vu le jour et se sont établies dans le Grand Karoo, comme le surprenant Pareiasaurus, croisement entre l'hippopotame et le crocodile, les reptiles-mammifères et les premiers vrais mammifères, de la taille d'un rat. **PG**

LA BAIE PLETTENBERG

CAP OCCIDENTAL, AFRIQUE DU SUD

Fin de la chasse à la baleine : 1916
Nombre de baleines franches du Sud en 1916 : 40 femelles
Nombre actuel de baleines franches du Sud : 1 600 femelles

Située sur la côte méridionale du Cap, la baie Plettenberg arbore une forme de fer à cheval que l'on doit au Robberg, promontoire étendu formant une courbe au Sud et au Sud-Est. La région plut tellement aux premiers explorateurs portugais qu'ils la nommèrent Bahia Formosa, « belle baie ». Plettenberg offre davantage qu'un remarquable panorama. C'est en effet là que se rencontrent la faune et la flore marines de l'Atlantique et de l'Indo-Pacifique. La région est ainsi réputée pour son extraordinaire diversité de baleines et de dauphins. La baie est reconnue comme un important site de reproduction pour les baleines franches du Sud ainsi que pour ses immenses colonies de dauphins communs (plus de 9 000 mammifères pour certaines). Des recherches récentes ont démontré que les baleines de Bryde et les petits rorquals y résidaient toute l'année. Les baleines à bosse, quant à elles, ne sillonnent la baie qu'en juin et juillet, lorsqu'elles se dirigent vers le Nord, puis de novembre à janvier, quand elles retournent dans l'Antarctique. Il n'est pas rare non plus d'apercevoir des épaulards. La région est ainsi très appréciée des amateurs de baleines et de dauphins. **PG**

LA CÔTE DE TSITSIKAMMA

CAP OCCIDENTAL, AFRIQUE DU SUD

Longueur du Tsitsikamma National Park : 80 km

Sentiers de randonnée : piste Otter : 48 km ; piste Tsitsikamma : 72 km

Végétation : comprend des Podocarpus (Yellowwood) de 800 ans

La côte de Tsitsikamma s'étend entre la baie de Plettenberg et la baie Oyster. Là, les falaises tombent à pic dans la mer en se jetant du haut d'une plaine en pente douce située 200 mètres au-dessus du niveau marin. La formation de cette plaine, qui s'étend jusqu'à la base des montagnes Tsitsikamma, est le résultat sans doute de l'action des vagues avant l'élévation des terres et l'affaissement du niveau de la mer. Par endroits, la côte plonge jusqu'à 30 mètres sous les vagues. L'action de l'eau – mer et rivières – a engendré un paysage spectaculaire. À la base des falaises, les vagues ont érodé une nouvelle vire, plate-forme d'abrasion littorale, tandis que des ravins abrupts cisaillent la côte, façonnés par des cours d'eau rapides, tels que le Storms, le Blaukraanz et le Groote. La mer a envahi certaines embouchures fluviales ; d'autres, comme l'estuaire de Groote, ont été obstruées par du sable, créant ainsi de petits lagons et des étendues réduites de plage. Là où des pans de falaises se sont effondrés, des îlots se sont formés. Près de l'embouchure de la rivière Storms se trouve un rocher appelé Schietklip. **PG**

CI-DESSOUS : *Tsitsikamma, connue pour ses plages et ses lagons.*

LES LACS WILDERNESS

CAP OCCIDENTAL, AFRIQUE DU SUD

**Surface du Parc national
Wilderness :** 2 612 ha – intégré Parc national de la région des lacs

Végétation : roseaux et laîches riverains

Les lacs Wilderness s'étendent à l'est de George, près de la côte méridionale du Cap. Ils constituent une série de lagons de faible profondeur appelés lacs d'estuaire. La formation de ces lagons résulte du regarnissage de l'estuaire par les sédiments charriés par le fleuve ou le sable. Parallèles à la côte, ils mesurent 1,6 kilomètre de large et 15 de long. Les lagons situés à l'ouest de la région ont été formés par la rivière Touw. Ces lacs sont séparés de la mer par des dunes de sable. Cependant, lorsque les rivières sortent de leur lit, elles inondent les plages côtières et se déversent dans la mer. La rivière et les lacs subissent ainsi l'action des marées pendant quelque temps, puisque l'eau de mer pénètre dans le lac. Ce phénomène permet aux poissons de la rivière et des lacs de frayer. Seul le lac Groenvlei reste isolé par le sable ; aucune rivière ne s'y déverse et il ne dispose d'aucune embouchure sur la mer. Selon une légende, l'un des lacs abriterait une sirène. Des peintures datant de l'époque des Bushmen représentent une femme dotée d'une queue de poisson. Outre leur beauté naturelle, ces lacs constituent un habitat unique faisant partie du Parc national de Wilderness. **PG**

LA TERRE DES LACS
LA « GARDEN ROUTE »

CAP ORIENTAL / CAP OCCIDENTAL, AFRIQUE DU SUD

Premier homme : 100 000 ans
Art primitif : 77 000 ans
Caractéristiques : lacs, plages, forêts, montagnes

À mi-chemin le long de la côte méridionale d'Afrique du Sud – entre les villes de Cape Town et Port Elizabeth – le littoral maritime et les chaînes de montagnes mordent sur la plaine côtière. Par endroits, cette dernière ne mesure plus que 5 kilomètres de large. La rapidité des flux marins alliée aux vents prédominants impressionnantes falaises connues sous le nom de Knysna Heads (Têtes de Knysna). Ailleurs, des bancs de sable obstruent fréquemment les bouches de la rivière les mois de sécheresse. Au centre de la région, la Garden Route entame sa descente vers l'Est. Cette chaîne de cinq lacs s'est formée dans les vallées – de Wilderness à Knysna – entre la mer et les monts Outeniqua. L'action conjuguée du vent et des marées est sans doute à l'origine de la formation de ces vallées. D'après des fouilles archéologiques, il est fortement probable que l'homme moderne,

> À l'extrémité sud de cette plaine, les terres escarpées enjambent les falaises pour se jeter dans le ressac en contrebas ou dévalent des promontoires boisés jusqu'aux sols sablonneux des étendues côtières.

portés par les courants chauds de l'océan Indien, a façonné une région d'une rare beauté. Une telle concentration de forêts, lacs, montagnes, rivières, plages, falaises et lagons est plutôt rarissime sur notre planète. Les terres qui séparent les montagnes de la mer forment une plaine située à 200 mètres au-dessus du niveau marin. À l'extrémité sud de cette plaine, les terres escarpées enjambent les falaises pour se jeter dans le ressac en contrebas, ou dévalent des promontoires boisés jusqu'aux sols sablonneux des étendues côtières. Des vallées encaissées que sillonnent des rivières aux eaux brunâtres teintées de tanin, quadrillent la plaine supérieure. À Kansan, la rivière se déverse dans la mer au travers de deux l'*Homo sapiens sapiens*, ait initialement vécu dans cette région. Nos marqueurs génétiques confirment cette hypothèse. Sur la côte, des cavernes renferment les restes de squelettes identiques aux nôtres, mais datant de plus de 100 000 ans. Certains affirment avoir découvert l'un des tout premiers exemples d'art primitif sur une pierre de 77 000 ans. Plus récemment, les San (Bushmen) ont produit d'admirables peintures représentant des créatures dotées de torses humains et de queues fourchues, semblables à des sirènes pour certaines et à des martinets ou hirondelles pour d'autres. **HL**

À DROITE : *Littoral rocheux et mer agitée de la Garden Route.*

LE ROBBERG

CAP ORIENTAL / CAP OCCIDENTAL, AFRIQUE DU SUD

Largeur du Robberg : environ 650 m
Type de roche : grès
Caractéristiques : superbe paysage côtier ; sites archéologiques

Les péninsules sont relativement rares sur la côte méridionale africaine. Et pourtant, à quelque 500 kilomètres à l'est du Cap, vers Port Elizabeth, surgit le Robberg, splendide promontoire dont le nom Rob signifie « phoque » en afrikaans. Il couvre les eaux de l'océan Indien sur 4 kilomètres, en direction de l'Est. À la beauté du site s'ajoutent les magnifiques panoramas sur la baie de Plettenberg et sur les forêts et montagnes de Tsitsikamma qu'on aperçoit au loin. La baie est formée par le Robberg qui, bien qu'il soit parallèle à la ligne Est-Ouest de la côte, donne l'impression de se fondre directement dans l'océan. Ici, l'histoire commence vraiment à la préhistoire. Les roches de grès sous-jacentes sont celles de l'ancien continent méridional de Gondwana. La péninsule abrite de nombreux artefacts datant du Mésolithique, preuves de l'existence des premiers hommes sur le site il y a 100 000 ans. Plus récemment, le rapport archéologique effectué dans la grotte de Nelson's Bay dénote un recul des littoraux suivi d'une hausse des niveaux marins. À l'origine de ce phénomène de crue : la libération des eaux accumulées dans les calottes glaciaires polaires lors du dernier âge de glace. **HL**

LES MALDIVES

ARCHIPEL DES MALDIVES

Longueur de l'archipel : 820 km du Nord au Sud
Largeur de l'archipel : 120 km d'Est en Ouest
Superficie : 90 000 km², dont 99 % recouverts par la mer

Localisé au cœur de l'océan Indien, au sud-ouest du Sri Lanka, cet ensemble de 1 190 îles coralliennes s'étire de part et d'autre de l'équateur. Parmi elles, 200 sont habitées et 87 destinées aux seuls touristes. Certaines restent inhabitées, d'autres ne servent qu'à y faire sécher le poisson et les copras. Les origines des 270 000 Maldiviens aborigènes demeurent incertaines, mais les îles sont peuplées depuis plus de 7 000 ans. Établies sur la chaîne Laccadives-Chagos, les îles se divisent en 26 atolls, récifs coralliens en forme d'anneau renfermant un lagon de faible profondeur (forme connue localement sous l'appellation *faru*). La température moyenne oscille entre 29 et 32 °C ; avril est le mois le plus chaud et décembre, le plus froid. La saison humide (mousson) s'étend de mai à septembre. Les tempêtes violentes restent cependant rares. La pauvreté de la flore et de la faune locale témoigne d'une biodiversité limitée. Les Maldives comptent 118 espèces de volatiles, des oiseaux marins en majorité. L'archipel des Maldives doit sa renommée aux récifs coralliens fertiles en poissons et invertébrés marins qu'il abrite. **AB**

CI-DESSOUS : *Les mythiques lagons bleus des Maldives.*

SEYCHELLES

🏛 ⊚ L'ATOLL D'ALDABRA

ARCHIPEL D'ALDABRA, SEYCHELLES

Âge de l'atoll d'Aldabra : environ 125 000 ans
Superficie de l'atoll : 154 km²
Lagon : 14 000 ha

L'atoll d'Aldabra est l'un des atolls coralliens les plus larges au monde ; il abrite la plus grande population de tortues géantes. L'atoll comprend quatre îles coralliennes principales (Grand Terre, Malabar, Polymnie et Picard) séparées par d'étroites bandes de mer renfermant un lagon de faible profondeur. La surface du bloc de calcaire constituant le récif corallien se situe environ 8 mètres au-dessus du niveau de la mer. L'érosion a fait son œuvre au cours du temps, laissant derrière elle des rochers acérés sur lesquels il est difficile de marcher. Pratiquement disparues à la fin du XIXe siècle, les tortues géantes d'Aldabra sont aujourd'hui plus de 150 000. Les tortues vertes et tortues caret, espèces menacées, viennent également déposer leurs œufs sur les plages d'Aldabra. L'atoll constitue un site de reproduction pour les oiseaux, tels que les oiseaux tropicaux, les oiseaux-frégate, les fous et les sternes. Le râle de Cuvier fait partie des dernières espèces d'oiseaux coureurs présentes dans l'océan Indien. Disparus de la plupart des îles des Seychelles, les crabes de cocotier fouillent les plages à la recherche de noix de cocos et grimpent sur les palmiers. Le lagon se vide temporairement lorsque la marée se retire, puis se remplit lorsqu'elle survient de nouveau. Sa profondeur atteint alors 3 mètres. **RC**

LA VALLÉE DE MAI

PRASLIN, SEYCHELLES

Superficie de la Vallée de Mai : 19,5 ha
Superficie de Praslin : 42 km²
Statut : site inscrit au Patrimoine mondial de l'UNESCO depuis 1984

Isolées des principales masses continentales, les îles des Seychelles recèlent une faune et une flore des plus étranges. D'origine granitique, Praslin constitue la seconde île la plus large. Elle renferme la Vallée de Mai, mystérieuse vallée envahie de palmiers. Par endroits, la canopée est si dense qu'aucun rayon du soleil ne filtre. Des crabes d'eau douce et écrevisses géantes peuplent les cours d'eau, tandis que des oiseaux rares volètent d'arbre en arbre. Des visiteurs ont baptisé cette vallée « le Jardin de l'Éden », en raison des palmiers coco-de-mer qui y poussent. Cet arbre produit une double noix de coco (la plus large au monde) en forme de pelvis féminin. L'aspect phallique de la fleur mâle est, lui aussi, hautement suggestif. Les autochtones racontent que les arbres mâles fécondent les arbres femelles la nuit et qu'il n'existe aucun témoin vivant d'une telle scène. Une noix de coco peut peser jusqu'à 18 kilogrammes et mettre 10 ans avant de germer. Cette même espèce de palmier détient également le record de la feuille la plus large du monde avec 3,3 m². Avant la découverte de la Vallée de Mai, on pensait que ces étranges noix de coco provenaient des profondeurs de la mer, d'où l'appellation « coco de mer ». JD

TSINGY LANDS

MADAGASCAR

Falaise de Bemaraba : 400 m au-dessus de la vallée fluviale
Hauteur maximale d'un pinacle : 30 m

L'île de Madagascar abrite un type de paysage présent dans seulement deux endroits au monde : au centre du plateau de l'Ankarana et dans la réserve de Bemaraba. Il s'agit d'immenses cathédrales de calcaire tranchantes comme des lames de rasoirs. Leur formation résulte de l'action des fortes pluies (en moyenne, 1 800 millimètres par an) sur la roche calcaire. Ces dernières dissolvent en effet la mince couche karstique supérieure, mettant ainsi à nu les pinacles escarpés. Ces formations sont connues sous le nom de *tsingy* en référence au son de cloche qu'elles émettent lorsqu'on les frappe. Elles sont si rapprochées que les Malgaches affirment qu'il est impossible de poser son pied entre les pinacles sans se blesser. Cela n'empêche pas certaines créatures de marcher et sauter avec nonchalance au milieu de ces forêts d'aiguilles et de lames calcaires pointues. Les lémuriens et singes laineux, espèces spécifiques à Madagascar, font partie de cette catégorie. L'hermétisme des paysages de Tsingy leur assure un refuge, ainsi qu'à d'autres espèces rares comme le caméléon *Brookesia peramata* et le Râle à gorge grise. **MB**

À DROITE : *Les pinacles acérés des Tsingy Lands.*

LE PLATEAU DE L'ANKARANA

MADAGASCAR

Superficie : 100 km²
Roche : calcaire
Épaisseur du calcaire : 150 m

Madagascar fut baptisée « la grande île rouge » en raison de la couleur de sa terre. Le plateau de l'Ankarana est situé environ 100 kilomètres au sud de Diego-Suarez. Cette région karstique est principalement constituée de roche calcaire fortement érodée par l'eau. Les cours d'eau disparaissent dans les fissures pour réapparaître dans les profondeurs des cavernes et des tunnels. C'est le cas de la spectaculaire grotte d'Andrafiabe dont les galeries bordées de stalagmites et stalactites géantes s'étendent sur plus de 11 kilomètres. Les plafonds de certaines grottes se sont entièrement effondrés, laissant d'immenses pans de plusieurs centaines de mètres à ciel ouvert. Le soleil qui inonde l'intérieur des cavernes favorise le développement de zones isolées de forêt vierge, connues sous le nom de « forêts des profondeurs ». De longs et étroits canyons à la végétation dense parcourent également le paysage. Ils abritent des lémuriens – dont le nom romain *lemurs* signifie « esprits des morts » – ainsi que le fossa, redoutable chasseur de lémurs tels que le maki nain et le sifaka. À certaines périodes de l'année, les eaux souterraines renferment des animaux plus terrifiants, comme les crocodiles du Nil. **MB**

LE TROU AUX CERFS

ÎLE MAURICE

Altitude du Trou aux Cerfs : 650 m
Diamètre du cratère : 335 m
Profondeur du cratère : 85 m

Situé près de la ville de Curepipe, le cratère volcanique dormant de Trou aux Cerfs offre un panorama époustouflant sur l'île Maurice. Une route sillonne le versant du volcan jusqu'au cratère, 650 mètres au-dessus du niveau de la mer. Une station météorologique implantée en périphérie du volcan contrôle l'activité cyclonique de la région. La descente à l'intérieur de ce cratère de 335 mètres de diamètre et à la végétation épaisse mène directement au lac. La vue panoramique donne sur les villes du plateau et les montagnes établies au nord et au nord-est. À l'ouest s'élancent les trois pics coniques des Trois Mamelles ainsi que la Montagne du Rempart, décrite par Mark Twain comme « un frêle et minuscule Matterhorn ». Au nord-ouest surgissent le Mont Saint-Pierre et les Corps de Garde, tandis que le nord abrite la chaîne de Moka, le pic du Pouce ainsi que le mont du Pieter Both au sommet duquel un énorme rocher semble tenir en équilibre. Le Trou aux Cerfs est établi à l'ouest de Curepipe, ville renommée pour ses industries de construction navale et de fabrication de thé. La région héberge en outre un jardin botanique ainsi que les chutes du Tamarin. RC

LES GORGES DE BLACK RIVER

ÎLE MAURICE

Parc des gorges de la rivière noire : 6 574 ha
Superficie de l'île Maurice : 2 040 km²
Point culminant : mont Piton 828 m

C'est au sud-ouest de Maurice que s'étend la région des gorges de la rivière noire. Le site fut déclaré parc national en 1994 afin de protéger les principales zones boisées de l'île. En effet, moins de 1 % de la forêt primaire de l'île subsiste aujourd'hui. Le Parc national des gorges de la rivière noire représente la plus grande réserve naturelle de l'île Maurice qui abrite 9 espèces d'oiseaux et plus de 150 variétés de plantes qui lui sont propres. Le parc national a œuvré pour la préservation d'espèces indigènes menacées telles que la crécerelle et le pigeon des mares. Toutefois, les visiteurs du parc verront plus fréquemment des roussettes et des oiseaux tropicaux à queue blanche, ainsi que des singes, des cochons sauvages et des cerfs. Les gorges recèlent des espèces végétales telles que l'ébène noir, le tambalacoque (arbre du Dodo) ou le bois de natte, arbre à l'allure d'ombrelle. Le site regorge également de fougères et de lichens ainsi que de plantes à fleurs comme les orchidées ou la fleur emblématique de l'île, baptisée *Boucle d'Oreille*. Plus de 50 kilomètres de pistes parcourent le Parc national, facilement accessible depuis Curepipe ou Vacoas. La saison la plus agréable s'étend de septembre à janvier. RC

LES TERRES COLORÉES ET LA CASCADE DE CHAMAREL

ÎLE MAURICE

Cascade de Chamarel : 83 m
Couleurs de la terre : rouge, brun, violet, vert, bleu, mauve et jaune
Meilleur moment pour les visiter : au lever du soleil

Les Terres de Couleurs de Chamarel forment un ensemble géologique constitué de dunes aux multiples couleurs. Connue sous l'appellation des « Sept Terres de Couleurs », ces sept teintes dévoilent toute leur splendeur au lever du soleil. Cette région composée de monticules de cendre volcanique, d'oxydes minéraux et de minerai de fer, est totalement dénuée de végétation. On pense que ce phénomène est la conséquence de l'action de l'érosion sur les roches en fusion partiellement refroidies, engendrant la formation d'un paysage de type lunaire. La cendre est constituée d'éléments qui ne se mélangent pas. Sur le site, des échantillons de terre colorée sont même vendus dans des tubes de verre. Curieusement, lorsque les terres de couleurs sont mélangées ensemble dans un tube, elles reforment des bandes colorées distinctes quelques jours après. Certains emplacements permettent de voir la cascade Chamarel plonger dans la rivière du Cap depuis une haute falaise. Il s'agit de la plus grande cascade de l'île Maurice. Les Sept Terres de Couleurs et la cascade de Chamarel attirent de nombreux touristes ; elles sont situées à 4 kilomètres au sud du village de Chamarel, au sud-ouest de l'île. RC

LA RÉUNION (TERRITOIRE FRANÇAIS)

LES CIRQUES
LA RÉUNION

Superficie du cirque de Cilaos : 8 739 ha
Superficie du cirque de Salazie : 10 382 ha
Superficie du cirque de Mafate : 10 000 ha

Les cirques de la Réunion sont des cuvettes profondes de taille circulaire qui ressemblent vaguement à des cratères volcaniques mais qui sont en réalité façonnées par l'érosion. Les trois cirques – Cilaos, Salazie et Mafate – entourent le sommet culminant de l'île, le piton des Neiges. Le sauvage et ancestral cirque de Mafate demeure inaccessible par la route. Il est bordé par les pics du Gros Morne, du Piton des Neiges, du Grand Bénare et de la Roche Écrite. Le cirque de Salazie, à l'est de Mafate, abrite deux villages principaux, Salazie et Hell-Bourg. C'est le plus humide des trois cirques ; il renferme des chutes spectaculaires comme la cascade du Voile de la Mariée. Cilaos se situe au sud des deux autres cirques. La ville de Cilaos est une station thermale réputée pour l'effet bénéfique de ses sources. La région montagneuse des cirques constitue un véritable paradis pour les randonneurs. Le cirque de Mafate possède à lui seul plus de 200 kilomètres de pistes balisées. Il est possible d'escalader le piton des Neiges depuis Cilaos ou Hell-Bourg, mais il est préférable de se lancer à l'assaut de ce sommet haut de 3 069 mètres tôt le matin. **RC**

LE VOLCAN DU PITON DE LA FOURNAISE
LA RÉUNION

Hauteur du volcan du piton de la Fournaise : 2 631 m
Âge : 530 000 ans environ
Superficie de la Réunion : 2 517 km²

Le piton de la Fournaise se situe dans la partie sud-est de la Réunion. Avec Kilauea, à Hawaï, il constitue l'un des volcans les plus actifs du monde. Il s'est activé au moins 153 fois depuis 1640 ; la plupart de ses éruptions ont été explosives et ont provoqué de spectaculaires coulées de lave. Une éruption survient chaque année, l'activité volcanique demeurant sous la surveillance de l'Observatoire Volcanique du Piton de la Fournaise. Le plus large des deux cratères principaux est connu sous le nom de Dolomieu ou Brûlant. Seules six éruptions (en 1708, 1774, 1776, 1800, 1977 et 1986) proviennent de fissures sur les flancs extérieurs du cratère. La coulée de lave dans la mer provoquée par l'éruption de 1986 a ajouté quelques mètres de terrain au sud-est de l'île. Bory est le plus petit des deux cratères majeurs. Plusieurs cratères de moindre importance sont entrés en éruption récemment, comme ce fut le cas, en 1992, du cratère Zoé situé sur le flanc sud-est. **RC**

À DROITE : *Lave jaillissant d'une fissure du Piton de la Fournaise.*

V

L'ASIE

C'est en Asie, plus que partout ailleurs, que se manifeste la dualité des forces de la nature. La lave des volcans crée de nouvelles terres, mais la violence des éruptions provoque régulièrement d'énormes dégâts. Les océans, qui abritent de magnifiques royaumes sous-marins, libèrent parfois des élans destructeurs. Le vent, qui modèle le relief au fil du temps, peut aussi provoquer, en quelques secondes, des tempêtes dévastatrices. Les montagnes, enfin, trait d'union entre la terre et le ciel, élèvent le cœur et l'esprit mais nous rappellent en maintes occasions la fragilité humaine.

À GAUCHE : *Le sommet vertigineux de l'Everest émerge des nuages qui couvrent l'Himalaya.*

RUSSIE

LA PRESQU'ÎLE DE TAÏMYR

TAÏMIRSKI (DOLGANO-NENETSKI) AVTONOMNYÏ OKROUG, RUSSIE

Largeur de la toundra sibérienne :
3 200 km
Hauteur du plateau de Byrranga :
1 500 m
Superficie du lac Taïmyr : 6 990 km²

Située à l'extrême nord du continent eurasien, la presqu'île de Taïmyr fait partie de l'immense toundra sibérienne qui borde l'océan Arctique. Pendant les trois mois d'été, le soleil ne se couche pas, mais la température dépasse rarement les 5°C. En hiver, il arrive qu'il ne se lève pas et que le thermomètre indique jusqu'à -44 °C. À certains endroits, le sol gèle jusqu'à 1 370 mètres de profondeur. En été, la couche de glace la plus en surface fond, donnant naissance à l'un des plus vastes marécages existant sur terre. Vu d'en haut, le paysage de la presqu'île de Taïmyr ressemble à un nid d'abeilles, avec ses remblais et ses bassins marécageux, qui se sont formés au gré des périodes de gel et de dégel successives. Dans le sol, il n'est pas rare de découvrir des défenses de mammouth, voire le corps congelé et entier d'un animal préhistorique. La terre est recouverte d'un tapis de mousses et de plantes herbacées, ainsi que de forêts d'épilobes nains, qui vous arrivent au mollet.

La presqu'île est dominée par les monts Byrranga, au sud desquels se trouve le lac Taïmyr, le plus grand de l'Arctique. Très étendu, ce dernier ne fait cependant pas plus de 3 mètres de profondeur. **MB**

LA STEPPE DU NORD ET LA MIGRATION DES SAÏGAS

RUSSIE / KAZAKHSTAN / CHINE

Hauteur des saïgas : 76 cm au garrot
Estimation de leur nombre : 2 millions
Protégés depuis 1923

D'immenses troupeaux, constitués de centaines de saïgas, ces antilopes au corps trapu, aux pattes vigoureuses et aux grands yeux tristes, errent sans fin à travers les steppes froides et les régions semi-désertiques d'Asie centrale. La caractéristique la plus frappante de ces animaux est leur énorme museau bombé qui ne laisse pas pénétrer la poussière en été, mais réchauffe l'air froid qu'ils respirent en hiver. Celui des mâles grossit pendant la période de rut. Cet attribut aurait donc également une fonction sexuelle.

Au printemps, les troupeaux se dirigent vers le nord à la recherche de nourriture. La saison des amours a lieu lorsque les saïgas sont en route : les mâles s'affrontent pour avoir le droit de s'accoupler avec un harem de 20 femelles. Quand vient l'hiver, les troupeaux repartent vers le sud. Affamés et épuisés par les combats qu'ils ont dû mener, certains mâles ne survivent pas à ce périple. L'habitat des saïgas se compose de prairies désolées, plates, arides et dépourvues d'arbres, mais riches en plantes herbacées. Ces plaines étaient peuplées à une certaine époque par un grand nombre d'animaux, notamment des tarpans et des bisons. Les saïgas sont menacés par le braconnage. Leur nombre est passé d'un million en 1990 à moins de 50 000 à l'heure actuelle. **MB**

LA MER D'OKHOTSK

RUSSIE / JAPON

Profondeur maximale : 3 916m
Profondeur moyenne : 891m

À demi fermée, la mer d'Okhotsk est un vaste écosystème marin situé aux marges de la Russie et du nord du Japon, bordé à l'est par le Kamtchatka, au nord par la ville de Magadan, à l'ouest par le fleuve Amour et au sud par les îles de Sakhaline et d'Hokkaido. Elle est plus profonde au sud-ouest, près des îles Kouriles, puisqu'elle pourrait à cet endroit submerger le Fuji Yama, mais beaucoup moins au nord. La mer d'Okhotsk rejoint la mer du Japon via le détroit de La Pérouse. Les eaux du Pacifique pénètrent à l'intérieur par les détroits des Kouriles du nord et en repartent entre les Kouriles du sud. Les eaux qui jouxtent le Kamtchatka ainsi que celles des parties nord et ouest regorgent de plancton. Ce dernier attire les poissons, faisant de la mer d'Okhotsk un lieu de pêche idéal, où prolifèrent de ce fait oiseaux marins, baleines grises et baleines boréales. Cependant, ce sont surtout les colins d'Alaska, l'espèce la plus abondante puisqu'il y en aurait 10 à 15 millions de tonnes, qui sont les plus recherchés par les entreprises de pêche, mais aussi flets, harengs, saumons, flétans, sardines, morues, capelans, crabes et crevettes. La mer d'Okhotsk renferme aussi pétrole et gaz. **MBz**

À DROITE : *La mer d'Okhotsk, vue de la péninsule de Shiretoko, au Japon.*

L'ÎLE TIOULENII

SAKHALINSKAÏA OBLAST, RUSSIE

Longueur de l'île : 1 km
Largeur de l'île : 0,5 km

Éloignée et isolée, l'île de Tioulenii est un rocher peu élevé, qui se dresse à 8 ou 10 mètres au-dessus du niveau de la mer. À la fin de l'été, ses plages grouillent de phoques venus là pour se reproduire.

À son extrémité nord ainsi que le long d'une partie de sa côte est, d'énormes otaries de Steller se disputent places et femelles. Pour installer leurs harems, elles n'hésitent pas à intimider les phoques dont le territoire s'étend jusqu'aux pentes est du plateau de l'île, qu'ils partagent avec les guillemots de Troïl. Ces derniers sont si nombreux qu'ils semblent recouvrir l'île d'un tapis noir et blanc. Vers la fin de l'été, des milliers d'œufs abandonnés ou perdus s'entassent dans les ravines et les fissures. Aucun espace n'est libre, aucun rebord n'est inutilisé. Même les toits des cabanes des gardes forestiers et des chercheurs sont pris d'assaut. Les guillemots font leurs nids dans le sol et les bateaux retournés alignés sur la plage. Il est difficile d'imaginer une faune plus dense que celle de l'île Tioulenii. **MBz**

VOLCANS DU KAMTCHATKA

OBLAST DU KAMTCHATKA, RUSSIE

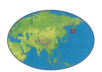

Nombre de volcans : plus de 300
Nombre de volcans en activité : 29

Les volcans du Kamtchatka sont parmi les plus remarquables du monde. On en dénombre plus de 300 dans la péninsule, dont 29 encore en activité. De types divers (strombolien, hawaïen, péléen, vésuvien, plinien), ils présentent des caratéristiques volcaniques variées, telles que des geysers, des sources boueuses et des concrétions minérales. Ce qui fait le caractère exceptionnel de cette chaîne de volcans, toutefois, c'est son extraordinaire biodiversité : on y dénombre 700 espèces botaniques, dont une majorité de plantes maritimes à proximité du détroit de Béring, une région peuplée de mammifères et d'oiseaux marins, offrant une population très dense d'animaux rares, dont le mouflon des neiges, la zibeline, le glouton, l'ours brun et le pyguargue de Steller. De plus, les saumons abondent dans les cours d'eau et les lacs du Kamtchatka, plus que partout ailleurs dans tout le Pacifique. Cette chaîne de volcans emblématique, qui participe du Cercle de Feu, est sans doute l'une des plus fréquentées par la communauté scientifique mondiale. **GD**

CI-DESSOUS : *Le paysage du Kamtchatka ponctué de pics.*

LA PÉNINSULE DU KAMTCHATKA

KAMTCHATSKAÏA OBLAST, RUSSIE

Population: 400 000 habitants
Faune : pyrargue de Steller

La presqu'île du Kamtchatka est suspendue à la côte nord-est de la Russie tel un poignard pointé vers le sud. Sauvage et montagneuse, elle est émaillée de volcans en activité qui dominent son paysage grandiose. Les pics symétriques d'Avatchinski, de Kracheninnikov, de Kronotski, d'Ouzone, et de bien d'autres volcans, s'y dressent. La majeure partie de la péninsule est recouverte de forêts de bouleaux d'Erman, de mélèzes, de peupliers et d'aulnes. La région abrite également une faune très riche, puisqu'il est possible d'y admirer des ours bruns et des zibelines ainsi que le magnifique pyrargue de Steller.

Comptant parmi les dernières grandes étendues sauvages, la presqu'île fut visitée pour la première fois par des étrangers en 1647, mais les plus célèbres de ses explorateurs sont certainement Vitus Behring et le naturaliste Georg Wilhelm Steller, qui la découvrirent lors de leur voyage dans le Pacifique du nord. Aujourd'hui, la contrée attire les naturalistes et les pêcheurs. Son éloignement et sa population peu importante la rendent très attractive, même si elle reste difficile d'accès. **MBz**

LA VALLÉE DES GEYSERS

KAMTCHATSKAÏA OBLAST, RUSSIE

Longueur de la vallée des geysers : 6 km

Superficie du champ de geysers : 4 km²

Sur la presqu'île du Kamtchatka, le fleuve Choumnaïa (ou « fleuve bruyant ») jaillit, se faufilant à travers les étranglements, serpentant le long des méandres et des bancs de graviers, jusqu'à la vallée des geysers noyée dans la vapeur d'eau. En avril 1941, l'hydrologiste russe, Tatiana Ivanovna Oustinova et son guide Itelmen, Anisphore Kroupenine, sont parvenus à pénétrer cette région reculée. Alors qu'ils cheminaient le long du lit du fleuve Choumnaïa, ils ont découvert un curieux cours d'eau transversal qui les a conduits jusqu'à une vallée regorgeant de sources sulfureuses bouillonnantes, de mares de boue brûlantes et de geysers en activité. Le torrent prit plus tard le nom de rivière Geyzernaïa.

La vallée est un paradis grisant. Des cascades vaporeuses se déversent le long des parois rocheuses ; les rives recouvertes de plantes herbacées sont pleines de vie ; les geysers font jaillir des jets d'eau bouillante ; et les mares de boue bouillonnent et pétillent. Le paysage se signale par la présence d'argiles multicolores et de bassins foisonnant d'algues. L'air est imprégné de l'odeur tenace du soufre rejeté par les sources. La vallée des geysers est l'une des régions géothermales les plus actives du monde. Sur environ 6 km, le cours d'eau tortueux et étroit de la rivière Geyzernaïa dégage de la vapeur et une odeur de soufre, bout et sourd avec violence. À elle seule, la vallée compte plus de 20 gros geysers et des douzaines d'autres, plus petits, qui sont tous concentrés sur un territoire dont la superficie est comprise entre 3 et 4 km². En automne, les feuillages colorés des arbres rehaussent la beauté naturelle de ce site géologique merveilleux, mais c'est en hiver que le paysage devient vraiment féerique, lorsque tout est recouvert d'un manteau de neige blanche et

> *La vallée est un paradis grisant : des cascades vaporeuses se déversent le long des parois rocheuses ; les geysers font jaillir des jets d'eau bouillante, et les mares de boue bouillonnent et pétillent.*

que la vapeur s'amoncelle. La chaleur générée par l'activité géothermique a des effets inhabituels sur le paysage. Au printemps, les arbres et les plantes fleurissent plus vite que dans les autres régions. Les berges du fleuve sont parsemées de plantes appréciant la chaleur, comme les nénuphars et les myosotis.

En octobre 1981, la vallée des geysers fut frappée de plein fouet par le typhon Elsa. Des pluies torrentielles s'abattirent, faisant monter le niveau de la rivière Geyzernaïa de plusieurs mètres. La crue entraîna dans son sillage des rochers de 3 mètres, détruisant la Geyser Pietch et endommageant sérieusement la Malakhitovi Grote (« la Grotte de malachite »). **MBz**

À DROITE : *L'un des nombreux geysers de la vallée des geysers.*

LE LAC BAÏKAL

RÉPUBLIQUE DE BOURIATIE, RUSSIE

Longueur du lac : 635 km
Largeur du lac : 48 km
Superficie du lac : 29 904 km²
Profondeur du lac : 1 640 m

Le lac Baïkal situé au sud de la Sibérie contient un cinquième des réserves d'eau douce de la planète. Avec ses 635 kilomètres de long et ses 48 kilomètres de large, il figure à la neuvième place derrière les plus grands lacs du monde, mais est extrêmement profond. Il contient 23 000 km³ d'eau, soit davantage que l'ensemble des grands lacs du nord américain, car sa profondeur avoisine les 1 640 mètres. Le Baïkal est aussi très ancien. Il est apparu il y a près de 20 millions d'années à la suite de la formation d'une crevasse dans la croûte terrestre. La présence de sources chaudes au fond de l'eau indique que la région est encore active sur le plan géologique. Chaque année, les sismographes enregistrent jusqu'à 2 000 tremblements de terre.

En hiver, le lac est gelé et les habitants du coin s'y rendent en voiture pour pêcher en

creusant des trous dans la glace. Cette dernière est transparente et permet d'apercevoir les poissons qui nagent dessous. Bien qu'elle soit solide, les fluctuations journalières de la température entraînent l'apparition de craquelures qui parfois cèdent, formant des crevasses d'un mètre de diamètre. En été, la glace se fragmente en minuscules morceaux ondulants, créant des prismes de lumière qui dansent sur l'eau. Une fois qu'elle a fondu, l'eau peut être si claire que l'on peut voir ce qui se passe à 40 mètres, voire davantage.

Les nombreux animaux qui vivent ici sont propres au Baïkal, notamment les phoques du Baïkal et le poisson golomyanka qui ne donne pas naissance à beaucoup de petits, mais est capable de supporter une pression colossale, puisqu'il évolue à une profondeur comprise entre 1 000 et 1 400 mètres, là où même un canon ne pourrait tirer. MB

CI-DESSOUS : *Le littoral du lac Baïkal se détache sur le fond pourpre du coucher de soleil.*

YANKICHA ET LES ÎLES KOURILES

RUSSIE

Diamètre de Yankicha : 2 000 m
Hauteur de Yankicha : 388 m

Depuis le volcan Alaïd sur l'île d'Atlassova au nord, jusqu'au pic situé à proximité du sommet du volcan Tiatia sur l'île de Kunashiri au sud, la chaîne des Kouriles recèle un grand nombre de merveilles tant sur le plan géologique que biologique. L'île de Yankicha est constituée par la partie émergeante d'un volcan éteint. Au sud, les parois escarpées de la caldeira sont fendues, laissant l'eau de mer pénétrer, d'où la formation d'un lagon paisible, refuge des arlequins plongeurs et des loutres de mer. Les versants intérieurs du cratère sont recouverts d'herbe jusqu'à leur sommet où des fulmars viennent faire leurs nids. Les falaises sont prises d'assaut par les mouettes tridactyles. Au bord du lagon, une partie de plage est baignée par des eaux thermales. Difficile d'imaginer un cadre plus spectaculaire pour prendre un bain dans une source d'eau chaude. Les cachalots migrateurs abondent dans les eaux profondes situées à proximité. Au nord, se trouvent les Rochers Srediniévo qui attirent les phoques du nord et des colonies d'otaries bruyantes. L'île de Yankicha accueille également des stariques pygmées. Au crépuscule et à l'aube, ces derniers sortent de l'eau pour retrouver leurs abris. MBz

À DROITE : *Hokkaïdo et les îles Kouriles.*

LA GORGE DE TAMGALY

OBLAST D'ALMATY, KAZAKHSTAN

Particularité : vestiges de peuplements humains successifs sur plus de 2000 ans
1ʳᵉ date de peuplement : Âge de bronze

Au sud-est du Kazakhstan, à l'extrémité occidentale des montagnes de Tienshan, ou « monts célestes », les monts Chu-Ili dominent un canyon, la gorge de Tamgaly. Sources abondantes, végétation luxuriante et nombreux abris naturels distinguent cette région des montagnes pelées formant la frontière entre Kazakhstan et Kirghizistan, au sud, et des plaines arides du Kazakhstan central au nord. À 160 km au nord-ouest d'Amalty, les falaises de schiste ardoisier et les roches d'un noir brillant ont attiré des communautés pastorales depuis l'âge de Bronze, et en ont gardé des vestiges hautement symboliques. « Tamgaly », en kazak, signifie « lieu peint », ou « marqué ». De fait, c'est un paysage archéologique riche de plus de 5 000 pétroglyphes, dont la datation s'étend de la seconde moitié du deuxième millénaire av. J.-C. au début du XXᵉ siècle. La plus forte concentration de ces gravures sur pierre se situe dans le canyon central, où l'on trouve aussi des autels sacrificiels, ce qui laisserait à penser qu'on y faisait des offrandes aux dieux. GD

HONGORY ELS

DÉSERT DE GOBI, MONGOLIE

Longueur de Hongory Els : 193 km
Hauteur maximale des dunes : 800 m

Le nom mongol de cette région, *Hongory Els*, signifie « Les Sables qui chantent ». Il fait allusion au bruit émis par les grains de sable balayés par le vent. Lisses et ronds, ces derniers ne ressemblent pas au particules de sable ordinaire, plus grossières et irrégulières. Par temps sec, leur frottement rappelle une lugubre mélodie. Les dunes s'étendent sur 185 kilomètres à travers le désert de Gobi, entre le mont Sevrei et le mont Zuulun (qui fait partie de la chaîne de montagnes de l'Altaï). Elles comptent parmi les 30 dunes connues dans le monde pour le bruit que font les grains de sable en s'entrechoquant au gré du vent. Elles sont sensibles à la pollution qui peut nuire à la qualité des effets acoustiques produits.

Le lieu est aussi célèbre pour ses oasis et pour l'abondance de sa faune. Citons la présence de moutons, de bouquetins et de gazelles, mais aussi de leurs prédateurs, à savoir des léopards et des chiens sauvages, ainsi que d'une multitude d'oiseaux. L'oasis la plus fameuse se trouve à 240 kilomètres d'un site réunissant de nombreux fossiles, les célèbres Montagnes de feu. **AB**

LES MONTAGNES DE FEU

DÉSERT DE GOBI, MONGOLIE

Type de roche : grès riche en fossiles
Âge : 70 à 100 millions d'années
Habitat : semi-désertique

Situé dans le sud du Désert de Gobi, ce site doit son nom européen au paléontologue américain, Roy Chapman Andrews, qui fut impressionné par l'orange flamboyant des montagnes dans lesquelles il découvrit des fossiles de dinosaures au début des années 1920. En Mongolie, le lieu est appelé *Bayanzag*, signifiant « riche en saxaouls », ces derniers étant des arbustes très courants dans la région.

Chauffés à blanc par un soleil de plomb, le désert aride et les prairies sont émaillés des blocs de grès rouge flamboyant de la formation rocheuse du Djadokhta. Le lieu est un véritable paradis pour tous ceux qui recherchent des fossiles de dinosaures. Des fragments d'os et de coquilles d'œufs sont souvent visibles au milieu des rochers. Chapman mit au jour des squelettes complets de dinosaures, ainsi que le premier lot d'œufs fossilisés. Il est aussi possible de trouver des vestiges d'anciens mammifères. Il est interdit de ramasser les fossiles.

Parmi la faune figurent des chameaux domestiqués et sauvages, des gazelles, des ânes sauvages, des faucons sacrés, des fauvettes du désert et des pinsons. Pour des raisons à la fois logistiques et bureaucratiques, il est difficile d'accéder à ce site, sans un guide. **AB**

LES MONTAGNES DE L'ALTAÏ

MONGOLIE / CHINE / RUSSIE / KAZAKHSTAN

Le point le plus haut (les pics jumeaux de Gora Beloukha) : 4 506 m
Climat : extrêmement froid et sec
Températures moyennes : - 24 °C en janvier ; 12 °C en juillet

La chaîne montagneuse de l'Altaï recèle une grande diversité d'habitats : forêts de conifères et de feuillus, riches pâturages alpins, prairies glacées et nues, lacs et glaciers par milliers. Elle s'étire en diagonale du nord-ouest au sud-ouest, à l'endroit où la Chine, la Russie, le Kazakhstan et la Mongolie se rejoignent. Le plus haut pic est Gora Beloukha, qui s'élève le long de la frontière séparant la Russie du Kazakhstan. Mais ce n'est pas seulement sa biodiversité qui fait la richesse de ce site : « Altaï » signifie « or » aussi bien en kazakh qu'en mongol car les montagnes sont aurifères. Considérés sur le plan historique comme le « berceau des nomades », les pâturages montagneux étaient autrefois peuplés par les anciens nomades de Chine. Les Huns, les Türks et Gengis Khan y vécurent.

Au siècle dernier des archéologues découvrirent dans l'Altaï, des momies humaines datant de 2 500 ans à l'intérieur de tumulus. Des fragments de peau, des tatouages, des habits en soie et des objets s'étaient conservés dans le permafrost. À l'heure actuelle, les gens vivant dans les montagnes souffrent d'une grande pauvreté et de nombreux villages ne sont pas alimentés en électricité. La région s'enorgueillit d'une faune abondante, et d'espèces rares comme le léopard des neiges. De nombreux projets ont été lancés pour protéger l'environnement et promouvoir l'écotourisme afin d'allier développement économique et conservation. RA

CHINE

LES MONTAGNES DE T'IEN-SHAN

CHINE / KIRGHIZISTAN / KAZAKHSTAN

Longueur du T'ien-Shan : 2 900 km
Pic le plus haut (Pik Pobiédy) : 7 439 m
Lac Issyk-Koul : 6 000 km²

S'étendant sur 2 900 kilomètres à travers l'Asie centrale, le T'ien-Shan (Montagnes célestes) se dresse au milieu du désert et des steppes arides, formant une chaîne de montagnes aux pentes abruptes, avec des gorges profondes, des glaciers et des champs de neige. Les pics les plus hauts sont le Pik Pobiédy (7 439 m) et celui de Khan-Tengri (6 995 m), qui bordent tous deux le Kazakhstan. Le Russe, Piotr Sémionov explora pour la première fois ces massifs montagneux en 1865. Parti à pied d'Alma-Ata, au Kazakhstan, il parvint d'abord jusqu'au lac Issyk-Koul, dont le nom signifie « lac sacré » qui est le plus grand lac de montagne du monde et l'un de ceux qui ne gèlent jamais. L'année suivante, il traversa le col du Santash et atteignit le T'ien-Shan. L'Anglais, Charles Howard-Bury effectua un voyage similaire en 1913. Il vit des plantes fréquentes dans les jardins de campagne anglais, mais à l'état sauvage, ainsi que des arbres fruitiers, des rosiers et des oignons sauvages. Les versants montagneux abritent également des bouquetins, des moutons, des loups, des sangliers, des ours et l'un des prédateurs les plus rares au monde, le léopard des neiges. MB

LE DÉSERT DE TAKLAMAKAN

XINJIANG OUÏGHOUR ZIZHIQU (SINKIANG) CHINE

Superficie du désert de Taklaman : environ 250 000 km²
Hauteur des dunes : 300 m
Altitude : 154 m au-dessus du niveau de la mer

Le désert de Taklamakan est une vaste étendue de sable rouge, balayé par le vent, dont la superficie est plus importante que celle du Royaume-Uni. Le terme *Taklamakan* signifie « si tu viens dans ce lieu, tu n'en repartiras jamais ». Les voyageurs qui sillonnaient à dos de chameau, avec des caravanes, l'ancienne route de la Soie l'évitaient. Les marchands préféraient contourner le désert, allant d'oasis en oasis, comme Turfân et Kashi, le long de la bordure est du désert pour se rafraîchir.

Curieusement, Turfân devrait être un lieu inhospitalier puisqu'elle se trouve dans la dépression éponyme, qui est aussi l'un des endroits les plus bas et les plus chauds de la planète. La ville est située à 154 mètres au-dessous du niveau de la mer et dans la journée, la température atteint régulièrement 40 °C. Malgré ces conditions arides, les melons et les vignes y poussent à profusion. Les Perses ont créé un extraordinaire système d'irrigation, formé de puits et de canaux souterrains, appelés karez, permettant d'acheminer l'eau des montagnes du T'ien-Shan. Aujourd'hui, de nombreuses villes antiques jalonnant la route de la Soie, sont à l'état de ruines. Au XVᵉ siècle, la célèbre route a en effet été supplantée par la voie maritime. **MB**

LE FLEUVE JAUNE

SHAN-TUNG, CHINE

Longueur du fleuve Jaune : 5 464 km
Crues de 1931 : 88 000 km² complètement inondés, 21 000 km² partiellement

Le fleuve Jaune ou Huang He prend sa source dans les torrents et les lacs des montagnes de Kunlun, situées dans la province de Quigha et serpente à travers de nombreuses provinces chinoises, formant le second fleuve le plus long de Chine après le Yang-tsé. Il commence à l'est par une série de gorges profondes avant de tourner en direction du nord-est à Lanzhou dans la province de Gansu. Là, des falaises et des montagnes escarpées bordent sa vallée luxuriante. Puis le fleuve poursuit sa route à travers le désert d'Ordos, extension orientale du désert de Gobi, avant de changer de direction et de se diriger vers le sud. C'est là qu'il coule à travers des terres riches en terreau et charrie les dépôts d'alluvions jaunes auxquels il doit son nom. La région aurait abrité une colonie à l'époque de l'âge de la pierre. Berceau de la civilisation chinoise, elle est aussi surnommée le « Chagrin de la Chine » car le fleuve est à l'origine d'inondations dévastatrices. Celle de 1931 est restée dans les mémoires comme la pire. Elle laissa 80 millions de personnes sans toit et fit 1 million de victimes. Dans sa partie est, le cours du fleuve a changé plusieurs fois, se déplaçant entre l'embouchure de la mer Jaune et l'estuaire du golfe du Bohai. **MB**

LE MASSIF DU HUA SHAN

SHAANXI, CHINE

Hauteur du massif du Hua Shan : 2 200 m
Largeur minimale du sentier : 30 cm
Terrain : rocheux

Le massif du Hua Shan culmine à 2 200 mètres, mais c'est surtout son profil particulièrement abrupt qui en fait l'une des « cinq montagnes sacrées de Chine ». Situé à 120 kilomètres à l'est de Xi'an, la capitale de la province de Shaanxi, au centre du pays, le Hua Shan semble se dresser dans la plaine à la rencontre des nuages. Un ancien sentier de 12 kilomètres de long, serpente jusqu'à son sommet en passant au milieu de falaises et de saillies aux à-pics vertigineux. Tout en haut, se trouvent les cinq pics qui ont donné son nom à la montagne puisque le nom Huashan signifie les « Cinq fleurs ». Le chemin qui les relie est jalonné de temples bouddhistes et taoïstes, ainsi que de pavillons et de palais en ruines. Parmi les diverses curiosités de Hua Shan figurent la Falaise Touchant l'Oreille, le Précipice des Mille Pas, l'Échelle menant au Ciel, le Précipice du Soleil et de la Lune, le Pic faisant face au Soleil, le Rocher à l'Axe fendu et la falaise Fatale. Mais si vous avez les jambes qui flageolent à l'idée d'emprunter le fameux sentier, sachez qu'il existe également un téléphérique pour gagner le sommet de la montagne. DHel

À DROITE : *Les pentes de la montagne du Hua Shan.*

WULINGYUAN

PROVINCE DU HUNAN, CHINE

Nombre de colonnes calcaires : plus de 3 000, dont 660 au moins mesurent plus de 200 m
Particularité : abrite le plus grand pont naturel connu dans le monde

La beauté du district de Wulingyuan tient essentiellement à ses colonnes calcaires, ravins, étangs, cours d'eau et gorges, souvent enveloppés d'un voile de brume. On trouve ce genre de colonnes dans d'autres régions, mais ici, grâce à une moindre altitude et au climat subtropical, elles bénéficient d'un écrin de forêts. Le rocher se creuse de multiples grottes, dont celle, célèbre, du Dragon jaune, et sa chute d'eau de 50 m de haut. Les ponts naturels constituent une autre de ses curiosités. Le pont des Immortels, large de 1,50 m, enjambe une faille de 26 m de large à une hauteur d'une centaine de mètres. Le pont À travers le ciel, plus impressionnant encore avec ses 10 m de large et ses 40 m de long, s'élance à près de 360 m au-dessus de la vallée. Ce décor abrite de nombreuses espèces menacées, telles que la salamandre géante de Chine, l'ours noir d'Asie et la panthère longibande. Sur les 3 000 types de plantes répertoriées sur le site, 35 ont été reconnues comme espèces rares. Cette région est aussi le « paradis des champignons ». Wulingyuan est une oasis de nature sauvage au milieu d'une zone de culture intensive surpeuplée, mais l'endroit est resté en grande partie inviolé, grâce à son inaccessibilité. GD

LES GROTTES DE ZHOUKOUDIAN

PÉKIN, CHINE

Hauteur de la grotte de Zhoukoudian : 40 m
Âge des vestiges de l'Homme de Pékin : 200 000 à 500 000 ans
Type de roche : calcaire

Le versant nord de la Montagne de l'Os du Dragon abrite des grottes et des crevasses calcaires dans lesquelles vivait un peuple primitif. Des restes de leurs squelettes fossilisés, ainsi que des objets en pierre et en os, et des indices attestant l'usage du feu, datant de plus de 500 000 ans, ont été mis au jour. La première découverte fut celle de la calotte crânienne et des ossements d'un homme-singe, baptisé l'« Homme de Pékin », mais désigné scientifiquement sous le nom d'*homo erectus*. Ses os furent exhumés en 1929, mais disparurent mystérieusement lors de la Seconde Guerre mondiale, au moment de l'invasion japonaise. Heureusement, des moules en avaient été faits et sont aujourd'hui exposés au musée américain d'histoire naturelle de New York.

Actuellement, à Zhoukoudian, quatre grottes ont été explorées et fouillées. Les ossements et les objets qu'elles recelaient ainsi que des fossiles humains provenant d'autres parties de la Chine peuvent être admirés dans les sept salles du centre d'exposition. Les visiteurs peuvent aussi pénétrer dans la grotte où les fragments de « l'Homme de Pékin » et les vestiges de 40 individus d'âges et de sexes différents ont été trouvés. Les grottes sont situées à 50 kilomètres au sud-ouest de Pékin. **MB**

LES MONTAGNES DE QIN LING

SHAANXI, CHINE

Superficie des montagnes : 76 500 km²
Nombre de pandas géants : 200 à 300
Nombre de singes dorés du Sichuan : 4 000

S'étendant d'est en ouest, les montagnes de Qin Ling séparent non seulement le bassin du Sichuan des plaines du nord et du plateau de Loess, mais forment également la ligne de partage des eaux du Yang-tsê kiang et du fleuve Jaune. Ses sommets culminent à plus de 3 657 mètres. Les versants sud sont recouverts de forêts subtropicales ; les pentes situées au nord présentent une végétation propre aux régions tempérées. Quelle que soit l'altitude, la température affiche 13 °C de moins au nord. Dans le sud de la région, les pluies stimulent la croissance des arbres, parmi lesquels figurent des mélèzes des montagnes chinoises, des érables Miaotai, des ifs chinois, des sapins de Qin Ling et des gingkos. Les animaux sont rares, à l'exception d'une population isolée de pandas géants (dont un speciment peut être contemplé à la Réserve naturelle nationale de Foping), des takins, des salamandres géantes, des ibis nippons et des panthères nébuleuses. Ces animaux côtoient le singe doré du Sichuan, à la tête et aux lèvres de couleur bleutée, dont les familles se regroupent, formant des bandes pouvant comporter 500 bêtes. **MB**

À DROITE : *Les monts Qinling, dans la réserve naturelle de Foping, abritent encore quelques grands pandas.*

JIUZHAIGOU

SICHUAN, CHINE

Superficie de Jiuzhaigou :	72 000 ha
Hauteur des cascades de Xionguashai :	78 m
Hauteur des cascades de Zhengzhutan :	28 m

Jiuzhaigou est une région au relief irrégulier située dans la partie nord, très escarpée, de la province de Sichuan. Son nom signifie la « vallée des neuf villages » parce qu'elle aurait abrité autrefois neuf villages tibétains. Aujourd'hui, seuls six d'entre eux subsistent, avec une population totale d'environ 800 personnes. S'étendant sur 72 000 hectares, Jiuzhaigou est connue pour ses superbes paysages émaillés de montagnes, de forêts, de spectaculaires formations de calcaire, de lacs et de cascades. Près de 140 espèces d'oiseaux y vivent ainsi que des mammifères en voie de disparition, comme le panda géant et le rhinopithèque doré.

La contrée se distingue surtout par ses nombreux lacs célèbres pour leur forte teneur en calcium. Dans certains, des arbres déracinés se sont magnifiquement conservés pendant des centaines d'années. Bon nombre de ces lacs classiques en forme de ruban sont apparus dans la vallée à la suite de la fonte des glaciers et ont par la suite étaient endigués par des dépôts de carbonate de calcium. L'un d'entre eux, le lac Wolonghai ou lac du Dragon est traversé par un dyke de calcaire bien visible car l'eau tout autour est plus sombre. Dans le folklore local, ce dyke est assimilé à un dragon endormi au fond du lac. RA

SHENNONGJIA

HUBEI, CHINE

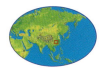

Superficie de la réserve nationale de Shennongjia : 70 467 km²
Longueur de la vallée de Hongpin : 48 km
Longueur du lac de la vallée : 15 km

La réserve nationale de Shennongjia est fameuse pour ses six pics s'élevant à plus de 2 987 mètres, ses forêts primitives, et sa légende selon laquelle un mystérieux « homme sauvage », un yéti, vivrait dans les forêts de la province d'Hubei. Le climat se caractérise par sa chaleur et son humidité, qui favorise le développement d'arbres rares protégeant les espèces animales en voie de disparition. Les arbres aux mouchoirs et les séquoias se dressent à côté de sapins de 40 mètres de haut, de bambous et de cyprès, prodiguant des abris pour le tigre du sud de la Chine, les cerfs musqués, l'ours noir de l'Himalaya et le faisan vénéré. Mais, le lieu recèle d'autres curiosités. Il existerait près du sommet de la plus haute montagne de Shennongjia, des ours, des cerfs, des serpents et des singes complètement blancs. En outre, la découverte d'empreintes de pieds de 40 centimètres, de touffes de fourrure brune et d'épis de maïs à moitié mangés laisse suggérer la présence d'une créature primitive, le *yeren*.

Parmi les autres merveilles de la région, citons la vallée de Hongpin flanquée de pics escarpés, le lac de la vallée pris en sandwich entre des falaises recouvertes de forêts et la grotte de Tianjing dont le toit est à ciel ouvert. La contrée comporte aussi des cascades, des bassins, des torrents et des falaises. **MB**

LE PARC NATIONAL DE HUANGLONG

SICHUAN, CHINE

Superficie des étangs : 667 m² pour le plus grand et 1 m² pour le plus petit.
Profondeur des étangs : plus de 3 m pour le plus profond et 10 cm pour le moins profond

Le parc national de Huanglong est une vallée de 3,6 kilomètres de long perdue au milieu de forêts vierges épaisses, dans la province du Sichuan. Il est situé entre 3 578 et 3 145 mètres en dessous du niveau de la mer. La vallée est recouverte d'une importante couche de carbonate de calcium jaunâtre qui se dépose autour des étangs de forme et de taille diverses. Ces derniers sont reliés les uns aux autres et étagés en terrasses. Le parc comprend environ 3 400 étangs multicolores. Les algues et les bactéries confèrent en effet aux eaux riches en minéraux des teintes blanc crème, argentées, grises, ambre, roses et bleues. L'effet est particulièrement spectaculaire par beau temps.

Vue d'en haut, la vallée de calcaire ressemble à un énorme dragon jaune, dont les étangs seraient les écailles scintillantes. En chinois, le nom *Huanglong* signifie d'ailleurs le « dragon jaune ». D'autres formations karstiques méritent le détour, notamment de superbes grottes et cavernes jouxtant des étangs insolites qui font du parc un véritable paradis géologique.

Les principaux affluents du fleuve Fujiang coulent à travers le parc national, qui compte également un certain nombre de sources chaudes. Deux des plus importantes, Kuang-quan et Feicui, se trouvent dans la ravine Mouri. Elles auraient des vertus curatives en raison de leur forte teneur en minéraux.

La vallée de Huanglong est située à l'intersection de quatre régions très fleuries, à savoir les zones subtropicales et tropicales de l'hémisphère nord, l'Asie orientale, et l'Himalaya, d'où l'étonnante diversité de sa

> *Vue du ciel, la vallée calcaire ressemble à un énorme dragon jaune, dont les étangs seraient les écailles scintillantes.*

flore. Plus de 1 500 espèces de plantes y poussent en effet. Un grand nombre sont en voie de disparition, 16 espèces de rhododendrons sont ainsi menacées. Beaucoup d'espèces animales sont elles aussi en danger. C'est le cas des rhinopithèques dorés, de l'ours à collier, du takin du Sichuan, du goral et du panda géant. Quatre ou cinq communautés de pandas cohabitent à l'intérieur de la réserve.

La vallée est un site inscrit sur la liste du patrimoine mondial de l'UNESCO. Elle se trouve à environ 3 000 kilomètres de Chengdu, la capitale du Sichuan. **RA**

À DROITE : *La lumière chaude de l'automne est réfléchie par les amoncellements de calcite des étangs de Huanglong.*

LE MONT LUSHAN

JIANGXI, CHINE

Superficie du mont Lushan : 350 m²
Hauteur du pic Hang Yang : 1 474 m

Le mont Lushan, situé près des lacs Poyang, est décrit comme une splendide montagne « se dressant au-dessus des lacs et des fleuves ». Il est considéré comme un centre spirituel de la civilisation chinoise. Des temples bouddhiques et taoïstes se fondent harmonieusement dans son paysage. La région se distingue par la présence de pics majestueux (le plus haut étant le pic Hang Yang), de cascades grondantes, de gorges abyssales et de mystérieux brouillards qui enveloppent et surplombent la contrée pendant près de 200 jours par an. Tout cela, sans oublier la douceur du climat, fait du mont Lushan l'une des destinations touristiques les plus populaires de Chine. L'endroit a la réputation d'être « le Royaume de la Prose et la Montagne de la Poésie ». Il a inspiré de nombreuses œuvres littéraires. Quatre mille poèmes sont inscrits sur les parois du mont.

Au sommet du rocher abrupt de la Tête du Dragon, qui culmine à 300 mètres, les visiteurs courageux peuvent contempler toute la région et entendre le grondement des cascades du ravin de la Porte de pierre. Dissimulée au milieu de sinistres nappes de brouillard, la vallée de Brocart dont les innombrables plantes sont toujours en fleur mérite également le détour. La crête des cinq sommets adjacents, appelés pics des Cinq Vieillards est également visible. Elle rappelle en effet par sa forme cinq vieillards en train de converser. Près du sommet, se trouve la grotte du même nom. Les pics sont entourés de pins yingke robustes et insolites. Derrière cet étonnant panorama, se trouve la chute d'eau des Trois Cascades qui se déverse dans la Ravine des Neuf Gradins.

La vallée de Hang Po se situe à l'endroit où les pics des Cinq Vieillards rejoignent ceux de Hanyang. Depuis le sommet, il est possible de jouir de vues sur le lever du soleil MB

CI-DESSOUS : *Nappes de brume sinistres surplombant la vallée de Brocart, vues depuis le sommet du mont Lushan.*

LA RÉSERVE NATURELLE DE WOLONG

SICHUAN, CHINE

Superficie de la réserve : 207 210 ha
Altitude de la réserve : de 1 200 à 6 259 m
Date de fondation de la réserve : 1963

Wolong est une région montagneuse recouverte d'une forêt de bambous, enveloppée de nuages, battue par des pluies torrentielles ou noyée dans un épais brouillard. Il s'agit de l'une des premières réserves destinée à protéger et à étudier le panda géant, en voie de disparition. Aujourd'hui, elle accueille un centre dont le but est de réhabituer les pandas géants à vivre en liberté. Cependant, elle compte également d'autres mammifères rares, notamment le cousin du panda géant, le petit panda semblable à un raton laveur et 45 autres grands animaux comme la panthère nébuleuse, le takin et le cerf au museau blanc. Le bambou, qui est la principale nourriture du panda géant et la plante prédominante de la région, fait actuellement l'objet de recherches. Cependant, des végétaux plus rares comme les arbres aux mouchoirs et les céphalotaxus du Japon, bénéficient aussi de mesures de protection.

La réserve est surplombée par Balang Shan, une montagne qui se dresse à 4 600 mètres au-dessus du niveau de la mer. Les randonneurs s'y rendent pour contempler les aigles dorés et d'autres oiseaux de proie. MB

ZIGONG

SICHUAN, CHINE

Âge des fossiles : 165 millions d'années
Longueur du Shunosaurus : 12 m

En 1979, des paléontologues travaillant pour le British Museum fouillèrent une montagne basse près de Zigong (récemment détruite pour permettre la construction d'un parking). Ils furent ébahis en découvrant que le sol était jonché de fragments d'os de dinosaures. Ils venaient de tomber sur l'un des plus grands cimetières de dinosaures. L'endroit était particulièrement remarquable puisque les fossiles mis au jour dataient du milieu du jurassique. Peu de dinosaures ayant vécu à cette époque sont en effet connus. Par la suite, les fouilles permirent d'exhumer plus de 6 000 fossiles ayant appartenu au moins à cent dinosaures. Ces derniers auraient été enterrés par milliers dans le sable ainsi que dans la boue du delta du fleuve. La plupart étaient herbivores, notamment les sauropodes. Cela permet de jeter la lumière sur la façon dont ces derniers ont évolué. Un sauropode de Zigong, *Shunosaurus*, atteignait ainsi 12 mètres de long. C'est le seul à avoir eu une queue en forme de gourdin, sans doute pour se défendre. Un autre, *Omeisaurus*, avait un cou de 18 mètres de long. Des fossiles de stégosaures ainsi que d'un animal carnivore de 3,5 mètres de long ont également été retrouvés. MW

LA GORGE DU SAUT DU TIGRE

YUNNAN, CHINE

Longueur de la gorge du saut du Tigre : 17 km
Profondeur de la gorge du saut du Tigre : 300 m
Végétation : prairies montagneuses

À son point le plus étroit, la gorge la plus profonde du monde fait moins de 30 mètres de large. Selon une légende locale, un tigre l'aurait franchi d'un bond, d'où le nom donné à cette entaille profonde qui sépare la montagnes du Dragon et celle de Jade.

Le Fleuve Doré, qui a creusé cet abîme il y a plus de 5 millions d'années, y coule, prenant la forme de trois rapides tombant à pic. Le troisième compte parmi les plus impétueux du monde. Mais en dépit de sa puissance ou peut-être à cause d'elle, il fait partie d'une région des plus paisibles et splendides, située à l'est de l'Himalaya. C'est dans la cité voisine de Lijang qu'un érudit américain d'origine autrichienne, Joseph Rock, écrivit des articles qui inspirèrent à James Hilton Shangri-la, dans sa nouvelle *Lost Horizon*.

Il est possible de longer toute la gorge du saut du Tigre en empruntant un sentier étroit se trouvant entre une paroi escarpée et un précipice. Un voyageur a décrit cette expérience de la façon suivante : « une masse noire de 1 524 mètres vous surplombe, tandis qu'un abîme de 300 mètres bée sous vos pieds, avec au fond un fleuve écumant au grondement menaçant ». DHel

LES GORGES DU YANG-TSÊ KIANG

CHONGQING, CHINE

Longueur de la gorge de Qutang : 8 km
Longueur de la gorge pittoresque de Wu : 40 km
Longueur de la gorge de Xiling : 75 km

Quand les eaux des crues printanières du plus long fleuve du monde se déversent à l'entrée de la gorge de Qutang, elles vont à plus de 32 km à l'heure. Le flot soudain peut provoquer une hausse de 50 mètres du niveau du fleuve. Les falaises situées de part et d'autre font deux fois la hauteur de la tour Eiffel et sont séparées seulement de 100 mètres.

75 kilomètres de long. Elle a toujours été considérée comme la plus dangereuse des trois, avec ses passages étroits, ses rapides et ses tourbillons. Cependant, dans les années 1950, tous les rochers qui se trouvaient au milieu du fleuve ont été dynamités. Aujourd'hui, ce ne sont plus des jonques mais des ferrys qui remontent et descendent ce dernier en toute sécurité. À une certaine époque, il fallait quatre cents hommes pour haler chaque jonque naviguant à contre-courant. Les récits de mésaventures abondent comme celle arrivée au Père David, un missionnaire français qui

La gorge de Wu, très pittoresque, est la deuxième. Elle est bordée par les Pics Féeriques qui, selon la légende, auraient été créés par la Reine du Paradis pour barrer l'entrée des gorges.

Qutang est l'une des trois gorges qui s'étendent sur 190 kilomètres de long. Elle se trouve au milieu de l'itinéraire de 6 300 kilomètres, qui permet d'aller en bateau des montagnes jusqu'à la mer. Des piliers en fer sont enfoncés dans les parois de ses falaises. Autrefois, des chaînes y étaient suspendues afin d'arrêter les bateaux qui tentaient de remonter le fleuve et de prévenir les invasions ou de prélever un droit de passage.

La deuxième gorge, celle de Wu, est très pittoresque. Faisant 40 kilomètres de long, elle est jalonnée de Pics Féeriques qui, selon la légende, auraient été créés par la Reine du Paradis pour servir de barrages. La troisième gorge est celle de Xiling qui mesure près de

frôla la mort quand une jonque filant à toute vitesse heurta son bateau qui remontait le courant au même moment.

Le barrage de Gezhouba, juste en contrebas de la gorge de Xiling, contient les eaux du fleuve. Celui, plus haut, des Trois Gorges doit transformer les gorges du Yang-tsê en un immense réservoir. En Chine, le fleuve est connu sous le nom de Chang Jiang, signifiant le « long fleuve ». Le mot Yang-tsê ne désigne que l'estuaire, mais les Occidentaux l'utilisent pour nommer le fleuve. **MB**

À DROITE : *Le ruban noir du Yang-tsê kiang serpente entre les gorges abruptes.*

LES COLLINES DE GUILIN

GANGXI ZHUANGZU ZIZHIQU, CHINE

Longueur des collines : 120 km
Pic le plus haut (celui de la colline festonnée) : 120 m
Âge : 300 millions d'années

Des rangées de collines de calcaires aux versants escarpés se dressent au milieu d'un paysage composé de rizières s'étirant sur 120 kilomètres le long du Fleuve Li, dans le sud de la Chine. Le calcaire s'est déposé au fond d'une mer chaude et peu profonde il y a environ 300 millions d'années, mais les strates se sont soulevées peu à peu quand la terre s'est mise à bouger, et les vents, les vagues et la pluie ont sculpté les formes que nous voyons aujourd'hui. Chaque colline possède un nom évocateur. L'une d'elles s'appelle « la colline du Chameau » en raison de sa forme ; une autre située de l'autre côté se nomme « la colline du Pichet de vin ». Selon une légende, la colline en Trompe d'Éléphant serait l'éléphant sur lequel le Roi du Paradis aurait voyagé dans le pays. Tombé malade, un fermier aurait soigné l'animal qui, en échange, l'aurait aidé à cultiver ses champs. En colère, le roi transforma l'animal en pierre. La colline la plus haute est en forme de pain de sucre et culmine à 120 mètres. D'août à octobre, quand les canneliers sont en fleur, la région qui entoure Guilin embaume la cannelle. **MB**

CI-DESSOUS : *Les pics des collines de Guilin se dressent derrière le fleuve.*

LES GROTTES DE GUILIN

GUANGXI, ZHUANGZU ZIZHIQU, CHINE

Longueur de la grotte de la Flûte de roseau : 250 m
Largeur de la grotte de la Flûte de roseau : 120 m
Âge de la formation rocheuse : 350 millions d'années

Sous les collines de forme conique de Guilin se trouve un extraordinaire réseau de grottes et de tunnels sculptés dans le calcaire par les rivières et les cours d'eau souterrains. Certains sont immenses. La « haute grotte » ou Gaoyan, semblable à une cathédrale, et celles qui lui sont voisines sont ornées de stalagmites et de stalactites étonnamment grandes. Certaines font plus de 30 mètres de haut. Les cavernes se distinguent elles aussi par leur taille. La grotte de la Flûte de roseau fait 250 mètres de long et 120 mètres de large, et abrite une formation rocheuse connue sous le nom du Vieil Érudit. Selon une légende, un poète se serait installé dans la grotte pour célébrer sa splendeur, mais incapable de trouver les mots pour décrire cette dernière, il aurait été changé en pierre.

La grotte de la Flûte du roseau doit son nom aux roseaux qui autrefois poussaient à proximité de son entrée, mais que les habitants de la région coupèrent pour confectionner des flûtes. Chaque année, les grottes sont visitées par des millions de touristes. Lors de la Seconde Guerre mondiale, la population s'y terrait pour se protéger des bombardements de l'aviation japonaise. MB

LES CHUTES DE HUANGGUOSHU

GUIZHOU, CHINE

Hauteur des chutes
de Huangguoshu : 68 m

Largeur des chutes
de Huangguoshu : 84 m

Longueur de la grotte du
Rideau d'eau : 134 m

Huangguoshu comprend plus de 10 chutes d'eau apparentes ou souterraines. Il s'agit des plus grandes cascades d'Asie. À la saison des crues, l'eau se déverse avec une telle violence que les falaises escarpées semblent trembler et qu'un brouillard d'écume monte du bassin dans lequel elle tombe. En revanche, pendant la saison sèche, de minces filets d'eau s'écoulent des falaises en surplomb. Derrière la cascade, près de sa base, se trouve une longue grotte appelée la grotte du Rideau d'eau. Les visiteurs peuvent y accéder par une route située sur le versant de la montagne. À l'intérieur, il est possible d'entendre, de contempler et de toucher la cascade.

Près de 65 % de la population de la province de Guizhou, dans le sud-ouest de la Chine, est Han. Le reste est constitué d'un mélange de minorités comme les Miao, les Bouyei, les Dong, les Yi, les Shui, les Hui, les Zhuang, les Bai, les Tujiao et les Gelao. Plus de 80 groupes ethniques vivent dans la province, dans laquelle chaque année près de 1 000 fêtes ont lieu. Bizarrement les touristes ont tendance à ignorer Guizhou malgré sa richesse culturelle. Vous pouvez vous rendre jusqu'aux chutes d'eau de Huangguoshu en partant de Anshun. RA

LA COLLINE DU BROCART PLISSÉ

GUANGXI ZHUANGZU ZIZHIQU, CHINE

Superficie de la colline du Brocart plissé : 200 ha

Hauteur de la colline du Brocart plissé : 73 m

Type de rocher : calcaire, formation karstique typique

La colline du Brocart plissé (ou « Deicai ») en regroupe en réalité quatre : la colline Yuyue, la colline qui Regarde-dans-toutes-les-directions, le Pic de la Grue et le Pic de la Lune claire. Elle se trouve près du fleuve Li, au nord de la cité de Guilin, dans la région autonome de Guangxi Zhuang, et doit son nom aux superpositions rocheuses qui la constituent. Érodées, celles-ci ressemblent en effet de loin à des plis. Lorsque la cité fut fondée il y a 2 000 ans, sous la dynastie Qui, la colline rappelait déjà une pièce de brocart plissé. Il s'agit d'une formation rocheuse inhabituelle, assez jolie, qui au fil des siècles s'est ornée de galeries et de voûtes. La végétation qui tapisse ses pentes escarpées offre un contraste avec la roche, accentuant ainsi l'effet surprenant produit par l'ensemble. Il est également possible d'y admirer des sculptures bouddhiques et des pagodes.

Une grotte spectaculaire, la Grotte du Vent, est creusée dans la colline et contient près de 90 peintures de Bouddha datant des dynasties Tang et Song. Comme elle est dotée d'ouvertures qui donnent sur les deux versants de la colline, le vent y souffle en permanence, d'où son nom. **DHel**

LA COLLINE QUI ARRÊTE LES VAGUES

GUANGXI ZHUANGZU ZIZHIQU, CHINE

Hauteur de la colline qui arrête les Vagues : 213 m

Longueur de la colline qui arrête les Vagues : 120 m

Caractéristique : colline à moitié immergée

La colline qui arrête les Vagues fait partie des nombreuses curiosités qu'il est possible d'admirer le long du fleuve Li, dans la cité de Guilin, dans la région de Guangxi Zhuang. Elle aurait été nommée ainsi parce qu'elle avance dans le fleuve et forme une barrière sur laquelle les vagues s'écrasent. Constituée d'une masse rocheuse de 120 mètres de long, de 60 mètres de large et de 213 mètres de haut, elle rassemble des inscriptions et reliques datant des dynasties Tang, Song, Yuan, Ming et Qing. Le versant est comporte un sentier menant jusqu'au Pavillon-qui-permet-d'écouter-les-vagues, tandis que le versant sud abrite lui, une grotte qui selon une légende aurait autrefois été illuminée par une perle géante et habitée par un dragon. Un jour, un pêcheur aurait volé la perle, mais pris de remords, l'aurait restituée. La grotte prit alors le nom de « Grotte de la Perle rendue ». À l'intérieur, un bloc de pierre pend du plafond, touchant presque le sol. Il s'agit de la « Pierre à aiguiser ». Selon une autre légende, un général l'aurait utilisée pour affûter la lame de son sabre et lui aurait ôté sa partie inférieure. La grotte donne sur une autre grotte qui contient 200 statues de Bouddha sculptées sous la dynastie Tang (618-907). **DHel**

LA COLLINE EN TROMPE D'ÉLÉPHANT

GUANGXI ZHUANGZU ZIZHIQU, CHINE

Hauteur totale de la colline en trompe d'éléphant : 200 m
Hauteur au-dessus du fleuve : 108 m
Âge : 360 millions d'années

Si une région du monde peut s'enorgueillir de formations rocheuses plus intéressantes que celles de Guilin, il est peu probable que ces dernières aient des noms aussi imagés. Outre la colline de Brocart plissé et la colline qui arrête les Vagues, il existe en effet une colline en trompe d'éléphant. Celle-ci forme une voûte immense au-dessus du fleuve Li, d'où sa ressemblance avec la trompe d'un éléphant en train de boire. Elle est considérée comme l'emblème de la ville de Guilin.

La colline fait 200 mètres de haut depuis le lit du fleuve, mais seulement 55 depuis la surface de l'eau. Véritable saillie surplombant le rivage, elle mesure 108 mètres de long et 100 mètres de large. La voûte est appelée la Grotte de la Lune au-dessus de l'eau. En effet, la lune, lorsqu'elle est pleine, se réfléchit dans l'eau et semble flotter à l'intérieur de la cavité. Sur les parois de celle-ci, plus de 70 inscriptions datant de l'époque des dynasties Tang et Song sont gravées. Du côté de la berge, on trouve une autre grotte dotée d'ouvertures appelées « les yeux de l'éléphant » et donnant sur la cité. Au sommet de la colline, se dresse la pagode Puxian construite sous la dynastie Ming (1368-1644) dont la forme évoque la poignée d'une épée. **DHel**

LA DOLINE DE DASHIWEI

GUANGXI ZHUANGZU ZIZHIQU, CHINE

Profondeur de la doline de Dashiwei : 613 m
Largeur de la doline de Dashiwei : 420 m
Largeur de la doline de Xianozhai : 660 m

La doline Dashiwei est l'une des plus grandes du monde. Aussi appelée tienkeng karstique, elle provient des vestiges d'une vaste grotte dont le toit s'est affaissé, laissant un puits aux parois presque verticales. Elle domine des éboulis, une rivière souterraine qui a tendance à sortir de son lit, et une grande forêt. Parmi les plantes de la région figurent une fougère arbustive, unique au monde. La faune comprend de nouvelles espèces de poissons aveugles, des crevettes, des crabes, des araignées et des écureuils volants.

Dashiwei est l'une des vingt dolines du département de Leye, situé dans la province de Guangxi Zhuang, dans le sud de la Chine. La région est la seule au monde à regrouper autant de dolines. Il est possible de visiter ces dernières, mais il est interdit de pénétrer dans celle de Dashiwei afin de ne pas endommager la végétation et de ne pas perturber les oiseaux. D'autres dolines dont celle de Xiaozhai, la plus grande existant, se trouvent dans le Sichuan, sur le cours supérieur du Yang-tsé. **MB**

LA MONTAGNE ENNEIGÉE DU DRAGON DE JADE

YUNNAN, CHINE

Plus haut pic (Shanzidou) :	5 600 m
Âge :	230 millions d'années
Végétation :	alpine et luxuriante

Située dans la province de Yunnan, la montagne enneigée du Dragon de jade comprend 13 pics qui, à distance, ressemblent au dos ondulant d'un dragon. La montagne elle-même est apparue il y a près de 230 millions d'années à la suite d'une fracture de la croûte terrestre. Cependant sa forme actuelle pourrait s'expliquer par des événements survenus il y a 12 000 ans. C'est surtout la richesse de sa flore et de sa faune qui font son intérêt. Près de 6 500 espèces de plantes poussent sur ses versants, notamment 50 sortes d'azalées, 60 sortes de primevères, 50 sortes de gentianes sauvages et 20 sortes de lis. Leur diversité est telle et leurs périodes de floraison si variées que pendant au moins 10 mois de l'année, un tapis multicolore recouvre les parties des versants qui ne sont pas ensevelies sous la neige. La montagne abrite des espèces animales rares, comme le petit panda, le cerf musqué, le faisan argenté et la panthère nébuleuse. À plus haute altitude, les neiges sont éternelles et les pics perpétuellement balayés par la tempête. Le plus haut, appelé Shanzidou, fait à peu près les deux tiers de l'Everest, mais à la différence de ce dernier, personne n'a jamais tenté de l'escalader. **DHel**

LES CASCADES DE WONG LUNG

HONG KONG, CHINE

Hauteur des cascades de Wong Lung : 90 m
Hauteur des pics avoisinants : 869 m

À Hong Kong, le parc national de Lantau nord regroupe des vallées, des gorges et des torrents entourés de montagnes. L'ensemble est appelé la Vallée de Tung Chung. C'est là que l'on trouve les torrents les plus rapides de la région. Tous ont des noms comprenant le terme Lung qui, en chinois, signifie le « dragon ». Le principal est celui du Dragon jaune situé dans la vallée extrêmement boisée de Wong Lung. Il prend sa source à l'est du Pic du Crépuscule, mais est surtout alimenté par les affluents des Cinq Dragons de Tung Chung. Cette appellation désigne des gorges abyssales, des falaises déchiquetées, des bassins limpides et profonds, ainsi que de vertigineuses cascades.

Les Chutes d'eau de Wong Tung dégringolent d'une paroi rocheuse de 20 mètres de haut, avant de se déverser dans un bassin d'eau vert foncé. L'une de leurs sources, celle de la Gorge des Trois Dragons, est encaissée entre des falaises de 90 mètres de haut, et se signale par ses trois cascades spectaculaires. Les chutes d'eau du Dragon Gauche dévalent la falaise en se scindant en deux, tandis que celles du Dragon droit passent au-dessus d'un rocher convexe et se divisent en trois. Les dernières, celles de la Queue du Dragon, hautes de 12 mètres, coulent dans une gorge étroite et vertigineuse. **MB**

LE MONT MEILIXUESHAN

YUNNAN, CHINE

Hauteur de Kawagebo : 6 740 m
Caractéristiques notables : canyons arides et pics enneigés

Le principal site d'observation permet d'admirer l'aube naissante au-dessus du mont Meilixueshan dont le nom tibétain signifie « Dieu des Montagnes enneigées ». Allongée et déchiquetée, la crête luit d'un éclat blanc sous le ciel parsemé d'étoiles. Lorsque le soleil monte dans le ciel, le pic le plus élevé, le Kawagebo, se teinte soudain d'orange. Puis c'est au tour des autres sommets de s'embraser avant de devenir blanchâtres quand le soleil, déjà haut, illumine les glaciers qui serpentent dans les vallées à travers les forêts d'arbres à feuilles persistantes. Dans la gorge, entre le point de vue et la montagne, à 4 000 mètres au-dessous du Kawagebo, le Mékong coule au milieu des collines arides, qui cuisent littéralement sous le soleil de midi. Le Kawagebo ainsi qu'un autre pic moins élevé rappellent le principal sommet de Shangri-La, ce « cône neigeux presque parfait ». Par un matin clair, le mont Meilixueshan peut sembler n'être qu'une montagne des plus ravissantes, mais pour les Tibétains, il est avant tout sacré.

Des petits pandas, des ours à collier et des cerfs musqués vivent dans les forêts à la lisière desquelles des léopards des neiges rôdent parfois. **MB**

LA MONTAGNE JAUNE

CANTON, CHINE

Hauteur de la Montagne jaune : 1 800 m
Nombre de pics : 72
Précipitations : 240 cm

Au sud du Yang-tsê, la Montagne jaune désigne 72 pics escarpés qui jaillissent du brouillard. Ces sommets de granit résultent de la solidification du magma rocheux. Les couches supérieures ont été érodées par le vent, et emportées par les pluies. Exposé aux intempéries, le granit s'est transformé en falaises et en pics hirsutes. Des pins poussent dans les fissures des parois rocheuses, certains sont âgés de plus de 1 000 ans. Des sources chaudes bouillonnent dans les crevasses. Leur température ne descend jamais en dessous de 42 °C. L'eau ne manque pas puiqu'il en tombe chaque année 240 centimètres. Les montagnes sont généralement enveloppées de nuages et de brouillard. Il est conseillé aux touristes de se munir de vêtements chauds et imperméables. La température dépasse rarement 10 °C.

Chaque année, la Montagne jaune attire une foule de visiteurs car tous les Chinois rêvent de s'y rendre au moins une fois dans leur vie. Des sentiers sinueux permettent de l'escalader. Le chemin menant à Tiandu Feng, terme signifiant « le Principal Pic Céleste », comprend une montée de 1 300 marches et un franchissement de crête délicat d'un mètre de long, à l'aide d'une chaîne à laquelle il faut se suspendre. MB

LA FORÊT DE PIERRE DE LUNAN

YUNNAN, CHINE

Superficie de la forêt de pierre de Lunan : 5 km²
Type de roche : calcaire

À environ 120 kilomètres au sud-est de Kunming, capitale de la province de Yunnan, se trouve un plateau recouvert d'une étrange « forêt » de pierre. Comme le Tsingy de Madagascar, il s'agit de blocs de calcaire qui, modelés par les pluies et l'érosion, se sont transformés en piliers aux parois verticales et de pics en forme de lame de couteau. Certains ne dépassent pas la taille d'un homme, mais d'autres peuvent atteindre jusqu'à 30 mètres de haut. Ils sont regroupés ou isolés les uns des autres. Des sentiers pédestres ont été aménagés pour les relier. Les promeneurs peuvent se reposer dans les pavillons qui les jalonnent. Les formations rocheuses ont des noms qui décrivent parfaitement leur aspect, comme le « Phénix qui Lisse ses Ailes » et la « Cascade Étagée ». Elles sont recouvertes de lichen et de mousse, tandis que des plantes rampantes aux fleurs rouges et roses tapissent les fissures et les crevasses. Selon une légende locale, un pic, le « Rocher d'Ashima », fut baptisé ainsi en mémoire d'une jeune fille kidnappée par un aristocrate. Son amoureux tenta de la libérer, mais elle mourut et fut changée en pierre. La légende raconte aussi comment un Immortel passant à côté des amoureux, décida qu'ils avaient besoin d'intimité et créa ce labyrinthe de pierre pour leur offrir une cachette. **MB**

LES MONTAGNES DE KUNLUN

QINGHAI, TIBET / CHINE

Hauteur de Muztagata : 7 546 m
Hauteur de Kongur Tagh : 7 719 m
Hauteur de Dongbei : 7 625 m

La chaîne de montagnes de Kunlun est l'une des plus étendues de Chine puisqu'elle s'étire sur 2 000 kilomètres, des montagnes du Pamir au Tadjikistan, jusqu'à la chaîne de montagnes sino-tibétaine de la province de Qinghai, en passant par Xinjiang. Elle sépare le haut plateau nord du Tibet des plaines de l'Asie centrale et comprend plus de 200 pics culminant à plus de 5 790 mètres. Les plus élevés sont le Muztagata, le Kongur Tagh et le Dongbei. La partie est du Kunlun fait environ 600 kilomètres de large, et se compose de chaînes de montagnes ainsi que de larges vallées. Plus petite, la partie ouest est constituée de trois chaînes de montagnes parallèles et rapprochées, et ne fait que 95 kilomètres de large. À l'abri des moussons de l'océan Indien et du Pacifique, la région est très aride. Les fluctuations de température sont très importantes en fonction du moment de la journée et des saisons, et les vents sont violents, surtout en automne.

En raison de la pauvreté des sols, du manque d'humidité et du froid, la flore et la faune sont rares sur une importante partie de la chaîne de montagnes qui est presque complètement inhabitée et inaccessible. **RC**

NGARI

QINQZANG GAOYUA, TIBET / CHINE

Altitude moyenne du plateau tibétain : 4 500 m
Superficie : 340 000 km²

Le plateau tibétain est souvent décrit comme le « Toit du monde ». Il se dresse à l'ouest, dans la région de Ngari, vaste étendue de chaînes de montagnes, de vallées, de fleuves et de lacs considérée comme le « sommet du Toit du monde » et fort peu peuplée. Destination touristique très prisée des randonneurs, Ngari est aussi un lieu de pèlerinage pour les Tibétains et les Hindous. Le plateau est le berceau du Bön, religion indigène antérieure au bouddhisme.

La préfecture de Ngari a joué un rôle important dans l'histoire du développement économique et culturel du Tibet. À l'ouest, le département de Zhada est célèbre pour les ruines du royaume Guge qu'il abrite et pour les forêts argileuses qui entourent ces dernières. Ngari est la plus grande préfecture de Chine, mais aussi celle qui a la plus faible densité de population. C'est un paradis pour les animaux rares comme le yak sauvage, l'âne sauvage du Tibet, l'antilope du Tibet et l'argali du Tibet. L'une des réserves naturelles les plus réputées est celle de l'Île des Oiseaux, située au bord du Lac Banggong, dans le nord de Ngari. Entre mai et septembre il est aisé de contempler les oiseaux migrateurs qui s'y rassemblent. **RC**

LE LAC YAMDROK YUMTSO

NYAINOENTANG LHA SHAN, TIBET / CHINE

Superficie du lac : 638 km²
Profondeur du lac : 30 à 40 m
Altitude du lac : 4 441 m

Magnifique étendue bleu turquoise, le Yamdrok Yumtso (ou Yamdrok-tso) est l'un des trois lacs les plus sacrés du Tibet. Selon une légende, il serait le résultat de la métamorphose d'une déesse. Large au sud, mais plus étroit au nord, il est aussi appelé le « lac de Corail des Montagnes ». À l'ouest et au nord, des chaînes de montagnes enneigées et auréolées de brume se dressent. Des douzaines de petites îles recouvertes d'un manteau de genévriers, sur lesquels se juchent des volées d'oiseaux d'espèces diverses, émaillent le lac.

Au début de l'été, les bergers emmènent leurs bêtes paître sur les îles à bord de bateaux. Ils les y laissent jusqu'au début de l'hiver. Le lac est aussi un lieu de pèlerinage. Les Tibétains s'y rendent en été pour prier et implorer la bénédiction divine, ou pour s'asseoir au bord et le contempler. Les eaux du lac sont réputées pour leurs vertus curatives : elles sont censées procurer un bain de jouvence aux personnes âgées, accroître la longévité des adultes et rendre les enfants plus intelligents. Au sud du lac se trouve le monastère de Sangding, célèbre pour avoir été la résidence de Dorje Phagmo, la seule femme lama du Tibet. RC

CI-DESSOUS : *Le Yamdrok Yumtso ondule au pied des montagnes.*

LE MONT KAILASH

GANGDISE SHAN, TIBET / CHINE

Hauteur du mont Kailash : 6 714 m
Altitude maximale du parcours rituel : 5 600 m au-dessus du niveau de la mer

Situé à l'extrême est du Tibet, le mont Kailash est l'une des montagnes les plus sacrées d'Asie. C'est un lieu de culte pour les Bouddhistes, les Hindous, les Jains et les adeptes de l'ancienne religion bön du Tibet. Ce pic, qui est le plus haut des montagnes de Gangdise, est aussi désigné sous le nom de Gang Rinpoche c'est-à-dire le « Joyau Précieux de la Neige ». Bien qu'il ne soit pas le plus élevé de la région, il tranche sur les sommets qui l'entourent en raison de sa forme. Culminant à 6 638 mètres, il comporte 250 glaciers. Quatre grands fleuves traversant le vaste plateau du Tibet y prennent leur source : le Brahmaputra, l'Indus, le Sutlej et le Karnali (un affluent du Gange). Le lac Sacré (lac Manasarova) et le lac Fantôme (lac Rakshastal) s'étendent entre les cimes du mont Kailash et du mont Gurla Mandata. Bien qu'ils soient reliés entre eux par un tunnel souterrain, le premier est rempli d'eau douce, et le second d'eau salée. Depuis des siècles, des pèlerins se rendent sur la montagne pour effectuer un parcours rituel, censé effacer les péchés de toute une vie. Ils doivent faire le tour du lac Manasarova et aller jusqu'aux sources chaudes de Tirthapuri. De nombreux Tibétains considèrent le mont Kailash comme le centre de l'univers. **RC**

LE CANYON TSANGPO

PLATEAU TIBÉTAIN, TIBET / CHINE

Autre nom : Ya-lu-tsang-pu Chiang
Longueur totale du canyon Tsangpo : 496,3 km
Profondeur du canyon Tsangpo : 5 302 m

Le fleuve Tsangpo (ou « Purificateur »), situé à une altitude moyenne de 3 000 mètres, est le plus haut du monde. Alimenté en eaux par la fonte du glacier Chema-Yungdung qui se trouve dans le nord de la chaîne de l'Himalaya, il s'étire sur 2 057 kilomètres à travers le plateau du Tibet, avant de devenir le Brahmapoutre en Inde. À la fin de son parcours à travers le Tibet, il tourne brusquement pour se faufiler entre les montagnes Namcha Barwa et Gyala Peri, donnant naissance au canyon Tsangpo, le plus grand du monde. Lorsque celui-ci forme une boucle autour du point le plus à l'est de l'Himalaya, il n'est pas plus large que la 5e Avenue de New York aux endroits les plus resserrés.

Les amateurs de kayak parlent de lui comme du « Roi des canyons ». Le fleuve effectue en effet une descente de 2 743 mètres le long de ses 2 414 kilomètres.

Très peu de personnes se sont aventurées dans le canyon. Une équipe internationale de canoéistes menée par Scott Lindgren l'a parcouru en novembre 2004, en franchissant la Cascade Cachée de 30 mètres de haut, dont l'existence n'a été connue qu'en 1998. MB

LE LAC MANASAROVA

GANGDISÊ SHAN, TIBET / CHINE

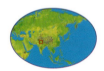

Altitude : 4 586 m
Superficie du lac Manasarova : 412 km²
Profondeur : 77 m

Situé à une altitude de 4 583 mètres, le lac Manasarova est l'un des trois lacs sacrés du Tibet et l'étendue d'eau douce la plus haute du monde. Son nom signifie « celui que l'on ne peut vaincre ». Le lac est un site sacré depuis plus de 4 000 ans. Ses eaux limpides réfléchissent le sommet du mont Kailash. Vaste et splendide, il est d'un bleu délicat près de ses berges, et d'un riche vert émeraude au centre. Il aurait des vertus purifiantes et rédemptrices, soulageant aussi bien les malaises physiques que d'ordre spirituel. Tout comme le mont Kailash, c'est un lieu de pèlerinage fréquenté par les adeptes des l'hindouisme, du bouddhisme tibétain et du Bön. De nombreux pèlerins font donc son tour ainsi que celui de la montagne en signe de piété. Le parcours qui se compose d'un cercle intérieur et de trois cercles extérieurs est appelé « le Kora ». Quatre jours de marche sont nécessaires pour parcourir chaque cercle. Autour du lac se trouvent quatre étangs sacrés, nommés respectivement Lotus, Parfum, Purification et Foi. Un plongeon dans leurs eaux gelées vous lave soi-disant de vos péchés. Bien que le lac soit entouré de huit monastères, c'est celui de Jiniao qui offre la plus belle vue sur lui. AB

JAPON

DAISETSU

HOKKAIDO, JAPON

Superficie : 2 310 km²
Pic le plus haut (mont Asahi) : 2 290 m

Considérée comme la frontière sauvage du Japon, l'île d'Hokkaido recèle une immense étendue vierge. La beauté, la sérénité et le caractère sauvage des cimes et des volcans de Daisetsu furent reconnus en 1934 quand le lieu devint le plus grand parc national du Japon. En hiver, le plateau élevé, ponctué de pics, de gorges, de cascades et de fumerolles est inhospitalier car il est balayé par les vents et enseveli sous un manteau de neige. En été, il est recouvert d'un tapis de fleurs sauvages et que le chant des oiseaux retentit, si bien que le peuple indigène des Aïnu en est venu à le considérer comme le jardin des dieux. Les esprits bienveillants de ces derniers auraient erré entre l'imposant Asahi-dake (le pic le plus haut d'Hokkaido) et le Tokachi-dake dégageant de la fumée, parcourant les prairies alpestres et les forêts boréales. Aujourd'hui, quelques ours bruns vivent sur le plateau. Mais comme ils sont très craintifs, il est plus fréquent d'y rencontrer des cerfs du Japon, des renards roux, des grimpereaux des bois et des tamias sibériens.

Dès la fin du mois de juin, la région alpestre est parsemée de taches colorées et brillantes, mais c'est en automne que le Daisetsu est le plus beau, lorsque les arolles vert foncé constrastent avec le rouge flamboyant des sorbiers des oiseleurs et le jaune des bouleaux de montagne, créant une somptueuse palette de couleurs automnales. MBz

LES CHUTES KEGON
ET LE LAC CHUZENJI

TOCHIGI / HONSHU, JAPON

Hauteur des chutes : 97 m
Largeur des chutes : 7 m
Superficie du lac Chuzenji : 13 km²

Magnifique lac boisé situé au pied du volcan sacré du mont Nantaï, le lac Chuzenji s'est formé il y a des milliers d'années, grâce à une coulée de lave qui empêcha l'eau de la montagne de s'écouler. La lave a fini par s'éroder et s'est fendue, donnant naissance aux spectaculaires chutes Kegon, qui comptent parmi les trois grandes cascades du Japon.

La vallée est le théâtre de superbes arcs-en-ciel. En hiver, les chutes gèlent parfois complètement se transformant en glaçons géants. La cascade principale a une hauteur de 97 mètres. Elle est entourée de 12 chutes plus petites. Il s'agit de l'une des plus puissantes cascades du pays puisque trois tonnes d'eau se déversent chaque seconde dans un bassin de 3 mètres de profondeur.

Le plateau Akechidaira (accessible au moyen d'une corde ou à pied) offre une vue merveilleuse sur les chutes d'eaux et le lac Chuzenji. Il existe également un site d'observation de trois étages accessible par un ascenseur au pied des cascades. Le lac et les chutes se trouvent dans le parc national de Nikko. Pendant près de deux semaines par an, durant l'automne, les versants des montagnes se parent de couleurs éblouissantes. **RC**

TEURI-JIMA

HOKKAIDO, JAPON

Circonférence du Teuri-Jima : 12 km
Hauteur du Teuri-Jima : 185 m

Teuri-Jima se trouve à proximité de la côte nord-ouest d'Hokkaido. L'île ne compte plus que 500 habitants aujourd'hui alors qu'il y en avait 2 500 dans le passé. En revanche, elle accueille un grand nombre d'oiseaux, puisque ces derniers seraient un million. Basse et légèrement en pente sur sa rive est, là où sont rassemblées les communautés de pêcheurs, elle est plus élevée au sud et à l'ouest, avec des falaises vertigineuses où se nichent les oiseaux de mer. Comme ceux-ci passent la majeure partie de leur temps en mer, ils sont assez maladroits sur terre. Ils choisissent donc un terrain inhabité et tranquille pour élever leurs petits. Les falaises de Teuri-Jima comprennent des pics comme celui d'Akaiwa, qui semble jaillir tout droit de l'océan, mais aussi un grand nombre de vires et de fissures étroites. Les sommets sont tapissés de fleurs sauvages. Ces lieux isolés constituent des refuges parfaits pour les hordes d'oiseaux. Parmi ces derniers le plus célèbre est le macareux rhinocéros.

Cet oiseau de mer se rencontre uniquement dans le nord du Pacifique et vit principalement à Teuri-Jima. Étant la plupart du temps en mer, il ne se rend sur l'île que pour se reproduire, c'est-à-dire en été. À cette époque de l'année, la nuit, la partie sud de Teuri-Jima offre un spectacle véritablement remarquable. En effet, les oiseaux de mer trapus, chargés de nourriture, atterrissent avec fracas sur le rivage, battant furieusement et rapidement des ailes, afin de rendre visite à leur femelle et à leurs petits, nichés dans des abris souterrains. Ce sont d'excellents plongeurs, mais ils volent moins bien que leurs cousins plus légers dont ils n'ont pas la précision. Ce sont donc des proies faciles pour les prédateurs. Pour éviter tout danger, ils se rendent sur l'île la nuit.

Le nombre de macareux rhinocéros a diminué, passant de 800 000 couples en 1963 à environ 300 000 en 2004. Il s'agit malgré tout de la plus importante colonie d'oiseaux de cette espèce existant dans le monde. De fait, il peut y avoir jusqu'à 200 nids sur 10 m^2 de terre. L'île abrite également des guillemots et des guillemots de Troïl. Ces derniers se reproduisent uniquement à cet endroit. Alors qu'à une certaine époque, l'île en accueillait entre 30 et 40 000, une étude datant de 1999 n'en a recensé que 12 vivant autour du Rocher Akaiiwa et 10 près des falaises Byoubuiiwa. D'importantes volées de goélands ardoisés, de cormorans de Temminck et au moins 10 000 couples de goélands à queue noire font de l'île un vrai paradis ornithologique. Un centre a été récemment installé à Teuri-Jima pour donner des informations aux touristes et pour encourager la protection des espèces en voie d'extinction de la région. **MBz**

Les falaises de Teuri-Jima comprennent des pics comme celui d'Akaiwa, qui semble jaillir tout droit de l'océan.

LE MONT FUJI

YAMANASHI / SHIZUOKA, JAPON

Hauteur : 3 776 m
Diamètre du cratère : 700 m

Dans le monde entier, le mont Fuji incarne la beauté. S'élevant à 3 776 mètres, il constitue la plus haute montagne du pays et domine la ville de Honshu. Pendant des siècles, son élégante silhouette a été révérée par les artistes. Censé évoquer le mystère de l'infini, il est considéré comme un lieu sacré. Ses lignes simples et épurées ne laissent rien deviner de sa formation. Volcan éteint, dont la dernière éruption date de 1708, le mont Fuji est recouvert de larges plaques de cendre. Il aurait pris sa forme actuelle il y a 5 000 ans.

Sa beauté réside dans le fait qu'il est visible de loin, notamment en hiver quand la neige le recouvre d'un blanc manteau. Sa flore alpine est pauvre. En effet le climat rigoureux et la cendre ne permettent pas aux plantes de

s'épanouir. Cependant les parties les plus basses des versants sont tapissées d'arbres luxuriants. Les soirs d'été, les engoulevents poussent des cris stridents, tandis que tôt dans la matinée les forêts retentissent du chant des gobe-mouches et des bruants, ainsi que des appels de quatre espèces de coucous. Des renards roux ou des chiens viverrins fréquentent également les lieux. Depuis le sommet, il est possible d'admirer les plaines du centre du Japon où la population est très dense.

Quant au mont Fuji, il est particulièrement beau lorsqu'on le contemple depuis le sud de la côte rocheuse, avec au premier plan des cerisiers en fleur. En été, avant l'aube, les pèlerins et les randonneurs ont l'habitude de sortir précipitamment des cabanes qui ponctuent ses versants pour regarder le soleil se lever. Selon la légende, celui qui escalade deux fois le mont Fuji est un fou. **MBz**

CI-DESSOUS : *Le mont Fuji est l'emblème du Japon.*

YAKUSHIMA

KAGOSHIMA, JAPON

Circonférence de Yakushima : 132 km

Point le plus haut (mont Miyanoura) : 1 935 m

L'île montagneuse de Yakushima se dresse dans la mer de Chine orientale à un endroit souvent balayé par des typhons et des pluies torrentielles. En 1993, ce petit bout de paradis bordé de corail est devenu, en raison de la diversité de sa faune et de sa beauté, le premier site naturel japonais à être inscrit sur la liste du patrimoine mondial.

Avec ses 40 pics de granit culminant à 1 000 mètres, Yakushima est donc le point le plus élevé entre les Alpes japonaises de Honshu et les pics encore plus vertigineux de Taïwan. L'île se distingue par la variété de ses habitats. En altitude, les forêts de conifères et les espèces subalpines prédominent, tandis que les bougainvilliers, les bananiers et les banyans subtropicaux prospèrent le long du littoral. Longtemps isolées, les alpes de Yakushima bénéficient d'un climat chaud et pluvieux qui leur est propre. Les pluies abondantes rendent les forêts moussues suffisamment humides pour que le niveau de l'eau dans les rivières reste haut toute l'année et que les cascades aient un débit spectaculaire. Les forêts silencieuses abritent des daims, des macaques et d'immenses cèdres japonais, les « sugi » auxquels l'île doit sa renommée. Le massif Jomon Sugi est considéré comme l'arbre le plus ancien du monde. Il aurait 7 200 ans. **MBz**

À DROITE : *Le tronc noueux du camphrier géant de Yakushima.*

L'ARCHIPEL DE RYÛKYÛ

OKINAWA, JAPON

Superficie de l'archipel : 922 km^2

Nombre des îles et îlots : 200

Roche : volcanique

L'archipel de Ryûkyû comprend plus de deux cents îles et îlots s'étendant entre l'île de Kyushu et Taïwan. Il s'agit donc d'un archipel dans l'archipel, dont les îles fascinantes sont très différentes de celles du reste du Japon.

Celles d'Amami-o-shima et d'Okinawa se distinguent par leurs écosystèmes riches et variés. Bordées de coraux, elles comportent des mangroves ainsi qu'une forêt subtropicale composée d'étranges cycas. Près du littoral, l'eau chaude de la mer attire les baleines, les tortues et les requins. L'histoire géologique de ces îles est connue. Par moments, elles furent reliées au continent asiatique par des rochers qui surgissaient à la surface de l'océan, créant des ponts. Quand ces derniers s'effondraient, les îles étaient à nouveau isolées. Ce phénomène s'est répété plusieurs fois durant 250 millions d'années. Lorsque les îles étaient rattachées les unes aux autres, des animaux originaires d'Asie y trouvaient refuge. Quand les îles étaient à nouveau séparées, ils évoluaient différemment. Ce phénomène explique l'existence d'espèces uniques comme le lapin noir nocturne de l'île d'Amami. **MBz**

LE MARAIS DE KUSHIRO

HOKKAIDO. JAPON

Superficie du parc national de Kushiro Shitsugen : 269 km²
Caractéristique : grue du Japon

Le marais de Kushiro, la plus large zone humide du Japon, abrite le gracieux dieu des marais des Aïnu, le « sarurun kamui », aussi appelé la grue. Créature la plus emblématique du pays, l'élégante grue du Japon ou *tancho* est mentionnée dans les contes populaires. Selon la légende, elle vivrait 1 000 ans. Dans les années 1890, ces grues était censées avoir disparu, jusqu'à ce qu'en 1924, une douzaine d'entre elles fussent découvertes à moitié affamées dans le marais de Kushiro. Grâce aux efforts de la population locale qui les a nourries chaque hiver, l'espèce a pu être sauvée. Près de 600 grues du Japon vivent désormais dans la région.

Le marais de Kushiro est un long delta envahi par la végétation, formé par les débris des volcans situés à l'est d'Hokkaido. C'est un immense bourbier comprenant de vastes

étendues de roseaux ondulants où les poissons, les grenouilles et les libellules habitués aux étés frais et aux hivers glacials trouvent refuge. Tournant le dos au Pacifique et bordé de collines basses et boisées, le marais dans sa partie nord fait face aux volcans d'Akan, à l'endroit où le fleuve Kushiro s'éloigne du superbe lac Kussharo. En été, il n'est pas rare de voir un oiseau migrateur en provenance d'Australie, la bécassine du Japon (« l'oiseau lumineux »), fondre bruyamment sur la surface de l'eau, tandis que les petits coucous d'Asie lancent des appels stridents. En été, le marais foisonne d'insectes et d'oiseaux. En hiver, les tiges cassantes des roseaux s'entrechoquent et bruissent au gré du vent, les étangs gelés se fissurent et craquent. Les grues vivent là toute l'année en dissimulant leurs nids au milieu des roseaux. Pendant l'hiver, elles se rassemblent sur des sites bien précis pour s'accoupler au cours d'une spectaculaire danse où se mêlent leurs plumages noirs et blancs. MBz

CI-DESSOUS : *Le marais de Kushiro, refuge des grues du Japon.*

IZUMI

JAPON

Grues : 2 à 5 espèces
Population : plus de 11 000 habitants

Il est difficile de croire qu'une partie de terre gagnée sur la mer pour être cultivée puisse être renommée pour sa faune et sa flore. Pourtant, les minuscules rizières de la plaine côtière d'Arasaki constituent le plus important lieu de rassemblement de grues en Asie. Ces dernières quittent le nord-est de la Chine et la Russie, se frayant un chemin le long de la côte continentale, la péninsule coréenne, et Kushyu (principale île du sud du Japon) pour passer l'hiver à Izumi. Avec leurs pattes roses et leur cou rayé gris foncé et blanc, les grues à cou blanc comptent parmi les plus élégantes de la région. Les rizières et les terrains agricoles d'Izumi leur prodiguent les perchoirs et la nourriture dont elles ont besoin, mais elles mangent également les aliments qui sont mis à leur disposition. Cependant, elles sont bien moins nombreuses que les grues moines, pourtant de plus en plus rares. Ces dernières sont huit mille à hiverner à Izumi, ce qui représente 80 % de leur population totale. Elles sont connues pour s'appeler à l'unisson et s'accoupler au terme d'une danse au cours de laquelle, elles s'inclinent, sautent, courent, se bousculent, se frottent et se collent l'une à l'autre, en battant leurs ailes.

Le spectacle et les bruits émis par ces immenses colonies de grues s'élançant ensemble de leurs perchoirs sont stupéfiants. Elles traversent les rizières par volées entières. Quelques escadrons se détachent parfois du lot. Il s'agit vraiment d'un rassemblement extraordinaire.

Les grues du Canada en Amérique et les grues cendrées d'Europe sont sans doute plus nombreuses, mais c'est surtout la diversité des espèces qui frappe à Arasaki. À Kyushu, les volées de grues joue le rôle d'aimants. Il est en effet étonnant de constater que les deux espèces de grues les plus répandues dans l'est de l'Asie en attirent trois autres, plus rares dans la région. En effet, en 2004, la grue cendrée, la grue du Canada et la grue de Sibérie ont rejoint les grues à col blanc et les grues moines. Le rassemblement est donc devenu international. **MBz**

Il est difficile de croire qu'une partie de terre gagnée sur la mer pour être cultivée puisse devenir renommée pour sa faune et sa flore. Pourtant, les minuscules rizières de la plaine côtière d'Arasaki constituent le plus important lieu de rassemblement de grues en Asie.

À DROITE : *Les rizières d'Izumi attirent chaque année plusieurs espèces de grues.*

LE MONT BAEKDUSAN
LE LAC CHEONJI

CORÉE DU NORD

Profondeur moyenne du lac : 213 m
Longueur du fleuve Yalu : 790 km
Longueur du fleuve Tumen : 521 km

Les montagnes qui longent la frontière qui sépare le pays de la Chine ont la réputation d'être les plus sacrées de Corée du Nord. Le mont Baekdusan, connu pour être une « montagne toujours blanche », est doté d'une forte portée symbolique. Il est considéré comme le lieu de naissance mythique du peuple coréen et est même mentionné dans l'hymne national. Ce pic, le plus haut de Corée du Nord, culmine à 2 744 mètres au-dessus du niveau de la mer. C'est un volcan éteint où de nombreux fleuves de la région, dont le Yalu et le Tumen, prennent leur source. Mais, c'est surtout la caldeira se trouvant à son sommet qui fait son intérêt. Celle-ci renferme le Cheonji ou « lac du paradis », l'un des lacs les plus grands et les plus profonds qui soient situés dans un cratère, avec une superficie de 9 km^2 et un volume d'eau estimé à 2 milliards de tonnes. Le mont Baekdusan est entouré de plus de 20 pics recouverts d'une forêt dense. Les ravins aux bords déchiquetés creusés dans la lave qui ponctuent ses versants sont le refuge d'ours, de tigres, de léopards ainsi que de plus de 2 700 types de plantes. Le site est difficile d'accès. **AB**

LES ÉTANGS YEONJUDAM

CORÉE DU NORD

Plus haut pic : 1 638 m
Longueur de la chaîne de montagne : 40 km
Habitat : rocheux, régions boisées alpines et tempérées

Situés au sud de la Corée du Nord, les étangs Yeonjudam se distinguent par leur aspect paisible et éthéré. Ces délicats bassins couleur de jade offrent un contraste avec les blocs de calcaire gris clair qui les encadrent. Pendant l'automne, les diverses nuances de rouge et d'or vif des érables des collines avoisinantes rehaussent encore la beauté du lieu. Selon un mythe, une fée aurait laissé tomber un collier d'émeraudes et les pierres en se dispersant auraient donné naissance aux étangs. Ceux-ci se trouvent au cœur de la chaîne de montagnes Geumgangsan, considérée comme la plus belle de Corée du Nord et souvent enveloppée d'une fine brume. Interdite pendant 50 ans aux touristes étrangers, elle est à nouveau ouverte. Elle est divisée en trois zones : les montagnes Neageumgang (du Diamant intérieur) abritant les étangs, les montagnes Oegeumgang (du Diamant extérieur) qui incluent le Manmulsang ou les « Images des Dix Mille choses » en pierre naturelle et les montagnes Haegeumgang (de la mer de Diamant), dont les colonnes stratifiées, baignées par les eaux de la mer du Japon, sont hérissées de pins. **AB**

LES CHUTES DE GURYONG
LES MONTAGNES GEUMGANGSAN

CORÉE DU NORD

Hauteur des chutes d'eau : 74 m
Hauteur de la paroi rocheuse : 18 m
Largeur de la paroi rocheuse : 3,6 m

Les montagnes du Diamant extérieur ou la région d'Oegeumgang, dans la partie est des montagnes Geumgangsan, comportent plusieurs curiosités, dont des cascades et des étangs spectaculaires. La cascade Guyong est considérée comme la plus époustouflante de la région. Elle se déroule à la façon d'une longue écharpe de soie d'une immense falaise de granit en tombant dans l'étang Guryongyeon. La paroi rocheuse et le fond du bassin sont formés par un seul et même bloc de granit, ce qui est assez inhabituel. Depuis un point de vue situé sur une falaise proche de la cascade, il est possible d'admirer les huit étangs de Sangpaldam ainsi que le Guryongyeon baptisé ainsi en souvenir des neuf dragons censés garder les montagnes Geumgangsan. En 1919, le calligraphe Kim Gyu-jin grava trois caractères sur le granit de la paroi : « Mi-reuk-bul » (signifiant le « Bouddha du futur »).

L'eau de la cascade Bibong, qui se trouve à proximité, se déverse d'une falaise striée haute de 139 mètres. Son écume rappelle, dit-on, les plumes blanches du légendaire phénix en plein vol. **RC**

MANMULSANG

CORÉE DU NORD

Superficie du parc national de Geumgangsan : 24 000 ha
Roche : calcaire

Le terme manmulsang ne fait pas référence à une montagne en particulier, mais à une partie de la région d'Obongsan, au nord du mont Geumgangsan, dans les montagnes de Diamant. Manmulsang signifie « le monde qui se trouve tout entier en un seul lieu » et renvoie aux différentes formes qu'il est possible d'imaginer dans cette contrée aux sommets calcaires d'une beauté sculpturale. Manmulsang fait partie d'un massif de roche sédimentaire dont les strates sont apparentes. L'érosion a permis la création de cette étonnante galerie naturelle. Appelé également le « lieu des 12 000 miracles », le site compte de nombreux monastères dissimulés entre ses pics spectaculaires. Entourées d'une forêt d'arbres à feuilles caduques, notamment d'érables, les montagnes sont particulièrement belles en automne quant les teintes rouge et or des feuilles se détachent sur la roche grise. La majeure partie de Manmulsang est inclue dans le parc national de Geumgangsan. C'est un lieu très important dans la culture coréenne. Il a été une source d'inspiration pour des poètes, des artistes et des mystiques. **AB**

CORÉE DU SUD

MANJANG-GUL ET SEONGSAN ILCHULBAONG

CHOLLA-NAMDO / JEJO-DO, CORÉE DU SUD

Hauteur du pic Seongsan Ilchulbaong : 90 m
Diamètre du cône : 600 m
Types de roches : massif volcanique doté de falaises et d'un système de tubes de laves volcaniques

Situé à l'extrémité est de l'île volcanique de Jeju-do, le pic Seongsan Ilchulbaong a émergé de la mer il y a 100 000 ans. Aujourd'hui, il s'agit d'un cratère spectaculaire de 600 mètres de diamètre et de 90 mètres de haut, accessible depuis le village voisin par un sentier. Les personnes qui se hissent à son sommet sont récompensées par de superbes panoramas de la partie est de l'île et le spectacle des vagues s'écrasant contre les falaises. La galerie de grottes de Manjang-gul, sur la côte nord-est de l'île, constitue une autre curiosité. Il s'agit de l'une des plus belles du monde de par sa longueur et sa structure. Avec ses 13,4 kilomètres, la galerie de Manjang-gul est la plus étendue du monde. Elle comporte des passages dont la hauteur et la largeur varient entre 3 et 20 mètres. Ses spectaculaires parois ondulées et ses blocs de lave séchée de forme étrange témoignent de la violence de l'éruption volcanique. Les grottes abritent une faune très spécifique. Il n'est donc possible de parcourir qu'un kilomètre de galeries pour des raisons de protection. Les cavités rocheuses sont bien éclairées et les sentiers sont sans danger. **AB**

CI-DESSOUS : *Le pic Seongsan Ilchulbaong, vieux de 100 000 ans.*

LA CÔTE JUSANGJEOLLI
L'ÎLE DE JEJU-DO

CHOLLA-NAMBO, CORÉE DU SUD

Longueur de la côte	: 2,1 km
Hauteur des falaises	: 20 m

Sur le littoral sud de l'île de Jeju-do, des colonnes de pierre verticales se dressent, tels des cristaux géants hexagonaux, constituant une falaise absolument extraordinaire. Elles ont une structure si régulière qu'elles ressemblent non pas à des formations rocheuses naturelles mais à l'œuvre d'un tailleur de pierres. Elles sont constituées de lave basaltique provenant du mont Hallasan. L'érosion due au déferlement continu des vagues a contribué à creuser de véritables marches d'escalier à certains endroits. Quand la marée est haute, des vagues de 10 mètres s'écrasent parfois sur le rivage. L'administration de la région a appelé la formation rocheuse les « rochers Jisatgae » ; cependant à l'origine, cette dernière était appelée *Jisatgae Haean*, soit « l'autel des dieux ». Elle s'étend sur environ 2 kilomètres le long du littoral, entre Jungmun et Daepo-dong, dans la cité de Seogwipo.

Pour y accéder les touristes doivent traverser une forêt de pins, au sud-ouest du village de Daepo-dong. Les falaises ont été décrétées monuments culturels et font partie des sites touristiques les plus populaires de Corée du Sud. **RC**

LA GROTTE DE HWANSEON GUL

GANGWON-DO, CORÉE DU SUD

Longueur de la grotte de Hwanseon Gul : 6,2 km
Diamètre de la galerie principale : 40 m
Hauteur moyenne des couloirs : 20 m

Située sur la côte est, la province de Gangwon-Do est la plus grande région karstique de Corée du Sud. Elle contient en effet 500 grottes sur les mille et quelques existant dans le pays. Hwanseon Gul, la plus vaste grotte calcaire d'Asie, se dissimule au milieu d'un spectaculaire cadre de montagnes, à 820 mètres au-dessus de la mer. Faisant à peu près 6,5 km de long, elle est dotée de couloirs de 15 mètres de haut et de 20 mètres de large. Mais c'est surtout sa galerie principale, véritable oasis de sable blanc capable d'accueillir des milliers de personnes, qui impressionne le plus. La grotte renferme une grande variété de stalagmites, ainsi qu'une cascade de stalactites surnommée « la Grande Muraille de Chine ». La cavité principale est ornée d'une formation rocheuse appelée Okchwadae, c'est-à-dire le « Trône royal ». Le parcours autorisé à l'intérieur de la grotte est de 1,6 kilomètre ; vous pourrez admirer 6 chutes d'eau et 10 bassins souterrains remplis d'une eau limpide. Tout au long de l'année, la température demeure voisine de 11 °C. En 1966, la zone karstique de Gangwon-do a été déclarée monument naturel. Non loin de là, le district Taei-iri de Samchok abrite la grotte de Gwaneum réputée pour ses formation de calcite, ainsi que celles de Yangtumokse, Dukbatse et Keunjaese. RC

LE PIC DU LEVER DU SOLEIL

CHOLLSA-NAMDO / ÎLE DE JEDU-DO, CORÉE DU SUD

Nom local : Seongsan Ilchulbong
Altitude du pic du Lever du Soleil : 182 m
Diamètre du cratère : 600 m

Le pic du Lever du Soleil se dresse dans la mer, à l'extrémité de la péninsule de Seongsan, près de la pointe est de l'île de Jedu-Do. Il doit son nom aux magnifiques vues qu'il offre depuis son sommet.

Apparu à la suite d'une éruption volcanique il y a environ 100 000 ans, l'immense cratère est aujourd'hui hérissé de 99 sommets déchiquetés qui font penser de loin à une couronne massive ou à un château surgi de la mer.

Ses versants nord et sud-est sont constitués par des falaises abruptes, mais un sentier partant du village de Seongsan permet d'escalader son versant ouest.

D'en haut, la vue est spectaculaire en particulier quand le soleil s'élève, semblant jaillir de la mer à l'instar d'une boule de feu. Classé monument naturel, le Pic du Lever du Soleil est ouvert au public de l'aube au crépuscule. Le site est particulièrement beau au printemps quand les champs de colza voisins sont en fleur. Chaque année, la veille du nouvel an, des foules immenses se rassemblent au sommet du pic pour célébrer le lever du soleil et se souhaiter une bonne année. RC

LE MONT HALLASAN

CHOLLA-NAMDO / ÎLE DE JEJU-DO, CORÉE DU SUD

Autre nom : Che-judo
Altitude du mont Hallasan : 1 950 m
Type : île volcanique subtropicale

Située au sud du littoral coréen, l'île de Jeju-Do, en forme de losange, est dominée par le mont Hallasan, le plus haut sommet de Corée du Sud. Il s'agit d'un volcan éteint dont la dernière éruption date de 1007. Son cratère contient les eaux limpides et cristallines d'un lac merveilleux, le Baengnokdam (« l'eau où les chevreuils blancs jouent »). Une légende raconte en effet que des hommes détachés de ce monde (des sages ayant une illumination ou des dieux des montagnes) seraient descendus du paradis en chevauchant des chevreuils blancs. Le lac est entouré de nombreux rochers et falaises de forme monstrueuse qui, dit-on, protègent le lieu sacré. Le sol volcanique a donné naissance à des forêts touffues, notamment une forêt d'arbres feuillus subtropicaux. Soixante-dix espèces d'arbres poussent sur les parties situées à basse altitude, dont des camélias sauvages, des figuiers, des forsythias et des orangers. À plus haute altitude, les forêts de pins prédominent, cédant la place près du sommet à une grande variété de plantes alpines. Au printemps, les versants de la montagne se teintent de rose vif en raison de la profusion d'azalées royales ; à l'automne, ils sont envahis par le rouge et l'or des feuilles des arbres. Il est possible d'apercevoir des ours à colliers et des chevreuils dans la région. **AB**

TURKMÉNISTAN

KOPET DAG

IRAN / TURKMÉNISTAN

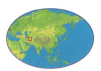

Kuh-e-Quchan : 3 191 m
Longueur du lac Bakharden : 72 m
Largeur du lac Bakharden : 30 m

Le terme de Kopet Dag signifiant les « montagnes de la Lune » désigne des montagnes arides et nues qui s'étendent à la frontière entre l'Iran et le Turkménistan. Dans cette région désertique, l'air est envahi par la poussière, et la végétation presque absente. Au nord se trouvent les dunes de sable du Karakoum, le « désert noir », l'un des plus grands et des plus arides au monde. Les montagnes s'étirent sur une longueur de 645 kilomètres depuis la mer Caspienne jusqu'au Harirud ou fleuve Tejen. Des canyons de terre brune et argileuse, ainsi que des gorges aux parois trouées, modèlent le paysage.

Kuh-e Quchan, le pic le plus haut, culmine à 3 191 mètres. Mais le véritable joyau de la contrée, un lac minéral souterrain appelé Bakharden, se dissimule sous les montagnes, dans la grotte de Kov-ata, à 60 mètres de profondeur. Ses eaux dont la température est de 36 °C dégagent une violente odeur de soufre. Le terme Kov-ata signifie le « Père des grottes ». Cette impressionnante galerie souterraine est située à 107 kilomètres au sud d'Achgabat. **MB**

AFGHANISTAN

LES LACS DE BAND-E AMIR

BAMYAN, AFGHANISTAN

Altitude des lacs de Band-e Amir : 3 000 m
Longueur : 11 km

À environ 3 000 mètres d'altitude, dans les contreforts arides des montagnes Hindu Kush, des lacs s'étirent, tels un ruban, le long des 11 kilomètres du fleuve Bend-e Amir. En effet, des barrages naturels, pouvant atteindre 6,1 mètres de haut, interrompent le fleuve. Ils sont constitués de travertin qui s'est accumulé autour des plantes aquatiques mortes pendant des milliers d'années. Ces digues forment des lacs dont la couleur varie du bleu au vert en passant par un blanc laiteux en fonction des minéraux et des algues présents. L'eau provient de la fonte des glaciers, elle reste donc très froide même en été lorsque la température extérieure est de 36 °C. Certains lacs font seulement 90 mètres de long, d'autres peuvent s'étendre sur 6 kilomètres. Ils sont bordés par des falaises de calcaire et d'argile.

Selon des légendes, ils seraient apparus lorsque le beau-fils de Mahomet, Ali, fut emprisonné dans la vallée. Dans sa fureur, il aurait provoqué un glissement de terrain et créé ainsi un barrage sur le fleuve à Band-e Haibat. La région où se trouvent les lacs est si reculée qu'il faut emprunter un sentier de montagne très raide situé à 80 kilomètres de la ville de Bamyan pour s'y rendre. **MB**

PAKISTAN

LE FLEUVE INDUS

TIBET / CHINE / INDE / PAKISTAN

Longueur du fleuve Indus : 2 800 km
Altitude de la chaîne de montagnes Lailas : 5 200 m
Hauteur de Nanga Parbat : 8 126 m

Dans une légende hindoue, le fleuve Indus est appelé le fleuve du Lion car il sortirait de la bouche de cet animal, symbole de l'Himalaya. En fait, il prend sa source dans les montagnes Lailas. Puis, après avoir traversé le système montagneux de Karakoram à 3 600 mètres d'altitude, il descend en une série de gorges vertigineuses parcourant ainsi 560 kilomètres, avant de contourner le majestueux Nanga Parbat (ou Montagne nue) qui le surplombe. À cet endroit, il est ceinturé de gorges atteignant jusqu'à 4 600 mètres de profondeur, dont les parois sont si abruptes qu'elles empêchent le soleil de pénétrer.

À l'extrémité sud de celle d'Attock, le fleuve arrose les terres plates du Panjab formant une partie du plus vaste système d'irrigation existant au monde. La mousson ainsi que la fonte de la glace et de la neige entraînent pendant de nombreux mois d'importantes inondations voire la création d'une mer intérieure peu profonde. À la fin de son parcours de 2 800 kilomètres, l'Indus se jette dans la mer d'Arabie à travers un immense delta riche en mangroves subtropicales. MB

CI-DESSOUS : *Le parcours de l'Indus à travers les montagnes.*

K2

PAKISTAN / CHINE

Altitude du K2 : 8 611 m
Altitude du col de Karakoram : 5 575 m
Altitude du col de Khunjerab : 4 700 m

La topographie du K2 (ou Godwin-Austen) fut effectuée en 1856 par l'Anglais Henry Godwin-Austen qui donna son nom au sommet. Cependant dans la région, la montagne est appelée Chogo Ri, terme signifiant la « Grande Montagne ». Avec ses 8 611 mètres de haut, elle figure en effet au second rang des montagnes les plus élevées du monde et passe pour être revendiqués par la Chine au nord, par le Pakistan au sud-ouest et par l'Inde au sud-est. Ses glaciers spectaculaires, parmi lesquels figure le Baltoro, alimentent de nombreux fleuves, dont l'Indus.

Il existe deux voies commerciales passant à travers les montagnes, celle du Col de Karakoram qui culmine à 5 575 mètres et celle du Col de Khunjerab à 4 700 mètres d'altitude. Toutes les deux sont situées au milieu des neiges éternelles. Le K2 est le plus haut sommet de la chaîne montagneuse. Il fut escaladé pour la première fois en 1954 par une équipe italienne menée par Ardito Desio.

Le sommet est plus couramment désigné sous le nom de K2. C'est ainsi qu'il fut indiqué sur le premier relevé topographique réalisé dans les montagnes du Karakoram à la frontière entre le Pakistan et la Chine, car il figurait en seconde position.

la plus dangereuse. Ses versants rocailleux se dressent jusqu'à 6 000 mètres. À plus haute altitude, les champs de neige qui les recouvrent s'élargissent, devenant d'immenses étendues neigeuses.

Le sommet est plus couramment désigné sous le nom de K2. C'est ainsi qu'il fut indiqué sur le premier relevé topographique réalisé dans les montagnes du Karakoram à la frontière entre le Pakistan et la Chine, car il figurait en seconde position. Le système montagneux du Karakoram s'étend entre les fleuves Indus et Yarkut, soit une distance de 480 kilomètres. Il s'agit du prolongement sud-est des montagnes Hindu Kush. La région où il se trouve regroupe des territoires

La montagne est considérée comme dangereuse, nombre d'accidents sont survenus lors des tentatives effectuées pour la gravir. En 1902, des grimpeurs s'attaquèrent à elle pour la première fois, mais s'arrêtèrent à 6 600 mètres. Sept ans plus tard, le duc des Abruzzes désireux de lancer des projets de tourisme alpin se hissa jusqu'à 7 500 mètres. Les expéditions américaines de 1938 et 1939 se terminèrent par un désastre. A. Compagnoni et L. Lacedelli parvinrent au sommet le 31 juillet 1954. **MB**

À DROITE : *Illuminé par le soleil, le K2 semble presque hors d'atteinte.*

LA VALLÉE D'HUNZA

RÉGION SEPTENTRIONALE, PAKISTAN

Altitude de la vallée d'Hunza : 2 438 m
Altitude du pic de Rakaposhi : 7 788 m
Altitude du pic de l'Ultar : 7 388 m

La vallée d'Hunza est située le long de la Karakoram Highway (KKH) et englobe une partie de la route de la Soie reliant le Pakistan à la Chine, légendaire depuis Marco Polo. Lord Curzon, l'ancien vice-roi du Pakistan, a déclaré « qu'il y avait davantage de sommets culminant à plus de 6 096 mètres dans le petit État d'Hunza qu'il n'y en a à plus de 3 048 mètres d'altitude dans l'ensemble des Alpes ». La rivière Hunza fend la chaîne de montagnes de Karakoram et constitue le plus grand affluent de la ligne de partage des eaux du fleuve de Gilgit. La KKH la traverse par un pont suspendu, auquel il est possible d'accéder à pied depuis Haldikish (« Le lieu des Ibex mâles »), où se trouve le rocher sacré d'Hunza, un rocher couvert d'inscriptions et

pétroglyphes datant de différentes époques. La vallée offre un paysage composé de majestueux sommets enneigés, de glaciers, de vergers et de champs. Les montagnes de Rakaposhi et d'Ultar dominent sa ligne d'horizon. Elle compte de nombreux glaciers, dont le Passu et le Batura. Son cadre idyllique et sauvage a peut-être inspiré le Shangri-La du roman de James Hilton, *Lost Horizon*. La longévité de ses habitants est imputée à leur régime alimentaire, en particulier à leur grande consommation de fruits et de légumes. L'eau de la rivière appelée « mel » est également censée procurer longévité et vitalité à celui qui la boit. La vallée d'Hunza est une contrée magnifique pour pratiquer l'alpinisme et la randonnée. Ses gisements de rubis attirent également les visiteurs. La saison touristique est comprise entre mai et octobre. **RC**

CI-DESSOUS : *La vallée de la Hunza est flanquée de montagnes arides.*

LE DÉFILÉ DE KHYBER

FRONTIÈRE NORD-OUEST, PAKISTAN

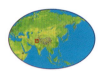

Longueur du défilé de Khyber : 53 km
Largeur du défilé de Khyber : 140 m
Point le plus élevé : 1 067 m

Le défilé de Khyber, terme qui signifie « le passage du fleuve », est l'un des plus célèbres. Il traverse le système montagneux d'Hindu Kush, et relie le Pakistan à l'Afghanistan. Pendant des siècles, il constitua une route commerciale majeure, mais aussi un lieu de passage pour tous les envahisseurs de l'Inde venus d'Asie centrale.

Alexandre le Grand et son armée le franchirent en 326 av. J.-C. Au Xe siècle, les armées perses, mongoles et tatares l'empruntèrent également, introduisant ainsi l'Islam en Inde. Le défilé joua également un rôle important durant les guerres afghanes du XIXe siècle. Resserré et escarpé, il serpente au nord-ouest, à travers les montagnes de Safed Koh. Il atteint sa hauteur maximale à la frontière entre le Pakistan et l'Afghanistan. De part et d'autre, les montagnes ne sont accessibles qu'à de rares endroits. Contrôlé par le Pakistan, le défilé permet de se rendre de Peshawar à Kaboul. Les Britanniques ont construit la route actuelle pendant les guerres afghanes, mais il existe également une ancienne piste réservée aux caravanes de chameaux. Il est également possible de prendre le train. Ce dernier passe à travers 34 tunnels et le long de 92 ponts jusqu'au bout du défilé, à la frontière afghane. **RC**

LE NANGA PARBAT

RÉGION DU NORD, PAKISTAN

Altitude du Nanga Parbat : 8 126 m
Dénivelé du versant Rupal : 4 500 m

Culminant à 8 126 mètres, le Nanga Parbat, à la différence des autres sommets de l'Himalaya, n'est pas, sur le versant Rupal, recouvert de neige. Cette dernière en effet ne parvient pas à s'amonceler sur ses parois escarpées et ses crêtes acérées. C'est à cette particularité que le sommet doit son nom signifiant « la montagne nue ». Il occupe la neuvième place parmi les sommets les plus élevés du monde. Il se dresse, isolé, comme à l'écart, à l'extrémité ouest de la chaîne de montagnes du Karakoram.

Des explorateurs allemands l'ont appelée la « Montagne meurtrière ». La topographie du sommet fut réalisée pour la première fois en 1854 par les frères Schlaginweit, originaires de Munich. En 1857, l'un d'eux fut assassiné à Kashgar. Cet événement tragique est à l'origine de la malédiction légendaire qui frappe le Nanga Parbat.

Depuis, les sherpas en parlent comme de la « Montagne du diable ». Aucun autre sommet n'a en effet ôté la vie à tant de personnes avec une telle régularité. La montagne possède trois versants, constituant chacun un défi pour les alpinistes : le Rakhiot, le Diamir et le Rupal. Avec un dénivelé de 4 500 mètres, le Rupal est le plus spectaculaire. MB

INDE

LE PARC NATIONAL DE KEOLADEO

RAJASTHAN, INDE

Superficie du parc national : 29 km²
Quantité de variétés d'oiseaux : environ 400

Le parc national de Keoladeo (autrefois la réserve d'oiseaux de Bharatpur) est l'une des plus importantes zones de reproduction d'oiseaux migrateurs existant au monde. Bien qu'il soit petit, ses lacs peu profonds et ses terres boisées accueillent un grand nombre d'oiseaux, dont beaucoup viennent d'aussi loin que de Sibérie et de Chine. Modifiée au XIXe siècle par le Maharadjah de Bharatpur, la région marécageuse fut ensuite un lieu réputé pour chasser le canard (il était possible d'en abattre 4 000 en une journée). En 1981, elle devint un parc national, puis fut inscrite en 1985 sur la liste du Patrimoine mondial. Elle attire un gibier d'eau abondant, notamment des canards, des oies, des hérons, des cigognes, des aigrettes, des pélicans, des grues et des ibis. L'arrivée des grues de Sibérie, espèce menacée d'extinction, constitue une grande attraction bien que seuls un ou deux couples aient été aperçus ces dernières années. Elle abrite également 30 espèces d'oiseaux de proie et des mammifères comme le nilgaut, le sambar, le cerfaxis et le sanglier sauvage. RC

À DROITE : *Les grues de Sibérie, en voie de disparition, dans les marais de Keoladeo.*

LE GLACIER DE SIACHEN

CACHEMIRE, INDE

Longueur du glacier de Siachen : 72 km
Largeur du glacier de Siachen : 2 km
Superficie du glacier de Siachen : 2 000 km²

Doté d'une longueur d'environ 72 kilomètres et d'une largeur de 2 kilomètres, le glacier de Siachen est le plus long du monde si l'on excepte ceux des régions polaires. Il est situé dans les montagnes du Karakoram qui se dressent au nord, près de la frontière entre l'Inde et le Tibet. Les eaux glacées résultant de sa fonte alimentent les fleuves Mutzgah et Shaksgam, qui coulent parallèlement à la chaîne de montagnes avant d'entrer au Tibet.

Il englobe d'autres glaciers immenses qui se trouvent autour, comme le Shelkar, le Chortenet, le Mamostang, se transformant en un gigantesque complexe glaciaire. Des séracs apparaissent aux points de jonction. Les bords du Siachen sont émaillés de rocs et de grosses pierres et ceinturent une vaste étendue de glace. Les flancs sont raides, causant de fréquentes avalanches. Le Rimo qui regroupe trois glaciers, celui du Nord, du Centre et du Sud, se trouve à l'est. Tous culminent entre 6 000 et 7 000 mètres au-dessus du niveau de la mer. Avec ceux du Siachen, ils occupent une superficie d'environ 2 000 km². Il est possible d'accéder au glacier de Siachen en partant de Skardu, au nord du Pakistan ou du Ladakh, au nord de l'Inde. MB

LE PARC NATIONAL DE RANTHAMBOR

RAJASTHAN, INDE

Superficie du parc national de Ranthambor : 392 km²
Quantité d'espèces d'oiseaux recensés : 272

Le parc national de Ranthambor est l'un des rares lieux au monde où des tigres en liberté peuvent être observés de près. Situé à la jonction des monts Aravalli et du plateau de Vindhya, à l'est du Rajasthan, le Ranthambor était autrefois la réserve de chasse des maharadjahs. À l'intérieur, des forêts denses et luxuriantes alternent avec un paysage de brousse. Le parc est entouré d'escarpements abrupts et de massifs rocheux. Il abrite une multitude de grands mammifères, notamment des sambars, des cerfs axis, des nilgauts, des léopards et des ours, ainsi qu'une grande variété d'oiseaux. Pour contempler les animaux, surtout les cerfs, il est préférable de s'approcher des lacs et des étangs. Le Ranthambor est devenu une réserve naturelle dans les années 1950. Depuis les années 1970, il participe à un projet destiné à préserver le tigre d'Asie, appelé « Project Tiger ». Il a acquis le statut de parc national en 1981. RC

CI-DESSOUS : *Les lacs de Ranthambor sont l'endroit idéal pour apercevoir les animaux.*

LA VALLÉE DES FLEURS

GARWHAL-UTTARANCHAL, INDE

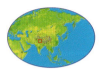

Superficie de la vallée : 87,5 km²
Altitude : 3 500 à 6 500 m au-dessus du niveau de la mer
Fondation du parc national : 1982

Cette vallée alpine ceinturée de pics enneigés, qui en été se transforme en tapis de fleurs et d'herbes de couleur vive, est le plus petit parc national de l'Himalaya. C'est un vrai paradis pour les botanistes. Dans les années 1930, elle fut explorée par Franck Smythe qui la baptisa la *Vallée des fleurs* et la rendit célèbre dans un livre du même nom. Bassin hydrographique du fleuve Pushpawati, elle bénéficie d'un microclimat unique. Elle est en effet bordée au nord par des falaises abruptes et au sud par des parois rocheuses moins escarpées, qui la protègent partiellement des froids vents du nord et de la mousson. Les rhododendrons, les sorbiers des oiseleurs et les bouleaux, abondent sur les pentes orientées au nord, tandis que des prairies alpines fleuries recouvrent celles situées au sud. Le Brahmal Kamal ou le « Lotus des dieux », une plante rare, prospère sur les versants les plus hauts. La vallée, qui se trouve à proximité du village de Ghangaria, n'est accessible qu'en été durant la journée, entre juin et octobre. **RC**

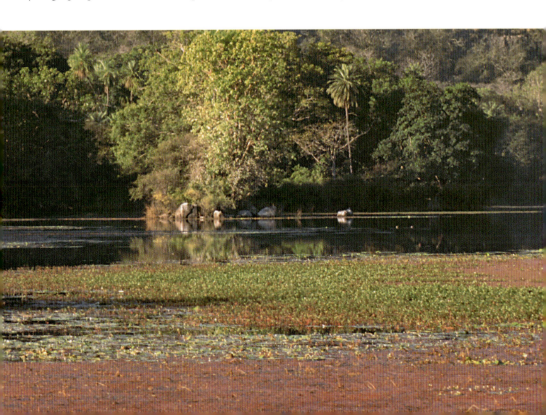

LE PARC NATIONAL DE NANDA DEVI

UTTARANCHAL, INDE

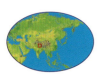

Altitude de Nanda Devi : 7 816 m

Superficie du parc national de Nanda Devi : 630 km²

Constituant l'une des contrées sauvages et inhabitées les plus spectaculaires de l'Himalaya, le parc national de Nanda Devi est dominé par le Nanda Devi, le second pic le plus haut de la célèbre chaîne de montagnes. Il s'agit d'une vaste cuvette glaciale encerclée de montagnes et drainée par le Rishi Ganga. En 1883, W. W. Graham essaya pour la première fois d'y pénétrer, mais c'est seulement en 1934 que les alpinistes Eric Shipton et Bill Tilman y parvinrent. En 1936, Tilman et Odell effectuèrent la première ascension réussie du Nanda Devi. La région est restée en grande partie isolée jusque dans les années 1950, date à laquelle des expéditions furent organisées. En 1983, le gouvernement indien a interdit son accès afin de protéger l'écologie fragile du parc.

La couverture forestière composée en majeure partie de sapins, de rhododendrons, de bouleaux et de genévriers est limitée à la gorge de Rishi. La végétation à l'intérieur de la réserve va des prairies broussailleuses et alpines aux glaciers presque dépourvus de plantes. Le parc est renommé pour abriter des mammifères rares comme le léopard des neiges, l'ours de l'Himalaya, le cerf musqué de l'Himalaya et le bharal. La cuvette se distingue par son microclimat unique, généralement sec, malgré les fortes pluies de la mousson. **RC**

LE GLACIER DE MILAM

UTTAR PRADESH, INDE

Longueur du glacier de Milam : 16 km

Superficie du glacier de Milam : 37 km²

Altitude au sommet du glacier : 3 782 m

Le Milam est l'un des glaciers les plus étendus et les plus célèbres de la région de Kumaun. Il borde le côté est de la réserve de Nanda Devi et occupe le versant sud de la principale montagne de l'Himalaya. La pente de Kohli et les sommets de Trishul constituent son point de départ. Le glacier est alimenté par la neige des montagnes situées à proximité. Le fleuve Goriganga, l'une des principales voies navigables des montagnes Kumau dans le haut Himalaya, y prend sa source.

Les randonnées sont généralement effectuées à partir du village de Munsyari. L'itinéraire suit la gorge du fleuve Goriganga, depuis les plaines boisées jusqu'aux prairies alpines. Le glacier se trouve à environ 5 kilomètres au-dessus de Milam, l'un des plus grands villages de Kumaun. Il faut parcourir 58 kilomètres à pied pour aller de Munsyari jusqu'au point le plus haut du glacier qui culmine à 3 782 mètres et figure sur le trajet de nombreuses promenades et escalades. Il est préférable d'entreprendre cette randonnée (qui dure 8 à 10 jours) entre la mi-avril et le mois de juin, avant la mousson, ou du mois de septembre au début du mois de novembre après les pluies. **RC**

LES ROCHERS DE MARBRE

MADHYA PRADESH, INDE

Longueur de la gorge : 2 km
Hauteur des falaises : 30 m

Le fleuve Narmada traverse une gorge impressionnante, encadrée de falaises vertigineuses d'un blanc éclatant à Bhedaghat, à 22 kilomètres à l'ouest de Jabalpur. Non loin, le fleuve se rétrécit, avant de donner naissance aux puissantes chutes de Dhuandhar, aussi appelées « Cascade de fumée ». Les rochers calcaires blancs et perpendiculaires, dotés de couches volcaniques plus sombres vertes et noires, s'élèvent au-dessus des eaux calmes et cristallines du fleuve. Dans son livre *Highlands of Central India* (Montagnes du centre de l'Inde), le capitaine James Forsyth a décrit les rochers de marbre en ces termes : « Notre regard ne se lasse jamais de l'effet produit par la lumière du soleil diffractée et réfléchie par les falaises d'une blancheur neigeuse, se détachant sur le bleu vif du ciel comme une lame argentée.

« Elle fait briller çà et là les sommets du milieu, avant de se perdre dans les renfoncements d'un gris léger et bleuâtre. » Parmi les formations rocheuses intéressantes figurent le Pied de l'Éléphant et la saillie rocheuse surnommée le Saut du Tigre. RC

LE ROCHER KYLLANG ET LE ROCHER SYMPER

MEGHALAYA, INDE

Hauteur du rocher Kyllang : 220 m
Largeur du rocher Kyllang : 300 m
Altitude du rocher Kyllang : 1 645 m

Le rocher Kyllang est un imposant dôme de granit rouge, qui se dresse au milieu des collines vallonnées et verdoyantes, près du village de Mawni, dans le Khadsawphra. Durant les mois d'hiver, son sommet offre une vue impressionnante, surtout au nord, près de l'Himalaya. Il peut être escaladé seulement par ses versants nord et est, car son flanc sud presque à pic est inabordable. Sir Joseph Hooker (1817-1911) a dit à propos de ce dernier qu'il était « encombré d'énormes saillies rocheuses se détachant de la paroi », à la différence du versant nord recouvert de forêts denses de rhododendrons et de chênes.

Le rocher Symper est un dôme rocheux au sommet presque plat, en forme de pain de sucre, qui surgit brusquement, près de Mawsynram. D'en haut, il est possible d'admirer les collines voisines, ainsi que les plaines et les fleuves du Bengladesh. Selon une légende, les dieux U Kyllang et U Symper (qui habitaient les rochers) se seraient livré une bataille, dont U Kyllang sortit victorieux. C'est pourquoi il se dresse fièrement alors qu'U Symper, vaincu, fait preuve de plus d'humilité. Les trous qui ponctuent la base de ce dernier seraient des traces de la bataille. RC

LA RÉSERVE NATURELLE ET LE PARC NATIONAL DE GIR

GURARAT, INDE

Superficie du parc national de Gir : 1 412 km²
Oiseaux : plus de 200 espèces

Fondée en 1965 afin de préserver le lion d'Asie, la réserve forestière devint en 1974 le parc national de Gir. C'est le seul endroit au monde où des lions d'Asie se promènent en liberté. Légèrement plus petits que les lions d'Afrique et arborant des crinières moins importantes, ces derniers sont arrivés autrefois au centre de l'Inde depuis la Grèce. Cependant en 1910, il en restait probablement moins de trente en liberté. Actuellement, ils sont environ trois cents dans le parc qui abrite également plus de léopards que tous les autres parcs du pays. Il est possible de les contempler la nuit, près des pavillons des gardiens. Le parc et la réserve accueillent aussi des tétracères, des daims, des sangliers sauvages, des chacals, des hyènes et des crocodiles des marais.

La forêt au terrain accidenté et vallonné est constituée d'arbres à feuilles caduques (principalement des tecks). Pour voir les animaux sauvages, mieux vaut sillonner le parc à bord de voitures, de préférence à l'aube ou au crépuscule lorsque les lions sortent. RC

À DROITE : *D'imposantes cascades descendent des hauts plateaux du Meghalaya.*

LES CASCADES DE MEGHALAYA

MEGHALAYA, INDE

Pluviométrie annuelle moyenne (Cherrapunji) : 11 506 mm
Pluviométrie annuelle moyenne (Mawsynram) : 11 872 mm

L'État de Meghalaya est caractérisé par un climat si pluvieux que la présence d'un grand nombre de cascades n'a rien d'inattendu. Il abrite en effet deux des endroits les plus arrosés de la terre : Cherrapunji (aussi appelé Sohra) et Mawsynram. Près de Cherrapunji, la cascade de Nohkalikai descend le long d'un précipice rocheux pour aboutir dans une gorge profonde. Non loin se trouvent les chutes d'eau de Nohsngithian et de Kshaid Dain Thlen, où le monstre mythique de la légende de Khasi, le Thlen, fut tué. Les traces figurant sur les rochers seraient les marques laissées par la hache à l'endroit où il fut abattu. Les chutes d'eau Crinoline sont situées dans la ville de Shillong, qui jouxte le parc de Lady Hydari. Les formidables chutes de l'Éléphant constituées de deux gradins sont, elles, à 12 kilomètres de Shillong. Non loin de la route de Tura-Chockpot dans le district de West Garo Hills, il est possible de contempler la magnifique chute d'eau d'Imilchang Dare. Le torrent s'écoule à travers une fissure profonde et étroite, puis s'élargit soudainement, formant une cascade au-dessus d'un abîme. Le grand bassin profond dans lequel il tombe est un lieu de pique-nique et de baignade très apprécié. RC

LA CASCADE D'ORISSA

ORISSA, INDE

Hauteur de la cascade de Khandadhar : 244 m
Hauteur de la cascade de Sanaghagra : 30 m

D'une hauteur de 244 mètres, la cascade de Khandadhar, la plus réputée d'Orissa, se trouve au cœur d'une région de forêts dans le district de Sundargarh, à 60 kilomètres de Keonhjar. L'eau de la Korapani Nala, une petite rivière qui ne s'assèche jamais, l'alimente. La cascade aurait été baptisée Khandadhar en raison de sa forme rappelant celle d'une épée (« Khanda »). Elle coule à 19 kilomètres de Bonaigarh, au sud-est de cette localité. La route qui y mène est uniquement praticable pendant les beaux jours, mais à l'arrivée, il faut encore parcourir 1,6 kilomètre à pied. Il existe une autre cascade, celle de Badaghagra d'une hauteur de 61 mètres, à environ 10 kilomètres de Keonhjhar. Non loin de là, la cascade de Sanaghagra d'une longueur de 30 mètres constitue également un site touristique très prisé. La spectaculaire cascade de Barehipani est l'une des plus longues d'Inde, puisque l'eau s'écoule d'un point situé à 399 mètres de haut le long d'une large falaise composée de deux gradins. Elle fait partie du parc national de Simlipal, tout comme la cascade de Joranda de 150 mètres de haut. Le parc, importante réserve de tigres d'Orissa, est ouvert de novembre à juin. RC

LE CRATÈRE ET LE LAC DE LONAR

MAHARASHTRA, INDE

Diamètre du cratère de Lonar : 1 830 m
Diamètre du lac de Lonar : 1 600 m
Diamètre du petit Lonar (lac d'Amber) : 340 m

Il y a environ 50 000 ans, une météorite s'est écrasée sur le sol, près de Lonar, dans le district de Buldhana, formant le troisième plus grand cratère du monde. Ce dernier est aussi le plus ancien causé par la chute d'une météorite et le seul constitué de roche basaltique (rappelant ceux présents sur la Lune). Il contient un lac peu profond bleu vert, qui est très salé et très alcalin. Un cours d'eau douce l'alimente tout au long de l'année, mais personne ne sait où il prend sa source. Aucune embouchure n'est apparente. Le lac est divisé en deux parties dont les eaux ne se mélangent jamais, l'une étant alcaline, l'autre non. La forêt d'arbres à feuilles caduques qui recouvre le cratère abrite une grande variété d'animaux, dont des centaines de paons et de langurs. Il est aussi possible de voir des varans des savanes et des geckos, ainsi que des oiseaux aquatiques (notamment des flamants en hiver). Il est préférable de visiter le site en hiver quand il ne fait pas trop chaud. Un autre cratère plus petit, jouxtant le plus grand et appelé pour cette raison, le Petit Lonar, contient le lac d'Amber. Il serait dû à l'impact d'un morceau de la météorite qui se serait détaché avant que celle-ci ne s'écrase sur le sol. RC

PACHMARHI

MADHYA PRADESH, INDE

Superficie de Pachmarhi : 59 km²
Altitude de Pachmarhi : 1 067 m
Hauteur de Rajat Prapat : 50 m

Pachmarhi est une station de montagne idyllique de Madhya Pradesh, située dans la chaîne de Satpura. Ce « joyau de montagnes verdoyantes » se signale par ses montagnes aux cimes déchiquetées, ses forêts de santal, ses cascades, ses étangs et ses ravins. Le capitaine Forsyth, un lancier du Bengale, le découvrit en 1857. Le Priyadarshini Point (à l'origine le Forsyth Point) est le point à partir duquel Forsyth regarda pour la première fois le Pachmarhi, ainsi qu'un site d'observation très fréquenté. Il permet de jouir de vues magnifiques sur la région, notamment sur le Handi Khoh, le ravin le plus impressionnant de Pachmarhi, où Shiva aurait emprisonné un serpent. Ce ravin fait 100 mètres de profondeur et se distingue par ses parois abruptes, dont les surplombs dissimulent d'énormes ruches.

Le lieu comporte également des cascades éblouissantes, la Rajat Prapat étant la plus accessible. La source de cette dernière alimente également en eau potable la ville de Pachmarhi. Cependant, le plus belle cascade du plateau est celle appelée Jalawataran qui donne naissance à trois autres cascades. Pachmarhi est situé à mi-chemin entre Bhopal et Jabalpur. RC

LE LAC DE CHILIKA

ORISSA, INDE

Superficie du lac de Chilika (pendant la mousson) : 1 165 km²
Superficie du lac de Chilika (en été) : 906 km²
Profondeur du lac de Chilika : moins de 50 cm ou jusqu'à 3,7 m

Le lac de Chilika (situé le long de la côte est de Inde, au sud-ouest de Puri) est la plus grande lagune d'eau saumâtre d'Asie et le lieu du sous-continent indien où le plus grand nombre d'oiseaux aquatiques viennent hiverner. Plus de 150 000 personnes vivent grâce aux pêcheries du lac. En forme de poire, la lagune peu profonde est reliée à la baie du golfe du Bengale, au nord-est, par un canal qui s'étend parallèlement à la mer et est séparé de celle-ci par une étroite bande de sable.

La lagune comprend quelques îles (dont l'île Honeymoon, l'île Breakfast, l'île Nalabana, l'île Kalijai et l'île aux oiseaux) ainsi qu'une vaste zone marécageuse. Elle se distingue par la diversité de sa faune et a reçu en 1981 le nom de site Ramsar (Zone humide d'importance internationale). L'île Nalabana a, elle, été déclarée réserve ornithologique. Une étude effectuée de 1985 à 1987 a recensé plus de 800 espèces animales, dont beaucoup d'oiseaux menacés d'extinction. Le pyrargue à ventre blanc, l'oie cendrée, les flamants de couleur pêche, la talève sultane et le jacana sont quelques exemples de ceux qui fréquentent les rives du lac. Plus d'un million d'oiseaux migrateurs viennent hiverner au bord de ce dernier. RC

LES GROTTES DE BELUM

ANDHRA PRADESH, INDE

Longueur des grottes : 3 225 m
Profondeur des grottes : 10 à 29 m

Les grottes de Belum occupent la seconde place parmi les grottes les plus vastes du sous-continent indien (après celles de Meghalaya) et constituent la plus longue galerie souterraine des plaines indiennes. Elles se trouvent sur un terrain agricole plat au sol calcaire, dans le district de Kurnool. Un trou en forme de puits entouré de deux autres trous similaires permet d'y accéder. Il descend jusqu'au principal couloir, situé à environ 20 mètres de profondeur. Les grottes s'étirent sur une longueur de 3 225 mètres, à une profondeur comprise entre 10 et 29 mètres. Elles sont dotées de grandes cavités, de couloirs, de niches, de galeries remplies d'eau douce et de siphons. Il y a même une grotte musicale, la Saptasvarala Guha, dans laquelle les stalactites produisent des sons de différents tons lorsqu'on les touche.

En 1884, Robert Bruce Foote indiqua l'existence des grottes qui furent explorées par Daniel Gebauer en 1982 et 1983. L'on pense que les Jaïns et les bouddhistes y auraient vécu il y a des siècles. Des vestiges de récipients datant de 4 500 av. J.-C. ont en effet été mis au jour. Les grottes de Belum sont situées à Kolimigundla Mandal. Des allées et des conduits d'aération ont été installés pour permettre aux touristes de les visiter. **RC**

LES GHATS OCCIDENTAUX

MAHARASHTRA-KARNATAKA, INDE

Superficie des Ghats occidentaux : 160 000 km²
Habitat : forêt d'arbres à feuilles persistantes poussant en plaine, forêt humide, forêt d'arbres à feuilles caduques, brousse

Les Ghats sont une chaîne de montagnes côtières de 1 600 kilomètres de long située à l'extrémité la plus à l'ouest de l'Inde. Quatorze de ses sommets culminent à plus de 2 000 mètres. Les pentes orientées à l'ouest reçoivent 300 centimètres d'eau par an alors que celles, abritées, orientées à l'est seulement 30. Cela explique l'existence de onze habitats différents et par conséquent d'un grand nombre d'animaux et de plantes propres à ces montagnes. Sur les 4 000 espèces de plantes recensées, 35 % sont spécifiques, notamment 76 espèces d'Impatiens, 308 des 490 espèces d'arbres de grande taille et près de la moitié des espèces d'orchidées. Près de la moitié des mammifères propres à l'Inde se trouvent dans cette contrée, qui ne constitue pourtant que 5 % du territoire total du pays.

Parmi les principales espèces figurent le macaque ouandérou, le tahr du Nilgiri, le langur, la martre, l'écureuil volant du Travanacore, l'arrenga Malabar, la perruche ondulée, le pigeon, le calao, le garrulaxe du Nilgiri. La région est protégée par une loi, de 1980, interdisant l'abattage du bois. **AB**

À DROITE : *Shola du Pambadam, dans les Ghats occidentaux.*

LA VOÛTE DE SILA THORANAM

ANDHRA PRADESH, INDE

Longueur de la voûte : 7,5 m
Hauteur de la voûte : 3 m
Âge de la voûte :
1 500 millions d'années

Située sur la montagne sacrée de Tirumala, au sud-est d'Andhra Pradesh, Sila Thoranam est une formation rocheuse extraordinaire.

Cette voûte naturelle est la seule de ce type en Asie et constitue un phénomène géologique rare, similaire à la Rainbow Arch découverte dans le sud de l'Utah, aux États-Unis. Elle daterait de 1 500 millions d'années et aurait été modelée par l'érosion du vent et les diverses intempéries.

Ce serait l'endroit où Venkateswara, un des avatars de Vishnou, serait descendu sur terre. Derrière la voûte, la roche présente des empreintes semblables à celles d'un pied et d'une roue. C'est Vishnou qui aurait laissé la première.

La voûte de Sila Thoranam se trouve à environ 1 kilomètre au nord du temple de Venkateshwara, l'un des plus importants centres de pèlerinage d'Inde. Ce dernier accueillerait, paraît-il, plus de pèlerins que Jérusalem, La Mecque et Rome. Le ville voisine de Tirupati s'étend au pied de la montagne de Tirumala. Elle est facilement accessible par avion, par route ou par train. RC

LES CASCADES DE KARNATAKA

KARNATAKA, INDE

Hauteur de la cascade de Hebbe : 75 m
Hauteur de la cascade d'Unchali : 116 m
Hauteur de la cascade de Magod : 200 m

Le paysage très varié de l'État de Karnataka comporte de nombreuses cascades, entre autres la plus grande du pays (celle de Jog). La cascade de Shivasamudra, alimentée par le fleuve Caudery (près de Mandya), dégringole de 106 mètres dans une gorge rocheuse, se démultipliant et formant les deux cascades jumelles de Barachukki et Gaganachukki. Celle de Hebbe (75 m) est entourée de plantations de café et se trouve à côté de la station de Kemmannagundi. Ses eaux se déversent en deux fois, donnant naissance à Dodda Hebbe (la grande cascade) et à Chikka Hebbe (la petite cascade). Les chutes d'Unchalli ou de Lushington (116 m) sont situées le long du fleuve Aghanashini près d'Heggarine, dans le district d'Uttara Kannada. C'est J. D. Lushington, percepteur d'impôts sous le gouvernement britannique, qui les découvrit. La cascade de Godak apparaît à l'endroit où la rivière Ghataprabha effectue un plongeon de 52 mètres au-dessus d'une falaise calcaire dans la gorge de la vallée de Godak. La cascade Magod se trouve à 80 kilomètres de Karwar. La rivière Bedthi à cet endroit descend de 75 mètres avant de tomber de 150 mètres dans un ravin. Les cascades de Kanataka sont impressionnantes pendant la mousson quand les fleuves et rivières sont en crue. RC

LES CHUTES D'EAU DE JOG

KARNATAKA, INDE

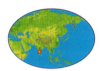

Hauteur de Raja : 253 m
Largeur moyenne des chutes d'eau de Jog : 472 m
Profondeur du bassin situé sous la cascade : 40 m

Les chutes d'eau de Jog le long de la rivière Sharavati sont les plus importantes d'Inde. Elles donnent naissance à quatre cascades séparées, la Raja, la Rani, la Roarer et la Rocket. La plus longue est la Raja, qui tombe d'une hauteur de 253 mètres dans un bassin de 40 mètres de profondeur. La Roarer (la Rugissante) la jouxte, tandis que la Rocket (la Fusée) est située un peu plus loin au sud. Cette dernière porte bien son nom puisqu'elle fait jaillir des gerbes d'eau. En revanche, la cascade de Rani s'écoule gracieusement au-dessus de la paroi rocheuse. Le réservoir d'Hirebhasgar contrôle à présent le débit de la rivière Sharavati afin d'alimenter une centrale hydroélectrique. C'est pourquoi l'eau des cascades ne se déverse pas du tout de la même façon en fonction de la saison.

Quand il ne pleut pas, il est possible de marcher au pied des chutes d'eau et de se baigner dans les bassins, tandis que lorsqu'il fait humide, les cascades sont entourées de brume. Mieux vaut les visiter après les pluies de la mousson (de novembre à janvier), quand elles sont terrifiantes. RC

LA CASCADE HOGENAKKAL

TAMIL NADU, INDE

Hauteur de la cascade Hogenakkal : 20 m
Meilleur moment pour la voir : de juillet à août

Hogenakkal est une magnifique cascade située dans l'État de Tamil Nadu, le long de la rivière Cauvery. Elle descend d'un plateau pour arroser les plaines. La rivière coule à travers une vallée boisée, se scindant puis convergeant autour d'îles recouvertes de forêts peu élevées et d'affleurements rocheux avant d'effectuer une chute verticale de 20 mètres pour se déverser sur les rochers se trouvant en dessous. À cet endroit, elle se déchaîne soudain, faisant jaillir tant d'écume qu'elle a reçu le nom Hogenakkal, signifiant la « rivière fumante » dans le langage du Kannada. Elle est particulièrement impressionnante après les pluies de la mousson, en juillet et en août.

À Hogenakkal, les visiteurs traversent la rivière dans des coracles, petites embarcations en osier dont l'ossature est recouverte d'une peau de buffle ou de plastique. Un voyage au pied de la cascade à bord de ces canots à l'allure peu solide constitue une expérience exaltante. Un spa se trouve au bord de la rivière. Il est donc possible pour se détendre après la traversée de se faire masser sur des rochers plats avant de se baigner dans des cabines de bain sous la cascade. Pour accéder à cette dernière, il faut aller près de Dharampuri, à la frontière entre Tamil Nadu et Karnataka, à environ 130 kilomètres de Bangalore. RC

LE PARC NATIONAL DE KUDREMUKH

KARNATAKA, INDE

Superficie du parc national de Kudremukh : 600 km²
Altitude moyenne : 1 000 m
Altitude du pic le plus haut de Kudremukh : 1 894 m

Situé au cœur de la chaîne montagneuse des Ghats occidentaux, le parc national de Kudremukh est composé de montagnes et de forêts luxuriantes parsemées de rivières, de cascades et de grottes. Les montagnes Kudremukh, c'est-à-dire « Face de cheval » surplombent la mer d'Arabie. Elles doivent leur nom à la forme inhabituelle du pic le plus élevé. Le climat humide et les sols gorgés d'eau entraînent l'apparition de milliers de ruisseaux qui convergent pour former les 3 rivières les plus importantes de la région : la Tunga, la Bhadra et la Nethravati. Le parc national de Kudremukh comprend l'une des plus vastes étendues de forêts d'arbres à feuilles persistantes de type tropical, émaillées de prairies et de forêts d'altitude. Les conservateurs ont récemment gagné une campagne contre l'exploitation d'une mine de fer dans le parc. Parmi les animaux les plus intéressants présents dans le parc, citons le macaque orandéou en voie de disparition, les tigres, les léopards, les ours, les écureuils géants, les daims, les porcs-épics, les mangoustes, les serpents, les tortues, et environ 195 espèces d'oiseaux. Le parc se trouve dans les districts de Dakshina Kannada, d'Udupi et de Chikmagalur, à environ 130 kilomètres de l'aéroport le plus proche et de la route de Mangalore. RA

CI-DESSOUS : *Pêcheurs profitant des rivières riches en poissons.*

LES CASCADES D'ATHIRAPALLY ET DE VAZHACHAL

KERALA, INDE

Hauteur de la cascade d'Athirapally :
25 m

Hauteur de la cascade de Vazhachal :
30 m

Kerala compte un grand nombre de cascades, en particulier dans les forêts de la région des Ghâts occidentaux, mais celles d'Athirapally et de Vazhachal sont les plus célèbres. La première située à l'est de Chalakudy, dans le district de Trichur, se déverse au milieu de la forêt de Sholayar qui jouxte les forêts tropicales de Kerala. À cet endroit, le Chalakudy (fleuve de Kerala qui coule à la plus haute altitude) effectue un plongeon de 25 mètres au milieu d'une gorge pittoresque que dominent les arbres des forêts. La cascade se trouve à 78 kilomètres de Kochi (Cochin). Elle est séparée de 5 kilomètres seulement de la superbe cascade de Vazhachal alimentée, elle aussi, par les eaux du Chalakudy.

Les forêts d'arbres à feuilles persistantes ou semi-persistantes qui longent la rivière abritent une faune très diverse dont des espèces, uniques au monde, en voie de disparition. Il faut parcourir 90 kilomètres en partant de Kochi (Cochin) pour contempler la cascade de Vazhachal. Les habitants de la région s'opposent à la construction d'une centrale hydroélectrique sur le fleuve qui entraînerait l'édification d'un barrage, la déforestation des rives et aurait un effet sur le débit des deux cascades. RC

SRI LANKA

DIGIRIYA

CENTRE, SRI LANKA

Hauteur de Sigiriya : 200 m
Altitude de Sigiriya : 370 m
Déclarée site du patrimoine mondial : 1982

Un bloc de granit appelé Sigiriya surplombe les jungles du centre du Sri Lanka tel une forteresse aux murs verticaux. Il est souvent qualifié de huitième merveille du monde. Dominant le paysage par ailleurs plat, ce massif rocheux de couleur fauve, veiné de noir, se détache au-dessus de la forêt dense, constituant au milieu des plaines qui caractérisent le pays un point de repère visible à des centaines de kilomètres. En raison de sa position exceptionnelle, il abrita une demeure royale tentaculaire. En effet, à la fin du Ve siècle, un roi paranoïaque qui avait détrôné son père, le faisant brûler vif, mais n'avait pas réussi à assassiner son frère, avait fait construire un château dans le monolithe afin de s'y réfugier et de repousser les attaques vengeresses de sa famille. Sans doute pour renforcer son autorité, il donna à la base du rocher la forme d'un lion afin que les visiteurs aient l'impression de pénétrer dans la gueule ouverte du roi des animaux. Les ruines de l'ancienne cité royale comprennent un réseau d'escaliers étroits et de vastes galeries ainsi que des peintures murales datant de plus d'un millier d'années. **DBB**

À DROITE : *L'éperon rocheux du Sigiriya domine la forêt.*

LA CASCADE DE DIYALUMA

CENTRE, SRI LANKA

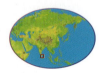

Hauteur de la cascade de Diyaluma : 220 m
Saison des pluies : octobre à mars

Le fleuve Punagala Oya serpente au milieu des montagnes du centre du Sri Lanka, le long des forêts de conifères et de pins ponctuées de rochers vieux d'un siècle. À l'endroit où se dresse une falaise spectaculaire, appelée le roc de Mahakanda, la terre disparaît brusquement, et l'eau se déverse, à l'instar d'une pluie fine et blanche, formant la cascade de Diyaluma. Bien que par sa longueur, celle-ci n'occupe que le second rang parmi les 100 cascades du pays, elle est la plus célèbre.

Sa renommée est sans doute due à son aspect paisible et attrayant. Nommée fort à propos « Eau lumineuse », la Diyaluma descend de 30 mètres le long d'une paroi rocheuse noire comme du charbon, faisant jaillir des gouttelettes. Celles-ci semblent se séparer et rester suspendues en l'air à la façon de flocons de neige, offrant un contraste saisissant avec la falaise sombre.

Selon une légende, un prince aurait escaladé cette dernière avec une jeune paysanne dont il se serait épris pour fuir la foule en colère. Mais sa bien-aimée aurait glissé et serait morte sous ses yeux. Les dieux auraient alors recueilli les larmes versées par le prince, qui jusqu'à ce jour coulent de la falaise. **DBB**

LA CASCADE DE BAMBARAKANDA

SRI LANKA

Hauteur de la cascade de Bambarakanda : 263 m
Saison des pluies : octobre à mars

Le spectacle de la cascade de Bambarakanda, dans la partie centrale du sud du Sri Lanka, vaut le détour. Par moments, l'eau se déverse en un jet ininterrompu le long d'une falaise verticale de 800 mètres de haut ou se transforme en un fin rideau qui oscille d'un côté, puis de l'autre, à la façon d'une danseuse.

Cette cascade, la plus grande du Sri Lanka, se métamorphose de façon spectaculaire au fil des saisons, sans pourtant rien perdre de son charme, que le climat soit très pluvieux ou au contraire très sec. Entre ces deux extrêmes, elle est le théâtre de superbes arcs-en-ciel car lorsque son débit diminue, elle coule beaucoup plus près de la paroi rocheuse et finit par s'écraser contre un affleurement situé à mi-chemin, faisant jaillir un épais nuage de gouttelettes.

Si la cascade se modifie graduellement au cours des saisons, le milieu qui l'entoure enregistre, lui, de brusques variations. Commençant sa descente au milieu d'un tapis hérissé de pins, l'eau se jette au bout de son parcours dans un bassin large et étroit à la fois encerclé par des plantains sauvages à larges feuilles, des palmiers et d'autres plantes tropicales. **DBB**

LES GROTTES VAVULPANE

UVA, SRI LANKA

Altitude des grottes Vavulpane : 278 m
Longueur de la grotte Halwini Oya : 457 m
Caractéristique : présence d'environ 250 000 chauves-souris

Les grottes Vavulpane se trouvent sur les pentes est de la chaîne de montagnes de Bulutota, dans le district de Ratnapura contenant d'importants gisements de pierres précieuses. Elles sont au nombre de douze. La première et la plus grande, Halwini Oya, a une longueur de 457 mètres et possède un plafond bombé d'où pendent des stalactites blanches, crème, roses et jaunes faisant face à des stalagmites. Une source naturelle d'eau dure dont le débit est de 26 litres par seconde traverse les grottes. Sa concentration en carbonate de calcium serait l'une des plus élevées de l'île. Elle contient également de l'oxyde de fer, d'où la coloration rouille des parois des grottes qui, selon les habitants de la région, aurait des vertus médicinales.

Le nom de Vavulpane signifie « la grotte des chauves-souris ». Ces dernières sont en effet près de 250 000. Six espèces différentes ont été dénombrées. Les blattes se nourrissent de leurs fientes. Des poissons semblables à des anguilles nagent dans le cours d'eau, et des serpents apparaissent de temps à autre. Non loin de là, s'étend une forêt préhistorique comportant plus de 4 000 fougères géantes, l'une des plus grandes du genre. **MB**

SRI PADA

SABARAGAMUNA, SRI LANKA

Nom anglais : Adam's Peak
Superficie de la réserve naturelle du pic : 22 380 ha

Avec sa forme de larme géante, Sri Pada ne ressemble à aucun autre pic du monde. Situé au cœur des forêts du sud du Sri Lanka, son sommet présente un creux rappelant l'empreinte d'un pied géant. Les religions du pays attribuent à cette dernière une signification spirituelle. Certains chrétiens et musulmans disent que la montagne, aussi appelée pic d'Adam, serait le premier lieu foulé par Adam. Pour les Hindous, ce serait Shiva qui aurait laissé cette empreinte alors que pour les bouddhistes il s'agit de celle de Siddharta lors de sa troisième visite dans le pays. Quoi qu'il en soit, on a coulé du béton dans la dépression pour éviter qu'elle ne se détériore.

Depuis 1940, Sri Pada est un site naturel protégé, tant pour sa portée spirituelle que pour son rôle écologique. Une forêt de montagne humide, des plaines tropicales et des prairies convergent à cet endroit, donnant naissance à trois des plus importants fleuves du pays. La réserve abrite une vingtaine d'espèces d'oiseaux endémiques, des léopards, des éléphants, des grenouilles rares et des insectes ; elle attire des centaines de milliers de croyants qui, chaque année, partent de Dalhousie pour aller prier et méditer sur le sommet. **DBB**

LE LAC BOLGODA

COLOMBO / KALUTARA, SRI LANKA

Superficie : 374 km²
Zones humides : 140 ha
Principales menaces : accumulation de sciure, infiltrations d'engrais, et espèces envahissantes

Serré entre les bassins fluviaux de Kalu et Kelaniya, et l'océan Indien, le lac Bolgoda, au sud-ouest du Sri Lanka, est un endroit où l'eau de mer et l'eau douce se mélangent et où diverses espèces animales se croisent. Au nord et au sud, ses anses en forme d'haltère sont reliées par un canal étroit. La partie sud du lac est quant à elle rattachée à la mer par une petite voie navigable. L'eau du lac est donc salée au sud et douce au nord. Assez vastes pour réunir huit îles, les rives sud du Bolgoda, sont presque intactes, tandis que celles du nord sont émaillées d'élégants hôtels et de restaurants. La région du lac regroupe des zones humides limitrophes, aujourd'hui reconnues comme étant les plus importantes d'Asie, et sont fréquentées par un grand nombre d'animaux en voie de disparition, notamment des pythons de l'Inde, des crocodiles des marais et des tantales indiens. Cependant, les rives sont également jalonnées de scieries et d'autres usines, dont les déchets nuisent à l'écosystème. Le destin de Bolgoda est entre les mains d'une organisation locale chargée de l'environnement et de la culture qui cherche à promouvoir un plan de développement qui serait bénéfique à l'industrie comme à l'habitat. **DBB**

LA CASCADE DUVILI ELLA

SABARAGAMUNA, SRI LANKA

Nom anglais : Dust Falls
Hauteur de la cascade : 40 m
Largeur de la cascade : 24 m

Se déversant avec fracas d'un massif rocheux nu entouré d'une jungle dense, la Duvili Ella est la plus grande cascade accessible du Sri Lanka. Large et puissant, son violent jet d'eau est une manifestation de la nature devant laquelle chacun prend conscience de sa faiblesse et de sa vulnérabilité. L'accélération de son débit est due au brusque resserrement des rives escarpées du fleuve Walawa, au moment où celui-ci descend de 30 mètres. Le courant est alors si fort que l'eau, en plongeant dans le bassin situé en contrebas, fait jaillir une écume terriblement vaporeuse. C'est pourquoi la cascade a été baptisée Duvili Ella ou « la cascade de poussière ».

Cependant, cette dernière n'est pas la seule à être impressionnante. Plus loin, le fleuve se rétrécit en sortant d'une gorge étroite, formant des tourbillons bouillonnants avant de se jeter dans un bassin situé plus bas. La seule façon d'admirer la cascade est de louer les services d'un guide et d'effectuer une randonnée courte mais ardue. Soyez attentif afin de profiter pleinement du spectacle des écureuils volants, des oiseaux très nombreux, des singes et même des éléphants. Partez de Kaltota à environ 28 kilomètres de Balangoda. **DBB**

NÉPAL

LE MANASLU

NÉPAL DE L'OUEST, NÉPAL

Altitude du Manaslu : 8 163 m
Altitude du Manaslu est : 7 894 m
Autre nom : Kutang

Situé à 64 kilomètres de l'Annapurna, le Manaslu est la plus haute montagne du massif du Gurkha et avec ses 8 163 mètres d'altitude, le huitième sommet du monde. Surplombant les montagnes environnantes, ses longues crêtes et ses flancs couverts de glaciers le rendent particulièrement imposant. Son nom dérive du mot sanskrit manasa qui signifie « la montagne de l'esprit ». Ce sommet n'est pas considéré comme particulièrement difficile à escalader, mais l'itinéraire d'accès peut être dangereux. La marche d'approche menant au camp de base est ardue, les aléas climatiques et les avalanches renforcent souvent la difficulté.

Ainsi, en 1972, les 16 membres d'une expédition coréenne, dont 10 sherpas, furent emportés par une avalanche à 6 949 mètres d'altitude. À la tête d'un groupe d'alpinistes japonais, Toshio Imanishi et Gyalzen Norbu réussirent l'ascension du sommet pour la première fois en 1956, par le versant nord-est. En 1974, une équipe japonaise exclusivement féminine y parvint également. Ce furent les premières femmes à gravir un sommet de 8 000 mètres. Hélas, l'une d'elles a perdu la vie lors de la descente entre les camps 4 et 5. **MB**

LE DHAULAGIRI

NÉPAL DE L'OUEST, NÉPAL

Altitude du Dhaulagiri : 8 167 m
Longueur du massif : 48 km

La septième montagne la plus haute du monde se dresse sur le flanc ouest de la vallée de la Kali-Gandaki, à proximité de la frontière avec le Tibet. C'est la montagne la plus élevée située entièrement au Népal Son nom signifie « la montagne blanche ». Lorsqu'elle fut découverte par des topographes occidentaux en 1808, elle prit la place du Chimborazo alors réputé comme le plus haut sommet du monde, avant d'être supplantée à son tour par le Kanchenjunga et l'Everest.

La crête du Dhaulagiri est surmontée de plusieurs sommets en forme de pyramide, dont quatre culminent à plus de 7 620 mètres. En 1950, une équipe d'alpinistes français fait une tentative au sommet, mais c'est une équipe suisse, avec à sa tête Max Eiselin, qui y parvint, le 13 mai 1960. C'était la première fois que l'on utilisait un avion pour atteindre la base de la montagne. Malheureusement, ce dernier s'écrasa au cours de l'approche. Parmi les membres de l'équipe figuraient l'alpiniste autrichien Kurt Diemberger, qui, après cette vitoire, sera l'une des rares personnes à avoir escaladé deux sommets de plus de 8 000 mètres, le second étant le Broad Peak, au Pakistan en 1957. **MB**

L'ANNAPURNA

NÉPAL DE L'OUEST, NÉPAL

Altitude de l'Annapurna I : 8 091 m
Altitude de l'Annapurna II : 7 937 m

Situé au nord de Pokhara, à 8 091 mètres d'altitude, l'Annapurna I est le premier 8 000 mètres gravi par l'homme. Il se dresse au centre du Népal, flanqué à l'ouest et à l'est de glaciers, dont la fonte alimente le cours d'eau de la vallée de la Kali Gandaki. Le massif de l'Annapurna compte de nombreux sommets, dont cinq sont désignés sous le nom d'Annapurna. Les plus élevés, les Annapurnas I et II, se trouvent aux extrémités ouest et est de la chaîne. En 1950, l'équipe de Maurice Herzog réussit l'ascension de l'Annapurna I, escaladant ainsi le premier sommet de plus de 8 000 mètres. Vingt ans plus tard, Chris Bonington gravit avec succès la face sud de la montagne. Deux femmes américaines, Irene Miller et Vira Komarkova, triomphèrent de la face nord en 1978, devenant les premiers alpinistes américains à atteindre le sommet. En 1988, une équipe française conduite par l'alpiniste Benoît Chamoux, escalada la face sud. Toutes les voies sont raides et difficiles, excepté l'itinéraire des premiers vainqueurs, par ailleurs très dangereux en raison des avalanches possibles. Annapurna en sanskrit signifie « le Pourvoyeur » ou « la Déesse des moissons ». MB

CI-DESSOUS : *Nuages bas ceinturant l'Annapurna I.*

LE CHO OYU

NÉPAL / CHINE

Altitude du Cho Oyu : 8 201 m
Altitude du Nagpa La : 5 791 m

La sixième plus grande montagne du monde, le Cho Oyu, signifiant « la Déesse Turquoise », s'élève à la frontière entre l'est du Népal et le Tibet. Située à environ 30 kilomètres de l'Everest, à 8 201 mètres d'altitude, elle domine des montagnes plus petites et constitue ainsi un point de repère pour les alpinistes de l'Everest.

Juste au sud du Cho Oyu, le col du Nangpa La, à 5 791 mètres d'altitude, est une voie d'accès entre le Tibet et la vallée de Khumbu au Népal. Le Cho Oyu est considéré par de nombreux alpinistes comme le sommet le plus facile à gravir parmi les 8 000 mètres. Néanmoins, il a fait de nombreuses victimes. Ainsi, 4 membres d'une expédition internationale exclusivement féminine périrent dans une avalanche et deux alpinistes allemands moururent d'épuisement, à 7 600 mètres. La première tentative pour escalader le sommet fut réalisée par l'alpiniste britannique Eric Shipton qui, se heurtant à un mur de glace, fut contraint de rebrousser chemin à plus de 6 650 mètres. Une équipe autrichienne, dont faisaient partie Herbert Tichy, Sepp Möchler et le sirdar Pasang Dawa Lama, vint à bout du sommet le 19 octobre 1954. **MB**

L'EVEREST

NÉPAL / CHINE

Altitude de l'Everest : 8 848 m
Nom local tibétain : Chomolungma (« déesse mère de l'univers »)
Nom local népalais : Sagarmatha (« bâton dans la mer de l'existence »)

La plus haute montagne du monde était désignée comme le pic XV jusqu'à ce que Sir George Everest, un géomètre militaire, s'intéresse à elle en 1865. Comme les autorités népalaises ne lui permettaient pas d'escalader le mont pour établir son levé topographique, il fit appel à des experts qui récoltèrent secrètement des informations afin de l'aider à dessiner avec précision la carte de la région. Au début du XXe siècle, des Occidentaux furent autorisés à gravir l'Everest. Un alpiniste britannique, George Mallory, fit partie de l'expédition. Lorsqu'on lui demanda pourquoi il se lançait à l'assaut de la montagne, il répondit simplement : « parce qu'elle est là ». Malheureusement, comme beaucoup d'autres alpinistes, il trouva la mort durant cette tentative effectuée sur le versant tibétain et le glacier est de Rongbuk.

Le sommet fut finalement conquis en 1953 par l'équipe de Sir John Hunt qui l'aborda par le versant népalais. Parmi les alpinistes vainqueurs figuraient un apiculteur néo-zélandais, Sir Edmond Hillary et un sherpa népalais, Tenzing Norgay. Partis du camp IV tôt le matin, le 29 mai 1953, ils atteignirent le sommet de la montagne environ cinq heures plus tard. **MB**

LE LHOTSE

NÉPAL / CHINE

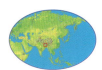

Altitude du Lhotse : 8 516 m
Altitude du Lhotse Shar : 8 383 m
Altitude du Nuptse : 7 879 m

Le Lhotse (« le pic du sud » en tibétain) se trouve au sud de l'Everest, dans la région de l'Himalaya appelée Khumbu Himal, à la frontière entre le Népal et le Tibet. Culminant à 8 516 mètres, il occupe la quatrième place parmi les plus hautes montagnes de l'Himalaya et il est relié à l'Everest par le Col Sud et une arête verticale est-ouest située entre les deux sommets. Toutes les parties du col sont situées à plus de 8 000 mètres, c'est pourquoi l'on confond souvent le Lhotse avec l'extension sud du mont Everest. En fait, lors d'un relevé topographique de l'Inde réalisé en 1931, il fut désigné par le symbole E1, c'est-à-dire Everest 1, alors qu'en fait, il fut escaladé pour la première fois peu après l'Everest. L'objectif de la première tentative au Lhotse était justement de trouver un nouvel itinéraire menant au sommet de l'Everest. Le 18 mai 1956, Fritz Luchsinger, Ernest Reiss et deux alpinistes suisses parvinrent à gravir le Lhotse par le versant ouest.

La chaîne de montagnes comprend deux sommets secondaires : le Lhotse Shar à l'est du sommet principal et le Nuptse, sur la crête ouest. MB

LE MAKALU

NÉPAL / CHINE

Altitude du Makalu : 8 463 m
Altitude du Chomo Lonzo : 7 818 m

Figurant au cinquième rang parmi les sommets les plus hauts du monde, le Makalu se trouve à 23 kilomètres au sud-est de l'Everest, à la frontière entre le Népal et le Tibet. Avec sa forme pyramidale, ses glaciers et ses quatre arêtes acérées, ce sommet de 8 463 mètres est très reconnaissable.

Il est relié par un col à un sommet secondaire, celui de Chomo Lonzo, qui se dresse à 7 818 mètres, juste au nord du sommet le plus haut. Comme la plupart des montagnes de la région, le Malaku a longtemps été admiré par les alpinistes, mais ceux-ci n'ont entrepris son ascension qu'après la victoire sur l'Everest. Cette conquête s'est révélée ardue, puisqu'un nombre limité d'expéditions se sont soldées par un succès. Une équipe américaine se lança pour la première fois à l'assaut du sommet au printemps de l'année 1954, mais, arrêtée par la tempête à 7 100 mètres, dut rebrousser chemin. Il fallut attendre le 15 mai 1955 pour que deux alpinistes français, membres d'une expédition conduite par Jean Franco, se hissent jusqu'en haut. Sept de leurs coéquipiers et le sirdar atteignent le sommet au cours des deux jours qui suivirent. Belle victoire pour cette expédition dont tous les membres ont gagné le sommet. MB

CI-DESSOUS : *Les sommets du Makalu au milieu des nuages.*

LE KANGCHENJUNGA

NÉPAL / INDE

Altitude du Kangchenjunga :
8 586 m

Caractéristique notable : troisième montagne la plus haute du monde

Le troisième massif montagneux le plus haut du monde, le Kangchenjunga, se dresse à 8 586 mètres d'altitude à la frontière entre le Sikkim et le Népal et fait partie de la chaîne de l'Himalaya. Son nom signifie « les cinq trésors de la neige ». Le massif regroupe en effet plusieurs sommets dont la difficulté a fait la renommée.

Les membres d'une expédition britannique dirigée par Charles Evans s'arrêtèrent en 1955 à 1,50 mètre du sommet principal, renonçant à le conquérir pour ne pas froisser les habitants du Sikkim qui le considèrent comme sacré. De nos jours, tous les sommets ont été gravis mais nombreux sont les alpinistes qui ont dû essuyer de terribles tempêtes. Si les habitants du Sikkim pensent que le dieu de la montagne leur est favorable, ils croient qu'il a le pouvoir de déclencher des avalanches et des inondations destructrices ou des averses de grêle dévastatrices des récoltes. Il est représenté avec une face d'un rouge flamboyant, ceint d'une couronne composée de cinq crânes et chevauchant le mythique lion des neiges. Un festival annuel de danse dédié aux montagnes se tient au début de l'automne. Des lamas portant des masques et des costumes de couleur vive dansent et tourbillonnent avec en toile de fond les montagnes spectaculaires. **MB**

LA RIVIÈRE KALI GANDAKI

OUEST DU NÉPAL, NÉPAL

Âge : 50 millions d'années
Habitat : désert ou forêt semi-tropicale

Il s'agit d'une vieille rivière. Autrefois, elle s'écoulait du plateau tibétain jusqu'à la mer, mais il y a 50 millions d'années, la terre bougea, provoquant une collision des plaques continentales. L'impact entraîna l'apparition des magnifiques montagnes de l'Himalaya, sans modifier cependant le cours obstiné de la Kali Gandaki.

Elle passe au milieu des massifs rocheux, entre l'Annapurna et le Dhaulagiri, créant la vallée la plus profonde qui existe au monde. Ses eaux noires en raison des dépôts de boue situés en amont se faufilent à 4 400 mètres sous le pic le plus haut. La vallée fut non seulement une route très fréquentée par les commerçants, les pèlerins et les soldats voyageant entre le Tibet et le Népal, mais aussi une énigme sur le plan géographique. Un désert froid et nu s'étend au nord alors qu'au sud prédomine une forêt semi-tropicale.

Des personnes très diverses se sont installées dans la vallée : des gens faisant le commerce du sel, des éleveurs, et des fermiers. Aujourd'hui, les habitants tirent parti du tourisme, mais maintiennent leurs traditions sociales et leur culture. Les femmes prennent plusieurs maris afin d'assurer la sécurité de leur famille et de leurs enfants dans un environnement où le danger n'est jamais loin. MB

LE PARC NATIONAL DE ROYAL CHITWAN

TÉRAÏ DE L'OUEST, CENTRE DU NÉPAL

Superficie du parc national : 932 km²

Nombre d'espèces d'oiseaux : plus de 400

Nombre d'espèces d'amphibiens et de reptiles : 55

Le parc national de Royal Chitwan, le plus connu et le plus accessible, s'étend au milieu des plaines du sud-ouest de Katmandou et constitue un refuge important pour les tigres, les rhinocéros unicornes et les gavials. Royal Chitwan fut une réserve de chasse royale de 1846 à 1951, mais la dégradation de l'environnement et la diminution rapide du nombre d'animaux entraînèrent la création en 1963 dans sa partie sud d'une réserve naturelle destinée à la sauvegarde des rhinocéros. En 1973, Royal Chitwan est devenu le premier parc national du Népal et a été inscrit au patrimoine mondial en 1984. Il comprend une grande diversité d'habitats, notamment des savanes, des rivières et des forêts de sal. Plus de 50 espèces animales ont été recensées. Certaines sont en voie de disparition comme les tigres, les rhinocéros unicornes, les léopards, les chiens sauvages, les ours, les gaurs et les dauphins du Gange. Le parc abrite plus d'espèces d'oiseaux que n'importe quel autre parc du Népal. Parmi les reptiles, citons le python de l'Inde et deux espèces de crocodiles (le mugger et le gavial). Des safaris sont organisés afin de permettre aux visiteurs de photographier les rhinocéros. Le parc peut également être exploré en voiture, à pied avec un guide, ou encore à bord d'un canoë sur la rivière Rapti. **RC**

MONTAGNES NOIRES

BHOUTAN

Nombre de sommets : environ 350
Superficie du Bhoutan : 47 000 km²

Accroché aux flancs sud-est de l'Himalaya, le Bouthan est l'une des régions les plus accidentées du monde. Pris en étau entre Chine et Inde, ce pays plus petit que la Suisse est entièrement montagneux, à l'exception d'une bande de 13 à 16 km de large sur sa frontière sud. Les massifs ne cessent de s'élever, comme un escalier gigantesque, d'une hauteur de 300 m au sud jusqu'aux plus hauts sommets du nord, à plus de 7 000 m. Au centre du pays, de Pele La, à 3 500 m, permet le passage entre Paro et Tashi Gang. Les températures varient bien évidemment en fonction de l'altitude et, outre les quatre saisons traditionnelles, le pays connaît une importante saison des pluies pendant la mousson. Le climat est continental, avec des étés chauds et des hivers froids.

L'isolement de cette région, son inaccessibilité et le respect inconditionnel de ses habitants pour la vie sous toutes ses formes en font un pôle exceptionnel de biodiversité. La faune comprend le petit panda au pelage roux, le sanglier, le sambar, le chevrotain, l'ours noir de l'Himalaya, le tigre, le léopard et un semnopithèque endémique, l'entelle dorée. On

> *Les Montagnes noires constituent un labyrinthe de vallées et de sommets couverts d'une forêt dense. La région est traversée par des torrents qui, après avoir dévalé les pentes de l'Himalaya, ont creusé des gorges spectaculaires avant de se déverser dans la plaine.*

à une altitude moyenne de 5 000 m, se trouvent les Montagnes noires, au sol riche en ardoise, qui forment une frontière naturelle entre le Bhoutan Occidental et le Bhoutan Central.

Cette région, vaste labyrinthe de hautes montagnes et de profondes vallées couvertes de forêts, est traversée par des torrents qui, après avoir dévalé les pentes de l'Himalaya, ont creusé des gorges spectaculaires avant de se déverser dans la plaine, au sud. Les versants sont trop abrupts pour être cultivés, et sont couverts de grandes forêts feuillues et de conifères. On trouve des lacs, des pâturages de type alpin et des pics couronnés de neiges éternelles, dont le Dorshingla, à 4 923 m d'altitude. Le col a dénombré dans cette seule région 449 espèces d'oiseaux. L'une des réserves naturelles les plus étendues est la vallée de Phobjikha, une formation glaciaire à l'ouest des Montagnes noires. L'hiver, elle abrite encore quelques spécimens d'une espèce menacée, la grue à col noir, fuyant le froid plus vif du plateau tibétain.

Les premiers visiteurs occidentaux du Bhoutan ont été frappés par sa beauté sauvage, notant ses « massifs noirs et imposants, dont les sommets semblent happés par les nuages, offrant le spectacle sublime d'une extraordinaire magnificence ». **GD**

À DROITE : *Forêts des Montagnes noires près de Lobding.*

LES GRUES ET LA VALLÉE DE PHOBJIKHA

BHOUTAN

Hauteur des grues adultes : 1,5 m
Nombre de grues à Phobjikha : environ 440

Phobjika est une vallée glaciale située dans le royaume de Bhoutan, à l'est de la chaîne de l'Himalaya, à 2 878 mètres d'altitude. C'est peut-être l'un des plus beaux endroits de la terre. Des montagnes escarpées et boisées encadrent la vallée, dominée par un temple au toit doré datant du XVIe siècle. Le lit de la vallée est occupé par la plus vaste zone humide du plateau tibétain, vivent également dans la région de l'Himalaya. Leur nombre a considérablement diminué et l'espèce est aujourd'hui menacée d'extinction. Cependant, à Phobjikha, elle fait partie du folklore et des traditions locales, et est donc relativement protégée. Au Bhoutan, la grue à cou noir appelée *Thrung Thrung Karmo*, est révérée. Selon une tradition bouddhiste propre à la région, il s'agit d'un oiseau de paradis (*Ihabja*) évoqué dans les chansons, les danses et l'histoire du peuple bhoutanais. Dans une légende, le Bjakar Dzong (« l'Oiseau blanc »)

> *Phobjika est peut-être l'un des plus beaux endroits de la Terre. Des montagnes escarpées et boisées encadrent la vallée, dominée par un temple au toit doré datant du XVIe siècle.*

Bhoutan – un marécage parsemé de bambous nains et encombré par d'épais dépôts de tourbe – et un cours d'eau rapide, alimenté par la fonte des neiges de l'Himalaya. En hiver, de grandes volées de grues à cou noir, superbes mais rares, se réfugient dans les marais, juste sous le temple. Elles affluent à partir du milieu du mois d'octobre pour se reproduire et échapper aux hivers rigoureux du plateau tibétain. Elles restent jusqu'au mois d'avril.

La grue à cou noir est l'espèce la moins connue des quinze existant dans le monde. Ces oiseaux découverts pour la première fois en 1876, près du lac de Koko-nor, au nord-est du fut édifié dans la ville de Bumthang voisine, quand un oiseau blanc s'envola jusqu'au mont où le monastère Dzong se dresse aujourd'hui. L'oiseau en question serait, pense-t-on, la grue au cou noir.

Ces grues ont tellement de prix que celui qui les blesse risque la prison à vie. L'une des chansons folkloriques les plus populaires du Bhoutan pleure le moment où elles quittent le pays au printemps pour retourner au Tibet. Pour célébrer cet oiseau rare et adulé, les Bhoutanais ont récemment inauguré une fête de la grue qui se tient le 12 novembre à Phobjikha. JD

LE MONT JHOMOLHARI

BHOUTAN

Hauteur du mont Jhomolhari : 7 300 m
Âge : 20 millions d'années

Le Jhomolhari, le pic le plus vénéré par les Bhoutanais, se dresse à la frontière entre le Tibet et le Bhoutan, à l'est de l'Himalaya. Les montagnes sont souvent considérées comme l'incarnation d'un pouvoir sacré. C'est également le cas de celles appartenant au royaume montagneux de l'Himalaya. Pour les Bhoutanais, le Jhomalhari est l'incarnation de la déesse Jhomo, ou Tsheringma et constitue donc l'un des deux sommets les plus révérés du pays, l'autre étant le Gangkhar Puensum.

Très attachés au spiritualisme bouddhiste, les Bhoutanais pensent que les dieux vivent dans ces montagnes sacrées. Rares sont les touristes autorisés à explorer ces dernières car ils risquent de déclencher le courroux divin.

Le mont Jhomolhari fait cependant figure d'exception. En 1939, F. Spencer Chapman réussit en effet à l'escalader. Il nota à cette occasion : « le Jhomolhari donne davantage l'impression d'un sommet abrupt et inaccessible que n'importe quelle autre montagne. Il se présente sous la forme d'une série de précipices vertigineux. Il est considéré par beaucoup comme la plus belle montagne de la chaîne de l'Himalaya ». Le Gangkhar Puensem, le pic le plus haut du Bhoutan avec ses 7 542 mètres, est aujourd'hui la montagne la plus élevée du monde à n'avoir jamais été gravie. Il le restera probablement pendant de nombreuses années. JD

BANGLADESH

LE PARC NATIONAL DES SUNDARBANS

BANGLADESH / INDE

Superficie du delta : environ 80 000 km²
Superficie totale du parc national des Sundarbans : environ 10 000 km²
Superficie du parc national des Sundarbans situé dans le Bangladesh : 5 950 km²

La plus vaste forêt de mangroves du monde se trouve dans le delta du Brahmapoutre, du Gange et du fleuve Meghna. Elle s'étend à travers l'Inde et le Bangladesh, dans la partie nord de la baie du Bengale. La région réunit des voies navigables communicantes, des laisses de vase, des îles parsemées de mangroves et les derniers vestiges d'une jungle qui autrefois recouvrait toute la plaine du Gange.

Le parc des Sundarbans est une réserve naturelle abritant des daims mouchetés et des sangliers sauvages et renommée pour ses macaques rhésus, qui sont la proie des tigres du Bengale. Ces derniers s'attaquent parfois également aux hommes. Il est également possible de voir des crocodiles de mer (les plus grands reptiles du monde), des pythons d'Inde et des dauphins du Gange. Deux cent soixante espèces d'oiseaux, notamment des oiseaux migrateurs comme les canards pilets, ont été dénombrées. Une étrange relation s'est établie entre les hommes et la nature puisque les loutres à pelage lisse de la région ont été apprivoisées par les pêcheurs qui leur ont appris à ramener du poisson dans leurs filets.

Les pluies sont parfois fortes, l'humidité élevée et la température en mars peut atteindre 43 °C. Il n'y a pas de route : les visiteurs doivent donc se déplacer en bateau. **MB**

MYANMAR (EX-BIRMANIE)

LE LAC INLE

ÉTAT DE SHAN, MYANMAR (EX-BIRMANIE)

Altitude du lac : 900 m
Longueur du lac : 22 km
Largeur du lac : 11 km

Sur le plateau de Shan, dans l'État du même nom situé à l'ouest de la Birmanie, les eaux peu profondes du lac Inle ou Nyaunagshwe offrent un cadre de vie paisible aux Innsha. Habitant dans des cabanes de chaume sur pilotis, ceux-ci ont mis au point un mode de culture unique sur les eaux du lac. Ils ancrent dans le lit de ce dernier des « jardins flottants » qu'ils séparent par des barrières de bambou faites de roseaux et d'herbes entrelacées. Ils vendent ensuite les produits de leur potager d'une façon bien particulière. Ils remorquent en effet des parties de leur jardin à l'arrière de leurs bateaux et, le long de leur parcours, en découpent de petits bouts pour leurs clients.

Certains Innsha préfèrent cependant la pêche. Ils sont réputés pour la façon dont ils font avancer leurs embarcations. Debout sur la poupe, ils font bouger leur pagaïe avec une jambe, gardant ainsi les mains libres. Ils se servent d'un piège de forme conique en bambou ou en bois pour attraper le poisson. Ils le lancent avec le pied, puis quand un poisson a été pris, ils retirent le filet à l'aide d'une perche. Celle-ci est également utilisée pour effrayer le poisson et le pousser dans le piège. Les moyens d'existence et le mode de vie des Innsha sont donc liés au lac. On dit d'ailleurs que leurs enfants savent nager avant de marcher. MB

LE ROCHER D'OR

KYAIKTO, MYANMAR (EX-BIRMANIE)

Altitude : 1 200 m
Roche : granit

Le rocher d'or est un phénomène inexpliqué de la nature : une masse de granit étincelante semblant prête à basculer du bord d'une falaise. On y accède à partir du village de Kin-pun, situé non loin de la ville de Kyaikto. Le chemin est difficile, mais il en vaut la peine ; il faut environ cinq heures pour atteindre le rocher, en empruntant un sentier qui traverse la jungle et s'élève jusqu'à une altitude de 1 200 mètres. L'énorme rocher doré perché au bord d'un à-pic abrupt offre un spectacle surprenant : certains pensent qu'il est miraculeux. De jeunes garçons le poussent, pour montrer qu'il bouge facilement et qu'il est en équilibre précaire.

La raison pour laquelle ce rocher demeure ainsi perché au bord d'un escarpement est un véritable mystère. Il ne semble même pas être en contact avec la roche sur laquelle il repose en équilibre. S'il ne s'écrase pas dans la vallée, c'est dit-on, uniquement grâce à la pagode de Kaik-tiyo, une flèche de 5,50 mètres de haut qui couronne son sommet. Celle-ci contiendrait un cheveu du Bouddha, grâce auquel le rocher tiendrait en équilibre. Selon la légende, ce cheveu fut donné par un ermite au roi Tissa qui régnait au XIe siècle à la condition expresse que celui-ci trouvât un rocher ayant la forme de la tête du saint homme, le hissât sur le bord d'une falaise, construisît une pagode à son sommet et y plaçât le cheveu.

Le roi trouva le rocher qui convenait au fond de la mer. Il le fit hisser à la surface, le dora et le transporta au sommet de la falaise en bateau. Ce dernier se transforma ensuite en pierre. On peut le voir depuis Kyaik-tiyo. Se conformant à la volonté de l'ermite, le roi construisit un sanctuaire. Toujours selon la

Le rocher d'or est une splendeur : une masse de granite étincelante semblant prête à basculer du bord d'une falaise... De jeunes garçons le poussent pour montrer qu'il bouge facilement et qu'il est en équilibre précaire.

légende, son épouse, la très belle Shwenan-kyin, se promenait dans la jungle quand un tigre surgit devant elle. Elle fixa le rocher d'or des yeux, remettant son sort entre les mains du destin. Curieusement, le tigre s'éloigna, comme s'il avait été effrayé par le pouvoir du lieu saint.

Le nom complet du sanctuaire est « Kayaik-I-thi-ro », que l'on traduit littéralement par la « pagode portée par un ermite sur sa tête ». Avec le temps, ce nom s'est transformé en « Kaik-tiyo ». **CM**

À DROITE : *Le légendaire rocher d'or, maintenu en équilibre par le cheveu de Bouddha contenu dans la flèche qui le surplombe, vacille mais ne tombe pas.*

VIÊTNAM

LA BAIE D'HA-LONG

TONKIN / HA-LONG, VIÊTNAM

Superficie de la baie d'Ha-Long : 1 553 km²

Nombre d'îles : 1969 dont 980 ont reçu un nom

Selon la légende, les îles et îlots de la baie d'Ha-Long (ou « baie du dragon qui descend ») ont été créés par des dragons qui défendirent le Viêtnam contre des envahisseurs. Les géologues ont une tout autre explication : il y avait autrefois à cet endroit un plateau calcaire qui s'affaissa puis fut sculpté par les éléments naturels, donnant naissance à un paysage karstique qui fut ensuite inondé par la mer. Les îles font l'objet d'une érosion permanente et évoquent de gigantesques statues fantaisistes jaillissant des eaux bleues : deux poules de 12 mètres de haut, un crapaud de 9 mètres, un grand encensoir et même une pyramide égyptienne. Les cavernes, les grottes et les arches abondent ; beaucoup de cavernes sont dotées de stalagmites et de stalactites spectaculaires. Près de 170 espèces de coraux ont été répertoriées dans ces eaux. Il existe ici des espèces végétales que l'on ne trouve nulle part ailleurs, comme le palmier d'Ha-Long, découvert pour la première fois à la fin des années 1990. Le langur d'or, l'un des primates les plus menacés de la planète, vit dans les forêts calcaires de l'île de Cat Ba, au sud-ouest de la baie. Ce singe risque de disparaître, victime du braconnage. **MW**

CI-DESSOUS : *Les îles déchiquetées de la baie d'Ha-Long.*

COL DE HAI VAN

QUANG NAM, VIÊTNAM

Sommet (Hai Van) : 1 172 m
Surperficie du lagon Lang Co : 1 500 ha
Superficie de la presqu'île Son Tra : 150 ha

Le Hai Van est le col le plus haut et le plus long du Viêtnam. La principale route nationale reliant le nord au sud serpente à travers ce col sur 20 kilomètres. Elle marque également la frontière entre les provinces de Thuan Hoa et de Quang Nam et établit une séparation à la fois géographique et climatique. Les vents froids du nord ne peuvent en effet poursuivre leur route vers le sud, car ils sont arrêtés par la partie de la chaîne de montagnes de Thruong Son, qui longe la mer. La presqu'île de Son Tra se situe juste au large. Hai Van signifie « vent et nuages », une appellation fort appropriée car son sommet est souvent couronné de nuages, qui, selon le poète rebelle du XIXe siècle Gao Ba Quat, semblent « surgir du ciel » et sont ballottés par les vents « tels des troupeaux de chevaux au galop ». Par temps clair, on peut apercevoir la péninsule de Son Tra, la ville de Danang et d'infinies plages blanches s'étirant au loin. Les vestiges de portes fortifiées ornent le point le plus élevé du col ; la porte qui fait face au Quang Nam porte l'inscription suivante : « la porte la plus imposante du monde ». Au pied de la face nord, des cours d'eau alimentent le lagon Lang Co. Parmi la faune locale figurent des espèces d'oiseaux protégées, comme le torquéole de Merlin et le faisan d'Edwards. **MB**

LA PRESQU'ÎLE DE SON TRA

DANANG, VIÊTNAM

Longueur de la presqu'île de Son Tra : 17 km
Sommet : 693 m
Corail dur : 129 espèces

Pour certains, la presqu'île de Son Tra a la forme d'une tortue ; pour d'autres, elle ressemble à un champignon, dont le chapeau est formé par la montagne de Son Tra et le pied par des plages de sable blanc. Son Tra, ou la montagne des singes, est considérée par les habitants de la région comme un présent de Dieu. Son nom était autrefois « Tien Sa » (« descente des fées »), car selon la légende, des fées se rassemblaient à cet endroit et jouaient aux échecs sur le plateau du pic de l'échiquier.

La presqu'île s'est formée à partir de dépôts de limon qui ont donné naissance à une passerelle de terre entre le continent et trois îles – Nghe, Mo Dieu et Co Ngua – en formant une barrière naturelle qui protège Danang contre les orages et les cyclones venant de la mer. Son Tra est une réserve, sa forêt de plus de 30 km^2 dans laquelle on trouve des singes rares, comme le douc roux et un macaque qui serait une espèce intermédiaire entre le macaque à longue queue et le macaque rhésus. Les plages sont l'habitat de la tortue olivâtre. Les superbes coraux et les eaux subtropicales transparentes, qui ne dépassent pas 10 mètres de profondeur et se situent à environ 1,6 kilomètre de la côte, attirent les plongeurs de Danang. **MB**

LE DELTA DU MÉKONG

VIÊTNAM/CAMBODGE

Région du delta du Mékong (Viêtnam) : 3,9 millions d'ha

Région du delta du Mékong (Cambodge) : 1,6 million d'ha

Pourcentage du delta dans des conditions semi-naturelles : 1,3 %

Le Mékong, l'un des fleuves les plus longs du monde, prend sa source au nord-est du Tibet. Il se fraie ensuite un chemin vers le sud en creusant de profondes gorges dans les montagnes, s'écoule dans les plaines d'Indochine avant de se diviser en neuf bras formant un delta à l'extrémité sud du Viêtnam. Douzième fleuve du monde par la longueur, le Mékong est aussi le troisième par sa biodiversité : son delta abrite un grand nombre d'espèces. Très vaste, ce dernier s'étend jusqu'à Phnom Penh au Cambodge : il était autrefois couvert de prairies et de forêts inondées de façon saisonnière, de marais et de mangroves. Ces habitats naturels ont été en grande partie détruits lors de la guerre du Viêtnam puis par leur transformation en terres agricoles. Les zones encore intactes possèdent une faune riche. Des dizaines de milliers d'oiseaux aquatiques – aigrettes, hérons, cigognes, cormorans et ibis – nichent dans des parcelles de forêts. À la saison sèche, quelque 500 grues antigone migrent dans les prairies marécageuses. D'autres oiseaux s'installent dans les mangroves et les laisses de vase de la côte. Cinq espèces de dauphins fréquentent aussi les lieux, notamment le dauphin d'Irrawaddy. La région est menacée par l'exploitation intensive des terres, la pollution et les barrages déjà construits ou en projet. MW

LE PARC NATIONAL DE PHONG NHA-KE BANG

PHONG NHA, VIÊTNAM

Superficie de la partie centrale du parc national de Phong Nha-Ke Bang : 85 754 ha

Superficie de la zone tampon du parc national de Phong Nha-Ke Bang : 188 865 ha

Le parc national de Phong Nha-Ke Bang renferme l'un des paysages karstiques les plus beaux du monde. Des forêts tropicales comme celles qui recouvraient autrefois toute l'Indochine s'accrochent aux flancs escarpées des collines, accueillant les mammifères les plus rares de la terre. Sous l'enchevêtrement des pics, plateaux, crêtes et vallées, des grottes formant un réseau de plus de 70 kilomètres sont creusées dans le calcaire. Dix espèces et sous-espèces de primates vivent dans le parc, dont le douc roux, un animal menacé d'extinction et son proche cousin, le langur de Hatinh, qui n'existe nulle part ailleurs. On vient juste d'y découvrir le saola, un curieux mammifère ressemblant à un petit daim, mais plutôt apparenté à la vache. Des oiseaux en danger trouvent aussi refuge dans le parc ; le timalie de Herbert répertorié au Laos dans les années 1920, et qui depuis avait disparu, a été repéré dans le parc 70 années plus tard. Même s'il est protégé, ce dernier n'est pas à l'abri de la déforestation et de la chasse. Les tigres et les éléphants d'Asie ont presque disparu et le saola est également menacé. MW

LES MONTAGNES DE MARBRE

ANNAM / PROVINCE DE DA NANG, VIÊTNAM

Température moyenne : 26 °C

Type de roche : calcaire

À environ 12 kilomètres de la ville de Da Nang, cinq affleurements calcaires dominent le panorama plat de la campagne environnante. Appelés les Montagnes de marbre (« Ngu Hanh Son » ou « Montagnes des Cinq Éléments »), tous ont des noms empruntés au folklore vietnamien : Thuy Son (eau), Moc Son (bois), Kim Son (métal), Tho Son (terre) et Hoa Son (feu). Des marches creusées dans le plus haut sommet, le Thuy Son, mènent à la pagode Tham Thai et à la grotte Huyen khong. À l'intérieur de celle-ci se trouvent des sanctuaires, des statues de gardiens, et des bouddhas sculptés dans du marbre vert ou blanc du pays. Les stalactites sont évoquées dans des légendes locales. Deux d'entre elles ressemblent à des seins. L'empereur Tu Doc en aurait touché une qui aurait dès lors cessé de s'allonger. On suppose que des seigneurs féodaux cachaient leur or et leurs bijoux dans la grotte que gardaient des moines. Aujourd'hui, des jeunes enfants servent de guides aux touristes. MB

À DROITE : *Trouée de lumière dans l'une des grottes de Marble Mountains.*

LA MONTAGNE DE PHU HIN BUN

LAOS

Longueur de la grotte de Khong Lore : 7 km
Superficie de la zone protégée : 1 580 km²

Une immense étendue constituée de torrents limpides, de forêts profondes et d'étonnantes formations karstiques s'étire au cœur du Laos. Devenue en 1993 une zone protégée en raison de sa biodiversité, Phu Hin Bun, signifiant « la montagne de calcaire » est l'un des lieux sauvages les plus accessibles du pays. Renommée pour sa beauté, la région truffée de grottes s'enorgueillit d'un site exceptionnel. Le fleuve Nam Hin Bun serpente le long d'affleurements rocheux aux bords irréguliers avant de se faufiler à travers la montagne, donnant naissance à la grotte de Khong Lore, un tunnel naturel de 7 kilomètres de long, pouvant atteindre 100 mètres de large et de haut. Il faut au moins une heure pour parcourir le fleuve en canot à moteur. Les habitants se déplacent également en bateau.

De sinistres formations rocheuses semblables à des têtes de buffles et des trompes d'éléphants apparaissent à l'entrée de la grotte. D'autres, évoquant des stupas, se trouvent dans des tunnels secondaires et des galeries moins humides. Le bruit de rapides invisibles retentit dans l'obscurité lorsque le fleuve finit par franchir un passage hérissé de stupéfiantes stalactites pour déboucher dans une autre vallée. La grotte de Khong Lore renferme sans aucun doute bien d'autres secrets. **AH**

LES GROTTES DE PAK OU

LAOS

Point le plus haut du Laos (Phou Bia) : 2 817 m
Point le plus bas (Mékong) : 70 m au-dessus du niveau de la mer

Une immense falaise calcaire au confluent de la rivière Ou et du Mékong abrite deux grottes. Située juste à 15 mètres au-dessus du cours d'eau, Tham Ting, la plus petite des deux, est accessible par un frêle embarcadère de bambou et une volée d'escaliers gravée dans la pierre. Un sentier et un escalier de briques en face de la falaise mènent dans la caverne la plus haute, Tham Phum, profonde et obscure. Les grottes contiennent plus de 4 000 bouddhas, dont certains datent de plus de 300 ans. Ils sont debout ou couchés dans des renfoncements sombres. Il faut donc se munir d'une torche électrique pour les contempler. Les statues de la petite grotte semblent fixer le ciel gris et les eaux brunes du Mékong. Vous pouvez vous rendre dans les grottes de Pak Ou à bord d'un bateau à moteur, en faisant une halte dans un des villages situés au bord du cours d'eau pour déguster de la mousse frite ou de « l'algue du Mékong ». À Louang Prabang, vous prenez un jumbo, c'est-à-dire un taxi au toit ouvert. Il vous déposera dans un village sur la rive opposée du fleuve. Là, des enfants vous conduiront jusqu'aux grottes à bord d'un bateau. **MB**

LE FLEUVE NAM KHANE

LOUANG PRABANG, LAOS

Profondeur du Nam Khane : 1,5 m
Fondation de Louang Prabang en 1353
Altitude du promontoire de Louang Prabang : 700 m

La Nam Khane ou la « rivière rampante » se caractérise surtout par le bruit des enfants bronzés jouant dans les coins d'ombre et par les jardins en terrasse qui recouvrent ses berges. Cet affluent du Mékong rejoint ce dernier à Louang Prabang, l'ancienne capitale du Laos et la seconde ville du pays.

La cité est installée sur un promontoire bordé par l'eau des deux côtés et abrite le Vat Xieng Thong, l'un des plus beaux monastères de la région. Relativement peu profonde, la Nam Khane a environ 30 mètres de large. Elle est encadrée de montagnes ainsi que de collines vertes, basses et arrondies, et de formations rocheuses calcaires verticales typiques des reliefs karstiques du sud-est de l'Asie. Elle a un débit en général assez lent, mais la présence de rapides à certains endroits fait le bonheur des canoéistes et des amateurs de rafting.

À environ 30 kilomètres au sud du confluent de la Nam Khane et du Mékong, les chutes de Huang Si entourées d'un voile de brume dévalent un escalier taillé dans le calcaire qui semble ne jamais devoir s'arrêter. Les bancs sur lesquels les gens s'assoient pour pique-niquer ne sont pas sur les rives, mais dans l'eau. **MB**

LES CHUTES DE LOUANG PRABANG

LAOS

Hauteur des chutes de Louang Prabang : 60 m
Âge de Louang Prabang : plus de 1 000 ans

Louang Prabang est un minuscule royaume niché dans les montagnes depuis plus de 1 000 ans. Cette « cité » du Laos, alliant le meilleur de l'architecture coloniale française et de l'héritage bouddhique, se trouve dans une vallée étroite où deux fleuves, le Nam Kang et le Mékong, se rejoignent, donnant naissance à deux superbes chutes d'eau : Tat Kouang Si et Tat Dae. La première est une cascade large, en gradins, se déversant le long de rochers calcaires que des dépôts de calcite ont rendu lisses, dans une série de bassins à l'eau froide et bleue. Au bas de la paroi rocheuse, s'étend un parc public très bien aménagé ; du côté du torrent, un sentier mène dans une grotte située derrière le rideau d'eau. La cascade de Tat Sae est une cascade paisible, dotée elle aussi de gradins, mais dont les jets d'eau sont plus courts. En revanche, les bassins dans lesquels ces derniers coulent sont plus nombreux et plus vastes. Les cascades sont larges et se fraient paisiblement un chemin le long des parois rocheuses faiblement escarpées. La tombe d'Henri Moulot, le premier Européen à avoir pénétré dans le temple d'Angkor, se trouve en aval du Tat Sae. Pendant de nombreuses années, la jungle l'a recouverte. AH

À DROITE : *La cascade de Tat Kouang Si semblable à un rideau.*

LA CASCADE DE CHAMPASAK

LAOS

Hauteur de la cascade : 120 m
Altitude : 1 200 m

La plus grande cascade du Laos, Tat fan, se trouve à l'extrémité du plateau gréseux de Bolaven, au sein de la province de Champasak, dans le sud du Laos. La région est réputée pour sa production de café, ainsi que pour les cérémonies annuelles célébrées par les Môn-Khmers à l'occasion desquelles des buffles d'eau sont sacrifiés. La cascade tombe de 120 mètres, en se scindant en deux puissants jets d'eau parallèles. Des sentiers mènent au pied de ces derniers, mais les chutes d'eau sont plus spectaculaires contemplées de loin : elles apparaissent alors comme deux cascades jumelles se déversant dans la gorge située en contrebas. Tat Lo, une cascade plus petite, se trouve en amont par rapport au plateau. Elle n'a que 10 mètres de haut, mais elle est large et s'écoule dans un bassin magnifique et profond. En raison de la présence d'un barrage en amont, son débit peut doubler pendant la saison sèche lorsque l'eau est libérée pour satisfaire les besoins en électricité. Les cascades sont situées dans un secteur protégé de 6 000 km² appelé Dong Hua Sao, très boisé et sauvage, au-delà des plantations de caféiers. AH

LA CASCADE DU MÉKONG ET SEE PAN DON

MUANG KUONG, LAOS

Autre nom : Chutes de Khône
Largeur de la rivière du Mékong : 14 km
Débit maximum : 40 000 m³ par seconde

Malgré son dénivelé de dix mètres seulement, le torrent de la cascade du Mékong est tellement puissant qu'il était très difficile dans le passé de le traverser. On commença la construction d'une ligne de chemin de fer qui devait permettre de le contourner mais le projet fut abandonné car freinant l'écoulement de l'eau. Au plus fort de la saison des pluies, le fleuve s'élargit en amont, pouvant atteindre jusqu'à 14 mètres. C'est l'endroit où il est le plus large le long de son parcours de 4 350 kilomètres jusqu'au delta. Des îles permanentes se sont formées à cet endroit, et avec le retrait des eaux de nombreux îlots et bancs de sable apparaissent, d'où le nom de See Pan Don ou « quatre mille îles ». La plus grande de celles-ci, Don Khong, a une superficie de 22 km² et compte 55 000 habitants. Les noms des villages

> *Cette étendue du Mékong de 50 kilomètres de long située dans le sud du Laos constitue un incroyable mélange d'îles, de canaux, de rapides et de cascades. Il n'y a rien d'étonnant à ce que les moyens d'existence de tant de personnes soient liés à ces splendeurs…*

jugé peu satisfaisant. Les chutes empêchent les poissons de remonter le fleuve. Les pêcheurs du coin en profitent pour les attraper en se juchant sur de frêles perches en bambou et des échelles, tandis que l'eau tourbillonne en aval.

Un pavillon surplombe les chutes d'eau, offrant une superbe vue sur trois des nombreuses cascades qui fusionnent entre elles avec un grondement de tonnerre, formant un nuage de brume écumeuse. C'est l'un des meilleurs endroits pour observer les dauphins d'Irrawaddy que les pêcheurs de la région considèrent comme des réincarnations d'êtres humains. La cascade du Mékong et d'autres chutes d'eau voisines constituent une barrière comportent souvent les termes « tête » ou « queue » en fonction de leur position en amont ou en aval. Ce labyrinthe d'îles et de canaux ne peut être pleinement apprécié que vu d'en haut, cependant un voyage en bateau permet également de profiter du panorama éblouissant. Cette étendue du Mékong de 50 kilomètres de long située dans le sud du Laos constitue un incroyable mélange d'îles, de canaux, de rapides et de cascades. Il n'y a donc rien d'étonnant à ce que les moyens d'existence de tant de personnes soient liés à ces splendeurs naturelles. **AH**

À DROITE : *Le Mékong se dirigeant vers le delta de See Pan Don.*

THAÏLANDE

LA CASCADE DE MAE SURIN

MAE HONG SON, THAÏLANDE

Hauteur de Mae Surin : 80 m
Hauteur des montagnes : 1 752 m

À la frontière de la Birmanie, au nord-ouest de la Thaïlande, la rivière Mae Surin se déverse d'une saillie rocheuse pour s'écraser 80 mètres plus bas sur d'énormes rochers, formant la cascade la plus haute du pays. Tombant dans une dépression en forme de cuvette entourée de falaises, elle est aussi impressionnante quand on la regarde depuis la vallée que quand l'on se trouve à son pied. Le chemin qui y mène longe des bassins naturels et les villages des tribus Hmong et Karen. Il y a plusieurs années, la zone située en bas de la cascade a été déboisée et transformée en une vaste étendue, qui pendant deux semaines au mois de novembre prend une teinte dorée en raison des tournesols sauvages qui la parsèment. Ces fleurs sont en fait de mauvaises herbes exotiques originaires du Japon.

La contrée est encerclée par des montagnes qui peuvent atteindre 1 752 mètres de haut, et dont les falaises et les ravins sont recouverts d'arbres à feuilles persistantes et de pins. On y trouve aussi la montagne calcaire de Doi Phu en forme de tortue qui abrite une grotte contenant des sources chaudes. **AH**

LA GORGE DE OB LUANG

CHIANG MAI, THAÏLANDE

Profondeur de la gorge : 300 m
Hauteur de la gorge : 40 m
Altitude : 1 960 m

La gorge de Ob Luang située au nord de la ville de Chiang Mai offre un spectacle impressionnant. Traversant un ravin de granit très étroit qui atteint à peine 2 mètres de large à certains endroits, la rivière Mae Chaem se métamorphose en un torrent déchaîné, entouré de chaque côté de falaises de trente à quarante mètres. Elle est appelée Salak Hin ou « la rivière aux rochers sculptés » car ses eaux ont donné aux rochers des formes étranges qui se dressent par myriades le long de la gorge d'une profondeur de 300 mètres.

Près de Ob Luang qui signifie « grand étranglement », se trouve une autre gorge, plus petite, Ob Noi ou « petit étranglement ». La région comprend des grottes calcaires, la falaise Pa Chang c'est-à-dire « la falaise de l'éléphant » d'une hauteur de 300 mètres, des cascades comme celle en gradins de Mae Chon et également les sources d'eau presque bouillante de Thep Phanom.

Dans les temps passés, la vallée se distinguait par la diversité de sa faune et de sa flore ; les chasseurs de l'âge de la pierre ont laissé des outils rudimentaires et des peintures rupestres. Plus tard, à l'âge du bronze, ce fut un lieu de peuplement. À une période plus récente, les exploitants de teck ont utilisé la rivière pour transporter le bois vers les plaines. **AH**

LA MONTAGNE DE DOI INTHANON

CHIANG MAI, THAÏLANDE

Altitude de Doi Inthanon : 2 776 m
Région de Doi Inthanon : 482 km²
Hauteur de la cascade : 250 m

Doi Inthanon est la montagne la plus haute de la Thaïlande, son sommet est le seul du pays à posséder une véritable forêt de montagne et un marécage envahi de sphaigne. Ce massif de granit bordé d'affleurements calcaires se trouve à la périphérie des sommets qui s'étendent au sud-est de l'Himalaya. Inthanon est l'abréviation du nom du dernier prince du royaume de Chiang Mai qui accorda avant sa mort, en 1897, une grande importance à ces forêts de montagne.

La région est enveloppée d'un voile de brume humide, provoqué par la condensation, qui alimente en eau la rivière et ses affluents. La cascade de Vachirathan composée d'une chute de 50 mètres se déverse avec un grondement rappelant le barrissement d'un troupeau d'éléphants. Celle de Mae Ya dégringole d'une hauteur de 250 mètres, en rebondissant sur des centaines de petites marches. Tout en contraste, la grotte caverneuse de Borinjinda est un lieu de méditation pour les moines bouddhistes. En basse et moyenne altitude, la montagne Doi Inthanon a beaucoup souffert de la culture itinérante ; 4 000 villageois appartenant à des tribus montagnardes vivent sur ses larges pentes. AH

LA CASCADE ET LA MONTAGNE DE KHLONG LAN

KAMPHAENG PHET, THAÏLANDE

Hauteur de la cascade de Khlong Lan : 95 m
Hauteur de la montagne de Khlong Lan : 1 439 m
Largeur de la cascade : 40 m

Khlong Lan, région accidentée et montagneuse du nord de la Thaïlande, se distingue par son décor grandiose composé de cascades et de rapides. La plus connue est la superbe cascade de 40 mètres large de Khlong Lan. Cinq cours d'eau venant de la montagne Khlong Lan s'écoulent dans un lac d'altitude, puis se faufilent au milieu d'une gorge étroite longue d'environ 3 kilomètres, avant de jaillir d'une falaise en donnant naissance à une cascade spectaculaire et de tomber dans un bassin profond situé 95 mètres plus bas. Avec ses énormes blocs de pierre et ses milliers de petits rochers, ses jolies plages de sable et son cadre de montagnes magnifiques, la région des rapides de Kaeng Kao Roi est, elle aussi, très pittoresque. Des tribus montagnardes étaient installées sur les versants de la montagne de Khun Khlong Lan. Leur nombre croissant, l'agriculture, et particulièrement la culture du pavot, mettaient en danger l'écosystème. C'est pourquoi, en 1986, la population a été déplacée pour permettre à cette région de se rétablir. AH

LA GORGE DE MAE PING

CHIANG MAI, THAÏLANDE

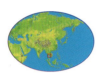

Altitude : 1 238 m
Construction du barrage de Bhumidol : 1964

Avant l'achèvement du chemin de fer reliant Bangkok à Chiang Mai en 1921, les voyageurs et les marchands entreprenaient un voyage long et épuisant à travers la gorge de Mae Ping. Le passage le plus impressionnant était celui des dangereux rapides situés à 120 kilomètres au sud de Chiang Mai. Les bateaux devaient être tirés par des cordes au milieu d'un torrent d'eau puissant.

C'est en 1964, que l'on construisit le barrage de Bhumidol. La gorge a cependant conservé toute sa splendeur, avec ses eaux plus calmes qui coulent aujourd'hui au milieu de hautes falaises émaillées de nombreuses grottes et de superbes rochers calcaires avant de déboucher sur les vastes étendues d'un réservoir. Un grand nombre de falaises sont bordées des plus belles forêts d'arbres à feuilles caduques de Thaïlande. Une forêt de tek entoure les sept gradins de la superbe cascade de Gor Luang. Au XIXe siècle, un voyageur a décrit les montagnes de calcaire ancien comme des « falaises audacieuses, des rochers à pic et des aiguilles d'une beauté spectaculaire ». Un lieu de culte bouddhiste se dresse là en mémoire de tous ceux qui ont disparu lors de la création du réservoir. **AH**

L'ARCHIPEL D'ANG THONG

ANG THONG, THAÏLANDE

Nombre d'îles : 50
Superficie totale : 18 km^2

À trente kilomètres de l'île Samui se trouve un archipel éblouissant composé de petites îles calcaires émaillées de lagons, de plages, de grottes et de récifs coralliens. La majeure partie des 50 îles, qui forment maintenant un parc national, sont inhabitées. La région sert de base à la marine thaïlandaise et n'a donc subi aucun aménagement.

De manière générale, ce groupe d'îles reste étonnamment préservée dans cette partie du golfe. Ang Thong qui signifie « la coupe dorée » est la zone de reproduction préférée des petits maquereaux de Thaïlande.

Sur les îles de Wua Talab et de Sam Sao, deux sentiers rocailleux traversent la forêt jusqu'à un point de vue magnifique permettant d'admirer les îles de forme étrange qui présentent des formations rocheuses sculpturales, notamment une arche en pierre près de l'île Sam Sao. Sur l'île de Koh Mae Koh, une montée escarpée conduit jusqu'à un lac salé entouré de falaises verticales. Il s'agit du Thale Nai ou de la « mer intérieure » dont la couleur varie du vert émeraude à l'aigue-marine. **AH**

À DROITE : *Une mer d'émeraude baigne l'archipel Ang Thong.*

LA MONTAGNE DE PHU KRADUNG

LOEI, THAÏLANDE

Altitude : 1 360 m
Hauteur de la cascade : 80 m
Âge : 300 millions d'années

S'il est une montagne que les Thaïlandais escaladent pour leur plaisir, c'est bien celle de Phu Kradung au nord-est du pays. Chaque année, ils sont des milliers à entreprendre cette difficile randonnée de cinq heures le long de ses versants gréseux escarpés pour atteindre le plateau en forme de cœur d'une superficie de 60 km² qui se trouve au sommet. Un dicton raconte que les amoureux qui s'entraident lors de l'ascension resteront ensemble alors que ceux qui se disputent se sépareront.

En haut, des chemins de randonnée traversent des forêts de pins, de superbes prairies et des jardins rocailleux recouverts de lichen. Au nord, les pentes de la montagne, plus humides, sont ornées d'épaisses forêts d'arbres à feuilles persistantes et d'un nombre impressionnant de chutes d'eau. Celles-ci se déversent d'une saillie rocheuse de 80 mètres de haut au milieu d'un écran de verdure.

Phu Kradung signifie « la montagne-cloche » à cause de la calotte en grès blanc-orange datant de l'ère mésozoïque et ayant résisté à l'érosion qui coiffe son sommet. Ce plateau isolé garda son secret jusqu'en 1805 où un chasseur lancé sur la trace de gibiers en gravit les pentes et atteignit son sommet. **AH**

LES BOULES DE FEU DE NAGA

NONG KHAI, THAÏLANDE

Âge : au moins 100 ans
Portion du fleuve concernée : 100 km

Chaque année, la nuit de la pleine lune du onzième mois lunaire, un étrange phénomène, qui reste encore mystérieux, se produit le long du Mékong entre le nord-est de la Thaïlande et le Laos. De petites sphères de lumière rougeoyante, de la taille d'une balle de tennis, jaillissent de la surface de l'eau s'élevant jusqu'à 100 mètres voire plus, avant de s'évanouir. Elles apparaissent de façon sporadique sur une longueur d'environ 100 kilomètres. Leur effet surnaturel donne le frisson et attire des milliers de spectateurs. D'après des récits mythologiques locaux, des serpents de Naga vivant dans les profondeurs du Mékong célèbrent le retour sur terre du dieu Bouddha en crachant du feu dans le ciel. Le phénomène coïncide en effet avec la fin du carême bouddhiste. Des explications scientifiques font état d'une combinaison complexe d'éléments créant des poches de gaz qui s'enflamment. Les sceptiques ont émis l'hypothèse qu'il s'agirait de petites fusées ou de balles traçantes, mais cela ne correspond pas vraiment avec la description des boules de feu. Cela fait longtemps que l'on parle de ce phénomène dans la région, mais les recherches viennent à peine de commencer. **AH**

LA CASCADE KAENG SOPHA

THUNG SALAENG, THAÏLANDE

Hauteur de la cascade : 40 m
Création du parc national : 1959
Superficie du parc national de Thung Salaeng : 1 216 km²

Kaeng Sopha est l'une des cascades les plus pittoresques de toute la Thaïlande. Très élégante avec ses trois gradins aux bords légèrement arrondis, elle forme un épais rideau d'eau lors de la saison des pluies. Son débit est cependant beaucoup moins important lorsqu'il fait sec. Même si la déforestation à certains endroits du bassin hydrographique a de toute façon diminué sa puissance, ses embruns et son grondement sonore restent spectaculaires. Se trouvant à l'intérieur du Parc National de Thung Salaeng, la cascade Kaeng Sopha traverse la crête calcaire par laquelle passe la rivière Khek, qui descend des montagnes de grès de Petchabu pour couler dans les plaines asséchées situées en contrebas. Les différents blocs de calcaire qui la composent apparaissent lorsque le niveau de l'eau est assez bas.

Offrant un contraste avec la cascade, la majeure partie du parc est constituée de prairies parsemées de sapins et d'étendues rocheuses pauvres en végétation. La région doit son nom aux arbres Salaeng (strychnos) qui donnent la noix vomique dont on extrait la strychnine. La cascade Kaeng Sopha est un lieu très prisé des touristes en raison de sa beauté et de son accessibilité. AH

LES FORMATIONS ROCHEUSES DE PHU RUA

LOEI, THAÏLANDE

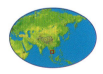

Âge de la roche : 50 à 150 millions d'années
Altitude : 1 365 m
Superficie du parc national de Phu Rua : 121 km²

Phu Rua est une montagne de grès au sommet plat, dont les arêtes rocheuses aux formes étrangement érodées sont caractéristiques du nord-est de la Thaïlande. Son nom signifie « le mont bateau » car l'une des falaises, qui se détache du pic, rappelle une jonque chinoise. Des formations de grès, pouvant atteindre 5 mètres de hauteur, sont disséminées dans toute la contrée. Selon une légende, deux villes se seraient querellées lors de la procession d'un mariage royal, les présents auraient été détruits et transformés en pierres. Effectivement, certains rochers font penser à un bol, à un ustensile de cuisine et même à une vache. Par la suite, un prince qui pensait que les tortues avaient peu d'intelligence érigea un monument « le rocher Tortue » censé symboliser la stupidité de la guerre.

Les falaises sont également particulières. L'une d'elles est appelée Pha Sap Thong, c'est-à-dire « la falaise qui absorbe de l'or », car elle est recouverte d'un lichen de couleur jaune. Leur émiettement explique la présence de nombreuses rocailles naturelles. La randonnée qui permet de gravir Phu Rua est assez facile. En haut, une statue de Bouddha surplombe les montagnes et les vallées environnantes. AH

LES FORÊTS ET LES CASCADES DE KHAO YAI

KHAO YAI, THAÏLANDE

Superficie de la région de Khao Yai : 2 168 km²
Altitude de la chaîne de montagne : de 60 à 1 361 m
Végétation : tropicales à arbres à feuilles persistantes et caduques, prairies

Le parc national de Khao Yai, c'est-à-dire « la grande montagne », qui se trouve à moins de 200 kilomètres au nord-est de Bangkok, est un véritable joyau. Situé à l'ouest de la chaîne de Dangrek, qui s'étend le long de la frontière avec le Cambodge, il est recouvert de vastes forêts abritant une faune abondante et facile à observer. Formant sa partie ouest, des rochers entourées de versants boisés escarpés et de falaises nues, avec en toile de fond le sommet conique de Khao Samorpoon.

Cette région resta inhabitée jusqu'en 1902 lorsque trente familles venues des plaines s'installèrent sur le plateau. Cependant, la région attira également des bandits et le gouvernement obligea toute la population à déménager. Plus tard, la construction d'un terrain de golf au milieu de la forêt engendra de nombreuses protestations et manifestations qui aboutirent à sa fermeture. Mais les grands espaces verts furent conservés et permettent

> *Les cascades sont entourées de versants boisés escarpés et de falaises nues, avec en toile de fond, le sommet conique de Khao Samorpoon.*

volcaniques abrupts s'élèvent des plaines centrales, tandis qu'un plateau gréseux vallonné s'étend du côté est et que des affleurements calcaires apparaissent au nord. Ces différents types de roche, ainsi que la taille du parc qui représente une superficie de 2 168 km², expliquent la diversité des forêts d'arbres à feuilles persistantes et caduques qui parsèment les six pics de Khao Yai.

Avec 300 centimètres de précipitations annuelles, la montagne est une réserve d'eau inestimable. Elle est jalonnée de nombreuses voies navigables ainsi que de spectaculaires chutes d'eau. La plus impressionnante est celle d'Haew Narok, « la gorge du démon », avec ses deux niveaux et ses flots impétueux qui ont déjà emporté des éléphants. Les cascades sont aujourd'hui aux touristes de contempler la faune de Khao Yai. Les cinquante kilomètres de chemins forestiers balisés, les deux tours de guet, et les terrains salifères situés en bordure de route donnent la possibilité d'apercevoir des gibbons, des éléphants, voire un tigre. Les différents points de vue, une grotte remplie de chauves-souris et 12 cascades très accessibles, ajoutent encore à l'attrait de Khao Yai. Comme il fut le premier parc national à être fondé en 1962, et comme il est assez proche de Bangkok, il jouit d'un statut spécial ; sa popularité est aussi due à ses magnifiques forêts et à ses autres merveilles naturelles. AH

À DROITE : *Forêts et chutes d'eau abondent dans le parc national de Khao Yai, en Thaïlande.*

LA MONTAGNE DE PHU HIN RONG KLA

LOEI, THAÏLANDE

Âge : 130 millions d'années
Âge des failles : 50 millions d'années
Altitude maximale : 1 800 m

La montagne de grès de Phu Hin Rong Kla offre un superbe témoignage de la puissance des éléments. Deux étendues de roche dure contrastant entre elles constituent les deux curiosités de la région. Celle appelée Lan Hin Daek ou « le terrain de roche morcelé » est sillonnée de profondes anfractuosités parallèles. De petites fissures morcellent le sol, donnant l'impression que d'énormes blocs rectangulaires sont juxtaposés. Ces minuscules failles sont dues à des mouvements des plaques tectoniques qui ont provoqué le craquèlement de la croûte terrestre. Le sol est recouvert d'une végétation clairsemée. Vu du ciel, il présente une seconde série de clivages, qui chevauchent légèrement les premières, montrant bien que les forces souterraines se sont exercées dans deux directions. Non loin de là se trouve Lan Hin Pum, ou « le terrain rocheux bosselé », jalonné d'éminences lisses et arrondies que l'action conjuguée du soleil, du vent et de la pluie a modelé ainsi au cours des siècles. Le Lan Hin Riap c'est-à-dire « le terrain rocheux lisse » donne une idée de l'apparence des deux autres terrains plusieurs années auparavant. L'ensemble de la montagne est émaillé de formations rocheuses inhabituelles. **AH**

LA FALAISE DE PHA TAEM

UBON RATCHATHANI, THAÏLANDE

Âge : 50 à 150 millions d'années
Altitude de la falaise de Pha Taem : 100 m

À la frontière entre la Thaïlande et le Laos, le Mékong se fraie un chemin à travers une large vallée bordée de falaises de grès. Le côté thaïlandais porte le nom de Pha Taem et est réputé pour son panorama majestueux, ses peintures rupestres et ses rochers aux formes sculpturales. D'immenses blocs de grès érodés de plus de 5 mètres de haut en forme de champignon, dont le chapeau serait gris foncé et la base jaune, apparaissent çà et là. Certains évoquent une tortue, le cou d'un chameau, ou une pagode. L'un d'entre eux ressemblant à une « soucoupe volante » et dont le poids doit avoisiner les 50 tonnes paraît si instable qu'il semble pouvoir être facilement ébranlé. Le long des falaises, divers sites permettent de contempler le fleuve et la vallée boisée. De nombreux cours d'eau descendent en chute libre. La cascade bouillonnante de Saeng Chan est des plus jolies. Son jet d'eau s'écoule tel un flot lumineux à travers un trou de la paroi rocheuse. Des peintures rupestres datant de 4 000 ans se trouvent au pied de la falaise. Elles représentent des animaux, des personnes et des nasses à poissons. **AH**

LES FORMATIONS ROCHEUSES DE MUKDAHAN

MUKDAHAN, THAÏLANDE

Superficie du parc national : 49 km²
Âge : 50 à 150 millions d'années

Dans l'un des endroits les moins visités de Thaïlande s'étend un petit parc national réputé pour ses formations rocheuses. Constituées de grès, certaines, rappelant des champignons aux chapeaux sombres et aux pieds jaunes, se dressent, imposantes, à côté de rochers évoquant des avions, des couronnes et même un cygne. Les structures les plus étonnantes sont le résultat d'une érosion qui n'a pas eu les mêmes effets partout. Les morceaux de roche relativement durs ont protégé les strates inférieures. Cependant, il ne s'agissait que d'une protection partielle. Le vent, l'eau et le soleil ont graduellement érodé les parties les plus molles laissant un chapeau en équilibre précaire sur le dessus. Ce dernier surmonte un pilier rocheux qui diminue progressivement et finit par s'écrouler. Cette région de la province de Mukdahan regroupe plusieurs montagnes et une grande variété de rochers vaguement empilés les uns sur les autres, ainsi que des cascades et de petites grottes. Entouré de forêts, un vaste affleurement rocheux appelé Phu Lang Se offre le plus beau des points de vue sur la contrée. Des plantes prospèrent dans les creux naturels de la roche, modifiant au fil des saisons le profil très découpé du paysage. AH

LES RAPIDES DE KAENG TANA

UBON RATCHATHANI, THAÏLANDE

Longueur des rapides : 1 km
Largeur des rapides : 300 m
Altitude : 200 m

Le fleuve Mun s'écoule le long du bord sud du grand plateau gréseux du nord-est de la Thaïlande. Juste avant de rencontrer le Mékong, il donne naissance à toute une série de cataractes : la Kaeng Tana est la plus longue et la plus impressionnante. Entouré de falaises basses, et complètement submergé au plus fort de la saison des pluies, le soubassement rocheux sculpté par le passage des flots est visible la majeure partie de l'année. Les remous de l'eau et les galets ont creusé des trous dans la roche. Avant qu'un barrage très controversé ne soit construit en amont, la cascade de Kaeng Tana jouait un rôle vital pour la région. Elle regorgeait de poissons et servait de retenue d'eau après la saison des pluies. Aujourd'hui, elle constitue une attraction fascinante. Le fleuve Mun était autrefois une voie de passage importante et les flots de Kaeng Tana étaient qualifiés de rapides de la Mort. Des plages de sable s'étirent en amont, et la présence d'un pont suspendu permet d'admirer la région. Le fleuve des Deux Couleurs est situé légèrement au-delà des rapides, là où les eaux bleu gris du fleuve Mun rencontrent celles du Mékong. AH

LA CASCADE TEELORSU

THAÏLANDE

Hauteur de la cascade : 150 m
Largeur de la cascade : 300 m

En 1986, le pilote d'un hélicoptère qui survolait les forêts du nord de la Thaïlande découvrit l'immense et superbe cascade de Teelorsu qui, jusque-là, était connue seulement de quelques tribus montagnardes.

Se déversant des hautes falaises entourant la forêt épaisse, la cascade peut, avec ses 300 mètres de large, être classée parmi les chutes d'eau les plus spectaculaires d'Asie. Alimentée par les cours d'eau de la « Montagne aux jambes solides », elle dégringole le long d'une paroi incrustée de carbonate de calcium. De grands arbres la bordent sur toute sa longueur, donnant l'impression qu'elle jaillit directement de la forêt.

Déclarée réserve naturelle, la région comporte d'autres cascades, des rapides, des grottes, des lacs isolés et des pics recouverts de forêts. Au début, seuls quelques visiteurs s'y rendaient, en effectuant une randonnée de deux jours depuis la ville la plus proche, mais les efforts destinés à promouvoir Teelorsu et à rendre la cascade plus accessible ont été tellement fructueux qu'il a été nécessaire de limiter le nombre de touristes à 300 par jour pour préserver la beauté et l'environnement des cascades. **AH**

LES ROCHERS DE L'ÎLE DE SAMUI

THAÏLANDE

Âge : 230 à 330 millions d'années
Superficie de l'île : 160 km²

Avec ses magnifiques plages de sable, l'île tropicale de Ko Samui ressemble à une carte postale. Jusque dans les années 1970, elle était connue pour abriter la plus grande plantation de cocotiers du monde. Chaque mois, deux millions de noix de coco étaient envoyés à Bangkok. À présent, l'île est devenue l'une des plus importantes destinations touristiques. Des promontoires en granit séparent ses plages de sable blanc, constituant un agréable et magnifique lieu de promenade.

À côté de la plage de Lamai, à l'est de l'île, la nature a façonné deux rochers évoquant les organes génitaux de l'homme et de la femme. Ils sont appelés Hin Ta et Hin Yai, c'est-à-dire « Grand-père » et « Grand-mère ». Hin Ta mesure 4 mètres de haut et se dresse vers le ciel, tandis que Hin Yai est plus modestement placé dans une crevasse en forme de vague. Ces créations fantaisistes de la nature comptent parmi les formations rocheuses les plus photographiées au monde. À l'intérieur des terres, un énorme bloc de granit, semblant posé en équilibre précaire au bord d'une falaise, offre une très belle vue sur la région. AH

CI-DESSOUS : *Les rochers de Samui se détachent dans le paysage.*

LES CASCADES DE L'ÎLE DE SAMUI

SURAT THANI, THAÏLANDE

Hauteur de Na Muang : 40 m
Superficie de l'île de Samui : 160 km²

Alors que la bordure étroite jalonnée de plages de l'île de Samui, dans le sud de la Thaïlande, est très peuplée, l'intérieur des terres où des plantations de cocotiers alternent avec des montagnes boisées reste très secret. Cette partie de l'île recèle de superbes cascades. Parmi les trois principales, Na Muang 1, au sud-ouest, est la plus accessible. Elle descend du haut de 40 mètres le long de blocs calcaires jaunes ornés de striures d'une indéfinissable couleur verte, orange ou brune en fonction du débit de l'eau et de la présence d'algues. Les racines des arbres et les rochers forment au pied de la principale chute un escalier naturel qui mène à un grand bassin. Les pierres étonnamment pointues qui tapissent le fond de ce dernier ne se voient pas sous l'eau écumeuse. Na Muang 2 borde un sentier creusé dans le roc, non loin de là. Elle passe pour la plus belle cascade de l'île. À l'issue d'une randonnée plus longue à travers les forêts, vous pourrez contempler les cascades en gradins de Hin Lad, et plus à l'intérieur des terres, de Wang Saotong. **AH**

À DROITE : *L'une des nombreuses cascades de l'île de Samui.*

LES FORÊTS DE THUNG YAI NARESUAN ET DE HUAI KHAENG

THUNG YAI NARE SUAN-HUAI KHA KHAENG, THAÏLANDE

Altitude de la chaîne de montagnes : 250 à 1 811 m

Végétation : arbres de montagnes à feuilles persistantes, mélange d'arbres à feuilles caduques, savane, étendues de bambous, marais, prairies

Formant une immense étendue de forêts, les réserves naturelles de Thung Yai Naresuan et de Huai Kha Khaeng, dans le sud de la Thaïlande, couvrent 6 427 km². Elles constituent la plus grande zone protégée du Sud-Est asiatique. Leurs forêts concentrent une grande partie de la faune et de la flore de la région. Elles sont aussi le cœur d'un ensemble forestier constitué par 17 parcs et réserves. La réserve d'Huai Kha Khaeng est inhabituelle car elle englobe tout un bassin hydrographique, notamment les sources et le lit sablonneux de la rivière Kha Khaeng. Plusieurs autres vallées et chaînes de montagnes la jouxtent, formant le Thung Yai Naresuan qui se distingue par ses rivières différentes les unes des autres bien qu'elles soient toutes limpides. La majeure partie de la contrée est constituée de roche calcaire datant du paléozoïque. Les falaises, les dépressions et les grottes sont caractéristiques des paysages karstiques tropicaux. Des roches d'intrusion granitiques procurent des sels minéraux à la faune abondante, en particulier au dernier troupeau de buffles d'eau sauvages de Thaïlande. **AH**

LA GROTTE DE KHAO CHONG PHRAN

RATCHABURI, THAÏLANDE

Superficie de la montagne : 72 ha
Nombre estimé de chauves-souris : 2 900 000
Quantité maximale de chauves-souris sortant par seconde : 2 100

Le spectacle offert par la sortie nocturne des chauves-souris au « museau ridé » vivant sur la petite colline calcaire de Khao Chong Phran est devenu très populaire en Thaïlande. Chaque année plus de 120 000 visiteurs contemplent le flot ininterrompu des créatures ailées qui s'échappent d'une grotte en fin d'après-midi. Les chauves-souris décrivent des zigzags et des courbes au-dessus des rizières, considérablement bien qu'elle ne s'interrompe qu'au bout de plusieurs heures. À l'aube, le retour des chauves-souris est tout aussi impressionnant. Elles se précipitent à vive allure dans l'ouverture de la grotte, comme si elles étaient happées par une force souterraine.

Le nom *Khao Chong Phran* signifie « La montagne de la grotte du chasseur » car les chauves-souris ont longtemps constitué une source de protéines très appréciée par les habitants de la région. Cependant, le guano issu de leurs déjections est encore plus précieux puisqu'il s'agit de l'un des engrais les plus riches et les plus recherchés. L'amélioration des

> *Les chauves-souris décrivent des zigzags et des courbes au-dessus des rizières, formant une nuée compacte souvent prise pour du brouillard. Selon les estimations des écologistes, elles seraient deux à trois millions dans la grotte…*

formant une nuée compacte souvent prise pour du brouillard. Selon les estimations des écologistes, elles seraient deux à trois millions dans la grotte, mais celle-ci n'en est pas moins surnommée dans la région « la grotte au milliard de chauves-souris ».

Les premières apparaissent parfois deux heures avant le crépuscule. Elles sont accueillies par les clameurs des observateurs, mais aussi par les faucons affamés qui se tiennent en embuscade. Le nombre de chauves-souris s'envolant de la grotte augmente rapidement. Il peut y en avoir jusqu'à 2 000 par seconde. Elles dégagent une odeur âcre et émettent des sons qui rappellent une lointaine cascade. Après le crépuscule, leur colonne diminue moyens de transport, l'apparition de filets pour capturer les chauves-souris et la demande croissante de guano ont commencé à menacer l'existence de la colonie si bien que dans les années 1980 celle-ci a bénéficié d'une protection officielle. À présent, les villageois produisent chaque semaine 800 seaux de guano. Les bénéfices de la vente sont destinés aux communautés de la région.

La grotte elle-même est éclairée et aérée par de nombreux orifices. Cependant, les visiteurs préfèrent observer les chauves-souris de loin, afin de ne pas respirer l'odeur fétide qui règne à l'intérieur. Seuls les fabricants de guano s'aventurent dans les tréfonds nauséabonds de la caverne. **AH**

LES LACS DE THALE SAP

SONGKHLA, THAÏLANDE

Superficie des lacs : 1 500 km²
Âge : 5 000 ans
Profondeur moyenne : 2 m

Quatre grands lacs reliés entre eux et appelés Thale Sap ou « Mer d'eau douce » s'étendent dans la partie de la Thaïlande formant une péninsule. D'une profondeur moyenne de 2 mètres, ils constituent une voie navigable de 80 kilomètres de long. Celle-ci est apparue il y a 5 000 ans, mais ce sont les sédiments du fleuve Talung qui, il y a 150 ans, en recouvrant l'île de Koh Yai et en ne laissant qu'un petit canal étroit freinant le passage de l'eau, ont donné aux lacs leur forme actuelle.

Si l'eau du Thale Noi est fraîche et celle du Thale Songkhla salée, celle qui se trouve dans les deux lagons intermédiaires est saumâtre, d'où un écosystème sophistiqué que trouble seulement la mousson. Ce changement graduel des conditions naturelles explique la diversité de la faune et de la flore, que l'on remarque surtout au nombre d'oiseaux et au spectacle offert le matin par les lotus et les nénuphars de Thale Noi. Thale Sap est devenue la principale pêcherie de Thaïlande. Plus de 1,5 million de personnes dépendent du lac pour survivre. Malheureusement, ce fragile écosystème est menacé par la pollution et le développement industriel qui risquent d'entraîner une diminution du débit de l'eau. **AH**

LA MONTAGNE KHAO KHITCHAKUT

CHANTHABURI, THAÏLANDE

Superficie du parc national de Khao Khitchakut : 59 km²
Altitude : 1 085 m
Hauteur de la cascade : 100 m

L'un des plus petits parcs nationaux de Thaïlande, Khao Khitchakut, est un gros rocher de granit recouvert de forêts, situé en bordure d'une chaîne de montagnes parmi lesquelles figurent celles des Cardamomes au Cambodge. Ses versants en pente sont parcourus de nombreuses cascades en gradins. La plus remarquable est celle de Krathing qui dégringole le long d'une ravine jonchée de gros galets, rebondissant sur treize gradins, que bordent des bambous. Parmi les nombreux pics de Khao Khitchakut, Khao Phrabat est le plus haut et le plus célèbre. Son sommet arrondi est émaillé d'énormes rochers de forme sphérique. Il attire chaque année des milliers de bouddhistes qui s'y rendent à pied pour vénérer « les empreintes » de Bouddha.

Le vaste sommet ondulé de Khao Phrabat est parsemé de gros blocs de pierre qui surplombent la forêt. Sculpturaux, ils évoquent des formes reconnaissables, comme la sébile d'un moine, une tortue géante et un éléphant. Ils sont dotés de niches et d'alcôves dans lesquelles se trouvent des sanctuaires et des sculptures de Bouddha. **AH**

LES ÎLES SIMILAN

PHANG-NA, THAÏLANDE

Nombre d'îles : 9
Zone protégée : 128 km²
Âge : 230 à 330 millions d'années

Les neuf îles Similan sont les joyaux de la mer d'Andaman. Ces affleurements granitiques, peu étendus, sont recouverts de forêts épaisses peuplées de singes. Leur formation est le résultat d'une extrusion du magma qui s'est morcelé en refroidissant. Au fil des ans, l'érosion a poli ces grands rochers qui ressemblent maintenant à un enchevêtrement de gros blocs de pierres. Cependant, le véritable trésor gît sous les vagues. Les récifs de corail comptent en effet parmi les plus beaux du monde. Ceux qui se trouvent à l'ouest descendent jusqu'au fond de la mer, et abritent une faune sous-marine très riche. Bien qu'ils soient exposés aux tempêtes de la mousson du sud-ouest, ils ne disparaissent pas sous le sable grâce aux courants. Les récifs offrent également un étonnant labyrinthe de couloirs et d'escarpements rocheux.

Le long des rivages situés à l'est, le temps plus calme a favorisé l'apparition de plages de sable et de récifs en pente douce, tout aussi divers mais moins spectaculaires. La création en 1982 d'un parc national sur les îles jusqu'alors inhabitées a stoppé avant qu'il ne soit trop tard la pratique de la pêche à la dynamite et au chalut, responsable de nombreux dégâts. **AH**

À DROITE : *Les eaux cristallines des îles Similan.*

LA MONTAGNE KHAO PHANOM BENCHA

KRABI, THAÏLANDE

Altitude de Khao Phanom Bencha : 1 350 m
Végétation : forêt tropicale humide

La grande montagne granitique de Khao Phanom Bencha se dresse au-dessus des plages éblouissantes et du paysage karstique de la province côtière de Krabi. Son nom signifie « La montagne priant à cinq endroits » et fait référence à la coutume bouddhiste et musulmane de se prosterner pour prier. Les cinq pics de la montagne sont alignés, indiquant le lieu le plus sacré, le temple de la Grotte du Tigre. Khao Phanom Bencha domine toute la région. Sa riche forêt tropicale renferme d'immenses arbres de 40 mètres de haut aux énormes racines arc-boutées qui offrent un contraste avec la monotonie des plantations de caoutchouc situées autour.

Les bassins limpides, les plages de sable et les cascades en gradins de Huay To ont fait de la région un lieu de tournage très apprécié. Les cascades de Huya Sakae et de Yod Maphrao se déversent le long de falaises abruptes, et sont particulièrement impressionnantes à la saison des pluies, quand le débit de l'eau est si puissant qu'il fait jaillir des nuages d'écume blanche. **AH**

LA MONTAGNE SAM ROI YOT KHAO

PRACHUAP KHIRI KHAN, THAÏLANDE

Superficie : 98 km²
Point culminant : 605 m
Âge : 225 à 280 millions d'années

Entourée de marais et de plaines côtières, cette montagne calcaire déchiquetée ressemble à une île enclavée dans la péninsule thaïlandaise. Son nom, Sam Roi Yot, a plusieurs significations possibles. Il désignerait « les 300 survivants » du naufrage d'un navire marchand ou une plante indigène dite aux « 300 tiges », mais lorsque l'on arrive par le nord, la silhouette dentelée de la montagne fait pencher pour la troisième interprétation c'est-à-dire « la montagne aux trois cents cimes ». La plaine quasi parfaite qui l'encercle la rend encore plus spectaculaire. Avec ses falaises escarpées et ses pics coniques, elle semble presque incongrue auprès des paisibles marais qui la jouxtent.

Certains signes montrent que Sam Roi Yot fut une île étonnante et hostile, proche du littoral, notamment ses plages en hauteur, ses falaises à la base étroite, son sol riche en coquillages. Aujourd'hui enclavé dans les terres, elle est facile d'accès. Ses plages, ses grottes, ses ressources ornithologiques et ses paysages en ont fait un parc national relativement petit, mais très fréquenté. Cependant, la montagne reste en grande partie inaccessible et constitue une toile de fond imposante. AH

LA PÉNINSULE PHRA NANG

KRABI, THAÏLANDE

Âge de la roche :
225 à 280 millions d'années

Âge des fossiles :
20 à 40 millions d'années

Réputée pour ses plages, la Péninsule Phra Nang (« Princesse ») doit sa popularité à ses affleurements calcaires spectaculaires alternant avec des plages de sable blanc, bordées à une extrémité de cocotiers et à l'autre de falaises de 250 mètres de haut. Les terrains karstiques s'étendent des impressionnantes collines entourées de terre jusqu'aux rochers s'élevant dans la mer d'Andaman et jusqu'aux îles dotées d'un littoral escarpé et de plages sublimes. De nombreuses légendes tentent d'expliquer l'origine du fabuleux paysage de la péninsule. L'une d'elles raconte qu'un ermite en colère transforma en rochers les invités d'une noce bruyante ainsi qu'un serpent de mer géant. En fait, ces roches permiennes existent depuis des millions d'années. C'est la mer qui les a sculptées. Quelles que soient leurs croyances, les pêcheurs bouddhistes et musulmans vénèrent la péninsule et font régulièrement des offrandes au sanctuaire de la grotte de Phra Nang. Un chemin abrupt mène à l'étang de la Princesse, isolé, entouré de falaises et alimenté à marée haute par un tunnel souterrain. Le « cimetière des coquillages », aux roches sédimentaires remplies de fossiles, offre un contraste avec les plages de sable. AH

LES CHUTES DE SRI PHANG-NGA

PHANG-NGA, THAÏLANDE

Hauteur des chutes de Sri Phang-Nga : 63 m
Superficie du parc national de Sri Phang-Nga : 246 km²

Dans cette région de la péninsule thaïlandaise si gâtée par la nature, les chutes d'eau de Sri Phang-Nga sont à tort un peu négligées car elles méritent le détour.

Le parc national de Sri Phang-Nga fut créé en l'honneur des 60 ans du roi. C'est un espace de 246 km² constitué de collines très boisées, de rivières, de falaises, et de trois superbes cascades. Celle appelée Tam Nang est un torrent impétueux à la saison des pluies, qui dure ici de mai à novembre. En aval, ses étangs sont remplis de grands poissons nourris le week-end par la population locale. La chute Ton Ton Sai rebondit sur un unique et gros rocher, tandis que la Ton Ton Toei se déverse d'une falaise culminant à 45 mètres.

Ces nombreuses cascades sont assez impressionnantes, mais leur charme tient surtout à leur situation puisqu'elles se trouvent au cœur d'une forêt vierge toujours verte, ornée d'arbres gigantesques, de ruisseaux et de criques. La seule piste traversant la forêt est une route assez dure et très pentue, aux montées escarpées et aux descentes glissantes, traversée de cours d'eau. Cependant, la nature enivrante de cette contrée vaut bien une telle randonnée. AH

LE MONT KHAO LUANG

KHAO LUANG, THAÏLANDE

Hauteur : 1 835 m
Superficie : 570 km²

Le Khao Luang, « toit vert » de la péninsule thaïlandaise, dont il est le point culminant, est constitué de roche ignée au calcaire épars. Il reçoit des pluies des moussons de l'est et de l'ouest. La saison humide peut durer neuf mois, donnant naissance à beaucoup de gros ruisseaux et à de puissantes chutes d'eau. La Garom, la Phrom Lok et la Tha Phae sont des chutes en gradins, rebondissant au milieu de la forêt tropicale. La plus réputée est cependant la Narn Fon Sen Har, qui fut représentée pendant de nombreuses années sur le plus gros billet de banque thaïlandais. Le Khao Luang (« la grande montagne ») occupe une place importante dans l'histoire thaïlandaise moderne. En 1988, de fortes pluies, conjuguées à une déforestation, provoquèrent des glissements de terrain catastrophiques, tuant plus de 300 villageois. Par la suite, la commercialisation du bois fut interdite dans tout le pays.

Une excursion de trois jours mène au sommet de la montagne vous faisant suivre les ruisseaux et traverser de superbes forêts d'arbres à feuilles persistantes. Les 300 espèces différentes d'orchidées qui poussent sur les versants fertiles de Khao Luang témoignent de sa richesse biologique. AH

LA BAIE DE PHANG-NGA

PHANG-NGA, THAÏLANDE

Âge de la roche : 225-280 millions d'années
Superficie de la baie : 350 km²
Nombre d'îles : 40

Dans la baie de Phang-Nga, sur le littoral de la mer d'Andaman, le profil en dents de scie d'îles calcaires spectaculaires aux falaises abruptes pouvant atteindre 400 mètres de haut, se détache au milieu des eaux calmes et des mangroves. Ces îles sont environ une quarantaine dans cette grande baie peu profonde protégée des pires tempêtes de la mousson.

secret derrière leurs falaises grêlées. De sombres tunnels situés au niveau de la mer vous mènent à l'intérieur d'amphithéâtres naturels à ciel ouvert, encadrant un bassin d'eau de mer bordé de petites plages isolées. La tranquillité est assurée : l'accès n'est en effet possible que par canoë et bien souvent seulement à marée basse.

Le paysage karstique de la baie de Phang-Nga se trouve près des villes touristiques de Phuket et Krabi. Les croisières débutent par des canaux sinueux au milieu des mangroves, permettant d'admirer d'énormes protubérances calcaires se détachant sur l'horizon. Les mangroves s'éclaircissent ensuite, permettant de jouir du

> *De sombres tunnels situés au niveau de la mer vous mènent à l'intérieur d'amphithéâtres naturels à ciel ouvert, encadrant un bassin d'eau de mer bordé de petites plages isolées.*

Une crête calcaire permienne très découpée court le long de la Thaïlande occidentale. Elle fait partie de la chaîne du Tenasserim et est due à l'accumulation des coquillages et des coraux au fond d'une mer qui s'étendait entre la Chine et Bornéo. Le soulèvement qui a créé l'Himalaya a fait remonter ce dépôt à la surface, puis ce dernier s'est fracturé. Les changements de niveau de la mer, le ressac, l'humus légèrement acide et le ruissellement ont sculpté la roche pour donner ce karst d'une beauté époustouflante.

Avec leur superficie moyenne d'un kilomètre carré et une végétation clairsemée à leur sommet, la plupart des îles cachent souvent un paysage marin parsemé d'îles. Grâce à sa superbe apparition dans un film de James Bond, Koh Tapu, « L'Ongle », est l'île la plus célèbre. C'est une colonne toute droite creusée par les vagues à sa base et semblant prête à basculer. À Koh Panyi, au milieu de la baie, un village de 500 musulmans, construit sur pilotis, a été amarré à l'île. Ailleurs, des grottes recèlent des peintures rupestres datant de 3 000 ans, ou encore des nids de salanganes, véritable richesse économique, très convoités car utilisés dans une soupe particulièrement appréciée. **AH**

À DROITE : *Les spectaculaires colonnes calcaires de la baie de Phang-Nga.*

CHUTES DU KHAO LAMPI

PHANG-GNA, THAÏLANDE

Hauteur des chutes : 622 m
Âge de la roche : de 60 à 140 millions d'années

Non loin des sables blancs de Thai Muang Beach, au sein du même parc national, se dresse le dôme granitique du Khao Lampi. Couverte de forêts tropicales, cette montagne de hauteur modeste donne pourtant naissance à de nombreux cours d'eau, dont les chutes dévalent les pentes avec impétuosité. Vieux de 60 à 140 millions d'années, le granit du Khao Lampi est riche en quartz et en mica. Ces minéraux sont transportés en contrebas vers la plage de Thai Muang. Les grandes chutes de Lampi, qui attirent les baigneurs au pied de la montagne, se poursuivent sur plusieurs niveaux plus sereins. Si les chutes les plus éloignées sont moins turbulentes, elles n'en sont pas moins attirantes par la grâce de leur somptuosité. Les représentants de la faune sont le cochon sauvage, le muntjac et le python réticulé, auxquels s'ajoutent des espèces menacées comme la tortue épineuse et la vipère des mangroves. Du côté des oiseaux, on retiendra le fauconnet moineau et la bondrée orientale. L'observation botanique est l'un des passe-temps favoris des visiteurs, avec une flore luxuriante, dont les fleurs de bananier et plusieurs espèces d'orchidées. AH

PLAGE DE THAI MUANG

PHANG-GNA, THAÏLANDE

Longueur de la plage : 20 km
Ponte des tortues : de novembre à avril

La Thaïlande est réputée pour ses eaux claires et ses grandes plages de sable blanc, au sud du pays. Au nord des plages de l'île de Phuket, le long de la mer d'Andaman, Hat Thai Muang est l'une des plus célèbres. Cette vaste étendue de sable, bordée de pins australiens, descend vers la mer, accueillant les amateurs de soleil et de baignades pendant une bonne moitié de l'année. Pendant la mousson, les vagues géantes la transforment en une étroite bande de terrain accidenté, battue par de dangereux courants. La flore se fonde essentiellement sur la mangrove à l'est, les cocotiers, les forêts de sable et les forêts humides, qui s'accommodent bien des sols sableux. La plage est protégée, car elle abrite deux espèces de tortues, la tortue luth et la tortue olivâtre, qui y viennent pour se reproduire. Lorsque les femelles ont pondu, les gardes transportent les œufs dans une « nurserie » où ils sont surveillés, car c'est un mets très recherché, qui atteint des prix faramineux, même si ce commerce est désormais interdit par la loi. Les œufs incubent pendant 69 jours, et les bébés tortues sont rejetés à la mer. AH

LE PARC NATIONAL DU KHAO LAK-LAM RU

PHANG-NGA, THAÏLANDE

Altitude : 1 077 m
Superficie : 125 km²
Type d'habitat : milieu maritime et forêt d'altitude

Le parc national du Khao Lak-Lam Ru renferme de superbes sites naturels. Il offre une excellente transition entre la mer et la montagne avec ses îles proches du littoral et sa côte jalonnée de longues plages de sable et de petites criques plus intimes. Le plus bel endroit est Laem Hin Chang, « la péninsule de l'éléphant ». Derrière les mangroves, les estuaires et le lagon d'eau douce bordant le littoral, le terrain s'élève peu à peu avec l'apparition de plaines, de prairies, de vallées boisées au fond desquelles coulent des rivières, et enfin d'une forêt tropicale de montagne. La région a été classée en parc national en 1989.

Le Khao Lak, qui contenait autrefois des mines d'étain, est aujourd'hui une escale plaisante pour la plongée, moins fréquentée que d'autres sites. Peu de gens viennent pour la montagne. À l'intérieur des terres, des sentiers mènent à différentes chutes d'eau. Parmi celles-ci, certaines ont déjà servi de lieu de méditation pour les bouddhistes, comme celle de Lam Ru, à cinq niveaux, et celles de Tasawan, plus éloignées. À l'origine, ces dernières s'appelaient Bang-pisad. **AH**

LA CHUTE D'EAU D'ERAWAN

KANCHANABURI, THAÏLANDE

Hauteur de la chute : 150 m
Type de roche : calcaire

Se déversant d'une hauteur de 150 mètres, en rebondissant sept fois, la chute d'eau d'Erawan est la plus célèbre de Thaïlande. Elle se trouve au cœur du parc national du même nom. À son pied, se dresse un arbre géant considéré comme sacré par les pèlerins qui puisent l'eau de la rivière adjacente afin de se soigner ou d'être bénis. À chaque niveau de la cascade se trouvent des bassins d'eau profonds et attrayants, le plus beau étant celui du troisième gradin avec son amphithéâtre naturel. Du carbonate de calcium en suspension a été arraché à la roche calcaire environnante, puis s'est dissous avant de se redéposer, conférant aux bassins une teinte d'un bleu laiteux. Ces dépôts en suspension font miroiter l'eau qui court sur les pierres, donnant aux rochers les plus bas un aspect plus lisse et plus arrondi. Un sentier mène au sixième gradin de la cascade. Une fois là-haut, les visiteurs doivent escalader une falaise pour atteindre le septième niveau. Ce dernier rappelle la tête de l'éléphant d'Erawan (l'éléphant à trois têtes de la mythologie hindoue), d'où le nom de la cascade. **AH**

CAMBODGE

LES ARBRES DU TEMPLE DE TA PROHM

CAMBODGE

Végétation : forêt tropicale de plaine
Âge de la forêt : 600 ans
Superficie du temple de Ta Prohm : 70 ha

En 1860, l'explorateur et naturaliste Henri Mouhot tomba sur les ruines d'un temple de l'ancienne civilisation khmère, dissimulé dans la jungle des environs d'Angkor. Il n'était pas le premier Européen à le découvrir, mais ses récits et ses dessins évocateurs révélèrent au reste du monde la pure splendeur de son architecture et des magnifiques sculptures. Angkor était alors envahi par la forêt. Mouhot écrin de verdure. Ta Prohm, en revanche, est un grand complexe que l'on a délibérément laissé presque dans l'état où Mouhot l'avait trouvé. Construit au XIIe siècle, il se présentait autrefois comme un grand monastère de 70 hectares, qui accueillait 12 640 personnes. Il fut abandonné deux siècles plus tard, et la forêt arrosée par la mousson prit rapidement le dessus. Les mûriers, les figuiers ou d'autres arbres se sont enracinés dans les murs et ont poussé le long de ces derniers. Ta Prohm a donc été laissé dans cet état « naturel », si l'on excepte un sentier aménagé pour les visiteurs et quelques renforcements destinés à éviter que

> *Les grands arbres enchâssaient les murs et les statues*
> *grâce aux puissantes circonvolutions de leurs racines,*
> *dans une lutte colossale et séculaire.*

écrivit à ce propos : « une végétation exubérante a tout investi, les galeries et les tours, si bien qu'il est difficile de se frayer un passage ». Par la suite, un autre visiteur, Élie Lare, ajouta : « la forêt étreint avec passion les ruines à l'aide de ses millions de branches noueuses ». Depuis, d'autres personnes ont décrit la façon dont les grands arbres enchâssaient les murs et les statues grâce aux puissantes circonvolutions de leurs racines, séparant lentement les pierres massives et faisant tomber les murs, dans une lutte colossale et séculaire. Cependant, dans le cadre de la restauration et de la protection des merveilles culturelles d'Angkor, la forêt a dû relâcher son étreinte et la plupart des temples, aujourd'hui, sont simplement sertis dans un les murs ne se détériorent davantage. Un grand nombre d'arbres, larges et hauts, font ployer leurs branches sur les murs effrités mais encore solides, leurs racines enchevêtrées se frayant un chemin dans la moindre anfractuosité. L'association des beautés naturelles et architecturales est unique. En se promenant à travers le fouillis de la jungle, au milieu des pierres massives tout à la fois séparées et liées par de beaux arbres tordus dans tous les sens, on peut s'imaginer ce que ressentirent les premiers explorateurs à la vue de ce merveilleux spectacle. **AH**

À DROITE : *Les racines enchevêtrées des arbres du temple de Ta Prohm.*

LE LAC TONLE SAP

CAMBODGE

Superficie du lac Tonle Sap : saison sèche : 2 600 km² ; saison des pluies : 13 000 km²

Débit de l'eau (Phnom Penh) : 39 995 m³ par seconde

Le lac Tonle Sap est le plus grand lac naturel d'Asie du Sud-Est et l'une des zones de pêche intérieures les plus importantes du monde. Il est apparu il y a moins de 6 000 ans lors du dernier affaissement de la plate-forme cambodgienne et joue maintenant un rôle primordial dans la régulation du débit du Mékong. Ce fleuve connaît en effet un phénomène unique : son cours change de direction deux fois par an. Chaque année, la mousson fait gonfler son débit, qui atteint à Phnom Penh 40 000 m³/s, ce qui provoque de fréquentes inondations pendant 7 mois. Lorsque l'eau monte, le Tonle Sap, affluent du Mékong, qui d'habitude draine le grand lac, inverse son cours et commence à le remplir. Le lac quadruple sa superficie, inondant les forêts et les zones agricoles avoisinantes. Puis les pluies décroissent et le Tonle Sap s'inverse à nouveau, vidant le lac. L'influence du flux et du reflux de ce fleuve se fait sentir bien au-delà du centre du Cambodge. En effet, cette rétention d'eau, suivie d'un apport abondant, réduit l'intrusion d'eau salée dans le delta du Mékong, au Vietnam, au moment de la saison sèche. **AH**

LES MONTAGNES DES CARDAMOMES ET DE L'ÉLÉPHANT

CAMBODGE

Point culminant des montagnes de l'Éléphant : 1 771 m

Superficie des montagnes des Cardamomes et de l'Éléphant : 10 000 km²

Type de forêt : forêt tropicale de plaine et de montagne

Les montagnes du sud-ouest du Cambodge sont encore relativement peu explorées. Elles abritent une nature vierge peuplée de tigres, de léopards et des animaux plus rares. Les montagnes de l'Éléphant, culminant à 1 771 mètres là où se dresse le mont Aural, sont en granit, alors que celles des Cardamomes voisines comportent surtout du grès du mésozoïque, avec parfois du calcaire ou des roches volcaniques riches en gemmes. Cette variété géologique, ainsi que la diversité de la pluviosité (entre 200 et 500 cm), donnent des terrains et des types de forêts très différents. La forêt de plaine située entre les deux chaînes de montagne est restée à peu près intacte. Ces montagnes isolées étaient le dernier bastion des Khmers Rouges avant leur chute en 1998. Sous leur régime, des personnes furent tuées par milliers dans ce secteur, mais, bizarrement, les soldats n'avaient pas le droit de tuer de grands animaux. Ce vaste site, préservé autrefois parce que la population était peu nombreuse, est maintenant officiellement protégé en raison de la menace grandissante de la chasse et de l'exploitation du bois. **AH**

TAÏWAN

LA GORGE DE TAROKO

TAÏWAN

Âge : 70 millions d'années
Point culminant : 3 700 m

La chaîne montagneuse de l'île de Taïwan est entaillée par la gorge escarpée et spectaculaires de la Liwu. Les falaises impressionnantes de cette dernière ont été formées par des millions d'années de soulèvements et d'érosion. La gorge de Taroko doit son existence à un enchaînement d'événements : plusieurs couches de sédiments calcaires se sont déposées au fond d'un océan, puis se sont pétrifiées ; de fortes pressions et la chaleur souterraine, pendant de très longues périodes, ont transformé ce calcaire en marbre, qui, en se soulevant, a créé les montagnes de Taïwan. Le soulèvement continu de cette couche de marbre dure et l'érosion de la rivière ont marqué le paysage, donnant par endroits une gorge de plus en plus profonde et abrupte de marbre poli.

Ce site est protégé et fait partie du Parc National de Taroko, qui abrite de nombreuses espèces endémiques : l'ours à collier, le macaque de Formose, le capricorne de Formose, l'écureuil de Formose à long nez, et de nombreux oiseaux, dont le faisan mikado et celui de Swinhoe, ainsi que la pie bleue de Formose.

Le parc jouit d'un cadre exceptionnel et comprend de nombreux sentiers pédestres, permettant d'agréables promenades ou des treks à plus haute altitude afin de profiter de la vue sublime. MBz

PHILIPPINES

LES CHUTES DE PAGASANJAN

LUÇON, PHILIPPINES

Profondeur de la gorge de Pagasanjan : 90 m
Hauteur des chutes de Pagasanjan : 23 m
Type de roche : volcanique

Les impressionnantes chutes de Pagasanjan (Magdapio) se trouvent au sud-est de Manille. Pour s'en approcher, il faut traverser des rizières et des plantations de cocotiers. Au village de Pagasanjan, les visiteurs prennent un banca philippin traditionnel (une pirogue de 6 mètres de long en bois de lawaan) ou une imitation en fibre de verre. Au début, la rivière décrit de lents méandres, puis la vallée cède la place à une gorge de 300 m de profondeur, et les flots paisibles se transforment en un torrent rocailleux. Les bancas mettent plus de deux heures pour remonter la rivière mugissante à contre-courant.

De chaque côté, les falaises en lahar ancien, un agglomérat de cendre volcanique, de boue et de rochers, sont coiffées d'une forêt luxuriante. La gorge se termine en cul-de-sac, et les chutes de Pagasanjan plongent dans un canyon encaissé, pour se déverser ensuite dans un large et profond bassin. Des radeaux en bambou conduisent les visiteurs les plus téméraires juste sous la cascade. Le voyage de retour, dans le sens du courant, à travers une série de quatorze rapides, est nettement plus court que l'aller. Certaines scènes d'*Apocalypse Now*, film de Francis Ford Coppola, ont été filmées ici. **MB**

LE LAC ET LE VOLCAN DE TAAL

LUÇON, PHILIPPINES

Superficie du lac de Taal : 244 km²
Hauteur de l'île Volcan : 300 m
Hauteur de la Crête de Tagaytay : 600 m

Le lac de Taal (ou Bonbon) se trouve dans un volcan, et le volcan de Taal se trouve dans un lac. Le volcan se dresse en effet dans une ancienne caldeira remplie d'eau, l'un des cratères les plus grands du globe. Moins ancien, le volcan de l'île Volcan renferme aussi un lac dans son cratère, tandis que ses pentes présentent un autre volcan plus petit avec un lac au centre (le lac jaune). Il a toujours été très actif, avec au moins 34 éruptions depuis 1572. La dernière eut lieu en 1977. Celle de 1965 fut particulièrement meurtrière : un énorme nuage de cendres fut éjecté jusqu'à 20 kilomètres dans les airs et l'explosion détruisit des palmiers situés à 4 kilomètres de là. En 1754, la lave ensevelit quatre villes ; l'éruption de 1911 fit 1 344 morts. Le volcan reste dangereux. Depuis février 1999, des geysers de 60 mètres de haut font jaillir de l'eau bouillante et de la boue tout près d'un sentier emprunté par les touristes.

On peut mieux observer le cratère et le lac d'un point élevé, par exemple du côté nord de la caldeira, sur la Crête de Tagaytay. Le lac abrite un serpent de mer venimeux qui se reproduit dans l'eau douce, ainsi que la seule sardine d'eau douce du monde. **MB**

LES MONTS CHOCOLAT

MER DE BOHOL, PHILIPPINES

Nombre de collines : 1 268
Hauteur : 30 à 100 m
Type de roche : calcaire

Les monts Chocolat sont de petites collines coniques situées sur l'île philippine de Bohol. Ils sont recouverts d'un tapis d'herbes rugueuses, vertes quand il pleut, mais virant au brun à la saison sèche, entre février et mai, d'où leur nom. Ces collines sont rassemblées sur un plateau calcaire au centre de Bohol. Leur origine est mystérieuse, car elles ne présentent aucun des caractères associés normalement aux paysages calcaires. À l'heure actuelle, on pense qu'elles auraient été érodées par la pluie. Les légendes locales donnent toutefois d'autres versions. L'une prétend que deux géants en colère se seraient lancé des rochers, puis s'étant réconciliés, seraient partis en laissant les pierres là où elles étaient tombées. Une autre raconte l'histoire du géant Arago qui serait tombé amoureux d'une mortelle, Aloya, et l'aurait kidnappée. Séparée de sa famille, celle-ci aurait eu le mal du pays et en serait morte. L'érosion des monts Chocolat serait donc due au torrent de larmes versé par l'inconsolable Arago. **MB**

LES RIVIÈRES SOUTERRAINE DE PUERTO PRINCESA

PALAWAN, PHILIPPINES

Longueur de la rivière souterraine de Puerto Princesa : 8 km
Hauteur de plafond des grottes : 60 m
Superficie du Parc national : 202 km²

Au sud-ouest des Philippines, à Palawan, une rivière longue et sinueuse passe sous les collines. Elle se jette dans la mer à un endroit envahi de mangroves, tout près du bord, où l'eau peu profonde regorge d'algues et de coraux. Une grotte spectaculaire renferme plusieurs grandes salles. Au-dessus, à l'extérieur, le paysage, dominé par des crêtes de karst très découpées, est grandiose. La forêt recouvrant les coteaux est l'une des plus riches d'Asie pour la diversité de ses arbres. C'est aussi l'une des mieux conservées des Philippines. Elle abrite des espèces endémiques, comme le porc-épic, la musaraigne et le paon de Palawan. Dans les grottes, on trouve 8 espèces de chauves-souris, et dans la rivière, des crevettes et des poissons. Bien que Palawan fasse partie des Philippines, sa flore et sa faune sont plus proches de celles de Bornéo en raison de son histoire géologique. Cette partie de terre s'est détachée du continent asiatique il y a environ 32 millions d'années, puis s'est déplacée vers les Philippines et s'est soulevée. Lorsque le niveau de la mer baissa, à l'époque glaciaire du pléistocène, Bornéo et Palawan furent reliées par une bande de terre, permettant à beaucoup d'espèces de passer de l'une à l'autre. **MW**

LE MONT KANLAON

NEGROS, PHILIPPINES

Hauteur du mont Kanlaon : 2 450 m
Superficie du Parc national du mont Kanlaon : 24 557 ha
Type de roche : volcanique

Le mont Kanlaon est l'un des six volcans les plus actifs des Philippines centrales et le point le plus haut de celles-ci. Il n'y a pas eu de grosse éruption depuis 50 ans, mais il est redevenu menaçant depuis quelques années. En 2002, la vapeur sortant du plus actif de ses deux cratères est montée à 200 mètres. Les autorités sont très attentives, car ce volcan est sujet à des jets pyroclastiques imprévisibles : des nuages de gaz brûlants qui roulent sur les pentes à plus de 160 km/h. Des ravines et des gorges sont profondément entaillées dans ses versants, qui se dissimulent au cœur des derniers et précieux vestiges d'une forêt vierge, à l'intérieur du parc national du mont Kanlaon.

La forêt abrite des plantes rares, comme des népenthès, des orchidées et des fougères mâles. Des espèces en voie d'extinction, à l'instar du suimanga à dos jaune, du perroquet à crête bleue et du calao de Visayan, occupent les arbres, tandis que le cochon verruqueux de Visayan et le cerf tacheté de Negros errent dans la forêt. Des pythons et des varans glissent au milieu du feuillage, et le dahoy pulay, serpent venimeux, s'enroule autour des branches. MB

CI-DESSOUS : *Les grottes de Cagayan masquées par la forêt.*

LES GROTTES DE LA VALLÉE DU CAGAYAN

LUÇON, PHILIPPINES

Profondeur de la grotte du Jackpot :
115 m

Longueur de la grotte Abbenditan :
15 km

Zone protégée de Penablanca :
4 136 ha

Le Cagayan est le plus grand fleuve des Philippines. Il abrite le célèbre et rare lurung mangeur d'algues, dont la chair parfumée est très appréciée des gastronomes. Mais, il est surtout bordé de grottes dans lesquelles auraient vécu les premiers habitants de la région il y a entre 100 000 et 400 000 ans. Celles d'Aglipay, à environ 10 kilomètres de Cabarroguis, dans la province de Quirino, comprennent 38 salles connues et six chutes souterraines dont la source n'a pas encore été découverte. Les grottes de Callao, qui se trouvent dans la zone protégée de Penablanca, dans la province de Cagayan, contiennent sept salles, dont la première a été transformée en chapelle. La grotte du Jackpot est la seconde des Philippines de par sa profondeur, tandis que celle d'Abbenditan, remplie d'eau, est l'une des plus longues. Dans la grotte San Carlos, une salle est appelée le « Salon des crèmes glacées » parce qu'elle est ornée d'un groupe de stalagmites blanches ressemblant à des cuillerées de glace à la vanille. Les grottes Victoria recèlent, quant à elles, des cavernes aussi grandes que des cathédrales. En tout, il y aurait plus de 350 grottes, mais seulement 75 d'entre elles ont été explorées. **MB**

LES RÉCIFS DE TUBBATAHA

MER DE SULU, PHILIPPINES

Superficie du Parc national de Tubbataha : 332 km²
Coraux : 300 espèces
Poissons : 379 espèces

Les récifs de Tubbataha sont formés de deux atolls distants de 8 kilomètres, dans la mer de Sulu. Ce sont les plus grands des Philippines. Chacun est en fait le sommet érodé d'un volcan éteint submergé et se présente sous la forme d'un atoll classique avec un lagon sablonneux peu profond, dont les bords plongent à pic à 100 mètres sous le niveau de la mer. Les animaux marins abondent : poissons-papillons, poissons-écureuils, grondeurs, mérous, et aussi requins, à aileron blanc ou noir, raies manta et raies aigles, ou encore labres Napoléon. Les dauphins se nourrissent des bancs de poissons. On trouve également des palourdes géantes, des tortues, ainsi que de nombreux oiseaux marins comme les fous à pattes brunes ou rouges, les noddis bruns et les sternes noires ou à grande crête.

Même s'ils se trouvent au large (à 181 kilomètres au sud-est de Puerto Princesa), les récifs ont été endommagés par les pêcheurs qui utilisent de la dynamite et du cyanure. Ils sont devenus un parc national maritime en 1988, et depuis des efforts ont été accomplis, réduisant ces pratiques destructrices. **MW**

LE LAC LANAO

MINDANAO, PHILIPPINES

Superficie du lac Lanao : 375 km²
Profondeur maximale du lac Lanao : 112 m
Âge : jusqu'à 20 millions d'années

Le lac Lanao est l'un des dix-sept lacs sans doute nés il y a plus de 2 millions d'années. C'est aussi le second des Philippines de par sa superficie et sa profondeur. Il se trouve à 700 mètres au-dessus du niveau de la mer. Au fil des ans, cinq petites îles ont surgi de ses tréfonds. Les légendes locales enseignent qu'il fut créé par un groupe d'« anges ». Les scientifiques suggèrent qu'il s'agit du cratère d'un ancien volcan qui s'est effondré. Il est entouré de villages de paysans, dans un décor de montagnes et de collines, parmi lesquelles les montagnes Signal et Arumpac, le mont Mupo et la bien nommée montagne de la Dame Endormie sont les plus remarquables. Le lac abrite un groupe de poissons appelé « le troupeau de l'espèce » qui englobe 18 espèces de poissons cyprinidés ayant évolué à partir d'une seule espèce : le barbeau tacheté. Quarante et une espèces de crabes d'eau douce, uniques dans la région, ont également élu domicile dans le lac. L'Agus, l'une des rivières les plus rapides des Philippines, de 37 kilomètres de long, se trouve à son embouchure. Au début du parcours qui la mène jusqu'à la mer, à Illana, elle donne naissance aux chutes Marie-Christine, baptisées ainsi en l'honneur d'une reine d'Espagne et maintenant contrôlées par un système hydroélectrique. **MB**

LE MONT APO

MINDANAO, PHILIPPINES

Hauteur du mont Apo : 2 954 m
Superficie du Parc national du mont Apo : 80 864 ha

À l'aube, on peut apercevoir le sommet du mont Apo, cône symétrique surplombant Mindanao, île méridionale des Philippines. Mais aussitôt après, la brume se lève au-dessus des forêts recouvrant ses pentes et l'enveloppant d'un nuage.

Comme sa silhouette le suggère, le mont Apo est un volcan. En sommeil depuis des siècles, il laisse cependant échapper des gaz chauds et sulfurés des fissures situées près de son sommet, d'où la création de formes jaunes bizarres et des sources chaudes qui donnent naissance à des cascades. Il est le point le plus haut des Philippines. Hormis des buissons et de l'herbe, rares sont les plantes qui poussent sur son sommet accidenté, où règne un climat frais. Environ 2 700 mètres plus bas, une forêt de solides arbustes aux racines recouvertes de mousses s'étire. Une variété de mousse, comptant parmi les plus hautes du monde, peut atteindre jusqu'à 25 centimètres. La taille des arbres et la biodiversité s'accroissent à plus basse altitude, là où s'étend une immense forêt tropicale, refuge de l'aigle des Philippines – l'un des plus grands – en voie d'extinction. MW

MALAISIE

LES LUCIOLES DE KAMPUNG KUANTAN

SELANGOR, MALAISIE

Végétation : forêt constituée majoritairement de mangroves
Répartition : sur 1 km le long de la rivière Perak

Le petit village de Kampung Kuantan s'étend le long de la rivière Perak, dans le sud de la Malaisie. Les forêts qui bordent le cours d'eau abritent la plus grande concentration de lucioles au monde. Connues localement sous le nom de *kelip-kelip*, c'est-à-dire « les scintillantes », celles-ci sont des coléoptères mâles de la famille des *Lampyridae*. Elles ne mesurent pas plus de 6 millimètres de long et vivent dans les mangroves. La lueur émise par un petit organe de leur abdomen attire les femelles. Chaque mâle envoie trois signaux lumineux par minute. Comme ils sont des milliers à s'agglutiner sur chaque arbre de la forêt, le spectacle est extraordinaire. À Tanjong Sari, à 200 kilomètres de là, d'autres lucioles se rassemblent et leurs lueurs synchronisées donnent l'impression que toute la forêt clignote. Cependant, les lueurs émises par les lucioles de Kampung Kuantan ne sont pas synchronisées, d'où un effet de scintillement de couleur verte. Mieux vaut contempler ce spectacle par une nuit sans lune, depuis la rivière. Les lucioles sont protégées par les coutumes locales et une loi nationale. AB

LE TAMAN NEGARA

PAHANG, MALAISIE

Superficie du Taman Negara : 4 343 km²
Diptérocarpacée la plus haute : 75 m

Au cœur de la Malaisie péninsulaire, le Taman Negara (qui signifie le « parc national ») abrite non seulement la plus vieille forêt tropicale humide du monde, mais aussi la zone protégée la plus vieille de Malaisie. Plus vieux que l'Amazonie ou le Congo, ce morceau de terre existe depuis 130 millions d'années. Sa forêt daterait de l'époque des dinosaures, lorsque les premiers petits mammifères à placenta évoluèrent, et lorsque les plantes à fleurs venaient juste d'apparaître. Le climat s'est refroidi, puis réchauffé et grâce à la chaleur tropicale et à la forte humidité, l'évolution a été extrêmement rapide. Cette forêt tropicale est l'une de celles où la biodiversité est la plus grande. À basse altitude, les diptérocarpacées prédominent, et leurs « graines à deux ailes » caractéristiques de cette famille d'arbres tapissent le sol. Le tualung, le plus grand arbre d'Asie, pousse également ici. Les éléphants d'Asie, les tapirs, les tigres indochinois, les léopards et les ours malais arpentent la forêt. Parmi les oiseaux, citons la présence du grand argus, dont les mâles ont les plumes des ailes et de la queue très longues. À haute altitude, la forêt est plus clairsemée, avec des petits arbres, des palmiers éventails et des sphaignes. MW

LES GROTTES DE BATU

MALAISIE

Nom local : Gua Batu
Habitat : grottes calcaires tropicales
Âge : 60 à 100 millions d'années

L'existence de ces cavernes ne fut révélée au monde occidental qu'en 1878, lorsque l'explorateur américain William Hornbay les visita. Situé à seulement 13 kilomètres de la capitale, Kuala Lampur, Gua Batu regroupe trois grottes principales et une quatrième plus petite. Toutes sont dues à l'érosion des formations calcaires vieilles de 400 millions d'années. La plus vaste, la grotte cathédrale, a une longueur de 400 mètres. Elle est appelée ainsi car les habitants de la région la considèrent comme un lieu sacré et parce que son plafond atteint 100 mètres de haut. Plus bas, la Grotte Obscure présente un réseau de galeries et de tunnels de 2 kilomètres de long où les déjections de 5 espèces de chauves-souris alimentent une communauté d'invertébrés comptant 170 espèces différentes. Les grottes abritent aussi une mygale primitive. Ornées de magnifiques stalactites et stalagmites, elle ont une grande importance pour les Hindous. C'est en effet là que se tient en janvier ou en février, le Thaipusam, qui attire plus de 800 000 fidèles. La région comprend plus de 500 montagnes calcaires et 700 grottes. AB

LES CASCADES DE KANCHING

MALAISIE

Superficie du parc Templer : 500 ha
Végétation : forêt tropicale des plaines
Type de roche : calcaire

Le parc Kanching et le parc Templer se trouvent juste à une heure en voiture de la capitale, Kuala Lumpur. Longeant la montagne calcaire de Bukit Takun qui existe depuis un million d'années, ils se signalent par leur paysage très pittoresque et l'immense diversité de leur faune. Le parc Kanching (aussi appelé Hutan Lipur Kanching ou forêt de Kanching) comprend sept cascades et un réseau de sentiers pédestres, au milieu des montagnes et des escarpements. Il attire beaucoup de touristes le week-end. Cependant, les chemins situés au-dessus de la troisième cascade sont moins encombrés. En amont de la dernière cascade, Lata Bayas, ces sentiers aboutissent à un plateau boisé où la rivière Kanching prend sa source et qui est également jalonné de chemins pédestres balisés. La forêt est un superbe vestige de celle qui recouvrait autrefois l'État de Selanagor, devenu l'un des plus peuplés et des plus industrialisés de Malaisie. Le parc contient aussi des sentiers traversant la jungle et de superbes cascades dévalant des pentes et des promontoires calcaires. Citons également la présence de bassins naturels. Parmi la faune apparente, figurent l'écureuil volant de Kinloch, les guêpiers et les turnix. **AB**

KINABALU

SABAH, MALAISIE

Hauteur du Kinabalu : 4 102 m
Habitat : forêt tropicale d'arbres à feuilles persistantes, forêt clairsemée, broussailles alpestres et tapis de plantes.
Superficie du parc national : 4 343 km²

Kinabalu, la plus haute montagne du Sud-Est asiatique, est un bloc de granit au sommet plat situé à 113 kilomètres de l'extrémité nord de Bornéo, dans l'État indépendant de Sabah. Avec ses quatre zones réparties à des altitudes différentes et ses multiples anfractuosités, plaines et pentes, elle se distingue par une si grande diversité d'habitats que sa flore est l'une des plus riches et les plus variées du monde. Parmi les 4 000 espèces de plantes qui y poussent, 400 sont uniques, notamment 30 espèces de gingembre sauvage, 750 espèces d'orchidées, 60 espèces de fougères et 15 espèces de népenthès. La zone alpine comporte la plus grande plante carnivore du monde qui peut absorber 3,5 litres d'eau. Les forêts de plaine abritent la plus grande fleur du monde, la *Rafflesia*. Plus de 250 espèces d'oiseaux ont été répertoriées dont le pouillot, le garrulaxe mitré et la témia malaise. Dans les forêts plus basses, on peut apercevoir le calao rhinocéros. Parmi les autres animaux figurent des toupayes du sud, des panthères nébuleuses, des loris paresseux, des pangolins et un gecko. **AB**

À DROITE : *Le plateau de granit à sommet plat du Kinabalu.*

GUA GOMANTONG

SABAH, MALAISIE

Végétation : forêt de plaine
Type de roche : calcaire
Âge : 60 à 100 millions d'années (calcaire) ; 10 à 30 millions d'années (grottes)

Gua Gomantong comprend deux grottes calcaires renommées pour leurs colonies de salanganes. Les nids de ces dernières sont ramassés deux fois par an, de février à avril, et de juillet à septembre, car ils permettent de confectionner une soupe. La première grotte, appelée Simud Hitam accueille des salanganes qui mélangent leur salive à des plumes pour fabriquer leurs nids. De couleur noire, ces derniers sont moins prisés que les blancs. La seconde grotte, Simud Putch, plus difficile d'accès, renferme des nids blancs. Composés presque uniquement de salive de salangane, ils rapportent jusqu'à 1500 dollars le kilogramme. Les grottes, qui n'étaient accessibles que par le fleuve, le sont maintenant aussi par la route. Pour les visiter pendant la saison de la récolte des nids, il convient de demander l'autorisation au service de Sabah qui s'occupe de la forêt. Au crépuscule, environ deux millions de chauves-souris s'envolent des grottes en formant des spirales. Les faucons et les couleuvres d'Asie les guettent, s'en emparant en plein vol. Les faucons pèlerins font la même chose de jour avec les salanganes. Le sol des grottes est jonché d'invertébrés qui se nourrissent de guano. Pour éviter que les touristes ne troublent ce fragile écosystème, des passages en bois ont été installés. **AB**

LA VALLÉE DANUM

SABAH, MALAISIE

Superficie de la vallée : 438 km²
Végétation : forêt tropicale de plaine

Comportant l'une des rares forêts tropicales intactes de Bornéo, et du Sud-Est asiatique d'ailleurs, la vallée Danum est renommée pour sa faune. Parmi les 124 espèces de mammifères recensées figurent le rare rhinocéros à deux cornes de Sumatra, le sanglier à barbe, le chevrotain malais, le chat de Bornéo, l'ours malais, la panthère nébuleuse, le gymnure, le pangolin, l'écureuil volant et plusieurs espèces de primates dont le tarsier, le gibbon, et l'orang-outang. Plus de 275 espèces d'oiseaux peuvent être aperçues, notamment le faisan de Bulwer, la barite chauve, plusieurs brèves et le calao.

La forêt comporte en majeure partie des diptérocarpacées, mais aussi d'immenses figuiers. Lorsque la période de fructification est arrivée, ces derniers attirent une faune importante dont des animaux rares comme la civette malaise et le sambar. La vallée forme une partie de la Réserve de la vallée Danum. Elle comprend plus de 50 kilomètres de sentiers pédestres. Un chemin situé à une hauteur de 27 mètres offre un site d'observation idéal pour admirer la vie de la forêt tropicale. **AB**

À DROITE : *La forêt tropicale luxuriante de la vallée Danum.*

LA RIVIÈRE DE KINABATANGAN

SABAH, MALAISIE

Longueur de la rivière Kinabatangan : 560 km

Superficie du bassin de la rivière Kinabatangan : 16 800 km²

La plaine inondable de la rivière de Kinabatangan est l'une des régions des environs de Bornéo, où la faune et la flore sont parmi les plus riches. C'est aussi l'un des deux seuls endroits au monde abritant dix espèces de primates. En raison des trois mètres de pluie qui tombent annuellement, la rivière sort fréquemment de son lit. Les étendues de forêts tropicales cèdent d'abord la place à des forêts marécageuses, puis vers l'embouchure de la rivière, à des forêts de mangroves baignées d'eau salée.

Ce lieu est le principal refuge des nasiques, singes des marécages qui franchissent à gué le lit de la rivière. Les forêts accueillent également une importante population d'orangs-outangs, ainsi que des gibbons de Bornéo. Les éléphants de Bornéo, sous-espèces de ceux d'Asie, sont relativement fréquents. Parmi les espèces d'oiseaux menacées figure la cigogne de Storm. Des crocodiles circulent au milieu des mangroves. Certaines grottes sont habitées par des millions de chauves-souris et de salanganes. Des pans entiers de terrain ont été déboisés pour permettre la plantation de palmiers servant à produire de l'huile de palme. Comme les inondations risquent de dévaster les plantations, les propriétaires ont tout intérêt à protéger la forêt. **MW**

LES GROTTES DE NIAH

SARAWAK, MALAISIE

Type de grotte : karstique

Hauteur de la grotte : 75 m

Les grottes de Niah sont prodigieuses dans tous les sens du terme et constituent les grottes les plus importantes de toute l'Asie du Sud-Est. Les archéologues y ont découvert d'anciennes habitations humaines, le crâne d'une jeune personne datant de 40 000 ans, des outils en pierre, en os et en fer ainsi que de nombreuses peintures rupestres. Aujourd'hui, les grottes sont habitées par des millions de chauves-souris ainsi que par des salanganes.

La plus grande, la Grande Grotte, est un amphithéâtre qui pourrait accueillir trois terrains de base-ball américains. Les grottes sont creusées dans un énorme bloc de calcaire appelé Subis. Elles occupent une surface de 16 km² et sont situées au nord-ouest de Bornéo. Elles font partie du parc national de Sarawak Niah, recouvert de riches forêts tropicales et dominé par un pic de calcaire, le Gunung Subis.

Le parc est accessible en chaloupe ou en véhicule depuis la ville de Miri. Pour atteindre les grottes, il faut parcourir 3 kilomètres à pied à travers la jungle en suivant un sentier fait de planches. **JK**

BORNÉO

LA GROTTE AUX EAUX CLAIRES

BORNÉO, MALAISIE

Longueur de la grotte aux Eaux claires : 108 km
Hauteur de Gunung Mulu : 2 377 m
Superficie du parc national de Gunung Mulu : 52 864 ha

Plus de 295 kilomètres de grottes et de cavernes creusées sous les montagnes calcaires du parc national de Gunung Mulu, dans le nord du Sarawak, n'ont pas encore été explorés. Un tiers d'entre elles se trouvent dans le corridor souterrain de la grotte aux Eaux claires, qui occupe la onzième place parmi les plus grandes du monde. La grotte du Vent fait partie de cet ensemble. Elle doit son nom aux brises fraîches qui soufflent en permanence dans ses couloirs. Elle mène jusqu'à la grotte des Eaux claires qui, avec ses 51 kilomètres, est la plus longue du Sud-Est asiatique. L'éclairage permet d'admirer les impressionnantes stalactites et stalagmites. Les grottes de Mulu sont exceptionnelles. Profondément enfoncée dans les montagnes, la chambre de Sarawak est la galerie la plus vaste du monde. Avec ses 600 mètres de long et ses 15 mètres de large, elle pourrait facilement contenir huit Boeing 747 mis bout à bout. Une autre grotte spectaculaire, celle du Cerf, se trouve dans la région.

Le parc de Mulu est également superbe. C'est le seul endroit au monde où poussent 108 espèces de palmiers. Il est aussi possible d'apercevoir huit espèces de calaos et une grenouille qui pond ses œufs dans les réservoirs d'eau des plantes carnivores népenthès. Quatre grottes sont ouvertes au public. MW

LE MONT GUNUNG API ET SES « PINACLES »

BORNÉO, MALAISIE

Hauteur des Pinacles : 45 m
Longueur de la randonnée dans la jungle : 7,8 km
Ascension escarpée : 1 000 m

Les spectaculaires « Pinacles » de Mulu se présentent sous la forme d'une vaste étendue d'aiguilles calcaires se dressant sur les versants du Gunung Api (« La montagne de Feu »). L'ensemble rappelle une forêt de pierres bleu argenté encerclée d'une épaisse forêt tropicale. Ces « pinacles » sont dus aux pluies diluviennes qui entraînent l'érosion du calcaire et donnent aux pics une forme acérée, provoquant l'apparition de crevasses étroites et de ravins entrecroisés. La première ascension du Gunung Api remonte seulement à 1978. Aujourd'hui, un sentier escarpé et difficile relie la vallée à la forêt tropicale, menant au cœur de la sinistre forêt de pierres. Puis, il se transforme en une montée presque verticale le long de rochers pointus couverts d'épais tapis de mousse. Des orchidées et des népenthès embellissent les affleurements calcaires et les arbres de montagnes chétifs. Une fois arrivés jusqu'aux aiguilles de pierre, les visiteurs se retrouvent souvent au-dessus de la couche nuageuse qui masque la gorge Melinau située en contrebas. Le voyage inclut un parcours en bateau, une randonnée et une ascension. DL

LA GROTTE DU CERF – MULU

MALAISIE-SARAWAK, SARAWAK / BORNÉO/ MALAISIE

Longueur de la grotte : 2 km
Largeur de la grotte : 175 m
Hauteur de la grotte : 125 m

Traversant un pic recouvert d'une forêt tropicale, la grotte du Cerf ou Gua Payau, à Bornéo, constitue le plus long passage souterrain du monde puisqu'elle s'étire sur 2 kilomètres. Elle est si vaste que cinq cathédrales semblables à celle de Saint Paul à Londres pourraient y tenir. Elle a été baptisée ainsi par les peuples Penan et Berawan qui, pendant des siècles, y ont chassé le sambar. Bien que les premières visites effectuées par des Occidentaux datent du XIXᵉ siècle, la grotte avait seulement été indiquée sur une carte en 1961 par le Dr G. E. Wilford. D'autres explorations eurent lieu sous l'égide de la Royal Geographical Society entre 1977 et 1979. La pluviométrie annuelle, de 5 000 millimètres, et la profondeur de la roche calcaire dans la région de Mulu sont à l'origine de cette merveilleuse grotte. Alimentée par les cascades qui traversent le plafond de cette dernière, une petite rivière se faufile par un trou et serpente le long du souterrain, en dissolvant progressivement le soubassement, d'où une lente augmentation des dimensions spectaculaires du couloir.

La grotte accueille une grande diversité de chauves-souris. Le soir, plus de deux millions d'entre elles s'en échappent en vol compact, formant une nuée qui semble interminable. Des milans quittent leurs aires situées en haut des falaises autour de l'entrée de la grotte pour fondre sur leurs victimes. Des centaines d'autres créatures cavernicoles vivent dans la grotte. Des araignées, des mille-pattes, des grillons et des blattes grouillent autour des milliers de tonnes de guano laissés par les chauves-souris. Ce guano en décomposition qui s'est accumulé pendant des millénaires dégage une odeur fétide d'ammoniac que l'on décèle de loin. Les salanganes ont confectionné leurs nids cimentés avec de la salive en hauteur, sur des saillies à l'équilibre précaire. La couleuvre d'Asie, le seul véritable reptile cavernicole, maîtrise parfaitement l'art d'attraper les chauves-souris. Elle les guette, puis les happe au passage lorsqu'elles s'envolent dans l'obscurité la plus complète. La grotte du Cerf se trouve dans le parc national de Gunung Mulu. Elle est accessible par un sentier qui traverse la jungle. DI

> *La couleuvre d'Asie, le seul véritable reptile cavernicole, maîtrise parfaitement l'art d'attraper les chauves-souris. Elle les guette, puis les happe au passage lorsqu'elles volent dans l'obscurité.*

L'ÎLE DE SIPADAN

KALIMANTAN TIMUR, BORNÉO

Type d'île : atoll volcanique
Profondeur de la mer : 600 m
Nombre d'espèces de poissons : 3 000

L'île de Sipadan, au large de la côte nord de Bornéo, est située au cœur des mers les plus riches du monde. C'est une île océanique formée de corail vivant poussant au sommet d'un volcan sous-marin éteint. Ses bords escarpés s'enfoncent dans la mer à 600 mètres de profondeur et sont le théâtre d'une vie sous-marine très colorée. Sur le versant nord de l'île, le « Drop Off » est un site de plongée. À quelques pas de la plage de sable, le fond de la mer semble soudain disparaître. Non loin de là, de nombreux barracudas, des carangues aux gros yeux, des poissons chauves-souris et une infinie variété de poissons (3 000 espèces) entourent les plongeurs.

L'île est aussi le lieu de ponte préféré des tortues vertes et des tortues « Carey ». Les caves calcaires sous-marines sont particulièrement intéressantes, avec leur labyrinthe de tunnels et de chambres, sans parler des squelettes de tortues qui, égarées, se sont noyées. Sipadan est minuscule, puisqu'on peut en faire le tour à pied en 20 minutes, mais dispose pourtant de plusieurs centres de plongée. JK

À DROITE : *Les eaux turquoise et les forêts luxuriantes de l'île de Sipadan.*

INDONÉSIE

LE MONT MERAPI

JAWA TENGAH, INDONÉSIE

Hauteur : 2 911 m
Statut volcanique : actif
Dernière éruption : 1998

Le mont Merapi, c'est-à-dire la « Montagne de Feu », est l'un des volcans les plus actifs et les plus dangereux du monde. Des éruptions ont lieu tous les deux ou trois ans, faisant jaillir des cendres et de la lave du centre du cratère. Un grand nombre d'entre elles sont suivies de jets pyroclastiques (des nuages de gaz brûlant), qui, à une température de 3 000 degrés, font fondre ou brûlent tout sur leur passage. En raison de son aspect, les habitants de la région appellent ce nuage de chaleur *wedus gembel*, ce qui signifie « mouton bouclé ». En 1994, le volcan tua 66 personnes sur sa pente sud-ouest. Malgré les dangers importants, 70 000 personnes habitent dans la « zone interdite » au pied du volcan, pour profiter des terres agricoles fertiles qui s'y trouvent. Chaque année lors du nouvel an javanais, les villageois tentent d'apaiser la montagne en lui faisant une offrande traditionnelle : le Sedekah Gunung.

Le volcan peut être gravi avec l'aide d'un guide. L'ascension difficile prend environ six heures. Juste avant l'aube, les grimpeurs peuvent observer la lave et les étoiles. Une fois au sommet ils peuvent apprécier le superbe panorama offert par les sommets des autres montagnes et l'océan bleu. MM

LE GUNUNG RINJANI

NUSA TENGGARA BARAT / LOMBOK, INDONÉSIE

Hauteur du Gunung Rinjani : 3 726 m
Taille de la Caldera : 8 km de l'est à l'ouest ; 5 km du nord au sud
Superficie du lac de cratère de Segara Anak : 1 125 ha

Deuxième volcan le plus haut d'Indonésie, Gunung Rinjani surplombe la « ligne de Wallace » qui sépare la zone asiatique de l'australienne. Dominant l'île de Lombok, le volcan, grâce aux vents humides qui soufflent du nord-ouest, permet la formation de nuages qui nourrissent en eau la forêt tropicale située au nord du volcan. Mais le sud-est de l'île reste sec. La caldeira du Gunung Rinjani, formée à la suite de l'effondrement d'un pic encore plus haut, est occupée par un lac en forme de croissant de 160 mètres de profondeur, le Segara Anak, qui doit sa teinte à la présence de minéraux. Un nouveau cône, Batujai, est entré en éruption en 1994, projetant de la lave dans le lac, des blocs de pierre au bord du cratère et des cendres sur la majeure partie de Lombok. À l'ouest, Bali et d'autres îles étaient rattachées à l'Asie continentale pendant les périodes glaciaires. Elles possèdent en commun beaucoup de plantes et d'animaux. Comme le détroit entre Bali et Lombok était trop profond pour que se forme un pont terrestre, la flore et la faune à l'est de Lombok sont caractéristiques de l'Australasie. La faune de Lombok est composée d'espèces introduites sur l'île comme le sanglier et le cerf de Java. **MW**

LE LAC TOBA

SUMATRA UTARA, INDONÉSIE

Dimensions du lac Toba : 30 x 100 km
Profondeur du lac Toba : 460 m
Cendres produites : 2 800 km³

Les eaux calmes du lac Toba, le plus grand d'Asie du Sud-Est, ne laissent rien deviner de son histoire. C'est à cet endroit qu'eut lieu la plus grande éruption volcanique des deux derniers millions d'années. Il y a environ 75 000 ans, un volcan explosa, faisant jaillir de ses fissures des cendres volcaniques incandescentes. Celles-ci formèrent des lits de tuf pouvant atteindre jusqu'à 500 mètres d'épaisseur et ont été retrouvées jusqu'en Inde. L'éruption fut suivie d'une période hivernale de six ans. Les températures moyennes baissèrent de 15 °C. Cela a peut-être changé le cours de l'évolution humaine. Des analyses d'ADN suggèrent que l'ensemble de la population humaine fut réduite à environ 10 000 individus vivant en groupes épars. À sa suite, le volcan s'effondra donnant naissance à une caldeira, aujourd'hui occupée par le lac Toba, l'un des lacs de cratère les plus profonds du monde. Il n'y a pas eu d'autres éruptions depuis mais des tremblements de terre se produisent de temps à autre. Le dôme de la caldeira se soulève alors, formant dans le lac une île plus large que Singapour. MW

CI-DESSOUS : *Le lac Toba, vu de l'île de Samosir, Sumatra.*

LE PARC NATIONAL DE KERINCI SEBLAT

JAMBI, SUMATRA / INDONÉSIE

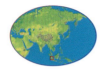

Hauteur du Gunung Kerinci : 3 805 m

Superficie du Parc national de Kerinci Seblat : 1 375 000 ha

Situé au sud de l'équateur, et englobant des habitats très variés, allant des forêts tropicales aux prairies alpines, le parc national de Kerinci Seblat recèle aussi une étonnante diversité d'espèces végétales et animales. Il est dominé par des montagnes, parmi lesquelles figure le plus haut volcan indonésien, Gunung Kerinci. Bien qu'il se trouve sur l'île de Sumatra, le parc compte beaucoup d'espèces similaires à celles de l'Asie continentale, comme l'éléphant d'Asie, le tapir, la panthère nébuleuse ainsi que le tigre et le rhinocéros de Sumatra. Mais beaucoup de ces animaux ont évolué différemment de leurs cousins continentaux, notamment le lapin de Sumatra, très rare.

La forêt abrite aussi des fleurs gigantesques. La *Rafflesia arnoldi* est la plus grande. Avec un mètre de diamètre, elle a la taille d'un parapluie. On y trouve également la fleur qui pousse le plus haut : *Amorphophallus titanium*. Celle-ci atteint 2 à 3,7 mètres de haut et pèse jusqu'à 77 kilos. Il y a peu d'aménagements touristiques, mais si vous visitez l'île, soyez à l'affût de l'orang pendek – un singe qui marcherait sur ses pattes arrière, mais que les scientifiques n'ont jamais réussi à apercevoir. MW

ANAK KRAKATAU

BANTEN, INDONÉSIE

Explosion la plus puissante :	indice d'explosion volcanique IEV6
Superficie effondrée	23 km²
Largeur de la caldeira	6 km

Comme tout enfant, l'Anak Krakatau, « le fils du Krakatau », grandit vite. Il s'agit de la plus récente des quatre îles formant le Krakatau. Elle émergea du détroit de la Sonde dans les mers indonésiennes au début des années 1930. Chaque année, des regains de l'activité volcanique contribuent à la surélever et elle occupe maintenant la seconde place derrière la plus grande. Le Krakatau se déchaîna en 1883, s'accompagnant de la plus violente déflagration jamais enregistrée sur terre, et laissant derrière lui des fragments d'île. Celle-ci s'affaissa en grande partie sous l'eau, s'enfonçant jusqu'à 250 mètres de profondeur. Les gigantesques tsunamis qui suivirent l'éruption et l'effondrement de la caldeira entraînèrent la mort d'au moins 36 000 habitants sur les îles avoisinantes, ce dans un rayon de 80 kilomètres. L'Indonésie se situe à l'endroit où l'Asie et l'Australie se rencontrent, elle possède donc plus de volcans actifs que n'importe quel autre pays au monde. La plupart des îles s'étendent le long de l'arc tracé par les deux plus grandes îles, Java et Sumatra.

Le détroit de la Sonde sépare celles-ci, indiquant un endroit particulièrement actif dans la ligne de faille. Des catastrophes sont donc encore à redouter. NA

GUNUNG GEDE-PANGRANGO

JAWA BARAT, INDONÉSIE

Superficie du Parc national de Gede-Pangrango : 152 km²
Hauteur du Gunung Pangrango : 3 029 m
Hauteur du Gunung Gede : 2 958 m

La simple vue des sommets jumeaux de Java, Gede et Pangrango, évoque la violence de leur origine, la diversité luxuriante des tropiques et l'époque où l'île était rattachée au nord de l'Asie et à l'Europe. Les deux monts sont des volcans. Pangrango, cône majestueux couvert de végétation, aux versants abrupts constitués de lave érodée, est inactif. Gede, lui, compte parmi les volcans les plus actifs de Java. Deux éruptions majeures se produisirent en 1747 et 1840, lorsque le volcan projeta des blocs de pierre en l'air, d'où la formation de cratères de plus de 4 mètres de profondeur. Vingt-quatre éruptions mineures eurent lieu au cours des 150 dernières années. Aujourd'hui, une falaise de 300 mètres de haut en forme de fer à cheval délimite le cratère le plus récent. Les parties les plus basses des montagnes recèlent des vestiges de la forêt tropicale qui recouvrait autrefois Java. C'est là que vivent le gibbon de Java, aussi connu sous le nom de gibbon argenté en raison de sa douce fourrure grise et l'oiseau national indonésien, l'aigle de Java. Parmi les plantes figurent plus de 200 espèces d'orchidées, des fougères qui atteignent 20 mètres de haut et des violettes, des primevères, des renoncules et des edelweiss de Java. **MW**

GUNUNG AGUNG

BALI, INDONÉSIE

Hauteur du Gunung Agung : 3 142 m
Dernière éruption connue : 1963-64

Culminant à 3 142 mètres, le volcan Gunung Agung est la plus haute et la plus sacrée des montagnes de Bali et domine le versant oriental de l'île. À son pied s'étend le temple le plus important de Bali, Pura Besakih. Le cratère phénoménal d'Agung paraît insondable. Il mesure 500 mètres de diamètre. La dernière éruption eut lieu en 1963, tuant 2 000 personnes et en privant 100 000 de leur toit. Les cultures furent détruites sur l'ensemble de l'île, provoquant la famine. Gunung Agung est probablement le sommet le plus escaladé d'Indonésie. Son ascension n'est pas recommandée aux randonneurs sans expérience à qui l'on conseille d'engager un guide pour parcourir les premiers sentiers. Elle prend de 4 à 6 heures et débute par une randonnée difficile à travers la jungle, avant que celle-ci cède la place aux roches volcaniques. Pour atteindre le sommet, les alpinistes doivent braver les précipices et les vents mordants. D'en haut, on aperçoit le mont Rinjiani, situé sur l'île voisine de Lombok, bien que les nuages puissent obscurcir la vue de l'île en contrebas. **MM**

À DROITE : *Le Gunung Agung, montagne sacrée, se dresse au-dessus de l'est de Bali.*

LE CRATÈRE DE KAWAH IJEN

JAWA TIMUR, INDONÉSIE

Altitude du lac du cratère : 2 350 m
Volume du lac : 36 millions de m³
Superficie du Parc national d'Alas Purwo : 43 420 ha

Le paysage austère et les volutes de gaz sulfureux qui auréolent le cratère de Kawah Ijen rappellent la position de Java le long de la ceinture de feu du Pacifique. Ijen est un volcan ayant émergé d'une caldeira de 20 kilomètres de large, qui est elle-même un vestige d'un immense volcan qui s'est effondré. Il fait partie des 18 volcans de Java entrés en éruption depuis 1900. Il s'étend sur près d'un kilomètre ; dans sa partie la plus large, un lac turquoise riche en minéraux occupe le cratère. Sa température peut grimper jusqu'à 42 °C en raison de la chaleur de son fond et peut s'élever encore lorsque des fumerolles font jaillir de la boue et du soufre à 700 mètres au-dessus des bords du cratère.

Malgré les dangers, des hommes vont à l'intérieur du cratère pour récolter des dépôts de soufre, les transportent dans des paniers. Le Kawah Ijen se trouve à l'intérieur du parc national d'Alas Purwo et abrite de nombreux animaux, dont des léopards, des chiens sauvages d'Asie et des banteng, sortes de bœufs sauvages assez élancés avec des pattes blanches. La montée jusqu'au cratère prend environ une heure : la descente au fond de ce dernier dure seulement 20 minutes mais est risquée. **MW**

LE MONT BROMO ET
LES MONTAGNES DE TENGGER

JAWA TIMUR, INDONÉSIE

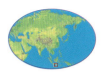

Superficie du Parc national de Bromo Tengger Semeru : 800 km²
Hauteur de la chaîne de montagnes : 1 000 à 3 676 m
Diamètre du mont Tengger : 10 km

Située à l'est de Java, la région compte cinq volcans, dont le mont Bromo culminant à 2 392 mètres, qui entre rarement en éruption, le mont Batok, un volcan éteint et le mont Semeru, un volcan très actif. Ils constituent les joyaux du Parc national de Bromo Tengger Semeru. Ce dernier comprend une large étendue de sable volcanique, le Laut Pasir, due à une éruption du mont Tengger. Quatre volcans, dont le mont Batok et le mont Bromo, se trouvent dans la caldeira de ce dernier. Batok et Bromo sont au-dessus des forêts ; les versants du Semeru sont recouverts de forêts. La région abrite 157 espèces d'orchidées et plus de 400 autres espèces de plantes. Parmi les mammifères, citons la présence du cerf rusa et du muntjak, de l'entelle et du cochon sauvage. Parmi les oiseaux figurent des calaos, des serpentaires bacha, des brèves et de nombreux oiseaux aquatiques au bord des lacs des cratères éteints de Ranu pani et Ranu regulo. **AB**

CI-DESSOUS : *Les cinq grands volcans de Bromo Tengger Semeru.*

L'ÎLE DE KOMODO

NUSA TENGGARA TIMUR, INDONÉSIE

Superficie de l'île de Komodo : 280 km²

Type de roche de base : rhyolithe porphyrique

Nombres de dragons de Komodo : environ 2 500

À l'est de Bali, nichée entre la grande île de Flores et celle de Sumbawa, l'île de Komodo s'étend sur 483 kilomètres. C'est là que vivent environ 2 500 varans. L'île se constitua lors de la grande éruption volcanique qui entraîna également la formation de Java, Bali et Sumatra et des petites îles de Padar et Rinca. Elle est devenue un parc national en 1980 et un site du Patrimoine mondial en 1992. Vallonnée, elle culmine à 825 mètres.

huppe jaune et des oiseaux coureurs aux larges pattes et aux étranges roucoulades qui ressemblent à celles des cerfs, des sangliers sauvages, l'énorme buffle d'eau… et bien sûr les féroces dragons de Komodo.

Depuis l'époque de Burden, plusieurs milliers de voyageurs ont visité l'île à la recherche du plus grand lézard au monde ; certains choisissent d'observer son repas, tandis que d'autres préfèrent effectuer une randonnée en compagnie d'un gardien du parc national sur les traces de l'animal. Ce reptile géant mesure 3 à 4 mètres, peut courir aussi vite qu'un chien et se nourrit de grosses proies vivantes. Si, d'une bouchée, ses puissantes

> « *Avec sa silhouette fantastique, ses palmiers en guise de sentinelles, ses cheminées volcaniques pointées vers les étoiles, c'était une demeure tout indiquée pour les grands reptiles sauriens que nous étions venus voir de si loin.* » Douglas Burden

L'explorateur américain, Douglas Burden, parti à la recherche de l'illustre dragon en 1926, fit les remarques suivantes tandis qu'il approchait de l'île en bateau : « Avec sa silhouette fantastique, ses palmiers en guise de sentinelles, ses cheminées volcaniques pointées vers les étoiles, c'était une demeure tout indiquée pour les grands reptiles sauriens que nous étions venus voir de si loin. » Dans ce paysage chaud et nu, vivent une faune et une flore d'une étonnante richesse, notamment la plus grande variété de reptiles venimeux du monde entier, une multitude d'oiseaux aux couleurs flamboyantes dont des cacatoès à la

mâchoires ne les tuent pas, les bactéries mortelles de sa salive achèveront de le faire. Bien que les dragons de Komodo soient de féroces prédateurs, tout à fait capables de tuer un être humain, aucune mort d'homme n'a été confirmée. Les légendes les plus fantaisistes courent cependant à ce sujet. L'unique moyen d'accéder à l'île de Komodo est d'y aller en bateau. Les visiteurs résident dans de simples pensions de famille dans le village, seul lieu de peuplement de l'île. MM

À DROITE : *Le plus grand lézard du monde, le varan de Komodo, vit dans ce paysage désolé.*

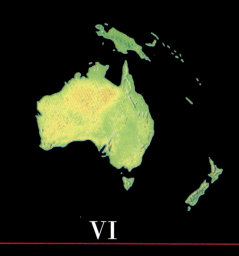

VI

L'OCÉANIE ET L'AUSTRALIE

L'Australie est aussi généreuse et diverse que les mers qui la baignent. Les reliefs marins, sources de tant de légendes, entretiennent leur mystère. La Grande Barrière s'étend jusqu'en Papouasie-Nouvelle-Guinée, tandis qu'en Nouvelle-Zélande les volcans du parc national de Tongariro, hauts lieux de la culture maori, dominent l'île du Nord. Les îles d'Hawaï et de Polynésie française, pour ne rien dire de la mythique Rapa Nui, recèlent d'innombrables trésors.

À GAUCHE : *Hardy et Hook, deux des récifs coralliens de la Grande Barrière, sur la côte nord-est de l'Australie*

HAWAII (TERRITOIRE DES ÉTATS-UNIS)

LE CANYON DE WAIMEA/ KAUI

HAWAII

Longueur du canyon de Waimea : 16 km

Largeur du canyon de Waimea : 1,6 km

Profondeur du canyon de Waimea : 1 097 m

Creusé par le lent travail des fleuves et des eaux tumultueuses qui ont dévalé les pentes du mont Wailaleale, Waimea a été baptisé « grand canyon du Pacifique » par Mark Twain. Bien qu'il ne soit pas aussi vaste que son homologue de l'Arizona, il paraît tout aussi spectaculaire. Niché au cœur du parc national de Koke et situé sur l'île de Kaui, ce gouffre s'est formé sur le flanc écroulé d'un volcan où la rivière Waimea a érodé les roches volcaniques les plus tendres. Pendant plus de cinq millions d'années, les eaux ont raviné des couches de lave de couleurs différentes, mais la présence de fer explique leur dominante orangée. De magnifiques nuances de rouge, de vert, de bleu, de gris et de violet soulignent les contours d'escarpements, de buttes, de collines et de gorges spectaculaires. Quelques arbres de la forêt de Kauai et les frondaisons écarlates des ohia lehuas se détachent sur un fond rose et sienne. De nombreux belvédères sont disséminés sur les bords du canyon. La plus belle vue panoramique permet de découvrir la vallée de Kalalau et la côte de Na Pali. Les randonneurs pourront parcourir les 72 kilomètres de pistes qui sillonnent les gorges et le marais d'Alakaï, tout proche. **MB**

LES CHUTES HAWAÏENNES

HAWAII

Nombre de chutes : plus de 24 grandes chutes et plus de 200 cascades

Record de longueur : chutes de Kahiwa, Molokai (533 m)

Record de dénivellation : Alaska, Grande Île (135 m)

Les îles hawaïennes sont balayées par plusieurs vents de nord-est qui déversent leur moiteur sur les terres. Le mont Waialeale, sur l'île de Kauai, est le point le plus humide de la planète. Les abondantes pluies saisonnières qui arrosent un paysage de poreux escarpements volcaniques alimentent certaines des chutes d'eau les plus prodigieuses du monde. D'intarissables flux creusent le sol et les cascades s'allongent de plus en plus. La plus célèbre d'entre elles est le fleuron du magnifique parc de Waimea (728 hectares). Sur la Grande Île, les chutes Rainbow, situées dans le parc national de la rivière Wailuku comptent parmi les merveilles d'Hawaii. Presque tous les matins, leurs embruns font naître d'extraordinaires arcs-en-ciel. Malgré leur faible hauteur (24 mètres), elles ont un débit quotidien sans équivalent sur les îles de l'archipel. Près d'Honolulu, à Kapena, l'eau peine souvent à atteindre le bas de la falaise, car de fortes rafales de vent la dispersent. Certaines cascades ne dépendent pas des pluies saisonnières. Sur l'île de Maui, les superbes chutes d'Hanawi, enrichies par les réserves souterraines, coulent même par temps très sec. **DH**

LE MAUNA KEA

HAWAII

Surface : 2 383 km²
Âge : environ un million d'années
Éruptions : au moins sept, il y a 4 500 et 6 000 ans

Il est difficile d'imaginer Hawaii sous la neige, mais tous les hivers, un blanc manteau recouvre la cime du Mauna Kea, le volcan le plus élevé de la Grande Île. Près de son sommet, à 4 205 mètres d'altitude, les scientifiques ont trouvé des moraines datant de l'ère quaternaire, alors que le Mauna Loa, tout proche et presque aussi élevé, en est exempt. Le Mauna Kea est entré en éruption sous-marine il y a 800 000 ans. Aujourd'hui, son relief dépasse la surface de l'eau, et il présente une hauteur totale de 9 000 mètres. Il y a environ 300 000 ans, le mont Kea a produit les pitons de cendres et les coulées de lave qui tapissent aujourd'hui la plus grande partie de ses flancs, sauf la pointe couverte de neiges éternelles. Le volcan est entré en éruption il y a 4 500 ans, mais ses périodes de sommeil sont longues, comparées à celles de ses voisins en activité, l'Hualalai et le Kilauea. Pour l'instant, il est au repos, mais les chercheurs pensent qu'il pourrait se réveiller du fait des nombreux tremblements de terre qui agitent la région. L'atmosphère sèche et pure du mont Kea offre également les conditions idéales pour abriter le plus vaste observatoire astronomique du monde. DH

LE CRATÈRE D'HALEAKALA

HAWAII

Superficie du parc national : 119 km²
Création du parc national : juillet 1961
Création de la réserve de biosphère internationale : 1980

Le sol de l'océan Pacifique est zébré d'une gigantesque faille qui court vers le nord-ouest. Elle est jalonnée de volcans, plaies ouvertes qui plongent au cœur de la planète. Le magma coule abondamment de ces lésions, créant des îles volcaniques. Le long des plaques tectoniques du Pacifique sont nées plusieurs îles qui courent en chapelet de Hawaii au Japon. L'une d'elles, Maui, située dans striées de traces rouges, jaunes, grises et noires, de cendres et de scories. Des millénaires de pluies ont creusé de vastes amphithéâtres près du sommet du volcan, tandis que ses flancs portent de profondes cicatrices dues à l'érosion. La vallée de Kipahulu est l'un des écosystèmes les mieux préservés à Hawaii, et elle abrite de nombreux oiseaux, araignées et insectes peu communs. Au sommet du volcan, une vaste forêt tropicale humide plantée de loa et d'oh'i'a se développe. Le perroquet de Maui, appelé Maui nukupu'u y survit, avec d'autres oiseaux en voie d'extinction. La forêt tapisse les pentes sur près de 56 km et descend, telle une lave, vers

> *Aujourd'hui, les plaques tectoniques du Pacifique continuent de s'éloigner, l'Haleakala est assoupi, mais cette zone reste agitée de secousses sismiques.*

l'archipel d'Hawaii, se compose de deux volcans qui ont fini par s'amalgamer. Le plus grand, l'Haleakala, a jailli à 9 144 mètres du sol de l'océan et culmine à 3 600 mètres au-dessus de la surface de la mer. Le volcan assoupi est entré en éruption pour la dernière fois vers 1790, et deux petites coulées de lave ont alors atteint la côte sud-ouest de Maui.

Aujourd'hui, les plaques tectoniques du Pacifique continuent de s'éloigner, l'Haleakala est en sommeil et pratiquement éteint, mais cette zone reste agitée de secousses sismiques. La température du volcan a baissé et son pourtour est jonché de coulées de lave durcie la mer. Les pistes de randonnée serpentent le long de chutes d'eau hautes de 122 mètres, de sources tropicales et de bassins d'eau turquoise. Des forêts sèches subsistent sur les pentes, en dépit des incendies et des parasites, et cèdent le terrain en altitude à une flore d'arbustes alpins, royaume d'un animal protégé du fait de sa rareté, l'oie hawaïenne appelée nene. Seuls les arbustes les plus résistants survivent à cette altitude, où la pluie est absorbée par les roches poreuses. Pendant l'été, il pleut tous les jours et la nuit est hivernale. **DH**

À DROITE : *Deux volcans hawaïens se sont rejoints.*

LE MONT WAIALEALE

HAWAII

Altitude : 1 598 m
Profondeur du canyon de Waimea : 914 m
Pluviométrie annuelle moyenne : 1 168 cm

Kauai, la plus vieille des îles hawaïennes, est née d'un volcan qui a surgi de l'océan il y a environ huit millions d'années. Le cône du mont Waialeale, témoin de cette naissance tumultueuse, se niche en son cœur. Il s'agit de l'une des montagnes les plus humides du monde, dont les flancs reçoivent 1,168 m de pluies annuelles. En 1982, des chutes record de 1,69 m ont été enregistrées au sommet, tandis que la côte en recevait 2,5 m. Au fil du temps, ce déluge incessant a sculpté certains reliefs spectaculaires comme la gorge de Waimea, le « mini-canyon » d'Hawaii.

Le bassin hydrographique de Waialeale alimente également un labyrinthe de chutes qui se déversent sur les basses terres et dont les flots grossissent les seules rivières navigables : la Waimea, la Wailua, le Makaweli, et l'Hanapepe. Seules les plantes capables de s'adapter comme les lichens, les carex et les graminées prospèrent à cette altitude élevée, privées de lumière, mais gorgées d'eau et balayées par les vents. **DH**

LES TUBES DE LAVE

HAWAII

Tube le plus long du monde : grotte de Kazamura
Longueur de la grotte de Kazamura : 59,3 km
Dénivelé de la grotte de Kazamura : 1 099 m

Les tubes de lave se forment à différents stades de refroidissement, à partir des coulées qui se sont agrégées sur les flancs des volcans. Lorsque la couche supérieure se solidifie, le magma continue de couler par-dessous, ce qui crée des tubes sous la surface.

Hawaii peut s'enorgueillir de cette particularité géologique. La grotte de Thurston, dans le parc national des volcans d'Hawaii, offre un bel exemple de ce phénomène, et constitue le seul tube de lave du parc. Celui-ci a été créé il y a 300 à 500 ans, lorsqu'une vaste cheminée appelée bouclier d'Ai-laau est entrée en éruption sur la face orientale du mont Kilauea. Des stalagmites et des stalactites apparaissent souvent dans les tubes, bien que certains se composent de lave solidifiée, et l'eau s'accumule dans des bassins souterrains. La plupart des tubes sont situés juste sous la surface du sol, et les racines des arbres percent souvent leur plafond. **DH**

CI-DESSOUS : *La grotte de Thurston, dans le parc national des volcans, à Hawaii.*

LE MONT KILAUEA

HAWAII

Production de lave : 492 104 litres
Émissions de dioxyde de soufre : 2 500 tonnes par jour

Le mont Kilauea, le volcan le plus actif du monde, est un magnifique observatoire des réalités géologiques de notre planète. En janvier 1983, il a connu l'éruption la plus longue de son histoire, vieille de deux cents ans. Ce joyau rutilant appartenant à la couronne des volcans du parc national (situé sur la grande île), a commencé à déverser quotidiennement 300 000 à 604 000 m³ de lave par une fissure située sur son flanc sud-est, au lieu-dit Pu'u O'o. À cet endroit, les coulées de lave couvrent plus de 101 km² sur le flanc méridional du Kilauea, et ont ajouté deux kilomètres carrés de terre à l'île. Cependant, le Pu'u O'o détruit autant qu'il crée. Il a enseveli plusieurs dizaines de merveilles archéologiques, notamment des temples, des pétroglyphes et de vieux villages. Dans leur avancée inéluctable, les rivières de lave ont dévoré plus de 180 habitations, une église, un centre communautaire, une centrale électrique et un réseau téléphonique. Elles ont également incendié plus de 65 km² de basses terres couvertes de forêt tropicale humide, détruisant le refuge de rares espèces de faucons, de guit guit saï, d'araignées géantes et de wombats. Le Kilauea, jeune volcan qui constitue son bouclier, culmine à 1 222 mètres, même si la plus grande partie de son relief est située sous l'eau.

La caldeira actuelle (cratère) s'est structurée vers 1790, et enclot un cratère-fosse appelé Halemaumau. Deux zones de faille s'étendent vers l'est et le sud-ouest. Cependant, depuis les nombreuses éruptions de la cheminée de Kupaianaha, le Kilauea ne crache plus le feu. Les torrents de lave en fusion ont cessé de se déverser dans la mer à la fin de l'année 1991, et

> *Selon les Hawaïens, les éruptions sont le fait de Pele, la tempétueuse déesse des volcans. Lors de ses fréquents accès de colère, Pele tape du pied et fait trembler la terre, réveillant les volcans en les frappant de sa baguette magique.*

l'activité volcanique se limite aujourd'hui aux zones inaccessibles. Selon les Hawaïens, les éruptions sont le fait de Pele, la tempétueuse déesse des volcans. Lors de ses fréquents accès de colère, Pele tape du pied et fait trembler la terre, réveillant les volcans en les frappant de sa baguette magique. En 1980, l'UNESCO a classé le parc national des volcans dans la réserve internationale de la biosphère, reconnaissant aussi son intérêt scientifique. En 1982, ce site a été classé patrimoine de l'humanité. **DH.**

À DROITE : *Des fleuves de lave en fusion dévalent les pentes du mont Kilauea.*

MICRONÉSIE

LA FOSSE DES MARIANNES
ÎLES MARIANNES DU NORD (TERRITOIRE ASSOCIÉ AUX ÉTATS-UNIS)

Longueur : 2 550 km
Largeur : 69 km
Profondeur : 11 033 m

À l'est des îles Mariannes, proches du Japon, se trouve la plus profonde fosse sous-marine du monde. Formée lorsque la plaque du Pacifique est passée sous la plaque des Philippines, la partie la plus profonde de la dépression – connue sous le nom de Challenger Deep – descend jusqu'à 11 033 m, selon les estimations. En dépit du froid intense, de l'absence totale de lumière solaire et de la pression écrasante, la fosse sous-marine des Mariannes abrite une vie très diversifiée. Au cours de la première exploration du Challenger Deep, en 1960, les chercheurs ont découvert un poisson qui ressemblait à une sole. Diverses études ultérieures ont ainsi révélé l'existence d'espèces jusque-là inconnues comme la lotte de mer lumineuse. Les cheminées hydrothermales d'où jaillit une eau de mer très chaude, riche en minéraux, sont la source d'une richesse biologique exceptionnelle. Elles alimentent une manne de micro-organismes qui forment la base d'une chaîne alimentaire encore inconnue. Dans la fosse sous-marine des Mariannes, de nombreuses espèces ont une longévité supérieure à cent ans. NA

LES PALAOS

ARCHIPEL DES ÎLES CAROLINE, MICRONÉSIE

Surface totale : 458 km²
Point culminant (mont Ngerchelchuus) : 242 m

Les Palaos sont un chapelet de 343 îles réparties en six groupes, qui forme l'archipel situé à la pointe occidentale de la chaîne de Caroline, au sud-est des Philippines. Nés de l'océan il y a plus de vingt millions d'années, ces anciens récifs de corail forment désormais des îles de calcaire parsemées de myriades de lacs d'eau douce ou salée. Les Palaos ont été désignées comme la « plus belle merveille sous-marine du monde » par une organisation internationale de conservateurs du territoire et par des scientifiques spécialistes du monde marin. Les eaux sont peuplées de récifs de corail, de trous bleus, de grottes et de tunnels cachés. Les lacs salés – protégés par de hauts promontoires – reçoivent l'eau de mer qui suinte et filtre par des crevasses étroites. Certains contiennent de vastes populations de méduses qui se déplacent d'un rivage à l'autre, en suivant la course du soleil et du phytoplancton. Captives et isolées les unes des autres, ces méduses ont évolué selon des schémas différents et constituent des espèces à part entière. DH

CI-DESSOUS : *Îles Palaos, remparts naturels de lacs salés.*

LA NOUVELLE-GUINÉE

PAPOUASIE-NOUVELLE-GUINÉE

Surface : 463 000 km²
Paysage : montagnes et basses terres littorales, collines vallonnées

La Nouvelle-Guinée, située au Nord de l'Australie, est la seconde plus grande île du monde. Elle réunit la nation de Papouasie-Nouvelle-Guinée d'un côté, et la province indonésienne de Papouasie de l'autre. Cette île est un mélange unique de paysages, allant de hautes montagnes aux vallées profondes en passant par les forêts tropicales et les plages sablonneuses. Elle offre aussi de vastes terres marécageuses. En mai, à la fin de la saison des pluies, les rivières gonflées de flots boueux serpentent dans les savanes et les forêts denses.

Cette île présente un immense intérêt écologique avec ses 11 000 variétés de plantes, ses quelque 600 espèces d'oiseaux rares, ses 400 amphibiens et 455 sortes de papillons. Le plus grand d'entre eux, le Reine Alexandra, y a élu domicile. Cependant, ce sont les oiseaux qui emportent la palme, notamment les grands casoars coureurs, les calaos, les cacatoès, et les paradisiers multicolores. Les grands mammifères sont absents de Nouvelle-Guinée, mais près de 150 espèces de petits mammifères y ont été répertoriées, notamment les kangourous des arbres. Ce sont de vrais kangourous (de la famille des *macroodidae*) qui, lorsqu'ils sont en danger, sont capables de bonds de 12 à 18 mètres, et sautent de la canopée jusqu'au sol, sans dommage. **GM**

RABAUL

PAPOUASIE-NOUVELLE-GUINÉE

Caractéristique : jadis la plus belle ville de Papouasie, aujourd'hui détruite.
Source de l'éruption de 1994 : mont Tuvurvur

Sur l'île New Britain, la ville de Rabaul, construite sur un site exceptionnel, fut autrefois le joyau de la Papouasie. Malheureusement, Rabaul avait été érigée sur la côte, entre un port pittoresque et une chaîne de volcans actifs situés sur le bord d'une ancienne caldeira. Elle fut détruite en 1994 par une violente éruption. Aujourd'hui, Rabaul est une étrange terre déserte enterrée sous les cendres noires. Un écrivain a décrit ses bâtiments détruits, « dont les reliefs surgissent de la boue comme les ailes d'un oiseau mort ». La ville, avec ses décombres et ses scories à perte de vue, ressemble au décor d'un film apocalyptique. Ce qui fut un jour un luxuriant paysage tropical est devenu un enchevêtrement de ruines engluées de lave. Mais trois anciens hôtels de luxe ont resurgi comme des oasis au milieu de la désolation pour accueillir les visiteurs frappés de stupeur. L'ascension est possible sur tous les volcans (à l'exception du Tuvurvur, toujours couronné de fumeroles, qui est le responsable de la destruction). Les collines vallonnées sont truffées de tunnels et de grottes où les troupes japonaises ont creusé plus de 500 kilomètres de galeries pendant la Seconde Guerre mondiale. **GM.**

LE FLEUVE FLY

PAPOUASIE-NOUVELLE-GUINÉE

Longueur du fleuve et de ses affluents : plus de 1 200 km
Caractéristique : ce lieu est surtout connu pour les longs conflits relatifs à l'exploitation de la mine OK Tedi

Le Fly, plus long fleuve de Papouasie-Nouvelle-Guinée, serpente sur près de 1 300 kilomètres avant d'atteindre la mer. Il arrose des zones de savane et des plaines herbeuses émaillées de forêts de mousson, puis chevauche la frontière entre la Papouasie-Nouvelle-Guinée et la province indonésienne de Papouasie. Le fleuve coule de manière régulière, les pluies annuelles atteignent dix mètres sur les hautes terres. Il traverse les hautes terres occidentales couronnées d'un sommet de 4 000 mètres, puis coule au sud vers le golfe de Papouasie. Les eaux douces du Fly se mêlent à l'océan en traçant un sillon saumâtre. Dans la mangrove la plus vaste de toute la planète, près de trente variétés d'arbres ont été répertoriées. Les végétaux accueillent de nombreuses espèces animales étonnantes, notamment le crocodile d'eau douce et le serpent de mangrove à ventre blanc. Le fleuve et ses environs abritent certaines des plantes les plus rares et 55 % des espèces locales sont endémiques.

Sur les 200 espèces de mammifères que compte la Papouasie-Nouvelle-Guinée, on en trouve 120 autour du fleuve, et 387 espèces d'oiseaux s'y reproduisent. **GM**

LES HAUTES TERRES

PAPOUASIE-NOUVELLE-GUINÉE

Surface : 181 300 km²
Altitude du mont Welham : 4 500 m

Les hautes terres de la Papouasie-Nouvelle-Guinée étaient réputées inhabitées jusqu'à ce que des chercheurs d'or explorent les montagnes dans les années 1930. Ils ont alors découvert 100 000 personnes qui vivaient à l'écart de toute civilisation. Il s'agit de la zone la plus densément peuplée et la plus fertile de toute la Papouasie-Nouvelle-Guinée, tissu de magnifiques vallées fécondes, de rivières bondissantes et de hautes montagnes tapissées de forêts. Le mont Wilhelm domine le pays.

Les habitants des hautes terres ont compté parmi les premiers agriculteurs du monde. Des recherches effectuées dans le Kuk, un marais situé en amont de la vallée Waghi, près du mont Hagen, ont mis au jour des outils ruraux datant de 10 000 ans. Alors que les Européens du Nord pratiquaient encore la cueillette et la chasse, ces fermiers récoltaient déjà le fruit de leurs plantations, précédant la culture du blé dans le « croissant fertile » du Moyen-Orient, considéré comme le berceau de l'agriculture. Les hautes terres méridionales s'enorgueillissent de paysages ruraux et sauvages parmi les plus fascinants de Nouvelle-Guinée. **GM**

À DROITE : *Paysage des hautes terres.*

LA CHAÎNE D'OWEN STANLEY

PAPOUASIE-NOUVELLE-GUINÉE

Caractéristique : la piste Kokoda, théâtre d'une célèbre bataille de la Seconde Guerre mondiale, en 1942

Végétation : forêt tropicale humide

L'épine dorsale de la pointe sud-orientale de Nouvelle-Guinée est occupée par la forêt tropicale humide d'Owen Stanley. Avec ses pics escarpés et sa jungle dense, elle constituait un improbable terrain d'exercice pour les forces japonaises, qui ont tenté, en 1942, de conquérir Port Moresby, capitale de la Papouasie-Nouvelle-Guinée. Entre juillet et novembre de cette année-là, une piste reliant plusieurs villages de la chaîne Owen Stanley est devenue le théâtre de la bataille de la piste Kokoda. Dans ce cadre montagnard, la septième division australienne a repoussé les troupes japonaises les obligeant à battre en retraite.

Aujourd'hui, la piste Kokoda jouit d'une grande popularité auprès des randonneurs, qui la parcourent en cinq jours et apprécient ses panoramas. La route est facile jusqu'au village de Kokoda, situé sur un plateau à 402 mètres au-dessus du niveau de la mer, entouré de montagnes de plus de 2 012 mètres. Ensuite, le sentier grimpe vers des crêtes escarpées plantées de forêts enrobées de brouillard, de jungles de fougères, d'orchidées et de ruisseaux. Puis le regard plonge à pic vers des vallées tapissées de forêts tropicales humides, et, au-delà, vers les plaines côtières. **GM**

LE FLEUVE SEPIK

PAPOUASIE-NOUVELLE-GUINÉE

Longueur : 1 123 km

Altitude du fleuve Sepik : du niveau de la mer jusqu'à 3 500 m d'altitude

La région du Sepik est une immense zone herbeuse traversée par l'un des plus grands fleuves du monde, qui lui a donné son nom. Les méandres bruns du fleuve s'étirent sur 1 123 kilomètres, charriant des millions de litres d'eau jusqu'à l'océan, arrachant au passage de vastes bancs de boue et des végétaux sur ses rives, avant de les emporter comme des îles flottantes. Le Sepik n'a pas de delta à proprement parler : il coule droit dans la mer et la teinte de brun sur près de 50 kilomètres.

Au large de la côte, les habitants des îles proches peuvent s'approvisionner en eau douce directement dans l'océan.

Les plaines du Sepik rassemblent 1 500 lacs qui abritent de nombreuses espèces animales uniques. Le climat de la région, humide et tropical, est soumis à des variations considérables selon l'altitude et les paramètres locaux.

Le fleuve est quasiment navigable sur toute sa longueur et les riverains en tirent à la fois leur eau potable et leur nourriture. Ils l'utilisent également pour se déplacer. De nombreux experts sont d'avis que les plus belles sculptures de la région sont créées par les habitants de la Nouvelle-Guinée. **GM**

BOUGAINVILLE

PAPOUASIE-NOUVELLE-GUINÉE

Surface : 10 050 km²
Population : 200 000 habitants

Bougainville, île volcanique aux abrupts reliefs couverts de forêts denses, déploie ses plages de sable blanc et ses magnifiques récifs de corail. À l'intérieur des terres, d'autres futaies mystérieuses habillent les collines et les vallées. Elles rampent jusqu'aux montagnes enveloppées de brumes, baignées de cascades qui dégringolent dans les gorges. Bougainville a souvent été le cadre d'imprévisibles scènes de violence naturelle. Les volcans de l'île semblent endormis, mais les jours clairs dévoilent des colonnes de fumée qui s'échappent des deux volcans les plus connus, le mont Balbi à Wakunai, et le mont Bagana à Torokina.

De vastes forêts de bambou tapissent la partie orientale de l'île, et la mangrove est encore agrémentée de *terminalia brassii*. D'importantes zones marécageuses occupent la côte méridionale. Bougainville accueille de nombreuses espèces animales natives des îles Solomon, situées au Sud et au Sud-Est. Parmi les vertébrés, la souris à miel, peu connue, est endémique à l'île. Les infrastructures touristiques restent peu développées. La région a été récemment confrontée à une guerre ; il est donc préférable de consulter le consulat avant de se rendre à Bougainville. **GM**

LES ÎLES TROBRIAND

PAPOUASIE-NOUVELLE-GUINÉE

Caractéristiques : îles du Pacifique, très reculées et peu fréquentées
Plus grande île Trobriand : Kiriwina

Depuis plus de cent ans, les îles Trobriand sont l'objet d'études des anthropologues. Un érudit les a jadis appelées « les îles de l'amour ». Si cette description a attiré quelques dizaines de visiteurs au fil des années, les îliens ont réussi à protéger leur culture ainsi qu'une grande partie de leurs coutumes. Vanuatu est largement privée d'électricité, de télévision, de journaux et de téléphone. Cependant, pendant une bonne partie de l'année et au cours du mois du festival de l'igname, le village de Vakuta bourdonne d'activités. Un anthropologue a déclaré que la culture de l'igname était si étroitement associée à la vie des habitants des îles Trobriand que même les mois de l'année portent des noms liés aux différents stades de croissance de ce tubercule.

Vakuta est émaillée de plages de sable blanc plantées de palmiers et bordées de récifs frangeants. L'exploitation du bois ne pollue ni la mer ni l'air ambiant, le regard n'embrasse que la nature tropicale. L'île est voisine de Kiriwina (la plus grande des îles Trobriand) où se trouve un aéroport, et il suffit de deux heures de dinghy pour s'y rendre. Il est indispensable de se munir de médicaments en cas d'un éventuel accident ou de maladie. **GM**

NOUVELLE-CALÉDONIE (TERRITOIRE FRANÇAIS D'OUTRE-MER)

LA NOUVELLE-CALÉDONIE

MÉLANÉSIE

Superficie de l'île principale (Grande Terre) : 16 000 km²
Superficie totale (incluant les récifs et les îles) : 18 576 km²
Altitude maximale : mont Panié, 1 628 m

Territoire français d'outre-mer situé à 1 500 kilomètres au nord-est de la Nouvelle-Zélande, cette île isolée ne revendique pas d'origines volcaniques, comme ses voisines de Fidji et de Vanuatu. Il s'agit d'un éclat de Gondwana et, en tant que tel, d'une réserve biologique d'une grande diversité qui excède souvent l'intérêt de l'île de Madagascar, beaucoup plus célèbre. La Grande Terre, l'île (qui se classe juste après la Grande Barrière de corail australienne). Les lagons d'eau douce accueillent des dugons, des baleines de haute mer et offrent un lieu de ponte à quatre sortes de tortues de mer. La forêt tropicale humide règne dans la partie orientale, alors que la zone occidentale, de l'autre côté de la chaîne des montagnes centrales (avec ses cinq sommets culminant à plus de 1 500 m) est livrée à la forêt sèche. Les basses terres sont plantées de buissons aromatiques et de mangrove. La forêt tropicale humide constitue l'habitat le plus riche avec ses 2 011 espèces de plantes connues. La forêt sèche nourrit 379 espèces végétales.

> *La Nouvelle-Calédonie est un éclat de Gondwana et, en tant que tel, une réserve biologique d'une grande diversité qui excède souvent l'intérêt de l'île de Madagascar, beaucoup plus célèbre.*

principale, représente à peu près la moitié de la surface de l'Île-de-France. Isolées pendant 56 à 80 millions d'années, les espèces ont développé des formes uniques, notamment pour 77 % des 3 322 plantes vasculaires et pour cinq familles d'animaux. Le plus grand gecko du monde y a élu domicile, aux côtés de variétés spécifiques d'escargots terrestres et d'une pléthore d'oiseaux magnifiques, notamment le pigeon noutou, le loriquet (perroquet de Nouvelle-Calédonie), et le kagou (un oiseau bizarre qui constitue une famille et une espèce à lui seul). Sur les 116 oiseaux présents, 22 sont endémiques. Signalons également une riche barrière de corail longue de 1 600 kilomètres

Les forêts des îles Loyauté, dont le socle volcanique est couvert de sédiments calcaires, sont très différentes de celles de la Grande Terre. On y compte 15 réserves, notamment la réserve botanique du mont Panié qui protège ses forêts virginales noyées dans les brumes, et la réserve de la Rivière Bleue qui défend la forêt tropicale humide des basses terres. La Nouvelle-Calédonie est la championne de la conservation biologique en Océanie. Elle est citée trois fois dans la liste des 200 sites essentiels à la biodiversité, établie par le World Wildlife Fund. **AB**

À DROITE : *Vie sous-marine colorée en Nouvelle-Calédonie.*

POLYNÉSIE FRANÇAISE (TERRITOIRE FRANÇAIS)

LES CHUTES DE FACHODA

TAHITI, POLYNÉSIE FRANÇAISE

Point culminant : mont Orohena 2 241 m
Âge du Tahiti Nui : 3 millions d'années
Âge du Tahiti Li : 500 000 ans

Les précipitations abondantes permettent à Tahiti d'honorer sa réputation d'île aux cascades. Les plus belles d'entre elles, les chutes de Fachoda, sont situées sur la rivière Fautaua. Avec une dénivellation d'environ 300 mètres, elles figurent parmi les 25 plus hautes cascades du monde. Il faut trois heures de marche, au départ de Papeete, pour les atteindre. Deux parcours s'offrent au visiteur. Le premier suit la rivière jusqu'au pied des chutes, tandis que le second mène à leur sommet. Les chutes de Faarumai, plus accessibles mais moins spectaculaires (20 mètres) se trouvent à proximité de l'évent d'Arahoho, situé sur la côte septentrionale. L'intérieur des terres est une jungle luxuriante parsemée de vallées fleuries. Le gardénia tahitien, l'hibiscus et les orchidées y abondent ; les cocotiers et les palmiers pandanus, alternent avec les châtaigniers locaux. Il y a plus de 400 espèces de fougères, notamment la fougère « maire », devenue le symbole de l'île, en même temps que le gardénia. **MB**

ÉTAT INDÉPENDANT DE SAMOA

L'ÎLE DE SAVAI'I

ÉTAT INDÉPENDANT DE SAMOA

Superficie de Savai'i : 1 717 km²
Point culminant : Mauga Silisili 1 858 m
Tumulus de Pulemeilei : 61 m x 50 m à sa base. Hauteur : 15 m

Appelée « l'âme de Samoa », l'île de Savai'i est totalement préservée. Située à 20 kilomètres au nord-ouest d'Upola, elle est dominée le Matavanu, un volcan toujours actif. Des fleuves de lave issus des éruptions de 1905 à 1911 ont créé un paysage lunaire, notamment à Sale-Aula, et d'autres points de l'île sont agrémentés de tubes de lave et de grottes (Peapea, par exemple). Sur la côte, les évents d'Alofaaga font jaillir des trombes d'eau d'une hauteur de 30 mètres, et de dangereux courants sous-marins longent les plages de sable noir de Nu'u. Les cascades de Gataivai, hautes de 5 mètres, plongent directement dans la mer.

Dans les terres intérieures, la cascade d'AfuAan alimente un lac d'eau douce entouré de forêt vierge. L'île compte de nombreuses espèces de chauves-souris, de lézards et 53 sortes d'oiseaux, dont le très rare diduncule strigirostre. La principale construction humaine dans l'île est le tumulus de Pulemeilei, qui constitue le plus vaste site archéologique de Polynésie. Il s'agit, en fait, d'une gigantesque pyramide à deux étages. Savai'i est accessible par l'aéroport de Fagali'i à Apia ou par mer, à partir de Multifanua Wharf, sur l'île d'Upolu. **MB**

POLYNÉSIE FRANÇAISE

BORA BORA

POLYNÉSIE FRANÇAISE

Longueur de Bora Bora : 10 km
Largeur de Bora Bora : 4 km
Pic le plus élevé (mont Otemanu) : 727 m

Perle au chapelet des îles de la Société, situées en Polynésie française, Bora Bora a été immortalisée par James E. Michener, qui l'a désignée comme « la plus belle île au monde ». Bora Bora est née d'une éruption volcanique, il y a trois à quatre millions d'années, une seconde à l'échelle géologique – mais les flancs escarpés du mont Otemanu et les sommets jumeaux de Pahia et Hue sont déjà très érodés. Du haut de ses falaises noires, la forêt tropicale humide s'étale à l'ouest vers le bord d'un lagon qui l'encercle, et dont la taille est trois fois supérieure à celle de l'île. Au-delà, une barrière de récifs et de corail protège Bora Bora de la houle. Le lagon abrite diverses espèces de poissons tropicaux, de magnifiques coraux, des raies manta et des requins de récifs. L'île est sise au cœur de la route des typhons, qui font surtout rage lorsque la température de la mer augmente vers la fin de l'été tropical humide. Ces cyclones peuvent brasser 2,2 millions de tonnes d'air à la seconde, et atteindre des pointes de vitesse de 300 km/h. Les maisons traditionnelles, construites en matériaux légers, souffrent de ces événements climatiques, qui frappent régulièrement l'île depuis la fin des années 1990. **DH**

ÎLES COOK – NOUVELLE-ZÉLANDE

L'ATOLL D'AITUTAKI

ÎLES COOK, PROTECTORAT DE LA NOUVELLE-ZÉLANDE

Îles Cook : 2 millions de km² d'océan
Première colonisation : en 800-900 environ

Aitutaki constitue le vestige d'une ancienne montagne sous-marine devenue depuis une terre de collines entourées de plantations de bananiers, de cocoteraies, et le berceau d'un lagon tranquille. De forme triangulaire, le lagon est fermé au nord par une barrière de récifs, elle-même dotée de petits bancs de corail et de rochers volcaniques. Au-delà, les récifs plongent à pic vers le lit du Pacifique, situé à 4 000 mètres en contrebas. Aitutaki fait partie des îles les plus méridionales, et a été probablement colonisée pour la première fois vers 800 ou 900 après J.-C, à l'instigation de Ru, légendaire navigateur polynésien. Ses descendants disent que l'île ressemble à un poisson géant, arrimé au lit de la mer par des lianes aériennes et ils racontent que sa colline la plus haute, Maungapu, fut l'enjeu d'une rivalité interne : le chapeau de Raemaru, le plus haut sommet de Rarotonga, aurait été coupé et ramené par les guerriers vainqueurs à Aitutaki (endroit plat et sans relief). Le premier Européen qui ait mis le pied sur l'île fut le capitaine Bligh, qui arriva sur le célèbre *Bounty* le 11 avril 1789. Bligh revint à Aitutaki en 1792, en rapportant la papaye. Aujourd'hui, les îles Cook figurent parmi les premiers exportateurs de ce fruit. **DH**

ÉTAT INDÉPENDANT DE SAMOA

LES VERS DE PALOLO

ÉTAT INDÉPENDANT DE SAMOA

Longueur du ver de Palolo : 30 cm
Lieu et heure de leur apparition : îles de Manu'a, 10 heures, Tutuila, 1 heure,

Entre octobre et novembre de chaque année, par une nuit unique située dans le dernier croissant de la lune, des millions de vers de Palolo viennent frayer dans l'océan Pacifique. Cet événement remarquable a lieu à proximité de nombreuses îles du Pacifique Sud mais Samoa est l'une des plus accessibles.

Normalement, les vers vivent au fond de la mer et creusent des galeries dans le socle des récifs de corail. À un moment précis, chaque ver se scinde en deux. La partie arrière sort de la galerie et flotte jusqu'à la surface. Cette extrémité contient soit des œufs, soit du sperme : lorsqu'elle atteint la crête des vagues, elle libère son contenu dans la mer. Le sperme fertilise les œufs qui donnent naissance à des larves, bientôt transformées en vers. Le bouillonnement attire les poissons, les requins, les oiseaux et les humains. Les habitants de Samoa se délectent des vers de Palolo et se mettent en quête de ce gibier dans le récif de corail, armés d'épuisettes, de seaux et de boîtes de conserve. Ils les dégustent crus ou frits au beurre, avec des oignons ou des œufs. La partie avant du ver reste dans les galeries et fabrique de nouvelles extrémités, pour répéter le processus de reproduction l'année suivante. MB

AUSTRALIE

L'ÎLE LORD HOWE

AUSTRALIE

Longueur de l'île : 11 km
Largeur de l'île : 2,7 km
Mont Lidgbird : 777 m
Mont Gower : 875 m

Ce site révèle ses origines volcaniques de manière frappante. L'île elle-même arbore la forme d'un croissant, et enfile un chapelet de pinacles volcaniques juchés sur une crête sous-marine qui commence au nord de la Nouvelle-Zélande. Parmi les autres pinacles, citons Balls Pyramid, l'île Gower, l'île Sugarload, l'île Mutton Bird, Blackburn et les îles de l'Amirauté. L'île de Lord Howe présente deux sommets, le mont Lidgbird et le mont Gower qui ont surgi il y a près de sept millions d'années, à la suite du soulèvement d'un plateau sous-marin qui a créé un vaste volcan-bouclier. Ces deux monts sont assez élevés pour autoriser à leur sommet une forêt ombrophile où poussent des palmiers endémiques ainsi que des fougères uniques en leur genre. Dans la mer, un récif de corail se déroule sur six kilomètres le long des côtes occidentales de l'île, et délimite les contours d'un lagon profond. Avec ses voisins Elizabeth et Middleton, ce récif de corail est l'un des plus méridionaux du monde. Il est placé au point de rencontre des courants tropicaux et tempérés dans l'océan Pacifique. Les marins britanniques du *HMS Supply* ont découvert le site de Lord Howe en 1788, alors qu'ils se rendaient à la colonie pénitentiaire de l'île Norfolk. GH

ÎLE DE PÂQUES (PROTECTORAT DU CHILI)

RAPA NUI

CHILI

Population : 2 000 habitants
Superficie : 117 km²
Distance de toute terre habitée : 1 900 km

Rapa Nui (île de Pâques) est un austère triangle de roche volcanique qui s'étire à environ 3 700 kilomètres à l'ouest du Chili. Elle est surtout connue pour ses gigantesques monolithes de pierre ou moai, qui longent les collines côtières. Les statues ont été sculptées dans le tuf tendre du volcan de Rano Raraku, tout proche, par les Rapa Nui, premiers colons de l'île il y a 1 200 ans environ. La raison pour laquelle ils ont érigé ces blocs en si grand nombre est inconnue, mais en cultivant leur obsession de la construction, les Rapa Nui ont détruit les forêts de l'île, car ils se servaient des troncs d'arbres pour déplacer les statues. Lorsque la population a atteint 4 000 habitants, les ressources naturelles se sont épuisées, et les Rapa Nui ont fini par se déchirer en guerres intestines avant de sombrer dans le cannibalisme. Quand le capitaine James Cook est arrivé en 1775, il a trouvé 630 survivants. Cent ans plus tard, il ne restait que 155 habitants. Pourtant, l'île de Pâques (désormais inscrite au patrimoine mondial) a abrité une culture très riche. Les Rapa Nui possédaient la seule langue écrite d'Océanie. Cette culture nous a légué des pétroglyphes, des tatouages, des danses et une musique. **DH**

AUSTRALIE

L'ÎLE KIRITIMATI

AUSTRALIE

Taille des crabes rouges terrestres : largeur 12 cm
Superficie de l'île : 135 km²
Zone protégée : 63 % (parc national)

Cette petite île logée dans la partie orientale de l'océan Indien est le théâtre annuel d'une extraordinaire procession. Les quelque 120 millions de crabes rouges terrestres, qui appartiennent à la plus visible des 14 espèces locales de crabes terrestres, passent une grande partie de leur vie en forêt. Mais dès l'arrivée de la saison humide, du mois d'octobre au mois de novembre, ils se dirigent vers la côte. Leur ballet est synchronisé dans toute l'île. Un épais tapis de crabes se déroule dans les jardins, sur les terrains de golf, les routes et les rails de chemin de fer. Bien que terrestres, ces crabes ont besoin de regagner la mer pour se reproduire. Mâles et femelles se rencontrent en bord de plage pour y déposer et fertiliser les œufs dans les eaux peu profondes. La scène intervient toujours au cours du dernier quartier de lune, à l'époque où l'amplitude des marées est très faible. Après avoir accompli ses devoirs de reproduction, chacun s'en retourne dans sa forêt et s'évanouit dans la nature, jusqu'à l'année suivante.

Les embryons se développent dans l'eau, puis se transforment en de minuscules créatures rougeâtres. Des millions d'entre elles grimpent alors sur les rochers et gagnent la sécurité des ombrages. MB

LE PATRIMOINE TROPICAL DU QUEENSLAND

QUEENSLAND, AUSTRALIE

Âge : plus de 100 millions d'années
Superficie : 910 900 ha
Végétation : forêt tropicale humide
Hauteur des chutes de Wallaman : 280 m

Le patrimoine tropical du Queensland, qui réunit le parc national du Daintree et le parc de Cape Tribulation, abrite l'un des plus vastes sites sauvages de forêt tropicale humide de toute l'Australie. Le paysage de mangrove et de montagnes aux contours déchiquetés alterne avec des gorges abruptes où courent des rivières celle des oiseaux chanteurs. Le site permet également de retracer huit des principaux stades évolutifs de la planète, notamment celui des ptéridophytes : conifères et cycas, angiospermes ou plantes fleuries. De même, il est loisible d'examiner l'effondrement du Gondwana, l'interaction des animaux dans leur habitat sur les plaques continentales australienne et asiatique, et l'impact de nombreux épisodes glaciaires du pléistocène sur la forêt tropicale humide. Ce lieu est le royaume du casoar à casque méridional, haut de deux

Dans le parc tropical, le paysage de mangrove et de montagnes aux contours déchiquetés alterne avec des gorges abruptes où courent des rivières échevelées, arrosées par des cascades.

arrosées par des cascades. Les chutes de Wallaman sont les plus hautes du continent. Le mélange de récifs coralliens et de forêt tropicale humide à Cape Tribulation n'appartient qu'à l'Australie. Par ailleurs, la Grande Barrière de corail et le parc national du Daintree font voisiner deux zones de patrimoine naturel de l'humanité, ce qui est un cas unique au monde.

Le parc tropical permet d'observer de nombreux phénomènes écologiques et de multiples processus d'évolution biologique, en raison d'une densité extrêmement élevée d'espèces animales rares qui reflètent la réalité d'un habitat fort longtemps isolé. Les scientifiques peuvent y étudier des végétaux très divers à tous les stades de leur croissance, et se pencher sur la vie des marsupiaux comme sur mètres, qui appartient à l'un des groupes d'oiseaux les plus primitifs de la planète.

Les Aborigènes habitent cette terre depuis près de 50 000 ans, et en sont les tout premiers occupants. Près de 16 groupes de chasseurs-cueilleurs aborigènes ont vécu en ce lieu, et aujourd'hui, le parc tropical reste essentiel aux yeux des « gens de la forêt tropicale humide ». C'est au point de rencontre entre la forêt et les récifs que le capitaine Cook a posé le pied sur la Grande Barrière de corail en 1770. James Cook a baptisé « Cape Tribulation » cette partie de la côte, parce qu'elle avait été « une source d'ennuis considérables ». **GH**

À DROITE : *Méandres du Daintree dans les Wet Tropics du Queensland, inscrits sur la liste du patrimoine mondial.*

LOW ISLETS

QUEENSLAND, AUSTRALIE

Longeur des Low Islets : 2 313 km
Âge : environ 6 000 ans
Végétation : bois et taillis

Low Islets réunit deux petites îles agrémentées d'un banc de corail, situées à 13 kilomètres de Port Douglas, dans la partie nord de la Grande Barrière de corail. Ces rochers comptent parmi les 300 sites du même type qui sont apparus au point d'affleurement, au-dessus du niveau de la mer, du soubassement plat du récif. L'île principale couvre 231 hectares et elle est abritée des vagues violentes qui se brisent sur les récifs tout proches. Low Isle, gardée par un phare datant du XVIIIe siècle, inscrit au Patrimoine mondial, a d'abord été un récif de lagon dont la dépression centrale s'est remplie de débris coralliens avant de se transformer en plate-forme. Une manne de poissons s'offre aux regards des plongeurs. Cependant les étoiles de mer, le blanchiment du corail et le cyclone Rona ont infligé de lourds dégâts à toutes les familles de coraux durs. Les Low Islets font partie de ces milliers de récifs qui garnissent le nord du Tropique du Capricorne, à environ 2 313 kilomètres du détroit de Torres, où ils rejoignent les reliefs marins du sud de la Papouasie-Nouvelle-Guinée. Les récifs récents sont nés au cours des 6 000 dernières années, lorsque le niveau de la mer a atteint son seuil actuel. **GH**

LE MONT BARTLE FRERE

QUEENSLAND, AUSTRALIE

Sommet du Mt Bartle Frere : 1 622 m
Bellenden Ker : 1 592 m
Superficie du parc : 79 500 ha

Bartle Frere, le plus haut sommet de l'Australie septentrionale, trône au milieu d'un paysage de montagnes tourmenté, de la jungle humide de la chaîne Bellenden Ker, dans le parc national de Wooroonooran. Lorsqu'il n'est pas nimbé de brume, le sommet du Bartle Frere permet de découvrir les basses terres côtières et l'Atherton Tableland. Cependant, cette zone sauvage – et les chutes Josephine qui lui sont associées – est soumise à un climat extrêmement rude, qui conjugue le froid, le vent et de fortes pluies. Les rivières sont infestées de sangsues et plusieurs personnes sont mortes après avoir nagé dans les bassins des cascades, agités de mouvements violents. Pour la population locale du Noongyanbudda Ngadjon, la montagne porte le nom de « Chooreechillum », et possède un caractère sacré. Plusieurs espèces animales « veuves » y survivent, notamment un scinque très rare. La forêt tropicale humide de cette région est jugée comparable à celles de l'Asie du Sud-Est. Les pentes et les sommets des hautes montagnes sont garnies de forêts de fougères grimpantes et de taillis. La canopée basse et dense porte dans sa forme la marque des vents dominants. **GH**

LES CASCADES ET LES GORGES DE LA RIVIÈRE BARRON

QUEENSLAND, AUSTRALIE

Végétation	: forêt tropicale humide
Superficie	: 2 780 ha
Altitude	: 260 m

Les gorges de la rivière Barron sont situées dans une région de collines aux contours tourmentés, à environ 30 kilomètres au nord-ouest de Cairns. La vallée sauvage abrite des écosystèmes divers et uniques. La canopée de la forêt grimpante fermée se mêle à celle de la forêt claire, plantée d'eucalyptus. La forêt tropicale humide est accessible aux randonneurs. Le train historique de Kuranda et le funiculaire offrent une vue spectaculaire des gorges et de la rivière Barron en contrebas. Les chutes Barron se trouvent au sommet des gorges, près de Kuranda. Leur débit, jadis puissant, s'est amenuisé lorsque l'eau a été détournée vers une centrale hydroélectrique, et elles ne libèrent plus la totalité de leur flot que pendant la saison humide, de décembre à mars. Au cours de la saison sèche, la cascade se réduit à un filet d'eau. Cependant, pour préserver le statut touristique des gorges de la rivière Barron, les vannes du barrage sont ouvertes lorsque arrivent les touristes de Kuranda, afin qu'ils apprécient le spectacle de la cascade à son plein débit ! **GH**

LE CANAL DE HINCHINBROOK

QUEENSLAND, AUSTRALIE

Superficie de l'île	: 52 km x 10 km
Altitude du mont Bowen	: 1 070 m
Âge	: jusqu'à 260 millions d'années

Les terres humides proches du canal de Hinchinbrook sont situées entre Cardwell, sur la côte du Queensland et Hinchinbrook, la plus grande île du parc national. Inscrites sur la liste du patrimoine de l'humanité, les terres humides d'Hinchinbrook constituent un labyrinthe de hautes forêts de mangrove et de marais. Les vastes terres sillonnées de canaux sont plantées d'herbes marines qui nourrissent les dugons (vaches de mer), les tortues de mer et constituent un lieu de reproduction pour de nombreuses espèces de crevettes. Cette zone se distingue aussi par la diversité de ses poissons et de ses variétés de crabes. À Scraggy Point, il est possible d'admirer un piège à poissons en pierre, construit par les Aborigènes il y a deux mille ans. Un certain nombre de variétés de dauphins hante la région, notamment l'irrawady (dauphin des rivières), le dauphin à bosse, présent à la fois dans l'océan Indien et l'océan Pacifique, ainsi que le dauphin long bec. De même, cette région accueille des crocodiles d'estuaire. Le canal d'Hinchinbrook partage son patrimoine d'oiseaux avec les tropiques humides, mais certaines espèces, comme le pigeon impérial torrésien et l'œdicnème des récifs, tiennent le haut du pavé. **GH**

LES GORGES DE MOSSMAN

QUEENSLAND, AUSTRALIE

Longueur de la rivière Mossman : 20 km
Superficie : 565 km²
Végétation : forêt tropicale humide de basses terres

Gonflée des eaux de la Main Coast Range, la rivière Mossman a creusé des gorges encaissées sur le trajet de 20 kilomètres qui la mène à la mer. Situées à la pointe méridionale du parc national du Daintree, les gorges sont parcourues par un cours d'eau montagnard bordé de forêt tropicale primitive et parsemé de gigantesques amas de granit. La plus grande partie des gorges est inaccessible, mais une piste longue de trois kilomètres permet aux visiteurs de pénétrer dans la forêt. Là, de gigantesque figuiers se pressent les uns contre les autres et la dense canopée de la forêt filtre une grande partie de la lumière. Les fougères et les orchidées se développent au pied des grands arbres pour y récolter un peu de soleil. Les gorges et la forêt tropicale sont peuplées par l'un des plus grands papillons australiens, l'Ulysse bleu, qui possède des ailes dépassant 12 centimètres. De même, le phalène Hercule, le plus grand de son espèce, a des ailes de plus de 25 centimètres. Dans les méandres tranquilles de la rivière Mossman, platypus et tortues viennent se nourrir à la surface de l'eau. Les gorges sont peuplées de longue date par les Aborigènes Kuku Yalanji. GH

CI-DESSOUS : *Les fougères luxuriantes abondent dans les gorges.*

LES GORGES DE LAWN HILL

QUEENSLAND, AUSTRALIE

Profondeur des gorges de Lawn Hill : 70 m
Âge : ère précambrienne
Superficie : 111 km²

Les gorges de Lawn Hill sont réputées pour leurs spectaculaires falaises en calcaire rouge, leurs luxuriantes forêts riveraines et les eaux émeraude de la crique Lawn Hill. Ce lieu, encore appelé Boodjamulla, voit se succéder une série d'escarpements et de gorges embellies par des sources, des trous d'eau permanents, des rivières et des rapides, parfois longs de 4 kilomètres. Les gorges et les rivières ont creusé le calcaire tendre d'anciennes falaises précambriennes, vieilles d'environ 4 500 ans. Elles sont plantées d'arbres à thé et de palmistes. Outre les gorges principales, citons la crique calcaire de Colless et la zone du « Grotto » près de Riversleigh, également magnifiques. Ce lieu ancien, situé dans l'un des recoins les plus éloignés de l'outback australien, abrite des sites de fossiles formés lors du tertiaire, il y a environ 25 millions d'années. Le « Grotto » reste remarquable pour sa biodiversité, et abonde en tortues, amphibiens, reptiles, wallabies et kangourous de toutes sortes. Il constitue aussi un refuge migratoire pour l'oie verte pygmée. Divers sites artistiques anciens attestent de la présence des Aborigènes, qui ont notamment modelé la végétation locale à l'aide de brûlots. **GH**

LES GORGES DU PARC NATIONAL DE CARNARVON

QUEENSLAND, AUSTRALIE

Superficie : 285 km²
Végétation : forêts diverses

Les parcs nationaux locaux décrivent les gorges de Carnarvon comme un enchevêtrement de pics, de vallées étroites et de falaises de calcaire, et précisent qu'il s'agit de l'une des régions les plus sauvages de la partie centrale et occidentale du Queensland. Effectivement, les gorges de Carnarvon, avec leurs falaises de grès hautes de 201 mètres, et leurs strates de calcaire érodé, longues de 29 kilomètres sont impressionnantes. Ces gorges sont tapissées de gommiers, de palmistes, de cycas et de fougères rares. Près des cascades, les fougères corne de cerfs et les lichens sont plus communs. Les intempéries qui se sont succédé durant des millions d'années ont façonné et pétri les contours de la terre qui a abrité des Aborigènes pendant plus de 200 000 ans. Les grottes et les falaises de Carnarvon portent des gravures de mains, de haches, des empreintes d'émeus et de boomerangs. Ces œuvres d'art se présentent sous forme d'impressions ocre et blanches, noires et jaunes. Le parc se trouve à 61 kilomètres au sud-ouest de Rolleston. **GH**

LA GROTTE DE BAYLISS

QUEENSLAND, AUSTRALIE

Élévation du cratère d'Undara : 120 m au-dessus du niveau de la mer
Hauteur de la grotte de Bayliss : 10 m
Longueur de la grotte de Bayliss : 201 m

Il y a environ 190 000 ans, la lave qui s'écoulait du volcan d'Undara s'est étendue sur une surface de 1 550 km². Les grottes et les tubes ont été créés quand les fleuves de lave sont restés confinés dans des vallées forçant le magma à couler en sous-sol où il a produit des formes cylindriques. La grotte de Bayliss est le plus long tube isolé qui se soit formé dans le réseau de lave d'Undara. Cette cavité présente une cheminée étroite et une salle, emplie d'une fumée âcre. Bayliss a été surnommée « la grotte aux mauvaises odeurs » par les scientifiques : l'air contient jusqu'à 5,9 % de dioxyde de carbone, soit 200 fois la concentration normale de ce gaz dans l'air. Pourtant, de nombreuses formes de vie s'accommodent de ces conditions puisque l'on y trouve au moins 52 espèces animales. Le sol est couvert d'isopodes, proches des poissons d'argent, de cancrelats blancs et de scutigères – étranges insectes qui se déplacent comme des mille-pattes, privés d'yeux et de pigments visibles. À l'intérieur de la grotte, de nombreuses espèces de chauves-souris prolifèrent. En raison de la haute teneur en dioxyde de carbone, de l'accès difficile et de son importance sur le plan biologique, Bayliss n'est pas ouverte au public. **GH**

LES MONTS DE GLASSHOUSE

QUEENSLAND, AUSTRALIE

Superficie : 1 885 ha
Végétation : forêt tropicale humide, léipoa ocellé
Âge : 25 millions d'années

Les monts de Glasshouse rassemblent cinq pics volcaniques anciens qui se découpent de manière spectaculaire sur le fond des plaines côtières des parcs nationaux de Tibrogaran, de Ngungun, Coonowrin et Beerwa. Cet ensemble de culots volcaniques constitués de rhyolite et de trachyte domine les terres agricoles de la côte du soleil, où sont cultivés des fruits tropicaux. Les volcans dominent à 237 mètres et 556 mètres. En 1770, le capitaine James Cook a ainsi décrit les monolithes : « Ces collines apparaissent immédiatement à l'intérieur des terres et sont peu éloignées les unes des autres. Leur forme singulière les distingue, et les fait ressembler à des serres, ce qui m'a inspiré le nom de Glasshouse. » Cependant, Archibald Meston, journaliste et administrateur, les a mieux décrites en 1895 : « Chaque colline est isolée dans son silence. Une masse de rochers (le Tibrogaran) se trouve face à la ligne de chemin de fer, et offre une falaise sauvage qui se dresse majestueusement contre le ciel bleu, marquée par dix mille ans de pluies. » Les Aborigènes, quant à eux, considèrent les collines comme des membres d'une même famille et les rivières comme les larmes qu'ils versent à cause de la couardise d'un enfant. **GH**

LE PARC NATIONAL DE NOOSA

QUEENSLAND, AUSTRALIE

Végétation : forêts côtières et forêt tropicale humide
Superficie : 23 km²
Âge : 145 à 210 millions d'années

Les promontoires rocheux, hauts de 200 mètres, et les falaises du parc national de Noosa, situés sur la côte du soleil du Queensland, dominent l'océan près d'un chapelet de belles plages abritées et d'étendues herbeuses, plantées de buissons, de forêts claires et de forêt tropicale humide. Ce parc, véritable oasis naturelle, offre un saisissant contraste avec la station de vacances toute proche de Noosa Heads, et veille à la protection de ce que les brochures du parc du Queensland appellent « une composante restreinte mais essentielle de la flore et de la faune sur la côte du soleil ».

Treize familles de végétaux ont été repérées dans cette région. Le long de la côte, les bourrasques de vent salé et les feux de broussaille nettoient constamment les dunes. Celles-ci sont composées de plusieurs couches de sable et d'affleurements de calcaire. Noosa Head contient des diorites de quartz et des matières ignées qui datent du jurassique-crétacé. La diversité du parc est appréciée par ses 121 espèces d'oiseaux, notamment par le très vulnérable autour rouge. **GH**

À DROITE : *Crépuscule sur la côte du soleil*

LA CHAÎNE DE CLARKE EUNGELLA

QUEENSLAND, AUSTRALIE

Végétation : forêt tropicale humide et forêt d'eucalyptus
Superficie : 1 469 km²

Les montagnes embrumées de la chaîne de Clarke Eungella forment la quatrième plus grande région sauvage du Queensland, et la plus vaste zone de forêt tropicale humide située en son centre. Le nom d'Eungella vient d'un mot aborigène qui signifie « pays des nuages ». La forêt commence à 201 mètres d'altitude sur le flanc oriental de la chaîne, et grimpe jusqu'au sommet du mont Dalrymple. Divers événements géologiques ont marqué le paysage et accusé les escarpements, notamment la gorge de Broken River, les falaises de Diamond, et les Marling Spikes. Le soubassement rocheux est constitué de granit couvert de flots de lave. Pendant des milliers d'années, la région est restée isolée et a protégé des formes de vie qui n'existent nulle part ailleurs : un oiseau, le mangeur de miel d'Eungella ; un lézard, le scinque à flancs orange ; un arbre, le chêne-tulipier Mackay, et trois sortes de grenouilles. La chaîne de Clarke Eungella est traversée par 20 kilomètres de pistes, dont la promenade de Palm Walk et de Palm Grove, qui sinuent dans une forêt tropicale humide plantée de cèdres rouges et de chênes-tulipiers Mackay, près de massifs de piccabeen et de palmiers Alexandra. **GH**

LA GRANDE BARRIÈRE DE CORAIL

QUEENSLAND, AUSTRALIE

Longueur : 2 000 km
Superficie : 350 055 km²

La Grande Barrière de corail, classée patrimoine naturel de l'humanité, est un site exceptionnel qui allie des paysages extraordinaires et une profusion de vie sous-marine. D'une taille unique sur la planète, ce réseau de coraux conjugue la biodiversité avec une intensité sans précédent. Les coraux s'étendent sur 350 055 km² et constituent un « labyrinthe ouvert » de vastes lagons turquoise et de 3 400 récifs individuels, notamment 760 récifs frangeants dont la taille varie d'un hectare à plus de 10 000 hectares, et qui s'étirent en ruban ou s'étalent à la manière d'une plate-forme. 618 îles de tous types se sont formées au milieu de ces récifs. Elles sont parfois arrosées de rivières d'eau douce. D'autres sont plantées de forêts tropicales humides, 300 petits bancs de corail présentent un aspect luxuriant ou désertiques, et il faut signaler 44 mangroves d'une surprenante beauté.

Ce lieu accueille un tiers des espèces de coraux du monde, qui voisinent avec 1 500 espèces de poissons de récifs. Six des sept espèces mondiales de tortues marines menacées y ont leurs habitudes, et de vastes zones de prairies marines qui nourrissent l'un des plus nombreux cheptel de dugons du monde. Le récif abrite aussi un nombre impressionnant de tortues vertes qui viennent y pondre leurs œufs, 400 espèces d'éponges, et plus de 4 000 espèces de mollusques. La Grande Barrière est devenue le lieu de reproduction de plus de 30 espèces de mammifères, notamment des baleines à bosse, et de quelque 200 espèces d'oiseaux.

Ce site classé au patrimoine de l'humanité revêt aussi une grande importance culturelle, car il recèle de multiples épaves, de gigantesques pièges à poissons, et des sites archéologiques aborigènes ou des traces de la civilisation du détroit de Torres. Les vestiges les plus connus se trouvent sur les îles Lizard et Hinchinbrook, à Stanley Cliff, et sur les îles Clack qui abritent de magnifiques galeries décorées de peintures rupestres. Le récif est menacé par le réchauffement de la planète et le blanchiment des coraux, qui l'endommage de façon de plus en plus accélérée, comme en attestent les scientifiques australiens. **GH**

La Grande Barrière de corail, classée patrimoine de l'humanité, est un site d'une exceptionnelle beauté qui allie paysages extraordinaires et richesse sauvage de vie sous-marine.

À DROITE : *Le labyrinthe aquatique de la Grande Barrière de corail.*

LA REPRODUCTION DES CORAUX

QUEENSLAND, AUSTRALIE

Calendrier : de novembre à décembre après la pleine lune

Lieu de reproduction : le long de la Grande Barrière de corail

Tous les ans, l'espace de quelques nuits, après une période de pleine lune, en novembre et en décembre, la Grande Barrière de corail australienne crée une véritable sensation lorsque des millions de coraux se reproduisent en masse, de façon synchrone. L'événement est décrit comme une « tempête de neige à l'envers ». Quand les conditions idéales sont réunies, que la bonne température est atteinte et que l'obscurité est suffisante, les polypes coralliens libèrent dans l'océan le sperme et les œufs qui se fertilisent et dérivent pour assurer la pérennité de la Grande Barrière. Environ 30 minutes avant que le phénomène ne se déclenche, des poches d'un rouge ou d'un rose brillant se gonflent sous les orifices des polypes. Le moment venu, ces poches se détachent et flottent jusqu'à la surface où elles dérivent en épais nuages rouges, roses, orangés et parfois violets. Finalement, elles se vident de leur contenu, et la reproduction intervient, tandis que les œufs se divisent rapidement pour donner vie à des larves mobiles. La soudaine abondance de nourriture agit comme un aimant sur les poissons et les autres prédateurs, mais les larves sont assez nombreuses pour créer de nouveaux coraux. **GH**

L'ÎLE FRASER

QUEENSLAND, AUSTRALIE

Île Fraser : 125 km x 12 km
Superficie : 1 660 km²
Emplacement : au large de la baie de Hervey

L'île Fraser est le plus grand banc de sable du monde, formé au cours de l'ère glaciaire quand les vents dominants ont transporté de vastes quantités de sable vers le nord, à partir de la Nouvelle-Galles du Sud, et les ont déposées sur les côtes du Queensland. Le fragile écosystème repose sur la forêt tropicale humide qui a planté ses racines dans le sable pur, seul cas de ce genre au monde. Une espèce végétale particulièrement adaptée au sable est la fougère angiosperme, l'une des plus grandes. L'île est séparée du continent par un canal étroit et ses gigantesques dunes retiennent les eaux de lacs aux eaux profondes, à 213 mètres au-dessus du niveau de la mer. À eux seuls, ces lacs constituent la moitié des réserves mondiales d'eau douce ainsi perchées. Les dingos et les wallabies les fréquentent, et 200 espèces d'oiseaux habitent les forêts d'eucalyptus, près des rivières et des plages. Il est possible d'observer les baleines à partir de la baie d'Hervey. L'île Fraser fut découverte lorsque Eliza Fraser s'apprêtait à accoucher à bord du *Sterling Castle*, le 13 mai 1836. Son vaisseau s'échoua sur la Grande Barrière de corail et si Eliza échappa à la noyade, elle fut kidnappée par les Aborigènes, mais finit par être délivrée. **GM**

L'ÎLE HERON

QUEENSLAND, AUSTRALIE

Superficie de l'île Heron : 17 ha
Caractéristiques : banc de corail entouré de récifs exposés à marée basse

Les deux grands explorateurs britanniques, le capitaine James Cook en 1770 et Matthew Flinders en 1802, ne se sont pas arrêtés à l'île Heron lors de leurs voyages en bordure de la côte Nord de l'Australie, et ne l'ont pas même remarquée, sans doute parce qu'ils évitaient la Grande Barrière de corail. L'île Heron n'a été découverte par des colons européens qu'en janvier 1843, lorsque le *HMS Fly* y a jeté l'ancre en cherchant à se frayer un passage au milieu des dangereux récifs. Le naturaliste du bateau, Joseph Bette Jukes, a baptisé l'île en référence à ce qu'il prenait pour des hérons de récifs, qui se sont avérés être des aigrettes.

L'île Heron se trouve au milieu de la Grande Barrière de corail et présente deux autres points d'intérêt : la présence, de décembre à avril, de milliers de tortues qui viennent y pondre leurs œufs, et au cours des mois d'hiver, entre juillet et août, le passage d'un grand nombre de baleines dans le canal qui sépare l'île du récif de Wistari. Traversé par le Tropique du Capricorne, le banc de corail entouré d'eau accueille près de 900 des 1 500 espèces de poissons et plus de 70 % des variétés de corail que l'on trouve aux abords de la Grande Barrière. **GM**

LES CHUTES DE WALLAMAN

QUEENSLAND, AUSTRALIE

Hauteur des chutes de Wallaman : 300 m
Superficie du parc national de Lumholtz : 124 000 ha

Dégringolant au milieu d'un arc-en-ciel irisé par le brouillard vers le large bassin qui accueille leurs eaux en contrebas, les chutes de Wallaman, dans le Nord de l'Australie, sont les plus hautes du continent et les plus régulières en terme de débit annuel. Situées dans le parc national de Lumboltz, elles sont les plus accessibles de l'arrière-pays côtier. Ici, la végétation passe du bush ouvert, planté d'eucalyptus, à la forêt tropicale dense. Dans les hautes terres orientales du Queensland, les zones de captage de nombreuses rivières sont réduites, mais les eaux impétueuses qui descendent des chaînes montagneuses humides ont creusé des gorges profondes et généré des cascades spectaculaires.

Les Aborigènes sont les premiers habitants de ces tropiques humides. Wallaman revêt une signification extraordinaire pour ses occupants de la première heure. Les chutes se situent à 50 kilomètres à l'est d'Ingham. La route grimpe à pic dans les montagnes. Parmi les sentiers de randonnée, citons un trajet de 2 kilomètres jusqu'au pied de la cascade. Le chemin de retour est abrupt par endroits. Les rangers de la tribu Girringun sont chargés de l'entretien de ces voies. **GM**

LES FORÊTS HUMIDES DE GONDWANA DE L'AUSTRALIE

QUEENSLAND, AUSTRALIE

Âge : plus de 285 millions d'années
Végétation : forêt humide subtropicale, chaude, tempérée et fraîche

Les forêts humides de Gondwana de l'Australie sont inscrites, sur la liste du patrimoine mondial de l'humanité, en raison de la beauté de leurs montagnes, de leurs cascades, de leurs rivières et de leur faune sauvage. Les réserves sont des vestiges de la forêt subtropicale humide et tempérée qui courait de Newcastle à Brisbane. Alors que la plupart des reliefs ont été constitués il y a plus de 55 millions d'années, les débris de volcans explosés, parfois il y a 285 millions d'années, affleurent encore.

Ces réserves constituent les plus vastes zones de forêt subtropicale humide au monde. Leurs familles de plantes primitives sont les descendantes directes de végétaux vieux de plus de 100 millions d'années, qui croissent au milieu de certaines des plus vieilles fougères de la planète et de conifères antédiluviens. Plus de 200 plantes rares et espèces animales menacées coexistent en ce lieu, notamment des oiseaux chanteurs, des grenouilles, des serpents et des marsupiaux australiens en grand nombre. **GH**

LE DÉSERT DE SIMPSON

QUEENSLAND / TERRITOIRE DU NORD / AUSTRALIE MÉRIDIONALE, AUSTRALIE

Superficie du désert de Simpson : 170 000 km²

Âge du désert de Simpson : 40 000 ans depuis le début de la désertification

Vu du ciel, le désert de Simpson offre une vue saisissante : 500 kilomètres de terre rouge qui couvrent 170 000 km². C'est l'un des plus beaux exemples de désert de dunes qui existe sur la planète. Ses reliefs longitudinaux se sont formés il y a environ 40 000 ans quand le centre du continent s'est désertifié, et que les sables de la surface ont commencé à balayer le paysage. Les dunes sont parallèles et d'une hauteur moyenne de 20 mètres. Cette mer terrestre, avec ses vagues de sable rouge (la couleur provient du dioxyde de fer) reçoit un peu plus de pluie que le Sahara. Malgré tout, les précipitations sont très variables et imprévisibles, avec des températures estivales dépassant parfois les 50 °C.

Le désert s'étend sur les marges de trois régions : le Queensland, le Territoire du Nord et l'Australie méridionale. La partie Nord est agrémentée d'un gigantesque bloc de calcaire appelé le pilier de la chambre, qui se pare de reflets dorés au lever du soleil. Sept tribus aborigènes ont jadis habité ce désert, en se concentrant sur les rives des cours d'eau qui le bordent. De nombreux puits aborigènes ou alignements de pierre occupent le centre du désert de Simpson et les noms des lieux-dits indiquent souvent que les Aborigènes ont traversé la région entière. Certains des puits utilisés pour leur survie dans le désert sont équipés de très longs canaux (10 mètres) qui traversent les différentes couches du sous-sol pour atteindre la nappe phréatique.

Plus de 150 espèces d'oiseaux habitent le désert de Simpson, dont deux espèces rares, le roitelet eyréen et l'outarde australienne. Des aigles audacieux, des faucons bruns, des perruches et des diamants mandarins vivent également dans ce désert. Des milans, des

> *Le désert de Simpson est l'un des plus beaux exemples de désert de dunes qui existe sur la planète : ses reliefs se sont formés il y a environ 40 000 ans quand le centre du continent s'est désertifié, et que les sables de la surface ont commencé à balayer le paysage.*

pigeons huppés et des galahs occupent les plaines qui furent le théâtre d'inondations, tandis que les oiseaux aquatiques hantent les lacs asséchés ou les bassins intérieurs. Les marsupiaux abondent, notamment les plus petits comme la souris marsupiale, le mulgara et le dingo. Quand la saison est favorable, les kangourous s'observent facilement. Parmi les animaux sauvages, citons les lapins, les renards, les chameaux et les ânes. La plupart des végétaux ont un cycle de vie assez court : en l'espace de quelques mois, et en présence de pluie, ils naissent, grandissent, fleurissent et produisent des graines. **GM**

À DROITE : *La mer de sable rouge du désert de Simpson.*

LE ROCHER D'ULURU

TERRITOIRE DU NORD, AUSTRALIE

Âge : 500 millions d'années
Hauteur du rocher d'Uluru : 348 m
Superficie du parc national d'Uluru - Kata Tjuta : 1 325 km²

Uluru, appelé « Ayers Rock » par les colons européens, est un lieu sacré. Depuis des milliers d'années, il occupe le centre de l'univers des Aborigènes Anangu, qui ont fait converger vers lui leurs pistes ancestrales ou « iwara ». Le rocher lui-même est une colline de grès qui domine les plaines sèches du territoire du Nord australien. En géologie, cette formation est appelée *inselberg*, c'est-à-dire une « île-montagne ». Ce relief résiduel isolé a surgi sous la pression de grands mouvements terrestres qui se sont produits il y a environ 500 millions d'années, et il est, à la manière d'un vaste iceberg terrestre, englouti aux trois quarts dans les profondeurs de la mer de sable qui l'entoure. De fins sillons couvrent sa surface, alors que ses flancs sont ponctués de grottes et de crevasses. Le sable, projeté en rafales, érode le rocher et lors des rares averses qui le touchent, des cascades d'eau le ravinent, laissant des traces noirâtres sur la surface d'un rouge uniforme. Les couleurs du rocher paraissent changer au cours de la journée, orange au lever du soleil, rouge brique dans la matinée, ambre à midi, et prenant une spectaculaire teinte pourpre le soir.

Le paysage environnant est dominé par les bosquets d'acacia aneuras, par les santals bleugris, les chênes du désert et le cacique satiné, une sorte d'eucalyptus. Des serpents venimeux comme l'aspic brun et l'aspic occidental vivent au milieu des plantes désertiques où ils chassent les marsupiaux, les souris (notamment la notomys longicaudatus), les grenouilles et les lézards. Au sud du rocher se trouve un vaste lac appelé Maggie Springs ou « Mutijulu » en langue aborigène. Les serpents d'eau qui vivent dans ce lieu sont considérés par les Anangu comme des gardiens du rocher et du lac. Les premiers Européens qui ont vu le rocher ont été Ernest Giles et William C. Gosse, qui ont exploré la région au début des années 1870. Ils l'ont alors baptisé du nom anglais de Sir Henry Ayers, Premier ministre de l'Australie méridionale. Aujourd'hui, plus d'un demi-million de personnes visitent les environs du rocher chaque année, en partant de la base touristique de Yulara. Il faut environ quatre heures pour le contourner à pied, et un peu moins à moto. Les autorités découragent l'ascension pour ne pas froisser la sensibilité des Aborigènes. Par ailleurs, cette pratique est totalement interdite quand la température de l'air atteint les 38 °C. **MB**

CI-DESSOUS : *Le site sacré d'Uluru, encore appelé Ayers Rock.*

LE KINGS CANYON

TERRITOIRE DU NORD, AUSTRALIE

Profondeur du Kings Canyon : 100 m
Superficie : 1 349 km²
Végétation : oasis

Serti dans le parc national de Watarrka, le Kings Canyon est formé de murailles de grès ancien modelées par les éléments. S'élevant sur 100 m jusqu'à un plateau de dômes rocheux, il s'agit d'un amphithéâtre naturel géant, du même grès rouge que l'Ayers rock tout proche et les monolithes de Kata Tjuta. La gorge centrale, la plus profonde, plonge de manière spectaculaire d'un escarpement de la plaine rares ou en voie d'extinction, 80 sortes d'oiseaux, 36 familles de reptiles et 19 variétés de mammifères. Mais ce sont les plantes qui attirent l'attention ; le parc national est considéré comme un « musée vivant des plantes », surtout grâce à ses anciens massifs de cycas et à ses « fossiles vivants » constitués de fougères vieilles de 300 millions d'années.

Le grès de la chaîne montagneuse de George Gill est, lui, vieux de 350 millions d'années, et son soubassement peut en revendiquer 450 millions. Les scientifiques s'accordent à dire que les nombreuses fissures des parois sont intervenues lorsque le grès le plus ancien s'est

Les dunes de sable ainsi que les gorges de Reedy Rockhole et de Yam Creek façonnent l'intérieur du parc national ; les sommets déchiquetés et les gorges humides forment un panorama qui a valu à Watarrka le qualificatif de « jardin d'Éden ».

environnante jusqu'à l'ouest du haut plateau de la chaîne montagneuse de George Gill. « Lost City » est perché sur une mesa et, résultat d'un phénomène d'érosion, il ressemble à une ruche. Les dunes de sable ainsi que les gorges de Reedy Rockhole et de Yam Creek façonnent l'intérieur du parc national ; les sommets déchiquetés et les gorges humides forment un panorama qui a valu à Watarrka le qualificatif de « jardin d'Éden ».

Kings Canyon est l'un des sites botaniques les plus riches d'Australie centrale. Il constitue un refuge pour les animaux du désert tout proche. Le Kings Canyon accueille 60 espèces végétales scindé, ce qui a rendu les couches supérieures friables et a fini par créer les falaises actuelles. Une partie du grès le plus ancien a été préservé dans les gorges et les vallées ombreuses. Watarrka a été la réserve de chasse des Aborigènes Luritja pendant plus de 20 000 ans, et il existe dans la région des peintures aborigènes ainsi que des gravures bien conservées. Il convient de se rendre dans le Kings Canyon en voiture à quatre roues motrices. La promenade du Kings Canyon offre de splendides panoramas. **GH**

À DROITE : *Formations rocheuses dans Kings Canyon.*

LES CHUTES DE JIM JIM

TERRITOIRE DU NORD, AUSTRALIE

Superficie du parc national : 19 000 km²
Profondeur : 200 m
Végétation : forêt de mousson

Pendant la saison humide, d'octobre à mai, les chutes de Jim Jim plongent du haut de l'escarpement d'Arnhem Land pour rejoindre, 200 mètres plus bas, un profond bassin. Les tempêtes vespérales noient la région sous un déluge de pluies et l'escarpement (qui fut jadis côtier) culmine à 330 mètres au-dessus de la végétation environnante. Le relief montagneux s'étend sur plus de 500 kilomètres vers les limites orientales du parc national de Kakadu. Les pluies qui alimentent les chutes de Jim Jim créent d'énormes lacs bruissant de chants d'oiseaux. C'est l'un de ces oiseaux qui a permis au parc d'obtenir son statut international. Cependant, la façade en grès de la falaise ainsi que les parois de la gorge restent spectaculaires même lorsque les chutes s'amenuisent à la saison sèche, de juin à septembre. La vaste Sandy Creek est agrémentée de forêts claires et de plans d'eau permanents, décorés de nénuphars et de fleurs de lotus.

Au cours de l'ère mésozoïque, il y a 140 millions d'années, une grande partie du site de Kakadu se trouvait recouverte d'une mer peu profonde. Les parois qui entourent les chutes et l'escarpement d'Anrhem Land émergeaient de la mer sous forme d'un terrain plat. Il y a 100 millions d'années, les eaux se sont retirées. Les rochers se trouvant sous l'escarpement d'Arnhem, d'origine volcanique, sont extrêmement anciens. Ils doivent avoir 2,5 milliards d'années soit la moitié de l'âge de la Terre. Les objets aborigènes retrouvés près de ce site remontent à 50 000 ou 60 000 ans. Ainsi, Arnhem est le lieu d'habitat le plus ancestral d'Australie. Kakadu est situé à 260 kilomètres à l'est de Darwin, et accessible par l'autoroute d'Arnhem. Pour atteindre les chutes, il faut cependant utiliser un 4x4, puis emprunter une piste éprouvante sur environ un kilomètre. Lorsque les chutes grossissent pendant la saison humide, la piste est fermée aux véhicules. À cette période, il est uniquement possible de survoler la cascade en prenant un hélicoptère à Jabiru et Cooinda. **GH**

CI-DESSOUS : *Vue panoramique des chutes Jim Jim à la saison humide.*

LE FLEUVE FITZROY

TERRITOIRE DU NORD, AUSTRALIE

Âge des récifs : près de 350 millions d'années

Longueur du fleuve Fitzroy et de ses affluents : 4 880 km

Végétation : savane ouverte et zones humides

Le Fitzroy compte parmi les plus grands cours d'eau de l'Australie. Il traverse des récifs datant du dévonien, vieux de 350 millions d'années, où il a creusé les célèbres gorges de Kimberley. Épaulé par la Old River toute proche, le puissant Fitzroy charrie plus d'eau que n'importe quel autre fleuve australien. Ses crues sont effrayantes et son débit annuel pourrait couvrir tout le continent australien d'un mètre d'eau. Les méandres du Fitzroy et son réseau hydrographique ont plus de 12 mètres de profondeur, ils arrosent tout le cœur de l'ancien massif du Kimberley et alimentent le réseau de zones humides et de marais du Camballin Floodplain System. Environ 67 espèces d'oiseaux aquatiques ont été répertoriées sur les noires terres alluviales du Fitzroy. Dix-neuf d'entre elles sont recensées par les traités JAMBA et CAMBA qui régulent la protection des oiseaux migrateurs. Le bassin du Fitzroy, alimenté par les rivières Mackenzie, Dawson, Connors et Isaac, est le seul habitat connu de la discrète tortue Fitzroy, célèbre pour ses particularités respiratoires : en effet, elle est capable de respirer par l'anus, ce qui lui a valu le surnom de « tortue à deux nez ». **GH**

LES GORGES DE GEIKIE

TERRITOIRE DU NORD, AUSTRALIE

Âge des gorges de Geikie : 350 millions d'années

Hauteur des gorges de Geikie : 50 m

Longueur des gorges de Geikie : 14 km

Les gorges de Geikie sont considérées comme l'un des plus beaux exemples d'écosystème tropical humide. Leurs parois de calcaire pur, hautes de 50 mètres et longues de 14 kilomètres, se distinguent par l'état de préservation de la séquence rocheuse d'origine paléozoïque, absolument unique au monde. Ce site est inscrit sur la liste du patrimoine de l'humanité pour les « vues extraordinaires » qui mettent en valeur des traits géologiques exceptionnels, notamment des fossiles marins dans le District de West Kimberley, datant du dévonien. Le fleuve Fitzroy a creusé ces roches, révélant des fossiles dans les parois montagneuses dénudées. Les trous d'eau permanents accueillent au moins 18 sortes de poissons dont le poisson-scie de Leichhardt, et une pastenague très rare. Les eaux douces servent aussi de pouponnière aux crocodiles. Parmi d'autres animaux rares, citons le roitelet enchanteur à huppe pourpre, le faucon gris, le bouvreuil de Gould, le faucon pèlerin et la chauve-souris fer à cheval orange. Les gorges portent le nom d'un géologue britannique, Sir Archibald Geikie ; c'est Edward Hardman qui les appela ainsi lorsqu'il explora la région de Kimberley en 1883. **GH**

LE PARC NATIONAL DE LITCHFIELD

TERRITOIRE DU NORD, AUSTRALIE

Âge du parc national : 10 000 ans
Superficie du parc national : 1 464 km
Végétation : forêts d'eucalyptus et savane

Le parc national de Litchfield regroupe de nombreuses chutes d'eau qui dégringolent du haut d'un plateau de grès appelé la chaîne du Table Top. Le parc abonde en cours et en plans d'eau, et en cascades hautes d'une dizaine de mètres dont celles du Buley Rockhole, de Wangi, de Tomer et de Florence. Ce parc est aussi riche de vallées encaissées et cerné par de vastes plaines constituées de sédiments datant du quaternaire. Au milieu des escarpements, des plaines et des collines douces se trouvent les piliers de grès érodé de « Lost City ». Autre point d'attraction du parc, les centaines de termitières qui s'élèvent à près de deux mètres, appelées « monts magnétiques », car elles ressemblent à de gigantesques boussoles. En effet, les bords les moins élevés des termitières sont tournés vers le nord et le sud et leur dos est orienté est-ouest ; l'exposition de l'édifice à la chaleur est ainsi minimisée, ce qui assure une certaine fraîcheur aux insectes. Ces observations sont le fait des populations aborigènes, les Marununggu, Waray, Werat et Koongurrukun. Les forêts sont habitées par les bandicoots, les wallabies, les perroquets, les rosellas, les alouettes jacasseuses et les souris à miel. Parmi les reptiles, citons les scinques, les geckos et les goannas. GH

LES GORGES DE KATHERINE

TERRITOIRE DU NORD, AUSTRALIE

Type de roche : grès datant du protérozoïque
Hauteur des gorges Katherine : 60 m
Superficie du parc national : 292 000 ha

Le parc national de Nitmiluk (gorges de Katherine) enchâsse la rivière Katherine, qui a creusé une série de treize gorges magnifiques dans un paysage désertique. Avec leurs falaises hautes de 60 mètres, leurs rapides, leurs plages sablonneuses et leurs longs plans d'eau calmes, elles revêtent une grande importance aux yeux de la population locale des Jawoyn, qui sont les gardiens officiels de parmi les vestiges les plus méridionaux de ce type sur tout le territoire du Nord.

Plus de 100 kilomètres de pistes sillonnent le parc, ce qui permet d'entamer une randonnée jusqu'aux chutes Edith. Près des pandanus grandissent des arbres à thé et des eucalyptus. Plusieurs espèces d'oiseaux, y compris aquatiques, fréquentent ce lieu. Le plan d'eau accueille des plantes rares comme l'acacia et l'hibiscus. Parmi les oiseaux et mammifères rares, citons le roitelet à gorge blanche, le perroquet huppé et l'opossum à queue rouge. Les gorges de Katherine constituent une terre d'élection pour le crocodile d'eau douce. Les

> *Le nom de* Nitmiluk *traduit un mot de la langue jawoyn qui signifie « rêve de cigale ». Selon la tradition, Bolung, le serpent de l'arc-en-ciel, vit toujours dans les bassins profonds de la seconde gorge, à Nitmiluk, et il faut prendre soin de ne pas le déranger.*

Nitmiluk et des chutes Edith, toutes proches. Le nom de Nitmiluk traduit un mot de la langue jawoyn qui signifie « rêve de cigale ». Selon la tradition, Bolung, le serpent de l'arc-en-ciel, vit toujours dans les bassins profonds de la seconde gorge, à Nitmiluk, et il faut prendre soin de ne pas le déranger.

Les falaises voisines montrent comment les gorges de Katherine sont apparues le long d'anciennes lignes de faille dans les grès qui se sont agrégés au cours de l'ère protérozoïque, il y a plus de deux milliards d'années. Les plateaux sont tapissés de forêts claires d'eucalyptus, de marais et de zones humides. Des zones résiduelles de forêt tropicale de mousson, visibles dans les gorges plus étroites, figurent kangourous, les wallarous, les chauves-souris et les dingos font partie des mammifères locaux.

En 1862, John McDouall Stuart a traversé la rivière Katherine et a noté dans son journal : « J'ai aperçu une autre crique très vaste, arrosée d'un courant venu du nord-est, orienté vers le sud-ouest. » Stuart, qui en était déjà à son sixième périple sur le continent, a baptisé la rivière du nom de l'un des membres de la famille qui le finançait. Lors de la saison humide, le niveau de l'eau peut s'élever de 18 mètres, et la rivière se transforme alors en torrent. GH

À DROITE : *Le ruban noir de la rivière Katherine se découpe sur son paysage de gorges.*

LES GORGES DE N'DHALA

TERRITOIRE DU NORD, AUSTRALIE

Végétation : refuge de forêt tropicale humide
Centre d'intérêt : pétroglyphes aborigènes

Les gorges de N'Dhala se découpent dans le grès de la chaîne Eastern McDonnell qui offre un saisissant contraste avec la zone aride qui l'entoure. Le parc réunit deux gorges d'une tranquille beauté : les gorges principales, longues de 1 100 mètres, et des gorges latérales qui s'étirent sur environ 800 mètres. Toutes deux sont célèbres pour leurs pétroglyphes, créés par les Aborigènes de l'est d'Arrernte. Plus de 5 900 gravures préhistoriques sont réparties sur plusieurs sites et refuges de chasse. La plupart auraient été créées au cours des deux derniers millénaires, mais certaines auraient près de 10 000 ans. Les gardiens indigènes de ces œuvres d'art indiquent qu'elles sont liées à un rêve relatif à une chenille. À l'ombre des gorges, divers alignements de pierres et d'autres sites témoignent de la vie culturelle des Aborigènes Arrernte. Toute l'atmosphère de cette région est chargée du souvenir de sanglants conflits entre les habitants du cru et les colons blancs pendant les années 1880. La guérilla menée par les Aborigènes a provoqué plusieurs massacres. Les gorges de N'Dhala abritent de nombreux végétaux sensibles au feu, notamment l'acacia pycnantha de Hayes et le pin cyprès blanc. **GH**

LES GORGES DE FINKE

TERRITOIRE DU NORD, AUSTRALIE

Âge des gorges de Finke : environ 285 millions d'années
Superficie du parc national : 45 856 ha
Végétation : vestiges de forêt tropicale humide

Le parc national des gorges de Finke est le garant de l'héritage unique des « fossiles vivants » de Palm Valley. Il peut s'enorgueillir de cycas très anciens, d'un roseau aquatique devenu extrêmement rare, et d'un palmiste rouge très particulier. La rivière Finke – qui est officiellement reconnue comme la plus vieille du monde – scinde les gorges en traversant la chaîne montagneuse appelée James Range. L'érosion provoquée par le vent, la rivière et ses affluents a sculpté des sites étonnants comme le rocher de l'Amphithéâtre et de l'Initiation dans le grès millénaire. Une rivière latérale appelée Palm Creek pénètre dans les gorges où elle a creusé en amont un refuge baptisé Palm Valley. Près de 3 000 palmistes rouges – dont certains, vieux de 300 ans, atteignent 25 mètres de haut – se répartissent sur les rives de la Finke et de ses affluents. Appelés Pmolankinya par les Aborigènes Arrernte, les palmistes et les cycas sont considérés par eux comme des ancêtres du temps, apportés par les flammes d'un feu de brousse qui a ravagé le Nord. La souffrance des ancêtres du feu est représentée par les troncs noircis des palmiers, tandis que ses feuilles symbolisent les longs cheveux des jeunes hommes. **GH**

LES GORGES D'ORMISTON ET POUND

TERRITOIRE DU NORD, AUSTRALIE

Altitude des gorges d'Ormiston : 300 m
Superficie des gorges d'Ormiston : 4 655 ha
Âge des gorges d'Ormiston : environ 500 millions d'années
Végétation : prairies

La beauté du parc national des gorges d'Ormiston et Pound a été immortalisée dans les aquarelles d'Albert Namatjira, un célèbre artiste aborigène. Ces gorges, hautes de 300 mètres, déclinent leurs plis rocheux dans de discrètes nuances dorées, bleues et violettes. Les gorges d'Ormiston et Pound sont classées parmi les plus belles de l'Australie centrale. Le squelette d'un gommier monte la garde au-dessus des vertigineux escarpements des gorges.

Les Aborigènes considèrent le plan d'eau comme site sacré. La crique est alimentée par la rivière Finke, qui aurait 500 millions d'années et serait la plus vieille du monde. Ses eaux accueillent des poissons dont la survie est menacée par le réchauffement de la planète.

Le premier Européen qui découvrit la région fut Peter Egerton Warburton, lors de sa grande exploration, menée entre 1873 et 1874, qui débuta à Alice Springs, sur la côte occidentale australienne, et lui fit traverser le Grand Désert de sable. Warburton a baptisé les gorges d'Ormiston et Pound en référence à ses voyages au travers de terres arides. Le parc national se trouve à 132 km à l'ouest d'Alice Springs. **GH**

LES GORGES DE WINDJANA

TERRITOIRE DU NORD, AUSTRALIE

Âge des gorges de Windjana :
350 millions d'années

Hauteur des gorges de Windjana :
100 m

Longueur des gorges de Windjana :
5 km

Les gorges de Windjana tirent leur nom des personnages de rêve qui ont inspiré les Aborigènes dans leurs pétroglyphes. Sur le plan géologique, il s'agit d'un vestige d'anciens bancs de corail qui datent de 350 millions d'années et remontent à la période dévonienne. Les éblouissantes gorges de Windjana, tout comme les gorges de Geikie et le parc national de Tunnel Creek, sont des vestiges d'une barrière de corail, longue de 1 000 kilomètres, qui fut un jour submergée par un océan couvrant la plus grande partie de la région de Kimberley. Les parois noires et rouges de Windjana grimpent abruptement jusqu'à 100 mètres. Les gorges abritent trois trous d'eau permanents qui constituent un refuge pour la faune sauvage et où une luxuriante végétation s'épanouit sur 5 kilomètres. Les formes de vie primaire qui ont animé cette région à l'époque dévonienne sont visibles, fossilisées sur les murs de calcaire des gorges de Windjana. Au cours de la saison sèche, les gorges sont rythmées par des plans d'eau, des oasis et des buissons. Elles ont été décrites comme « un petit paradis ombragé ».

Les riches terres alluviales nourrissent des figuiers, des cajeputiers à l'écorce de papyrus, et l'arbre de Leichardt aux larges feuilles. Les forêts avoisinantes contiennent des gommiers, des figuiers, des cèdres blancs, et des baobabs australiens blancs sur les pentes. Les gorges abritent de nombreux oiseaux aquatiques, des chauves-souris se nourrissant de fruits, et de bruyantes corellas. Windjana est également l'un des meilleurs lieux où observer les crocodiles d'eau douce dans leur habitat naturel.

La tranquillité des gorges masque une histoire tragique, car elles furent le site d'une grande bataille livrée dans les années 1890 entre la police et une troupe d'environ 50 guerriers menée par Jandamarra, un héros populaire indigène. Au départ, Jandamarra s'était mis au service de la police des colons blancs, qu'il aidait à traquer les voleurs de moutons. Mais il se retourna ensuite contre ses employeurs, et se mit à délivrer les indigènes captifs. S'ensuivit une guérilla de dix ans, au cours de laquelle il mit à profit sa connaissance du terrain montagneux pour échapper aux autorités. Jandamarra fut blessé au cours d'échauffourées avec la police, et finalement abattu près de Tunnel Creek. **GH**

Au cours de la saison sèche, les gorges sont rythmées par des plans d'eau, des oasis et des buissons. Elles ont été décrites comme « un petit paradis ombragé ».

À DROITE : *Les parois de calcaire de Windjana sont riches en fossiles.*

KATA TJUTA

TERRITOIRE DU NORD, AUSTRALIE

Superficie du parc national : 1 325 km²
Point culminant (mont Olga) : 545 m

Les dômes rocheux de Kata Tjuta – connus par les premiers colons européens sous le nom de monts Olgas – portent un nom aborigène qui signifie « nombreuses têtes ». Cette merveille rassemble 36 énormes masses rocheuses rouges, et quelques rochers plus petits et crêtes isolées, soit plus de 60 rochers. Le plus haut de ces dômes, le mont Olga, a 200 mètres de plus que le célèbre rocher d'Uluru. Comme Uluru, les monts Olgas font partie du parc national d'Uluru-Kata Tjuta inscrit sur la liste du patrimoine mondial de l'humanité. Ces gigantesques rochers ont été déposés, à l'origine dans une mer intérieure peu profonde. Il y a environ 300 millions d'années, la mer s'est asséchée et a été recouverte par le désert ; un soulèvement important a forcé les sédiments à remonter à travers le sol, avant que le vent ne les façonne au fil des millénaires. Kata Tjuta appartient aux Aborigènes Anangu qui en ont la gestion conjointement avec les autorités du parc national. Une route de 7 km relie les principaux dômes et la « vallée de la promenade des vents ». **GM**

CI-DESSOUS : *Les dômes de Kata Tjuta sculptés par les vents.*

GOSSE BLUFF

TERRITOIRE DU NORD, AUSTRALIE

Hauteur du cratère : 150 m
Diamètre du cratère : 5 km
Âge : 143 millions d'années

Gosse Bluff est un site sacré officiel pour les Aborigènes Arrernte de l'Ouest. Ce peuple le connaît sous le nom de Tnorala, et curieusement, la légende de ses origines est un peu similaire à l'explication scientifique. Tnorala a été créé par la chute d'un énorme météorite sur la Terre, il y a environ 143 millions d'années. L'impact a creusé un cratère de 20 km², l'un des plus grands du monde. Une légende aborigène veut que la formation de ce paysage remonte à l'époque de la Genèse. Un groupe de femmes venues de la Voie lactée a dansé dans le ciel. Dans l'intervalle, une femme a placé son bébé dans un porte-bébé en bois. Le porte-bébé s'est renversé avant de tomber sur la terre, et de creuser les flancs escarpés du cratère. Depuis ses spectaculaires débuts, le cratère s'est érodé et fait désormais cinq kilomètres de diamètre. Il est situé à 175 kilomètres à l'ouest d'Alice Springs, dans le sud-ouest du Territoire du Nord. Le site est apprécié pour la qualité de son air, et le col de Tyler offre un magnifique panorama. Les mois frais – d'avril à octobre – sont plus agréables, mais les routes deviennent parfois impraticables, en raison de fortes pluies. **MB**

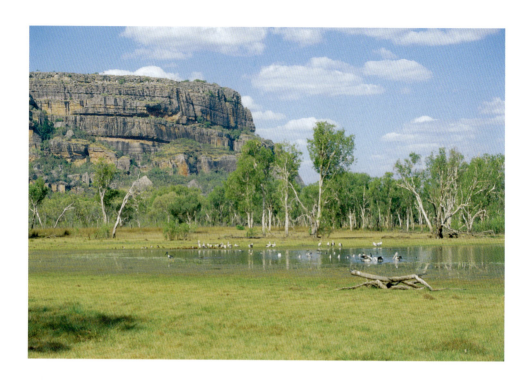

LE PARC NATIONAL DE KAKADU

TERRITOIRE DU NORD, AUSTRALIE

Superficie du parc national de Kakadu : 13 354 km²

Caractéristique : peintures et gravures rupestres

Le magnifique parc national de Kakadu, situé dans le Territoire du Nord, a été inscrit au patrimoine mondial. En effet, il détient une grande diversité d'écosystèmes. Son atout le plus spectaculaire est un plateau – une gigantesque formation de grès aux contours déchiquetés qui s'élève à 251 mètres et s'étend sur 604 kilomètres. Cette zone est ponctuée de grandes chutes d'eau et de gorges encaissées. Partout ailleurs dans le parc, les fonds de baie dominent le paysage. Le parc est particulièrement impressionnant à la saison des moussons, lorsque de violentes tempêtes électriques viennent noyer les escarpements, créant de vastes lacs. Cependant, le meilleur moment pour visiter Kakadu vient juste après la saison humide, lorsque les cascades parviennent à leur zénith, ou encore, à la fin de la saison sèche, lorsque les animaux se massent autour des trous d'eau un peu asséchés. Cette région a été habitée pendant plus de 40 000 ans. Le parc national du Kakadu est aussi renommé pour ses peintures et gravures rupestres. Le nom de *Kakadu* vient du gagudju, langue aborigène parlée par les descendants des premiers habitants de cette région. **GM**

WAVE ROCK

AUSTRALIE OCCIDENTALE

Hauteur de Wave Rock : 15 m
Longueur : 110 m
Végétation : buissons

Wave Rock ressemble à une vague géante gelée juste avant de s'écrouler, et a été qualifiée de « déferlante préhistorique », impression soulignée par les spectaculaires bandes de couleurs qui strient la « vague » de haut en bas. Cette merveille géologique jouxte d'autres spécificités australiennes comme Uluru et les monts Olgas.

Wave Rock est en réalité l'une des parois située sur le flanc nord d'Hayden Rock, un vaste vestige de granit. Il s'agit d'un *inselberg*, un relief résiduel isolé, sculpté par divers facteurs météorologiques. Les rochers avoisinants ont été totalement érodés au fil de dizaines de millions d'années. Plusieurs douzaines de reliefs résiduels en granit ont été ainsi exposés le long de la « ceinture de blé » locale, notamment les sites de Camel Peaks, des Humps et de King Rock.

Wave Rock aurait environ 500 millions d'années. L'eau de source ruisselle sur la paroi de la falaise, crée des réactions chimiques dans le granit qui laissent des traces jaunes, brunes, rouges et grises, provoquées par les carbonates et l'hydroxyde de fer. Ainsi, la pierre est parée de couleurs qui mettent en valeur les courbes et la masse irréelle de la paroi. **GH**

LE PARC NATIONAL DE CAPE LE GRAND

AUSTRALIE OCCIDENTALE

Âge : 40 millions d'années
Superficie du parc national : 308 km²
Végétation : broussailles côtières

Le parc national de Cape Le Grand est considéré comme l'un des plus spectaculaires de toute la côte australienne. Ses paysages sauvages conjuguent plages de sable blanc, pics de granit aux contours escarpés et reliefs de gneiss. Le mont Le Grand culmine à 345 mètres, le Frenchman Peak à 262 mètres, et Mississippi Hill à 180 mètres. Ces pics résultent de mouvements survenus dans la croûte terrestre au fil des 600 millions d'années écoulées. Pour la plupart, ils ont été submergés il y a environ 40 millions d'années, lorsque le niveau de la mer était supérieur de près de 300 mètres à ce qu'il est aujourd'hui. Actuellement, la plaine de sable qui les entoure, parsemée de marais et de trous d'eau, offre un habitat à des mammifères de petite taille, notamment le minuscule *tarsipes rostratum*. Pour les randonneurs, le panorama à découvrir du haut du Frenchman Peak est époustouflant, avec sa vue sur la baie et le parc national. De même, les vues de Hellfire Bay, Thistle Cove et Lucky Bay. **GH**

LE PARC NATIONAL DE LA RIVIÈRE FITZGERALD

AUSTRALIE OCCIDENTALE

Âge de la rivière Fitzgerald : 40 à 43 millions d'années
Profondeur de la rivière Fitzgerald : 450 m
Superficie du parc national : 330 000 ha

Le parc national de la rivière Fitzgerald est une réserve des plus précieuses pour les espèces animales rares et menacées. Il s'agit d'une étendue sauvage, traversée par quatre rivières, rythmée par des gorges encaissées, des reliefs aux contours tourmentés et sur la partie côtière de belles plages de galets. The Barrens – chaîne de montagnes côtières – descend à pic vers l'océan. Ses falaises multicolores, à proximité des vallées des rivières Hamersley et Fitzgerald, se sont formées il y a plus de 36 millions d'années. Le plateau offre un spectacle typique des étendues australiennes. Des falaises de granit marquent le bord du très ancien Yilgarn Block, cœur de la croûte continentale terrestre qui affleure un peu partout en Australie occidentale. Le parc national est si vaste que la souris marsupiale (petit mammifère aux pupilles blanches) et un rat des bruyères viennent d'y être répertoriés. Plus de 1 800 espèces de plantes fleuries ainsi qu'une myriade de lichens, de mousses et de champignons ont été cataloguées. **GH**

LE CRATÈRE DE LA MÉTÉORITE DE WOLF CREEK

AUSTRALIE OCCIDENTALE

Âge du cratère de la météorite : 300 000 ans

Largeur du cratère de la météorite : 800 m

Profondeur du cratère de la météorite : 60 m

Longtemps appelé « Kandimalal » par les Aborigènes, le cratère de Wolf Creek n'a été découvert par les Européens qu'en 1947 au cours d'un vol de reconnaissance. La légende aborigène raconte que ce relief est dû aux deux serpents arc-en-ciel qui ont formé Wolf Creek et Stuart Creek en traversant le désert. Le cratère marquerait l'endroit où l'un des serpents surgit de terre. Selon des critères plus scientifiques, il s'agit du deuxième plus grand cratère du monde, où des fragments de météorites ont été prélevés. La datation des roches du cratère et des vestiges de la météorite montre que celle-ci est entrée en collision avec la Terre il y a environ 300 000 ans. Elle pesait plus de 55 115 tonnes, et l'impact de cette immense masse a creusé un trou de 120 mètres dans la plaine désertique. La plus grande partie de la météorite, constituée de fer, a été vaporisée et des fragments projetés à plus 4 kilomètres. Le cratère, dont la profondeur est aujourd'hui de 60 mètres, abrite une riche vie sauvage, dont des dragons à queue brune en éventail. **GH**

LA RIVIÈRE MURCHISON

AUSTRALIE OCCIDENTALE

Âge de la rivière Murchison : plus de 400 millions d'années

Profondeur de la rivière Murchison : 131 m

Longueur de la rivière Murchison : 80 km

Prenant sa source à environ 483 kilomètres à l'intérieur des terres, la rivière Murchison serpente jusqu'à l'océan Indien, en creusant des gorges encaissées et sinueuses sur 80 kilomètres, au travers de reliefs en grès, vieux de plus de 400 millions d'années. Cette pierre très contrastée se pare de nuances rouges et pourpres sur fond blanc, et les différentes couches sédimentaires sont riches de fossiles.

déplacées sur des fonds de baie. Les étudiants en géologie viennent du monde entier pour observer les « grès fluviaux du bas paléozoïque (ordovicien), marqués par de nombreux assemblages de fossiles, notamment des empreintes d'animaux ». Certaines formations rocheuses comme le Loop et le Z-Bend présentent un aspect « gruyère » provoqué par la présence fossile de vers. D'autres traces ont été laissées il y a 400 millions d'années par l'une des toutes premières créatures qui ait marché sur la terre, un scorpion de mer mesurant environ deux mètres, appelé euryptéride. La rivière Murchison accueille près de 200 espèces

Au-dessus des falaises et des gorges planent divers oiseaux de proie, notamment des aigles audacieux. Les émeus viennent se désaltérer au bord de la rivière et des dizaines de cygnes noirs se reproduisent dans les plans d'eau peu profonds.

La rivière Murchison est le principal pôle d'attraction du parc national de Kalbarri situé à 53 kilomètres de Perth. La côte est célèbre pour ses gigantesques vagues, ses empilements de rochers (Loop et Z-Bend) et le lieu-dit Hawkes Head, où la rivière ancienne se jette dans l'océan. Certaines falaises côtières dominent l'océan de plus de 100 mètres, et d'autres, dans la Rainbow Valley, se parent d'arcs-en-ciel magnifiés par les embruns ou déploient de précaires empilements de rochers. Au Nord, les falaises s'étendent sur 201 kilomètres jusqu'à Shark Bay, qui est classée sur la liste du patrimoine de l'humanité. Les rochers colorés, au mince soubassement, et la surface ridée des reliefs des gorges situées au pied de Red Bluff ont été sculptés par des vagues qui se sont

d'oiseaux, notamment des aigles, des oiseaux chanteurs, des échassiers de terres humides. Les balbuzards hantent le ciel des falaises et les aigles audacieux patrouillent dans les gorges. Les émeus viennent se désaltérer au bord de la rivière et des dizaines de cygnes noirs se reproduisent dans les plans d'eau peu profonds. Les eaux de la rivière regorgent de poissons, notamment de brèmes, de merlans et de mulets. Les baleines fréquentent l'entrée de l'estuaire, et les dauphins jouent dans les eaux côtières. De petits lézards à l'air féroce, bardés de piquants, pullulent à Kalbarri. Le parc est également célèbre pour ses fleurs sauvages. **GH**

À DROITE : *Les eaux claires et sinueuses de la rivière Murchison.*

LA RIVIÈRE ET LES CHUTES MITCHELL

AUSTRALIE OCCIDENTALE

Âge de la rivière Mitchell : 1 800 millions d'années

Superficie du parc national de la rivière Mitchell : 1 153 km²

Végétation : zones résiduelles de forêt tropicale humide

Le parc national de la rivière Mitchell contient l'un des joyaux de la région de Kimberley, les chutes Mitchell. Cette série de cascades et de plans d'eau, appelée « Punamii-unpuu » par les Aborigènes, plonge d'une hauteur de 80 m dans un vaste bassin d'eau noire et profonde. Pour les Aborigènes de Ngauwudu (plateau de Mitchell), cette région est sacrée. Des êtres surnaturels Wungurr (ou serpents créateurs) hantent les profonds bassins des cascades Punamii-unpuu et Aunauya. De ce fait, la baignade n'est plus autorisée. La Punamii-unpuu est alimentée par la rivière Mitchell, qui a creusé des gorges et des chutes d'eau dans le plateau de Mitchell, et finit par rejoindre la baie de Walmsley et le golfe de l'Admiralty. De petites zones résiduelles de forêt tropicale tempérée occupent les marges du plateau et bordent certaines des gorges. La fougère-palme s'y développe librement, et les kanookas géants plongent leurs racines emmêlées dans l'eau. Près de 50 espèces de mammifères, dont six au moins sont rares ou menacées dans l'État du Victoria, et 86 sortes de reptiles et d'amphibiens, notamment le crocodile d'eau salée et une vipère mortelle, ont été répertoriées dans la région. **GH**

LE PIC DE BLUFF KNOLL

AUSTRALIE OCCIDENTALE

Âge de Bluff Knoll : plus de 100 millions d'années

Hauteur de Bluff Knoll : 1 095 m

Longueur de Bluff Knoll : 64 km

Bluff Knoll, situé au cœur du parc national de la chaîne de Stirling, est le pic le plus élevé dans le sud-ouest de l'Australie, réputé pour la beauté de ses sites. La principale paroi du promontoire est l'une des falaises qui étend ses reliefs tourmentés sur plus de 65 kilomètres. À 1 095 m au-dessus du niveau de la mer, les plus beaux panoramas sont offerts par le sommet de Bluff Knoll, appelé « Pualaar Miial » ou « grande colline aux multiples visages » par les Aborigènes locaux, en référence aux rochers qui rappellent les traits humains. Les peuples Quaaniyan et Koreng ont jadis vécu en ce lieu. Ils portaient de longs manteaux en peau de kangourou et habitaient des huttes coniques dans la forêt humide. Le sommet de Bluff Knoll est souvent enseveli dans d'épais brouillards qui flottent dans ses ravines et habillent un esprit malin que les Aborigènes appellent *Noatch*. En 1835, le topographe John Septimus Roe a baptisé la chaîne du nom du gouverneur Sir James Stirling ; le nom local de ces montagnes est Koi Kyeunu-ruff. Le parc est l'un des principaux observatoires mondiaux de végétaux, dont il contient 87 espèces uniques sur la planète. Bluff Knoll est également célèbre pour ses campanules cendrées *Darwinia*. **GH**

LES PORONGURUPS

AUSTRALIE OCCIDENTALE

Âge des Porongurups : 1 100 millions d'années
Hauteur des Porongurups : 800 m
Longueur des Porongurups : 12 km

Les Porongurups sont considérées comme les plus vieilles collines du monde. Cette montagne érodée est située dans l'une des régions les plus anciennes d'Australie, qui s'est formée lors de la collision des continents il y a environ 1 100 millions d'années. Renommées pour leur beauté, les Porongurups présentent une douzaine de pics aux sommets chauves et aux flancs tapissés de forêts, à une altitude d'environ 600 mètres. Les dômes se découpent sur la plaine, à 40 kilomètres au nord d'Albany.

Le point le plus élevé, Devil's Slide, a été façonné par la lente érosion des roches les plus tendres qui entouraient la chaîne montagneuse. Ses crêtes, longues de 12 kilomètres, captent la moindre humidité en provenance de la côte pour nourrir l'« îlot » forestier de karri, en laissant les pics de la chaîne de Stirling située au nord, sans la moindre végétation. Les arbres majestueux de la forêt de karri atteignent 90 mètres et comptent parmi les plus grands. Le printemps fait flamboyer le pourpre des fleurs de l'arbre hovéa, le bleu des campanules, et le jaune du marrube aux feuilles étroites et aux pois parfumés. Les Porongurups offrent un magnifique panorama à partir du sommet d'un pic granitique appelé Castle Rock. **GH**

TWO PEOPLE'S BAY

AUSTRALIE OCCIDENTALE

Âge de la baie : plus de 550 millions d'années
Superficie de la baie : 47 km²
Végétation : bruyères côtières et bois de jarrah

Two People's Bay est un lieu de préservation des espèces menacées. La baie se niche entre les anciens massifs granitiques du mont Gardner et du mont Many. Elle est protégée de la houle de l'océan Austral par un promontoire de hautes collines. Une réserve naturelle couvre le cap, les îles et l'isthme, reliés à un réseau de lacs, de rivières et de marais, vestiges d'un estuaire datant du pléistocène. La bruyère qui se développe sur le gneiss granitique précambrien, et les bois de jarrah ont valu une reconnaissance internationale à cette région. Deux espèces présumées éteintes ont été « redécouvertes » en ce lieu, un oiseau chanteur et un rat-kangourou dont la population mondiale ne s'élève qu'à 40 individus. La réserve revêt une grande importance pour les oiseaux migrateurs avec 188 espèces répertoriées, dont des pétrels à grandes ailes et de petits pingouins. On y rencontre également des oiseaux des buissons particulièrement rares et des dasyornes occidentaux, notamment à Little Beach et le long de l'Heritage Trail. Dans les années 1840, les baleiniers dépeçaient, dans la baie, des baleines à bosse et des baleines franches. Parfois, les tempêtes hivernales ramènent des os de baleines le long des côtes. **GH**

LE PARC NATIONAL DE KARIJINI

AUSTRALIE OCCIDENTALE

Âge du parc national de Karijini : 2 500 millions d'années
Superficie du parc : 6 268 km²
Végétation : broussailles semi-désertiques

Le parc national de Karijini est situé au cœur de la célèbre chaîne d'Hamersley dans la région de Pibara. Extrêmement sauvage, ce qui le rend parfois dangereux, c'est le deuxième plus grand parc national d'Australie. Il s'agit d'un semi-désert tropical, marqué par des tempêtes estivales et de fréquents cyclones sur les contreforts de la chaîne Hamersley. Le parc présente huit magnifiques gorges de couleur rouge, ponctuées de très hautes chutes d'eau, bordées de luxuriantes forêts d'eucalyptus et de broussailles semi-désertiques. Au nord, de petites rivières – asséchées pendant la plus grande partie de l'année – dégringolent parfois d'une centaine de mètres sur les rochers. En aval, les gorges s'élargissent et les contours de leurs falaises s'adoucissent. Dans les gorges de

Dale, des plans d'eau, des bassins, des cascades bordées de fougères animent les falaises en terrasses, ravinées par les siècles. De temps à autre, la silhouette d'un gommier se découpe sur un fond rocheux. Au lieu-dit Oxer Lookout, le panorama s'ouvre sur le point de rencontre des gorges de Weano, de Red, Hancock et Joffre, où apparaissent diverses couches rocheuses perchées par-dessus un plan d'eau qui se dessine au fond des gorges. Le soubassement des gorges était un sol marin il y a 2 500 millions d'années. Le parc national de Karijini est aussi la patrie des tribus Banyjima, Kurrama et Innawonga, dont les traces de la présence remontent à plus de 20 000 ans.

De gigantesques termitières sont intégrées au paysage et on peut également apercevoir des empilements de rochers créés par une souris locale, la « pseudomys chapmani ». **GH**

CI-DESSOUS : *Les roches rouges de la gorge dominent le maquis du Karijini.*

LE PARC NATIONAL D'ENTRECASTEAUX

AUSTRALIE OCCIDENTALE

Superficie de l'Australie occidentale : 250 millions d'ha
Caractéristique : falaises côtières et massive colonnes de basalte
Végétation : forêt de karri et bruyères

L'Australie occidentale est vaste et contient les roches les plus anciennes de la planète. Dans le sud-ouest de l'État se trouve le parc national d'Entrecasteaux, une région dont la côte est d'une époustouflante beauté, avec ses falaises, ses vastes plages ponctuées de bas promontoires rocheux et de dunes mouvantes. L'une d'elles, la dune Yeagarup, présente une longueur de 10 kilomètres. Puis le sable fait place à une série de marais et de lacs, notamment le lac Jasper, plus grande étendue d'eau douce dans la partie méridionale de l'Australie occidentale.

Au large, des colonnes de basalte surgissent à l'ouest de Black Point. Ces formations géologiques proviennent d'un flot de lave volcanique surgi il y a 135 millions d'années, qui a créé un profond bassin de roche fondue. En refroidissant, la lave s'est craquelée et a rétréci, formant des colonnes perpendiculaires. Il en résulte une série de piliers serrés, de forme hexagonale, qui sont lentement érodés par l'océan. **GM**

LES ÎLES HOUTMAN ABROLHOS

AUSTRALIE OCCIDENTALE

Température hivernale de l'eau : 20 à 22 °C
Caractéristique : récif corallien entouré d'eau pellucide

Les îles Houtman Abrolhos font partie d'un réseau corallien qui s'étend selon un axe nord-sud sur 100 kilomètres d'océan. Les Abrolhos – signifiant « ouvrez les yeux » en portugais – sont l'une des zones marines les plus riches de l'Australie et constituent un important site de reproduction pour des colonies d'hirondelles, d'huîtriers et de roitelets enchanteurs. Situées sur la trajectoire du Leeuwin, courant chaud qui coule vers le sud de l'Australie occidentale, les eaux qui baignent les Houtman Abrolhos sont le lieu de rendez-vous des différentes formes de vie tropicale et tempérée. Au cours de l'hiver, les températures varient entre 20 et 22 °C, ce qui permet aux coraux, aux poissons tropicaux et aux invertébrés de se développer sous les latitudes qui leur seraient normalement hostiles. Seules onze des îles Abrolhos sont habitées pendant les mois de l'année où les pêcheurs relèvent les casiers de homards. Le reste du temps, les îles sont désertes. Ces récifs étaient les premiers que les marins européens voyaient lorsqu'ils voguaient vers l'Australie. En partance pour les Indes orientales, ils étaient détournés de leur trajectoire par les Quarantièmes rugissants trouvant souvent la mort dans cette dérive. **GM**

LA FORÊT DE KARRI

AUSTRALIE OCCIDENTALE

Taille maximale d'un karri : 90 m
Caractéristique : troisième plus grand arbre du monde

Une promenade au cœur d'une luxuriante forêt de karri apporte une inoubliable impression de solitude et de paix sous les plus hauts arbres de bois dur d'Australie, qui s'élancent vers le ciel. Bien décrit par son nom latin d'*eucalyptus versicolor*, le karri peut atteindre 90 mètres de haut, ce qui le désigne comme le troisième plus grand arbre de la planète. Cet arbre est natif des régions humides du sud-ouest de l'Australie et il se présente en groupes limités, souvent mélangés à d'autres essences pour constituer une mosaïque de végétation, ponctuée de zones de carex et de terre de bruyère. La forêt de karri est douce et luxuriante, notamment dans les régions qui reçoivent 110 centimètres de pluies et parfois davantage pendant l'année, et présente une grande diversité de végétaux, dont de nombreuses fleurs aux couleurs vives. La glycine bleue et les hampes de fleur de corail rouge grandissent entre les arbres. Au-delà de la forêt de Boranup, située près de la côte sud de l'Australie, le karri ne se développe plus.

Dans le Sud-Ouest australien, le karri pousse presque exclusivement sur de profondes terres argileuses, alors qu'à Boranup, il survit sur des sols calcaires. **GM**

LA CHAÎNE KENNEDY

AUSTRALIE OCCIDENTALE

Caractéristique : gigantesque mesa qui domine les plaines environnantes
Végétation : cactus saguaro, spiniflex et broussailles sur la mesa, herbe dans la plaine

À l'extrême nord-ouest de l'Australie, la terre est bien peu hospitalière, et les remparts de la chaîne montagneuse de Kennedy se dressent fièrement au milieu de la plaine environnante. Il y a environ 250 millions d'années, la région était un océan peu profond qui arrivait au bord de l'ancien continent australien. Cette zone s'est ensuite élevée au-dessus du niveau de la mer. Aujourd'hui, les fossiles marins qui abondent dans les strates de grès de la chaîne montagneuse racontent l'histoire géologique du parc. Cette gigantesque mesa s'étend au Nord sur près de 200 kilomètres, à partir de la région de Gascoyne Junction. Le parc national comprend plusieurs gorges très encaissées et un vaste plateau surmonté d'anciens champs de dunes. Les vagues de sable rouge se sont formées sur le socle ancien de grès, il y a sans doute 15 000 ans. Stabilisées par les racines de cactus saguaro et par les buissons isolés, elles se sont haussées de 18 mètres au-dessus des dépressions qui les séparent. Le flanc ouest de la chaîne est agrémenté de sources d'eau douce qui nourrissent de nombreux animaux sauvages. Après les pluies hivernales, le paysage de poussière rouge se couvre de fleurs sauvages. **GM**

LE DÉSERT DES PINACLES

AUSTRALIE OCCIDENTALE

Caractéristique : piliers de calcaire érodé érigés dans le désert
Végétation : très variée – allant des arbres aux plantes fleuries de terre de bruyère

L'extraordinaire désert des Pinacles figure parmi les paysages australiens les plus célèbres. Des milliers de piliers de calcaire s'y dressent jusqu'à 3,5 mètres au-dessus des sables jaunes. Très souvent, ces étranges colonnes présentent des bords déchiquetés, tandis que d'autres ressemblent à de surréalistes pierres tombales. Ces piliers de calcaire, érigés il a plus de dix mille ans, sont les vestiges d'anciennes strates épaisses de calcaire. Les coquillages marins pulvérisés et réduits en sable riche en chaux, ont été apportés par les vagues puis transportés par le vent à l'intérieur des terres pour former le soubassement des dunes. Ce sable a fini par s'agréger en une pierre calcaire dure. Curieusement, alors que le processus d'érosion a pris des millénaires, les pinacles sont probablement de formation relativement récente.

Les experts pensent que ces derniers ont surgi il y a environ 6 000 ans, qu'ils ont été couverts par des sables mouvants puis de nouveau exposés au cours de ces derniers siècles. Ce processus est toujours en cours, accentué par les vents du sud qui soufflent souvent sur le nord du désert, alors que sa partie méridionale est relativement épargnée. Au fil du temps, les colonnes de calcaire seront probablement avalées de nouveau par les sables, et le cycle se répétera, créant de nouvelles formes fantasques.

Situé dans le parc national de Nambung, le désert des Pinacles offre un contraste saisissant avec d'autres zones du parc, où se trouvent de magnifiques plages, des bosquets ombragés d'eucalyptus (*gomphocephalas*), et de terre de bruyère qui regorgent de plantes. Les bruyères fleurissent entre août et octobre, pour le plus grand plaisir de milliers de visiteurs. Certains objets aborigènes vieux d'au moins 6 000 ans ont été trouvés dans le désert, même si les Aborigènes n'ont probablement pas vécu dans cette zone depuis plusieurs centaines d'années. Nambung est un mot aborigène qui signifie « sinueux » ou « tordu », et le parc a été baptisé du nom de la rivière Nambung. Cependant, les Pinacles sont restés relativement ignorés des Australiens jusqu'à la fin des années 1960, époque où les autorités affectées à la surveillance du territoire de l'ouest ont ajouté cette zone à un parc national existant. Aujourd'hui, 150 000 personnes visitent le parc chaque année. **GM**

L'extraordinaire désert des Pinacles figure parmi les paysages australiens les plus célèbres. Des milliers de piliers de calcaire s'y dressent jusqu'à 3,5 mètres au-dessus des sables jaunes.

À DROITE : *Les rochers déchiquetés du désert des Pinacles se dressent au milieu d'une mer de sable jaune.*

LES GROTTES DE LA RIVIÈRE MARGARET

AUSTRALIE OCCIDENTALE

Température des grottes : 17 °C
Caractéristique : environ 350 grottes calcaires

La couche de calcaire qui strie la région de la rivière Margaret a créé environ 350 grottes, qui se trouvent toutes situées dans le parc national de Leeuwin-Naturaliste. Quatre de ces spectaculaires cavités sont ouvertes au public. Caractérisées par une forte déclivité et une humidité extrême, leur température avoisine les 17 °C. La Mammoth Cave révèle une faune préhistorique datant d'environ 35 000 ans, il est facile d'apercevoir un fossile du *zygomaturus trilobus*, aujourd'hui disparu, qui était une créature ressemblant à un phascolome. Lake Cave est une salle de belles dimensions creusée à une grande profondeur sous la terre. Le public y découvre un lac reflétant les formations calcaires. Cependant, la plus belle des grottes est certainement Jewel Cave. Ses vastes salles contiennent de véritables « dentelles » de pierre et notamment l'un des plus grands stalactites (long de 6 mètres) que l'on puisse voir dans une grotte. Des fossiles vieux de 25 000 ans ont été découverts à Jewel Cave. Moondyne a été récemment ouverte au public et les visiteurs, tels les spéléologues, sont équipés d'une combinaison spéciale, d'un casque et d'une lampe de mineur lorsqu'ils descendent dans les profondeurs cachées. **GM**

LE MONT AUGUSTUS

AUSTRALIE OCCIDENTALE

Altitude du mont Augustus : 717 m
Caractéristique : plus gros rocher du monde, plus grand pic isolé de la planète

L'un des pics les plus isolés de notre planète porte le nom de mont Augustus ; il est situé à 853 kilomètres au nord de Perth. Cette montagne est en réalité un gros rocher, le plus grand du monde, qui s'élève à 717 mètres au-dessus d'une plaine caillouteuse de sable rouge, occupée par des broussailles. Comme il se découpe sur le plateau, il est clairement visible à plus de 160 kilomètres à la ronde. En fait, ce rocher fait deux fois la taille du célèbre rocher Uluru (Ayers Rock), puisqu'il mesure 8 kilomètres de long, couvre une zone de 49 km² et il est considérablement plus vieux. Le mont Augustus et ses environs ont été formés à partir de sédiments qui se sont déposés sur un fond marin il y a 100 millions d'années. Les dépôts sont devenus des strates de grès qui, avec le mouvement de la croûte terrestre, ont fini par se plier et se soulever. Aux alentours se dressent des gommiers de rivière à écorce blanche, et divers acacias épineux sont répartis dans la plaine de sable rouge où les souris à miel et les cratéropes collectent leur nourriture. Tout près de là, les émeus cherchent des fruits, tandis que les outardes se mettent en quête d'insectes ou de petits reptiles dans le sol. **GM**

MUNDARING WEIR

AUSTRALIE OCCIDENTALE

Capacité du réservoir : 21 millions de m³
Caractéristique : étonnant système qui permet de pomper de l'eau à 705 km à l'intérieur des terres

L'une des merveilles de l'ingénierie mondiale est située près du centre de Perth. Terminé en 1903, Mundaring Weir est le point de départ d'un pipeline qui transporte l'eau à 705 kilomètres dans les zones agricoles et les mines d'or de Coolgardie et Kalgoorlie. Dans les années 1890, les milliers de travailleurs embauchés dans les mines d'or manquèrent cruellement d'eau. Chargé de leur en fournir, l'ingénieur en chef des chantiers publics décida de construire un réservoir de stockage dans les collines proches de Perth et de pomper l'eau vers l'intérieur des terres. Un réservoir d'une capacité de 21 millions de m³ et 8 stations hydrauliques de pompage, capables d'aspirer l'eau à travers un pipeline, furent construits à Mundaring. Aujourd'hui, le sentier de randonnée appelé Golden Pipeline Heritage Trail, long de 650 kilomètres, fait partie du paysage. Il suit le trajet de l'eau de Mundaring Weir jusqu'aux forêts de Perth Hills, en passant par Wheatbelt (« ceinture du blé » ; 70 % de la production de blé australienne proviennent de Wheatbelt), jusqu'au réservoir qui domine la ville minière de Kalgoorlie. La forêt contient de magnifiques spécimens de king jarrah, un arbre qui dépasse les deux mètres de diamètre. **GM**

LE PARC NATIONAL DE RUDALL RIVER

AUSTRALIE OCCIDENTALE

Caractéristique : gigantesque désert et grandes dunes de sable
Végétation : une mosaïque d'arbres et une steppe de broussailles dans les dunes de sable et les collines pierreuses

Situé à la frontière entre le Petit et le Grand Désert de sable, le parc national de Rudall River est l'un des plus vastes et les plus isolés du monde. Cette région largement plate est livrée aux cyclones et aux tempêtes. Le sol noirci atteste de la violence des feux qui sont allumés par les orages. Le parc suit le cours de la rivière Rudall, qui serpente dans les collines rocheuses, puis traverse vers le nord-est une région de dunes vers le lac Dora et le bord du Grand Désert de sable. La région est caractérisée par ses zones résiduelles herbeuses qui alternent avec des zones désertiques. Il s'agit d'un parc national peu développé, réservé à des tâches de conservation et de recherche plutôt qu'orienté vers le tourisme. D'ailleurs la région n'est accessible qu'aux porteurs d'une autorisation spéciale. Le long des canaux de dérivation de la rivière Rudall se trouvent plusieurs plans d'eau permanents, ce qui est rare dans la région. Ils sont une oasis pour une grande quantité de flore et de faune, notamment des oiseaux, des mammifères et des reptiles. **GM**

LE PARC NATIONAL SERPENTINE

AUSTRALIE OCCIDENTALE

Superficie du parc national Serpentine : 4 300 ha
Caractéristiques : rivière et spectaculaires chutes d'eau

Le parc national Serpentine est situé à Darling Scarp, à la pointe occidentale d'un immense plateau, vieux de 2 500 ans qui forme la base du sud-ouest de l'Australie. Le parc occupe le pied de l'escarpement et les vallées encaissées de la rivière Serpentine, jusqu'à la paroi abrupte lissée par les eaux tumultueuses des chutes Serpentine. En hiver, les eaux vives de la cascade tourbillonnent dans un bassin situé en contrebas, protégé par une masse de rochers entremêlés.

À l'origine, la rivière Serpentine était constituée d'une série de lacs qui se rejoignaient à la saison des pluies pour ensuite chasser leurs eaux vers l'estuaire de Peel-Harvey. Lorsque les Européens se sont installés dans la région, ils ont creusé des canaux entre les lacs, ce qui a régulé le flot naturel. Aujourd'hui, plusieurs programmes écologiques visent à « revenir à l'état originel », utilisant rondins et plantations stratégiques, pour que l'eau retrouve son cours naturel.

Un sentier de randonnée suit la rivière jusqu'à la cascade. Le parc abrite certaines des plus belles forêts de jarrah d'Australie, et les collines s'enflamment aux couleurs des fleurs sauvages de juillet à novembre. Le parc est situé à 52 kilomètres au sud-est de Perth. **GM**

LA PÉNINSULE DE TORNDIRRUP

AUSTRALIE OCCIDENTALE

Caractéristique : plus vieux rochers de la planète et évents granitiques
Mammifères endémiques de la région : possums pygmées, kangourous

La péninsule de Torndirrup est composée de trois grands types de roches dont la plus ancienne doit ses formes actuelles à des pressions et des températures extrêmes, il y a 1 300 à 1 600 millions d'années. Cela implique que ces rochers ont pratiquement précédé toute forme de vie sur la terre. Cependant, en dépit de cet âge canonique, ces gneiss se sont formés dans la seconde moitié de l'histoire de la planète. L'océan Austral a sculpté un pont naturel dans les granits côtiers de la péninsule.

La brèche de Torndirrup est un endroit effrayant où les vagues déferlent avec une violence extrême. C'est ici que se trouvent les évents, creusés dans une faille de granit, où l'air s'engouffre à grand bruit. Dans ce spectaculaire paysage, le vent court le long de reliefs granitiques saisissants, de falaises à pic, de dunes et de pentes abruptes. Les bruyères se colorent au printemps, et une fleur rare, l'« Albany woollybus », a été répertoriée dans le parc. La végétation de la péninsule accueille de nombreux mammifères natifs de la région, notamment les opossums pygmées et les kangourous. Au large, les baleines sont visibles de la côte pendant l'hiver, et les phoques n'hésitent pas à s'aventurer sur la plage. **GM**

LE PURNULULU

AUSTRALIE OCCIDENTALE

Âge : 60 millions d'années (dévonien)
Altitude : 578 m
Végétation : savane tropicale

Le Purnululu (autrefois appelé monts Bungle Bungle) est un ensemble de reliefs ressemblant à des tours en forme de ruches, striées de bandes horizontales où l'on voit affleurer lichens noirs et silice orange. Le massif s'élève à près de 300 mètres et offre des falaises escarpées sur son flanc occidental. Ces tours de pierre, inscrites au patrimoine de l'humanité, sont considérées comme de précieux spécimens de tours de grès. Les dômes ont été créés par un processus complexe de sédimentation, de compactage et de soulèvements divers, provoqués par la collision du Gondwana et de la Laurasie il y a 300 millions d'années ; par la convergence des plaques tectoniques australienne et du Pacifique, il y a 20 millions d'années ; par plusieurs millions d'années d'érosion.

Les sommets du Purnululu sont situés au milieu d'un plateau magnifique et traversés par des gorges de 200 mètres de profondeur, notamment par la gorge Cathedral et la gorge de Piccaninny, dotées de nombreuses chutes d'eau et de vastes grottes. Les plantes de la forêt tropicale humide croissent dans les vallées les plus profondes. Les tribus aborigènes vivent ici depuis au moins 40 000 ans. **GH**

LE RÉCIF DE NINGALOO

AUSTRALIE OCCIDENTALE

Longueur du récif de Ningaloo : plus de 260 km
Largeur du récif : 200 m
Longueur du requin-baleine : 12 m

Ningaloo est un récif frangeant pratiquement intact qui protège un magnifique lagon d'eaux tropicales. Tous les ans en mars et avril, quelques jours après la reproduction massive des coraux, les requins-baleines viennent se nourrir de la masse de poissons qui se déplacent pour l'événement corallien. Ces « gentils géants des océans » ont la longueur d'un grand autobus, mais ce sont les moins dangereux de tous les requins, car ils sillonnent les océans en se nourrissant de plancton, de calamars et de menu fretin. Le récif de Ningaloo est l'un des rares endroits au monde où les plus grands poissons se réunissent régulièrement en grand nombre.

Les bateaux observent les requins-baleines dans un périmètre protégé de 250 mètres. Une seule embarcation est autorisée pendant moins de 90 minutes. Les personnes qui nagent à proximité des requins-baleines ne doivent pas les toucher. Elles restent à un mètre de la tête ou du corps de l'animal, et à quatre mètres de sa puissante queue. Pendant les mois d'hiver, les dauphins, les dugons et les baleines à bosse passent au nord du récif lors de leurs migrations vers le nord, où les femelles vont mettre bas dans les eaux plus chaudes. **GH**

🏛 ⓘ LA BAIE DES REQUINS ET LES STROMATOLITES

AUSTRALIE OCCIDENTALE

Superficie de la réserve naturelle du bassin d'Hamelin : 1 320 km²

Découverte de stromatolites vivants : 1956

Hauteur des colonnes de stromatolites : 1,5 m

La baie des requins mérite bien son nom. Située sur la côte nord-ouest de l'Australie tropicale, elle est célèbre pour ses *Poseidonia oceanica* et ses requins tigres. Dans l'un de ses recoins, le bassin d'Hamelin recèle une autre merveille, des stromatolites vivants. Là, un banc de sable couvert de posédonie freine le mouvement de la marée. De ce fait, l'évaporation sous le soleil tropical rend l'eau très salée.

Les mollusques qui empêchent la prolifération des algues sont absents, ce qui permet à ces végétaux bleu-vert de se développer de façon anarchique. Comme les coraux, les algues sécrètent du calcaire, formant des amas de carbonate de calcium qui tapissent le creux des flaques et s'élèvent en colonnes dans les eaux plus profondes. Ces concrétions, dont certaines sont vieilles de plus de 2 milliards d'années, se profilent entre les rochers. À marée basse, le bassin d'Hamelin ouvre une lucarne sur l'époque où des organismes extrêmement simples dominaient la planète. Une passerelle permet aux visiteurs d'admirer les stromatolites sans les endommager. **MB**

LES GORGES ALLIGATOR
AUSTRALIE MÉRIDIONALE

Longueur des gorges Alligator : 5 km
Superficie du parc national du mont Remarkable : 17 500 ha

Situées au nord du parc national du mont Remarkable, les gorges Alligator offrent certains des panoramas les plus spectaculaires de toute la chaîne montagneuse des Flinder. Les falaises de quartzite abrupt, d'une couleur rougeâtre, offrent un dénivelé de 30 mètres, et les marches qui mènent au fond de la gorge extrêmement escarpée marquent le point de départ de deux sentiers de randonnée. Le premier suit la rivière en amont jusqu'aux « Terrasses », où le sol de la gorge est strié de lignes ondulées. Celles-ci ont été créées il y a 500 à 600 millions d'années, à l'époque où la chaîne des Flinders était un fond marin. Le second chemin de randonnée mène au « Passage étroit ». Cette partie des gorges est inondable, mais de grandes dalles permettent aux visiteurs de ne pas se mouiller les pieds. Fougères et eucalyptus luttent pour trouver la lumière dans les étroites crevasses, mais aux endroits mieux éclairés les fleurs sauvages déploient leur splendeur. Kangourous et émeus ne sont pas rares. Jusqu'au milieu des années 1960, cette zone a servi de prairie pour les moutons et a été exploitée pour son bois. GM

LE LAC BLEU

AUSTRALIE MÉRIDIONALE

Profondeur du lac Bleu : 75 m
Âge du lac : 5 000 ans, date de l'éruption d'un volcan aujourd'hui éteint

En hiver, le lac Bleu adopte une teinte uniformément grise. Cependant, tous les ans en septembre, il prend des nuances d'un azur profond. Cette luminosité subsiste tout l'été puis se dégrade progressivement à partir du mois de mars suivant. Diverses théories ont été avancées pour expliquer ce changement de couleur. Certains scientifiques pensent que des organismes microscopiques de couleur bleue sont à l'origine de ce phénomène lorsqu'ils s'élèvent à la surface de l'eau, au cours des mois les plus chauds. D'autres disent qu'au moment où la température augmente en surface, les sels dissous du carbonate de calcium affluent en fines particules et produisent une lumière bleue. La profondeur du lac Bleu est estimée à près de 75 mètres. Il s'agit de l'un des trois lacs de cratère du mont Gambier. Le bord du cratère mesure 20 mètres ; le fond du cratère se situe à 30 mètres en dessous de la rue principale de la commune voisine de Mount Gambier. Tous les ans, la ville organise un festival au moment où le lac change de couleur. **GM**

CI-DESSOUS : *L'été, le lac Bleu est d'un magnifique bleu azur.*

LE PARC NATIONAL DE CANUNDA

AUSTRALIE MÉRIDIONALE

Superficie du parc national de Canunda : 11 000 ha	
Longueur : 100 km	
Caractéristique : refuge d'oiseaux aquatiques	

Dominé par de vastes dunes et par un étonnant relief côtier, le parc national de Canunda court sur 40 kilomètres le long de la côte sud-est de l'Australie. Avec sa superficie de 11 000 ha, c'est le plus grand parc côtier de l'État, situé entre la mer et le lac Bonney. La partie nord du parc est marquée par la présence de falaises de calcaire escarpées qui semblent jaillir du turbulent océan Austral où les îles et les récifs du large dessinent le paysage. Au sud, de gigantesques dunes de sable dominent un rivage animé de vagues particulièrement dangereuses. Sur les plages du parc, l'un des oiseaux les plus rares au monde, le perroquet à ventre orange, passe les mois d'hiver à se nourrir de roquette de mer. Entre août et janvier, le pluvier couronné, autre curiosité, vient nicher juste au-dessus de la ligne des eaux. La végétation, des plantations rampantes typiques du bord de mer aux herbes hautes et aux arbres à thé des marais îliens, est très variée. De vastes champs de vestiges aborigènes – attestant d'une présence humaine depuis plus de 10 000 ans – ont été découverts et protégés. De gigantesques dunes dérivent et modifient la topographie d'année en année, révélant parfois les restes de campements aborigènes. **GM**

LE COORONG

AUSTRALIE MÉRIDIONALE

Superficie du Coorong : 50 000 ha	
Longueur : 100 km	
Caractéristique : refuge d'oiseaux aquatiques	

Un ensemble de dunes de sable parallèles se profile à proximité de l'océan Austral et de l'embouchure de la rivière Murray, en Australie méridionale. Dans la dépression creusée entre les dunes se trouve un lagon d'eau salée qui s'est formé il y a plusieurs dizaines de milliers d'années. Il s'agit du Coorong, parc national de 50 000 ha, étape de milliers d'échassiers migrateurs. La péninsule de Younghusband est un lieu de villégiature très apprécié. Le Coorong a été créé en 1966 pour préserver les paysages de dunes, de lagons, de marais et de végétation côtière, ainsi que l'immense diversité des oiseaux, des animaux et des poissons vivant dans cette région. La valeur écologique du parc a été reconnue lorsque celui-ci a été inscrit, en 1975, sur la liste des « marais d'importance internationale, habitat du gibier d'eau » protégés par l'Union Internationale pour la Conservation de la Nature et des Ressources naturelles. Six ans plus tard, un accord entre l'Australie, le Japon et la Chine a été signé pour réguler la protection des oiseaux migrateurs et des oiseaux en danger d'extinction, ainsi que leur environnement. **GM**

À DROITE : *Le Coorong offre un habitat au gibier d'eau.*

LA CHAÎNE MONTAGNEUSE DE GAWLER

AUSTRALIE MÉRIDIONALE

Superficie : 17 000 km²
Végétation : broussailles côtières et eucalyptus

Dans la partie septentrionale de la péninsule Eyre, en Australie méridionale, la chaîne montagneuse de Gawler est émaillée de gorges, d'affleurements rocheux escarpés ou érodés, et ponctuée de chutes d'eau saisonnières. Il s'agit d'une région très sèche où les dômes volcaniques contrastent avec le blanc des lacs salés. Ces monts sont réputés pour leurs fleurs sauvages au printemps. C'est là que furent trouvés les tout premiers pois de senteur désertiques de Sturt, devenus l'emblème floral de l'Australie méridionale. Elle fut repérée en 1839 par l'explorateur Edward John Eyre (qui a également donné son nom à la péninsule). Quelque 140 espèces d'oiseaux ont été répertoriées, de l'émeu à l'aigle audacieux, en passant par le cacatoès Major Mitchell et le minuscule érythrocerque, sans oublier le guêpier arc-en-ciel. La chaîne de Gawler est l'une des rares régions où cohabitent trois des cinq espèces de kangourous australiens (kangourou rouge, gris et kangourou euro). D'autres marsupiaux y ont été observés, tels les wombats méridionaux à nez poilu, les souris marsupiales et les possums pygmées. **GM**

LA GRANDE BAIE AUSTRALIENNE
AUSTRALIE MÉRIDIONALE

Longueur de la grande baie australienne : 1 160 km
Caractéristique : plus longue ligne côtière de falaises maritimes du monde

La plus grande île de la planète peut aussi s'enorgueillir de la plus longue ligne côtière de falaises maritimes du monde, connue sous le nom de Grande Baie australienne. Les rochers blancs qui suivent la base de ces falaises ont été façonnés il y a environ 40 millions d'années. Edmund Delisser, explorateur du XIXe siècle, comparait ses formes à celles d'une immense baleine enterrée. La baie ouverte est immense sur le bord méridional du continent, adjacent à la plaine de Nullarbor. Les Aborigènes ont vécu sur ces rives pendant des millénaires mais le premier Européen, Matthew Flinders, n'y a posé le pied qu'au XIXe siècle. Une portion étroite de l'océan, large de 32 kilomètres et longue de 320 kilomètres, a été déclarée zone marine protégée en 1998. Beaucoup de grands mammifères marins vivent dans la baie ou y passent. C'est le cas de la grande baleine franche, qui vient ici se reproduire et mettre bas, mais aussi du lion de mer australien et du célèbre grand requin blanc. **GM**

CI-DESSOUS : *Les hautes falaises du Great Australian Bight.*

L'ÎLE KANGAROO

AUSTRALIE MÉRIDIONALE

Longueur de l'île Kangaroo : 155 km
Largeur de l'île : 55 km
Végétation : épaisses broussailles d'eucalyptus et plantes herbacées

Située au large de la côte australienne méridionale, de l'autre côté du passage Backstairs et de la péninsule Fleurieu, Kangaroo est la troisième grande île australienne. Plus de la moitié de son territoire a gardé sa végétation d'origine dont un tiers est préservé dans un parc national et des zones protégées qui incluent cinq régions. Une vie indomptée croît librement et les touristes se pressent pour admirer les nombreux animaux et oiseaux. Les Aborigènes ont été les premiers à s'installer sur l'île Kangaroo. Cependant, leur histoire est méconnue et on ignore ce qui les a conduits à quitter le territoire il y a 3 000 ans. L'isolement, la pauvreté des sols, une végétation de broussailles et un taux annuel de précipitations inférieur à 75 centimètres expliquent le sous-développement local. Toutefois, il y a bel et bien des kangourous sur l'île du même nom. Matthew Flinders a été le premier Européen à y aborder. Au cours de son tour de l'Australie en bateau, en 1802, il a exploré, cartographié et baptisé le territoire après avoir abattu, avec son équipage, 31 « animaux étranges » pour se nourrir de leur viande et préparer une soupe en faisant cuire leur queue. Les kangourous sont toujours présents sur l'île. **GM**

LA CÔTE DE LIMESTONE

AUSTRALIE MÉRIDIONALE

Superficie de la côte de Limestone : 21 000 km²

Caractéristiques : viticulture et vaste réseau de grottes

La côte de Limestone se trouve à mi-chemin entre Adélaïde et Melbourne. Elle porte le nom de la pierre – *limestone* signifie calcaire, en anglais – qui fournit un filtre naturel aux nombreuses vignes plantées dans la région. Le calcaire enrichit le sol de la fameuse « terra rossa » qui caractérise le Coonawara renommé mondialement pour la production de ses vins rouges. La présence de calcaire a également conduit à la formation de grottes et de terres humides de renommée internationale. De magnifiques prairies recèlent un véritable labyrinthe de grottes qui contiennent de nombreux fossiles d'animaux préhistoriques. Au-dessus, de superbes forêts de pins garnissent les flancs de volcans éteints.

La côte de Limestone fournit de belles réserves d'eau souterraine qui sont complétées par des précipitations généreuses. La fertilité du sol, le climat tempéré et les terres plates offrent toutes les conditions requises pour le développement de l'agriculture et de l'industrie. La région produit 20 % des vins de première qualité du pays. Elle est également réputée pour l'excellence de ses langoustes et de ses homards de rocher qui vivent dans les eaux froides de l'océan Austral. **GM**

LE PARC NATIONAL DES GROTTES DE NARACOORTE

AUSTRALIE MÉRIDIONALE

Superficie du parc national des grottes de Naracoorte : 600 ha
Caractéristiques : zone inscrite au patrimoine de l'humanité, avec 26 grottes calcaires

Les grottes de Naracoorte se sont formées lorsque l'Australie s'est séparée de l'ancien continent du Gondwana, il y a environ 50 millions d'années. L'océan Austral couvrait à l'époque 100 kilomètres de terres aujourd'hui découvertes, et au fil de plusieurs millions d'années, il a déposé une épaisse strate de calcaire sur le continent. Lorsque la mer s'est retirée, les eaux terrestres ont lentement érodé le calcaire pour créer un vaste réseau de grottes. Elles présentent généralement de magnifiques stalactites et stalagmites et de nombreux fossiles. L'une des grottes les plus spectaculaires ouvertes au public est la grotte Alexandra (du nom de l'épouse du roi d'Angleterre Édouard VII, la reine Alexandra), découverte en 1908 par William Reddan. Pendant plus de 500 000 ans, ces cavités ont accueilli divers prédateurs, et de nombreux fossiles attestent de la présence ancienne des milliers d'animaux qui y vivaient. La plupart de ces créatures disparues ont été reconstituées au Wonambi Fossil Center.

La salle des fossiles, dans la grotte de Victoria, a donné aux scientifiques une connaissance unique du climat, de la végétation et de l'environnement aux différentes époques de vie de ces animaux. Les études ont également permis de mieux comprendre l'évolution de la faune australienne.

La grotte aux Chauves-souris accueille dans ses profondeurs des dizaines de milliers de ces animaux. Les femelles arrivent au printemps pour y mettre bas. Elles lapent directement l'eau sur les stalactites de la grotte, font leur toilette et nourrissent leurs petits. Des caméras infrarouges, placées un peu partout dans la grotte, permettent d'observer les chauves-souris dans leur habitat naturel, sans les déranger. C'est le seul endroit au monde où il existe un tel dispositif technologique permettant d'observer des chauves-souris dans leur environnement. Au Centre d'observation des chauves-souris, les visiteurs peuvent ainsi visionner les activités de ces animaux. Ils pourront aussi découvrir une chauve-souris albinos et même une couleuvre brune, longue de 2 mètres, tombée dans la grotte. **GM**

Pendant plus de 500 000 ans, les grottes ont accueilli divers prédateurs et de nombreux fossiles attestent de la présence ancienne des milliers d'animaux qui y vivaient.

À DROITE : *Élégantes stalagtites dans la grotte Victoria.*

LE BASSIN DU LAC EYRE

AUSTRALIE MÉRIDIONALE

Superficie du lac : 10 000 km²
Superficie du système hydrographique : 1 036 000 km²
Précipitations annuelles : 1,25 cm

Le bassin du lac Eyre couvre un sixième du continent australien, et contient l'un des écosystèmes les plus rares et les moins exploités de la planète. Ce bassin a été décrit comme l'un des derniers réseaux hydrographiques non régulés de la planète, qui s'étend sur 1 036 000 km² au cœur aride et semi-aride de l'Australie. À la différence des autres rivières, cependant, ses flux sont irréguliers et imprévisibles. Situé à 15 mètres en dessous du niveau de la mer, le lac Eyre correspond au point le plus bas du pays, et s'il contient généralement peu ou pas d'eau, il est aussi le cinquième plus vaste lac terminal du monde. Les rivières qui alimentent le lac ne coulent que par intermittence après de fortes pluies, et la plupart du temps, elles sont asséchées. Quand l'eau s'évapore, elle laisse des dépôts de sel. Les arbres sont rares et l'humidité reste faible pendant la plus grande partie de l'année. Les températures dépassent régulièrement les 50 °C

et montent parfois jusqu'à 60 °C. Par ailleurs, les pluies annuelles moyennes n'atteignent que 1,25 cm, alors que le taux d'évaporation est de 2,5 m. Même lorsque l'eau coule, son flux se perd dans un enchevêtrement de canaux, de trous d'eau et de zones inondables. Les plans d'eau permanents offrent un habitat vital aux animaux sauvages et sont indispensables aux habitants de la région. Le niveau d'eau le plus élevé du lac Eyre a été relevé en 1974, mais il faudrait le flux annuel moyen du fleuve Murray, principal cours d'eau australien, pour le maintenir. Le bassin de l'Eyre fait partie de la zone aride de l'Australie, et les écosystèmes qu'il nourrit sont divers et souvent uniques. Un certain nombre d'espèces animales menacées y trouvent un lieu d'élection. Des marsupiaux rares comme le kowari ont été localisés au pied de végétaux comme l'acacia peuce, l'un des arbres australiens les plus spectaculaires. Sur le plan culturel, cette région est importante et recèle des trésors d'histoire aborigène et non aborigène. **GM**

CI-DESSOUS : *Le bassin du lac Eyre est généralement asséché ou presque.*

LA PLAINE DE NULLARBOR

AUSTRALIE MÉRIDIONALE

Superficie : 272 000 km²
Caractéristiques : plus grand relief isolé de calcaire sur la planète, nanti de grottes et de lacs souterrains

La plaine australienne de Nullarbor constitue le plus grand relief isolé de calcaire sur la planète : c'est un vaste paysage plat, sans arbre (nullarbor signifie « sans arbre » en latin), qui sépare l'ouest et l'est de l'Australie. Il s'élève à 200 mètres au-dessus du niveau de la mer et s'étend sur 2 000 kilomètres en traversant le sud-est et le sud-ouest du continent. Située au sud du désert de Victoria, Nullarbor se termine de plus de 6 kilomètres de long, dont 90 % sont inondés par une source aquifère qui se trouve à 90 mètres sous sa surface.

La ligne de chemin de fer transcontinentale traverse la plaine de Nullarbor de Port Augusta, dans le sud de l'Australie, à Perth, en Australie occidentale. On y trouve la plus longue portion de ligne droite de tous les chemins de fer du monde (478 kilomètres). L'autoroute de l'Eyre traverse la plaine et présente une portion de 150 kilomètres de route goudronnée, considérée comme la plus longue de la planète. L'autoroute est jalonnée de cinq panoramas spectaculaires : sur la côte

Leurs eaux sont riches de petits crustacés, d'araignées et d'insectes, dont beaucoup, pour s'adapter à l'obscurité constante, sont devenus aveugles.

par des falaises abruptes sur la Grande Baie australienne. En ce lieu, le plus sec du pays, la colonie de Farina ne reçoit que 142 millimètres de précipitations annuelles.

Il y a vingt-cinq millions d'années, ce lieu était un ancien sol marin mais, au fil du temps, il a été soulevé par les mouvements de la planète. Il s'agit du plus vaste site de karst ou de calcaire érodé de toute l'Australie. La couche de calcaire est épaisse de 15 à 60 mètres. En raison de l'amplitude de cette couche, la falaise est trouée de nombreuses cavités qui mènent à des grottes profondes. L'une d'elles, la grotte Cocklebiddy, est constituée d'un tunnel droit australienne, d'immenses falaises verticales tombent à pic dans l'océan Austral. Les vagues s'infiltrent dans les grottes et certaines sont devenues des évents. Plusieurs rivières souterraines y creusent leur cours, formant de grands lacs souterrains. Leurs eaux sont riches de petits crustacés, d'araignées et d'insectes dont beaucoup, pour s'adapter à l'obscurité constante, sont devenus aveugles. De nombreux fossiles ont été trouvés dans ces grottes notamment le squelette d'un lion géant. **GM**

À DROITE : *La plaine de Nullarbor s'achève sur d'abruptes falaises.*

WILPENA POUND

AUSTRALIE-MÉRIDIONALE

Superficie : 100 km2
Site : chaîne des Flinders
Altitude du mont St. Mary : 1 170 m

Wilpena Pound, au cœur de la chaîne des Flinders, est un immense cratère surélevé. Une vue aérienne permet de mieux apprécier le résultat des vastes mouvements géologiques qui l'ont formé. Cet énorme dôme de pierre a jailli de l'océan il y a 650 millions d'années, créant une chaîne montagneuse de proportions himalayennes. Au fil des millénaires, l'érosion a accompli son œuvre, laissant des reliefs relativement émoussés qui constituent désormais le bord de la vallée.

Aujourd'hui le bassin rocheux couvre 80 km^2 et s'élève à 500 mètres. Les murailles de ce cratère sont constituées de quartzite extrêmement résistante aux intempéries. Découvert par les Européens en 1802, Wilpena a attendu cinquante ans avant d'être colonisé et de servir de pacage aux moutons. En 1972, ce site a été intégré au parc national de la chaîne des Flinders. Lieu favori des randonneurs et des amateurs d'oiseaux, Wilpena Pound est le domaine des kangourous et des wallarous. Il accueille au moins 97 espèces d'oiseaux et de nombreuses plantes. L'un des arbres les plus frappants est le pin cyprès blanc, dont le bois, résistant aux termites, est utilisé pour la contruction de bâtiments et de clôtures. **GM**

LE LAC MUNGO

AUSTRALIE-MÉRIDIONALE

Végétation : broussailles
Âge : environ deux millions d'années
Hauteur des « murailles de Chine » : 30 m

Situé à 987 kilomètres de Sydney, le parc national de Mungo ressemble à un paysage lunaire, avec ses sables désertiques, ses dunes cannelées et ses crêtes, sa végétation pauvre mais rustique. Cependant, il y a 45 000 ans, le paysage était tout différent. Le lac Mungo était une vaste étendue d'eau fraîche. Elle a séché il y a environ 19 000 ans, laissant un extraordinaire trésor de fossiles, un site funéraire vieux de 40 000 ans, où affleure un corps couvert d'une poussière ocre, et une tombe contenant des cendres attestant de la toute première crémation humaine connue. La datation au carbone 14 montre que les Aborigènes ont habité cette région il y a 45 000 à 60 000 ans.

Des restes de créatures disparues, de kangourous géants, de tigres de Tasmanie et d'une créature inconnue de la taille d'un bœuf ont également été retrouvés. Des murs naturels se dressent entre le bord du cratère et la plaine environnante. Surnommées les « murailles de Chine », ces dunes en forme de croissant figurent parmi les plus hautes du monde. Plus bel exemple connu de « lunette », elles ont été constituées par des sables quartzites et des palettes d'argile qui ont été détachées du fond du lac par les vents continentaux. **GH**

LES LACS DE WILLANDRA

NOUVELLE-GALLES DU SUD, AUSTRALIE

Superficie du lac Willandra : 2 400 km²
Âge : jusqu'à deux millions d'années
Végétation : mallee (eucalyptus) et spiniflex

Quand ils étaient à leur haut niveau, il y a environ 15 000 ans, les lacs de Willandra couvraient plus de 1 000 km² et constituaient une source abondante d'eau fraîche et de nourriture pour les premiers hommes qui en ont été les riverains. Ce réseau de lacs du pléistocène est apparu en l'espace de deux millions d'années. Aujourd'hui, il est largement entouré, à proximité de la mer, d'une dune – ou lunette – créée par les vents qui ont soufflé de l'intérieur, sur tout le continent. La région des lacs est désormais une mosaïque de paysages semi-arides, d'une superficie de 2 400 km², qui réunit des sols salins plantés de broussailles et des dunes de sable frangeantes, ainsi que des forêts. Située dans le bassin de Murray, cette région est emblématique de l'évolution de la planète, des grands processus géologiques qu'elle a subis, et elle apporte « un substantiel témoignage d'une civilisation passée ». Willandra garde les traces de ce que fut la vie des tout premiers hommes « modernes » et de leur adaptation à leur environnement. Les Aborigènes vivaient sur les rivages des lacs Willandra, il y a 50 000 à 60 000 ans, et ils auraient élevé des races de kangourous géants désormais éteintes. **GH**

LE GOUFFRE DE CUNNINGHAM

NOUVELLE-GALLES DU SUD, AUSTRALIE

Âge : jusqu'à 33 millions d'années
Végétation : forêt claire équatoriale humide, bois, broussailles

Le parc national du Main Range enserre une chaîne montagneuse constituée de volcans aux flancs abrupts, présentant des gouffres, des pics et des faces très escarpées. Ce parc, qui fait partie du Great Dividing Range australien, est l'une des sections du gigantesque arc de cercle tracé par les montagnes à proximité de Brisbane et qui se prolonge vers la frontière entre le Queensland et la Nouvelle-Galles du Sud. Le gouffre de Cunningham porte le nom du botaniste et explorateur Allan Cunningham, qui a découvert un passage dans la chaîne montagneuse du Main Range en 1827. Ce passage est devenu un axe qui a permis de relier les premières colonies à Sydney, Melbourne et Brisbane. La région a joué un rôle capital pour les pionniers australiens, qui ont notamment exploité les terres où paissaient les troupeaux aux abords de Darling Downs. Les vastes forêts tropicales humides du Great Dividing Range et du gouffre de Cunningham ont fourni beaucoup de bois à l'industrie, et, dès le début des années 1900, le cèdre rouge de la région a été décimé. Cette région garde cependant son importance biogéographique, et elle abrite toujours de nombreuses variétés de plantes et d'animaux rares. **GH**

LES LACS MYALL

NOUVELLE-GALLES DU SUD, AUSTRALIE

Superficie du parc : 31 562 ha
Superficie des lagons côtiers : 10 000 ha
Végétation : marais et forêts

Le parc national des lacs Myall est l'un des systèmes hydrographiques les plus vastes et les plus complexes d'Australie. Située sur la côte nord de la Nouvelle-Galles du Sud, la région présente quatre grands lacs ou lagons, des marais, de hautes dunes herbeuses, des bois, des forêts claires, des forêts tropicales humides et des forêts côtières. Des marches étroites creusent une voie navigable entre la partie basse de la rivière Myall jusqu'à Port Stephens, par le biais de lacs intermédiaires. Le long de la côte, 40 kilomètres de plages se déroulent de manière presque ininterrompue. *Myall*, mot aborigène qui signifie « sauvage », a été repris par les Européens qui désignaient ainsi les indigènes. Cette région était le pays des Worimi et des Birpai dont il reste de nombreux vestiges. Aux abords des lacs Myall, la vie sauvage est largement représentée par les kangourous, les koalas, les sugar gliders, les possums à queue en éventail, les échidnés, les varans bigarrés et les pythons tapis ainsi que de très nombreuses espèces d'oiseaux. Les amateurs d'oiseaux peuvent observer des souris à miel, des kookaburras et des perruches terrestres. Le podarge ocellé est surtout prolifique dans la région de Broadwater. **GH**

LES CHUTES DE BELMORE

NOUVELLE-GALLES DU SUD, AUSTRALIE

Hauteur des chutes de Belmore : 100 m
Profondeur des gorges de Shoalhaven : 560 m
Profondeur de la vallée du Kangaroo : 300 m

Les chutes de Belmore plongent à 100 mètres pour nourrir les deux grandes rivières qui coulent entre les escarpements des hautes terres de la Nouvelle-Galles du Sud. Celles-ci font partie de la colonne vertébrale montagneuse de l'Australie, le Great Dividing Range. Situées au sud d'Hindmarsh, les chutes de Belmore offrent une vue panoramique sur le parc national de Morton et la vallée du Kangaroo. Elles tombent dans la vallée de la Barrengarry qui rejoint la vallée du Kangaroo, et la rivière Shoalhaven en amont. Le parc national de Morton est constitué de hauts plateaux et de gorges profondes traversées par la Shoalhaven. Cette rivière a creusé le plateau de grès pour y former les gorges. Une géologie complexe et des différences d'altitude ont amené la forêt sclérophylle sèche à occuper le plateau, tandis que la forêt sclérophylle humide couvre les flancs de la vallée et que la forêt tropicale humide tapisse le fond des vallées.

Kangaroo est entourée de falaises de calcaire. La falaise septentrionale comporte des amphithéâtres naturels où dégringolent des petits cours d'eau. Le nom d'une ville locale, *Bundanoon*, vient d'une expression aborigène qui signifie « lieu des ravines profondes ». **GH**

LES MONTAGNES BLEUES

NOUVELLE-GALLES DU SUD, AUSTRALIE

Altitude : 1 300 m
Âge : environ 440 millions d'années
Végétation : forêt

Les montagnes bleues, qui marquent l'horizon occidental de Sydney, sont considérées comme les terres sauvages les plus vastes de toute la Nouvelle-Galles du Sud.

Cette formidable enfilade de panoramas époustouflants sur des plateaux escarpés, des falaises à pic, de gigantesques monolithes rocheux, de gorges vertigineuses, de vallées inaccessibles, de forêts et de marais grouillants de vie a été inscrite au Patrimoine mondial en tant que site exceptionnel pour sa biodiversité.

Il s'agit également d'un « emplacement naturel remarquable » qui témoigne de l'évolution des plantes des forêts d'eucalyptus et de leur faune sauvage. Des « fossiles vivants » remontent à l'époque où l'Australie faisait partie du supercontinent du Gondwana. Les montagnes, entrecoupées de plateaux de grès découpés, incluent le sommet des Three Sisters, les chutes de Katoomba et les cascades de Leura.

Plus de 400 espèces d'animaux sont représentées, notamment des reptiles rares comme la rainette dorée. La présence aborigène dans la région remonte au moins à 14 000 ans. Près de 700 sites comportent des œuvres d'art, des gravures rupestres, des alignements de rochers et des outils artisanaux. **GH**

LES CHUTES DE FITZROY

NOUVELLE-GALLES DU SUD, AUSTRALIE

Hauteur des chutes de Fitzroy : 82 m
Végétation : forêts diverses

Les chutes de Fitzroy sont situées dans le parc national de Morton, l'un des plus étendus de la Nouvelle-Galles du Sud. Ce site comporte des falaises de grès escarpées, des vallées encaissées et quatre rivières : la Clyde, l'Endrick, la Shoalhaven et la Kangaroo. Les chutes plongent à 80 mètres vers la crique située en contrebas. Certains jours, les chutes revêtent un aspect spectaculaire, à d'autres moments, les gorges gigantesques sont totalement nappées de brouillard. La piste West Rim Walking offre la meilleure vue sur les chutes. Elles sont entourées par une forêt d'eucalyptus « tronc ficelle », de gommiers et de banksia robur. Divers eucalyptus poussent sur les rives, et dans la forêt tropicale humide, les ravines sont tapissées de fleurs sauvages.

Ce lieu, nommé Throsby's Waterfall, d'après l'un des explorateurs des hautes terres australes, a été rebaptisé au terme d'une visite de Charles Fitzroy, gouverneur de la Nouvelle-Galles du Sud. La vie sauvage abonde. Des faucons et des aigles sillonnent le ciel et des perroquets blancs et des loriquets virevoltent au sommet des arbres. Les visiteurs apercevront peut-être des kangourous, des échidnés et des dingos, ainsi que des serpents et des lézards. **GH**

LES MURAILLES DE KANANGRA

NOUVELLE-GALLES DU SUD, AUSTRALIE

Âge des murailles de Kanangra : au moins 285 millions d'années
Végétation : gommiers des montagnes

Les murailles de Kanangra ordonnancent un ensemble de falaises de grès, rempart naturel de 130 mètres de haut qui surplombe de vastes gorges, des plateaux escarpés ainsi que les spectaculaires rivières du parc national de Kanangra-Boyd. Les randonneurs verront des chutes enchâssées dans ces murailles, qui plongent à 100 mètres vers la crique située en contrebas. Vu des murailles de Kanangra, le panorama sur la Grand Gorge et le mont High and Mighty, le mont Cloudmaker et le mont Stormbreaker est l'un des plus beaux des montagnes bleues. Les marronniers d'Inde, les gommiers des montagnes, les eucalyptus sieberies et l'eucalyptus « tronc ficelle » colonisent une vaste partie de la région. Dans le parking qui jouxte les murailles de Kanangra, deux belvédères permettent d'admirer la gorge de Kanangra Creek. Le premier donne sur le mont Cloudmaker et les crêtes des montagnes bleues dans le lointain ; le second surplombe les chutes de Kanangra et les ravines au sommet des gorges. La Kowmung, l'une des dernières rivières sauvages de la Nouvelle-Galles du Sud, constitue une belle attraction. Les murailles de Kanangra se situent à 197 kilomètres à l'ouest de Sydney. **GH**

LE PARC NATIONAL DE BEN BOYD

NOUVELLE-GALLES DU SUD, AUSTRALIE

Âge : 345 à 410 millions d'années
Végétation : bois côtiers et forêt tropicale humide

Le parc national de Ben Boyd, situé sur la côte la plus méridionale de la Nouvelle-Galles du Sud, renferme des falaises de calcaire blanc qui dominent une gorge côtière et des escarpements rocheux pénétrant dans la mer. Au cours du dévonien, des sédiments se sont déposés dans les estuaires, puis, comprimés, chauffés, pliés et déformés, ont été transformés en arches et en courbes. Au-dessus de ces strates apparaissent du sable tertiaire (beaucoup plus jeune), du gravier, de l'argile, de la terre de fer et du quartzite. Une grande partie des falaises sont surmontées de bruyère et de banksia robur. Une caractéristique locale, le pinacle, a été formée par l'érosion des falaises de sable blanc sur une couche d'argile rouge et caillouteuse qui date de 65 millions d'années. Du mois d'octobre au mois de décembre, la tour de Boyd offre un promontoire pour observer la migration des baleines. Une pêcherie s'est établie dans la baie de Twofold au XIXe siècle. Une baleine tueuse, appelée Old Tom, dirigeait ses congénères vers les harpons des baleiniers locaux. Old Tom et ses amis orques recevaient, en récompense, les lèvres et la langue des baleines capturées. Un musée consacré à la baleine tueuse a été ouvert à Eden, une ville toute proche. **GH**

LE MONT KOSCIUSKO

NOUVELLE-GALLES DU SUD, AUSTRALIE

Altitude du mont Kosciusko : 2 228 m
Altitude du mont Twynam : 2 196 m

Le mont Kosciusko est un joyau situé dans l'un des plus beaux parcs nationaux du monde qui réunit six régions : Byadbo, Pilot, Jagungal, Bogong, Bimberi et Goobarragandra, ainsi que la plus haute montagne d'Australie et la célèbre Snowy River. Cette région est connue comme « le toit de l'Australie ». Le mont Kosciusko et le mont Twynam sont couronnés de neige toute l'année. Dans d'autres parties du parc national, des gorges de calcaire et des grottes spectaculaires sont ponctuées de plans d'eau jalonnés de pierres et des lacs glaciaires alpins comme le lac Bleu, le lac Albina et Hedley Tarn. Les terres herbeuses et les bois offrent un refuge au possum pygmée, devenu très rare, et à la grenouille tachetée, ainsi qu'à de nombreuses plantes peu répandues.

Le meilleur point de vue sur les superbes Snowy Mountains est offert sur la route alpine qui sillonne la face occidentale de la chaîne montagneuse, où se trouvent deux belvédères (Olsen et Scammell). Au nord-ouest, la région de Tumut est également magnifique, tout comme les chutes Buddong et les grottes de Yarrangobilly. Le sommet du mont Kosciusko est accessible à pied par le biais d'une série de marches de difficultés diverses. **GH**

LE PARC NATIONAL DE WARRUMBUNGLE

NOUVELLE-GALLES DU SUD, AUSTRALIE

Âge : jusqu'à 17 millions d'années
Altitude des monts Warrumbungle : plus de 1 000 m
Altitude de Breadknife : 90 m

Les monts Warrumbungle (dont le nom signifie « montagnes crochues ») sont constitués de culots volcaniques, de fossés, de filons stériles, de dômes et de falaises qui contrastent avec leur environnement, constitué de plateaux et de plaines. Il y a environ 17 millions d'années, le magma en fusion a jailli du sol pour former un énorme volcan de type bouclier. Les formations rocheuses visibles aujourd'hui résultent de l'érosion des pierres qui entouraient les flots de lave basaltique jaillis de volcans aujourd'hui éteints. L'un des traits volcaniques les plus frappants se déploie à Breadknife, l'une des nombreuses draperies verticales de roche igneuse qui, exposée après l'érosion des roches tendres, a enveloppé les rochers environnants. Une grande partie des pics des Warrumbungle s'élève à plus de 1 000 mètres. La diversité des sols permet l'épanouissement de la flore des plaines occidentales mais aussi celle de la côte orientale humide. La région est plantée de gommiers blancs et d'eucalyptus sidéroxylon à fines feuilles sans oublier les pins cyprès noirs. Les monts Warrumbungle accueillent près d'un tiers des espèces australiennes de perroquets et de cacatoès. **GH**

LE PORT DE SYDNEY

NOUVELLE-GALLES DU SUD, AUSTRALIE

Superficie du port : 55 km²
Pont du port de Sydney : hauteur 134 m, longueur 49 m, courbe de 503 m

Le port de Sydney, l'un des plus célèbres du monde, est en réalité une « vallée enfouie » qui s'étend sur 20 km à l'intérieur des terres, où elle retrouve le fleuve Parramatta. La profondeur du port s'étale entre 9 et 47 m à marée basse, et ses estrans irréguliers couvrent plus de 241 km. En 1788, le capitaine Arthur Phillip relatait en ces termes son arrivée à Sydney avec le tout premier bateau-prison : « Quand notre convoi lassé des embruns a dépassé les promontoires arides pour accéder à ce port d'une pureté sans pareille, avec ses eaux d'un bleu profond, ses rives peu escarpées couvertes de forêts, son chapelet d'îles, de plages sablonneuses, et ses arbres qui brillaient sous le soleil... j'ai eu l'impression d'entrer au paradis. » Aujourd'hui, le parc national du port de Sydney permet de faire des randonnées qui offrent de splendides vues sur les innombrables îles, les baies sablonneuses entourées de bruyères, les falaises couvertes de fleurs sauvages et les vestiges d'une forêt tropicale humide. L'entrée du port est dominée par deux promontoires de grès déchiqueté qui s'ouvrent sur l'océan Pacifique. Deux célèbres monuments se trouvent sur le bassin de Sydney : l'Opéra et le Sydney Harbour Bridge (pont du port de Sydney). **GM**

LA FORÊT ET LES TERRES HUMIDES DE BARMAH-MILLEWA

VICTORIA, AUSTRALIE

Superficie : 70 000 ha

Profondeur : de 1 à 3 m

Caractéristique : section de la vaste forêt d'eucalyptus et de gommiers rouges australiens

Les forêts et les terres humides de Barmah-Millewa comptent parmi les plus vastes du monde. Elles s'intègrent à la plus grande forêt de gommiers rouges d'Australie, régulièrement inondée. De nombreux ibis et d'autres oiseaux aquatiques comme les cormorans et des spatules viennent nicher et se reproduire dans cette région. Les lacs et les plans d'eau, les terres herbeuses inondées et les forêts denses nourrissent la moitié des espèces menacées de la région. En 1936, l'écologie des marais s'est trouvée menacée avec la construction d'un barrage qui a interrompu le cycle naturel de l'eau. Le flux était renforcé l'été pour l'irrigation et régulé à la baisse en hiver quand le barrage se remplissait. Ceci a inversé les processus naturels, noyant les racines des gommiers rouges en été et les asséchant en hiver. Les pertes en arbres se sont aggravées et d'autres espèces de végétaux ont pris le dessus. En 1999, une nouvelle politique a réintroduit les inondations hivernales. Les oiseaux ont recommencé à nicher dans la région. GM

LE PARC NATIONAL DE CROAJINGOLONG

VICTORIA, AUSTRALIE

Superficie du parc national de Croajingolong : 87 500 ha

Caractéristiques : l'une des trois réserves de biosphère de l'État du Victoria

Le parc national de Croajingolong – l'une des trois réserves de biosphère de l'État du Victoria – s'étend sur 100 kilomètres le long de la côte sauvage de l'East Gippland. Les Aborigènes vivent dans la région depuis au moins 40 000 ans. Les Krauatungalung ont donné leur nom au parc et leurs descendants y vivent encore. Dans les années 1900, deux parcs nationaux, placés l'un à côté de l'autre, se sont considérablement étendus jusqu'à former le parc national de Croajingolong en 1979. Le parc contient des plages isolées, bordées de forêts tropicales humides, d'estuaires entourés de terre de bruyère et de pics granitiques. De nombreuses pistes de randonnées longent la côte. Concernant la faune sauvage, 52 espèces de mammifères, 26 variétés de reptiles et 306 espèces d'oiseaux, soit un tiers de toutes les espèces australiennes, vivent dans la région. Les terres humides attirent plus de 40 espèces d'oiseaux aquatiques migrateurs et d'échassiers ; dans les forêts, 6 espèces de chouettes ont été répertoriées. GM

LES LACS DU GIPPSLAND

VICTORIA, AUSTRALIE

Superficie : 30 000 ha
Longueur : 60 km

Le système des lacs du Gippsland est un vaste réseau de rivières, de lacs, de lagons et d'îles dans une région consacrée aux loisirs, célèbre dans tout l'État de Victoria. Cet entrelacs a un jour fait partie d'une grande baie, mais en plusieurs milliers d'années, les sables déposés par les vagues ont fini par créer des barrières côtières allant jusqu'à 38 mètres

sauvage. Les lacs accueillent les colonies des très vulnérables sternes des baleiniers (gygis blanches) et des sternes naines qui viennent s'y reproduire, tandis que la plage de Ninety Mile permet d'observer les oiseaux de l'océan et du rivage, comme les puffins à bec grêle et les goélands.

Particularité des lacs, la rivière Mitchell est sillonnée de chemins de vase qui figurent parmi les plus longs du monde et s'avancent loin dans les lacs. La vase a été déposée par les rivières il y a plus d'un million d'années. Ces chemins longs de huit kilomètres sont

> *Le système des lacs du Gippsland est un vaste réseau de rivières, de lacs, de lagons et d'îles dans une région consacrée aux loisirs, célèbre dans tout l'État de Victoria. Cet entrelacs a un jour fait partie d'une grande baie, mais en plusieurs milliers d'années, les sables déposés par les vagues ont fini par créer de massives barrières côtières.*

de haut. Elles ont formé la péninsule de Sperm Whale Head et les îles Rotamah. La barrière extérieure s'est finalement refermée et a façonné la plage de Ninety Mile. Le parc national des lacs du Gippsland enserre le lac Wellington à l'ouest, relié par le détroit de McLennons au lac King, et il rejoint la mer dans le détroit de Bass.

L'île Rotamah, bordée par les eaux du lac Victoria et du lac Reeve, recèle de nombreux observatoires discrets où les visiteurs peuvent admirer les 190 espèces d'oiseaux de l'île. Au printemps et en été, le lac Reeve est le lieu de rendez-vous de milliers d'échassiers et il est internationalement reconnu comme habitat

caractéristiques d'une formation géologique, le delta digital, et se rangent parmi les plus beaux exemples du genre.

Le parc propose des pistes de randonnée très faciles. Parmi les animaux sauvages, citons les wallabies des marais, les possums à queue touffue et les wombats. Les premiers habitants vivaient dans un paradis où ils trouvaient à la fois de l'eau salée et de l'eau douce, du poisson en abondance, et des animaux sauvages. Cette zone a nourri la nation Gunai pendant près de 18 000 ans et plusieurs tribus aborigènes vivent encore dans le parc ou à proximité. **GM**

À DROITE : *Ninety Mile Beach et les lacs du Gippsland.*

LA CHAÎNE DES GRAMPIAN

VICTORIA, AUSTRALIE

Âge : 400 millions d'années
Superficie : 167 000 ha
Altitude du mont William : 1 170 m

Dominant les terres agricoles du district occidental, dans l'État de Victoria, la chaîne des Grampian réunit quatre sommets d'un grès rouge extrêmement dur, nés il y a environ 400 millions d'années. Ces pics couverts de forêts, ponctués de cascades, de torrents et de lits de fleurs sauvages, sont protégés par le parc national de Grampian, qui couvre 1 670 km². Le mont William est le pic le plus élevé des Grampians (1 170 m) mais le mont Arapiles près d'Horsham est l'une des premières destinations des alpinistes en Australie. Parmi d'autres formations géologiques, signalons un grand canyon, et des affleurements rocheux extrêmement érodés, appelés les Balcons (Mâchoires de la mort), ainsi que l'escalier géant.

Les touristes profiteront de ce magnifique paysage en descendant la rivière Wimmera en canoë ou en suivant la piste qui mène à la cascade de McKenzie, l'une des plus hautes de l'État. Il existe plus de 160 kilomètres de sentiers et de multiples belvédères comme celui de Reid's ou celui de Lakeview. La chaîne des Grampian conserve d'exceptionnelles gravures rupestres aborigènes, car plus de 80 % des sites du Victoria se trouvent dans cette région. **GM**

LE PARC NATIONAL DU LAC EILDON

VICTORIA, AUSTRALIE

Superficie du parc national : 275 km²
Caractéristique : lac artificiel
Végétation : forêts claires à forêts denses

Le parc national du lac Eildon est niché au pied des collines septentrionales des hauts plateaux centraux, dans l'État de Victoria. Il protège une zone de 277 km². Le parc a été ouvert lorsque le lac Eidon, le plus grand lac artificiel de l'État de Victoria, a été aménagé dans les années 1950. Le lac a été formé en construisant un barrage sur quatre rivières, ce qui a créé une zone de réservoir dont la capacité est six fois supérieure à celle du port de Sydney. Aujourd'hui, le lac Eildon est un lieu immensément populaire pour la randonnée, la pêche et le camping, et divers sentiers de longueur variable sont proposés sur les rives du lac, longues de 515 kilomètres. Les touristes peuvent emprunter la piste Blowhard Spur, d'où ils auront une vue panoramique du lac, ou visiter le belvédère de Foggs sur la route du mont Pittinger. L'étendue plantée de broussailles, qui occupe le nord du lac, et la forêt sur ses rives orientale et occidentale, abrite de nombreux animaux sauvages. Le parc est connu pour ses populations de kangourous gris de l'Est australien, de koalas et de wombats. Il accueille aussi un certain nombre d'espèces d'oiseaux rares, notamment des aigles audacieux et des perruches royales. **GM**

LE FLEUVE MURRAY

VICTORIA, AUSTRALIE

Longueur de la rivière Murray : 2 600 km
Âge : 20 millions d'années
Superficie du bassin hydrographique : 1 million de km²

Depuis 20 millions d'années, le fleuve Murray coule des montagnes australiennes vers l'océan, en suivant un parcours particulièrement long. De sa source dans le mont Kosciusko, à plus de 2 012 m au-dessus du niveau de la mer, il se dirige vers les rivages du Sud, à 2 615 kilomètres ; ainsi, parmi les plus longs cours d'eau du monde, il se trouve à la septième place.

bordés de grands gommiers de rivière (le gommier est l'arbre le mieux représenté sur les rives de la Murray), tandis que les anses abritent des plages de sable blanc. Finalement, la rivière entre dans les eaux peu profondes du lac Alexandrina, avant d'arriver à son étroite embouchure dans la baie d'Encounter, près d'Adélaïde. Le Murray n'a qu'un faible débit par rapport à nombre d'autres fleuves de taille comparable dans le monde, et certaines années, la grande variabilité de son flux naturel le conduit à s'assécher complètement.

Aujourd'hui, le Murray et ses affluents sont jalonnés de nombreux réservoirs, barrages et

> *Depuis 20 millions d'années, le fleuve Murray coule des montagnes australiennes vers l'océan, en suivant un parcours particulièrement long.*

Le Murray et ses divers affluents drainent un énorme territoire. Le bassin de la Murray-Darling couvre presque un septième de la surface du continent australien. Il traverse près de la moitié de l'État de Victoria, les trois quarts de la Nouvelle-Galles du Sud, une partie de l'Australie méridionale, ainsi qu'une portion du Queensland qui est plus vaste que l'État de Victoria. Bien que son débit se ralentisse et que les méandres s'allongent, le Murray, près de sa source, descend de près de 1 524 mètres en moins de 201 kilomètres. Ensuite, il explore des plaines alluviales (zone inondables) coupées par de nombreux affluents, des dérivations et des plans d'eau

systèmes d'irrigation qui permettent d'alimenter la zone agricole la plus riche d'Australie. Cependant, la salinité des eaux et la pollution par les pesticides sont devenues un problème national, et une campagne a été lancée pour replanter 10 millions d'arbres afin de combattre ces menaces. Le Murray est d'une grande importance culturelle pour les Aborigènes. Selon les tribus du lac Alexandrina, il a été créé dans les pas du grand ancêtre, Ngurunderi, alors que celui-ci poursuivait Ponde, la déesse morue. **GM**

À DROITE : *Les arbres se reflètent dans les eaux boueuses du fleuve Murray.*

LA CHAÎNE D'OTWAY

VICTORIA, AUSTRALIE

Superficie de la chaîne d'Otway : 50 km²

Végétation : forêt tropicale humide et tempérée

La chaîne d'Otway court le long de la côte méridionale du Victoria. Cette région tapissée de forêt tropicale humide et tempérée s'est formée sur le Gondwana il y a 140 millions d'années, à l'époque des dinosaures. Les fortes pluies qui tombent sur la région encouragent le développement d'une forêt tropicale dense, plantée de *nothofagus cunninghamii* (faux hêtre de Cunningham) et de fougères aux pieds desquels poussent diverses mousses. Les randonneurs verront certains des arbres les plus hauts du monde et une quantité de très belles cascades (plus de la moitié des chutes du Victoria sont concentrées dans la chaîne d'Otway). À la fin du XIXe siècle, les forêts ont été largement exploitées. Aujourd'hui, de nombreux sentiers de randonnée suivent les traces d'anciennes lignes de chemin de fer qui acheminaient le bois.

Dans le but de renforcer la protection des chutes et des chaînes montagneuses, un petit parc national existant a été récemment étendu, lorsque l'exploitation du bois a failli détruire toute une zone forestière. Sous la pression de l'opinion publique, le gouvernement a ouvert un parc national en 2004 incluant la plus grande partie de la chaîne montagneuse. GM

L'ÎLE PHILLIP

VICTORIA, AUSTRALIE

Superficie : 260 km2
Emplacement géographique : 100 km de Melbourne
Caractéristique : parade saisonnière des pingouins au crépuscule

L'île Phillip se trouve à 140 kilomètres au sud-est de Melbourne. Sa côte découpée fait face au détroit de Bass et offre certaines des plus belles plages de surf de l'État de Victoria. Le parc naturel de l'île Phillip est une réserve conçue pour protéger – et promouvoir – le lieu dit « Little Penguins », dont les plages protégées sont situées en face de la baie de Westenport. L'île Phillip est, en effet, célèbre pour sa « parade des manchots ». Tous les soirs des milliers de manchots débarquent sur la plage après une journée passée dans les eaux du détroit de Bass. Selon la saison, 300 à 750 manchots arrivent au crépuscule sur la rive orientale de l'île. Ils chassent en mer, parcourant jusqu'à 51 kilomètres à la nage, et se déplacent en groupes, parfois de plus de 300 individus, pour se protéger des prédateurs comme les phoques et les requins. Entre août et mars, au crépuscule, les manchots déboulent sur la plage et regagnent leurs refuges dans les dunes, où ils se reproduisent. Dans le meilleur des cas, ils peuvent élever deux petits par couple en une saison. GM

CI-DESSOUS : *Les rivages de l'île Phillip, terre des petits manchots (la plus petite espèce au monde).*

LA BAIE DE PORT PHILLIP

VICTORIA, AUSTRALIE

Âge de la baie de Port Phillip : 10 000 ans
Profondeur moyenne : 13 m

En 1802, lors de son tour de l'Australie, l'explorateur britannique Matthew Finders a décrit son entrée dans la baie sur les bords de laquelle sera construite plus tard la ville de Melbourne : « Je me félicitais d'une nouvelle découverte utile, mais en l'occurrence, je me trompais. Ce lieu, comme je l'ai ensuite appris à Port Jackson, avait été découvert dix semaines plus tôt par le lieutenant John Murray, à bord du *Lady Nelson*... Il lui avait donné le nom de Port Phillip. »

La baie de Port Phillip s'étend sur près de 61 kilomètres du nord au sud, et sur 68 kilomètres d'est en ouest. Sur le plan géologique, il s'agit d'un graben, formé à la fin de l'ère glaciaire, lorsqu'une vaste portion de terres s'est effondrée le long d'une ligne de faille, devenue la péninsule de Mornington, laissant ainsi pénétrer l'océan dans la baie.

Un second graben s'est formé lorsque la terre s'est enfoncée et que l'océan s'est avancé pour créer la baie de Westernport. Cette baie est généralement claire et peu profonde, puisque la profondeur maximale ne dépasse pas 13 mètres. De ce fait, la lumière pénètre presque jusqu'au fond de l'océan. Un isthme étroit sépare la baie du détroit de Bass, considéré comme l'un des passages maritimes les plus dangereux du monde. On l'appelle « la déchirure ». Près de cent bateaux y ont sombré depuis 160 ans. Pour aider les bâtiments à naviguer dans cet étroit goulet bordé de récifs, les pilotes se servaient de deux phares qui permettaient d'aligner les vaisseaux avec le centre du canal du Great Ship, au moment d'entrer ou de sortir de la baie. Au XIXe siècle, de nombreux navires se sont échoués en essayant de se déplacer dans la baie ; aujourd'hui, la présence d'un pilote expérimenté est imposée à tous les navires de grande taille. Les vagues ont laissé leur marque sur la côte, sculptant les plages de sable et créant des promontoires de basalte aux contours tourmentés. Le belvédère de Nepean est le point d'attraction du parc national de la péninsule de Mornington. Il est possible d'y admirer de magnifiques paysages côtiers et un panorama sur les turbulences de la baie de Port Phillip. **GM**

> *Les vagues ont laissé leur marque sur la côte, sculptant les plages de sable et créant des promontoires de basalte aux contours tourmentés.*

À DROITE : *Les eaux tumultueuses de Port Phillip Bay.*

LES DOUZE APÔTRES

VICTORIA, AUSTRALIE

Roche : calcaire

Hauteur des Douze Apôtres : empilement de rochers allant jusqu'à 46 m

Les puissants Douze Apôtres sont des formations rocheuses que l'on aperçoit lorsqu'on prend la route côtière de la Great Ocean Road, dans l'État de Victoria. Ces géants surgissent de l'océan Austral comme des gratte-ciel, et sont le symbole du parc national de Port Campbell. Les falaises de calcaire qui encadrent les Douze Apôtres les dominent à 70 mètres, tandis que le plus haut des empilements rocheux est haut de 46 mètres. Le calcaire provient de l'amoncellement des squelettes de créatures marines sur le sol marin. Lorsque l'océan s'est retiré à l'ère quaternaire, le calcaire a été exposé. Les Douze Apôtres se sont formés sur une période de 20 millions d'années, résultat de l'action du vent et de l'eau salée qui ont attaqué les falaises. Les vagues incessantes et les vents violents ont progressivement érodé les roches tendres, creusant des grottes devenues des arches. Lorsque celles-ci se sont écroulées, de hauts piliers de rochers, mélange de grès et de calcaire, ont été isolés de la rive. Ainsi se sont créés les Apôtres qui ne sont plus que 8 sur les 12 d'autrefois. Cependant, les falaises subissent toujours l'érosion et d'autres « apôtres » pourraient voir le jour. **GM**

TOWER HILL

VICTORIA, AUSTRALIE

Âge de Tower Hill : 25 000 à 30 000 ans
Caractéristique : volcan éteint

Tower Hill, situé près de la côte occidentale du Victoria, a été formé par le magma en fusion qui a affleuré sous la croûte terrestre et a explosé en entrant en contact avec des roches humides. La violence du choc a créé un cratère en forme d'entonnoir qui s'est ensuite rempli d'eau. La lave en fusion, moins visqueuse que lors d'autres éruptions volcaniques, a coulé sur une longue distance. Tower Hill se compose d'un bord extérieur et d'une série de petits cônes qui surgissent d'un lac créé par l'effondrement du cône majeur. Certains objets trouvés dans les différentes couches de cendres qui entourent le volcan suggèrent que plusieurs tribus aborigènes vivaient dans les environs à cette époque. La région offrait une manne de nourriture aux Koroitgundidj, dont les descendants gardent des liens avec elle. Devant la dégradation de ce majestueux sommet, les autorités australiennes ont fait de Tower Hill le premier parc national du Victoria en 1892. Au départ, la végétation était très diverse, mais les premiers colons l'ont largement défrichée. Récemment, des volontaires ont planté plus de 300 000 arbres, et il est question de réintroduire des plantes et des fougères indigènes. GM

LA BAIE DE WESTERNPORT

VICTORIA, AUSTRALIE

Longueur : 45 km
Âge : 10 000 ans

Cette vaste crique située sur la côte sud du Victoria résulte d'un graben, bloc de rochers effondré entre deux failles parallèles. Située sur un côté de la péninsule de Mornington, elle s'étend sur 45 kilomètres à l'intérieur des terres, sur une largeur qui varie entre 16 et 35 kilomètres. George Bass, ami et collègue explorateur de Matthew Flinders – le premier à avoir fait le tour de l'Australie en bateau – aurait été le premier Européen dans la baie de Westernport. Fin 1797, lors de l'une de ses expéditions, il arriva à Westernport sur le baleinier qu'il avait pris à Sydney. Aujourd'hui, comme la baie de Westernport est à une courte distance de Melbourne, elle permet aux citadins de s'échapper, mais c'est aussi un port commercial et un précieux site pour l'industrie. La pêche outrancière et les déchets industriels menacent Westernport. Des efforts considérables sont consentis pour préserver ses rivages plantés de mangrove et pour protéger ses eaux de la pollution. Les scientifiques s'intéressent particulièrement à la population de crustacés de la baie, appelée « Balmain bugs » (variété de homards ronds), ainsi qu'aux émissoles gommées, aux *pennatula aculeatas* et aux crevettes fantômes. GM

LE PROMONTOIRE DE WILSON

VICTORIA, AUSTRALIE

Superficie : 15 550 ha
Ouverture du parc national : 1898
Reconnaissance internationale : parc classé réserve de la biosphère par l'Unesco en 1982

À la pointe méridionale du continent australien se trouve le promontoire de Wilson, la plus grande étendue sauvage côtière de l'État de Victoria. Le parc national a été ouvert en 1898, et cette spectaculaire péninsule – que les habitants appellent « le promontoire » couvre un vaste réseau de baies, de criques, d'anses et de plages immaculées sur sa ligne côtière de 130 kilomètres. L'intérieur des terres est ponctuée de forêts et de ravines tapissées de fougères. L'histoire de l'occupation aborigène date d'au moins 6 500 ans et la terre possède encore une signification spirituelle pour les tribus locales. La vie sauvage du promontoire et ses plantes ont constitué une précieuse source alimentaire. Les explorateurs George Bass et Matthew Flinders l'ont découverte lors de leur voyage de 1798 en provenance de Sydney. Ils ont alors apprécié sa valeur commerciale ; l'exploitation des phoques, des baleines, du bois et plus tard des moutons, s'est poursuivie pendant un siècle. Parmi les végétaux du parc, signalons de vastes parcelles de forêt tropicale tempérée et des terres de bruyère, alors que les régions de marais sont occupées par des mangroves, qui sont les plus méridionales du monde. **GM**

LE PARC NATIONAL DE WYPERFELD

VICTORIA, AUSTRALIE

Superficie : 3 465 km²
Végétation : diverses espèces d'eucalyptus, mallee

Il y a environ 25 millions d'années, le nord-ouest de l'État de Victoria était recouvert d'une mer peu profonde. Quand l'océan s'est lentement retiré, des vents d'ouest ont soufflé du sable sur les zones exposées, à l'intérieur des terres, qui ont érigé un complexe de dunes ondulantes. Celles qui occupent aujourd'hui l'intérieur du pays se sont formées il y a 15 000 à 40 000 ans. Le parc national de Wyperfeld s'étale sur cette région plate et semi-aride. Paysage de vastes proportions, ce parc présente un chapelet de lacs reliés par la rivière Outlet, qui prolonge la rivière Wimmera au nord. Les lacs se remplissent quand la Wimmera déborde. Ensuite, lorsqu'il pleut, le paysage semi-aride est transformé par la floraison de minuscules plantes désertiques. Près de 520 espèces végétales se développent dans le parc. L'une des variétés dominantes est le mallee dont les nombreuses tiges proviennent de racines enfouies. Celles-ci stockent la sève et font croître de nouvelles pousses. Les Aborigènes ont occupé la région pendant au moins 6 000 ans. Ils se déplaçaient régulièrement vers la rivière Outlet au nord, pour trouver l'eau et la nourriture et restaient rarement au même endroit. GM

LE SENTIER DE RANDONNÉE DES ALPES AUSTRALIENNES

VICTORIA, AUSTRALIE

Longueur : 650 km
Temps nécessaire pour parcourir l'ensemble : 8 à 10 semaines, pour un aller simple
Meilleure période : novembre à mai

Lieu idéal pour la randonnée dans le bush, le sentier des Alpes australiennes se poursuit sur 644 kilomètres ; c'est la plus longue piste du continent. Celle-ci commence à Walhalla, dans le Sud de l'État de Victoria, passe par certains des plus hauts sommets d'Australie, tout en traversant les rivières vers le Nord, à Tharwa, au sud de Canberra. Elle grimpe vers des régions exposées comme les hautes plaines du Bogong et l'étendue de Jagungal, traverse de hautes forêts magnifiques et des zones plantées de gommiers. Fait remarquable, ce sentier est totalement balisé. Aucune ville n'est proche, mais les randonneurs peuvent commencer leur périple à plusieurs endroits entre Walhalla et Canberra, puis bifurquer vers Baw Baw, la piste alpine, la piste de Kosciuzko ou celle du parc national de Namadgi. Bien qu'il soit possible de terminer le parcours en huit semaines, la plupart des touristes choisissent des sections plus courtes, et explorent le plateau de Baw Baw, les hautes plaines du Bogong ou la région sauvage de Jagungal. **GM**

LES ALPES VICTORIENNES

VICTORIA, AUSTRALIE

Superficie : 646 000 ha
Emplacement : à 220 km de Melbourne
Pic le plus élevé (mont Bogong) : 1 986 m

Le parc national alpin du Victoria est le plus vaste de l'État. C'est un lieu de conservation des hauts sommets et des environnements alpins. Les parcs nationaux voisins de Nouvelle-Galles du Sud et du Territoire Capital australien forment une zone protégée couvrant la plus grande partie des hauts plateaux. Le parc présente de grandes étendues enneigées qui, au cours des mois chauds, se couvrent de fleurs sauvages. Des randonnées permettant de le visiter sont possibles à pied ou en 4x4.

Dans un continent sec comme l'Australie, les Alpes sont une source d'eau vitale. C'est ici que les grandes rivières de la région orientale commencent leur périple vers l'océan. De ce point de vue, le parc national alpin est l'un des huit points essentiels de la région des hauts plateaux, géré de manière conjointe par les États fédéraux afin d'assurer la protection des environnements alpins et subalpins, en respectant les politiques locales. Avant l'arrivée des Européens, les Aborigènes occupaient la région alpine depuis des dizaines de milliers d'années. Aujourd'hui, diverses tribus vont dans les Alpes en été pour y organiser des cérémonies et y cuisiner le bogong, un insecte originaire de cette région. **GM**

LE MONT CRADLE ET LE LAC SAINT CLAIR

TASMANIE, AUSTRALIE

Superficie du parc : 161 000 ha
Profondeur du lac St. Clair : 200 m
Végétation : forêt tropicale tempérée, terre de bruyères alpines, buttongrass (poaceae) et bouleau à feuilles caduques

Le mont Cradle est un pic spectaculaire, ses crêtes déchiquetées ont été façonnées par les glaciers qui l'ont sculpté en forme de berceau il y a 10 000 ans. Ce sommet s'élève à 1 554 mètres au-dessus du niveau de la mer et domine de toute sa hauteur le parc national qui porte son nom. À la pointe méridionale du parc se trouve le lac Saint Clair, qui est le plan d'eau naturel le plus profond d'Australie.

Le sentier Overland, l'un des plus célèbres du pays, court du mont Cradle jusqu'au lac et attire des randonneurs du monde entier. Cette piste totalise 80 kilomètres et il faut environ cinq jours pour la parcourir. Elle serpente dans des paysages d'une beauté époustouflante, au pied de monts escarpés, d'anciennes forêts de pins, de plaines alpines, de torrents, et de tranquilles lacs glaciaires. D'autres promenades plus courtes, de quelques heures seulement, contournent le lac Saint Clair. La traversée du lac en ferry constitue une option, avant d'entamer une marche de 2 à 5 heures dans la forêt tropicale humide, à proximité du lac. **GM**

LE PARC NATIONAL DE BEN LOMOND

TASMANIE, AUSTRALIE

Superficie : 18 000 ha
Altitude au-dessus du niveau de la mer : 1 573 m
Caractéristique : plus grande région alpine de Tasmanie

Le parc national de Ben Lomond se situe sur un plateau de dolérite. Il s'agit de la plus vaste région alpine de Tasmanie d'une grande importance pour le pays. Au cours du quaternaire, des massifs glaciaires ont surgi au-dessus des terres, sculptant les roches tendres en vallées et en de magnifiques montagnes, créant des lacs et des rivières. Culminant à 1 573 mètres, le Ben Lomond est un mont exigeant et difficile, avec ses escarpements abrupts, ses vallées profondes et ses conditions météorologiques contrastées. Ses sentiers de randonnée ont la réputation d'être les plus difficiles d'Australie. Les eucalyptus dominent le bas des pentes, avec une forêt indigène ancienne et une forêt tropicale humide qui subsiste dans les zones protégées du feu. Au printemps et en été, on voit apparaître une étourdissante quantité de fleurs alpines sauvages. La région accueille des plantes rares comme l'orchidée Ben Lomond ainsi que des oiseaux comme l'aigle audacieux. Les touristes peuvent emprunter la route de l'échelle de Jacob, qui enchaîne les virages en épingle à cheveux. Ils découvriront à leur terme un spectaculaire panorama sur l'île Flinders et les gorges Strickland. **GM**

L'ÎLE FLINDERS

VICTORIA, AUSTRALIE

Superficie de l'île Flinders : 1 352 km²
Caractéristique : montagnes et plaines côtières

L'île Flinders est la plus grande des îles Furneaux, qui sont au nombre de 52 et s'égrènent entre la Tasmanie et l'Australie, au large du détroit de Bass. Les îles Furneaux ont fait partie d'une passerelle terrestre qui joignait la Tasmanie au continent. Quand l'océan a inondé cette passerelle à la fin du quaternaire, ses sommets ont formé les 52 îles. Située à 19 kilomètres de la pointe nord-est de la Tasmanie, l'île Flinders s'étire sur 64 kilomètres de long et 29 kilomètres de large. Le mon trzelecki la surplombe à 687 mètres et près de la moitié de l'île est constituée de plages de sable fin. Ses paysages d'une beauté saisissante, son climat marin, ses plages scintillantes et sa faune sauvage lui ont valu le nom de « Méditerranée du Pacifique ». La faune réunit plus de 200 espèces d'oiseaux. L'oie du cap Barren, considérée comme l'une des plus rares au monde, s'y reproduit de manière prolifique. Le diamant de Killiecrankie, qui est en fait une sorte de topaze, est un véritable trésor géologique pour l'île. La beauté du lieu est cependant ternie par une série d'atrocités qui ont marqué les conflits entre les Aborigènes et les colons blancs en Tasmanie, au début des années 1800. **GM**

EAGLEHAWK NECK

TASMANIE, AUSTRALIE

Superficie : 18 000 ha
Altitude au-dessus du niveau de la mer : 1 573 m
Caractéristique : plus grande région alpine de Tasmanie

Eaglehawk Neck est un isthme large d'une centaine de mètres, qui relie la péninsule tasmanienne à la péninsule Forestier. Il a été formé par le sable de la baie Pirate's qui s'est déposé à l'est et par celui de la baie de Norfolk qui s'est déposé à l'ouest.

Au début des années 1800, Eaglehawk Neck fut entretenu par des bagnards. Les gardiens attachaient les hommes les uns aux autres par des chaînes, reliées par une longe à des chiens sauvages qui prévenaient toute fuite vers la colonie la plus proche. L'arche de Tasmanie (ci-contre) est un tunnel élargi qui a été érodé par les vagues. Au lieu-dit Devil's Kitchen, les vagues rugissent en s'écroulant sur les rochers situés à 60 mètres en contrebas, tandis qu'à proximité de l'évent, la mer se précipite sous les rochers et que l'eau jaillit en gerbes hautes. La chaussée présente une particularité géologique, car elle ressemble à l'œuvre d'un maçon, alors qu'elle a été construite par l'océan. Les rochers ont été fracturés par trois séries de mouvements terrestres qui leur ontdonné une apparence feuilletée, et leur aspect plat est imputable à l'action des vagues qui ont porté du sable et des graviers, relayée par l'érosion marine. **GM**

LA PÉNINSULE FREYCINET

VICTORIA, AUSTRALIE

Superficie : 65 km²
Caractéristique : côte panoramique
Hauteur du mont Freycinet : 613 m

Sur la côte orientale de Tasmanie, au climat tempéré, la belle péninsule Freycinet, qui fait partie du parc national de Freycinet, avance ses éperons rocheux dans l'océan. À l'entrée du parc se trouve la baie Coles et tout près, les escarpements de granit rose que l'on appelle « The Hazards » culminent à 305 mètres. La péninsule se compose de montagnes de granit qui s'émiettent en îlots bleus ; la baie Wineglass est bordée de plages de sable blanc et de curieux rochers orangés, effet produit par un lichen particulier. Cette zone côtière, dotée d'un climat maritime et tempéré, est l'une des plus attirantes de Tasmanie.

Le parc abonde en superbes sentiers de randonnée dont le plus long est le circuit de la péninsule (27 kilomètres). Parmi les espèces d'oiseaux vivant sur la péninsule se trouvent les aigles marins à ventre blanc et les grands fous de Bassan australiens. Des cygnes noirs et des canards sauvages animent la vie de la réserve du Moulting Lagoon Game. Au large, les baleines et les dauphins peuvent être facilement observés dans les eaux claires. La péninsule porte le nom de Louis de Freycinet, un cartographe français qui a produit les premières cartes détaillées de l'Australie. **GM**

LE PARC NATIONAL DE GORDON-FRANKLIN WILD RIVERS

VICTORIA, AUSTRALIE

Superficie : 441 000 ha
Caractéristiques : région sauvage de pics, de forêts tropicales humides et de gorges
Végétation : forêt tropicale humide, pins et bouleaux à feuilles caduques

Rapides et torrents d'eau fraîche caracolent sur des plans rocheux du parc national de Gordon-Franklin Wild Rivers, célèbre pour ses lacs glaciaires. Cet espace de 4 408 km² a été inscrit sur les listes du patrimoine mondial, et comprend un formidable ensemble de pics de quartz, ainsi que des vestiges d'une forêt de pins Huon. Dans les grottes de Kutilina, les Aborigènes ont laissé des outils vieux de plus de 5 000 ans. Avec son magnifique dôme de quartzite blanc, le Frenchman's Cap est le plus haut pic de la région culminant à 1 443 mètres. L'ascension est difficile, seuls les randonneurs expérimentés peuvent s'y risquer. La rivière Franklin est l'un des principaux cours d'eau de cette étendue et son système hydrographique est le seul en Tasmanie qui n'ait pas été bridé par des barrages. Il descend sur 121 kilomètres vers la rivière Gordon, passant de 1 408 mètres à un niveau proche de celui de la mer. Les flots deviennent impétueux lorsqu'ils traversent les landes de bruyères, les gorges profondes et les forêts tropicales humides. **GM**

QUEENSTOWN

TASMANIE, AUSTRALIE

Emplacement : 256 km à l'ouest d'Hobart

Caractéristique : collines dénudées par la pollution

La majeure partie des touristes qui se rendent à Queenstown, à l'ouest d'Hobart, se disent impressionnés moins par la beauté de l'endroit que par le talent des hommes à détruire et à polluer. Il s'agit d'une vieille ville où l'on prospectait le cuivre et l'or. Sur les collines environnantes, les forêts tropicales humides ont été dévastées et le bois a été surexploité pour nourrir les hauts fourneaux. De ce fait, le relief est dénudé de manière permanente par les fumées sulfureuses qui ont pollué la rivière. De lourdes pluies ont érodé la couche arable, laissant des canaux nus et exposant les roches sous-jacentes, pourpres et jaunes. Les mines ont été ouvertes à la fin des années 1800. Des centaines d'hommes ont été employées comme bûcherons et plus de 3,35 millions de tonnes de bois coupés entre 1896 et 1923. Cependant, à quelques pas de là, le visiteur pénètre dans la forêt tropicale tempérée, mouillée de cascades et bénéficie du paysage sur la rivière Franklin et sa vallée. Il a été question de replanter la forêt sur les collines dénudées. Certains autochtones préféraient conserver le site en l'état, pour son intérêt touristique ; d'autres affirment que la forêt tropicale de la région devrait être restaurée. **GM**

LES MURS DE JÉRUSALEM

TASMANIE, AUSTRALIE

Superficie : 510 km²
Végétation : plantes alpines et subalpines

Véritable joyau dans la couronne des parcs nationaux de Tasmanie, les murailles du parc national de Jérusalem forment un amphithéâtre naturel sur le plateau central de la Tasmanie. Cette région alpine est dominée par des pics de dolérite et une végétation de haute montagne. Elle est exposée aux conditions extrêmes du climat tasmanien. Le parc renferme la plus grande partie des pins de l'île, épargnés par les feux de brousse qui ont détruit les autres variétés originelles sur le plateau. Ils grandissent si lentement que certains d'entre eux ont près de mille ans. Fidèle à la tradition de son nom, le parc a donné des noms bibliques à de nombreux sites géologiques. Ainsi, l'entrée centrale du parc a été baptisée Porte d'Hérode, de minuscules lacs sont appelés les Joyaux de Salomon et le pic du roi David domine la région. Le parc s'étale sur 510 km² et il n'est possible d'y accéder qu'à pied. La partie centrale du plateau est parfois noyée dans le brouillard ou ensevelie sous la neige. Les Aborigènes ont occupé cette région pendant plus de 11 000 ans, c'est-à-dire de la fin de l'ère quaternaire jusqu'à l'arrivée des Européens. Cependant en 1831, la tribu Big River s'est trouvée réduite à 26 individus. **GM**

LA PYRAMIDE BALLS

MER TASMANIENNE, AUSTRALIE

Altitude : 550 m
Première ascension : 14 février 1965
Âge : 60 à 80 millions d'années

La pyramide Balls est la cime d'un volcan sous-marin, situé à 23 kilomètres au sud-est de l'île Lord Howe, à 708 kilomètres au nord-ouest de la côte de Sydney. Le volcan s'élève à plus de 1 798 mètres au-dessus du fond de l'océan Pacifique et la partie émergée atteint 552 mètres. Si la pyramide Balls est le plus haut volcan sous-marin du monde, son sommet n'a que quatre mètres de diamètre. La première ascension est relativement récente puisqu'elle date de 1965. Il s'agit d'un vestige d'une caldeira volcanique qui s'est formée il y a environ sept millions d'années et qui s'est érodée depuis.

La pyramide Balls accueille des dizaines de milliers d'oiseaux marins, notamment des noddis bleus, des puffins pacificus à bec grêle, et des pétrels à ailes noires. Elle s'enorgueillit aussi de mille-pattes venimeux et du phasme de l'île Lord Howe que l'on croyait disparu. En 2001, une expédition a découvert une colonie de ces insectes sous un buisson de la pyramide Balls. Le corps et la couleur de cet insecte géant font penser à un gros cigare ; il atteint, adulte, une taille de 12 centimètres. Aujourd'hui, des efforts sont consentis pour assurer la survie de cette espèce. **DH**

NOUVELLE-ZÉLANDE

LE MONT TARANAKI

ÎLE DU NORD, NOUVELLE-ZÉLANDE

Âge : 120 000 ans
Vestiges de la forêt originelle : 200 km²
Moyenne des précipitations annuelles : 300 cm

L'élégant cône volcanique du mont Taranaki (connu également sous le nom de mont Egmont) trône seul au milieu des vestiges semi-circulaires d'une forêt originelle, dans le parc national du mont Egmont. Le Taranaki est en sommeil, mais les 120 000 années de sa vie ont été violentes et capricieuses. Constitué de flots de lave et de téphrite qui résultaient de fréquentes éruptions, le Taranaki a un jour culminé à 2 700 mètres. Au fil de ces 500 dernières années, il est entré huit fois en éruption, la dernière datant de 250 ans, et les vulcanologues prédisent une récidive. Ces épisodes d'autodestruction, couplés avec les pluies érosives venues de l'ouest, ont ramené le Taranaki à une altitude de 2 518 mètres. La légende maori raconte que le Taranaki se tenait jadis au milieu des autres volcans de l'île du Nord qui tous convoitaient la belle et hautaine Pihanga. Les volcans s'affrontèrent pour la conquérir, mettant la terre à feu et à sang. Le mont Tongariro triompha et les volcans vaincus laissèrent les amants à leur solitude. Ils s'en furent pendant la nuit. Taranaki, après avoir creusé le lit de la rivière Whanganui, s'arrêta face à la mer pour jeter un dernier regard à Pihanga. **DH**

LE PARC NATIONAL DE TONGARIRO
ÎLE DU NORD, NOUVELLE-ZÉLANDE

Altitude du Tongariro : 1 968 m
Altitude du Ngauruhoe : 2 291 m
Altitude du Ruapehu : 2 797 m

Situé au centre de l'île du Nord néo-zélandaise, Tongariro est le plus ancien parc national du pays et le quatrième qui ait été créé dans le monde quand, en 1887, le grand chef maori Te Heuheu Tukino IV transmit à la nation les sommets sacrés de son peuple, les Tuwharetoa. Depuis 1993, Tongariro est inscrit sur la Liste du patrimoine mondial, statut qui reconnaît la signification spirituelle et culturelle stratovolcan complexe qui accueille un lac de cratère acide fonctionnant comme un évent près de son sommet. En 200 000 ans, le volcan s'est construit à coups d'éruptions, crachant la lave, le téphra et les cendres, et il porte encore les traces de glaciers récessifs. En 1995, puis en 1996, le Ruapehu est entré dans une colère spectaculaire, envoyant des nuages de cendres et de vapeur vers le ciel et couvrant les champs de neige et la forêt environnante d'une épaisse couche de cendres. Tongariro, qui culmine à 1 968 mètres est un vaste massif volcanique andésitique qui comprend plus de douze cônes. La piste alpine qui traverse le cratère

> *Tongariro est inscrit sur la Liste du patrimoine mondial, statut qui reconnaît la signification spirituelle et culturelle des montagnes pour le peuple maori.*

des montagnes pour le peuple maori, sans oublier les caractéristiques volcaniques et la gamme variée d'écosystèmes de la région. Ses grandes étendues herbeuses, ses forêts, ses lacs et ses déserts accueillent certains des animaux les plus rares qui soient natifs de Nouvelle-Zélande, notamment des chauves-souris à longue et courte queue, et le faucon du pays. Mais la verdoyante tranquillité du paysage fait mentir le chaos en fusion qui bouillonne quelque 100 kilomètres plus bas. Le parc est surtout connu pour son trio de volcans andésitiques, Tongariro, Ngauruhoe et Ruapehu – les deux derniers figurant parmi les volcans composites les plus actifs du monde. Ruapehu, qui culmine à 2 797 mètres, est la plus haute montagne de l'île du Nord, massif Red, le lac Bleu et le cratère North est l'un des plus célèbres sentiers de randonnée du monde.

À Ketetahi, sur le flanc nord du Tongariro, plus de 40 fumeroles génèrent pratiquement la même quantité d'énergie que la station géothermique de Wairakei soit environ 130 mégawatts. Le plus jeune volcan du parc, Ngauruhoe né il y a environ 2 500 ans, a continué à grandir pour atteindre 2 291 mètres ; il garde une forme parfaitement conique et a produit de spectaculaires flots de lave en 1949 et en 1954, qui ont été suivis par des chutes de cendres vers le milieu des années 1970. DH

À DROITE : Les volcans du parc national de Tongarino sous leur manteau de neige.

LE CAP KIDNAPPERS

ÎLE DU NORD, NOUVELLE-ZÉLANDE

Nombre total de fous de Bassan :
5 200 couples reproducteurs

Fou de Bassan australien : Envergure des ailes 2 m, poids moyen 2 kg

La principale population mondiale de fous de Bassan fréquente la pointe méridionale de la baie de Hawke, sur la côte orientale de l'île du Nord. Le promontoire tire son nom de la mésaventure du capitaine Cook, qui faillit perdre son interprète tahitien en 1769 lorsque les Maoris le kidnappèrent. Ces derniers appellent « takapu » le fou de Bassan australo-asiatique. Avant le XIXe siècle, les colonies d'oiseaux étaient maigres. Les fous de Bassan se sont installés sur le promontoire dans les années 1850 et, aujourd'hui, 2 200 couples y nichent. Ils ont aménagé d'autres nids sur un plateau tout proche, ainsi que sur le récif Black, ce qui a porté leur nombre total à plus de 3 000 couples. Au large, il est possible d'observer les oiseaux pendant qu'ils pêchent. Ils plongent dans la mer d'une hauteur de 30 mètres, à une vitesse de 145 km/h, et entrent dans l'eau comme de véritables projectiles pour se lancer à la poursuite des bancs de poissons.

Le cap, accessible à marée basse, se situe à proximité du Clifton Domain. Un sentier emmène les visiteurs vers le haut du promontoire et vers la colonie du plateau. Les colonies du Saddle et du récif Black restent interdites aux visiteurs, toute l'année. **MB**

LA RÉGION GÉOTHERMIQUE DE ROTORUA

ÎLE DU NORD, NOUVELLE-ZÉLANDE

Dernière éruption : il y a 1 800 ans
Colonne éruptive : 35 000 m³ de cendres et de gaz
Hauteur de la colonne éruptive : 50 km

Très loin en dessous de la Nouvelle-Zélande, deux plaques tectoniques géantes, la plaque du Pacifique et la plaque indo-australienne, se livrent une bataille colossale. La plaque du Pacifique écrase 100 kilomètres de terre sous la surface de l'eau créant assez de friction et de chaleur pour fondre et se transformer en magma à 1 000 °C. La lave commence à monter dans les fissures de la plaque et rencontre l'eau froide du sol. Aux alentours de Rotorua, ce tumulte s'exprime par divers phénomènes géothermiques : geysers, sources chaudes, bassins de boue, fumeroles, terrasses de silice et dépôts de sel. Cet environnement a attiré des formes de vie uniques, notamment des lichens multicolores, des mousses et des plantes adaptées aux fortes chaleurs. Les algues qui foisonnent près des eaux bouillonnantes ont peu évolué depuis leur apparition sur terre. Depuis plus d'un siècle, Rotorua attire des touristes du monde entier. Cependant, sur les quelque 200 geysers actifs dans les années 1950, il n'en reste que 40. **DH**

L'ARCHE D'OPARARA
ÎLE DU SUD, NOUVELLE-ZÉLANDE

Portée de l'arche d'Oparara : 50 m
Hauteur de l'arche : 43 m
Roche : calcaire

Nichée entre la mer de Tasmanie et les forêts denses du parc national des monts de Kahurangi, le bassin d'Oparara présente un certain nombre de caractéristiques spécifiques à cette région de l'île du Sud, en Nouvelle-Zélande. La rivière Oparara sinue au milieu d'éperons rocheux, creusant des gorges étroites et des ravines. En coulant au travers de falaises escarpées, la rivière Oparara a dissous la roche et a élargi les cavités pour former trois arches massives. La plus spectaculaire, Oparara, arbore les luxuriants feuillages de la forêt tropicale humide. C'est la plus grande arche naturelle de l'hémisphère Sud. De longues anguilles noires se baignent dans les bassins bordés d'amas rocheux. Au-dessus, dans les recoins obscurs du tunnel caverneux, les points dansants de la lumière indiquent la présence d'une colonie de vers luisants. Des araignées à longues pattes, tapies dans les grottes, se promènent le long des murs froids et humides et de monstrueuses wetas – des crickets géants – surveillent à la fois les prédateurs et les proies potentielles. L'arche d'Oparara est accessible par une piste de 4x4 à partir de Karamea puis il faut entamer un petit voyage en kayak le long de la rivière Oparara. DL

LE DÉTROIT DE MARLBOROUGH SOUNDS
ÎLE DU SUD, NOUVELLE-ZÉLANDE

Âge : 15 à 20 millions d'années
Fréquence des mouvements : 0,6 cm par an

Marlborough Sounds pointe ses doigts de terre vers la pointe méridionale de l'île du Sud, en Nouvelle-Zélande, et vers le turbulent détroit de Cook. Extension d'une chaîne montagneuse, la région entière a basculé pendant le miocène, il y a 15 à 20 millions d'années. La mer s'est précipitée dans la brèche creusée, noyant les vallées. Ensuite, à la fin de l'ère quaternaire, l'eau issue de la fonte des glaces a gonflé les nouveaux lacs et les détroits. Les deux plus grands systèmes de vallées, creusés le long d'un éperon de la faille alpine, sont devenus les détroits de Pelorus et de Queen Charlotte.

En des lieux comme le French Pass, à marée descendante, la terre canalise les eaux qui courent à des vitesses allant jusqu'à sept nœuds. Aujourd'hui, ces détroits sont uniques à la Nouvelle-Zélande, seul lieu où la terre s'enfonce dans la mer. Mais le voyage des détroits ne se fait pas seulement vers le bas ; comme ils sont situés à cheval sur la plaque tectonique du Pacifique et la plaque indo-australienne, ils ont dérivé de 52 kilomètres au Nord, à raison de 0,6 centimètre par an depuis le pliocène. DH

À DROITE : *Les vallées du Marlborough Sounds sous l'orage.*

LE PARC NATIONAL DU FIORLAND

ÎLE DU SUD, NOUVELLE-ZÉLANDE

Date de création du parc national : 1952
Longueur : 230 km du nord-est au sud-ouest
Largeur : 80 km

Le parc national du Fiorland, situé dans le sud-ouest de la Nouvelle-Zélande, déploie avec art son éventail de pics, de glaciers, de forêts et de fjords. Inscrit au patrimoine mondial en 1990, le Fiorland est un lieu d'une extravagante munificence, sculpté par les vents, la glace, la pluie et la mer. Les montagnes de granit, les plus anciennes de Nouvelle-Zélande, plongent brutalement et descendent bien en dessous du niveau de la mer. De longs doigts de mer pénètrent loin dans les terres, entre des murailles verticales festonnées de cascades. L'attraction la plus connue du Fiorland est le détroit de Milford, que Rudyard Kipling a salué comme la huitième merveille du monde.

Découpé par les glaciers pendant les différentes étapes du quaternaire, il descend à une profondeur de 265 mètres sous le vertigineux pic de Mitre. Les riches sols de tourbe s'érodent et glissent vers la mer, qu'ils teintent de brun. Cette eau fraîche et noire assombrit les entrailles de l'océan, où l'on trouve des espèces de poissons d'eau profonde

presque sous la surface. Dans les fjords, des coraux noirs, des *pennatula aculeatas* et autres organismes marins très rares abondent à 5 mètres de fond ou davantage.

À l'air libre, divers habitats intacts nourrissent des créatures et des plantes qui étaient jadis présentes sur la terre ancienne de Gondwana : le takahe (oiseau de la famille des rallidés) que l'on croyait disparu, persiste dans les monts Murchison et, sur ce seul territoire, plus de 700 végétaux uniques sont réunis. Le Fiorland a été plié, distordu et écrasé lors de la collision entre deux plaques tectoniques. Enterré sous des sédiments océaniques pendant des millions d'années, le Fiorland a ensuite été libéré, est remonté à la surface et a subi les ravages de l'ère glaciaire. Parcouru de failles, secoué par des tremblements de terre et enseveli sous des calottes glaciaires épaisses de plus d'un kilomètre, le granit dur a perduré, mais peu de pics dépassent les 2 000 mètres. Derrière les montagnes, à l'est, le calme miroir noir des lacs Te Anau et Manapouri habille des profondeurs supérieures à 400 mètres et brille bien au-dessous du niveau de la mer. **DH**

CI-DESSOUS : *Des nuages bas flottent au-dessus des eaux miroitantes du Fiorland.*

LES GLACIERS DE LA CÔTE OCCIDENTALE

ÎLE DU SUD, NOUVELLE-ZÉLANDE

Longueur du glacier Franz Josef : 11 km

Longueur du glacier Fox : 13 km

Vitesse de progression moyenne du glacier Franz Josef : 2-3 m par jour

Les Alpes du Sud néo-zélandaises ont donné naissance aux glaciers Fox et Franz Josef, qui plongent à plus de 2 500 mètres. Dégringolant sur d'immenses marches rocheuses jusqu'au fond des vallées, les glaciers se transforment en spectaculaires rideaux de glace, en crevasses et en pinacles. Ils se déplacent à une vitesse quasi inégalée dans le monde : Franz Josef parcourt en moyenne 2 à 3 mètres par jour, ce qui représente dix fois la vitesse moyenne d'un glacier de vallée. Les deux sites réagissent aux saisons exceptionnellement humides en avançant par saccades, dont certaines très rapides, aux conséquences potentiellement désastreuses. Franz Josef a déjà grignoté 250 mètres sur les infrastructures touristiques et 19 kilomètres sur la mer. Mais tout comme la plupart des glaciers, ceux-ci reculent sous l'effet du réchauffement de la planète. Les anciens Maoris appelaient Franz Josef « Ka Roimata o Hinehukatere », les « larmes de la fille avalanche ». Selon la légende, Hinehukatere aimait escalader les montagnes. Elle persuada son amant, Tawe, de l'accompagner. Mais Tawe fit une chute et mourut. Les larmes d'Hinehukatere gelèrent pour former le glacier. **DH**

LES ALPES DU SUD

ÎLE DU SUD, NOUVELLE-ZÉLANDE

Longueur totale : 649 km
Point le plus élevé : 3 754 m
Rythme de surélévation : 1 cm par an

Les Alpes néo-zélandaises traduisent le tumulte des entrailles de la terre. Cette chaîne spectaculaire, qui s'étend sur 649 kilomètres, du détroit de Milford au sud de Blenheim, est née de l'union profane des deux plus grandes plaques tectoniques, la plaque indo-pacifique et la plaque australienne. Comme les deux plaques continuent de se heurter avec une force herculéenne, la terre qui les surmonte se soulève, se déforme et se fissure tandis que les montagnes s'élèvent de un centimètre par an. Selon les estimations, les forces tectoniques ont déjà rehaussé le niveau général des Alpes de 25 kilomètres en 5 millions d'années. Mais la Nouvelle-Zélande est un lieu humide et venteux, et les éléments – couplés avec de fréquents tremblements de terre déclenchés par la friction des plaques – ont limité l'altitude des points les plus élevés à 3 754 mètres, au mont Aoraki ou mont Cook, plus haut pic du pays. L'Aoraki lui-même a perdu 10 mètres d'élévation en 1992, lorsqu'une avalanche de pierres et de glace, longue de 7 kilomètres, est tombée de son sommet. Sur la chaîne, 26 autres pics culminent à 3 050 mètres et une centaine d'autres points sont à peine plus bas. **DH**

LES CHUTES DE SUTHERLAND

ÎLE DU SUD, NOUVELLE-ZÉLANDE

Hauteur totale de la cascade : 580 m
Emplacement : 23 km au sud-est du détroit de Milford

Les chutes de Sutherland – formées par trois cataractes spectaculaires – proviennent des sources de la rivière Arthur, au sud-est du détroit de Milford, dans le Sud-Ouest de la Nouvelle-Zélande. Elles se classent en deuxième position parmi les chutes de l'hémisphère Sud et sont les cinquièmes plus hautes du monde, avec une dénivellation totale de 580 mètres. Les cascades ont trois rebonds à 248 mètres, 229 mètres et 103 mètres, mais en cas d'inondation, elles ne forment plus qu'une seule gerbe jaillissante. La cataracte fouette alors l'air et l'impact de l'eau sur les rochers produit un vacarme assourdissant. Les chutes de Sutherland sont alimentées par les neiges fondues provenant du lac Quill, nommé d'après William Quill, qui réussit l'ascension du site en 1890. Les chutes rappellent le sort d'un certain Donald Sutherland, chercheur d'or, qui passa par là en 1880. À sa mort, il fut enterré, selon son souhait, sous les chutes, où sa femme Elizabeth fut ensuite inhumée. Cependant, peu de temps après, un déluge les chassa de leur tombe et les emporta dans les eaux profondes du détroit. Les Maoris appellent les chutes de Sutherland *Te Tautea*, ce qui signifie « le fil blanc ». **DH**

POOR KNIGHTS ISLANDS

ÎLES OFFSHORE, NOUVELLE-ZÉLANDE

Création du statut de réserve marine : 1998
Grotte de Rikoriko : longueur 50 m

Les Poor Knight Islands, vestiges d'une chaîne d'anciens volcans, surgissent du bord de la plate-forme continentale nord-est de la Nouvelle-Zélande. Traversés par le courant chaud de l'East Auckland, ces volcans abritent une riche faune marine de climat subtropical et tempéré. Au cours de l'ère quaternaire, le ressac a creusé des grottes marines, des tunnels et des arches dans les pierres les plus tendres. De luxuriantes forêts de varech tapissent les falaises sous-marines escarpées, qui constituent un refuge pour plus de 150 espèces de poissons de récifs et de haute mer, notamment des variétés subtropicales rares. Le corail noir se développe dans les tréfonds de l'océan, et des colonies de pastenagues flottent dans les courants tourbillonnants.

Au-dessus de la surface, se trouvent des hordes d'oiseaux marins, notamment 2,5 millions de puffins à bec grêle fourmillent sur les falaises et regagnent leur nid, qu'ils partagent parfois avec une ancienne variété de lézard, le tuatara. Des mille-pattes venimeux et des wetas géants (un grand criquet de broussailles), occupent le haut des falaises et voisinent avec des geckos. **DH**

WHITE ISLAND

ÎLES OFFSHORE, NOUVELLE-ZÉLANDE

Hauteur : 321 m	
Âge : 100 000 à 200 000 ans	

White Island est l'un des volcans les plus actifs de Nouvelle-Zélande. Il s'élève à 321 mètres au-dessus de l'océan Pacifique, à 47 kilomètres de la baie de Plenty, qui se découpe dans le continent. Des scientifiques et des volcanologues du monde entier viennent étudier les caractéristiques de ce volcan marin unique en son genre. Il serait vieux de 100 000 à 200 000 ans, mais la petite portion de l'île qui se trouve au-dessus de la mer n'aurait que 16 000 ans. White Island est en fait le sommet de deux stratovolcans qui se chevauchent. Ces derniers sont entrés 35 fois en éruption depuis 1826, et de façon très spectaculaire le 27 juillet 2000, formant un nouveau cratère de 150 mètres. Cette éruption a couvert la moitié orientale de l'île d'une épaisse couche de cendres et de pyroclastiques, apportant de larges blocs de pierre ponce à demi-fondue. L'intérieur de White Island est un désert empoisonné, pratiquement privé de toute vie. Mais les cristaux de soufre jaunes et blancs fleurissent avec luxuriance autour des fumerolles et des jets de vapeur. Les ruines d'une ancienne carrière de soufre, hommage rouillé à d'anciens rêves d'exploitation minière, succombent lentement à la corrosion de l'air. DH

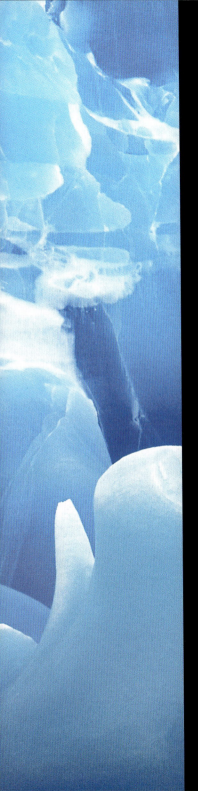

VII

RÉGIONS POLAIRES

Vastes étendues glacées où les tentacules des calottes glaciaires rampent sur la terre et sur l'eau, Arctique et Antarctique constituent les deux régions polaires du globe. Des icebergs géants, détachés des hautes falaises de glace, flottent à la surface des mers. Le manchot empereur et l'ours blanc se disputent les maigres ressources de la banquise et résistent bravement au blizzard.

À GAUCHE : *Un iceberg bleu dans la mer de Weddell, au large de la péninsule Antarctique.*

ARCTIQUE
LA CALOTTE GLACIAIRE DU GROENLAND
GROENLAND, ARCTIQUE

Longueur : 2 350 km
Moyenne de la couche de glace : 1 500 m
Superficie : 1 833 900 km²

La calotte glaciaire du Groenland a commencé à se former il y a 3 millions d'années et elle atteint désormais, par endroits, une épaisseur de 3,2 kilomètres. Cette énorme banquise couvre 85 % de la surface du Groenland. Seule la couche glaciaire de l'Arctique est plus vaste. La calotte du Groenland donne une impression d'immensité statique promise à l'éternité, alors que la réalité est tout autre. Il s'agit d'une formation géologique dynamique, en évolution constante. Le poids de la glace aux points les plus élevés exerce une pression sur la masse gelée restante, la forçant à se déplacer vers la mer. En certains lieux situés près des bords de la calotte, la glace avance de 20 à 31 mètres par jour.

Quand la glace flottante rencontre la mer, de spectaculaires icebergs naissent dans l'eau. D'après les estimations, plus d'un milliard de tonnes de glace sont libérées dans la mer chaque année, et on pense que si toute la glace du Groenland se mettait à fondre, le niveau des mers du globe s'élèverait de 7 mètres. JK

CI-DESSOUS : *Les langues gelées de la calotte du Groenland.*

LE FJORD SØNDRE STRØMFJORD

GROENLAND, ARCTIQUE

Autre nom : Kangerlussuaq
Longueur du Søndre Strømfjord : 160 km
Largeur du Søndre Strømfjord : 5 km

Le nom inuit du Søndre Strømfjord, Kangerlussaq, signifie « long fjord ». Situé sur la côte sud-ouest du Groenland, il l'entaille sur 160 kilomètres. Il s'agit de l'un des plus longs fjords du monde, serti dans un spectaculaire écrin de montagnes sculptées par les glaces, à 60 kilomètres du cercle arctique. La région basse et sèche présente divers habitats, notamment des terres de bruyère, des lacs salés et une toundra montagneuse qui accueillent une riche faune sauvage, des caribous, des bœufs musqués, et des renards arctiques. Dans les eaux vertes et glacées du fjord Kangerlussaq, des narvals sont parfois observés aux côtés d'ours polaires qui patrouillent les rivages, pendant que des mouettes ivoire sillonnent le ciel. En certains lieux, les glaciers des fjords touchent la mer, créant un fabuleux paysage de falaises glacées et d'icebergs.

La ville offre un accès facile à la banquise car la seule route du Groenland y mène directement. Le Groenland est une terre de contrastes. Les températures hivernales peuvent descendre jusqu'à – 50 °C. En été, elles grimpent parfois jusqu'à 28 °C. **JK**

LE FJORD IKKA

GROENLAND, ARCTIQUE

Température moyenne de l'eau : 3 °C
Profondeur maximale : 30 m
Nombre de colonnes : 700

Le fjord Ikka se trouve dans le sud-ouest du Groenland. Unique en son genre, il contient une forêt de colonnes minérales posées sur le fond marin. Bien que déjà décrites il y a 35 ans, ce n'est qu'en 1995 que les chercheurs ont établi que ces colonnes étaient constituées de ikaite, une forme de carbonate de calcium. Ce minéral rare ne se présente que lorsque certaines conditions spéciales sont réunies. Extrêmement fragile, ce minéral s'effrite dès qu'il est exposé à l'air, mais sous l'eau, il adopte une multitude de formes. Le bout des colonnes est particulièrement beau, avec des crêtes et des spires sculptées par la température et la salinité de l'eau. Plus de 700 colonnes ont été dénombrées sur un parcours de deux kilomètres. Souvent, elles ont plus de 20 mètres de haut, et sont visibles à marée basse. La formation de ces colonnes est phénoménale, car elles grandissent d'environ un demi-mètre par an. Il est possible de plonger dans le fjord si vous apportez votre équipement. JK

OCÉAN AUSTRAL

L'ÎLE MACQUARIE

OCÉAN AUSTRAL

Point culminant (mont Hamilton) : 433 m
Âge : 600 000 ans
Végétation : marais, plaines herbeuses et végétation de toundra

L'île Macquarie, isolée et battue par les vents, se trouve sur le chemin de l'Antarctique et son origine est volcanique. L'île aurait été d'abord un récif sous-marin il y a 11 à 30 millions d'années. La croûte terrestre s'est rétractée, la roche a été poussée vers le haut et a émergé il y a environ 600 000 ans. Depuis, elle a été sculptée sans relâche par les vagues, par contraste avec d'autres îles subantarctiques qui ont été créées par les glaciers. Une plate-forme en forme de vague, au socle de tourbe, forme une terrasse côtière tout autour de l'île, avec d'anciens éperons et des plates-formes d'érosion marine au large. Derrière cette terrasse, les rochers escarpés grimpent à 200 mètres jusqu'à un plateau dominé par le mont Hamilton. Sur ce plateau, d'innombrables lacs et plans d'eau dominent la mer. Les 850 000 manchots royaux qui y vivent constituent la quasi-totalité de la population mondiale. D'autres espèces de manchots, des albatros et des éléphants de mer voisinent avec eux. Des phoques léopards patrouillent au large. L'île Macquarie est située à environ 1 500 kilomètres au sud-sud-ouest de l'État le plus méridional d'Australie, la Tasmanie. GH

À DROITE : *L'île Macquarie.*

LES ÎLES HEARD & McDONALD

OCÉAN AUSTRAL

Altitude du Big Ben : 2 745 m
Épaisseur de la calotte glaciaire du Big Ben : 150 m
Point culminant de l'île McDonald : 230 m

L'île Heard et l'île McDonald sont situées sur le plateau sous-marin des Kerguelen-Heard et surgissent de l'océan Austral, juste au sud de la frontière qui sépare les eaux glacées du Sud des eaux plus chaudes du Nord. Le point culminant du mont Big Ben, appelé Mawson Peak, est un haut volcan actif, couvert de glace, dont la couleur contraste avec la roche noire volcanique. En raison de sa hauteur, de son isolement et de la férocité des conditions climatiques, son ascension n'a été entamée que trois fois. Ses glaciers seraient les plus dynamiques du monde. Les îles McDonald, situées à 44 kilomètres de Heard, sont également d'origine volcanique. Elles offrent un abri sûr à divers végétaux et animaux subantarctiques. Vers le milieu du XIXe siècle, les chasseurs de phoques ont découvert les phoques de l'île Heard et en l'espace de 30 ans, les ont totalement décimés, en même temps que la plupart des éléphants de mer. Ces colonies commencent seulement à se reconstituer, quelque 150 ans plus tard. **GH**

L'ÎLE DE ZAVODOVSKI

ÎLES SANDWICH DU SUD, OCÉAN AUSTRAL

Superficie des îles Sandwich du Sud : 310 km²
Altitude du mont Asphyxia : 1 800 m

À environ 1 609 kilomètres du bout de la péninsule Antarctique se trouve un îlot volcanique qui, malgré ses 6 kilomètres de diamètre, accueille tous les étés jusqu'à 21 millions de manchots. C'est l'un des plus grands événements de ce type dans le monde. La plupart des oiseaux sont des manchots à jugulaire que l'on reconnaît à la bande noire de plumes sous leur bec. Ils côtoient des manchots macaroni à plumet jaune et viennent en général de l'océan Austral pour nicher sur la cendre volcanique du mont Asphyxia. Chaque nid est placé à environ 80 centimètres du suivant, de sorte que de loin, l'île ressemble à un vaste tapis noir et blanc. Le volcan choisi par les manchots entre en éruption lente presque tous les jours, envoyant de grands panaches de fumée et de vapeur. La chaleur du sol empêche la neige de s'installer pendant la plus grande partie de l'année, ce qui permet aux oiseaux de prolonger la période de la reproduction. MB

CI-DESSOUS : *L'îlot volcanique actif de Zavodovski.*

L'ÎLE BOUVET

OCÉAN AUSTRAL

Superficie de l'île Bouvet : 60 km²
Point culminant : 395 m

L'île Bouvet est la plus méridionale de la chaîne Mid-Atlantic. Elle est située à 2 205 kilomètres au sud-ouest du cap Agulhas dans l'Atlantique Sud, à la pointe de l'Afrique du Sud et à 1 642 kilomètres de l'île Gough. Entourée d'abruptes falaises de glace, de pointes de rochers volcaniques et de récifs, ce territoire est d'un abord difficile. Située au milieu des « cinquantièmes hurlants », cette île est balayée par les tempêtes. Cependant, elle est assidûment fréquentée par les fulmars boréals.

Les pigeons du Cap, les prions et les pétrels bleus la sillonnent en tous sens, et les baleines franches comme les phoques à fourrure viennent s'y nourrir. En 1739, le navigateur français Bouvet de Lozier, qui ne parvint pas à y poser le pied, en découvrit l'existence. Cette île ne fut plus mentionnée avant 1808, année où un baleinier, le Swan, établit sa position exacte. Cette fois encore, l'équipage ne put débarquer. Les premiers explorateurs de l'île se trouvaient sur un autre baleinier, le *Sprightly*. En 1825, ils y restèrent bloqués pendant une semaine. En 1927, les Norvégiens réussirent à accoster et annexèrent l'île. **MB**

LES ÎLES SUBANTARCTIQUES

ANTARCTIQUE

Superficie totale : 764 km²
Végétation : 35 espèces uniques de flore terrestre
Faune : 120 espèces d'oiseaux répertoriées, et 10 des 24 variétés d'albatros existantes

Les cinq groupes d'îles subantarctiques appartenant à la Nouvelle-Zélande sont de minuscules oasis dans le vaste océan Austral. Auckland, Bounty, Snares, Antipodes et Campbell sont soumises à de terribles conditions météorologiques qui prévalent la plus grande partie de l'année et pourtant elles abritent des trésors de vie. En effet, ces îles arborent certaines des forêts les plus méridionales du monde. Elles offrent un habitat précieux à de vastes familles d'oiseaux. Les plus importantes populations mondiales d'albatros (albatros hurleur et albatros à cape blanche) nichent sur les îles Auckland. L'île Campbell accueille la plus grande colonie d'albatros royaux. Les îles Auckland sont aussi le point de convergence de l'un des phoques les plus rares du monde, le lion de mer de Nouvelle-Zélande (Hooker). Les îles sont placées sur la route migratoire d'un grand nombre d'espèces de baleines. Au moins cent baleines australes viennent se reproduire à Port Ross, dans les îles Auckland, entre juin et septembre. En 1986, ces îles ont été inscrites au nombre des réserves naturelles nationales, et en 1998, elles sont devenues le troisième territoire néo-zélandais qui ait été inscrit au patrimoine mondial. **DH**

LES VALLÉES SÈCHES

ANTARCTIQUE

Superficie totale : 4 800 km²
Moyenne annuelle de la température de l'air : –17°C à –20°C
Profondeur du permafrost : 249 à 970 m

Les Vallées sèches constituent la plus vaste zone non glacée de l'Antarctique. Elles rassemblent environ 4 800 km² de lacs gelés, de cours d'eau éphémères, de sols rocheux arides et de permafrost. (Ce paysage est si impitoyable que la NASA a choisi d'y tester sa sonde Viking pour la planète Mars.) Ce sont les glaciers qui ont façonné ce paysage il y a environ 4 millions d'années. Les grandes Vallées sèches partagent certaines caractéristiques : elles ont, en général, 5 à 10 kilomètres de large et 15 à 50 kilomètres de long. Ces vallées sont desséchées parce que les montagnes transatlantiques bloquent le passage de la glace en provenance du plateau polaire et que la pluie n'est pas tombée là depuis au moins deux millions d'années ; les quelque dix centimètres de neige annuelle se transforment immédiatement en gaz. Dans cette région, seules les mousses peuvent survivre sur les sols rocailleux, il n'y a ni plantes vasculaires ni vertébrés, et très peu d'insectes.

La région est si aride que des carcasses de phoques, vieilles de 3 000 ans, ont été trouvées sur place, préservées par la sécheresse de l'air. **DH**

LE CAP ADARE

ANTARCTIQUE

Plus haut pic des monts Amirauté (mont Minto) : 4 166 m

Coordonnées de l'emplacement du pilier Favreau : 71°57 S, 171°07 E

Au bout de la Terre de Victoria et à proximité de la chaîne de l'Amirauté (la plus haute d'Antarctique), le cap Adare borde la mer de Ross : c'est le point de l'Antarctique le plus proche de la Nouvelle-Zélande. Sa vaste étendue de galets noirs, visible de la baie de Robertson, accueille un demi-million à un million de manchots. Ces résidents ne manifestent aucune peur à la vue de visiteurs qui peuvent s'asseoir au milieu d'eux pour observer leurs rites de cour, leur façon de s'occuper des petits et les disputes territoriales, sans jamais déranger l'ordre naturel. Ce cap est également l'habitat humain le plus ancien d'Antarctique. C'est ici que se trouve la cabane de Carsten Borchgrevink, un Norvégien qui mena la première expédition qui ait survécu à un hiver passé sur le continent en 1889. Tristement, c'est aussi le lieu de la plus ancienne tombe, celle de Nicolai Hansen, membre de l'expédition de la « Croix du Sud », menée par Borchgrevink. Il mourut le 14 octobre 1899 et fut enterré à 305 mètres au-dessus de la plage de Ridley. Tout près, à l'est de l'île Foyn (l'une des îles Possession), le curieux pilier Favreau est un monolithe vertical qui surgit de la mer gelée. **MB**

LES MONTS TRANSANTARCTIQUES

ANTARCTIQUE

Plus haut sommet (mont Markham) : 4 351 m

Superficie : 583 943 km²

Les monts transantarctiques s'étendent sur 4 828 kilomètres, entre la terre de Victoria et la mer de Ross, jusqu'au Coats Lands sur la mer de Weddel, et se divisent en deux régions géographiques et géologiques. Le sous-continent oriental, surélevé, repose sur une roche précambrienne ancienne. La région occidentale, plus petite, s'étend largement sous le niveau de la mer. La base rocheuse est similaire à celle de l'Australie, de l'Afrique du Sud et de l'Amérique du Sud. La chaîne de montagnes est la plus longue d'Antarctique et l'une des plus longues du monde, bien qu'en de nombreux endroits elle soit enfouie sous une épaisse couche de glace, ne laissant exposés que ses sommets. Ces pics sont appelés « nunataks ».

Les montagnes sont géologiquement complexes, présentant des couches de dolérite jurassique prises en sandwich entre des grès beaucoup plus anciens (200 à 400 millions d'années). Nées pendant le soulèvement de l'ère cénozoïque, il y a environ 65 millions d'années, les montagnes ont été ensuite façonnées par des failles récentes. Elles contiennent de nombreux fossiles qui en disent long sur l'histoire de l'Antarctique. **DH**

LE PLATEAU POLAIRE

ANTARCTIQUE

Superficie totale de la banquise antarctique : 13,3 millions de km²
Épaisseur moyenne de la glace : 2,5 km
Épaisseur maximale de la glace : 5 km au lieu-dit Wilkes Land

Juché à 1,6 kilomètre au-dessus du niveau de la mer, le plateau polaire, au centre de la banquise de l'Antarctique oriental, est l'un des lieux les plus froids et les plus secs de la planète. Dans le perpétuel hiver polaire, autour de la station de recherche Vostok, qui appartient à la Fédération russe, les températures descendent régulièrement sous les 50 °C. Le 21 juillet 1983, un record mondial a été établi avec un seuil de − 89,4 °C. L'Antarctique est le continent le plus élevé de la terre, avec une altitude moyenne de 2 300 mètres. Il supporte 24 millions de kilomètres carrés de glace (70 % de l'eau douce de la planète). L'air mordant du plateau ne contient pratiquement aucune vapeur d'eau, ce qui fait de l'intérieur antarctique le plus grand désert du monde.

La glace se forme à un rythme de 5 à 89 centimètres par an. La glace du plateau polaire est probablement apparue pendant le miocène, il y a au moins 15 millions d'années. La banquise contient plus de 30 millions de kilomètres cubes de glace et pèse si lourd que par endroits, la terre passe sous le niveau de la mer. Sans cette charge, l'Antarctique s'élèverait vraisemblablement de 457 mètres supplémentaires. **DH**

LE MONT EREBUS
ANTARCTIQUE

Altitude du mont Erebus : 3 794 m
Largeur du cratère extérieur : 650 m

Le mont Erebus est le volcan le plus grand et le plus actif du continent antarctique. Planant au-dessus de l'île de Ross, un nuage de vapeur d'eau enrobe perpétuellement son cratère qui couronne le sommet de 3 794 m. Le mont Erebus est entré en éruption au moins huit fois au cours de ces cent dernières années. La dernière reprise d'activité date de 1972 et se poursuit toujours. Des bombes volcaniques de près de 8 mètres ont été projetées du haut de son sommet. Le cratère, profond d'environ 100 mètres et large d'à peu près 250 mètres, contient un lac de lave en fusion.

Les membres de l'expédition de Shackelton, en 1908, ont été les premiers témoins de la colère du mont Erebus. Ils ont décrit de « vastes abysses » qui crachaient une colonne de fumée haute de 300 mètres. Au cours d'une brève éclaircie, ils ont observé « des blocs de lave, de gros cristaux de feldspath et des pluies de cendres ». Sur les flancs de l'Erebus, d'énormes plaques de glace grignotent inexorablement le bord de l'île Ross, où elles forment des falaises qui s'écroulent périodiquement dans la mer de Ross, au nord et à l'ouest, à moins qu'elles ne s'accolent doucement à la banquise qui sert de frange à la côte orientale. **DH**

LA MER DE GLACE ANTARCTIQUE

ANTARCTIQUE

Superficie totale de la glace en hiver : 20 millions de km²
Superficie totale de la glace en été : 4 millions de km²

À chaque hiver austral, la banquise antarctique se gonfle pour former une frange gelée de 20 millions de km², qui finit par couvrir une zone plus vaste que le continent lui-même. Cette frange est le plus important phénomène et le plus significatif pour le climat de la planète. En effet, l'énorme réflecteur repousse 80 % des radiations solaires et restreint la chaleur transférée entre l'océan et l'atmosphère. Tous les jours, la glace avance d'environ cinq kilomètres, ce qui crée une surface supplémentaire de 10 000 km² de banquise. Des cristaux hexagonaux se forment à la surface de l'eau immobile, produisant un écran gras. S'ensuit la formation de « glace fragile », et lorsque la pâte s'épaissit, des « scopes », plates-formes de glace flottante, apparaissent. Tandis que la neige tombe et que la mer gèle par-dessous, la glace s'épaissit progressivement se transformant en masse solide. Mais au bord de la croûte gelée, l'océan se gonfle et le vent casse de gros morceaux de glaces qui flottent au gré des vents et des courants. À la fin de l'été, la masse entière rétrécit et se réduit à 4 millions de km². **DH**

CI-DESSOUS : *Les falaises gelées de la mer de glace antarctique.*

CANAL LEMAIRE

ANTARCTIQUE

Moment idéal pour la visite : coucher du soleil
Superficie de l'Antarctique : 14 millions de km²

Long de 11 km et large de 1 600 m, le canal Lemaire est un étroit chenal flanqué d'impressionnantes falaises de plus de 900 mètres de haut, qui sépare les glaces du continent antarctique de l'île de Booth. Les bateaux de croisière, attirés par ses eaux calmes et son magnifique décor – qui lui a valu le surnom de « Kodak Gap » – le traversent volontiers, sauf lorsqu'il est bloqué par les glaces, obligeant les navigateurs à battre en retraite et à faire le tour complet de l'île de Booth. Orienté nord-est sud-ouest, le canal débouche, du côté sud, sur un archipel d'îlots glacés. Il est surmonté au nord, au niveau du cap Renard, par deux hauts sommets arrondis, le plus souvent couronnés de neige. L'orque et la baleine à bosse fréquentent ses eaux, de même que le manchot, l'éléphant de mer et de nombreuses espèces d'oiseaux marins tels que le pétrel des neiges, le labbe de McCormick et le cormoran impérial. Le canal fut découvert en 1898 par l'explorateur belge Adrien de Gerlache, qui le baptisa du nom de son compatriote Charles Lemaire, connu pour ses voyages d'exploration à travers diverses régions du Congo. **GD**

LA PÉNINSULE ANTARCTIQUE

ANTARCTIQUE

Longueur : 1287 kilomètres
Âge : 225 millions d'années
Point culminant (mont Français sur l'île d'Anvers) : 2822 m

La péninsule antarctique forme un arc de 1287 kilomètres au Nord du continent antarctique, traversé par une épine dorsale de 2500 à 3500 mètres, qui forme la chaîne de montagnes la plus longue d'Antarctique. Extension des Andes, cette péninsule rejoint l'Amérique du Sud par la chaîne Scotia partiellement submergée, longue de 3 200 kilomètres, qui affleure à la surface tout comme les South Orkneys, l'île Sandwich du Sud et les îles South Georgia. Le climat de la péninsule est plus clément que celui du continent, ce qui permet à une modeste flore de mousses, de lichens et d'algues vertes d'y trouver refuge. Flanquée d'icebergs, de fjords profonds, de falaises glacées et de glaciers, mais aussi d'une myriade d'îles, la péninsule offre un refuge aux oiseaux marins, aux phoques et aux manchots. Pendant l'été, les orques, les baleines à bosse et les baleines franches y font des festins de krill et de petits poissons. Au XIXᵉ siècle, cette manne a également attiré les pêcheurs et les baleiniers qui ont cartographié la région. La Grande-Bretagne, l'Argentine et le Chili revendiquent tous un intérêt territorial sur la péninsule. Le 7 janvier 1978, le premier « Antarctcain de souche » est né en ce lieu. **DH**

À DROITE : *La soupe glacée de la péninsule antarctique.*

Collaborateurs

Rachel Ashton a travaillé pendant 12 ans en collaboration avec le *BBC Wildlife Magazine*. Passionnée d'histoire naturelle, en particulier de biologie marine et de protection de l'environnement, elle dirige une agence de voyage, Ocean Wanderers, spécialisée dans la découverte des fonds marins. Les visiteurs peuvent ainsi admirer les principales merveilles aquatiques du monde et nager parmi les requins-baleines, les lamantins, les baleines et les dauphins.

Nick Atkinson s'est intéressé à la zoologie, au cours de sa formation de biologiste à l'université de Nottingham. Il fonde sa thèse de doctorat – qu'il obtient à l'université d'Édimbourg – sur l'étude du croisement entre deux espèces européennes de crapauds à ventre de feu, ce qui lui vaut de mener de multiples recherches en Europe centrale, de la Pologne jusqu'aux états des Balkans, en passant par la Slovaquie, la Hongrie et la Roumanie. Actuellement en poste à l'université de Newcastle, Nick collabore régulièrement avec plusieurs revues de vulgarisation scientifique comme *BBC Wildlife*, *Natural History* et *The Scientist*.

Adrian Barnett est biologiste, et journaliste, spécialisé dans la végétation tropicale. Il a travaillé et voyagé dans 23 pays. Il a participé à des études biologiques en Afrique occidentale ainsi qu'en Amérique centrale et du Sud ; il a été guide touristique en Asie. Il travaille aujourd'hui sur un programme de recherches concernant la protection des primates dans les forêts amazoniennes. Il vit en Californie.

Mark Brazil, auteur, chroniqueur et guide, a travaillé dans de nombreux pays ; il réside actuellement au Japon. Il est connu pour ses ouvrages *The Birds of Japan* et *The Whooper Swan*. Fasciné par la biologie des îles, il fait figure de référence dans le domaine de l'histoire naturelle du Japon, en particulier de Hokkaido. Il a enseigné les matières de la biodiversité et de la protection de la nature à l'université de Rakuno Gakuen, près de Sapporo. Il a également travaillé pour *Traffic* (Japon), la *Wild Bird Society of Japan* (Association des Oiseaux Sauvages du Japon) et pour WWF Japon. Il a collaboré de façon régulière avec le *BBC Wildlife Magazine* et *The Japan Times*.

Michael Bright est depuis longtemps réalisateur au sein du célèbre département d'histoire naturelle de la BBC et l'auteur de 75 ouvrages, parmi lesquels *Andes to Amazon* (Des Andes à l'Amazone) – BBC, *Sharks* (Les Requins) – Musée d'histoire naturelle et l'Institution Smithsonian, *Maneaters* – Robson, ou encore *The Private Life of Birds* (La Vie privée des oiseaux) – Bantam. Il mena plusieurs projets en tant que responsable éditorial pour le Reader's Digest, comme *The Wildlife Year* (L'Année de la Nature), *Exploring the Secrets of Nature* (À la découverte des secrets de la nature) et *Animal Encyclopedia for Dorling Kindersley* (Encyclopédie animale pour Dorling Kindersley). Il est le réalisateur de la série de la BBC, en huit épisodes, *Les Îles britanniques : une histoire naturelle*. *Polar Bear Battlefield*, *White Shark Red Triangle* et *The Crossing* comptent parmi ses autres réalisations. Il produira prochainement *Wild Spain* et *Ant Attack*.

Dave Brian Butvill. Délaissant ce qu'il nomme « les circuits dévisseurs de cou », c'est-à-dire les voyages organisés dont l'objectif est de voir un maximum de choses en un minimum de temps, D.B. Butvill préfère s'attarder dans ces coins reculés et perdus pour mieux s'en imprégner. Cet aventurier originaire du Wisconsin a sillonné les terres d'Amérique occidentale, des forêts de cactus en Arizona en passant par les parcs nationaux de Yellowstone et Glacier, jusqu'à la toundra en Alaska, avant de s'établir en Californie et de faire de Yosemite et de la High Sierra sa seconde terre d'accueil. Après avoir exploré le Nicaragua, le Panama et le Guatemala, il vit désormais dans les montagnes du Costa Rica, devenues sa source d'inspiration.

Chris Cole s'est rendu aux quatre coins du monde, de la jungle de Madagascar jusqu'au désert de l'Arizona, et des récifs coralliens des Maldives jusqu'aux forêts de rhododendrons de l'Himalaya. Il a effectué la plupart de ses voyages pour le compte du département d'histoire naturelle de la BBC. Dernièrement, il est parti explorer les îles britanniques dans le cadre d'un reportage sur la faune et la flore de cette région. Outre ses documentaires sur la nature, Chris a réalisé de nombreux articles et clichés photographiques pour la BBC. Il essaye de trouver des financements pour réaliser son rêve : partir découvrir les aurores boréales.

Rob Collis est bibliothécaire et documentaliste spécialisé en histoire naturelle à la BBC. Il est également diplômé en écologie ainsi qu'en sciences de l'information, et fournit aux réalisateurs du département d'histoire naturelle de la BBC de précieux renseignements sur la nature et le monde naturel en général. Il a surtout voyagé en Grande-Bretagne et en Europe, en particulier en France, Irlande, Espagne, Grèce, Belgique, Italie et au Danemark.

Tamsin Constable est un écrivain indépendant passionné d'histoire naturelle. Elle a grandi en Tanzanie, au Cameroun et au Mali, puis a sillonné la majeure partie de l'Afrique. Elle a étudié la zoologie et la psychologie avant d'entreprendre une formation de journaliste à la London's City University. Après six mois de collaboration avec le *BBC Wildlife Magazine*, elle se met à son compte. Parmi ses réalisations : des scénarios de documentaires, un ouvrage sur les chimpanzés, des articles de voyages, des travaux rédactionnels et éditoriaux. Elle vit et travaille à Leeds, dans le West Yorkshire.

Andrew Cooper est un réalisateur primé travaillant au sein du département d'histoire naturelle de la BBC. Au cours des quinze dernières années, il a visité plus de trente pays différents. Ses programmes figurent régulièrement parmi les dix documentaires sur la nature les plus regardés de la BBC. Il est l'auteur de six ouvrages.

Jenny Devitt a voyagé durant toute sa vie. Née à North Wales, elle a passé son enfance dans les terres sauvages de l'Afrique australe. Depuis, elle a sillonné, vécu et travaillé dans de nombreux pays : dans les îles recluses du Cap-Vert, au Mexique, en Australie, en Bosnie, aux Seychelles, au Népal et au Bhoutan. Ses écrits ont été publiés dans de multiples pays. Elle vit actuellement dans les Pyrénées.

Teresa Farino est un écrivain britannique spécialiste des questions environnementales ; elle vit à Picos de Europa (Espagne) depuis 1986. Elle est l'auteur de nombreux ouvrages sur la nature et les voyages, comme *The Living World* (Le Monde vivant) (1989), *Sharks, the ultimate predators* (Les Requins, les premiers prédateurs) (1990), *Landscapes of Northern Spain : Picos de Europa* (Paysages de l'Espagne du Nord) (1996), *Landscapes of Barcelona and the Costa Brava* (Paysages de Barcelone et de la Costa Brava) (2003).

et *Traveler's Nature Guide : Spain* (Guide de la nature du voyageur : Espagne) (2004). Teresa organise régulièrement des vacances dans la nature en Espagne et au Portugal.

Peter Ginn a récemment quitté le Zimbabwe où il a enseigné pendant 28 ans à la Peterhouse School ; il organise aujourd'hui des safaris au Zimbabwe, en Zambie, au Botswana et à Madagascar. Ces safaris, à l'origine centrés sur l'observation des oiseaux, couvrent aujourd'hui l'ensemble de l'histoire naturelle, les oiseaux constituant l'un des sujets majeurs. Peter a écrit sept ouvrages ornithologiques ainsi que *The Complete Book of Southern African Birds* (Ouvrage complet sur les oiseaux d'Afrique australe). Peter est professeur par vocation ; il se sert de ses connaissances en ornithologie et de ses photos afin de susciter l'intérêt général pour notre environnement naturel.

Photographe primé, **Dave Hansford** est également écrivain et caméraman. Il vit à Wellington, en Nouvelle-Zélande. Il est spécialisé en histoire naturelle, sciences de la terre, voyages d'aventure et domaines relatifs à l'environnement. Ses travaux ont été publiés notamment dans *BBC Wildlife*, *Australia Nature*, *Action Asia*, *NZ Geographic*, *Forest & Bird* et *Seafood*. Il a également tourné pour Natural History NZ Ltd et participe au programme de la BBC, *La Vie des oiseaux*. Son goût pour l'aventure l'a mené en Antarctique, en Afrique, en Australie, en Chine et au Pakistan.

Guy Healy est un correspondant du *BBC Wildlife Magazine* établi en Australie. Il a traversé la jungle de Cape York en Australie, exploré les mines d'opales dans les terres reculées au sud de l'Australie, et a survécu à un voyage en 4x4 le long de la fameuse Gibb River dans la région des Kimberley, en Australie occidentale. Il a également participé à une expédition en mer de Hobart, en Tasmanie, jusqu'à Sydney, et aspire à explorer encore de nombreuses années son pays natal, l'Australie. Guy Healy habite près de la plage de Byron Bay.

David Helton est américain. Il a vécu au Japon, au Mexique, en Arabie Saoudite, en Grèce, en Italie, en Espagne et réside aujourd'hui en Grande-Bretagne. Il est écrivain indépendant. Il a travaillé pour *The Times* et le *BBC Wildlife Magazine*, a publié un roman et a écrit quelque 180 scénarios de documentaires télévisés.

Adrian Hillman a été écologiste et a œuvré pour la protection de la nature en Angleterre pendant plusieurs années avant de rejoindre le Service Volontaire Outremer et de s'établir en Thaïlande. À l'origine, il devait n'y rester que deux ans, mais la culture, la nourriture, le climat et la nature locale (en particulier les chauves-souris) l'ont convaincu de prolonger son séjour.

Joe Kennedy est écrivain et réalisateur de documentaires d'histoire naturelle, de films scientifiques et de films d'aventure pour la télévision. Il a sillonné l'Afrique, l'Asie, l'Europe et l'Amérique du Nord. La nature de son travail implique qu'il séjourne plusieurs mois dans les endroits les plus reculés. Lorsqu'il ne filme pas il photographie les paysages. En tant que Canadien, il éprouve une passion toute particulière pour l'Arctique et le peuple Inuit qui vit dans cette région.

David Lazenby est photographe, écrivain, artiste et designer. Il est né dans le Yorkshire, a grandi en Afrique du Sud, a vécu au Danemark, en Australie et aux États-Unis. Sa passion pour les grottes, les forêts tropicales et l'archéologie l'a conduit à entreprendre de multiples expéditions. De la recherche de vestiges de la Seconde Guerre mondiale dans les grottes du Pacifique Sud jusqu'à l'exploration des mystérieuses cavernes des anciens Mayas, David Lazenby s'inspire de ses aventures dans les expositions qu'il conçoit. Ses photos et articles paraissent régulièrement dans les magazines, ouvrages et guides de voyage internationaux.

Hugo Leggatt est né à Exeter en 1940. Peu après 1945, sa famille émigre en Afrique du Sud. Il a obtenu son diplôme de physique à Cape Town University et a passé la majorité de sa vie à enseigner en Afrique du Sud. Il a parcouru l'Afrique du Sud et orientale, ainsi que l'Europe, la Russie, la Turquie, Israël, la Jordanie et l'Inde. Aujourd'hui à la retraite, il consacre son temps à l'étude des peintures rupestres d'Afrique du Sud.

Mairi Macleod a sillonné la planète afin d'étudier le comportement animal. Elle a ainsi analysé le comportement des baleines à bosse au large de la côte orientale australienne ; elle a également participé à la réintégration des singes et d'autres animaux dans une réserve forestière d'Amazonie. Elle a validé son doctorat après avoir passé deux années consécutives à suivre les singes argentés dans la forêt dunaire du Kwa-Zulu Natal en Afrique du Sud. Elle a également voyagé en Afrique orientale, en Indonésie et dans le Pacifique Sud. Actuellement, Mairi travaille en tant que journaliste indépendante.

Geoffrey Maslen vit à Melbourne. Il est journaliste indépendant et écrit pour des revues et magazines de divers pays. Il a parcouru tous les états et territoires d'Australie, ainsi que la plupart des continents.

Chris Mosey est un écrivain et photographe anglais résidant en France. Il a passé 11 ans en Scandinavie où il était correspondant pour les quotidiens anglais *The Observer*, *The Times* et *Daily Mail*. Il a voyagé à travers toute l'Europe et en Asie du Sud-Est, en Thaïlande et à Myanmar (ex-Birmanie) où il écrivait pour le service de presse étrangère de l'*Observer*.

Charlotte Scott a parcouru le monde à maintes reprises. Elle a travaillé en Australie, à Bornéo, en Amérique latine et au Kenya en tant que biologiste marin ; à Madagascar, en Oman, en Équateur, en tant que réalisatrice et au Botswana comme photographe et exploratrice. Actuellement, elle produit des documentaires sur la nature pour la BBC. Elle a participé à la réalisation de l'ouvrage sur la série télévisée des îles britanniques : *A Natural History* (Une histoire naturelle).

Penny Turner a mené ses études à l'université d'Aberdeen. Elle vit aujourd'hui dans le nord de la Grèce, où elle exerce la profession de guide spécialisée. Elle a travaillé pour toutes les grandes organisations environnementales de la Grèce et a beaucoup voyagé en tant que consultante pour la Ligue internationale pour la protection des chevaux. Elle a récemment réalisé un trek de 1 600 kilomètres à travers la Grèce avec son cheval, George. Elle a reçu cette année le premier prix ex-æquo du concours du meilleur écrivain sur la nature décerné par le *BBC Wildlife Magazine*.

Martin Williams, écrivain et photographe, s'intéresse de près à la nature et à sa protection. Dans les années 1980, il a étudié les migrations des oiseaux à Beidaihe, en Chine orientale, et s'est établi à Hong-Kong, point d'ancrage idéal pour rayonner en Chine orientale. Au cours de ses explorations, il observe les oiseaux, écrit des articles, rédige des rapports sur la biodiversité et profite des merveilles sauvages de la nature. Il a exploré de multiples endroits comme les volcans d'Indonésie, les steppes de Mongolie intérieure, les forêts équatoriales de Malaisie ou encore l'Himalaya oriental.

Glossaire

Acacia : toutes les variétés d'arbres épineux ou de buissons du genre Acacia.

Acide : terme descriptif appliqué à des roches ignées contenant plus de 60 % de silicium.

Âge de la pierre : période la plus ancienne de la culture humaine, caractérisée par l'utilisation d'outils de pierre.

Âge du bronze : période située entre l'âge de la pierre et l'âge du fer, caractérisée par l'usage de la métallurgie du bronze pour fabriquer outils et armes.

Âge du fer : période située juste après l'âge du bronze ; se caractérise par la diffusion rapide des outils et armes de fer.

Alcalin(e) : qui contient ou à rapport aux alcalis ; dont le pH est supérieur à 7.

Ammonite : coquille enroulée de mollusques aujourd'hui disparus.

Andésite : roche volcanique de couleur gris sombre.

Anhydrite : minéral de couleur blanche ou bleuissante, habituellement massif. C'est un sulfate anhydre de calcium, qui se distingue de la gypse car il ne contient pas d'eau.

Anomalure : écureuil volant à la queue longue et touffue.

Aquifère : terrain rocheux contenant de grandes quantités d'eau et permettant son captage à l'aide de puits et de sources.

Archipel : groupe d'îles au sein d'une importante masse d'eau.

Arête : crête aiguisée de montagnes accidentées.

Arribada : ponte collective de tortues marines.

Atoll : Île corallienne basse composée d'un récif entourant un lagon.

Baobab : grand arbre envahissant dont les branches se répandent de son tronc semblable à un tonneau.

Basalte : roche éruptive (ou lave) qui se caractérise par sa couleur sombre et contient 45 à 54 % de silicium, généralement riche en fer et en magnésium.

Batholite : grande masse de roche ignée intrusive qui s'est autrefois mise en place assez profond dans le sous-sol, et n'affleure qu'à la faveur d'érosions abaissant la surface du sol.

Bécasseau : petite bécasse commune qui se reproduit dans les régions arctiques ou septentrionales et passe l'hiver dans le sud des États-Unis ou les régions méditerranéennes.

Bec-en-sabot : grand échassier africain de la famille des cigognes et des hérons, qui possèdent un remarquable bec très grand en forme de sabot. Il vit dans la vallée du Nil blanc.

Bloc erratique : fragment de roche transporté par un glacier, puis déposé à distance de l'affleurement dont il dérive et qui repose généralement, mais pas nécessairement, sur un lit rocheux d'une lithologie différente.

Bois xérophile : étendue boisée adaptée aux milieux secs.

Bombe volcanique : fragments de lave fluide ou visqueuse pouvant mesurer de 6 cm à plusieurs mètres de diamètre, projetés lors d'éruptions volcaniques. À cause de leur malléabilité, la forme des bombes se modifie souvent pendant le vol ou lors de l'impact.

Bongo : grande antilope nocturne de forêt d'Afrique centrale, au pelage brun roux strié de blanc et aux cornes spiralées.

Bouchon de sel : noyau salin d'un dôme de sel.

Bourbe : boue accumulée au fond des eaux stagnantes (marécages et tourbières).

Brome : élément liquide non métallique de couleur brunâtre, hautement pentavalent, lourd, volatile et corrosif de la famille des halogènes ; présent dans l'eau de mer.

Caldeira : grande dépression volcanique circulaire, produite par l'effondrement de la partie centrale des volcans.

Cratère. Calotte (d'un glacier) : sommet d'une vallée glaciaire.

Carbonatite : roche carbone d'origine apparemment magmatique, souvent associée aux roches kimberlites et alcalines. Les carbonatites ont été expliquées comme découlant de la fonte magmatique, de coulées solides, de solutions hydrothermales et du transfert gazeux.

Carbonifère : système géologique qui débute juste après le dévonien, caractérisé par la végétation à l'origine des lits de charbon. Cette ère est divisée en trois périodes, le subcarbonifère, le carbonifère et le permien.

Cenotes : puits verticaux composés de calcaire et remplis d'eau.

Cercle de feu : régions montagneuses à forte activité sismique et volcanique qui entourent le Pacifique.

Cerrado : type de savane brésilienne, composée principalement de petits arbres recroquevillés et d'herbe.

Cétacé : membre de l'ordre des mammifères aquatiques, qui inclut les baleines, les dauphins et les marsouins.

Chambre magmatique : cavité souterraine contenant le magma liquide riche en gaz qui alimente un volcan.

Cheminée : conduit par lequel les produits volcaniques (laves, gaz) gagnent la surface.

Cheminée de fée : colonne de roches meubles, coiffée d'une pierre qui reste en place alors que l'érosion a érodé le terrain autour.

Chert : variété de silicium contenant du quartz microcristallin.

Chlorophylle : appartenant à l'ensemble des pigments verts présents dans les organismes photosynthétiques.

Cichlidé : poissons d'eau douce présents en Amérique tropicale, en Afrique et en Asie, semblables aux perches soleil ; certains sont comestibles.

Cirque : cuvette circulaire aux parois abruptes sur une montagne, formant habituellement le fond d'une vallée.

Combattant : échassier de taille moyenne. Il possède un long cou, une petite tête, un bec tombant plutôt court et des pattes oranges ou rouges de longueur moyenne.

Cône de tuf : roche composée de fins détritus volcaniques que la chaleur a fait fusionner.

Coucal : coucou du Vieux Monde nichant au sol, qui possède une longue griffe semblable à une dague.

Coulée de boue : coulée de terre saturée d'eau avec un degré élevé de fluidité en mouvement. L'écoulement d'une masse moins saturée est généralement appelé « coulée de débris ». Une coulée de boue ayant pour origine le flanc d'un volcan est appelée lahar.

Coulée de lave : flot de lave jailli d'une cheminée ou d'une fissure qui coule sur la surface de la terre. Désigne également un épanchement superficiel de lave solidifiée en forme de langue.

Coulée pyroclastique : coulée latérale d'un mélange turbulent de gaz chauds et de matériaux pyroclastiques (fragments volcaniques, cristaux, cendres, ponce et tessons de verre) qui peuvent avancer à grande vitesse (80 à 160 kilomètres/heure). Ce terme s'applique aussi au dépôt qui résulte de cette coulée.

Courlis : grand oiseau limicole et migrateur de la famille des bécassins ; similaire à la bécasse, mais avec un long bec incurvé.

Cratère : dépression plus ou moins raide, généralement circulaire, formée par une explosion ou l'effondrement d'une cheminée volcanique.

Crave : oiseau corvidé d'origine européenne, de taille petite ou moyenne, avec des pattes rouges et un plumage noir brillant.

Croûte continentale : strates superficielles solides de la Terre qui forment notamment les continents.

Cycas : ancien groupe de plantes gymnospermes qui possèdent une couronne de grandes feuilles pennées et un tronc sculptural. Bien que fort répandues dans le monde entier pendant le jurassique, elles ne représentent actuellement qu'une minorité de la flore des régions tropicales et subtropicales.

Dévonien : système du paléozoïque allant de -400 à -345 millions d'années.

Diorite : roche intrusive grenue, composée de cristaux.

Diptérocarpacée : grand arbre à feuilles persistantes de la famille des Dipterocarrpaceae (principalement les arbres tropicaux d'Asie) ; fournit du bois précieux ainsi que des huiles et des résines aromatiques.

Dolérite : forme de roche volcanique semblable au basalte, avec toutefois des cristaux de roche plus fins.

Doline : paysage géologique spécifique aux régions karstiques, formé par l'effondrement répété du plafond des grottes souterraines ; dans les régions calcaires, cavité qui communique avec une grotte ou un passage.

Dolmen : mégalithe préhistorique constitué généralement de deux pierres verticales surmontées d'une ou plusieurs grosses dalles.

Dôme de lave : masse de lave formée par de nombreuses coulées individuelles, qui a élevé une colonne de lave en forme de dôme.

Dôme : résultat de la lente extrusion de lave visqueuse de la cheminée d'un volcan, souvent circulaire vu à plat, et arrondi ou plat au sommet. Sa surface est généralement dure et les côtés des dômes ont généralement des flancs très abrupts, fréquemment recouverts de dépôts de blocs instables formés par la fragmentation de la croûte superficielle refroidie, mise en place pendant ou juste après leur extrusion.

Dorsale : montagne ou chaîne montagneuse sous-marine qui s'élève du fond de l'océan.

Dugong : mammifère marin herbivore appartenant à un genre monotypique (Dugong) qui se caractérise par une queue fourchue et aplatie horizontalement et, chez le mâle, par deux incisives en forme de défenses. Voisin du lamantin, il vit dans les régions côtières chaudes ; on le surnomme aussi vache de mer.

Duiker : antilope originaire de l'Afrique subsaharienne, qui se subdivise en près de 19 espèces différentes.

Échidné : mammifère monotrème ovipare et nocturne au dos recouvert d'épines et à la bouche édentée vivant dans un terrier (achyglossus aculeatus), que l'on trouve en Australie, en Tasmanie et en Nouvelle Guinée. Il possède une langue extensible et de longues griffes, et se nourrit principalement de fourmis.

Échinoderme : invertébrés marins aux pieds en forme de tube et un corps couvert de calcite divisé en cinq parties symétriques qui forment une étoile.

Éland : grande antilope africaine de la famille des Taurotagus, possédant de petites cornes spiralées et recourbées chez les membres des deux sexes.

Énergie géothermale : énergie qui dérive de la chaleur interne de la terre.

Éocène : époque géologique qui s'étend de -58 à -40 millions d'années ; présence de mammifères modernes.

Épisode : phénomène volcanique qui se distingue par sa durée ou son style.

Ère glaciaire : période pendant laquelle les glaciers recouvraient une grande partie de la surface de la Terre.

Éruption : le processus résultant d'activité volcanique, par lequel des matériaux solides, gazeux et liquides sont projetés dans l'atmosphère et sur la surface de la Terre. Les éruptions vont du simple écoulement de roche liquide à l'expulsion très violente de pyroclastites.

Euros : Adnyamadhanha (langage des aborigènes australiens) yuru.

Éventail alluvial : dépôt alluvial d'un cours d'eau lorsque celui-ci sort d'une gorge et débouche sur une plaine ou d'un affluent lorsqu'il se jette dans le cours d'eau principal.

Extrusion : émission de matériau magmatique à la surface de la terre. Désigne également la structure ou la forme produite par le processus (par exemple, une coulée de lave, un dôme volcanique ou certaines roches pyroclastiques).

Faille de décrochement : type de faille presque verticale le long de laquelle un compartiment rocheux coulisse par rapport au compartiment opposé, sans mouvements verticaux.

Feldspath : minéraux durs et cristallins à base de silicate double d'aluminium, de potassium, de sodium ou de calcium.

Fjord : long bras de mer étroit aux côtes escarpées ; commun en Norvège.

Fluipierre : terme générique qui désigne un type de décoration de caverne ou spéléotherme recouvrant d'une croûte les sols ou les parois des cavernes.

Formation : masse de roche identifiée par des caractéristiques lithiques et la position stratigraphique que l'on peut reporter sur une carte à la surface de la terre, ou tracer sous la surface.

Francolin : perdrix à éperon de la famille des Francolinus et autres espèces proches, que l'on trouve en Afrique et en Asie. L'espèce commune (*F. vulgaris*), autrefois présente dans le sud de l'Europe, est actuellement confinée au continent asiatique.

Fumerolle : trou ou cavité dans le sol, situé ou non dans une région volcanique, par laquelle s'échappe de la fumée.

Gemsbok : grand oryx sud-africain qui se caractérise par une large bande blanche le long de ses flancs.

Genette : petit mammifère du Vieux Monde à la robe tachetée et à la longue queue rayée.

Géode : roche creuse ou nodule dont la cavité est généralement alignée de cristaux.

Geyser : source dont jaillissent des jets intermittents d'eau chaude et de vapeur.

Gneiss : roche métamorphique laminée semblable au granit.

Gondwanaland : aussi appelé Gondwana, ancien super-continent qui englobait Amérique du Sud, Afrique, Inde péninsulaire, Australie et Antarctique.

Graben : segment dépressif de la croûte de la terre ou d'un corps céleste (comme la lune), limité sur au moins deux côtés par des failles.

Grike : structure de surface se composant d'un fossé creusé dans le calcaire le long d'une faille.

Guib : petite antilope aux cornes recourbées, dont les zébrures blanches évoquent un harnais.

Gypse : minéral largement répandu composé de sulfate hydraté de calcium utilisé comme fertilisant et pour faire du plâtre.

Hépatique : petite plante verte cellulaire appartenant à la classe des Hepaticopsida, qui pousse dans les régions chaudes et humides et ressemble à des algues vertes ou des mousses feuillues.

Hominidé : la famille des mammifères primates bipèdes se tenant debout, comprenant l'homme actuel et ses ancêtres.

Ignimbrite : roche formée par l'accumulation et la consolidation de débris de lave et de nuées ardentes. Ce terme s'appliquait à l'origine uniquement aux dépôts soudés à chaud, mais inclut aujourd'hui les dépôts non soudés.

Inconformité : écart ou faille dans les constatations géologiques, lorqu'un type de roche a été recouvert par une roche autre que celle qui constitue normalement sa succession stratigraphique. C'est le résultat d'un changement qui a arrêté le dépôt pendant une période de temps considérable, et implique généralement élévation et érosion entraînant la perte des strates précédemment formées.

Inghalla ou antilope cervicapre : antilope sud-africaine (*Cervicapra arundinacae*) que l'on trouve dans les lieux secs couverts de hautes herbes ou roseaux. Son pelage est de couleur brun jaunâtre. On l'appelle aussi rietbok.

Intrusion : mise en place d'un magma dans une formation géologique préexistante. Ce terme désigne aussi la masse de roche ignée qui se forme sur les roches environnantes lors de violentes explosions volcaniques.

Ionosphère : partie extérieure de l'atmosphère ; contient une grande concentration d'électrons libres.

Jurassique : système géologique qui s'étend de -190 à -135 millions d'années ; dinosaures ; conifères.

Karren : terme qui désigne le complexe total des caractéristiques micro-solutionnelles superficielles du lapiaz.

Karst : type de topographie formée par la dissolution de roches comme le calcaire et le gypse et se caractérise par des cavités profondes, des grottes et des passages souterrains. Ce terme provient du nom d'une région calcaire de l'ex-Yougoslavie et dérive du mot slovène *kras*, qui désigne un endroit désolé et dépourvu d'eau.

Koudou : terme qui regroupe deux espèces d'antilopes de la brousse africaine aux cornes spiralées.

Lac « Oxbow » : lac en forme de croissant de lune (souvent temporaire) qui se forme lorsque le méandre d'une rivière est coupé du canal principal.

Lagopède : grand tétras arctique et subarctique aux pieds recouverts de plumes, qui arbore généralement un plumage d'hiver blanc.

Lahar : coulée de boue constituée surtout de matériaux d'origine volcanique de toutes tailles.

Lave : magma en fusion qui jaillit d'un volcan ou d'une fissure à la surface d'une planète.

Lechwe : antilope africaine au pelage fauve qui vit dans les plaines inondées ; espèce menacée.

Lee : faisant face à la direction dans laquelle se dirige un glacier en déplacement – utilisé principalement pour parler du flanc d'une colline.

Liane : englobe plusieurs espèces de vignes boisées qui prennent racine dans le sol, principalement dans les forêts tropicales.

Linaire : plante herbacée dont les fleurs oranges et jaunes portent un long éperon, que l'on trouve fréquemment en Europe et que l'on nomme également lin sauvage ou gueule de lion. Herbe naturalisée en Amérique du Nord.

Llano : vastes plaines d'herbe d'Amérique latine.

Lomas : petite colline.

Mafique : s'applique aux roches magmatiques de couleur généralement sombre contenant des minéraux riches en fer et en magnésium.

Magma : roche en fusion sous la surface de la Terre.

Manteau terrestre : zone de la Terre située entre la croûte et le noyau.

Maquis : formation végétale plus basse qu'une forêt, très dense, constituée principalement d'arbrisseaux résistants à la sécheresse et qui forme des fourrés épineux et inextricables. Limité aux sols très basiques à altitudes variées.

Marmite de boue : source chaude peu approvisionnée en eau. L'eau d'une marmite est très acide et dissout les roches aux alentours en petits morceaux de terre battue. Cette terre se mélange ensuite à l'eau chaude et forme de la boue. La vapeur qui s'élève du fond de la cavité fait bouillonner la boue.

Mascaret : vague, plus ou moins haute, qui remonte le cours d'un fleuve, qui se produit dans l'embouchure et le cours inférieur de certains fleuves lorsque leur courant est contrarié par le flux de la marée montante. Également appelée bore ou barre.

Massif : masse rocheuse principale d'une montagne ; bloc de la croûte terrestre limité par des failles ou des flexuosités et déplacé en un bloc sans connaître de changements internes.

Mesa : grande superficie élevée à peu près plane et horizontale, relativement isolée.

Mésozoïque : ère géologique qui s'étend de -245 à -65 millions d'années.

Midden : petit tas (de graines, ossements ou feuilles) rassemblé par un rongeur.

Miocène : époque géologique qui s'étend de -24 à -5 millions d'années. S'applique aussi aux roches formées à cette époque.

Moraine : empilement de gravats et cailloux véhiculés par un glacier et qui se retrouve à ses abords.

Nagana : nom donné en Afrique à la trypanosomiase transmise par les mouches tsé-tsé de l'espèce appelée glossine. Les symptômes incluent l'anémie, une fièvre intermittente et une émaciation lente et progressive.

Narvhal : cétacé arctique (Monodon monoceros) qui mesure environ 6 mètres de long ; le mâle possède une longue défense recourbée en ivoire.

Néolithique : relatif à la période la plus récente de l'âge de la pierre (après demésolithique).

Okapi : semblable à la girafe, de plus petite taille et avec un cou moins long, ainsi que des zébrures sur les pattes.

Oligocène : époque géologique qui s'étend de -40 à -25 millions d'années ; apparition des chats à dents de sabre.

Ordovicien : système géologique qui s'étend de -500 à -425 millions d'années avant notre ère ; conodontes, ostracodes et algues.

Paléolithique : la deuxième période de l'âge de la pierre (après l'éolithique).

Palombe : grand faucon d'Eurasie et d'Amérique du Nord utilisé en fauconnerie.

Pangolin : mammifère édenté du sud de l'Afrique et de l'Asie dont le corps est recouvert d'écailles crochues et qui possède un long museau pour manger fourmis et termites.

Paramó : plateau alpin dépourvu d'arbres des Andes et de l'Amérique latine tropicale.

Permien : système géologique qui s'étend de -235 à -230 millions d'années.

Phréatomagmatique : se dit d'une éruption volcanique explosive qui résulte de l'interaction d'un magma ascendant avec une nappe d'eau (nappe phréatique, mer…).

Phytoplancton : constituants photosynthétiques du plancton ; principalement des algues unicellulaires.

Pipit : petit oiseau chanteur qui ressemble à une alouette.

Plaine inondable : plaine dont le niveau est submergé par l'eau, ou plaine formée par les dépôts de vapeur.

Plancton : ensemble des micro-organismes appartenant au règne végétal et vivant en suspension dans l'eau.

Plasma : état gazeux de la matière chaude et ionisée, constitué d'ions et d'électrons, présent dans les étoiles et les réacteurs à fusion ; considéré parfois comme le quatrième état de la matière, autre que les gaz normaux.

Pléistocène : époque ayant débuté entre 1,8 à 1,6 millions d'années avant notre ère et qui se finit il y a 10 000 ans. S'applique aussi aux roches et sédiments déposés à cette époque.

Ponce : roche volcanique vaporeuse claire, composée de dacite ou de rhyolite, et formée par l'expansion de gaz dans la lave jaillissant d'un volcan. Habituellement des fragments de la taille de petits pois, on peut toutefois aussi les trouver fréquemment sous forme de particules de la taille de cendres.

Porphyre : roche ignée dont les cristaux sont incrustés dans une masse minérale plus fine.

Potasse : minerai, mélange de carbonate et de chlorure de potassium utilisé comme engrais dans l'agriculture et dans l'industrie.

Précambrien : période de l'échelle des temps géologiques commençant à l'apparition de la Terre, il y a 4,5 milliards d'années, jusqu'à l'apparition abondante de fossiles, qui a marqué le début du Cambrien, il y a environ 540 millions d'années. S'applique aussi aux roches formées à cette époque.

Prion : protéine qui manque d'acide nucléique. Tenue pour être à l'origine de plusieurs maladies infectieuses du système nerveux.

Protéa : arbuste sud-africain dont les fleurs ouvertes sont des coupes et dont la forme évoque celle de l'artichaut.

Protérozoïque : en rapport avec l'éon précédant l'apparition de formes de vie complexe sur terre qui corresponde au système de roches, y compris dans l'intervalle entre les éons archéens et phanérozoïques, qui dépasse probablement en longueur toutes les ères géologiques ultérieures. Marqué par les roches qui contiennent des fossiles, indiquant la première apparition d'organismes eukaryotiques (comme les algues).

Pyrite : minéral commun (sulfure de fer) de couleur jaune pâle.

Pyroclastique : formé par, ou ayant rapport à, la fragmentation résultant d'une action volcanique ou ignée.

Quaternaire : période géologique s'étendant de 2 millions d'années avant notre ère au présent. Désigne aussi les roches et dépôts datant de cette époque.

Rhyolite : roche volcanique très acide ; variété de lave composée de granit.

Ramsar : zone humide d'importance internationale.

Saline : dépression naturelle non drainée au sein de laquelle s'accumule de l'eau, qui laisse un dépôt de sel en s'évaporant.

Sarcelle d'été : canard rare et très secret qui se reproduit en Grande-Bretagne, plus petit que le colvert et légèrement plus grand que la sarcelle d'hiver. Le mâle est facilement identifiable grâce à la large bande blanche en forme de demi-cercle située à l'arrière de l'œil. En vol, l'aile antérieure laisse apercevoir une couleur bleu pâle. Elle se nourrit en barbotant dans l'eau.

Schiste : roche métamorphique que l'on peut diviser en fines strates.

Scorie : pyroclastite de la taille d'une bombe volcanique, à la forme très irrégulière et généralement très vésiculaire. Souvent plus lourd, plus sombre et plus cristallin que la ponce.

Seneçon : mauvaise herbe eurasienne à petites fleurs jaunes.

Sienne : substance terreuse contenant des oxydes de fer et généralement de magnésium, d'un brun jaunâtre lorsqu'elle est crue, rouge orangé ou brun rouge lorsqu'elle est brûlée.

Sierra : chaîne de montagnes à la crête généralement dentelée ou irrégulière.

Silicieux : formé ou dérivant de silice ou de silicium

Silicium : combinaison chimique d'oxygène et de silice.

Sill : masse tabulaire de roche ignée, parallèle aux strates de roche dans laquelle elle fait intrusion.

Sitatunga : antilope aquatique.

Spéléologue : individu qui étudie/ explore les cavernes.

Stalactite : concrétion de minéraux en forme de cône qui pend de la voûte d'une caverne.

Stalagmite : concrétion de carbonate de calcium analogue à la stalactite, formée sur le sol des cavernes par l'écoulement d'eau calcaire.

Starique : petit oiseau alcidé (oiseaux-plongeurs noir et blanc) des côtes du Pacifique Nord.

Steppe : grande plaine inculte, sans arbres, au climat sec, à la végétation pauvre et herbeuse (terme associé généralement à l'est de la Russie et à la Sibérie).

Stratovolcan : volcan composé de cendres issues d'éruptions violentes, avec des coulées de lave occasionnelles.

Stromatolite : structure riche en carbonate formant des strates successives, issue de bactéries.

Temps du rêve aborigène : le Temps du rêve rassemble les mythes fondateurs de la culture aborigène, qui définissent le sens de la vie. Il revêt des significations différentes pour différents groupes d'aborigènes. Le Temps du rêve établit des liens très forts entre les humains, les animaux et la terre. Les forces ayant donné naissance au monde et à tout ce qu'il contient sont également celles qui permettent de donner la vie.

Tephra : matériau solide projeté dans l'air lors d'une éruption volcanique.

Tepuy (ou tepui) : plateau de grès (mesa).

Trachyte : roche volcanique généralement de couleur claire, composée principalement de feldspath de potasse.

Tramontane : vent froid et sec venant du nord-ouest qui souffle sur l'Italie et l'ouest de la Méditerranée.

Travertin : minéral composé de strates massives de carbonate de calcium, formé par les dépôts issus de sources, chaudes ou froides.

Triasique : période géologique s'étendant de -230 à -190 millions d'années ; dinosaures, reptiles marins ; activité volcanique.

Trou bleu : cavernes et puits naturels au sein desquels l'eau est d'un bleu azur.

Tube de lave : tunnel formé lorsque la surface de la coulée de lave refroidit et se solidifie alors que du magma chaud coule à l'intérieur.

Tufcalcaire : roche de porosité élevée et de faible densité composée de carbonate de calcium issu de sources riches en chaux.

Vallée en auge : formée par le processus de glaciation. Se caractérise par une forme en U avec des versants raides et un fond très plat.

Vallée suspendue : vallée secondaire qui entre dans une vallée principale à une hauteur bien supérieure à celle du fond de la vallée principale. Ces caractéristiques sont le résultat de l'érosion causée par les glaciers alpins.

Varan : englobe plusieurs espèces de grands lézards tropicaux carnivores vivant en Afrique, en Asie et en Australie ; supposés avertir de la présence de crocodiles.

Vêlage : perte de masse glaciaire qui se produit lorsque la glace se désagrège dans un lac ou un océan.

Veld : terme sud-africain qui désigne une végétation naturelle, généralement des prairies, boisées ou non.

Vent solaire : flot de protons qui s'éloigne du soleil selon un motif en étoile.

Vervet : petit singe gracile qui possède de longs membres et une longue queue, ainsi que de longs poils autour du visage.

Vicuñas : chameau sans bosse.

Vleis : zone de marécages.

Volcan composite : volcan généralement abrupt dont le cône est édifié par l'alternance plus ou moins régulière de coulées de lave et de strates constituées de projections telles que les cendres.

Vulcanien : se dit d'un type d'éruption volcanique caractérisée par une lave très visqueuse, généralement sous la forme de blocs.

Waterbuck : terme désignant plusieurs espèces de grandes antilopes africaines de la famille Kobus, aux cornes recourbées et dentelées, que l'on trouve fréquemment dans les zones marécageuses et aux abords des cours d'eau.

Index général

A
Abbay 502
Achen (lac l') 391
Acigol (lac de cratère d') 462
Adonis (plaines) 546
Afu Aau (cascade d') 808
Aghanashini (fleuve) 694
Agulhas (baie d') 588
Agus (rivière) 764
aigles 50
Aiguille d'Argentière 366
Aiguille du Midi 360, 368
Aiguille du Soreiller 366
Ai-laau (cheminée) 795
Ain Hith 471
Akaiwa (pic d') 659
Akan (volcans) 664
Alaid (volcan) 622
Alas Purwo (parc
   national d') 784
Alaska Mountain Range 46
Albert (lac) 516
Albina (lac) 888
Aletsch (glacier) 401, 403
Aletschwald (réserve
   naturelle d') 401
Allos (lac) 377
Alofaaga (évents d') 808
Alpes 352, 358–375, 392,
   399–403, 412–413
Alpes de Lechtal 391
Alpes de Suisi 407
Alpes du Valais 371
Alpi Marittime (parc
   naturel des) 377
Alpilles 378
Amargosa (chaînes de l') 86
Amatola (montagnes d') 584
Amazone (bassin
   de l') 204–211, 240
Amazone (fleuve) 210
Amber (lac d') 690
Amery (mont) 27
Amirauté (îles de l') 811
Anacapa (île d') 84
Anami-o-shima 662
Andagua River 236
Andaman (mer d') 748, 750
Andes 81, 234–236, 240, 241,
   243, 244, 248–250
Angel's Window 111
Angels Landing 97
Angels Window 110-111
Angkor 756
Ankarana (plateau) 604
Aonach Eagach 310
Aoos (rivière) 457
Aoraki 923
Apa-Apa (forêt) 243

Aqaba (golfe d') 494
Arahoho (évent d') 808
Arapiles (mont) 894
Ararat (mont) 461
Aravalli (monts) 684
Arazas (rivière) 420
Arbre de Noël (Slaughter
   Canyon) 134
arbres
   baobabs 563
   pin à cône épineux 88
   cèdres du Liban 466
   cyprès 138
   arbre du Dragon 476
   General Grant 79
   guanacaste 152
   Jomon Sugi 662
   pins araucarias 222, 252
   mopane 566
   forêt pétrifiée 112
   podocarpus 232
   scalesia 228
   séquoias 74, 79, 83, 106
Arc Oriental (chaîne de l') 532
Arche de Tasmanie 909
arches rocheuses 299, 332, 374,
   465, 590, 648, 694, 734, 909,
   918, 924
Archipels
   Anavilhanas 208
   Ang Thong 734
   Bazaruto 536
   Cabrera 445
   Galapagos 228, 230
   Ilhas Berlengas 448
   Kongsfjorden 278–279
   Ryukyu 662
   Saint Kilda 300
   Stockholm 291
Argentino (lac) 266
Arnhem Land 836–837
Arthur (rivière) 924
Arumpac (montagne) 764
Asopos (rivière) 452
Assemble Corona (pic) 386
Atherton Tableland 816
atolls 601, 602
Attock (gorge d') 675
Auob (rivière) 580
Aural (mont) 758
Autana (fleuve) 198
Avanchinsky (volcan) 616
Aztèques 146

B
badlands 28, 62, 114
Badlands National Park 62
Badwater Basin 86
Bagana (mont) 805

Bakharden 673
Balankanche (grotte de) 143
Balbi (mont) 805
baleines 44, 45, 47, 148, 595
Baltoro Glacier 676
Bandera (volcan de) 124
Bangweulu Swamps
   (marais) 532
Barbarine 351, 354
Barbeau (mont) 20
Baria (fleuve) 199
Barranco de las Arenas 485
Barrengarry (vallée de la) 884
Barrens (chaîne des) 850
Bass (détroit de) 892, 899,
   900, 908
Bastei (rochers de) 351
Batok (mont) 785
Batujai (volcan) 778
Batura (glacier) 679
Baw Baw (parc national de) 906
Beaufort (mer de) 21
Bedthi (rivière) 694
Bég (mont) 377
Beinn Hallivall (pic) 305
Bellenden Ker (chaîne) 816
Bemaraba (réserve de) 604
Benguerra 536
Berlenga Grande (île de) 448
Beurre (île de) 381
Bhadra (rivière) 696
Bibong (cascade) 669
Bicaz (lac) 397
Big Balanced Rock 119
Big Bend (parc national de) 137
Big Hill 22
Bimberi 888
bisons 54
Black Canyon 103
Black Hills 60
Black Mountains 342
Black Point 858
Blackburn 811
Blanche (cordillère) 241
Blaukraanz (rivière) 596
Blue Lagoon 533
Blue Lake (New South Wales) 888
Blue Mesa 114
Blyde (rivière) 569, 570
Bogong 906
Bogong (chutes) 888
Bohinj (lac) 414
Boli Falls 170
Bonneville (lac) 52, 94
Bonneville Salt Flats 94
Bonpland 192
Boranup (forêt) 859
Boreray (île de) 300
Borgasjön (lac) 292

Borinjinda (grotte de) 733
Borrowdale 320
Boteti (rivière) 558
Bowen (mont) 817
box canyons 308
Boyoma (chutes) 525
Brahmaputra (rivière) 655, 715
Breadknife 889
Bridal Veil (chutes de) 608
Brimham Moor 322
Brocart (vallée de) 639
Broken River (gorges de) 822
Bryce Canyon (parc
   national de) 98, 99, 100,
Bucinch (réserve
   naturelle de) 311
Buddong (chutes) 888
Buley Rockhole (chutes du) 839
Bulutota (chaîne de) 700
Butrint (lac) 448
buttes 91, 101, 114
Byadbo 888
Byrranga (plateau) 612

C
Cabo de São Vicente 446
Cabo Girão 489
cactus 115, 122-123
Cader Idris 339
Cagayan (rivière) 763
calcaire karstique 176, 352, 384,
   390, 415, 439, 604, 672, 724,
   726, 752, 880
caldeira 40, 57, 90, 157, 485, 489,
   497, 760, 778, 779, 796, 912
Caldeirão Verde 489
Cambalache 176
Camdeboo (vallée de) 583
Camel Peaks (site de) 849
Cameron (lac) 26
Camunday (volcan) 190
Cape Barren 908
Cape Columbia 20
Cape Fold 583, 592
Cape of Good Hope 586, 589
Cape Royal 110-111
Cape Tribulation 814
Capitello (lac de) 387
Capluc (rocher de) 384
Capri (île de) 406
caribous 38
Carnedd Moel 339
Caroline (chaîne de) 799
Carpates (chaîne des) 388, 397
Cascada de Cola de Cabolla 420
cascade de fumée 687
Cascade Mountain Range 25,
   48, 49, 57, 60, 61
Casque (pic) 382

Castle Rock 855
Cataclysm Hall 438
Cathedral (gorges) 865
Cathedral Peak 575
Catinaccio (chaîne de) 407
Caudery (fleuve) 694, 695
Ceardach (réserve naturelle de) 311
cenotes 142–143, 168
Cercle de Pierre de Callanish 299
Chalakudy (rivière) 697
Challenger Deep 798
Chambre des Rois de la Montagne 135
Chamonix (vallée de) 360, 366, 367, 368
Champagne Castle 575
chauves-souris 120, 746, 876
Chelly (canyon de) 118
Cheminées de fées 98, 99, 100, 124
Chihuahua (désert de) 119, 126, 136–137
Chilika (lac de) 691
Chinle Formation 114
Chiricahua Mountain Range 119
Chirikov (bassin de) 47
Chocó 189, 223, 226
Chomo Lonzo (pic) 708
Chopine (puy de) 372
Chugach Mountains 44
Church Stretton (faille de) 324
Churún (rivière) 196
Chuska (région de) 128
Chyulu (collines) 513
Cime du Gelas 377
Cinq Vieillards (pics des) 639
Circo de Soaso 420
City of Rocks 126
Clachaig (ravine de) 310
Clack (îles) 823
Cloudmaker (mont) 886
Cluanie (rideau de) 304
Clyde (rivière) 886
Co Ngua 722
Coast Mountains 42
Cobscook Bay 56
Cocklebiddy (la grotte) 880
Coles (la baie) 910
Colin Neblett (réserve naturelle de) 131
Colless (crique de) 819
Colorado (désert du) 82
Colorado (fleuve) 95, 96, 110–111
Colorado (plateau du) 101
Columbia (glacier) 27
Columbia (plateau de) 48
Columbia River Gorge 58, 61
Côme (volcan) 372
Conic Hill 311
Cook (détroit de) 918
Cook (mont) 923

Cook (îles) 810
Cook Inlet 44
Coonawarra 875
cordillère cantabrique 416, 418
Cordillère de Feu 160, 784
Corn Du (sommet) 342
Coropuna (mont) 236
Corps de Garde 606
Corse 386–387
Cortéz (mer de) 148
Cosmiques (arête des) 368
Cox's Cave 326
crabes 107, 813
Craighead Caverns 135
Craigleith (île) 314
Crater Highlands 528
Crater Rock 60
Crète 456
Cribyn (sommet) 342
Cristal (montagne de) 496
Crocodile (fleuve) 565
crocodiles 140, 514–515
Cuenca del Manzanares (réserve) 431
Cuevo del Hielo 484
Cuyabeno (forêt pluviale de) 224

D
dahls 471
Daintree (parc national de) 814, 818
Dales (gorge) 857
Dalradien (chaîne du) 311
Dalrymple (mont) 822
Dame Endormie (montagne de la) 764
Danakil (dépression du) 502, 504
Danakil (montagnes du) 502
Dangrek (chaîne du) 738
Darbon (lac) 358
Darling Downs 883
Darling Scarp 864
Darwin (mont) 258
Dead Horse Point 96
Deadmen Valley 32
Deer Mountains 42
Defiance Plateau 118
dehesa 432
Del Indio (grotte) 168
Del Norte Titan (arbre) 83
Delicate Arch 92
Delika (gorge de) 423
Denali National Park 46
Dennys Bay 56
Dentelles de Montmirail 378
Dettifoss 271
Deux Couleurs (fleuve des) 741
Devil's Augers 71
Devil's Corkscrews 71
Devil's Gate Pass 52
Devil's Kitchen 909
Devil's Slide 855
Devil's Tooth 576

Dhuandhar (chutes de) 687
Diamant (montagnes du) 669
Diamond (falaise de) 822
diapirs 464
Dinara (montagne) 414
dinosaures 28, 102, 112, 334, 625, 901
Djadokhta (formation du) 625
Dochia (montagne) 396
Doi Phu (montagnes) 732
dolines 648
Dong Hua Sao 728
Dongbei 653
Dora (lac) 863
Doré (fleuve) 641
Dorshingla 712
Double Arch 92
Doubs 358
Douro (fleuve) 430
Draa 490
drumlins 346
Duddingston (loch de) 311
Dukbatse (grotte) 672
Dun (île de) 300
dunes 104, 490, 493, 495, 553, 554, 572, 573, 597, 822, 870, 884, 905
dunes Seif 499
dwalas 542

E
Ear Touching (falaise) 630
East Temple 97
Echida Chasm 865
Edith les chutes 840
Egmont (parc national de) 913
Eilat (montagnes) 468
El Altar (volcan) 231
El Capitan (falaise) 74
El Nudo de Sabanilla (montagne) 232
El Yunque (réserve d') 175
Elbe (rivière) 351
Eldfell (volcan) 276
Elgon (mont) 510
embalsados 262
Emerald (lac) 90
Emerald Pool Falls 170
Endrick (rivière) 886
Ennedi (massif de l') 498
Éoliennes (îles) 410
Eonga-Wongue (parc national de) 522
éperons marins 296, 298, 299, 300, 334, 336, 337, 852, 902, 912
Era Kohor 497
Erciyas Dagi (volcan) 459
ergs 490, 493, 499
Érié (lac) 35, 36–37
Erongo (montagnes) 550
Erzgebirge (montagnes) 351
Ess-na-larach (cascade) 345

Étang de Berre 378
évents 144, 172, 475, 808, 864, 909
Evren Gunay (grotte) 460
Excelsior Geyser 68

F
Faarumai (chutes de) 808
failles 136-137, 469, 494, 504, 508, 509, 513, 521, 534
failles cubiques 542
falaise d'obsidienne 64
Falkenstein (pic de) 354
False Bay 588
Faro (parc national de) 522
Fautaua (rivière) 808
Féeriques (pics) 642
Fell Beck 321
Felsenbuhe 351
Fidra (île) 314
Finke (rivière) 842
Firehole River 64, 68
Firth of Forth 312, 314
Fitzgerald (rivière) 850
Five Mile Rapids 61
fjords 20, 256–257, 278–279, 284–287
Flathead Valley 54
fleurs des caves 135
Flinders (chaîne) 868, 882
Florence (chutes de) 839
Florissant Fossil Beds 106
flydalsjuvet 285
Fontainebleau (forêt de) 356
Forest Fawr 342
Forêts
forêt de bambou 640, 805
forêt de nuage 224, 226, 232, 239, 240, 243, 440
forêt humide 522
forêt tropicale 770
forêt de sapins 440
forêt innondée 210, 211
forêt sèche 176
forêt de lauriers 489
forêt de feuillus 416, 442, 539
forêts pluviales 48, 175, 185, 201, 205, 218–219, 224, 239, 522, 538, 770, 814, 817, 822, 829, 891
forêts des profondeurs 604
forêt valdivienne 252
forêt moussue 662
forêt pétrifiée 455
forêt d'arbres à fièvre 582
fossiles 71, 76, 104, 112
Badlands National Park 62
Montagnes de feu 625
Geikie (gorges de) 838
Côte jurassique 334
forêt pétrifiée de Lesbos 455
Mono (lac de) 84
Naracoorte Caves 876
Forêt Pétrifiée (parc

national de la) 112
Windjana (gorges de) 844
Zigong 641
Fountain Paint Pot 64
fous de Bassan 910, 916
Fox (glacier) 922
Franklin (rivière) 910, 911
Franz Josef (glacier) 922
Fraser (fleuve) 25
Fraser (îles) 827
French Pass 918
Frenchman Peak 850
Frenchman's Cap 910
fujiang (rivière) 636
fumerolles 157, 270, 914, 917
Funeral Range 32

G
Gahinga 518
Gaika's Kop 584
Gangdise (montagnes) 655
Gange (fleuve) 716
Gangkhar Peunsum 715
Gardner (mont) 855
Garom (cascade) 750
Gascoyne Junction 859
Gaspard (pic) 363
Gataivai (cascades de) 808
Gate of Death 52
gazelles 514–519
George Gill (chaîne de) 834
Geysernaya (rivière) 618
geysers 64, 68, 246, 270, 271,
 274, 618, 917
Ghataprabha (rivière) 694
gibbons 738
Girringun (parc national de) 829
Glacier Bay National Park 45
Glacier National Park 53, 55
Glacier Point 75
Glaciers (parc national
 des) 265, 266
glaciers 20, 36, 41, 42, 45, 60,
 278–279, 287, 360, 364–365,
 368, 391, 655, 676, 679, 922
glaciers de sel 464
Glen Canyon Dam 111
Goat Island 35
Gokak (vallée) 694
Gonarezhou (parc national de)
 542, 582
Goobarragandra 888
Gor Luang (cascade de) 734
Gora Belukha (pic) 626
Gordon (rivière) 910
Goriganga (rivière) 686
Gough Cave 326
Gower (île) 811
Gower (péninsule de) 341
Gower (mont) 811
grabens 900, 903
Gran Paradiso (montagne) 404
Gran Paradiso (parc national) 368
Grand Bassin 84

Grand Benare 608
Grand Canyon 110–111
Grand Capelet 377
Grand Causse 384
Grand Erg de Bilma 499
Grand Esclave (lac du) 21
Grand Gorge 886
Grand Prismatic 64, 68
Grand Rif (pointe du) 493
Grand Terre 806
Grande mer de sable 495
Great Dirt Bed 331
Great Dividing Range 883, 884
Great Escarpment 549
Great Gable 318
Great Whin Sill 316, 320
Great White Throne 97
Green River 95, 108
Grimersta (fleuve) 299
Grimspound 338
Groote (rivière) 596
Gros Morne 608
grottes 142–143, 152, 168, 176,
 177, 195, 349, 460, 474, 880
grues 426, 666, 682, 714
grykes 349
Guadalupe (montagnes) 132
Guajataca 176
Guanabara (baie) 216, 217
Gunnison River 103
Gunung Kerinci 780
Gunung Mulu (parc
 national de) 773, 775
Gurkha (massif de) 702
Gurla Mandata (mont) 655, 656
Guryongyeon (étang) 669
Guyong (cascade) 669
Gwaneum (grotte de) 672
Gyala Peri (montagnes) 656

H
Hadramaut (massif de) 476
Haew Narok 738
Haggif Massif 476
Hajar (mont) 472
Half Dome 75, 77
Halkidiki (péninsule de) 450
Hamersley (chaîne) 856–857
Hanapepe (rivière) 794
Hanawi (chutes) 790
Hancock (gorges) 857
Handi Khoh (ravin) 691
Hang Po (vallée de) 639
Hang Yang (pic) 638
Hantengri Feng 627
Hardanger (montagnes) 286
Harding Icefield 41
Hawkes Bay (Australia) 916
Hawkes Head (Australia) 852
Hay Tor 338
Hayden Rock 849
Hazards 910
Headless Range 32
Hedley Tarn 888

High and Mighty (mont) 886
Himalayas 656, 685, 707, 710, 712
Hinchinbrook (île) 824
Hindu Kush (montagnes) 674,
 676, 680
Hirta (île de) 300
Hoces del Alto Ebro (gorge) 418
Hoces del Sobrón (gorge) 418
Hohe Tauern (parc
 national de) 391, 392
Hongpin (vallée) 635
Hood (mont) 90
Hopewell Rocks 34
Horseshoe Falls 35
Hotsprings (réserve de) 27
Hound Tor 338
Hualalai 791
Huang Si (chutes de) 727
Huay Sakae (chutes de) 748
Hudson (baie d') 32
Hue 809
Humboldt 192
Hunza (rivière) 678–679
Huron (lac) 36–37
Huyen Khong (grotte) 724

I
icebergs 41, 42, 44, 256, 257,
 265, 272
Illgill Head 318
Imeri (chaîne de l') 199
Inchailloch (réserve
 naturelle d') 311
Island in the Sky 95
Issyk-kul (lac) 627
Itaimbezinho (gorge) 222
Iwokrama (mont) 201

J
Jackson Hole (vallée de) 67
Jagungal 888, 906
Jalawataran (cascade) 691
James Range 842
Jebel Harim 472, 473
Jebel Makmel 466
Jemez (rivière) 134
Jepson Prairie Reserve 87
Joffre (gorge) 857
Jökulsárgljúfur (canyon) 271
Jökulsárlón 272
Jontes (gorge de) 385
Josephine (chutes) 816
Jostedal (glacier) 287
Jourdain (fleuve) 469
Joyaux de Salomon 912
Judée (désert de) 470
Juneau Icefield 42
Jurillo (volcan) 141

K
Ka Kaeng (rivière) 744
Kachina (pont naturel) 98
Kaeng Kao Roi 734
Kafla (volcan) 271

Kaiserbirge Mountains 391
Kakadu (parc national de) 848
Kalbarri (parc national de) 851
Kali Gandack (gorge) 703
Kallakjåkka (montagne) 289
Kangaroo (rivière) 886
Kangaroo (vallée du) 884
Kapena (chutes) 790
Kara Kum 673
Karakoram (massif de) 675,
 676, 678–679, 682
Kariba (gorges) 536
Karisimbi (mont) 518
Karnali (rivière) 655
Karoo (parc national de) 594
Karoo 572, 584
karren 349
Karuma (rapides) 516
Katoomba (chutes de) 885
Kauai 794
Kavango (rivière) 558
Kawagebo 650
Kennedy (chaîne) 859
Ketetahi 914
Kettlespout Falls 584
Keunjaese (grotte) 672
Khandadhar Fall 690
Khao Phrabat (pic) 747
Khao Samorpoon (sommet) 738
Khek (rivière) 737
Khong Lore (grotte de) 727
Khun Khlong Lan (montagne) 733
Khunjerab Pass 676
Kildevil Mountains 22
Kilt Rock 302
King (lac) 892
Kings Canyon (parc
 national de) 79
Kings River 79
Kipahulu (vallée) 792
Kisale (lac) 529
Kivu (lac) 518
Knysa Heads 598
Koh Mae Koh 734
Koh Panyi 752
Koh Tapu 752
Koke State (parc) 790
Komodo dragon 786
Kongur Tagh 653
Königstein 551
Koscieliska (vallée de) 388
Kov-ata (grotte) 673
Kowmung (rivière) 886
Krakatau 781
Krasheninnikov (volcan) 616
Krathing (cascade) 747
Kraus (sources thermales de) 32
Krimml (chutes) 391
Kronotsky (volcan)
Kuh-e Quchan 673
Kure (les montagnes de) 458
Kushiro (rivière) 664–665
Kusharo (lac) 664
Kutilina (grottes de) 910

INDEX GÉNÉRAL 951

L

La Garúa 233
La Gomera 486
La Soufrière (volcan) 180
Laccadives-Chagos (chaîne) 601
Laem Hin Chang 755
lagons 154, 216, 272, 428, 597,
  601, 602, 622, 691, 755, 810,
  811, 824, 884
Laguna Pintada (lac) 231
Lailas Range 675
Lam Ru (chutes) 755
Lamb (île) 314
Lan Hin Daek 740
Lan Hin Pum 740
Lan Hin Riap 740
Landscape Arch 92
Lang Co (lagon) 721
Laponie 288–289, 294, 296
Larch Mountains 58
Lassen (parc national
  volcanique de) 90
Lauca (parc national de) 251
Laut Pasir 785
lave 228, 488, 513, 670, 795,
  808, 821
Le Grand (mont) 850
Leeuwin-Naturaliste (parc
  national de) 862
Leman (lac) 358, 380
Lesotho (montagnes) 576
Leura Cascades 885
Lewis Mountain Range 55
Li (fleuve) 644, 647, 648
Lidgbird (mont) 811
Lilienstein 351
Lilla Karlsö (île) 294
Limpopo (fleuve) 536, 565, 582
Lindisfarne 317
lions 688
Little Caledon (rivière) 576
Little Karoo 592
Little Yosemite Valley 75
Livingstone (chutes de) 525
Liwu (rivière) 759
Lizard (île) 824
Loch Linnhe 306
Loch Lochy 306
Loch Ness 306–307
Loch Oich 306
Loch Roag 299
Loch Skeen 315
Lochinvar (lac) 533
Lokomotive 351
Loltun (cavernes de) 143
Lombok (île de) 778
Long Range 22, 25
Longstone Island 316-317
Lonquimay (volcan) 252
Los Desparramaderos
  (cascade) 169
Lost City 834, 839
Louise (lac) 27, 30-31
Loyauté (îles) 806

Lubéron (montagnes du) 378
Lucayan (cavernes de) 168
Lucero (lac) 125
luciloes 765
Lulworth Crumples 331
Lysfjorden (fjord) 286

M

Maar (volcan) 903
MacDonnell (chaîne) 842
Mackenzie (rivière) 21
Mackenzie (chutes) 894
Madeleine (îles de la) 24
Mae Chaem (rivière) 732
Mae Chon 732
Mae Surin (rivière) 732
Mae Ya (cascade) 734
Magaruque (île) 536
Magique (montagne) 396
Maidu (volcan) 90
Main Brook 25
Main Coast Range 818
Main Range 883
Majorque 443, 444, 445
Makaweli (rivière) 794
Makgadikgadi (bassin de) 558
Malawi (lac) 494
Malebo (pool) 525
Maltese Cross 590
Managua (lac) 157
Manapouri 921
Many (mont) 855
Marboré (pic) 382
Marie-Christine (chutes) 764
Marimbo (chaîne
  volcanique de) 157
Mariposa Grove 74
Marismas del Guadalquivir 436
Marling Spikes 822
Marmolada (glacier) 407
Matavanu (volcan) 808
Mather Field 87
Matroosberg 591
Maui 792
Mauna Loa 791
Mayas 142-143, 153, 156
Mazama (mont) 57
Maze 95
McLennons (détroit de) 892
Medano Creek 104
Meghna (rivière) 716
Meke (lac de cratère) 462
Mekong (fleuve) 650, 723,
  726, 727, 728, 730, 736, 740,
  741, 758
Melinau (gorge) 774
Melo (lac de) 387
Mendhall (lac) 42
Mendip (collines de) 326
Mer de Glace 360
Merced River 74, 75

Merrick Butte 101
météorites 120
Michigan (lac) 36–37
Middleham (chutes) 170
Mieming mountains 391
migrations 38, 146, 158, 496,
  530, 546, 556, 590, 613
Milford (détroit de) 920
Miller's Peak 108
Milner (pic) 591
Mimbres Valley 126
Minerva Terraces 64
Mississippi Hill 850
mistral 378
Mitre (pic de) 920
Mkuze (rivière) 572
Mo Dieu 722
mogotes 168, 176
Mojave (désert de) 82
Moka (montagnes) 606
Molopo (rivière) 580
Monarque
  (Slaughter Canyon) 134
monarques (papillons) 146
Montagne du Diable 196
Monte Grossu (pic de) 386
Monte Moio (volcan) 409
Monte Perdido (massif de) 382
Monterey (baie de) 71, 72
Monument Valley 101
moraines 362
Møre ag Romsdal
  (montagnes de) 285
Morne Trois Pitons
  (parc national de) 170
Mornington (péninsule de)
  900, 903
Morton (parc
  national de) 884, 886
Mount Rainier National Park 48
Mount Remarkable (parc
  national de) 868
Mountain Pine Ridge Forest
  Reserve 153
Mozambique (canal de) 536
Mpako (rivière) 586
Mulhacén 435
Mun (fleuve) 741
Munge Swamp 529
Mupo (mont) 764
Murailles de Chine 882
Murchison (montagnes) 921
Musandam (péninsule
  de) 472, 473
Mutton Bird (île) 811
Mutzagata 653
Mweru (lac) 532
Myvatn (lac) 270, 271

N

Nagpa La Pass 705
Nahanni River Canyon 31
Nalabana (île) 691
Nam Hin Bun (rivière) 727

Nam Khan (rivière) 728
Namadgi (parc national de) 906
Námaskaro 271
Nambung (parc national de) 860
Namcha Barwa (montagnes) 656
Nant Llech (vallée de) 342
Nantai (mont) 658
Napes Needle 318
Naranjo de Bulnes 417
Narmada (fleuve) 687
Narn Fon Sen Har 751
Nata (rivière) 560
Naukluft (montagnes) 553
Navajo (région de) 128
Navajo Nation Tribal Park 91
Nazca 233
Needles 95
Neguev (désert de) 471
Nepean (belvédère de) 900
Nervión (rivière) 423
Nethravathi (rivière) 696
Neuf-Gradins (ravine des) 639
Nevada Falls 73
New Britain (île) 801
Ngami (lac) 558
Ngauruhoe 914
Nghe 722
Niah (parc national de) 772
Nil 516
Nil Blanc 500
Nil bleu 502, 504, 505
Ninety Mile (plage de) 892
Nissotjårro (montagne) 288
Njulla (mont) 289
Noel Kempff Mercado (parc
  national) 243
Nossob (rivière) 580
Nouabalé-Ndoki
  (parc national) 522
Nyamulagira 518
Nyiragongo 518
Nyl 564

O

Ob Noi (gorge) 732
Odenback 394
Odzala (parc national de) 522
Oisans (massif de l') 366
oiseaux 169, 184, 193, 201, 659
Okavango (delta d') 546
Okechobee (lac) 140
Okinawa 662
Old Faithful 64
Old Woman Grinding Corn 575
Ombretta (vallée d') 407
Ometepe (volcan) 158
Omo (rivière) 507
Ontario (lac) 35, 36–37
Öraefajökull (volcan) 273
Orange (rivière) 576, 577, 578,
  579, 584
Ord (rivière) 838
Ordos (désert d') 629
Oregon Trail 52, 61

Orénoque (fleuve) 194
Orléans (forêt d') 356
Ormuz (détroit d') 472, 473
Otumanu (mont) 809
ours 32, 39, 635
Outeniqua (montagnes) 598
Owachomo (pont naturel) 98

P
Pacaya (parc volcanique national de) 149
Padru (pic) 386
Pahia 809
Paine (massif de) 254
Pakaraima (montagnes) 201, 202, 205
Palm Valley 842
Pamir (montagnes) 653
Pamukkale (sources de) 458
Panamint Range 86
panda géant 640
panthère noire 138
paramó (prairies de) 232
Parinacota (volcan) 251
Pariou (volcan) 372
Parramatta (rivière) 890
Parson's Pond 25
Passu (glacier) 679
Paunsaugunt (plateau de) 99
Pavé 363
Peak District (parc national de) 323
Peapea (grotte) 808
Pedra da Gávea (pic) 217
Pelorus (détroit de) 918
Pelvoux (mont) 365
Pen-y-Fan (sommet) 342
Perdido (montagne) 420
Pétaloudès 457
Petit Lubéron (chaîne du) 372
Pettico Wick 313
Pha Nam Pha 736
Phantom Ship (île) 57
Phare du Pacifique 156
Phillipp (grotte) 550
Phobjikha (vallée) 712
phoques 24, 547
Phrom Lok (cascade) 751
Phu Lang Se 741
Piccaninny (gorge) 865
Pico Bolivar 192
Pico Viejo (volcan) 484
Pics Jumeaux (massif des) 496
Pik Pobedy 627
Pilat (parc du) 381
Pilier de la chambre 830
Pilot 888
Pinacles (désert des) 860
pinacles 761, 774, 887
Pindos (chaîne du) 457
pingos 21
Pinios Valley 454
Piton des Neiges 608
Pittinger (mont) 895

Piz Buin (montagne) 399
Platière (île de la) 381
Point Imperial 110-111
Pointe de Sagres 446
Pointe Nérot 363
Poopo (lac) 246
Port Campbell (parc national de) 902
Portage (lac) 44
Porte d'Hérode 912
Porte de pierre (ravin de la) 639
Potaro (rivière) 202
Pouce 606
Poyang (lacs) 638
Pozo de los Hunos 430
Priyadarshini Point 691
Proscansko (lac) 415
pseudo-steppes 428
Pulemeilei (tumulus de) 808
Pumpum (rivière) 506
Punagala Oya (rivière) 698
Purbeck 334
Pushpawati (rivière) 685
Pyrénées (parc national des) 382
Pyrénées 382, 420, 421, 424, 428

Q
Qinghai-Tibet (plateau du) 712
Quatre mille îles 730
Queen Charlotte (déroit de) 918
Quill (lac) 924
Qutang (gorge de) 642

R
Rabbitkettle (sources thermales de) 32
raies 171
Rainbow Falls 790
Rainbow Valley 852
Rainier (mont), 48, 90
Rajat Prapat (cascade) 691
Rakaposhi 679
Rakshastal (lac) 655, 656
Rambouillet (forêt de) 356
Rampart (montagne du) 606
Ramsar (site) 691
Ramsay Canyon Preserve 108
Rannoch Moor 309
Raratonga 810
récifs de corail 601, 602, 662, 776, 798, 805, 806, 800, 811, 858
Red (gorge de) 857
Red Bluff 851
Reedy Rockhole (gorges de) 834
Reeve (lac) 894
Register Rock 52
Rencontre des eaux 204–205
Requins (baie des) 852, 867
requins (baie des) 812, 866
Resurrection Bay 41
Revard (mont) 359
Reventador (volcan) 224

Rhin 350
Rhin (montagnes du) 350
Rhinogs 339
Rhossili (baie de) 341
Rideau d'eau (grotte du) 646
Riesengebirge (montagnes) 351
Rimo (glaciers) 682
Rio Abajo 176
Rio Araguari 207
Rio Branco 208
Rio Camuy Cave (parc de) 177
Rio de las Ulces 430
Rio Frio (grotte de) 153
Rio Grande (fleuve) 136-137
Rio Guama 207
Rio Lindo 156
Rio Mazan (réserve de) 232
Rio Negro 204–205, 208, 211
Rio On (étangs de) 153
Rio Solimões 204–205
Riverside Geyser 64
Riversleigh 819
Rnde (rivière) 541, 542, 582
Roche Écrite 608
Rocheuses (montagnes) 27, 30–31, 38, 53, 54, 55
rocs 98, 112, 472, 545, 550, 551, 552, 556, 574, 592, 598, 630, 820, 842, 889
Rofan (montagnes de) 391
Rogaland (montagnes de) 286
Roi David (pic du) 912
Romanche 36
Römerweg 391
Rotamah (îles) 892
Royale (Cordillère) 242
Ruapehu 914
Rum (île) 305
Rupanuni (rivière) 203
Rwenzori (chaîne) 520
Ryuzu (chutes) 658

S
Sabinyo 518
Saeng Chan (cascade) 740
Saiga 613
Saint Helens (mont) 51, 129
Saint John's Head (la falaise) 298
Saint Martin's 34
Saint Pierre (mont) 606
Sainte-Catherine (mont) 184, 185
Sainte-Victoire (montagne) 378
Saint-Laurent (fleuve) 36
Salisbury Crags 311
Salonga (parc national de) 522
Salt Mountain (chaîne de) 247
Sam Sao (île) 734
San Francisco 72
San Luis Valley 104
San Miguel (île de) 84
San Parteu (pic) 386
Sandia (montagnes de) 132

Sandoval (lac de) 240
Sangay (volcan) 231
Sangpaldam (étangs de) 669
Sangre de Christo (montagnes du) 104
Sangumburi 673
Sant Maurici (lac) 424
Santa Barbara (île de) 84
Santa Barbara (parc national de) 156
Santa Cruz (île de) 84
Santa Rita (chaîne de) 129
Santa Rosa (île de) 84
Santash Pass 627
Santiaguito (dôme de lave) 151
Sari Sari Falls 170
saumons 39, 50
Sava (rivière) 414
Sava (vallée de) 413
savanne 214–215
Save (rivière) 540, 541
Scafell Pike (montagne) 318
Schellenberg (grotte glaciaire de) 394
Schietklip (rocher) 596
Schulman's Grove 88
Sclaites Geo (crevasse) 299
Scosthrop Moor 321
Scraggy Point 817
Selfoss (cascade) 271
Semeru (mont) 785
Sequoia (parc national) 79
Serpentine (rivière) 864
Serra da Capivara 220
Serra de Barbanza 416
Serra de Tramuntana 444
Serra do Mar 218
Serra Negra 220
Serranía de Cuenca 431
Serres de Llevant 445
Sesreim (canyon) 553
Seven Weeks Poort 592
Severn (rivière) 325
Sgwd Y Eira (cascade) 342
Shaksgam (rivière) 682
Shan (plateau) 727
Shannon (rivière) 346
Sharavati (rivière) 695
Shasta (mont) 90
Shenetoah Valley 107
Shivasamudra (cascade de) 694
Shoalhaven (rivière) 884, 886
Shumnaya (rivière) 618
Sicile 408, 409
Sierra Almijara 438
Sierra de las Corchuelas 432
Sierra de Luquillo 175
Sierra de Trinidad 169
Sierra del Escambray 169
Sierra del Pinar 440
Sierra Madre (montagnes de la) 119
Sierra Nevada (chaîne de la) 75, 78, 79, 80, 83

Signal (montagne) 764
Simlipal (parc national de) 690
Simpson (désert de) 830
singes 692
Singing Sand Mountain 630
Sipapu (pont naturel) 98
Skaftafell (parc national de) 273
Slieve Elva 349
Snake River 52
Sneeuberg (chaîne) 583, 584
Sneeuberg (montagne) 590
Snowy (rivière) 888
Snowy (montagnes) 888
Soay (île de) 300
Soca (rivière) 413
Society Islands 809, 953
Soda Dam 134
soleil de minuit 280
Sonora (désert de) 115, 119, 120, 122–123
Sorgue (rivière) 372
soude (lacs de) 528
sources 141, 462, 493
sources thermales 32, 64, 157, 170, 230, 236, 271, 274, 495, 512, 555, 618, 636, 651, 672, 732, 917
Spearfish Creek 63
Specimen Ridge 64
Sperm Whale Head 892
Staffa (île de) 301
Stair Hole 331
stalagmites et stalactites 106, 120, 132, 144, 169, 349, 390, 438, 455, 460, 469, 495, 513, 593, 604, 672, 700, 795, 876
Stanley Cliff 824
stawy 388
Steamboat 64
Stirling (chaîne) 854, 855
Stora Karlsö (île) 294
Stora Sjöfallet (parc national) 289
Stormbreaker (mont) 886
Storms (rivière) 596
Strickland gorge) 908
stromatolites 867
Sugarloaf (île) 811
Sulu (mer de) 764
Sunda (détroit de) 781
Sunset Point 100
Superior (lac) 36–37
Suswa (mont) 513
Sutlej (rivière) 655
Swakop (rivière) 550
Swartberg Pass 594
Syndicate Falls 170

T

Ta Prohm (les arbres du temple de) 756
Table Top (chaîne du) 839
Tahiti 808
Taillon (pic) 382
Taklamakan (désert de) 628
Talamanca (chaîne de) 162
Tamarind (chutes) 606
Tansawan (chutes) 755
Tassili N'Ajjer 492
Taurus (montagnes du) 460
Taymyr (lac) 612
Tazenat (gour de) 372
Te Anau 921
Tees (rivière) 320
Teide (parc national de) 485
Telescope Peak 86
Templer (parc) 768
Tenasserim (chaîne) 752
Tenaya Creek 75
Ténéré (arbre de) 499
Tenerife 484, 485
Terre de Feu 258
Terre de la Soif 492
Tête de la Ruine 377
Teton Range (chaîne de) 67
Tha Phae (cascade) 751
Thaba Ntlenyana 575
Thale Nai 734
Thep Phanom 732
Thermaikos (baie de) 451
Third Canyon 32
Thirle Door 299
Thor's Hammer 100
Three Sisters (sommet des) 885
Throby's Waterfall 886
Thung Salaeng (parc national de) 737
Thurston (grotte) 795
Tibesti (massif) 497
Tibetain (plateau) 654, 656
Tienshan (montagnes) 622
Tiymfi (mont) 457
Tjuonajåkka (montagne) 288
Todra (gorge de) 493
Tomer (chutes de) 839
Toorwaterpoort (chaîne) 592
Torneträsk (lac) 289
tortues 161, 164, 200, 203, 207, 480, 602, 776, 828
Totem Pole 91, 119
Touw (rivière) 597
Trafalgar (chutes de) 170
Tre Kroner (montagnes) 278
Trenta (vallée de) 413
Tres Deseos (la cascade) 169
Treur (rivière) 570
Triglav (montagne) 412–413
Triglav (parc national de) 414
Trois Mamelles 606
Trois Rondavels 569
Trois-Cascades (chute des) 639
Trotternish (péninsule de) 302
Truckee River 80
Tsangpo (rivière) 656
Tsauchab (rivière) 553, 554
Tsavo (parc national de) 513
Tsitsikamma (montagnes) 596, 600
Tufu (les chutes) 567
Tugela (rivière) 576
Tularosa (bassin de) 131
Tumen (rivière) 668
Tumut 888
Tung Chung (vallée) 650
Tunga (rivière) 696
Tungurahua (volcan) 231
Tunnel Creek (parc national de) 844
Tuolumne River 74
Turfân 628
turloughs 349
Tuvurvur 801
Twofold (baie de) 887
Twynam (mont) 888
Tyatya (volcan) 622

U

Ubombo (montagnes) 572
Ukko (île d') 295
Ukonkivi (île d') 295
Ultar 679
Uluru-Kata Tjuta (parc national de) 846
Umzimkulwana (rivière) 573
Undara (volcan d') 821
Urique (canyon) 145
Urumbamba (gorge de l') 235
Uyani 246
Uzon (volcan) 616

V

Valerie Grotte 32
Vallée de la Désolation 170
Vallée des Tombes 190
vallées noyées 918
Valley of Fires 131
Vancouver (île de) 26
Vega 176
Veliki Slap 415
Vénéon (vallée de) 363
Ventisquero (glacier) 254
Ventoux (mont) 378
Verdon (rivière) 375
Vernal Falls 75
Veyrier (mont) 362
Victoria (lac) 516
Victoria Falls 170
Vindhya (plateau) 684
Virgin River 97
Virginia Falls 32
Visovac (lac) 414
Vivari (canal) 448
volcans sous-marins 912
Vorderkaiser (gorge de) 394

W

Wadi Bih (canyon de) 472
wadis 476
Wailua (rivière) 794
Waimea (rivière) 790, 794
Waimea (chutes) 790
Walawa (fleuve) 702
Wallace (ligne de) 778
Wangi (chutes) 839
Watarrka (parc national de) 834
Weano (gorge) 857
Wellington (lac) 892
Wenkchemna (mont) 30-31
Western Brook Pond 22, 25
Western Passage 56
Whanganui (rivière) 913
White River 62, 170
White Sands (monument national) 125
Whiting Bay 56
Whymper (couloir de) 371
Wilhelm (mont) 802
Willandra (lacs) 883
William (mont) 894
Wimmera (rivière) 894, 905
Wind Cave 176, 773
Windy Ridge 51
Wineglass (baie) 910
Wizard Island 57
Wolfberg (arche de) 590
Wolfberg Cracks 590
Wolonghai (lac) 634
Wooroonooran (parc national de) 816
Wu (la gorge) 642

X

Xiling (gorge) 642

Y

Yalu (rivière) 668
Yam Creek (gorges de) 834
Yangtumokse (grotte) 672
Yangtze (rivière) 642
Yarrangobilly (grottes) 888
Yeagarup (dune de) 858
Yellowstone (parc national) 64, 66, 68
Yellowstone River 64
Yod Maphrao (chutes) 748
Yoho (parc national de) 26
Yorkshire Dales 321
Yosemite Falls 74, 75, 76
Yosemite Valley 76, 77, 78
Yukawa (rivière) 658

Z

Zagros (montagnes de) 464
Zambezi (rivière) 534, 536, 559
zèbres 514–515, 530
Zell (lac) 391

Patrimoine mondial de l'Unesco

À l'intérieur de l'ouvrage, chaque entrée faisant référence à un site inscrit au Patrimoine mondial de l'Unesco est identifiée par le logo de l'organisation à côté du titre. Ci-dessous figure la liste des différents sites, suivis de leur date d'inscription au Patrimoine mondial, du titre de l'entrée et de la page à laquelle ils sont cités.

Afrique du Sud
Parc de la zone humide
  d'iSimangaliso (1999)
Saint Lucia (parc de la zone
  humide de) 572
Paysage culturel et botanique
  du Richtersveld (2007)
Richtersveld 577
uKahlamba / Parc du Drakensberg (2000)
uKahlamba-Drakensberg (parc) 574–575
Giants Castle (la réserve de) 572

Albanie
Butrint (1992)
Butrint 448

Algérie
Tassili N'Ajjer (1982)
Tassili N'Ajjer 492

Allemagne
Vallée du Haut-Rhin moyen (2002)
Rhin (vallée du) 350

Argentine
Los Glaciares (1981)
Fitzroy (mont) 265
Perito Moreno (le glacier) 266
Parc national de l'Igazu (1984)
Iguazú (les chutes de) 261
Prequ'île de Valdés (1999)
Valdez (la péninsule de) 264

Australie
Baie Shark, Australie occidentale (1991)
Hamelin et les Stromatolites
  (le bassin d') 867
Forêts humides Gondwana
  de l'Australie (1986)
Forêts subtropicales du centre
  et de l'est australiens 829
Île Fraser (1992)
Fraser (île) 827
Île Macquarie (1997)
Macquarie (île) 930
Îles Heard et McDonald (1997)
Heard et McDonald (îles) 932
Îles Lord Howe (1982)
Lord Howe (île) 811
La Grande Barrière (1981)
Grande Barrière de corail 824
Parc national d'Uluru-Kata Tjuta (1987)
Kata Tjuta 846
Uluru (rocher d') 832–833

Parc national de Kakadu (1981)
Kakadu (parc national de) 848
Parc national de Purnululu (2003)
Purnululu 865
Région des lacs Willandra (1981)
Willandra (les lacs de) 883
Région des montagnes Bleues (2000)
Bleues (les montagnes) 885
Kanangra (les murailles de) 886
Sites fossilifères de mammifères d'Australie
  (Riversleigh / Naracoorte) (1994)
Naracoorte (parc national
  des grottes de) 876
Tropiques humides de Queensland (1988)
Queensland (le patrimoine tropical du) 814
Zone de nature sauvage
  de Tasmanie (1982)
Gordon-Franklin Wild Rivers
  (parc national de) 910

Bangladesh
Les Sundarbans (1997)
Sundarbans (la réserve de) 716

Belize
Réseau de réserves du récif
  de la barrière du Belize (1996)
Belize (la barrière de) 154
Blue Hole (parc national de) 152

Bolivie
Parc national Noel Kempff Mercado (2000)
Federico Ahlfeld (les chutes) 243

Bostwana
Tsodilo (2001)
Tsodilo (les collines de) 557

Brésil
Aire de conservation du Pantanal (2000)
Pantanal 212
Aires protégées du Cerrado :
  parc nationaux Chapada
  dos Veadeiros et Emas (2001)
Cerrado 214–215
Emas (parc national du) 211
Complexe de conservation
  de l'Amazonie centrale (2000)
Amazone (le bassin de l') 206
Côte de la découverte –
  Réserves de la forêt atlantique (1999)
Mata Atlântica 218–219
Parc national d'Iguaçu (1986)
Iguazú (les chutes d') 261

Cambodge
Angkor (1992)
Ta Prohm (les arbres du temple de) 756

Canada
Parc national du Gros-Morne (1987)
Gros Morne (parc national de) 22
Parc national Nahanni (1978)
Nahanni (fleuve) 32
Parc provincial Dinosaur (1979)
Drumheller Badlands 28
Parcs des montagnes
  rocheuses canadiennes (1984)
Banff (parc national de) 27
Brooks Range (chaîne de) 38
Burgess Shales 26
Moraine (lac) 30–31

Chili
Parc national de Rapa Nui (1995)
Pâques (île de) 812

Chine
Aires protégées des trois
  fleuves parallèles au Yunnan (2003)
Meilixueshan (mont) 650
Karst de Chine du sud (2007)
Lunan (la forêt de pierre) 652
Mont Huangshan (1990)
Montagne jaune 651
Parc national de Lushan (1996)
Lushan (mont) 638–639
Région d'intérêt panoramique
  et historique de Huanglong (1992)
Huanglong (parc national de) 636
Région d'intérêt panoramique et historique
  de la vallée de Jiuzhaigou (1992)
Jiuzhaigou 634
Région d'intérêt panoramique
  et historique de Wolingyuan (1992)
Wulingyuan 630
Sanctuaires du grand panda
  du Sichuan (2006)
Wolong (la réserve naturelle de) 640
Site de l'homme de Pékin
  à Zhoukoudian (1987)
Zhoukoudian (les grottes de) 632

Costa Rica
Parc national de l'île Cocos (1997)
Cocos (île) 162
Réserves de la cordillère
  de Talamanca – La Amistad (1983)
Chirripó (mont) 162

PATRIMOINE MONDIAL DE L'UNESCO 955

Côte d'Ivoire
Réserve naturelle intégrale
  du mont Nimba (1981)
Nimba (mont) 506

Croatie
Parc national Plitvice (1979)
Plitvice (les lacs de) 415

Cuba
Vallée de Viñales (1999)
Viñales (vallée) 168

Dominique
Parc national de Morne Trois Pitons (1997)
Boiling Lake 170
La Dominique (les cascades de) 170

Équateur
Îles Galápagos (1978)
Galapagos (îles) 228
Parc national Sangay (1983)
Sangay (parc national du) 231

Espagne
Grotte d'Altamira et art rupestre
  paléolithique du nord de l'Espagne (1985)
Altamira 419
Parc national de Doñana (1994)
Coto Doñana 436
Parc national de Garajonay (1986)
Los Organos 486
Parc national de Teide (2007)
Los Roques de Garcia 485
Pic de Teide 484

États-Unis
Kluane / Wranger-Saint Elias /
  Glacier Bay / Tatshenshini-Alsek (1979)
Baie des glaciers 45
Parc international de
  la paix Waterton-Glacier (1995)
McDonald (lac) 55
Saint Mary (lac) 53
Parc national de Mammoth Cave (1981)
Mammoth (les grottes de) 108
Parc national de Yellowstone (1978)
Grand Prismatic (la source thermale) 68
Mammoth (les sources de) 66
Yellowstone (parc national de) 64
Parc national de Yosemite (1984)
Bridal Veil (les chutes) 78
Glacier Point 75
Half Dome 77
Sentinel Dome 76
Yosemite (parc national de) 74
Parc national des Everglades (1979)
Everglades (parc national d') 140
Parc national des grottes
  de Carlsbad (1995)
Carlsbad (les grottes de) 132
Slaughter Canyon (la grotte) 134

Parc national des volcans d'Hawaï (1987)
Kilauea (mont) 796
Tubes de lave 795
Parc national du Grand Canyon (1979)
Grand Canyon 110–111
Parcs d'État et national Redwood (1980)
Séquoias géants 83

France
Lagons de Nouvelle-Calédonie :
  diversité récifale et écosystèmes
  associés (2008)
Nouvelle-Calédonie 806
Mont-Saint-Michel et sa baie (1979)
Mont-Saint-Michel (la baie de) 357
Pyrénées – Mont Perdu (1997)
Gavarnie (le cirque de) 382
Tarn (gorges du) 384

Grèce
Météores (1988)
Meteora 454
Mont Athos (1988)
Athos (mont) 450

Guinée
Réserve naturelle intégrale
  du mont Nimba (1981)
Nimba (mont) 506

Inde
Parc national de Keoladeo (1985)
Keoladeo (parc national de) 682
Parc national des Sundarbans (1987)
Sundarbans (la réserve de) 716
Parcs nationaux de Nanda Devi
  et de la Vallée des fleurs (1988)
Nanda Devi (parc national de) 686
Vallée des fleurs 685

Indonésie
Parc national de Komodo (1991)
Komodo (île de) 786
Patrimoine des forêts tropicales
  ombrophiles de Sumatra (2004)
Kerinci Seblat (parc national de) 780

Irlande
Skellig Michael (1996)
Skelligs 347

Islande
Surtsey (2008)
Surtsey (île de) 277

Israël
Masada (2001)
Masada 470

Italie
Îles Éoliennes (2000)
Stromboli 410

Japon
Yakushima (1993)
Yaku-Shima 662

Kazakhstan
Pétroglyphes du paysage archéologique
  de Tamgaly (2004)
Tamgaly (la gorge de) 622
Saryarka – Steppe et lacs
  du Kazakhstan septentrional (2008)
Steppe du nord et la migration
  des Saïgas 613

Kenya
Parcs nationaux
  du lac Turkana (1997)
Turkana (lac) 507

Laos
Ville de Luang Prabang (1995)
Luang Prabang (les chutes de) 728

Liban
Ouadi Qadisha ou Vallée sainte
  et forêt des cèdres de Dieu
  (Horsh Arz el-Rab) (1998)
Cèdres du Liban 466
Qadisha (la grotte de) 464

Macédoine
Patrimoine naturel et culturel
  de la région d'Ohrid (1979)
Ohrid (lac) 450

Madagascar
Réserve naturelle intégrale
  du Tsingy de Bemaraha (1990)
Tsingy Lands 604

Malaisie
Parc du Kinabalu (2000)
Kinabalu 768
Parc national du Gulung Mulu (2000)
Gunong Api et ses pinacles (mont) 774
Cerf (la grotte du) 775

Mauritanie
Parc national du Banc d'Arguin (1989)
Banc d'Arguin 496

Mexique
Îles et aires protégées du Golfe
  de Californie (2005)
Baja California (la péninsule de) 148
Réserve de biosphère du papillon
  monarque (2008)
Arbres à papillons 146
Sanctuaire de baleines
  d'El Vizcaino (1993)
Baja California (la péninsule de) 148
Sian Ka'an (1987)
Yucatán (la péninsule du) 142–143

Monténégro
Contrée naturelle et cultuor-historique
  de Kotor (1979)
Boka Kotorska (la baie de) 449

Népal
Parc national de Royal Chitwan (1984)
Chitwan (parc national royal de) 711
Parc national de Sagarmatha (1979)
Everest (mont) 706

Niger
Réserves naturelles de l'Aïr
  et du Ténéré (1991)
Ténéré (désert du) 499

Norvège
Fjords de l'Ouest de la Norvège –
  Geirangerfjord et Nærøyfjord (2005)
Geiranger (le fjord) 285

Nouvelle-Zélande
Îles subantarctiques
  de Nouvelle-Zélande (1998)
Subantarctiques (îles) 935
Parc national de Tongariro (1990)
Tongariro (parc national de) 914
Te Wahipounamu – zone sud-ouest
  de la Nouvelle-Zélande (1990)
Fiordland (parc national du) 920–921
Alpes du sud 923

Ouganda
Monts Rwenzori (1994)
Montagnes de la Lune 520

Papouasie-Nouvelle-Guinée
Ancien site agricole de Kuk (2008)
Hautes terres 802

Pérou
Lignes et géoglypes de Nasca
  et de Pampas de Jumana (1994)
Sechura (désert de) 233
Parc national de Huascarán (1985)
Huascarán (parc national de) 241
Pachacoto (la gorge de) 234
Parc national de Manú (1987)
Manú (la réserve
  écologique de) 239
Sanctuaire historique
  de Machu Picchu (1983)
Machu Picchu 235

Philippines
Parc marin du récif
  de Tubbataha (1993)
Tubbataha (les récifs de) 764
Parc national de la rivière souterraine
  de Puerto Princesa (1999)
Puerto Princesa
  (rivière souterraine de) 761

Portugal
Forêt Laurifière de Madère (1999)
Caldeirão Verde 489

République démocratique du Congo
Parc national de la Salonga (1984)
Congo (le bassin du) 522
Parc national des Virunga (1979)
Virunga (les monts) 518

Roumanie
Delta du Danube (1991)
Danube (le delta du) 398

Royaume-Uni
Chaussée des Géants et sa côte (1986)
Chaussée des géants 344
Île de Saint Kilda (1986)
Saint Kilda (l'archipel de) 300
Littoral du Dorset
  et de l'est du Devon (2001)
Chesil (la plage de) 335
Durdle Dor 332
Jurassique (la côte) 334
Lulworth Cove 331
Old Harry Rocks 336

Russie
Lac Baïkal (1996)
Baikal (lac) 620–621
Volcans du Kamchatka (1996)
Kamchatka (les volcans du) 616

Sainte-Lucie
Zone de gestion des Pitons (2004)
Pitons 182

Seychelles
Atoll d'Aldabra (1982)
Aldabra (l'atoll d') 602
Réserve naturelle
  de la vallée de Mai (1983)
Vallée de Mai 603

Slovaquie
Grottes du karst d'Aggtelek
  et du karst de Slovaquie (1995)
Domica (la grotte) 390
Paradis slovaque
  et le canyon de Hornád 390

Sri Lanka
Ville ancienne de Sigiriya (1982)
Sigiriya 698

Suisse
Aletsch (le glacier d') 401
Alpes suisses Jungfrau-Aletsch (2001)
Jungfrau-Aletsch-Bietschorn 403

Tanzanie
Parc national de Serengeti (1981)
Serengeti 530
Parc national du Kilimandjaro (1987)
Kilimanjaro (mont) 526
Zone de conservation
  de Ngorongoro (1979)
Ngorongoro (le cratère) 529

Thaïlande
Complexe forestier
  de Dong Phayayen-Khao Yai (2005)
Khao Yai (les forêts et les cascades) 738
Sanctuaires de faune
  de Thung Yai-Huai Kha Khaeng (1991)
Thung Yai Naresuan (les forêts de) 744
Huai Kha Kaeng (la forêt de) 744

Turquie
Parc national de Göreme
  et sites rupestres de Cappadoce (1985)
Cappadoce 459
Hierapoli – Pamukkale (1988)
Pamukkale (les sources de) 458

Venezuela
Parc national de Canaima (1994)
Angel (les chutes d') 196
Autana (le tépuy) 198

Viêtman
Baie d'Ha-Long (1994)
Along (la baie d') 720
Parc national de Phong
  Nha – Ke Bang (2003)
Phong Nha-Ke Bang
  (parc national de) 724

Yémen
Archipel de Socotra (2008)
Socotra et l'arbre du dragon (île de) 476

Zambie
Mosi-oa-Tunya / Chutes Victoria (1989)
Victoria (les chutes) 534

Zimbabwe
Monts Matobo (2003)
Matobo (les collines de) 545
Mosi-oa-Tunya / Chutes Victoria (1989)
Victoria (les chutes) 534
Parc national de Mana Pools,
  aires de safari Sapi et Chewore (1984)
Mana Pools (parc national des) 537

Crédits photographiques

2 Gavin Hellier/naturepl.com 18 Ron Watts/Photolibrary 20 David Noton/naturepl.com 21 Staffan Widstrand/naturepl.com 23 Andre Gallant/ Getty 24 Hemera Technologies/Jupiter 27 David Noton/naturepl.com 29 Grant Faint/Getty 30 David Noton/naturepl.com 33 Radius Images/ Photolibrary 34 Andre Gallant/Getty 35 Sue Flood/naturepl.com 36 Thomas Lazar/naturepl.com 38 Justine Evans/naturepl.com 39 blickwinkel/ Alamy 40 Ulli Steer/Getty 41 Michael Melford/Getty 43 Harvey Lloyd/Getty 45 Nancy Simmerman/Getty 46 Lynn M. Stone/naturepl.com 49 Aflo/naturepl.com 51 Harold Sund/Getty 52 Jack Dykinga/Getty 54 Barrie Britton/naturepl.com 55 Richard H. Smith/Getty 57 Alan Kearney/ Getty 59 Walter Bibikow/Getty 60 Gary Randall/Getty 61 Dave Schiefelbein/Getty 62 Michael Hanson/Oxford Scientific/Photolibrary 65 Gary Randall/Getty 66 Jeff Foott/naturepl.com 67 Jeff Foott/naturepl.com 69 Torsten Brehm/naturepl.com 70 Jeff Foott/naturepl.com 73 James Balog/Getty 74 David Noton/naturepl.com 75 David Hanson/Getty 77 Marc Muench/Getty 78 Jack Dykinga/Getty 79 Art Wolfe/Getty 81 James Randklev/Getty 82 Doug Wechsler/naturepl.com 83 Afl/naturepl.com 85 Ingo Arndt/naturepl.com 86 Gavin Hellier/naturepl.com 87 William Smithey Jr/Getty 89 Jeff Foott/naturepl.com 91 Gavin Hellier/naturepl.com 93 Gavin Hellier/naturepl.com 94 Tom Mackie/Getty 95 Aflo/ naturepl.com 96 Tim Barnett/Getty 97 Ruth Tomlinson/Getty 99 Aflo/naturepl.com 100 Gavin Hellier/naturepl.com 101 Gavin Hellier/ naturepl.com 102 Jeff Foott/naturepl.com 103 David Meunch/Corbis 105 Jeff Foott/naturepl.com 109 Marc Muench/Getty 110 David Noton/ naturepl.com 113 Harvey Lloyd/Getty 114 Tom Bean/Getty 115 Mike Hill/Getty 117 Gavin Hellier/naturepl.com 118 Rob Atkins/Getty 121 Harvey Lloyd/Getty 122 Doug Wechsler/naturepl.com 125 Aflo/naturepl.com 127 Mark Newman/Lonely Planet 128 Grant Faint/Getty 133 Laurance B. Aiuppy/Getty 136 Jack Dykinga/Getty 139 Jeff Foott/naturepl.com 140 Hanne & Jens Eriksen/naturepl.com 142 Robert Freck/ Getty 147 George Lepp/Getty 148 Jurgen Freund/naturepl.com 149 Suzanne Murphy/Getty 151 Frans Lemmens/Getty 155 Simeone Huber/ Getty 159 Tony Waltham/Getty 160 Jerry Driendl/Getty 163 Jeff Rotman/naturepl.com 164 Doug Perrine/naturepl.com 165 Kevin Schafer/ Getty 167 Don Herbert/Getty 171 Georgette Douwma/naturepl.com 173 Gavin Hellier/naturepl.com 174 Richard Elliott/Getty 175 Tom Bean/Corbis 178 Darrell Jones 179 Bill Hickey/Getty 181 Pete Turner/Getty 183 Brooke Slezak/Getty 185 The Travel Library Limited/Photolibrary 186 Steve Vidler/Photolibrary 188 Pete Turner/Getty 191 eStock Photo/Alamy 192 Thomas Schmitt/Getty 193 Lee Dalton/Alamy 194 Hermann Brehm/ naturepl.com 197 David Welling/naturepl.com 198 Juan Silva/Getty 200 SA Team/Foto Natura/Getty 201 Pete Oxford/naturepl.com 202 Pete Oxford/naturepl.com 204 Kazuyoshi Nonmachi/Corbis 206 Galen Rowell/Corbis 209 Solvin Zankl/natur epl.com 210 Jim Clare/naturepl.com 213 Staffan Widstrand/naturepl.com 214 Peter Oxford/naturepl.com 217 Silvestre Machado/Getty 218 Macduff Everton/Getty 221 Peter Oxford/naturepl.com 222 Luis Veiga/Getty 225 Russell Kaye/Getty 227 Doug Allan/naturepl.com 229 Frans Lanting/Corbis 231 Micheal Simpson/Getty 233 Alejandro Balaguer/Getty 234 Michael Dunning/Getty 237 Staffan Widstrand/naturepl.com 238 George Steinmetz/Corbis 239 Frans Lanting/Corbis 240 Hermann Brehm/naturepl.com 242 Hubert Stadler/Corbis 245 Doug Allan/naturepl.com 246 Art Wolfe/Getty 247 Rob Mcleod/Getty 248 Rhonda Klevansky/naturepl.com 250 William J Hebert/Getty 251 Chris Gomersall/Getty 253 Tony Arruza/Getty 254 David Noton/Getty 256 Hanne & Jens Eriksen/naturepl.com 259 Daniel Gomez/naturepl.com 260 Aflo/naturepl.com 262 Genevieve Vallee/Alamy 263 WorldFoto/Alamy 265 Pete Oxford/naturepl.com 266 Gabriel Rojo/naturepl.com 268 Joel Damase/Photononstop/ Photolibrary 270 Siqui Sanchez/Getty 272 George Kavanagh/Getty 273 Pal Hermansen/Getty 275 Neil Lucas/naturepl.com 276 Ernst Haas/ Getty 277 Ernst Haas/Getty 278 Doug Allan /naturepl.com 281 Asgeir Helgestad/naturepl.com 282 Andreas Stirnberg/Getty 283 Terje Rakke/ Getty 284 Florian Graner/naturepl.com 285 Gavin Hellier/naturepl.com 287 Florian Graner/naturepl.com 290 Michael Lander/Getty 291 Chad Ehlers/Getty 293 Hans Strand/Getty 294 Panoramic Images/Getty 297 Jorma Luhta/naturepl.com 298 David Tipling/naturepl.com 300 Colin Palmer Photography/Alamy 301 Rick Price/naturepl.com 302 David Noton/Getty 303 Juan Manuel Borrero/naturepl.com 305 Bernard Castelein/naturepl.com 306 Richard Ashworth/Getty 309 Geoff Dore/naturepl.com 310 Geoff Simpson/naturepl.com 312 Bernard Castelein/ naturepl.com 313 Bernard Castelein/naturepl.com 314 David Cottridge/naturepl.com 316 Hans Christoph Kappel/naturepl.com 319 Nick Turne/naturepl.com 323 Neale Clarke/Getty 324 The Wrekin from Willstone Hill, by John Bentley 327 Roy Rainford/Getty 329 Wooky Hole Caves 330 Jon Arnold/Getty 331 Charles Bowman/Getty 332 David Noton/naturepl.com 333 Colin Varndell/naturepl.com 335 Guy Edwardes/ Getty 336 David Noton/Getty 337 David Hunter/Robert Harding Travel/Photolibrary 338 Ross Hoddinott /naturepl.com 339 David Noton/Getty 340 The Photolibrary Wales/Alamy 341 Derek P Redfearn/Getty 343 Guy Edwardes/Getty 344 Gavin Hellier /naturepl.com 348 Derek P Redfearn/Getty 349 Tim Edwards/naturepl.com 350 Bernd Mellmann/Alamy 351 Ronald Wittek/Photolibrary 353 Walter Bibikow/ Getty 354 Christoph Becker/naturepl.com 355 Stephen Studd/Getty 357 Mike Read/naturepl.com 361 Martin Dohrn /naturepl.com 362 Jean E Roche/naturepl.com 363 Doc White/naturepl.com 364 ImagesEurope/Alamy 367 Scott Markewitz/Getty 369 Jean E Roche/naturepl.com 370 Melissa Farlowe/Getty 373 Picavet/Getty 373 David Hughes/Getty 374 Robert Harding Picture Library Ltd/Alamy 375 Michael Busselle/Getty 376 Jean E. Roche/naturepl.com 377 Nicolas Thibaut/Photononstop/Photolibrary 379 John Miller/Getty 380 John Miller/Getty 383 Yannick Le Gal/Getty 385 Jean E Roche/naturepl.com 389 Liba Taylor/Corbis 393 Paul Trummer/Getty 395 Paul Trummer/Getty 398 Mike Potts/naturepl. com 399 Christoph Becker/naturepl.com 401 Ingo Arndt/naturepl.com 402 Jon Arnold Images Ltd/Alamy 403 Aflo/naturepl.com 405 Dan Santillo/Alamy 407 Tim Edwards/naturepl.com 408 Francesco Ruggeri/Getty 411 Ingo Arndt/naturepl.com 412 Martin Gabriel/naturepl.com 415 Hemis/Corbis 417 Gavin Hellier/naturepl.com 418 Cristian Baitg Schreiweis/Alamy 420 Jose B. Ruiz/naturepl.com 421 Jose B. Ruiz/ naturepl.com 425 Jose Luis Gomez de Francisco/naturepl.com 426 Jose B. Ruiz/naturepl.com 429 Jose B. Ruiz/naturepl.com 430 Jose B. Ruiz/ naturepl.com 432 Alan Dawson Photography/Alamy 434 Jose B. Ruiz/naturepl.com 435 Jose B. Ruiz /naturepl.com 437 Iain Lowson/Alamy 439 Jose B. Ruiz/naturepl.com 441 Teresa Farino 442 Javier Muñoz Gutiérrez/Alamy 443 Nigel Bean/naturepl.com 444 f1 online/Alamy 447 Teresa Farino 451 Walter Bibikow/Getty 454 Andrea Pistolesi/Getty 456 Marco Simoni/Getty 459 Bernard Castelein/naturepl.com 461 Anne & Jens Eriksen/naturepl.com 463 Nigel Marven/naturepl.com 465 Carolyn Brow/Getty 467 Fred Friberg/Getty 468 SEUX Paule/HEMIS/Photolibrary 470 Harvey Lloyd/Getty 473 Hanne & Jens Eriksen/naturepl.com 474 Hanne & Jens Eriksen/naturepl.com 475 Hanne & Jens Eriksen/naturepl. com 477 Michele Falzone/JAI/Corbis 478 Bildagentur Rm/Photolibrary 481 Jurgen Freund/naturepl.com 482 Bruce Davidson/naturepl.com 484 Jose B. Ruiz/naturepl.com 486 imagebroker/Alamy 487 Jose B. Ruiz/naturepl.com 488 Jose B. Ruiz/naturepl.com 491 Nick Barwick/ naturepl.com 498 Doug Allan/naturepl.com 500 MJ Photography/Alamy 503 George Chan/naturepl.com 505 Jon Hicks/Corbis 508 Mitch Reardon/Lonely Planet 511 Justine Evans/naturepl.com 512 Jose B. Ruiz /naturepl.com 514 Anup Shah/naturepl.com 517 Bruce Davidson/ naturepl.com 519 Bruce Davidson/naturepl.com 520 Mark Deeble & Victoria Stone/Photolibrary 523 Bruce Davidson/naturepl.com 524 Daniel J. Cox/Getty 525 NASA-ISS/digital version by Science Faction/Getty 527 Giles Bracher/naturepl.com 529 Jose B. Ruiz/naturepl.com 531 Mitsuaki Iwago/Minden Pictures/Getty 535 Aflo/naturepl.com 536 Pete Oxford/naturepl.com 538 Peter Ginn 539 Peter Ginn 540 Peter Ginn 541 Peter Ginn 543 Peter Ginn 544 Peter Ginn 545 Peter Ginn 546 Vincent Munier/naturepl.com 547 Vincent Munier/naturepl.com 548 Richard de Toit/naturepl.com 549 David Noton/naturepl.com 551 Vincent Munier/naturepl.com 552 David Noton/naturepl.com 553 Bildagentur/Tips Italia/Photolibrary 555 Pichugin Dmitry/Shutterstock 556 Pichugin Dmitry/Shutterstock 558 Richard du Toit/naturepl.com

559 Richard Du Toit/naturepl.com 560 Frans Lanting/Corbis 561 Peter Ginn 562 Peter Ginn 565 Peter Ginn 567 Peter Ginn 569 Andreas Stirnberg/Getty 571 Stephanie Lamberti/ABPL/Photolibrary 574 John Lamb/Getty 577 Neil Nightingale/naturepl.com 578 Pete Oxford/naturepl.com 581 Tony Heald/naturepl.com 582 Pete Oxford/naturepl.com 585 Walter Bibikow/Getty 587 Walter Bibikow/Getty 589 Steve Bloom/Getty 591 Laurence Hughes/Getty 593 Frans Lemmens/Getty 594 Fraser Hall/Getty 595 Fraser Hall/Getty 596 Ed Collacott/Getty 599 Fraser Hall/Getty 600 Caroline Caroline/MauritiusImages/Photolibrary 602 NASA/Corbis 603 Berndt Fischer/Oxford Scientific/Photolibrary 605 Pete Oxford/naturepl.com 607 Fraser Hall/Getty 609 Sylvain Grandadam/Getty 610 Ethel Davies/Photolibrary 612 Nigel Marven/naturepl.com 613 N. A. Callow/Robert Harding World Imagery/Corbis 615 National Geographic/Getty 616 Nigel Marven/naturepl.com 619 Nigel Marven/naturepl.com 620 Konstantin Mikhailov/naturepl.com 623 Corbis 624 Gertrud & Helmut Denzau/naturepl.com 625 Art Wolfe/Getty 626 Konstantin Mikhailov/naturepl.com 627 John Sparks/naturepl.com 628 China Tourism Press/Getty 629 China Tourism Press/Getty 631 China Tourism Press/Getty 633 Gavin Maxwell/naturepl.com 634 China Tourism Press/Getty 635 Sylvia Cordaiy Photo Library Ltd/Alamy 637 China Tourism Press/Getty 638 China Tourism Press/Getty 640 DLILLC/Corbis 643 Xi Zhi Nong/naturepl.com 644 David Noton/naturepl.com 646 Yann Layma/Getty 649 Pete Oxford/naturepl.com 651 China Tourism Press/Getty 652 Peter Oxford/naturepl.com 654 Alexander Walter/Getty 657 Aflo/naturepl.com 658 David Pike/naturepl.com 660 China Tourism Press/Getty 663 Aflo/naturepl.com 664 Aflo/naturepl.com 667 Japan Travel Bureau/Photolibrary 670 Core Agency/Getty 674 Mahaux Photography/Getty 677 Getty 678 Christopher Klettermayer/Jupiter 680 Christina Gascoigne/Getty 681 Paula Bronstein/Getty 683 Hitendra Sinkar Photography/Alamy 684 Toby Sinclair/naturepl.com 689 Nick Haslam/Alamy 693 Ian Lockwood/naturepl.com 696 Hornbil Images/Alamy 699 Martin Puddy/Jupiter 703 Colin Monteath/Photolibrary 704 David Paterson/Getty 706 Tony Waltham/Getty 707 Chris Noble/Getty 708 Roger Mear/Getty 710 Bernard Castelein/naturepl.com 711 Maximilian Weinzierl/Alamy 713 travelib asia/Alamy 715 David Shaw/Alamy 716 Frédéric Soltan/Corbis 717 Arco Images GmbH/Alamy 719 Jerry Alexander/Lonely Planet 720 Geoffrey Clifford/Getty 722 Steve Raymer/Getty 723 Nevada Wier/Getty 725 LOOK Die Bildagentur der Fotografen GmbH/Alamy 727 Jerry Alexander/Getty 729 Jerry Alexander/Getty 731 Nevada Wier/Getty 735 Michele Falzone/Jon Arnold Travel/Photolibrary 739 WoodyStock/Alamy 742 Neil Emmerson/Getty 745 Justin Pumfrey/Getty 749 Stephen Frink/Getty 753 Pete Turner/Getty 757 Gavin Hellier/naturepl.com 759 Robin Smith/Photolibrary 762 Stuart Dee/Getty 766 Ingo Arndt/naturepl.com 767 Japan Travel Bureau/Photolibrary 769 Christer Fredriksson/Lonely Planet 771 Daniel J. Cox/Getty 773 Robbie Shone/Alamy 774 David Poole/Getty 777 Ed Robinson/Pacific Stock/Photolibrary 778 Paul Nevin/Photolibrary 780 Wayne Lawler; Ecoscene/Corbis 781 Art Wolfe/Getty 783 Hugh Sitton/Getty 784 Michael Pitts/naturepl.com 787 Wolfgang Kaehler/Corbis 788 Peter Harrison/Photolibrary 791 G. Brad Lewis/Getty 793 James Randklev/Getty 794 Dave Jepson/Alamy 797 G. Brad Lewis/Getty 798 Stuart & Michele Westmorland/Getty 800 Gary Bell/zefa/Corbis 801 AFP/Getty 803 Martin Dohrn/naturepl.com 807 Lionel Isy-Schwart/Getty 809 Lionel Isy-Schwart/Getty 810 Peter Hendrie/Getty 812 Peter Hendrie/Getty 813 Jurgen Freund/naturepl.com 815 David Wall/Alamy 818 Panoramic Images/Getty 820 Jason Edwards/Bio-Images 823 Jason Edwards/Bio-Images 825 Travel Pix/Getty 826 Clive Bromhall/Oxford Scientific/Photolibrary 827 Panoramic Images/Getty 828 Gerry Ellis/Getty 831 Ted Mead/Getty 832 Navaswan/Getty 835 Stefan Mokrzecki/Photolibrary 836 David Curl/naturepl.com 839 David Noton/naturepl.com 841 Jason Edwards 843 Slick Shoots/Alamy 845 William Osborn/naturepl.com 846 David Noton/naturepl.com 848 Hanne & Jens Eriksen/naturepl.com 849 Thomas Schmitt/Getty 851 William Osborn/naturepl.com 853 Martin Gabriel/naturepl.com 856 Ted Mead/Photolibrary 861 Gavin Hellier/Robert Harding/Getty 865 John William Banagan/Getty 866 Doug Pearson/JAI/Corbis 867 Steven David Miller/naturepl.com 868 Steven David Miller/naturepl.com 871 Jason Edwards/Bio-Images 872 Brian Connett/fotolibra 874 Robin Smith/Getty 875 Tim Edwards/naturepl.com 877 Diego Lezama Orezzoli/Corbis 878 Chris Sattlberger/Getty 881 Jason Edwards/Bio-Images 885 Michael Townsend/Getty 887 Jason Edwards/Bio-Images 888 William Osborn/naturepl.com 889 Cephas Picture Library/Alamy 890 Peter M. Wilson/Alamy 893 Bill Bachman/Alamy 894 Robert Francis/Getty 895 Bill Bachman/Alamy 897 Jason Edwards/Bio-Images 898 Tomek Sikora/Getty 901 Shutterstock 902 Andreas Stirnberg/Getty 904 Peter Hendrie/Getty 905 Jen & Des Bartlett/Oxford Scientific/Photolibrary 907 Geoffrey Clifford/Getty 909 Bill Bachman/Alamy 911 Paul A. Souders/Corbis 913 Kirk Anderson/Getty 915 Hideo Kurihara/Alamy 916 Holger Leue/Lonely Planet 917 Travel Pix/Getty 919 James L. Amos/Corbis 920 David Noton/Getty 922 Jeremy Walker/Getty 923 Pete Turner/Getty 925 Kim Westerskov/Getty 926 Winfried Wisniewski/Photolibrary 928 R H Productions/Getty 931 Grant Dixon/Lonely Planet 932 Doug Allan /naturepl.com 934 NASA Johnson Space Center—Earth Sciences and Image Analysis 937 Frans Lanting/Corbis 938 Kevin Schafer/Getty 941 Geoff Renner/Robert Harding/Getty

Remerciements

Quintessense souhaiterait remercier le centre du Patrimoine mondial de l'UNESCO pour ses précieux conseils et son soutien pendant toute la création de l'ouvrage.

Pour toute demande de renseignement que vous souhaiteriez adresser à l'organisation, vous pouvez contacter
le centre du Patrimoine mondial de l'UNESCO
7, place de Fontenoy 75007 Paris.
Tél. : +33 1 45 68 15 71.
Email : wh-info@unesco.org ;
site web : http://whc.unesco.org

Pour l'édition française, des remerciements vont à tous ceux qui ont permis de réaliser cette nouvelle édition :
Carine Ruault, Julie-Pomme Séramour, Caroline Basseville et David Fourré.

1002 et plus (notes personnelles)